제2판/ 개정판

신약 성서 배경 연구

헬라 시대의 역사, 문화, 종교

헬무트 쾨스터 著

은 성

LUGDUNENSIS
Loire
GAUL
Lyons
BAY OF BISCAY
AQUITANIA
Rhône
NARBONENSIS
Narbo
Massilia
TARRACONENSIS
Ebro
Tarraco
SPAIN
Saguntum
Valencia
Baetis
Corduba
BAETICA
Carthago Nova
Gades
MEDITERRANEAN SEA
Tingis
Cirta
MAURETANIA
NUMIDIA
ANCIENT MEDITERRANEAN
WEST

Danube
Rhine
RAETIA
NORICUM
PANNONIA SUPERIOR
DACIA
Aquileia
Vercellae
Mediolanum
Po
Pola
ILLYRICUM-DALMATIA
Ravenna
MOESIA SUPERIOR
LIGURIAN GULF
Luca
Rubicon
ADRIATIC SEA
CORSICA
Tiber
ELBA
Asculum
Alalia
Rome
Ostia
MACEDONIA
ITALY
Cannae
Dyrrhachium
Via Egnatia
Heraclea
Apollonia
Capua
Neapolis
Cumae
Herculaneum
CAPRI
Pompeii
Brundisium
Tarentum
EPIRUS
TYRRHENIAN SEA
Sybaris
Thurii
Nicopolis
Actium
Croton
SARDINIA
Messana
Rhegium
GREECE
Thermae
Tauromenium
SICILY
Utica
Syracuse
Carthage
Hippo Regius
Zama
AFRICA
Hadrumetum
MALTA
CYRENAICA

DACIA
Danube
MOESIA
BLACK SEA
THRACE
Hadrianopolis
Amastris
PONTU
and
Heraclea
PAPHLAGONIA
Halys
Axius
MACEDONIA
Heraclea
Pella
Beroea
Haliacmon
Pydna
Philippi
Via Egnatia
Neapolis
Doriscus
Byzantium
Perinthus
Nicomedia
Nicaea
Ancyra
GALATIA
Gordium
Pessinus
BITHYNIA
Thessalonike
SAMOTHRACE
Cyzicus
Granicus
Prusa
MYSIA
Skepsis
Troas
THESSALY
Larissa
Tricca
Dodona
Cynoscephalae
Pharsalus
AEGEAN SEA
Assus
ASIA
PHRYGIA
LESBOS
Mytilene
Pergamum
Thyatira
LYDIA
Ipsus
Antioch
LYCAONIA
Iconium
Maeander
Nicopolis
Actium
Thermopylae
AETOLIA
Delphi
Chaeronea
Thebes
EUBOEA
CHIOS
Smyrna
Sardis
Philadelphia
Hierapolis
Apamea Kibotos
Erythrai
Claros
Ephesus
Tralles
Laodicea
Colossae
Lystra
Magnesia
Priene
Myus
Miletus
Didyma
Aphrodisias
PISIDIA
Derbe
SAMOS
ACHA
Corinth
Athens
Piraeus
Olympia
Epidaurus
Mantinea
Megalopolis
Lycosoura
Sparta
DELOS
PATMOS
CARIA
Halicarnassus
Cos
Cnidus
PAMPHYLIA
Attalia
Seleucia
LYCIA
Patara
Rhodes
RHODES
THERA
Salam
Soli
Paphos
CYPRUS
Cnossus
Gortyna
CRETE
MEDITERRANEAN SEA
Cyrene
CYRENAICA
Alexandria
Naucratis
Leontopolis
Memphis
EGYPT
Arsinoë
Fayyum
Siwa

ANCIENT MEDITERRANEAN EAST
CASPIAN SEA
COLCHIS
Trapezus
ARMENIA
Tigranocerta
ADIAPENE
Gaugamela
Nisibis
Samosata
Zeugma
Apamea
Edessa
COMMAGENE
OSRHOËNE
Ecbatana
Issus
Aleppo
Antioch
SYRIA
Ugarit
Laodicea
Apamea
Orontes
Epiphania
Euphrates
Dura Europos
Tigris
PARTHIA
MESOPOTAMIA
Seleucia
Ctesiphon
Palmyra
Babylon
Byblos
Baalbek
Berytos
Sidon
Damascus
PHOENECIA
ARABIA
Uruk-Warka
Tyre
Caesarea Philippi
Seleucia
Bethsaida
Philoteria
Gadara
Bostra
Scythopolis
Gerasa
Samaria
Shechem
Jordan
PALESTINE
Joppa
Philadelphia
Jamnia
Jerusalem
Qumran
Bethlehem
Gaza
Masada
NABATEA
ARABIA PETRAEA
Petra
AKABAH
GAB

2nd edition

INTRODUCTION
TO THE
NEW TESTAMENT

HISTORY, CULTUE, AND RELIGION
OF THE HELLENISTIC AGE

HELMUT KOESTER

신약성서 배경연구 Introduction of the New Testament

초판 발행 1996년 2월 15일
제2판 발행 2003년 12월 2일
제3판 발행 2009년 9월 10일
저자 헬무트 쾨스터
역자 이억부
발행처 은성출판사
등록 1974년 12월 9일 제9-66호

주소 서울시 강동구 성내동 538-9
전화 070) 8274-4404
팩스 02) 477-4405
홈페이지 http://www.eunsungpub.co.kr
전자우편 esp4404@hotmail.com

Printed in Korea
ISBN 89-723-6377-4 33230

차 례

개정판에 붙이는 서문

이 책의 초판은 독일어로 된 나의 저서 *Einführung in das Neue testament*를 토대를 번역한 것이었다. 이 『신약 배경 연구』 개정판은 이전에 출판된 독일어 판을 의존한 것이 아니다. 나는 이 책 전체의 본문을 완전히 개정했으며, 몇 개의 새로운 장(章)을 추가하고 참고문헌도 새로이 작성했다. 나는 이 책의 초판이 긍정적인 반응을 받았던 사실을 감사히 여기고 있으며, 이 책에서 다룬 모든 주제들에 대해 세밀히 관찰하고 지적해준 분들에게서 많은 것을 배웠다. 나는 잘못된 것들을 바로잡기 위해서 노력을 했지만, 초대 기독교가 발생했던 세계, 신약성서를 비롯한 초대 기독교 문헌들이 배출된 세계의 정치적, 문화적, 종교적 발달상의 복합적인 양상들에 대한 유익한 개론을 신약 성서를 공부하는 학생들에게 제공해 주는 이상의 일을 했다고 주장할 수는 없을 것이다.

나는 미네소타 대학의 교수로 재직하고 있는 나의 제자 빌립 셀류(Philip Sellew)에게서 많은 도움과 조언을 받았다. 그는 나의 원고 전체를 세밀하게 읽고 고쳐주었으며, 그레코-로마 세계에 대한 그의 지식을 거리낌없이 제공해주었다. 하버드 대학의 학생들과 동료 교수들 역시 이 책을 보다 완벽한 책으로 만드는 데 많은 도움을 주었다. 만일 나의 아내 기셀라(Gisela)의 격려와 인내가 없었다면, 나는 오랜 시간을 컴퓨터 앞에서 보낼 수 없었을 것이다. 또 뉴욕에 있는 그뤼터(Walter de Gruyter) 출판사의 직원들이 능숙하게 이 책을 편집해준 데 대해서도 감사를 드린다.

약 50년 전에, 나는 마르부르크의 빌립스 대학(Philipps-

University)에서 학문을 시작했는데, 곧 루돌프 불트만의 강의에 매료되어 두렵고 떨리는 마음으로 그의 강의를 들었다. 나는 그의 신랄한 비평과 충심에서 우러난 격려를 들으면서 학위논문을 작성했었다. 신약성서를 그 시대의 상황에 맞추어 해석하는 기술에 있어서 누구도 따라갈 수 없는 대가였던 그분에게 이 책을 바친다.

1994년 10월
하바드 대학에서
헬무트 쾨스터

약어표

AAWG.PH	Abhandlungen der Akademie der Wissenschaften zu Göttingen. Philologisch-historische Klasse
AB	Anchor Bible
ADAI.K	Abhandlungen des deutschen archäologischen Instituts Kairo, Koptische Reihe
AHR	*American Historical Review*
AJP	*American Journal of` Philology*
ALGHL	Arbeiten zur Literatur und Geschichte des hellenistischen Judentums
AnBib	Analecta Biblica
ANRW	*Aufstieg unrl Niedergnng der römischen Welt*
APOT	*Apocrypha and Pseudepigrapha of the Old Testament* (ed. R. H. Charles)
APP	Ancient Peoples and Places
ASP	*American Studies in Papyrology*
AThANT	Abhandlungen zur Theologie des Alten und Neuen Testaments
ATLABS	American Theological Library Association Bibliography Series
BAR	*Biblical Archaeolagy Review*
BCNH.S	Bibliothèque Copte de Nag Hammadi. “Section Textes”
BibOr	Biblia et orientalia
BJudSt	Brown Judaic Studies
BKP	Beiträge zur klassischen Phiiologie
CBQ	*Catholic Biblical Quarterly*
CBQ.MS	Catholic Biblical Quarterly. Monograph Series
CP	*Classical Philology*
CRINT	Compendia Rerum Judaicarum ad Novum Testamentum
EHS.T	Europäsche Hochschulschriften. Reihe 23: Theologie
EPRO	Études préliminaires aux religions orientales dans l’empire romain
EtBib	Études Bibllques
EtJ	Études Juives
FRLANT	Forschungen zur Religion und Literatur des Alten und Neuen Testaments
GCS	Die griechischen christlichen Schriftsteller der ersten drei Jahrhunderte
GLB	De Gruyter Lehrbuch
GRBS	*Greek, Roman, and Bvzantine Studies*
GTB	Van Gorcum’s theologische bibliotheek
HAW	Handbuch der Altertumswissenschaft

HCS	Hellenistic Culture and Society
HDR	Harvard Dissertations in Religion
Hesperia.S	Hesperia Supplements
HHS	Harvard Historical Studies
Hist	*Hisroria, Zeitschrift für alte Geschichte*
HNT	Handbuch turn Neuen Testament
HSCP	*Harvard Studies in Classical Philology*
HSM	Havard Secitic Monographs
HSS	Havard Semitic Series
HTR	*Havard Theological Review*
HTS	Havard Theologkcal Studies
HUCA	*Hebrew Union College Annual*
Hyp	Hypomnemata. Untersuchungen zur Antike und zu ihrem Nachleben
IDBSup	*Interpreter's Dictionary to the Bible. Supplement*
JAL	*Jewish Apocryphal Literature*
JBL	*Journal of Biblical Literature*
JEA	*Journal of Egyptian Archaeology*
JHS	*Journal of Hellenic Studies*
JJS	*Journal of Jewish Studies*
JQR.MS	Jewish Quarterly Review. Monograph Series
JRomS	*Journal of Roman Studies*
JSHRZ	Jüdische Schriften aus hellenistisch-römischer Zeit
JSNTSup	Journal for the Study of the New Testament Supplement Series
JSOT Press	Journal for the Study of the Old Testament Press
JSPSup	Journal for the Study of the Pseudepigrapha Supplement Series
JSS	*Journal of Semitic Studies*
JTC	*Journal for Theology and the Church*
JTS	*Journal of Theological Studies*
KIT	Kleine Texte für (theologische und philologische) Vorlesungen und Übungen
LBS	Library of Biblical Studies
LCL	Loeb Classical Library
LEC	Library of Early Christianity
LHR	Lectures on the History of Religions, Sponsored by the American Council of Learned Societies
MAPS	Memoires of the American Philosophical Society
MBPF	Münchener Beiträge zur Papyrusforschung und antiken Rechtsgeschichte
MH	*Museum Helveticum*
MHFRW	Methuen History of the Creek and Roman World
Mn.Suppl.	Mnemosyne. Bibliotheca classica/philologica Batava. Supplements
NAWG.PH	Nachrichten der Akademie der Wissenschaft in Göttingen. Philologischhistorische Klasse
NHC	Nag Hammadi Codex
NHS	Nag Hammadi Studies

NovT *Novum Testamentum*
NovT.Sup Novum Testamentum Supplements
NS New series; neue Serie
NTDSup Das Neue Testament Deutsch. Supplementband
NTOA Novum Testamentum et Orbis Antiquus
NTS *New Testament Studies*
NumenSup Numen. International Review for the History of Religions. Supplements
ÖAW Österreichische Akademie der Wissenschaften
OCT Oxford Classical Texts
OTS *Oudtestamentische Studien*
Ph.S Philologus. Supplement
PMAAR Papers and Monographs of the American Academy in Rome
PVTG Pseudepigrapha Veteris Testamentis Graece
RAC *Reallexikon für Antike und Christentum*
RB *Revue Biblique*
RPS Religious Perspectives (series)
RSR *Revue des sciences religieuses*
RVV Religionsgeschichtliche Versuche und Vorarbeiten
SBAW.PPH Sitzungsberichte der bayerischen Akademie der Wissenschaften. Philosophisch-philologische und historische Klasse
SBLDS Society of Biblical Literature Dissertation Series
SBLEJL Society of Biblical Literature Early Judaism and its Literature
SBLMS Society of Biblical Literature Monograph Series
SBLSBS Society of Biblical Literature Sources for Biblical Studies
SBLSCS Society of Biblical Literature Septuagint and Cognate Studies
SBLMS Society of Biblical Literature Monograph Series
SBLSP *Society of Biblical Literature Seminar Papers*
SBLTT Society of Biblical Literature Texts and Translations
SCHNT Studia ad corpus hellenisticum Novi Testamenti
SJ Studia Judaica
SJLA Studies in Judaism of Late Antiquity
SNTSMS Society of New Testament Studies Monograph Series
SÖAW.PH Sitzungsberichte der Österreichischen Akademie der Wissenschaften.
Philologisch-hi storisc he Klasse
SQAW Scriften und Quellen der Alten Welt
SQS Sammlung ausgewählter kirchen- und dogmengeschichtlicher Quellen-schriften
SSRH Sociological Studies in Roman History
StHell Studia hellenistica
StPB Studia post-biblica
STRT Studia Theologica Rheno-Trajectina
SUNT Studien zur Umwelt des Neuen Testamentes
SUNY State University of New York
SVTP Studia in veteris testamenti pseudepigrapha

TF	Texte zur Forschung
TSJTSA	Texts and Studies of the Jewish Theological Seminary of America
TStAJ	Texte und Studien zum Antiken Judentum
TU	Texte und Untersuchungen zur Geschichte der altchristlichen Literatur
UB	Urban-Bücher
VT	*Vetus Testamentum*
VTSup	Vetus Testamentum. Supplement
WdF	Wege der Forschung
WUNT	Wissenschaftliche Untersuchungen turn Neuen Testament
YCS	Yale Classical Studies
Zet.	Zetemata
ZNW	Zeitschriftfiir die neutestamentliche Wissenschafr und die Kunde der alten Kirche

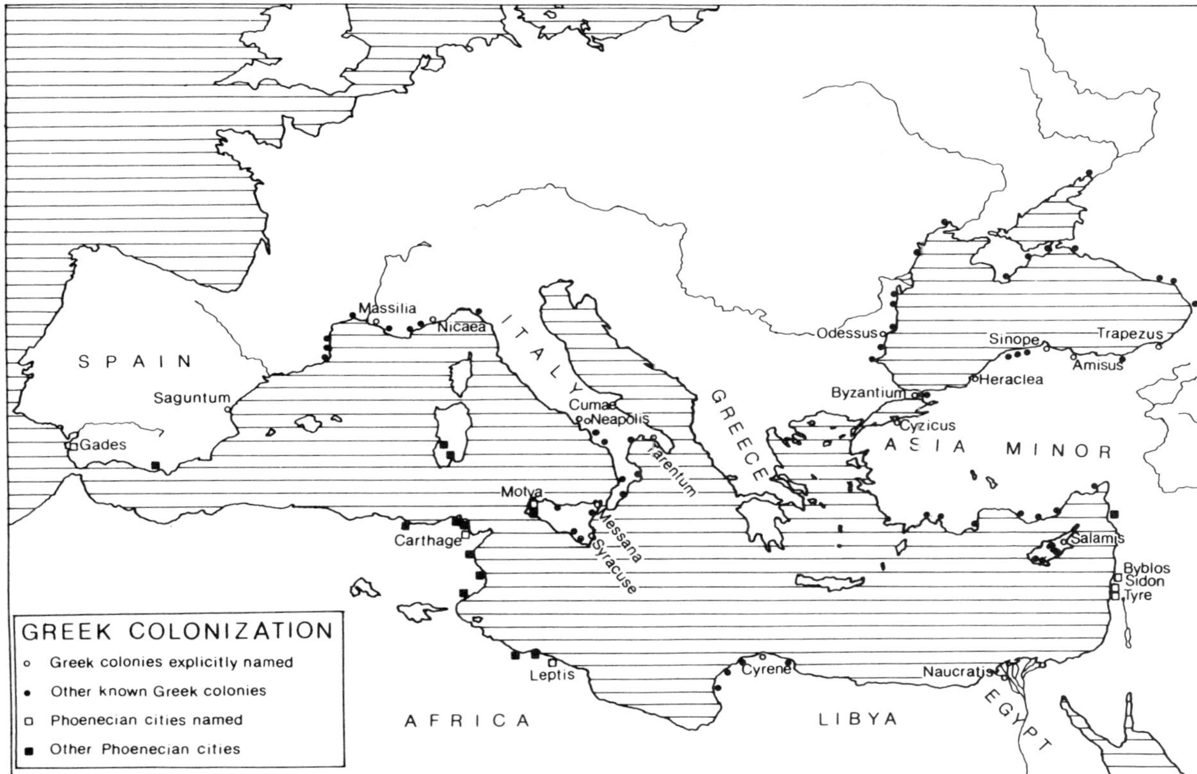

GREEK COLONIZATION
Greek colonies explicitly named
Other known Greek colonies
Phoenecian cities named
Other Phoenecian cities
SPAIN
Saguntum
Gades
Massilia
Nicaea
ITALY
Cumae
Neapolis
Tarentum
Motya
Messana
Syracuse
Carthage
Leptis
AFRICA
GREECE
Odessus
Byzantium
Cyzicus
Heraclea
Sinope
Amisus
Trapezus
ASIA MINOR
Salamis
Byblos
Sidon
Tyre
Cyrene
Naucratis
LIBYA
EGYPT

제1장

역사적인 개요

1. 알렉산더 대왕 이전의 그리스와 고대 지중해 지방

(a) 기원전 4세기 이전의 헬라화

알렉산더 대왕의 정복 이전 수세기 전에, 그리스인들은 그리스 본토에서 다른 지역으로 진출하기 시작했다. 이올리스(Aeolis)의 그리스인들은 기원전 11세기나 12세기에 키메(Kyme)를 중심으로 삼고서 서부 아나톨리아의 북부 해안에 정착했다. 이오니아(Ionia)의 그리스인들은 아나톨리아 서쪽 해안의 중심 지역에 정착하기 시작하여 여러 도시를 세웠는데, 그중에는 서머나, 에베소, 프리에네(Priene), 미우스(Myus), 밀레투스(Miletus) 등이 있다. 이 도시들은 기원전 6, 7세기에 사르디아를 통치한 리디아(Lydia) 왕들의 통치하에서 번성했으며, 지중해의 다른 지역에 새로운 그리스 도시들이 형성되는 데 크게 기여했다. 탈레스(Thales), 아낙시만더

(Anaximander), 아낙시메네스(Anaximenes), 헤카타이오스(Hekataios) 등의 고향인 밀레투스(Miletus)는 그리스 문화권에서 가장 중요한 도시였다. 이러한 도시들은 동양의 사상을 그리스에 소개하는 중개 역할을 했고, 거꾸로 소아시아의 다른 지방을 그리스화하는 데도 기여했다. 기원전 6세기 후반에 페르시아가 아나톨리아를 정복했는데, 당시 아나톨리아의 서부 대부분과 에게 해의 모든 섬들은 그리스의 영토였다.

8세기에서부터 지중해와 흑해의 대부분의 지역에 그리스 식민지가 형성되었다. 밀레토스는 흑해 연안에 그리스 도시들을 건설했는데 거기에는 시노페(Sinope), 아미소스(Amisos), 트라페주스(Trapezus), 판티카페움(Panticapaeum) 등이 포함된다. 밀레토스는 이집트 내의 유일한 그리스 식민지인 나우크라티스(Naukratis)도 건설했다. 고린도는 시실리에 시라쿠사(Syracuse)와 니도(Knidos), 파셀리스(Phaselis), 그리고 아나톨리아 남쪽 해안에 솔로이(Soloi) 등의 식민지를 건설했다. 이탈리아 남부의 키메(Kyme, Cumae)와 네압볼리(Neapolis, 나폴리), 그리고 시실리의 레기온(Rhegion)과 메시나(Messina)는 유보니아(Eubonia)의 식민지였다. 이탈리아 남부의 여러 그리스 도시들은 대부분 아가야 사람들이(Achaians)이 세운 것이었고, 타렌툼(Tarentum)은 스파르타의 식민지였다. 남부 골(Gaul)의 마실리아(Massilia, 마르세이유)와 니케아, 그리고 이베리아 반도 연안에 있는 올비아(Olbia) 등은 테라(Thera)라는 섬 출신의 정착민들이 세웠다. 기원전 6세기에는 지중해 지역 거의 대부분 그리스 도시들이 건설되어 있었다.

대부분의 신흥 그리스 도시들은 아포이키아이(αποικίαι)즉 모 도시의 주민 일부가 이주하여 건설된 것이었다. 새로운 식민지는 모 도시와 정치적, 경제적 유대를 유지했는데, 그러한 관계는 수백 년 동안 지속되기도 했다. 대부분의 식민지들은 주로 농사를 의지했고, 처음에는 모 도시의 과다한 인구와 사회적 문제들을 해소하기 위해 건설된 것이었다. 이런 도시들의 형성은 경제적으로 유익을 가져오게 되었으니, 즉 모도시들이 생산한 물건들을 판매할 수출 시장과, 원자재와 곡물을 그리스로 수입할 수 있는 새로운 시장이 형성된 것이다. 세월이 흐르면서 지적, 문화적, 종교적 교류가 발달되었으며, 동시에 그리스 문화의 발달에 지속적인 영향을 주었다.

그후 수세기가 흐르는 동안 많은 식민 도시들은 점차 모 도시들로부터 독립했는데, 이러한 추세는 정치적인 발달에 따라 더욱 강화되었다. 소아시아 지방에서는 리디아의 왕들을 대신하여 보다 압제적인 페르시아 총독들이 통치하기 시작했다. 그들은 모도시와 그 식민 도시들이 누리던 자유를 박탈했다. 그러나 식민 도시들의 독립에 기여한 주요 요인은 경제적인 것이었다. 이전에는 모 도시를 상대로 원자재를 팔고 자신들에게 필요한 상품을 들여 오던 많은 신생 도시들은, 이제 원자재를 사용하여 상품을 직접 생산하기 시작했다. 이러한 현상은 기원 전 5세기에 남부 이탈리아와 시실리에서 시작되어 그 다음 세기에는 동부에서 계속되었는데, 이것이 기원 전 4세기에 그리스의 경제가 위기에 처한 주요 요인이 되었다.

<u>Bibliography to §1: Text</u>

Michael H. Crawford, ed., *Sources for Ancient History* (Cambridge and New York: Cambridge University Press, 1983).

Michael M. Austin, ed., *The Hellenistic World from Alexander to the Romean Conquest: A Selection of Ancient Sources in Translation*(Cambridge and New York: Cambridge University Press, 1981).

Roger S. Bagnall and Peter Derow, *Greek Historical Documants: The Hellenistic Period*(SBLSBS 16; Chicco, CA: Scholars Press, 1981).

Stanley M. Burstein, *Translated Doccuments of Greece and Rome,* vol. 3: *The Hellenistic Age from the Battle of Ipsos to the Death of Kleopatra VII* (Cambridge and New York: Cambridge University Press, 1985).

Russell Meiggs and David M. Lewis, ed., *A Selection of Greek Historical Inscriptions to the End of the Fifth Centuriy B.C.* (Oxford and New York: Oxford University Press, 1969).

G. H. R. Horsley, *New Documens Illustrating Early Christianity*(6 vols.; The Ancient History Documentary Research Centre; North Ryde, New South Wales: Macquarie University, 1981-91).

Bibliography to §1: Comprehensive Studies of the Entire period

W. W. Tarn, *Hellenistic Civilization* (3rd.; rev. by authur and G. T. Griffith; London: Arnold, 1952)

F. F. Peters, *The Harvest of Hellenism: A History of the Near East fron Alexander the Great to the Triumph of Christianity* (New York: Simon and Schuster, 1970)

Peter Green, *Alexander to Actium: The Historical Evoluion of the Hellenistic Age* (Hellenisticc Cultture and Societty 1; Berkley and Los Angeles, CA: Universiy of California Press, 1990).

Herman Bengston, *Griechische Geschichte von den Anfängen bis in die römmische Kaiserzeit*(HAW 3/4; München: Beck, 1977)

F. W. Wallbank, *The Hellenisttic World* (Cambridge, MA: Harvard Universitty Press, 1982).

(b) 알렉산더 이전의 동부 지중해

알렉산더 대왕이 등극하기 전 2세기 동안, 정치, 문화, 경제 전반에 걸쳐 그리스와 페르시아 사이의 적대감이 지중해 동부를 지배했다. 페르시아는 몇 년 사이에 시리아, 팔레스틴, 이집트, 그리고 그리스 도시들이 속해 있는 소아시아를 정복할 수 있었다(기원 전 500-494년에 있었던 이오니아인의 항거는 실패했다). 그러나 그리스 본토를 지배하려는 시도는 성공하지 못했다. 그리스인들이 페르시아와 싸워 거둔 승리는 그리스인의 마음에 깊은 감명을 주었다. 그리하여 이 주제는 정치적 문서와 과학적 저술은 물론이요, 그리스 문학, 시와 소설에서 다양하게 표현되었으며, 그후 수세기 동안 중요한 의미를 지녔던 "동방"과 "서방"의 근본적인 차이점을 상고하는 데 기여했다. 그리스인들은 동방의 초강대국의 맹공격에 저항하는 데 성공했다. 그리스의 교육, 문화, 그리고 신들의 우수성에 대한 의식은 그리스인들 뿐만 아니라, 후일 그리스인들을 정복한 로마인들을 포함하여 다른 국가들의 정신 속에도 형성되었다.

그리스와 페르시아 사이에는 근본적으로 큰 차이가 있었다. 페르시아는 한 사람의 대왕이 영도하는 하나의 방대한 제국을 이루었다. 물론 총독들이 다스리는 지역과 독립된 주(洲)들은 문화적, 종교적 독립성을 유지하기도 했지만, 대왕이 통치하는 중앙 정부는 군사력을 동원하여 넓은 지역을 통치했다. 한편 그리스는 다수의 민주적, 과두적, 또는 귀족적 국가들로 나뉘어 있는 농업 위주의 작고 가난한 나라였다. 그러나 곧 그리스 북쪽에 있는 마케도니아 왕국이 그리스의 영향권 안에 들어오기 시작했다. 이 국가들은 팽팽한 관계를 유지했으며, 간혹 우호 관계를 유지하기도 했으나 대체로 공공연하게 적대적인 관계를 견지했다.

그리스는 여러 개의 국가로 분할되어 있었으나 서로 완전히 상이하지 않았기 때문에 놀라운 경제력을 과시했으며, 국경을 초월하여 문화적 영향력을 발휘했다. 페르시아는, 비록 그리스를 정복하지는 못했지만, 동부 지중해 지역의 유일한 초강대국으로 존재했다. 페르시아 제국은 막대한 부를 축적하고 있었음에도 불구하고 경제적, 문화적, 종교적인 힘은 미약했다. 서부 지중해 지역에서는 로마, 시라쿠사(시실리 남동부의 항구 도시), 그리고 칼타고(아프리카 북부의 고대 도시 국가. 기원전 146년에 멸망) 사이에 권력 투쟁이 막 시작되고 있었다.

Bibliography to §1.1a-b

Ronald A. Crossland, "Early Greek Migrations," in Grant and Kitzinger, *Civilization*, 1. 155-70.

John Boardman, *The Greeks Oveseas: Their Early Colonies and Trade*(3rd. ed.; London: Thames & Hudson, 1980).

Idem and N. G. L. Hammond, eds., *The Expansion of the Greek World, Eighth to Sixth Centuries B.C.* (*CambAncHist* 3/3; 2d ed.; Cambridge: Cambridge University Press, 1982).

Edouard Will, *Histoire politique du monde hellénistique*(323-30 *avant J.-C.*) (2d. ed.; 2 vols.; Nancy: Berger-Levrault, 1979-1982).

A. J. Graham, *Colony and Mother City in Ancient Greece*(New York: Barnes and Noble, 1964)

(c) 그리스

페리클레스(Pericles) 시대에 지속된 고대 그리스의 황금 시대는 30여년 동안의 펠로폰네소스 전쟁(Peloponnesian War, 433-404

BCE)으로 인해 종말을 맞이했다. 아테네는 어쩔 수 없이 스파르타에게 항복했지만, 두 도시는 주도적 강대국으로서의 지위를 상실했다. 그후 수십 년 동안 그리스의 상태는 더욱 악화되었고, 정치적인 분열이 증가했다. 그리스는 끝없는 내란으로 시달렸다. 스파르타와 아테네가 장악하고 있던 지도권을 연방 공화국들로 대치하려는 시도가 있었으나 결국은 실패하고 말았다. 기원 전 4세기 중엽에, 그리스 북부에 위치한 인접 국가인 헬라화 된 마케도니아가 지배권을 주장하기도 했지만, 여러 차례의 전쟁을 치른 끝에 결국 더베(Thebes)는 알렉산더에 의해 멸망하고 말았다(335 BCE). 강력한 힘을 지닌 마케도니아도 지속적인 평화를 정착시키지 못했다. 그 다음 시대에 헬라 제국들과 로마 등의 외세에 의해서 초래된 무질서 상태는 로마가 그리스와 마케도니아를 통치하게 되면서 종식되었다.

기원 전 4세기에는 경제적인 상황도 악화되었다. 기원 전 5세기에 시작된 산업화 과정이 지속되면서, 노예를 노동력으로 하는 소비 제품과 계속되는 전쟁으로 인해 수요가 증가하고 있는 무기를 비롯한 전쟁 물품의 생산량이 증가했다. 산림 개척의 결과로 조선업이 계속 발전했다. 은행업이 확대되었으나, 그리스의 해외 시장에서는 그에 상응하는 성장을 이루지 못했다. 고고학적 발굴에 의하면, 시리아, 이집트, 그리고 흑해 연안과 지중해 서쪽에 위치한 그리스의 식민지들이 전처럼 그리스에서 상품을 구매하지 않고 직접 생산했음을 알 수 있다. 그리스의 여러 도시에서는 건축업이 쇠퇴하여 주요 건축 계획이 중단되었는데, 그것은 알렉산더 시대나 로마 시대에 이르러 재개되었다.

이로 말미암아 그리스인들은 가난을 겪게 되었다. 천연 자원, 광물, 목재, 그리고 경지의 부족이 더욱 심각하게 느껴졌다. 수입에 의해서 이런 상태를 해소할 수 없었는데, 그 이유는, 그리스가 수출하는 술, 올리브 기름, 도자기 등으로는 무역 적자를 면할 수 없었기 때문이다. 금, 항료, 향수, 그리고 신전에서 제사 때에 사용하는 향

등의 사치스러운 수입품은 매우 비쌌기 때문에 그것을 구매할 수 있는 사람들이 점점 더 감소되었다. 동시에 인구가 증가하면서, 빈부의 격차가 심해지고 실업자 문제가 악화되었다. 대부분의 중산층은 가난으로 치달았다. 정치적인 혼란으로 인한 추방과 재산 몰수로 말미암아 중산층과 상위층 모두가 약화되었다. 과거에 주로 국가를 지원했던 이들 계층의 시민들이 줄어들면서, 군대는 점차 하위 계층과 땅을 소유하지 못한 계층에서 징집된 용병들로 채워졌다. 알렉산더 대왕의 시대 이전에도 그리스 용병들이 외국을 위해 활동했었다.

Bibliography to §1.c-d

A. R. Burn, "Historical Summary of Greece." Michael Grant and Kitzinger, *Civilization,* 1. 3-44.

J. B. Bury, *A History of Greece to the Death of Alexander the Great*(4th. ed.; rev. Russel Meiggs; London: Macmillan, 1975)

N. G. L. Hammond, *A History of Greece to 322 B.C.*(3d ed.; Oxford: Clarendon, 1959)

Herman Bengtson(ed.), *The Greeks and the Persians from the Sixth to the Fourth Centuries*(New York: Delacorte, 1968)

(d) 페르시아 제국

기원 전 6세기 후반에 정복에 의해 세워진 페르시아 제국은 상이한 특성을 지닌 방대한 지역들을 포함했다. 여러 인종으로 구성되었기 때문에 지역마다 사회적, 경제적 상태에 현격한 차이가 있었다. 페르시아의 중심지(Persis)를 포함하는 티그리스강 동편, 그리고 대체로 이란인들이 정착한 지역인 박트리아(Baktria)와 소그디아(Sogdia)를 비롯한 메디아(Media)로 이루어진 동쪽 지역은 대부분 시골이었다. 자영농(自營農)들은 소와 말을 기르는 지주들과 결탁하여 생활했다. 페르시아 군대의 군인들은 주로 이 지역 출신이었으며, 토지를 소유한 지주 계층에서는 행정부 관리를 배출했다. 보다 북쪽 지역인 카스피 해와 아랄 해 근처의 주민들은 유목 민족이었다.

페르시아의 심장부 서쪽의 상황은 판이했다. 페르시아가 정복할 당시에 메소포타미아나 그 서쪽 지역에는 이란인들이 전혀 살고 있지 않았다. 메소포타미아 지방의 고대 문화의 중심지인 바벨론과 우르(Ur)의 운명은 크세륵세스(Xerxes, 482 BCE)에 의해서 바벨론의 성소들이 파괴된 후에 눈에 띄게 쇠퇴했지만, 이 도시들은 페르시아 통치 하에서도 계속 존속했다. 이들 도시의 제사장 출신 귀족들은 어느 정도의 경제력을 유지했으며, 주로 계승되어온 법률 체계를 보존하는 것과 방대한 수학을 완전하게 정리하는 일에 헌신했다. 그러나 그들은 주민들에 대한 영향력을 대부분 상실했다. 특히 많은 이주자(주로 페르시아인, 메데인, 이스라엘인)들이 바빌로니아에 정착하면서 그런 경향이 짙어졌다. 메소포타미아의 저지대에서 고도로 발달한 농업의 수혜자는 주로 페르시아의 국고와 큰 은행들이었지만, 많은 도시와 마을을 지닌 이 인구가 조밀한 지역을 번영하게 만든는 원동력이 되었다.

서북쪽에 위치한 앗수루(Assyria)는 기원 전 7세기말에 몰락된 이래로 항상 인구가 희박했다. 앗수르(Assur)는 계속 존속했으나, 니느웨는 폐허가 되었다. 유프라테스와 티그리스의 중간 지역은 불모의 대 초원 지대였다. 그러나 유프라테스 상류와 지중해 사이에 위치한 다민족 국가로서 많은 인구를 가진 시리아는, 페르시아 제국에서 가장 중요한 지역 중의 하나였다. 그 내부에는 국제 교역의 중심지들이 있었는데, 이들은 다메섹, 알렙포(Aleppo), 팔미라(Palmyra) 등의 대상 도시(caravan cities)들이다. 시리아-팔레스틴(Syro-Palestinian) 연안에는 해양 민족인 페니키아인들의 강력한 상업 도시들이(두로, 시돈, 비블로스, 베리토스) 있었는데, 이 도시들 역시 페르시아에 해군력을 제공했다. 시돈(Sidon)의 반란(350-344)이 있었던 것 외에는, 페르시아의 통치에 의해 이 지역들은 평화와 번영을 누렸는데, 이는 페르시아에 예속되어 페르시아 왕들에 의해 복원된 예루살렘과 사마리아도 마찬가지였다(§5.1a).

소아시아에는 다양한 경제 구조와 사회 구조를 가진 많은 상이한 민족들이 거주했다. 기원전 2천년대 중반에 굳건히 자리잡았던 아나톨리아를 통치한 히타이트족(Hittites)은 지중해의 여러 지역(카리아와 리키아)에서 이주해온 주민들 및 프리기아족(Phrygians)과 리디아족(Lydians)의 독립 쟁취 야망에 굴복했다. 그러나 물론 히타이트족의 종교적 전통은 계속 영향을 미쳤다. 아나톨리아의 해안 지역들, 특히 에게 해와 흑해의 연안 지역들은 여러 가지 결속에 의해 그리스와 연합했으며, 지중해 전체 세계에서의 문화, 교역, 공업 생산을 분담했다. 소아시아의 내륙과 동부에서는 다른 형태의 농업 경제가 지배했다. 예를 들면, 원시적 산악 부족들이 생계를 위해 농사를 지은 것, 그리고 마을들이 고대의 신전이나 페르시아 귀족 소유의 대규모 토지에 의존한 것이다. 소아시아 전역에서의 경제와 교역은 대상길(caravan roads)에 의해 이어졌다.

가장 오래된 문화중 하나를 상속받은 이집트에서는 항상 중앙 정부가 통치하고, 경제를 주도했다. 페르시아가 통치할 때도 이러한 구조는 바뀌지 않았다. 그러나 상부 이집트의 유대 식민지인 엘레팔틴(Elephantine)과 같은 군사적 식민지들에 의해서 그 지배력을 강화하려 했다. 100년 이상 페르시아의 지배를 받다가 기원 전 405년에 독립한 이집트는 어려움 없이 과거의 행정 패턴으로 돌이킬 수 있었다. 이집트는 이 마지막 자치 시기에 번성하다가, 알렉산더 대왕의 등장 직전인 기원 전 343년에 페르시아에게 다시 점령되었다.

페르시아 제국의 조직에는 하나의 중앙 정부와 여러 개의 지방 행정 기관(총독의 관구)가 포함되어 있었는데, 지방 행정 기관들은 상비군 분대들에 의해 강화되었으나 어느 정도는 독립을 향유했다. 때로 카리아(Karia)의 모솔로스(Mausollos) 등의 총독들은 스스로 반(半)쯤 독립한 통치자라고 선언했다. 모솔로스는 할리카르나소스(Halikarnassos)에 기념비적인 자신의 무덤을 건설한 것으로 유명하다. 여러 총독 관구에 파견된 군 부대들은 용병들로 이루어진 경우가 많았는데, 그들중에는 그리스인과 유대인들도 있었다. 상부 이집트에 위치한 유대인 군사 식민지는 파피루스 사본들이 발견됨으로써 잘 알려진 예이다. 크세노폰(Xenophon)은 자기의 저서 『아나바시스』(*Anabasis*)에서 페르시아 왕조의 투쟁에서 그리스인 용병들을 고용한 일을 언급하고 있다.

아케메네스조 페르시아(Achaemenid Persia)의 통치자들은 자기의 통치 하에 있는 신민(臣民)들에게 자기들의 문화를 강요하지 않았고, 국교나 황실 제의에 묶어 두려고 하지도 않았다. 극동 지역에서부터 에베소와 밀레토스와 같은 서부의 항구 도시에 이르는 "왕실 도로(Royal Roads)"를 건설하는 데 영향을 미친 페르시아 왕실의 적극적인 경제 정책, 그리고 평화와 안정의 유지 때문에 경제와 교역이 강화되었다. 페르시아 왕실이 거대한 양의 금과 은을 축재한 것은 경제에 점점 큰 장애물이 되었다. 물물 교환 대신 조금씩 화폐로 거래되기는 했지만, 통일된 화폐 정책은 없었다.

한 가지 관점에서, 페르시아는 지속적으로 효과를 발휘하게 될 하나의 통일된 결속체를 만들어냈다. 그것은 그들의 통치 하에 있는 셈족 계통의 많은 국가들이 사용하는 아람어를 행정의 주요 매개어로 사용하는 것이었다(소위 Imperial Aramaic). 서부 아람어는 예수님 당시 팔레스틴에서 사용된 아람어의 방언이었다. 동방의 초기 기독교 문헌에서 사용되는 주요 언어인 고대 시리아어(Syriac)와 만디아어(Mandean)는 동부 아람어가 발전한 것이다.

2. 알렉산더 대왕

(a) 동부 정벌을 위한 전제 조건

악시오스(Axios)와 할리아크몬(Haliakmon)이라는 계곡들과 그

대리석으로 만들어진 알렉산더 대왕의 두상(頭像)

알렉산더가 이집트의 신 암몬-레(Ammon-Re)가 특징적으로 가지고 있는 수양의 뿔을 지닌 모습으로 표현되어 있다. 그리스인들은 암몬-레를 제우스라고 불렀다.

주위의 산악 지대에 거주하던 마케도니아인들은 그리스인들과 밀접하게 관련된 민족이었다. 그들의 언어는 헬라어 어족에 속한다. 그러나 마케도니아인들은 여러 면에서 그리스인들는 판이하게 달랐고, 고대 그리스의 역사에서 그다지 큰 역할을 하지 않았다. 지리적으로도 마케도니아는 다른 특징을 가지고 있었다. 그리스는 높은 산들과 좁은 계곡들 때문에 많은 단위로 구분되었지만, 마케도니아는 큰 강들을 끼고 있는 넓은 비옥한 평야를 자랑했다. 이러한 강들 덕분에 다소 멀리 떨어진 곳에 있는 계곡들에 접근할 수 있었다. 따라서 그리스의 다른 지역에서처럼 산악 지대 때문에 내륙에 접근하지 못하는 일이 없었다. 반면에 고대 마케도니아에는 주로 바다를 바라보는 훌륭한 자연 항구나 도시들이 부족했다. 고대 마케도니아는 경제적으로 자급자족했고, 그리스 도시들의 경제는 외국과의 교역에 의지하고 있었다.

이러한 지리적 구조는 마케도니아의 정치적, 사회적 특성에도 반영되었다. 대부분의 농촌 주민들은 도시 국가들처럼 소도시국가 의식을 소유하지 않았고, 또 농촌에는 귀족 정치에서 민주 정치로의 움직임도 없었다. 왕은 국가 전역에서 징집하여 구성한 군대의 사령관이었다. 그리고 물론 귀족 가문들이 왕권과 관련하여 서로 경쟁을 벌이기도 했지만, 마케도니아에서는 그리스 도시들에서처럼 독재 정치와 귀족 정치와 민주 정치 사이의 항존하는 싸움은 찾아볼 수 없었다.

기원 전 5세기부터 마케도니아는 그리스의 문화 생활에 참여하기 시작했다. 빌립 2세(Philip II)와 알렉산더 대왕 이전에도 마케도니아의 왕들은 이러한 발달에 대해 호의적이었다. 유명한 비극 작가인 유리피데스(Euripides)가 생의 말년을 펠라에 있는 마케도니아 궁전에서 지낸 것(이곳에서 *Bacchae*를 저술했다), 그리고 아리스토텔레스가 젊은 알렉산더 왕자을 가르친 교사였던 것은 우연한 일이 아니었다. 그러나 기원 전 4세기에 마케도니아가 그리스에서 정치적인 지도력을 맡게 된 것은, 단순히 그리스의 한 도시 국가에서 다른 도시 국가로의 권력의 이양이 아니라, 새로운 권력 구조로의 중대한 전환이었다. 마케도니아인들은 세상을 향한 그리스의 사명을 책임으로 맡으면서 자기들이 그리스 전통의 상속자라는 사실을 잘 알고 있었지만, 그들은 그런 유산과 사명을 완전히 새로운 시각으로 보았다.

기원 전 338년에 마케도니아의 빌립 2세가 카이로네이아(Chaironeia)에서 아테네와 그 연합군을 이김으로써, 아테네는 그리스에서의 주도권을 완전히 잃었고, 새로운 시대가 시작되었다. 아테네의 유명한 웅변가로서 반 마케도니아파의 지도자였던 데모스테네스(Demosthenes)는 전사한 군인들을 위한 추도 연설문에서, 아테네의 자유와 영광은 영원히 사라졌다고 탄식했는데, 그 말은 옳은 것이었다. 그러나 당시 90세였던 이소크라테스(Isocrates)는 시대의 징조를 보고서 빌립에게 다음과 같이 편지를 썼다:

"당신이 페르시아를 수중에 넣었으니, 이제는 당신이 신이 되는 일만 남았습니다."

Bibliography to §1.2

W. Lindsay Adams and Eugene N. Borza, eds., *Philip II, Alexander the Great, and the Maccedonan Heritage*(Lanhan, MD: University Press of America, 1982).

Bibliography to §1.2a

Paul Cloché, *Historie de la Macédonie, jusqu 'á l' avènement d'Alexandre le Grand(336 avand J.-C.)*(Paries: Payot, 1960)

Arnaldo Momigliano, *Filippo il Macedone*(Firenze: Monnier, 1934)

(b) 알렉산더의 동방 정복

알렉산더는 기원전 356년에 마케도니아의 빌립 2세(Philip II)와 올림피아스 사이에서 태어났으며, 그리스 교육을 받았다. 그의 스승들 중에는 철학자 아리스토텔레스도 있었다. 336년에 그의 부친이 살해되자, 군부는 알렉산더를 마케도니아의 왕으로 선포했다. 그가 취해야 할 첫번째 조처는 부왕이 시작한 트라키아 정복을 완수하는 것이었다. 그리스인들로부터 총사령관으로 인정을 받은 그는 마케도니아 서부와 북부에 있는 야만족들을 정복했다. 기원전 335년에는 그리스의 반란을 진압했는데, 그 반란의 중심 도시인 더베는 완전히 파괴되었다. 같은 해에 보스포러스 해협을 건너 소아시아로 갔고, 기원전 334년에는 그라니쿠스(Granicus)에서 비교적 약한 페르시아 군대를 물리쳤고, 승리의 행진을 계속하여 이오니아의 그리스 도시들을 페르시아의 지배에서 해방시켰다.

기원전 333년에는 소아시아에서 시리아로 들어가는 관문인 이수스(Issus)에서 페르시아 왕 다리우스 3세(Darius III)를 물리치고 첫번째 큰 승리를 거두었다. 알렉산더는 다리우스에게 제국의 서쪽 절반을 양도하라고 제안했지만 거절 당했다. 그는 아케메네스 왕조의 왕권과 페르시아 제국 전역의 지배권을 요구했다. 시리아의 나머지 지역, 페니키아, 사마리아, 그리고 예루살렘 등지에 대한 점령은 별다른 저항 없이 이루어졌다. 그러나 튀루스(두로)를 점령할 때에는 오랜 포위 공격이 필요했었다. 곧 이어 이집트도 전투 없이 알렉산더에게 항복했다. 시와(Siwa)에 있는 암몬(Ammon)을 섬기는 리비아 신전의 제사장들은 알렉산더를 제우스-암몬의 아들이라고 칭하면서 맞이했다.

나일강 델타의 서쪽 끝에 새로운 도시를 건설한 것은 문화적인 새 시대의 도래를 알리는 상징이 되었다. 기원전 331년에 알렉산더는 유프라테스 강을 건너 동쪽으로 진군하여 티그리스 상류의 동쪽에 위치한 가가멜라(Gaugamela)에서 다리우스(Darius)를 완전히 패배시켰다. 그로 인해 그는 페르시아 왕국의 중심부에 접근할 수 있게 되었다. 마케도니아 군대는 박트리아(Bactria: 오늘날의 아프가니스탄)를 포함하여 페르시아 동북부의 여러 지역을 점령했으나 전쟁은 계속 되었다. 기원전 327년에 알렉산더는 인도(오늘날의 파키스탄)에 도착했으나, 그의 군대는 그에게 갠지스 강까지 진군하지 말고 후퇴하라고 종용했다. 역사가들은 알렉산더의 군대가 인도로

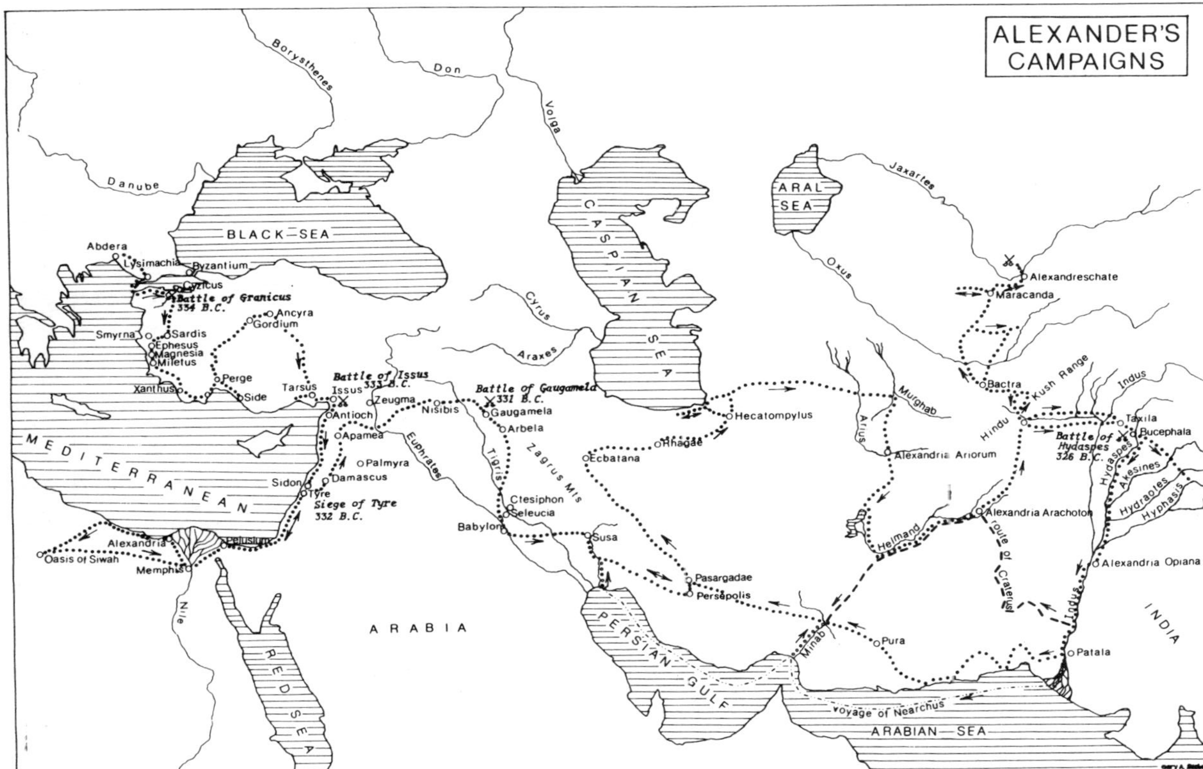
ALEXANDER'S CAMPAIGNS
Borysthenes
Don
Volga
Danube
BLACK SEA
CASPIAN SEA
ARAL SEA
Jaxartes
Oxus
Abdera
Lysimachia
Byzantium
Cyzicus
Battle of Granicus 334 B.C.
Ancyra
Gordium
Smyrna
Sardis
Ephesus
Magnesia
Miletus
Perge
Xanthus
Side
Tarsus
Battle of Issus 333 B.C.
Issus
Antioch
Apamea
Zeugma
Nisibis
Battle of Gaugamela 331 B.C.
Gaugamela
Arbela
Cyrus
Araxes
Hecatompylus
Rhagae
Ecbatana
Zagrus Mts
Tigris
Euphrates
Palmyra
Damascus
Sidon
Tyre
Siege of Tyre 332 B.C.
MEDITERRANEAN
Alexandria
Oasis of Siwah
Memphis
Pelusium
Nile
RED SEA
ARABIA
Ctesiphon
Seleucia
Babylon
Susa
Pasargadae
Persepolis
PERSIAN GULF
Minab
Pura
Voyage of Nearchus
ARABIAN SEA
Alexandreschate
Maracanda
Bactra
Kush Range
Hindu
Murghab
Arius
Alexandria Ariorum
Helmand
Alexandria Arachotou
route of Craterus
Alexandria Opiana
Indus
Patala
INDIA
Taxila
Bucephala
Battle of Hydaspes 326 B.C.
Hydaspes
Akesines
Hydraotes
Hyphasis

원정한 것, 예를 들자면 알렉산더의 함대가 히다스페스 강(Hydaspes)과 인더스 강을 건넌 것과 아라비아 해를 통해 페르시나 만에 도착한 것 등의 정치적 의미를 다양하게 평가한다. 그럼에도 불구하고, 이 탐험적 원정들은 그리스 과학의 발전과 문학적 상상력에 큰 자극제가 되었으며, 그 효과는 수세기 동안 지속되었다.

알렉산더는 어렵게 게드로시안(Gedrosian) 사막을 통과하여 페르시아의 심장부로 돌아온 후, 자신이 정복한 거대한 제국을 재조직하려고 했으나 그가 지닌 인격적인 결점들 및 원정을 통해 야기된 복잡한 문제들 때문에 실패했다. 특히 가끔씩 중용이 결여되어 있었던 알렉산더의 정치적 발언들과 점차 흐려지는 판단력, 페르시아 귀족들과 마케도니아의 조언자들, 그리고 장군들을 동시에 멀리한 것, 그리고 그리스-마케도니아인과 페르시아 사람을 혼합할 때, 착상을 잘못하고 비실제적인 정책을 세웠던 것 때문이다.

알렉산더가 말년에 신으로 숭배되기 시작했다는 증거가 있는 것 같으나, 이 과정에 관한 정보들이 모두 신빙성이 있는 것은 아니다. 그러나 기원전 324년에 알렉산더가 그리스인들로 하여금 자기의 죽은 친구인 헤파이스티온(Hephaistion)을 영웅으로 숭배할 것을 요구한 사실, 그리고 그리스인 대사들이 마치 신 앞에 서듯이 화관을 쓰고서 알렉산더 앞에 섰다는 사실은 잘 증명되어 있다. 이전의 견해와는 달리, 오늘날에는 통치자 숭배는 그리스 문화에 도입된 동양적 개념에서 생겨난 것이 아니라, 비범한 사람에게는 신성이 존재한다는 그리스 사상이 발전한 것이라고 알려져 있다. 신적인 왕의 개념이 형성되는 데에 이집트 사상이 어느 정도 기여했을 수도 있다(§1.5 a-d).

기원전 323년에, 알렉산더는 33세도 되지 못한 나이에 열병으로 쓰러져, 자신이 새 제국을 수도로 선택했던 바벨론에서 사망했다.

<u>Bibliography to §1.2b</u>

Johann Gustav Droysen, *Geschichte Alexanders des Grossen*(Düsseldorf: Dorste, 1966; first published 1833). The classic monograph and basis of modern

scholarship.
W. W. Tarn, *Alexander the Great*(Cambridge: Cambridge University Press,. 1948).
G. Brandford Welles, *Alexander and the Hellenistic World*(Toronto: Harkert, 1970).
G. T. Griffth, *Alexander the Great: The Main Problems*(Cambridge: Heffer, New York: Barnes & Noble 1966).
Ernst Badian, "Alexander the Great and Unity of Mankind," *Hist 7* 1958) 425-44.
Idem, *Alexander the Great: Collected Essays*(Chico, CA.: Scholars Press, 1981).

(c) 알렉산더가 사망할 당시의 상황

알렉산더가 사망할 당시, 알렉산더의 제국은 외부의 적으로부터 아무런 위협도 받지 않았으며 강력한 군대의 보호을 받았으나, 이 방대한 왕국을 강화하는 문제는 해결되지 못하고 있었다. 주로 군사적 방어와 민정을 돕기 위해 다수의 새로운 그리스의 식민 도시들이 형성되었다. 이런 도시들은 후일 문화적, 경제적으로 중요하게 되있다. 그러나 조직에 있어서 제국은 과거 페르시아의 행정 체계를 그대로 유지한 채, 그리스인들과 마케도니아인들(후일 동부에서는 페르시아인들도)이 총독과 재무 관리자로 임명되었다. 군사적 관심이 특출했으므로, 과거에 페르시아의 속주였던 지역들은 대부분 장군들에게 맡겨졌다. 그러나 이들은 새로운 통합 제국의 공동 유익보다 개인적인 야심을 우선적으로 고려했다.

알렉산더의 사망 소식은 심리적인 영향을 미쳐, 즉시 문제가 생겨났다. 그의 사망 소식이 전해지자, 그리스가 무장 궐기했으므로 마케도니아의 행정관 안티파터(Antipater)는 어려운 전쟁에 휩싸였다. 그리스는 알렉산더에 의해 야기된 동부에서의 새로운 상황에 대해 책임질 준비도 되어 있지 않고, 그럴 능력도 없었다. 다수의 그리스인들이 이전 페르시아 제국의 땅에 형성된 새로운 도시로 이주했으며, 그들은 새로 형성된 정치적 도시들을 헬라화 하는 데 있어서 큰 역할을 했다. 그러나 옛 그리스의 도시 국가들은 새로운 제국의 문제들을 자신의 관심사로 여기지 않았다.

알렉산더가 상속자나 후계자를 남기지 않은 채 사망한 것은 참으로 불행한 일이었다. 알렉산더가 사망한 후 박트리아의 왕녀 록사네(Roxane)가 아들을 낳았는데, 그 아기는 태어나면서부터 정치적 음모의 희생양이 되었다. 알렉산더의 동생 빌립 아르히다이오스(Philip Arrhidaios)도 알렉산더의 자리를 채울 수는 없었다. 마땅히 왕실에 충성해야 할 마케도니아 군대는, 영향력 있는 지도자로 입증된 사람이라면 누구에게라도 쉽게 충성을 바치려 했다. 도한 한때 마케도니아 보병 연대와 함께 군의 중요한 역할을 감당했던 페르시아인 지원군들이 이 외국 왕실에 충성할 것이라고는 기대할 수 없었다.

Biblography to §1.2c

Fritz Schachermeyer, *Alexander in Babylon und die Reichsordnung nach seinem Tode* (SÖAW. PH 268/3; Wien: Kommissionverlag der ÖAW, 1970).

3. 알렉산더의 여섯 장군과 그들이 통치하는 제국의 형성

(a) 안티파터 사망 이전의 사태의 진전

알렉산더 휘하의 여섯 장군들(Διάδοχι:후계자, 계승자라는 의미를 가진다 — 역주)의 싸움은 이 책에서 가능한 한 상세하게 묘사되었다. 이들의 싸움은 헬라 제국들의 발전과 몰락 사이에서 작용하는 여러 가지 요인과 긴장 관계를 조명해준다. 이 몇십 년 동안에 발생한 일로 말미암아 지중해 동부 지역에 상이한 행정구들이 형성되기 시작했는데, 이 과정은 궁극적으로 기독교의 출발점에서 발견되는 지리적 다양성을 이해하는 데 있어서 중요한 역할을 한다.

알렉산더의 후계자 문제는, 제국의 임시 수도인 바벨론에서 마케도니아 군대의 회의를 통해 결정될 사항이었다. 정치의 핵심부가 그리스-마케도니아(Greco-Macedonia) 본국으로 돌아 가지 않을 것은 분명했다. 빌립 2세 때에도 활동했으며 왕실 수비대의 사령관으로 있던 페르딕카스(Perdiccas)는 사령관직에 추인되어 동부 지역에 남아 있으면서 제국의 아시아 지역을 다스리는 섭정 역할을 했다. 알렉산더가 사망하자, 노련한 장군인 크라테로스(Krateros)는 휘하의 군인들을 이끌고 고국인 마케도니아로 돌아갔다. 그는 소위 "왕실의 수호자"로 임명되었는데, 이는 알렉산더의 동생 아르히다이오스(Arrhidaios)와 장차 태어날 알렉산더의 아이를 책임지는 것이었다. 그는 그들의 권위에 의하여 군대의 총사령관이 되었다. 안티파터(Antipater)는 마케도니아의 지방장관(στρατηγός)으로 임명되었으며, 그는 이곳에서 반항하는 그리스인들과 교전했다(Lamian War).

과거 페르시아가 통치하던 지역들에 대한 새로운 분할 협정이 이루어졌다. 알렉산더 밑에서 오랫동안 일한 장군인 애꾸눈 안티고노스 모노프스탈무스(Antigonus Monophthalmus)는 프리기아(Phrygia)와 밤빌리아(Pamphylia)와 리키아(Lycia), 즉 소아시아의 중남부 지역을 차지했고, 또다른 원로 지휘관인 리시마코스(Lysimachos)는 트라키아를 차지했다. 그리스 출신으로서 행정관으로 유명했던 카르디아(Kardia)의 유메네스(Eumenes)는 카파도키아의 총독이 되었다. 알렉산더 세대의 인물로서 알렉산더의 경호원이었으며 탁월한 군사 지휘관이었던 프톨레미는 이집트를 차지했다. 이 제1 세대 지방장관들 중에서 프톨레미만이 자신이 원래 관할하던 지역을 소유할 수 있었는데, 이는 그의 지능과 교활함 뿐만 아니라 그가 차지한 지역이 외진 곳에 위치해 있었기 때문이다. 프톨레미는 알렉산더의 제국을 복원하려는 생각을 완전히 버리고, 독립된 왕국의 통치자로서의 자신의 위치를 강화하기 위해 노력을 기울였다. 이와는 달리, 다른 장군들의 관심은, 자신의 영도 하에 제국을

리시마쿠스의 은화
표면(위)에는 제우스-암몬의 뿔을 지닌 알렉산더 대왕의 얼굴을 보여주며, 뒷면(아래)는 방패와 뱀을 지닌 아테나 여신이 새겨져 있다. 그녀의 옆에는 ΒΑΣΙΛΕΩΣ ΛΥΣΙΜΑΞΟΥ("of king Lysimachus")라는 글씨가 새겨져 있다.

재통일하는 것이었다(항상 이기적인 야심이 동기가 된 것은 아니다).

그러나 이런 통일 왕국을 이루려는 이상은 그후 수십 년간 많은 전쟁을 겪으면서 잊혀졌고, 결국 독립된 왕국들을 세우는 일이 유일한 관심사가 되었다. 여섯 장군들 사이에 전쟁이 계속된 데에는 또 다른 이유가 있었다. 즉 그리스 본토와 계속 관계를 맺는 것, 그리고 최소한 경제적으로나 상징적 이유에서 옛 그리스 영토의 일부분이라도 지배하는 것은 헬라의 여러 왕국들에게 영속적으로 중요한 일이라는 것이 증명되었다. 그래서 옛 그리스 도시 국가들과의 분쟁은 피할 수 없었고, 자유를 얻기 위한 그들의 노력은 거듭 좌절되었다.

처음 몇년 동안 유메네스(Eumenes)의 지지를 받아 가장 강력한 지위를 차지했던 페르디카스(Perdiccas)는 바벨론을 수도로 삼고 자신의 영도 하에 제국을 통일하려 했다. 그러나 그는 그를 대적하여 동맹을 구성한 다른 지방장관들에게 패배했고 살해되었다. 잠정적 화해 조치에 의해, 안티파터(Antipater)가 그를 대신하여 섭정이 되었고(321 BCE), 페르디카스에 대항한 연맹에 참여했던 셀레우코스(Seleucos)는 바벨론을 통치 지역으로 차지하게 되었다. 안티고노스 모노프탈무스는 아시아에서 세력을 확장하려고 노력했으나, 유메네스와 셀류코스가 저지했다. 안티파터가 기원전 319년에 사망함에 따라, 2년 동안 지속되어온 화해는 깨졌다.

(b) 입수스(Ipsus) 전쟁 이전의 사건들

안티파터는 죽기 전에 노련한 장군 폴리페르촌(Polyperchon)을 후계자로 임명했다. 그러나 안티파터의 아들 카산더(Kassander)는 자신이 무시된 데 대해 분개하여 반란을 일으켰다. 카산더는 빌립 2세의 손녀로서 알렉산더의 동생인 아르히다이오스와 결혼한 적이 있는 유리디케(Eurydice)의 지원을 받았다. 안티고노스 모노프탈무스도 카산더와 제휴했다. 유메네스(Eumenes)만이 폴리페르촌을 섭정으로 인정했다. 그는 아주 무능한 자였는데 계속되는 전쟁 기간 동안에 축출되었다. 가장 사심 없이 제국의 통일을 지지했던 유메니스는 패배하여 처형되었다. 아르히다이오스와 유리디케는 유배지에서 돌아온 알렉산더의 모친 올림피아스(Olympias)에 의해 독살되었다. 카산더는 마케도니아와 그리스의 통치자가 되었고, 셀류코스는 아시아의 유일한 통치자가 된 안티고노스의 위협 때문에 이집트에 있는 프톨레미에게 피신했다. 311년에는 임시 평화조약이 체결되었다. 카산더는 이 조약에 조인하고, 자기가 보호하고 있던 두 사람, 즉 당시 공식적으로 왕이었던 알렉산더의 어린 아들과 그의 어머니 록사네(Roxane)를 처형했다.

경쟁 관계에 있으면서도 각기 경제적으로 독립된 단위를 이룬 그리스의 왕국들 사이에 일종의 균형이 이루어졌다. 안티고노스의 영도 하에서 소아시아와 서부 시리아가 합하여 가장 강력한 왕국을 이루었는데, 그 왕국은 세계 교역량의 가장 큰 몫을 차지했다. 잠시 동안 시리아의 남부와 팔레스틴과 키레나이카를 지배했던 이집트는 그 지위를 강화할 수 있었다. 셀류코스는 312년에 바벨론으로 돌아와서, 이란 동부 전체를 지배했고 인도의 왕 산드로코투스(Sandrocottus)와도 협정을 맺었다.

서부에서는 리시마코스(Lysimachos)가 비교적 평온한 가운데 트라키아를 다스렸으며, 마케도니아의 카산더는 그리스 본토의 주인이 되었다. 그러나 곧 그 힘의 균형은 안티고노스의 야심적인 계획에 의해서 깨지고 말았다. 안티고노스는 마지막까지 알렉산더 대왕의 제국을 모두 통일하려고 노력했다. 그러나, 이집트와 바빌로니아/페르시아가 그리스 본토와 직접적인 접촉을 가질 수 없었기 때문에, 평화 협정은 오래 지속되지 못했다.

안티고노스 모로프탈모스의 아들로서 공동 섭정이었던 데메트리우스 폴리오르케테스(Demetrius Poliorketes)가 아테네를 기습 점령하면서 전쟁은 다시 시작되었다. 이로 인해 팔레론(Phaleron)의 소요학파(Peripatetic) 철학자 데메트리우스(Demetrius)의 10년 통치하에 아테네 문화가 독자적으로 부활했던 마지막 시기는 끝이 났고, 데메트리우스는 어쩔 수 없이 이집트의 프톨레미에게로 피신했다. 얼마 후 데메트리우스 폴리오르케테스는 키프러스의 살라미스(Salamis) 근처에서 프톨레미의 함대를 격파하고 해상권을 장악했다. 아들의 승리에 의해 힘을 얻은 안티고노스는 자기 자신과 아들을 위해 왕의 칭호를 요구함으로써, 알렉산더 제국을 복원하기 위해 필요한 지도력을 강력히 주장했다. 그러나 셀류코스, 프톨레미, 리시마코스, 카산더 등도 왕권을 요구함으로써 지방주의가 등장했다.

305/4년에 데메트리오스는 로도 섬을 포위했다. 그러나 최신화된 포위 공격용 장비를 배치했음에도 불구하고, 그는 이집트의 프톨레미와 동맹을 맺은 그 도시를 정복할 수 없었다. 이후 로도는 전혀 방해를 받지 않고 문화와 교역의 중심지 역할을 유지할 수 있었다. 한편 안티고노스에 대항한 나머지 왕국들의 동맹은 더욱 강화되었다. 프리기아의 입수스(Ipsus)에서 벌어진 전투(기원 전 301년)에서 거의 80세인 안티고노스 모노프탈무스는 목숨과 왕국을 잃었으며, 알렉산더 대왕의 제국을 복원하려는 시도는 실패로 막을 내렸다.

(c) 헬라 제국들의 합병

알렉산더 휘하의 여섯 장군들이 서로 전쟁을 한 두번째 이유는 군사 분쟁의 마지막 단계에서 더 큰 중요성을 갖게 되었으니, 서부 시리아까지 확장된 셀류코스의 왕국이나 프톨레미 왕조가 통치하는 이집트(Ptolemaic Egypt)는 그리스 본토에 대한 통치권을 소유하지 못했다. 트라키아의 왕 리시마코스(Lysimachos)는 소아시아를 그의 영토에 추가했고, 마케도니아의 왕 카산더는 아무런 저항 없이 그리스의 국사를 장악했다. 그러나 나머지 헬라 왕국들에게도 그리스와의 접촉은 중요했다. 그들의 행정과 군대를 위해서는 본토로부터 새로운 인력을 공급 받아야 했고, 경제는 그리스 도시들과 밀접하게 얽혀 있었다. 더욱이 그리스 도시들을 지배하는 것은 상징적인 가치가 매우 컸다.

그러나 최초로 그리스의 통치권을 요구한 것은 셀류시드 왕조도 아니고 프톨레미 왕조도 아니었다. 부친이 사망한 뒤에 "해양 왕"으로서 지중해 동쪽을 다스리던 안티고노스 왕조의 데메트리오스 폴리오르케테스(Demetrius Poliorketes)는 마케도니아를 차지하하고, 아울러 그리스도 지배하려 했다. 그는 또다시 아테네를 점령했는데(294 BCE), 그는 과거에 이곳에서 신적인 숭배를 받았었다. 아테네 사람들은 처음으로 그와 그의 부친을 "구원자 신들"이라고 불렀다. 자기가 세운 도시의 이름을 부인의 이름인 데살로니케(Thessalonike)를 따서 지은 것으로 유명한 마케도니아의 카산더는 기원전 298년에 사망했다. 카산더의 누이동생과 결혼한 데메트리오스는 마케도니아의 왕위를 차지했고, 아울러 테살리(Thessaly)를 비롯하여 그리스의 대부분을 지배하게 되었다.

그러나 그는 야심 때문에 아버지가 다스렸던 아나톨리아 왕국을 되찾으려는 모험을 하게 되었다. 리시마코스가 에페이로스(Epirus)의 젊은 왕 피로스(Pyrrhos: 후일 그는 로마와의 전투에서 승리하여 "피로스의 승리"라는 말이 생길 정도로 유명해졌다)와 연합하여 마케도니아를 침입했을 때, 데메트리오스는 마케도니아를 아들 안니고노스 2세 고나타스(Antigonos II Gonatas)에게 맡기고 소아시아를 공격했다. 그러나, 처음에는 몇 번 승리했지만(286), 결국 셀류코스의 사위에게 패배해서, 감옥살이를 하다가 3년 후에 죽음을 맞이 했다. 바다의 통치권을 장악한 이집트는 그리스로 접근할 통로를 확보했으며, 에게 해의 여러 섬들까지 지배했고, 리시마코스가 패배한 후에는 소아시아의 해안 지역까지 통치했다.

셀류코스는 리시마코스와의 전쟁을 치르고 나서야 그리스 본토에 출입할 수 있었다. 모범적인 행정가이며, 북쪽 야만인들과의 전쟁을 성공으로 이끌었던 이 장군은, 흑해로 이르는 통로까지 다스릴 정도로 번영하는 왕국을 건설했다. 데메트리오스 폴리오르케테스가 사망한 후 리시마코스는 이전에 동맹국이었던 피로스와 전쟁을 한 후에 마케도니아와 그리스를 통치했다. 전쟁의 도화선이 된 사건은 가족 싸움이었다. 리시마코스는 자기의 아들 아가토클레스(Agathokles)를 처형했고, 아가토클레스의 지지자들은 셀류코스에게로 피했다. 계속되는 전쟁에서 셀류코스는 리시마코스를 마그네시아-온-더-매안더(Magnesia-on-the-Maeander) 근처인 코로우페디움(Koroupedium) 전투에서 격파하고, 리시마코스를 살해했다(281 BCE). 셀류코스는 스스로 마케도니아의 왕이라고 선포하고, 마케도니아와 그리스 정벌을 준비했다. 이제 마지막으로, 알렉산더 제국을

마케도니아
(모든 연대는 기원전임)

	통치자		사건
359-336	빌립 2세		
336-323	알렉산더 대왕		
317- 297	카산더	316년	데살로니가 건설
	안티고노스 왕조		
294-287	데메트리오스 1세 (폴리오르케테스)	294	데메트리아스 건설
283-239	안티고노스 2세 고나타스	277	켈트족 정복
		273-271	피로스와의 전투
		267-261	케레모니디아 전쟁
239-229	데메트리오스 2세		
229-221	안티고노스 3세 도손	222	스파르타에 승리를 거둠
221-179	빌립 5세	220-217	"사회 전쟁"
		215-205	제1차 마케도니아 전쟁
		200-197	제2차 마케도니아 전쟁
179-168	페르세우스	171-168	제3차 마케도니아 전쟁

168-149	마케도니아가 4개 지역으로 분할됨
149	안드리스코스의 반란
148년 이후	마케도니아가 로마의 속주가 됨
146	로마가 아케아 동맹을 무찌름 코린트 멸망

재통일하려는 사상이 되살아나는 듯했다. 그러나 셀류코스는 유럽 땅에 발을 내딛으려던 시기에 프톨레미 1세의 장남인 프톨레미 케라우노스(Ptolemy Keraunos)에 의해 암살되었다. 그리하여 알렉산더 휘하에 있던 장군들 중 마지막 장군이 죽었다(첫번째 장군 프톨레미는 그보다 2년 일찍 죽음을 맞이했다.) 그러나 이집트의 프톨레미 제국과 셀루오코스 제국은 다시 그리스 본토와 활발한 관계를 형성했으며, 나아가 문화와 경제적 영역에서도 활발한 관계를 조성했다. 그러나 그리스 자체의 사정은 여전히 불안정했으며, 혼란이 계속되었다.

Biblography to §1.3

F. W. Walbank, A. E. Austin, M. W. Frederiksen, and R. M., Ogilvie, eds., The Hellenistic World(CambAnchist 7/1; 2d ed.; Cambridge University Press, 1984)

Peter Green, Alexander to Actium: The Historical Evolution of the Hellenistic Age(HCS 1; Berkeley and Los Angeles, CA: University of California Press, 1990)

Edourd Will, "The Succession to Alexander," *CambAncHist* 7 (2d ed.) 23-61.

Paul Cloché, *La dislocation d'un Empire: Les premiers successeurs d'Alexandre le Grand (323-281/280 avant J. C.)*(Paris: Payot, 1959).

Hatto H. Schmitt, *Die Verträge der griechis ch-römischen Welt von 338 bis 20 0v. Chr.*(Die Stattsverträge des Altertums 3; München: Beck, 1969)

Hermann Bengston, *Herrschergestalten des Hellenismus* (München: Beck, 1975).

4. 로마에게 정복당하기 전의 헬라 세계의 제국들과 도시 국가들

(a) 그리스와 마케도니아

문화적, 경제적인 측면에서 기원 전 3세기 전반은 헬레니즘 시대에서 가장 중요한 시기였다. 헬라 왕국들은 알렉산더의 여섯 장군들의 후손들이 통치했다. 그들은 모두 훌륭한 통치자들이었다. 이집트는 프톨레미 2세, 시리아는 안티오코스 1세, 그리고 얼마 후에 마케도니아와 그리스는 안티고노스 2세 고나타스(Antigonos II Gonatas)가 다스렸다. 그러나 그리스는 그 시대의 좋은 상태를 거의 공유하지 못했다. 기원 전 3세기 중반 이전에 있었던 켈트족의 침입으로 말미암아 그리스와 소아시아의 여러 지역이 파괴와 전쟁에 휩싸였다. 남부 이탈리아와 시실리에서 피로스가 겪은 단기간의 체험을 제외하고는„ 헬라 동부에서의 정치적 상황은 로마의 증가하는 국력과는 무관하게 전개되었다. 3세기말에 있었던 로마의 개입으로 인해 그들은 충격을 받았으며, 그 결과는 광범위하게 미쳤다. 마케도니아와 그리스는 다른 헬라 왕국들보다 훨씬 군사적, 정치적으로 약했기 때문에, 제일 먼저 로마의 개입 정책의 기습을 받았다. 이 왕국들은 이 신흥 국가에 대항할 수 없었다.

셀류코스가 암살된 후에, 프톨레미 케라우노스(Ptolemy Keraunos)는 데메트리오스 폴리오르케테스가 안티고노스 고나타스에게 물려 주었던 마케도니아의 통치자가 되었다. 그러나 그는 기원 전 279년에 켈트족과의 전쟁에서 살해되었다. 켈트족은 델포이(Delphi)까지 진격하여 광범위한 황폐를 초래했다. 그들은 겨울이 되기 전에 후퇴하여 소아시아를 침공했다. 켈트족의 침입의 여파로 그리스는 무정부 상태가 되었고, 아울러 마케도니아의 세력이 약화되었는데, 이것은 새로운 반-마케도니아 동맹 결성의 기회를 제공했다. 중부 그리스의 산악 지대에 정착한 부족들의 연맹으로서 켈트족과의 전쟁에서 명성을 날린 아이톨리아 동맹은 처음으로 자신의 위치를 공고히 했다. 펠로폰네소스 반도를 비롯하여 그리스 남부의 여러 지방에서는, 이집트의 프톨레미 2세가 아테네를 비롯한 여러 도시들과 스파르타와의 동맹을 장려했다. 아테네에 있던 친-마케도니아 정부는 기원 전 267년에 전복되었다. 아테네의 정치가 크레모니데스(Chremonides)는 아테네 민중에게 그리스의 여러 도시들을 억합하는 자, 즉 마케도니아를 대적한 결단을 가르쳤다.

아버지의 왕국 중에서 작은 부분만 차지하고 있었던 안티고노스 고나타스는 마케도니아 전체를 지배 하에 두며 트라이카에 정착하고 있던 켈트족을 진압해야만 했다. 또 그리스의 여러 도시들이 결성한 새로운 동맹들을 대면했으며, 에페이로스(Epirus)의 피로스에 대항하여 자기의 위치를 지켜야 했다. 피로스는 기원 전 272년에 노상 전투에서 살해되었다(§1.4 c).

크레모니디아와의 전투(267-261 BCE)에서, 고나타스는 오랫동안 포위한 끝에 아테네를 장악했고, 펠로폰네소스 반도의 도시들의 군대를 패배시켰다. 그는 나아가 코스(Kos) 근처에서 이집트의 함대를 무찌름으로써 에게 해에서의 프톨레미의 영향력 발휘를 차단했다. 이로 말미암아, 크게 요구되던 곡물을 수입하기 위해 그리스에 자유롭게 접근할 수 있게 되었다. 안티고노스 고나타스는 정력적인 통치자였을 뿐만 아니라, 철학을 공부하는 학생이었는데, 그의 선생은 스토아 철학의 창시자인 제논(Zeno)이었다(§4.1d). 그는 철학자들이 궁전에 들어 오는 것을 환영했으며, 정치적인 결단을 내릴 때면 스토아 철학의 원리를 따르려고 노력했다. 오랜 재임 기간 동안, 그는 마케도니아의 그리스 지배를 강화하는 데 성공했으나, 죽기(239 BCE) 전에는 여러 번의 패배를 경험했다. 이집트의 지지를 받은 그리스 도시 국가의 동맹들은 더 큰 정치적 독립을 쟁취하기 위해서 다시 궐기했다. 고린도(Corinth)와 유보이아(Euboia)는 자치권을 얻었으며, 아에톨리아의 해적 행위는 괄목할 만큼 증가했다.

고나타스의 아들 데메트리오스 2세의 통치 때에 마케도니아는 북쪽 다르디니아족의 침입, 그리고 아테네와 펠로폰네소스 동맹 도시들의 반란들을 진압하기 위해 전쟁에 휩싸였다. 그의 사후에, 데메트리오스의 사촌인 안티고노스 3세 도손(Antigonos III Doson; 229-221 BCE)이 어린 아들을 대신하여 섭정이 되었다. 도손은 마케도니아의 지배 하에서 평화를 회복했지만, 어느 정도 대가를 치러야 했다. 그는 스파르타를 진압함으로써 자신의 목표를 성취할 수 있었다. 즉 스파르타의 왕 아기스 4세(Agis IV)에 의해 시작되고, 클레오메네스 3세(Kleomenes)에 의해 재개된 사회 개혁을 종식시켰다. 그리하여 지배권을 쟁취하기 위한 마케도니아의 추진 정책은 마케도니아가 통치하고자 했던 그리스 도시들이 사회적 기반을 강화하지 못하도록 방해했다.

도손이 직면한 두번째 문제는 로마의 증가하는 국력과 영향력에 비해 그에게 능력이 부족하다는 점이었다. 마케도니아가 너무 약해서 홀로서기를 할 수 없었기 때문에, 다른 헬라 국가들의 도움이 필요했을 수도 있다. 그러나 프톨레미 왕조나 셀류시드 왕조는 마케도니아를 지원을 하려고도 않았고, 할 수도 없었다. 반면에 마케도니아, 시라아, 이집트 등의 주요 헬라 국가들, 그리고 나중에는 버가모까지도 과거 1세기 동안 지속해온 게임, 즉 기회가 있을 때마다 서로에게 상처를 주고 약화시키는 일을 계속했다.

그리스 내정에 대한 로마의 간섭 문제는, 도손의 후계자로서 데메트리오스의 아들인 빌립 5세(221-179 BCE)의 재임 시에 실제적인 문제거리가 되었다. 마케도니아와 아카이아(Achaea)가 스파르타와 아이톨리아 동맹(Eetolians)을 상대로 벌인 전쟁(Social war; 220-217 BCE)을 종식시킨 나우팍토스(Naupactos)의 평화 협정은, 그리스가 로마의 관여 없이 성취한 마지막 평화 조약이었다. 제1차 마케도니아 전쟁(215-205 BCE)에서, 로마의 동맹국인 버가모와 아이톨리아가 로마의 대적인 칼타고의 한니발(Hannibal)과 동맹한 마케도니아를 대적했을 때만 해도, 그리스는 로마의 직접적인 군사 개입을 받지 않았다. 당시 로마는 한니발의 침입에 맞서 이탈리아에서 전쟁을 하고 있었다(제2차 포에니 전쟁. §6.1c).

그러나 빌립이 시리아의 안티오코스 3세와 맺은 이집트 분할 조약에 따라, 에게 해에 있는 프톨레미의 영지를 지배하려고 했을 때, 로도와 버가모는 로마에게 호소했다(201 BCE). 한니발을 이김으로써 자신감을 갖게 된 로마는 개입을 결정했다. 퀸크티우스 플라미니누스(T. Quinctius Flamininus)가 이끈 로마 군대는 마케도니아의 숙적인 아이톨리아의 지원을 받아 테살리의 키노스세팔라이(Kynoscephalai)에서 빌립을 무찔렀다(197 BCE. 제2차 마케도니아 전쟁). 결국 빌립의 영토는 마케도니아로 제한되었고, 자기의 함대를 넘겨주고 전쟁 보상금을 지불해야 했다. 로마인들은 클레오메네스(Kleomenes)가 추진했던 사회 개혁을 재개하려고 했던 스파르타의 왕 나비스(Nabis)를 처형했다. 그들은 많은 그리스 예술 작품을 고국인 이탈리아로 보낸 다음, 그리스 국가들의 자유를 선포하고 퇴각했다.

빌립의 아들 페르세우스(Perseus; 179-168 BCE)는 로마에 의해 가해진 마케도니아의 고립 상태에서 벗어나려고 노력했고, 비티니아(Bithynia), 로도, 시리아 등과의 관계를 형성했다. 그는 또한 그리스로 하여금 마케도니아의 뜻에 공감하게 만들려고 노력했다. 그러나 로마는 도움을 제공하는 척하면서 영구적으로 마케도니아를 무너뜨리려고 계획하고 있었다. 페르세우스는 전쟁 초반에는 잘 방어했지만, 결국 친 그리스계 로마인인 아이밀리우스 파울루스(Aemilius Paullus)에게, 피드나(Pydna)에서 패배했다(168 BCE). 그 여파로 마케도니아 편에 섰던 로도가 굴욕을 당해야 했다. 로도는 공공연하게 로마와의 전쟁에 휩싸이지는 않았지만, 강력한 압력을 받은 로마 원로원은 로도로 하여금 소아시아 본토에 있는 재산을 포기하도록 종용하고 가혹한 교역 상의 제한 조처를 가했으므로 결국 로마가 지배하고 있는 델로스(Delos)가 유익을 얻게 되었다. 지중해 동부 지역에서 해적들을 통제할 수 있는 힘을 가진 것은 로도뿐이었기 때문에, 로도의 해군력 박탈은 결국 실패로 끝나고 말았다.

로마의 통치는 평화를 가져오지 못했다. 안드리스코스(Andriscos)라는 대장장이가 스스로 페르세우스의 아들이라고 주장하면서, 마케도니아에서 반란을 일으켰다(149 BCE). 반란이 진압된 후, 마케도니아는 로마의 속주(屬洲)가 되었다. 기원 전 146년, 아가야 동맹은 로마의 동맹국인 스파르타와 전쟁을 시작했다. 로마의 밀사는 고린도에서 모욕을 당했다. 아가야 동맹이 패배한 후, 로마는 고린도를 완전히 멸망시켰다. 그 장소는 황폐한 채 남아 있었는데, 후일 케사르(Caesar)가 고린도를 로마의 식민지로서 재건하여, 이탈리아 이주민을 그곳에 정착시켰다(44 BCE. §6.3b를 보라). 그리스와 마케도니아라는 속주로 분할된 그 국가는 엄청난 피해를 당했다. 미트리다테스(Mithridates)가 로마를 대적하여 벌인 여러 차례의 전쟁으로 말미암아 새로운 불행이 야기되었다(88-83 BCE).

Bibliography to §1.4

M. Cary, *A History of the Greek World from 323 to 146 B.C.*(London: Methuen, 1951)

Edouard Will, "The Foundation of the Hellenistic Kingdoms," in *CambAncHist* 7 (2d ed.) 101-117.

Erich S. Gruen, *The Hellenistic World and the Coming of Rome* (2vols.; Berkeley: University of California Press, 1984).

Grace Harriet Macurdy, *Hellenistic Queens: A Study of Woman-Power in Marcedonia, Seleucid Syria, and Ptolemanic Egypt* (Johns Hopkins University Studies in Archaeology 14; Baltimore: Johns Hopkins, 1932).

Bibliography to 1.4a

F. W. Walbank, "Mcaedonia and Greece," in *CambAncHist* 7(2d ed.) 221-256.

N. G. L. Hammond, G. T. Griffoth, and F. W. Walbank, *A History of Macedonia,* vol. 3:336-167 B.C. (New York: Oxford University Press, 1988).

J. A. C. Larsen , *Greek Federal States:Their Institutions and History* (Oxford: Clarendon, 1968).

William Scott Ferguson, *Hellenistic Athens: A Historical Essay* (London: Macmillian, 1911).

W. G. G. Forrest, *A History of Sparta 950-192 B.C.* (2d ed.; London: Duckworth, 1980).

A. H. M. Jones, *Sparta* (Oxford: Blackwell, 1967).

Moses Hadas, "The Social Revolution in 3rd Cent . Sparta," *The Classical Weekly 26* (1932/33) 65-76.

F. W. Walbank, *Aratos of Sicyon* (Cambridge: Cambridge University, 1933).

Idem, *Philip V of Macedon* (Cambridge University, 1940).

Idem, "Macedonia and the Greek Leagues." in *CambAncHist* 7(2d ed.) 446-481.

(b) 소아시아

알렉산더 대왕은 소아시아의 서부와 중부와 남부만 정복했고, 북부와 동부 지역은 헬라 지배권의 주변 지역으로 남아 있었다. 흑해와 연결되는 해협의 양쪽에 위치한 리시마코스(Lysimachos)의 왕국이 멸망함에 따라, 서부 지역이 독립적으로 발전할 가능성이 생겨 났다. 셀류시드 왕조의 힘이 쇠퇴되고 프톨레미 왕조가 다스리는 이집트가 이오니아, 카리아(Karia), 리키아(Lykia), 그리고 에베소스, 밀레토스, 크산토스, 파셀리스, 시데 등 주요 도시를 포함하는 킬리키아(Cilicia) 등 해안 지역의 지배를 유지하지 못함으로 말미암아 보다 지역화된 힘의 중심지들이 생겨났다.

셀류시드 왕조와 프톨레미 왕조의 세력이 쇠퇴하면서, 버가모는 소아시아에서 문화적, 경제적으로 가장 중요한 왕국이 되었다. 리시마코스는 마케도니아의 귀족으로서 티오스(Tios)의 앗탈로스의 아들인 필레타이로스(Philetairos)를 버가모의 사령관으로 임명했다. 그러나 그는 리시마코스가 마지막으로 패하기 전에(281 BCE) 그를 배반하고 셀류코스를 지지했다. 이로 인해 작은 공국(公國)이 생겨났다. 이 공국은 전략적으로 아나톨리아 북서쪽의 카이코스(Kaicos) 계곡을 내려다 보는 산 위에 위치해 있었으며, 그 수도는 버가모의 요새였다. 필레타이로스의 조카 유메니스 1세(Eumenes I, 263-241 BCE)는 사데 근처에서 셀류시드 왕국의 왕 안티오코스를 격퇴하고, 버가모의 통치를 카이코스 계곡 전체와 에게 해 연안까지 확장했다.

유메네스 1세(Eumenes I)의 뒤를 이은 세 명의 후계자들이 통치

버가모
(연대는 모두 기원전임)

281-263	필레타이로스	
263-241	유메네스 1세	사르디스에서 안티오코스를 무찌름
241-197	앗탈로스 1세 소터	켈트족을 무찌름
197-159	유메네스 2세 소터	카리아와 리키아가 페르가몬에 추가됨 페르가몬에 제우스 신전이 세워짐
159-138	앗탈로스 2세 필라델포스	
138-133	앗탈로스 3세 필로메토르	
133-130	아리스토니코스	"헬리오폴리스"와 노예들의 자유

한 약 1세기 동안에 버가모는 가장 번영했으며 지속적으로 확장된 시기였다. 유메네스 1세의 사촌인 앗탈로스 1세 소텔(Attalos I Soter; 241-197)은 마케도니아와 그리스를 공격한 후에 소아시아를 침입했으며, 그후 소아시아 북부-중심부(갈라디아)에 정착한 켈트족을 무찔렀다. 앗탈로스 1세는 왕의 칭호를 취하고, 일시적으로 타우루스 산맥에 이르는 소아시아를 통치했다. 그는 마케도니아에서 등을 돌리고 로마를 지지함으로써 로마와 화합할 수 있었다. 앗탈로스와 그 후계자들은, 예술과 학문을 지원하고 화려한 건물들을 지음으로써 명성을 얻었다. 앗탈로스의 아들 유메네스 2세 소텔(Eumenes II Soter; 197-159)은 로마의 축복 하에서 버가모를 세계의 주요 강대국으로 만들었다. 그가 통치할 당시의 부와 화려함은 20만 권 이상의 장서를 보유한 버가모 도서관, 제우스 제단(현재 베를린에 있는 "버가모 제단"), 아테네에 있는 유메네스의 주랑(柱廊) 등이다.

앗탈로스 왕조(Attalids)는 기원전 2세기에 그리스 예술과 학문의 가장 중요한 후원자가 되었다. 앗탈로스 필라델포스 2세(Attalos II Philadelphos; 159-138)는 형의 건축 활동을 계속했는데, 그것은 오늘날 미국 고전 학문 학교에서 원래의 형태로 재건한 아테네에 있는 앗탈로스의 주랑에서 볼 수 있다. 버가모 왕국이 남동쪽으로 확장한 것은 밤빌리아의 아탈리아(오늘날의 안탈랴)시를 건설한 일에 의해 드러난다. 버가모의 마지막 왕인 앗탈로스 3세 빌로메토르(Attalos III Philometor, 138-133)는 재임한 지 얼마 되지 않아 죽었는데, 그는 그의 나라를 로마 원로원에 기증한다고 유언했다. 그러나 그의 이복 형제인 아리스토니코스(Aristonikos)는 그 유언을 지키지 않고 모든 노예들의 해방을 선포하고, 헬리오폴리스(Heliopolis)라는 유토피아적인 도시의 건설을 선언했다. 그러나 그는 로마에게 패하여 체포되어 처형되었다. 로마인들은 그의 영토에 아시아의 새로운 속주를 세웠다.

프로폰티스(Propontis)와 흑해 연안, 소아시아의 북서쪽에 위치한, 트라키아 족의 국가 비두니아는, 알렉산더 대왕이 소아시아를 정복한 후에도 독립을 유지할 수 있었다. 기원 전 3세기의 가장 중요한 통치자는 니코메데스(Nicomedes)였는데, 그는 니코메디아라는 도시를 세웠다(264 BCE). 그는 셀류시드 왕조의 안티오코스 1세와 마케도니아의 안티고노스 고나타스(Antigonos Gonatas)에 대항하여 방어하는 데 성공했다. 그러나 그는 켈트족에게 원조를 청해야만 했는데, 그 부족은 강제로 갈라디아에 정착한 후에도, 소아시아 대부분의 지역에서 공포의 존재로 남아 있었다. 니코메데스의 후계자인 프루시아스 1세(Prusias I; 230-182 BCE)는 프루사(Prusa)라는 도시를 세웠다. 한니발은 로마에 패배한 후에 이 비두니아(Bithynia)의 왕에게 피신했으며, 로마로 소환되지 않기 위해 비두니아의 리비사에서 자살했다. 후일 칼타고 출신의 로마 황제 셉티미우스 세베루스(Septimius Severus)는 리비사(Libyssa)에 자신을 기념하는 큰 기념비를 세웠다. 한니발이 사망한 후 수십 년 동안 로마는 계속 비두니아의 내정에 간섭했으며, 기원 전 74년에 마침내 비두니아는 로마의 지배 하에 들어갔다.

소아시아 북부, 흑해 연안에 위치한 본도 왕국은 헬라화한 이란의 제후들이 다스렸다. 수백 년 동안 그 영토 안에는 시노페(Sinope)와 트라페주스(Trapezus)와 같은 독립된 헬라 도시들이 세워졌다. 헬레니즘 시대이 첫번째로 알려진 통치자는 미트리다테스 2세 크티스테스(Mithridates II Ctistes, 302-266 BCE)였다. 그는 처음에는 리시마코스에 복종했으나, 281년 이후에는 자신을 왕이라고 부르면서 셀류시드 왕조에 대항하여 독립을 지켜나갔다. 본도는 그리스인, 이란인, 그리고 후일 헬라화 된 옛 아나톨리아(Anatolia) 민족들의 잔류인들로 구성되어 있었다. 헬라 도시들은 오랫동안 독립을 지켰으나 시노페는 파르나케스 1세(Pharnakes, 185-170 BCE)에게 정복되었고, 그의 후계자인 미트리다테스 4세(Mithridates IV) 때에 본도의 수도가 되었다. 다른 헬라 제국의 왕들과 동등하게 보이려 했던 본도 왕들의 욕구는 그들이 그리스어 별명을 가진 것에

복원된 버가모의 모습
여기에서는 바위를 조각하여 만든 극장이 보인다. 그 위에는 아테나의 신전이 있고, 신전 뒷편과 왼편에는 유명한 도서관이 있다. 오른편에 있는 제우스의 제단은 커다란 계단을 거쳐 올라가게 되어 있다. 오른편 하단, 극장 입구에는 하나의 주랑이 있다.

서 분명히 나타난다. 후일 이 별명들은 로마의 명예로운 경칭으로 보완되었는데, 이는 이처럼 멀리 떨어져 있는 지역에서도 로마의 영향력이 자라가고 있었음을 증명해준다. 미트리다테스 4세 빌로파토르 빌라델포스(Mithridates IV Philopator Philadelphos, 179-159 BCE)는 자신을 "로마인의 친구요 동맹"이라고 불렀는데, 이 명칭은 제3차 칼타고 전쟁 때에 로마를 지원한 그의 아들 미트리다테스 5세 유에르게테스(Mithridates V Euergetes, 150-120 BCE)에 의해 계승되었다.

로마는 본도의 영토 확장에 반대하지 않았으나, 본도 마지막 왕인 미트리다테스 6세 유파토르 디오니소스(Mithridates VI Eupator Dionysos; 120-63 BCE)의 뛰어난 재능과 야망에 비추어 볼 때, 로마와의 충돌은 불가피했다. 헬라화 된 이 이란인은 스스로 그리스 유산의 옹호자라고 주장하면서, 동부 지역에 로마의 제국주의 적 확장을 저지할 헬라 제국을 세우려 했다. 그 결과 수십 년간의 전쟁을 치러야 했으며, 그리스를 비롯하여 소아시아에 있는 모든 그리스인들은 엄청난 고통을 감수해야 했다. "그리스인들의 구주"라 불렸던 미트리다테스는 서부 아르메니아(Armenia, 소 아르메니아)부터 정복하기 시작했고, 아나톨리아의 북부와 동부 및 흑해 경계 지역의 대부분을 지배하게 되었다. 본도의 영토 확장을 저지하려 한 로마와의 첫번째 전쟁에서, 많은 그리스인들에 의해 "새로운 디오니소스"라고 불리며 환영을 받은 미트리다테스는 소아시아와 그리스(86 BCE) 전체를 정복했다. 그리스인들이 해방되면서, 소아시아에 있던 이탈리아인 8만 명이 살해되었으며, 로마가 지배하고 있던 델로스 섬이 약탈되었다. 그리스인들에게 주어진 새로운 자유는 오래 지속되지 못했다. 술라(Sulla; §6.1d)는 여러 차례의 전투 끝에 미트리다테스를 패배시키고, 그가 새로 얻은 모든 정복지들을 포기할 것을 강요했다. 그리스의 도시들 중 처음으로 미트리다테스와 동맹을 맺었던 아테네는, 술라의 군대에 의해 파괴되고 약탈되었다. 그러나 미트리다테스와의 전쟁은 계속되었다. 마침내 폼페이가 이 마지막 헬라 제국을 무찔렀고, 로마의 화해 개념에 따라서 소아시아에서 새로운 질서를 수립하기 시작했다(63 BCE).

할리스(Halys) 강 상류, 아나톨리아 산지의 동쪽 끝부분에 위치한 갑바도기아(Kappadokia)는 알레산더의 후계자인 페르디카스(Perdiccas) 시대에 헬라의 통치를 받게 되었다. 그러나 페르시아의 마지막 총독의 손자인 아리아람네스(Ariaramnes) 시대인 기원 전 3세기 후반에 그 통치에서 벗어났다. 기원전 225년에 아리아람네스의 아들 아리아라테스 3세(Ariarathes III)는 왕의 칭호를 사용하기 시작했다. 그 이후 줄곧 갑바도기아는 그리스의 영향권 주변에 머물러 있으면서, 때로는 완전히 완전한 독립국가로 존속하고, 때로는 본도에 종속되다가, 마침내 폼페이가 이끄는 로마 군대에 정복 당하여 봉신 왕국이 되었다가, 후에는 로마의 속주가 되어 본도, 갈라디아(Galatia), 그리고 파플라고니아(Paphlagonia) 등과 함께 로마 총독의 다스림을 받았다.

Bibilography to §1.4b

H. Heinen, "The Syrian-Egyptian Wars and the New Kingdoms of Asia Minor," in *CambAndHist* 7(2d ed.) 412-445.

George M. A. *Hanfmann, From Croesus to Constantine: The Cities of Western Aisa Minor and Their Arts in Greek and Roman Times* (Ann Arbor: MI: University of Michigan, 1975).

Louis Robert, *Villes d'Asie Mineur: études de geographie antique* (2d ed.; Paris: Boccard, 1962)

R. E. Allen, *The Attalid Kingdom: A Constitutional History* (Oxford: Oxford University Press, 1983)..

(c) 이집트

이집트는 지리적으로나 경제적으로 다른 헬라 국가들보다 균일했지만, 알렉산드리아를 건설한 것은 문화적으로 커다란 차이를 만들어냈다. 이 매우 헬라적인 고대 도시는 대체로 전원적인 국가 곁에 위치하고 있었으며, 겉으로는 가장 헬라화된 도시였다. 다른 나라들과의 전쟁은 주로 시리아, 아나톨리아, 그리고 에게 해의 여러

이집트
(모든 연대는 기원전임)

통치자		사건	
323-283/2	프톨레미 1세 소텔	322	알렉산더 이집트 원정
283/2-246	프톨레미 2세 빌라델포스		알렉산드리아 건설
		약 300	사라피스 제의가 생겨 남
246-222/1	프톨레미 3세 에우에르게테스	276-271	제1차 시리아 전쟁
222/1-205	프톨레미 4세 필로파토르	260-253	제2차 시리아 전쟁
205-180	프톨레미 5세 에피파네스	246-241	제3차 시리아 전쟁
180-145	프톨레미 6세 필로메토르	219-217	제4차 시리아 전쟁
170-116	클레오파트라 2세	195	팔레스틴이 시리아의 지배하에 놓임
145-116	프톨레미 8세 유에르게테스2세	170-168	안티오코스 4세의 이집트 원정
116-108	프톨레미 9세 소텔 2세		
108-88	프톨레미 10세		그리스 학자들이 추방되다
88-80	프톨레미 9세(아래를 보라)		
80-51	프톨레미 12세 아울레테스		
51-30	클레오파트라 7세	55	로마군 수비대 이집트 주둔
51-47	프톨레미 13세	48	폼페이가 이집트에서 살해됨, 카이사르 이집트에
		30	마르크 안토니가 자살함

기원전 30년 이후 이집트는 로마의 속주가 되었다

섬에 있는 이집트의 영토들과 관련하여 일어났다. 이 시기 후반에 이르러서 이집트는 군사적 싸움에 휘말리게 되었다. 프톨레미 왕조가 다스린 이집트의 안정된 상태는, 이집트가 경제적으로 큰 부와 번영을 이루는 토대가 되었고, 그 수도인 알렉산드리아는 헬라 문화의 전성기에 그리스 예술과 과학의 중심지가 되었다(§3.2b).

처음에는 총독이었다가 후에 왕이 된 프톨레미 1세 소텔(Ptolemy I Soter; '라고스' 323-283 BCE)은 기초를 놓았다. 그는 그 당시의 이집트의 행정 체계 중에서 하층 계층들을 장악하여 그리스식 행정부를 구성했다. 국내 거래의 관행이었던 물물 교환 대신 화폐 경제로 바꾸었기 때문에 생산성이 증가했다. 동시에 이집트는

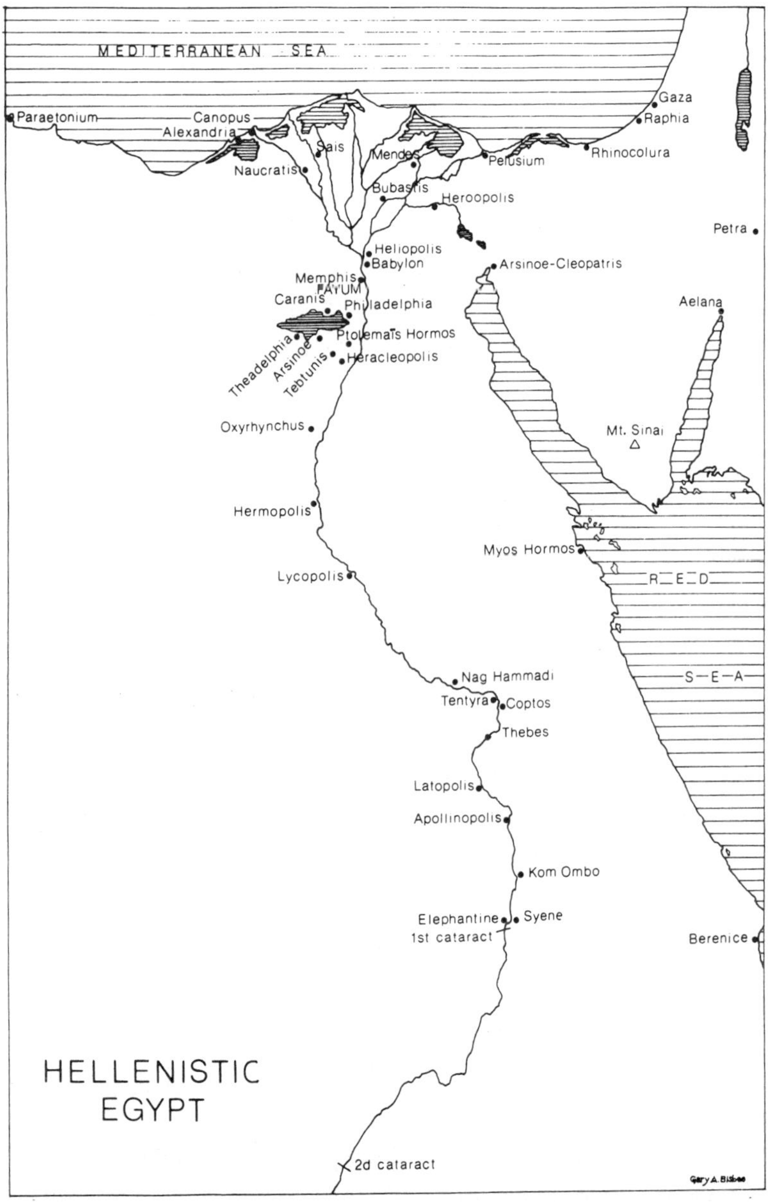
MEDITERRANEAN SEA
Paraetonium
Canopus
Alexandria
Sais
Naucratis
Mendes
Bubastis
Pelusium
Rhinocolura
Gaza
Raphia
Heroopolis
Petra
Heliopolis
Babylon
Arsinoe-Cleopatris
Memphis
FAYUM
Caranis
Philadelphia
Aelana
Ptolemaïs Hormos
Heracleopolis
Theadelphia
Arsinoe
Tebtunis
Oxyrhynchus
Mt. Sinai
Hermopolis
Myos Hormos
R E D
Lycopolis
S E A
Nag Hammadi
Tentyra
Coptos
Thebes
Latopolis
Apollinopolis
Kom Ombo
Elephantine
Syene
1st cataract
Berenice
HELLENISTIC
EGYPT
2d cataract
Gary A. Bisbee

지중해 지역의 교역에도 적극적으로 참여했다. 프톨레미 1세는 수도를 멤피스에서 알렉산드리아로 옮겼다. 이집트는 남부 시리아, 키프로스, 키레나이카, 소아시아의 여러 지역과 도시들(밀레도, 에베소, 카리아, 리키아)을 차지함으로써 헬라 문화 세계와의 완전한 고립을 면했다. 또한 사모스, 레스보스, 테라, 크레테의 일부 등 에게해의 여러 섬들이 구성한 동맹을 이집트의 보호령으로 만들었다.

이집트의 헬라 제국은 프톨레미 2세 빌라델포스(Ptolemy II Philadelphos; 283/2-246) 때에 가장 번영했다. 여러 차례에 걸친 시리아와의 전쟁이 그의 시대에 일어났는데, 이집트는 남부 시리아, 팔레스틴, 그리고 페니키아의 도시들을 차지하기 위해서 셀류시드 왕조와 싸웠다. 이집트는 얼마 동안은 영토를 방어할 수 있었으며, 유대인들이 거주하는 지역에 대한 이집트 문화와 경제의 영향은 계속되었다. 남쪽으로는 아라비아와 이디오피아까지 원정하여 프톨레미의 지배 영역을 확장했다.

빌라델포스는 행정 체계, 내국세 업무, 측지 조사, 관개, 그리고 농산품의 중앙 통제 등의 효율성을 개선했다. 기원 전 278년에 빌라델포스는 아르지노에 1세(Arsinoë I)와 이혼하고 아르지노에 2세와 재혼했는데, 아르지노에 2세는 이미 리시마코스와 결혼했었고, 후에는 프톨레미 케라우노스(Ptolemy Keraunos)와 결혼했다(§1.3c). 마케도니아의 표준에 의하면 그 결혼은 근친상간이었지만, 이집트의 관습에 의하면 합법적이었다. 아르지노에 2세는 헬레니즘 시대에 정치적 결정에 전적으로 참여한 최초의 위대한 여성이다. 아르지노에와 빌라델포스는 생전에 "신의 형제와 딸"이라는 영예로운 칭호를 받았다(§1.5 c).

빌라델포스의 후계자인 프톨레미 3세 유에르게테스(Euergetes; 246-222/1)의 통치 하에서 이집트의 권세는 정점에 달했다. 유에르게테스는 노련한 외교가였다. 그는 셀류시드 왕조와의 전쟁에서 승리했고, 또한 강한 해군력으로 이집트의 교역을 보호했다. 그는 시리아와의 전쟁에서 유프라테스 강까지 전진했으나, 안디옥 근처에 있는 항구 도시 셀류키아를 제외하고는 정복지들을 지키지 못했다. 그러나 프톨레미 4세 필로파토르(221-205) 때에 이집트의 상황이 악화되기 시작했다. 기원 전 217년에 라피아(Raphia)에서 시리아의 안티오코스 3세를 무찔러 팔레스틴에 대한 이집트 통치를 공고히 하기는 했지만, 나일강 남쪽 지역에 있던 누비아(Nubia) 왕들은 하나의 독립 왕국을 세울 수 있었다(206-185). 이집트 경제에 있어서 매우 중요한 지중해에서의 교역은 제2차 칼타고 전쟁 중 극심한 타격을 입었고, 이집트 정부는 속수무책이었던 원주민의 계속되는 반란으로 인하여 고통을 받았다. 필로파토르의 사후, 아직 미성년이었던 그의 아들 프톨레미 5세 에피파네스(Epiphanes)를 대신하여 후견인들이 통치하고 있을 때, 시리아의 안티오코스 3세와 마케도니아의 빌립 5세는 이집트의 영토을 분할하는 조약을 맺었다. 이 조약에 따라 안티오코스가 시리아 남부와 팔레스틴을 점령함으로써 그 지역은 셀류시드 제국의 일부가 되었다(§5.1b 참조).

기원 전 2세기에 이집트는 거듭되는 왕위 계승 투쟁으로 만신창이가 되었는데, 이 투쟁에서 자매 사이인 클레오파트라 2세와 3세가 중요한 역할을 했다. 이집트 제국은 여러 번 이집트, 키프로스, 키레나이카로 분열되었다. 시리아 남부를 재 정복하려는 노력은 실패했을 뿐만 아니라 안티오코스 4세 에피파네스로 하여금 이집트를 점령하려는 생각를 품게 만들었다. 그러나 로마가 개입함으로써 에피파네스는 후퇴했고, 이집트의 독립을 보존할 수 있게 되었다. 헬라화 과정도 크게 퇴보했다.

프톨레미 8세 유에르게테스 2세(Ptolemy VIII Euergetes II; 170-164년까지 동생과 함께 섭정; 145-116년까지는 왕으로서 누이 클레오파트라 2세의 두번째 남편)는 그리스 예술가들과 학자들을 알렉산드리아에서 추방했다. 그 결과 로도와 버가모가 헬라 문화와 학문의 새로운 중심지로 명성을 얻게 되었다. 이집트의 정치 분야에서는 마케도니아의 상류층 대신에 헬라화 된 이집트인들이 중요한 역할을 차지하기 시작했다. 동시에 이집트는 정치적 독립을 잃고,

사실상 로마의 속국이 되었다. 과거에 셀류시드 왕국의 위협에서 이집트를 구해 주었던 로마는 이제 서슴치 않고 이집트 내정에 간섭했다.

기원 전 62년에 폼페이가 승리하여 아나톨리아와 시리아/팔레스틴을 로마의 지배 하에 두었을 때, 이집트는 아직 독립을 유지하고 있었다. 프톨레미 12세 네오스 디오니소스(Neos Dionysos; 아울레테스[Αυλητής: 헬라어의 의미로는 "플루트 연주자"]라고 불렸음; 기원 전80-58년과 55-51년)가 로마의 도움을 받아 왕위를 되찾은 기원 전 55년에 로마의 수비대가 이집트에 설치되었다. 그때부터 로마는 이집트를 자기들의 영토로 여겼다. 폼페이는 파르살로스(Pharsalos)에서 줄리우스 케사르(Julius Caesar)에게 패한 후(48 BCE) 이집트로 도망갔으나, 아울레테스의 아들 프톨레미 8세의 선동으로 그곳에서 살해되었다. 프톨레미 왕조의 마지막 왕인 프톨레미 8세는 로마의 공격을 받았을 때 나일 강에 빠져 죽었다(47 BCE). 그의 누이이자 아내, 라기데스(Lagides) 가문의 최후의 사람, 그리고 케사르의 첩, 나중에는 마르크 안토니(Marc Antony)의 부인이었던 클레오파트라는 정치적으로 교활한 사람이었다. 프톨레미 가문의 마지막 통치자인 그녀는 모든 계획이 실패한 후, 독사에게 물려 죽었다.

Bibilography to 1.4c

Eric Turner, "Ptolemaic Egypt, in *CambAncHist* 7(2d ed.) 118-174.

Alan K. Bowman, *Egypt after the Pharaohs, 332 BC-AD* 642(Berkeley, CA: University of California Press, 1986).

Edwyn R. Bevan, *A History of Egypt under the Ptolemaic Dynasty* (London: Methuen, 1927).

E. van't Dack, P. van Dessel, and W. van Gucht, eds., *Egypt and the Hellenistic World: Procedings of the International Colloquium, Leuven, 24-26 May 1982* (StHell 27; Leuven: Orientaliste, 1983).

P. M. Fraser, *Ptolemaic Alexandria* (3 vols.; Osford: Clarendon, 19721 reprint 1984).

Theodor Cressy Skeat, *The Reigns of the Ptolemies* (MBPF 39; 2d ed.; München: Beck, 1969).

Alan E. Samuel, *From Athens to Alexandria: Hellenism and Social Goals in*

Ptolemaic Egypt (StHell 26; Leuven: Peeters, 1983).

(d) 셀류시드 제국과 시리아

셀류시드 제국은 동쪽으로는 박트리아에서부터 서쪽으로는 아나

시 리 아

(모든 연대는 기원전을 나타냄)

통치자		사 건	
312-281	셀류코스 1세 니카토르	312	티그리스 강변에 셀류키아 건설
		300	오론테 강변에 안디옥 건립
281- 261	안티오코스 1세 소텔	275	켈트족을 무찌름(273?)
		276-271	제1차 시리아 전쟁
		262	버가모의 유메네스에게 패함
261-246	안티오코스 2세 데오스	260-253	제2차 시리아 전쟁
		256/55	박트리아를 양도함
		247	파르티아 왕국 건설
246-225	셀류쿠코스 2세 칼리니코스	246-241	제3차 시리아 전쟁
		240-226	안티오코스의 왕국 독립 소아시아의 히에락스
225-223	셀류코스 3세 소텔	219-216	제4차 시리아 전쟁
		212-206	안티오코스의 침입
223-187	안티오쿠스 3세 대왕	212-205	안티오코스의 "침입"
		195	팔레스틴 정복
		191/190	안티오코스가 로마에 패함
187-175	셀류코스 4세 유파토르		
175-164	안티오코스 4세 에피파네스	170-168	이집트 정복
		168-164	마카비 반란
164-139	안티오코스 5세, 데메트리오스 1세 알렉산더 발라스, 안티오코스 6세	164-64	팔레스틴에서의 하스모니아가 통치
139-129	안티오코스 7세 시디테스		
126-96	안티오코스 8세 그리포스		
		83-69	아르메니아의 티그라네스 1세가 시리아를 점령함
		64	폼페이가 시리아를 로마의 속주로 만듬

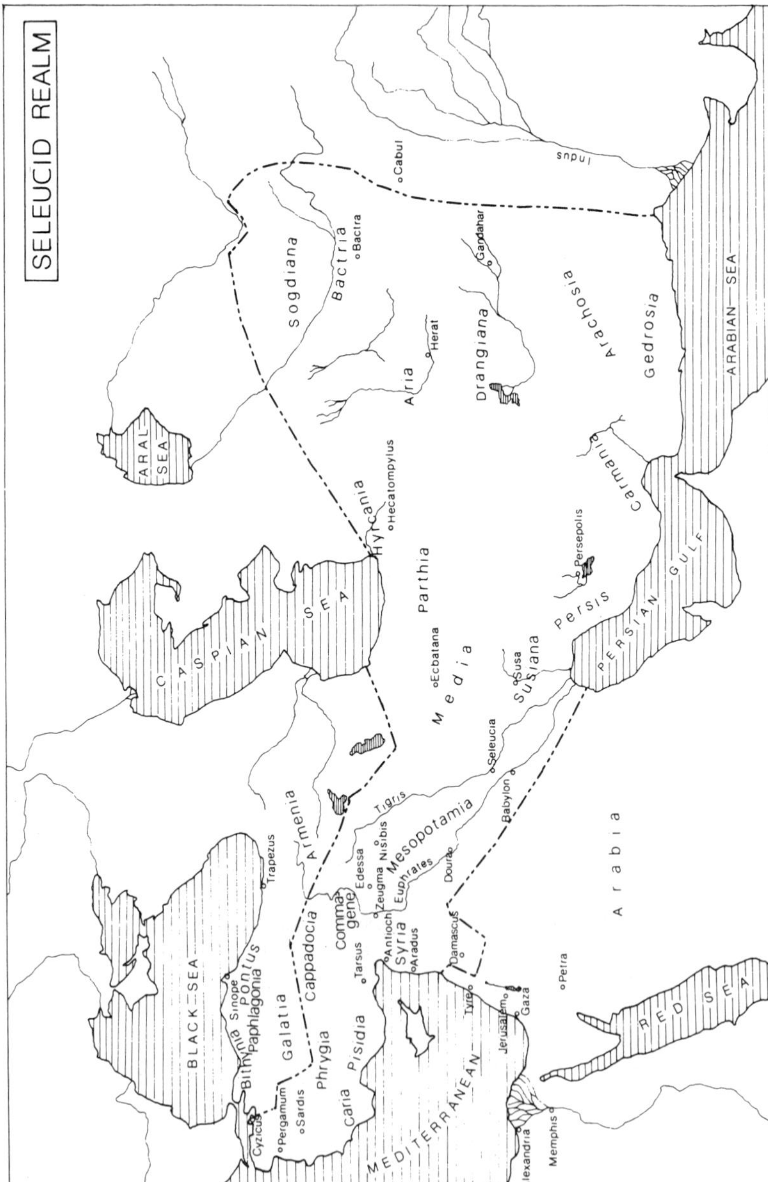
SELEUCID REALM
BLACK SEA
CASPIAN SEA
ARAL SEA
MEDITERRANEAN
RED SEA
PERSIAN GULF
ARABIAN SEA
Sogdiana
Bactria
Bactra
Cabul
Indus
Gandahar
Aria
Herat
Drangiana
Arachosia
Gedrosia
Carmania
Hecatompylus
Hyrcania
Parthia
Persepolis
Persis
Media
Ecbatana
Susiana
Susa
Seleucia
Babylon
Tigris
Mesopotamia
Armenia
Trapezus
Pontus
Sinope
Paphlagonia
Bithynia
Galatia
Cappadocia
Commagene
Edessa
Nisibis
Zeugma
Euphrates
Doura
Arabia
Phrygia
Pisidia
Caria
Cyzicus
Pergamum
Sardis
Tarsus
Antioch
Syria
Aradus
Damascus
Tyre
Jerusalem
Gaza
Petra
Alexandria
Memphis

톨리아까지 이르는 방대한 지역을 차지하고 있었다. 따라서 셀루오코스 제국의 왕들은 국내의 문제 및 시리아와 메소포타미아 등 주요 속주들의 경제 발전에 관심을 기울이면서 동시에 안전과 방어의 균형을 이루어야 한다는 딜레마에 직면해 있었다. 시리아 연안의 교역 중심지들을 통제함으로써 지중해 동쪽의 항로를 확보하는 것은 결정적으로 중요한 일이었다. 그러나 시리아 남부와 팔레스틴, 그리고 페니키아는 이집트의 수중에 있었으므로, 기원 전 3세기에는 이 지역을 차지하기 위해 이집트와 여러 차례 전쟁을 해야 했다. 이 문제의 지역들이 셀류코스 왕조의 지배 하에 들어가자, 그 제국은 동쪽의 신흥 강대국인 파르티아와 서쪽의 로마와 맞서 방어할 수 없게 되었다. 또 셀류시드 왕조의 통치 하에 있는 많은 민족들을 내적으로 헬라화 과정도 성공하지 못했다.

안티오코스 1세 소텔(281-261 BCE; 293년부터 부친 셀류코스와 함께 섭정함)은 켈트족을 정복하여 갈라디아에 정착시켰다. 그러나 그는 이집트와의 제1차 시리아 전쟁에서 성공하지 못했고(274-271 BCE), 버가모의 유메네스 1세(Eumenes I)에게 패했다(262 BCE). 제2차 시리아 전쟁 때(260-253 BCE)에 안티오코스 2세는 마케도니아의 안티고노스 고나타스와 동맹하여 소아시아 일부를 되찾았다. 그러나 셀류코스 2세 칼리니코스(Kallinnikos, 246-225 BCE)와 셀류코스 3세 소텔(225-223 BCE) 시대에, 셀류시드 제국은 최초로 큰 위기에 봉착했다. 왕조 문제로 야기된 제3차 시리아 전쟁("라오디게아 전쟁"이라고도 함)으로 말미암아 소아시아와 시리아의 많은 지역을 일시적으로 잃었으며, 아나톨리아의 왕국들(버가모, 갑바도기아, 본도)이 강화되었다. 셀류코스 2세의 형제인 안티오코스 히에락스(Antiochos Hierax)는 사데를 수도로 하고 소아시아 남부에서 왕을 견제하는 세력을 형성했으나, 결국 버가모의 앗탈로스 1세에게 패하고, 트라키아에서 켈트족과 싸우다가 살해되었다(226 BCE). 셀류코스 3세의 사촌은 버가모에게 소아시아에 있는 셀류시드 왕국의 영토 일부를 반환하라고 요구했으나, 그후 그도 독립하여 수도를 사데로 삼았다.

셀류코스 2세 때에 발생한 어려운 문제들은 동부의 여러 속주에서 더 많은 재앙을 초래했다. 박트리아의 총독인 디오도토스(Diodotos)는 시리아로부터 이탈하여, 번영하고 있는 그리스 도시들과 그의 영토 안에 있는 이란 귀족들의 도움을 의존했다. 이 그리스의 독립 식민 왕국은 수세기 동안 존속하다가 기원후 642년에 아랍 민족에게 정복되었다. 기원 전 200년경, 박트리아는 소그디아(Sogdia: 수도 사마르칸드는 오늘날의 우즈베키스탄에 있다)와 인도의 서북 지방(오늘날의 파키스탄)은 물론이고 아마도 중국의 투르케스탄(Turkestan) 지역의 일부를 포함한 넓은 지역을 다스렸다. 박트리아 왕국이 붕괴된 후에도 그리스 문화의 영향이 오랫동안 존재했음은, 그 지역의 건축과 화폐 주조 방식에서 알 수 있다.

박트리아의 발전이 셀류시드 왕조의 정권에 직접적인 위협이 되지는 않았지만, 파르티아(Parthia) 왕국의 등장은 유프라테스 강 동편의 이란 영토 전체를 상실하는 것을 의미했다. 파르티아인들은 그리스의 확장 정책(후에는 로마의 확장 정책)을 저해하는 군사적 위협이 되었다. 중앙 아시아 출신의 기수들은 기원 전 250년 직후에 카스피 해 남동쪽에 있는 파르티아 관구(satrapy)를 정복하고서 스스로를 "파르티안인"이라고 불렀다. 그들은 계속 영토를 확장해 나가면서, 인종적으로나 종교적으로 이란의 전통을 채택했고, 스스로 아케메네스조 페르시아의 합법적 후예라고 주장했다. 그러면서도 그리스에서 유래한 많은 요소들을 받아들였다. 그들은 헬라어와 아람어를 행정 용어로 사용했고, 자기 영토 내에 있는 그리스 도시들의 특권을 인정해 주었다. 헬라 세력이라고 말할 수 있는 파르티아는 셀류시드 제국을 끊임없이 위협했다. 아르사케스 1세(Arsaces I)가 파르티아 왕조의 창시자로 알려져 있지만, 실제러는 그의 후계자인 티리다테스 1세(Tiridates I, 기원전 247-210경)에 대한 것이 더 많이 알려져 있다. 티리다테스는 파르티아와 히르카니아(Hyrcania; 카스피 해 남쪽)에서 파르티아 통치를 강화했으며, 박트리아가 동쪽으로 진출하는 것을 방해했으므로 서쪽으로 더 진출했다.

안티오코스 3세("대왕"; 223-187 BCE)의 통치 하에서 셀류시드 제국은 마침내 무기력을 극복했다. 우선, 안티오코스는 이집트에게서 등을 돌리는 데 어느 정도 성공했다. 그러나, 제4차 시리아 전쟁(221-217 BCE) 때에 라피아(Raphia)에서 프톨레미 4세에게 패했기 때문에 남부 시리아와 페니키아/팔레스틴을 포기해야 했다. 그 후 안티오코스는 소아시아로 눈을 돌려, 불충하고 있던 사데의 총독 아카이오스(Achaios)를 무찌르고 처형했다(213 BCE). 이제 안티오코스는 동부로의 대원정을 위한 준비를 갖추었다("안티오코스의 원정"). 결국 아르메니아, 파르티아, 박트리아 등은 패배하여 셀류시드 왕조의 주권을 인정해야만 했다(212-205 BCE). 그리하여 그는 일시적으로나마 속국의 형태를 통해 동부에 대한 셀류시드 왕조의 지배권을 재수립하는 데 성공했다.

안티오코스는 205년에 프톨레미 4세가 사망한 후 이집트의 국력이 쇠한 것이 분명해지자, 마케도니아의 빌립 5세와 맺은 이집트 분할 조약에 따라, 시리아 남부와 페니키아/팔레스틴을 점령했였다(제5차 시리아 전쟁, 201-195 BCE). 이집트는 시리아, 소아시아, 그리고 트라키아에 있는 모든 영토를 안티오코스에게 양도했다. 그후 안티오코스는 군대를 이끌고 서부로 이동하여 흑해와 연결되는 해협들을 점령했다. 그러나 그가 아이톨리아로부터 도움의 요청을 받아 그리스를 침입했을 때, 로마가 개입했다. 로마는 테르모필레(Thermopylae)에서 안티오코스를 격퇴했고, 에게 해에서 두 번 그의 함대를 강타했으며, 스키피오(Scipio) 형제들(아프리카누스와 아시아티쿠스)의 지휘 아래 후퇴하는 안티오코스를 소아시아까지 쫓아갔다. 마그네시아-애드-시필룸(Magnesia-ad-Sipylum)에서 안티오코스는 재기 불능의 패배를 당한 채 소아시아에서 완전히 후퇴해야 했다(190 BCE). 그가 차지하고 있던 이전의 점령지들은 대부분은 버가모의 영토가 되었다. 아파메아(Apamea) 평화 협정(188 BCE)으로 말미암아 안티오코스는 엄청난 전쟁 배상금을 물어야 했는데, 이것은 큰 경제적인 문제를 야기하여 국가의 안정을 크게 해쳤다. 안티오코스는 어느 신전에서 보물을 강탈하려다가 살해되었다(187 BCE).

안티오코스의 후계자인 셀류코스 4세 에우파토르(Seleukos IV Eupator; 187-175 BCE)가 신하에 의해 암살 당한 후, 볼모로 잡혀 로마에서 14년을 보낸 셀류코스의 동생 안티오코스 4세 에피파네스(Epiphanes; 175-164 BCE)가 왕위에 올랐다. 남부 시리아 소유권을 놓고 이집트와의 분쟁이 재연되었으며(제6차 시리아 전쟁, 170-168), 안티오코스 에피파네스는 알렉산드리아를 제외한 이집트 전역을 점령했다. 그는 잠시 시리아로 돌아왔으나(이 때 그는 예루살렘의 보물을 약탈했다), 그후 다시 이집트를 침입했다. 당시 로마의 대사인 포필리우스 라에나스(Popilius Laenas)가 알렉산드리아 근교에서 그에게 로마 원로원의 메시지를 전달했다. 로마 대사는 지팡이로 왕의 주위에 원을 그리고 나서, 왕에게 그 원을 넘기 전에 로마의 요구에 대답하라고 요청했는데, 로마의 요구는 안티오코스가 즉시 시리아로 되돌아갈 것과 이집트 점령을 포기하는 것이었다. 왕은 항복하는 것이 현명한 일임을 알았다. 얼마 후 그는 아르메니아와 메디아의 원정 중에 사망했다.

마카비서에서 안티오코스 에피파네스는 유대인들을 압제한 폭군이며 마카비 반란의 도화선이 된 헬라화 정책의 추진자로 묘사된다(§5.1c). 그러나 그는 알렉산더 대왕의 유산—많은 국가들의 공존을 위한 유대를 제공해줄 그리스 문화와 전통을 지닌 지중해 동부의 통일 왕국—을 탈환하려는 이상을 지닌 셀류시드 제국 최후의 왕으로 인정되어야 한다. 그는 예루살렘이 그리스 세계에 합류하여 야웨/제우스 신전을 소유한 "새로운 안디옥"이 될 것을 권했다. 또한 그는 아테네에 제우스 신전을 건설하는 일, 6세기에 아테네의 폭군들이 몰락한 이후로 포기되어왔던 일을 새로이 시도하기 위해 많은 돈을 사용했다.

비록 조카인 프톨레미 6세 필로메토르의 후견인으로서였지만, 멤피스에서 상부 이집트와 하부 이집트의 왕으로 즉위한 안티오코스는 알렉산더 대왕의 제국을 재통합하기 위한 중요한 조처를 취했다. 그러나 로마와 파르티아라는 새로운 두 강대국이 등장했다. 피드나에서 마케도니아의 페르세우스를 격퇴하고나서(§1.4a) 불과 몇 주일 후에 로마가 개입하여 알렉산드리아에서 안티오코스 4세에게 불리하게 행한 일, 그리고 미트리다테스 1세(171-138 BCE) 치하에서 파르티아가 성공적으로 영토를 확장한 것 등으로 말미암아 셀레오코스 왕국은 아시아의 소 도시국가로 전락했다. 이를 틈타서 과거의 속국들이 독립을 위한 투쟁을 벌였다. 안티오코스의 사후에 벌어진 왕조 내의 분쟁으로 말미암아 셀류시드 왕국의 국력이 손상되었는데, 이것은 셀류시드 왕조의 몰락의 징후였다.

팔레스틴은 수십 년 동안 셀류시드 왕조의 지배 하에 있었다. 마카비 반란으로 인해 하스모니아(Hasmoneans) 가의 유대 도시국가가 형성되었는데, 그 국가는 폼페이가 시리아를 정복할 때까지 존속했다. 나바티아(Nabateans)라는 고대 아랍 도시 국가가 요단 강 동쪽에 형성되어 페트라(Petra)를 수도를 정했다. 나바티아는 서기 105년에 로마의 속주가 되었다. 북부 시리아에서는 콤마게네(Kommagene)의 총독들이 스스로 아케메네스 왕조와 셀류시드 왕조의 후손이라고 주장하면서 통치를 시작했다. 콤마게네의 안티오코스 1세 에피파네스(69-38)는 님루드 닥(Nimrud Dag)에 신성한 왕을 모신 매장지를 만들었다.

파르티아 왕국은 기원전 160년 이후로 미트리다테스 1세의 통치하에 계속 서쪽으로 확장하여 메디아와 바빌로니아를 정복하고, 남으로는 페르시아의 본토인 고대 이란 국가들을 정복했다. 안티오코스 시디테스(Antiochos Sidites)가 잠시 이 지역들을 탈환했으나, 그의 군대는 기원전 129년에 파르티아에 의해 격파되었다. 한편 분가한 파르티아 왕가에 의해 통치되던 아르메니아도 독립을 쟁취하기 위해 반기를 들었으며, 영토를 남서부로 확장하여 한 때는 갑바도기아를 지배했다. 기원전 86년에 아르메니아의 티그라네스 1세는 셀류시드 왕조 제국을 완전히 정복했다. 시리아에 대한 아르메니아의 통치는 루쿨루스(Lucullus; 69 BCE)와 폼페이(Pompey; 64 BCE)가 이끄는 로마 군대가 등장할 때까지 계속되었다.

이 기간 동안 독립을 쟁취한 작은 도시들(예를 들면 Kommagene와 Adiabene)을 포함하여 이전에 셀류시드 제국에 속했던 모든 도시 국가들은, 스스로를 그리스 전통의 상속자로 여긴 헬라화 된 국가들로서 헬라 전통을 자기들 고유의 유산과 결합했다. 파르티아의 통치자들은 현존하던 셀류시드 왕조 행정의 많은 부분을 계승했으며, 그들 스스로가 헬라화 됨에 따라 그리스 문화의 보호자로 등장할 수 있는 권리를 갖게 되었다. 미트리다테스 1세(171-138)는 자신을 Euergetes, Dikaios, Philhellene(Euergetes는 헬라어의 Ευεργέτης, Dikaios는 δίκαιος, philhellene는 φιλῶ 'Ελληγ으로 그 의미는 각각 '은혜를 베푸는 사람', '의로운 자', '헬라를 사랑하는 자'이다)이라고 불렀다. 대부분의 그리스 도시들에서처럼 셀류시드 제국를 계승한 도시 국가들 안에는 헬레니즘의 정치적인 에너지가 그대로 살아 있었다. 로마의 정복에 의해 새로운 시대가 시작되었지만, 동시에 헬레니즘 문화도 부흥했다.

Bibliography to 1.4d

Domenico Musti,"Syria and the East," in *CambAncHist* 7(2d ed.) 175-218..

Edwyn Robert Bevan, *The House of Seleucos* (London: Arnold, 1902).

Hatto H. Schmitt, *Untersuchungen zur Geschichte Antiochos des Großen und seiner Zeit* (Historia, Einzelschriften 6; Wiesbaden: Steiner,1964).

Alfred R. Bellinger, *The End of the Seleucids* (Transaction of the Connecticut Academy of Arts and Sciences 38; New Haven: Connecticut Academy of Arts and Sciences, 1949)51-102.

Glanville Downey, *A History of Antioch in Syria: From Seleucus to the Arab Conquest* (Princeton: Princeton University Press, 1961).

(e) 시실리와 남부 이탈리아

그리스인들은 시실리와 남부 이탈리아에 수세기 동안 거주했다. 그러나 기원전 4세기 후반에 그들은 이탈리아 부족(궁극적으로는 로마로부터)과 칼타고의 페니키아인들로부터 큰 압력을 받게 되었다. 이 지역의 그리스인을 결속하려는 시도가 많이 있었으나 성공한 사람은 아가토클레스(Agathockles)뿐이었다. 시실리 서부에 위치한 테르마에(Thermae)에서 기원 전 360년경에 태어난 그는 시라쿠사의 시민이 되었으며, 319/18년에는 집정관, 317/16년에는 그 도시의 전제 군주가 되었다. 아가토클레스는 먼저 시실리에서 칼타고와 싸웠으나 그다지 운이 좋지 못했고, 결국 성공하지 못했다. 어쨌거나 결국 그는 시실리의 그리스인들을 결속시키는 데 성공했다. 칼타고와 평화를 이룬 후(306 BCE) 아가토클레스는 알렉산더의 후계자들이 그랬던 것처럼 왕권을 계승했으며, 남부 이탈리아의 도시들이 이탈리아 부족들과 싸울 때 지원해주었다. 그러나 그는 시실리와 남부 이탈리아에 통일된 그리스 왕국을 이루려는 꿈을 이루지 못한 채 기원 전 289년에 사망했다.

로마에 대항한 에피로스의 왕 피로스(Pyrrhos)의 이탈리아 원정은, 남부 이탈리아에 거주하는 그리스인들의 입지를 강하게 하는 데 있어서 별 효과를 거두지 못했다. 여러 가지 경험을 한 후, 피로스는 몰로시아(Molossia)의 왕이 되었고, 그리스 북서부에서 에피로테(Epirote) 동맹의 지도자가 되었다. 데메트리오스 폴리오르케테스가 사망한 후, 마케도니아 군대는 그를 왕으로 선포했다. 기원 전 280년에 피로스는 로마에 대항하고 있는 그리스 도시 타렌툼(Tarentum)을 지원하기 위해서 이탈리아를 침입했다. 그 원정에는 막대한 비용이 사용되었고, 범-헬라 전쟁(Panhellenistic war)이라고 선전되었다. 격렬한 두 차례의 전투에서 피로스는 로마를 무찔렀다. 그는 거의 로마의 국경까지 진격했고, 이어 시실리로 진격하여 칼타고 사람 대부분을 그 섬에서 내쫓았다. 그러나 시실리에 거주하는 그리스인과의 어려움, 어떻게 될지 모르는 로마와의 최후의 전투, 그리고 마케도니아의 왕이 되고자 하는 열망 등으로 인해 피로스는 지속적인 결과를 얻지 못한 채 이탈리아로부터 후퇴했다(275 BCE). 그러나 그는 한 가지 중요한 유산을 남겼다. 즉 로마는 피로스에게서 받은 감명을 결코 잊지 않았으며, 이것은 모험적이고 대담하며 확장적인 헬라 제국과 그 통치자로서의 이미지 형성에 결정적인 영향을 미쳤다.

그 후 로마는 남부 이탈리아 전체와 시실리 일부를 순식간에 점령했다. 시라쿠사는 히에론 2세(Hieron II, 269/28-215)의 통치 하에서 어느 정도의 독립을 얻었으나, 시실리의 동부 해안의 좁은 면적으로 제한되었고, 로마에 공물을 헌납해야만 했다. 제1차 포에니 전쟁(264-241)에서 로마는 기원 전 227년에 로마의 속주가 된 시실리의 대부분을 점령했다. 독립를 누리던 말기에 시라쿠사는 다시 한 번 문화의 전성기를 맞이했지만, 히에론 2세의 사망 이후의 무질서로 인해 로마가 개입하게 되었다. 로마는 시라쿠사를 점령하여 자기들의 속주인 시실리와 통합했다. 그러나 남부 이탈리아와 시실리에 거주하는 그리스인들은 그리스 문화를 로마에 전달하는 데 있어서 중요한 역할을 했으며, 이로 인하여 로마의 헬라화 과정에 결정적인 영향을 미쳤다.

Bibliography to §1.4e

K. Meister, "Agathocles," in *CambAncHist* 7(2d ed.) 384-411.

Moses. I. Finley, *Ancient Sicily to the Arab Conquest,* in : idem and D. Mack Smith, *A History of Sicily,* vol. 1(New York: Viking, 1968).

Erik Sjöqvist, *Sicily and the Greeks: Studies in the Interrelationship between the Indigenous Populations and the Greek Colonists* (Ann Arbor : University of Michigan Press, 1973).

David Randall-MacIves, *Greek Cities in Italy and Sicily* (Oxford: Clarendon, 1931).

Helmut Berve, *Die Herrschaft des Agathokles* (SBAW.PPH, Jg. 1952 H. 5; München: Verlag der Bayerischen Akademie der Wissenschaften, 1953).

Idem, *König Hieron II* (SBAW.PPh, Abhandlungen n.F. 47; München: Verlag der Bayerischen Akademie der Wissenschaften, 1959).

5. 정치 이데올로기 및 통치자 제의

(a) 헬라적 정치 이데올로기의 기본적 특징

이집트와 시리아의 헬라 왕들은 자기들이 정복한 땅의 통치자였던 아케메네스 왕조와 파라오(Pharaohs)의 합법적인 계승자라고 주상했다. 실제로 셀류시드 왕조는 페르시아 왕의 왕관, 도장이 새겨진 반지, 그리고 신성한 불을 물려 받았다. 그러나 그들이 지배한 마케도니아인들과 그리스 신민들이 볼 때에, 이들 새로운 왕조들의 합법성은 이처럼 페르시아나 이집트의 상징물들을 점유하는 데 있는 것이 아니었다. 오히려 헬라 통치자들의 체제 안에서 실현된 전제군주제의 개념은, 비범하고 출중한 사람이 합법적인 권리들을 주장할 수 있다는 그리스의 신념에 뿌리를 두고 있었다. 그리스에서는 이러한 사람은 죽은 후에 영웅으로 기림을 받았고, 시인들은 그들이 신적 영감을 받은 인간이라고 찬양했다. 철학자들은 카리스마적 자질과 교육으로 말미암아 왕이 될 자격을 소유한 "지혜의 사람"에 대해 말했다. 그러나 일반적 관점에서 볼 때, "가장 훌륭한 사람"이 왕으로 추대되어야 했다. 철학자들도 대개 사실상 왕이 가장 훌륭한 사람이며, 신의 혈족으로서 신적 권리를 주장할 수 있다고 가르쳤다. 스토아 철학의 개념은, 왕이 이 땅에서 임무를 수행하는 것은 제우스가 하늘에서 그의 직무를 수행하는 것과 일치한다는 개념 형성에 기여했다. 어쨌든 헬레니즘 시대의 철학자들은 전제군주제가 가장 훌륭한 통치 형태임을 증명하기 위해 혼신의 힘을 기울였다.

그럼에도 불구하고, 그리스인들은 이집트인들과는 달리 국가를 통치자의 개인 소유로 생각하지 않았다. 물론 통치자의 개인적인 이해관계는 국가의 이해관계에 종속된다고 이해되었다. 모든 국민은 필요할 때면 언제든지 자기의 시간, 소유, 그리고 생명을 희생해서라도 국가에 봉사해야 했다. 그러나 그것을 표현하는 데 있어서, 그리스인들은 "state (그리스 사상과 언어에는 없는 개념)"라는 단어를 사용하지 않고 "polis(πόλις)"나 "commonwealth (τὸ κοινόν)에 대하여 말했다. 왕은 신적인 기림을 받을 수 있지만, 도시국가(polis)는 시민들의 소유였다. 마케도니아의 왕들은 그리스 도시들의 업무를 지배하기 위해서는, 연맹이나 동맹을 결성하여 그 집단의 지배권를 확보해야만 했다.

국가(state: polis나 commonwealth와 구분됨)를 통치자와 동일시하는 것은, 땅이 왕의 소유일 경우에 한해서만 생각할 수 있다. 동부 지역에 위치한 헬라 제국들의 경우가 그러했다. 그 지역의 새로운 국가들은 "무력에 의해 점령된 지역"으로서, 왕은 그 지역에 대해 무한한 주권을 행사했다. 여기에서는 왕의 뜻이 곧 법이었다. 이 지역의 거주민들은 왕의 신민들에 불과했다. 이 지역에 있는 그리스 도시들의 지위는 사뭇 달랐는데, 그 이유는 그곳의 주민들은 일정한 권리와 특권을 소유하고 있는 시민들이었기 때문이다. 그러나 이 도시들도 왕의 의지를 거슬러 행할 수는 없었다. 왕에게 특별한 영예를 부여함으로써 그를 절대 주권자로 인정해 주는 것은 그들의 유익과 관계가 있었다.

마케도니아의 상황은 상당히 달랐다. 왕의 직무는 국민들에 의해 합법화 되어야 하는 것으로 여겨졌다. 마케도니아인들이 안티고노스 왕조를 합법적인 왕들로 인정했으므로, 끝까지 그들에게 충성할 것을 기대할 수 있었다. 따라서 마케도니아에는 통치자 제의가 발달될 토대가 마련되어 있지 않았다. 마케도니아 외부의 그리스 도시들만이 마케도니아 왕들을 신으로 숭배했다. 마케도니아는 로마의 지배 하에서도 로마인 정복자나 케사르를 숭배하지 않고 다만 은혜를 베푼 은인으로 존숭했다.

헬레니즘 세계의 여러 국가에서 통치자 제의는 각기 다른 형태를 취했음에 유의해야 한다. 이것은 후일 로마 황제들이 신으로서 숭배된 다양한 형태에서 반영된다.

Bibliography to §1.5a

F. W. Walbank, "Monarchies and Monarchic Ideas," in *CombAncHist* 7(2d ed.) 62-100.

T. A. Sinclair, *A History of Greek Political Thought* (2d ed.; Cleveland: World, 1968).

V. Ehrenberg, *The Greek State* (2d ed.; London: Methuen, 1969; reprint 1974).

Mason Hammond, *City-State and World-State in Greek amd Roman Political Theory until Augustus* (Cambridge, MA: Harvard University, 1951).

Erwin R. Goodenough, *The Political Philosophy of Hellenistic Kingship* (YCS 1; New Haven: Yale University, 1928) 55-102.

Paul Veyne, "Greek Euergetism," in idem, *Bread and Circuses: Historical Sociology and Political Pluralism* (London: Penguin, 1990) 70-200..

(b) 통치자 제의의 기원과 시작

헬레니즘 시대에 행해진 통치자 제의의 기원을 동양의 개념들에서 찾는 것은 불가능한 일이다. 이집트에서는 파라오의 신성이 왕실의 주권 형성의 확실한 기초가 되어 왔다. 그러나 파라오의 신성은 그 직무에 기초를 둔 것인 반면, "헬라 제국 통치자의 신성은 그 자신의 탁월함에 기초를 둔다"(A. D. Nock). 헬레니즘 시대에 행해진 통치자 제의가 페르시아의 사상에서 파생되었을 가능성은 더욱 없다. 아케메네스조의 왕들이 동양적인 왕실 의식을 거행하여 왕이 모든 백성보다 뛰어남을 나타내기는 했지만, 페르시아 왕들은 신으로 추앙되지는 않았다. 알렉산더의 정복 무렵, 동부에서는 신성을 지닌 왕의 개념은 이미 오래 전에 사라져 있었다. 혹자는 그리스의 영웅 숭배가 그 배경이 되었다고 생각할른지 모른다. 그러나 영웅 숭배는 이미 죽은 사람들에게 행해진 것이었다. 따라서 통치자 제의와 영웅 숭배 사이에 직접적인 연관은 없다. 살아 있는 왕을 숭배한 일의 기원을 설명하기 위해서는 그리스 사상의 전개 중 다른 면을 고려해 보아야 한다.

기원 전 5세기말과 4세기초, 그리스의 도시국가가 위기에 처했을 때, 철학자들은 신적인 은사를 받은 인물만이 평화와 질서와 번영을 재건할 수 있다는 생각을 제일 먼저 불어 넣었다. 플라톤, 크세노폰, 그리고 아리스토텔레스는 각자 자기의 방법으로 이런 사상을 분명히 표현했다. 그들은 교육, 카리스마적 자질, 그리고 신적인 권위가 긴밀히 관련되어 있다고 믿었다. 그런 정서와 일치하여 알렉산더 대왕이 등장하기 전부터도 때로 뛰어난 통치자와 장군들은 생전에 신과 같은 영예를 받았다. 기원 전 5세기와 4세기에 시라쿠사에서는 죽은 통치자들을 존숭했고, 나중에는 살아있는 통치자들을 은인으로 숭배했다. 스파르타의 장군 리산더(Lysander)는 펠로폰네소스 전쟁에서 아테네를 무찌른 후에 신적 존숭을 받았으며 사모스에서는 이오니아의 집정자들이 그를 지지했다(404 BCE). 몇 십 년 후에 아테네의 웅변가인 이소크라테스(Isocrates)는 마케도니아의 빌립 2세를 신으로 칭송했다.

처음에 알렉산더는 스스로를 자기의 영웅인 헤라클레스의 모방자로 이해했다. 이러한 그의 자아상이 언제 어떻게 바뀌었는지는 알려져 있지 않다. 그가 리비아의 사막에 있는 암몬(Ammon)의 탁선소(託宣所)를 방문했을 때, 제사장은 그를 신 레(Re)의 아들이라고 부르면서 맞이했다. 그러나 이것은 이집트에서는 그다지 특별한 일은 아니었다. 왜냐하면 알렉산더는 이집트를 정복한 후에 합법적인 파라오가 되었고, 따라서 그의 직책 덕분에 또한 합법적인 신의 아들이 되었기 때문이다. 당신 신전 안에서 무슨 일이 일어났는지는 아무도 모른다. 그 때 알렉산더가 자신이 정말로 암몬 레(Ammon Re: 그리스인들은 이 신을 제우스와 동일시했다)의 아들이라고 여겼을 가능성이 있으며, 이 사건을 통해서 그는 자신이 신적 존숭을 받기 위한 표를 찾으려 했을 것이다(§1.2 b). 그럼에도 불구하고 알렉산더의 생전에 통치자 제의는 제도화되지 않았다. 기원전 327년에 박트리아에서 통치자를 숭배하는 동양적인 관습을 도입하려다가 실패한 사실은 통치자 제의의 증거가 되지 못한다. 왜냐하면 이것은 단지 동양의 궁중 예식이지 신을 숭배하는 행위가 아니었기 때문이다. 기원전 324년에 알렉산더가 망명자들의 귀환을 요구하기 위해 그리스 도시들에게 보낸 편지는 통치자 제의의 증거로서 사용될 수 없다. 왜냐하면 알렉산더가 이 편지에서 신으로 숭배되기를 요구했다고 밝힌 것은 후대의 자료들뿐이기 때문이다. 극히 간헐적이었지만, 알렉산더의 생전에 몇몇 그리스 도시에서 알렉산더를 신으로 숭배할 것을 제정했던 듯하다. 기원전 338년에 빌립 2세가 카에로네아에서 아테네를 물리친 후에 건축을 시작하여 알렉산더가 완공한 올림피아의 필리페이온(Philippeion)도 통치자 제의의 증거가 될 수 있다. 이 신전에는 금과 상아로 만든 빌립 2세, 그의 부모, 그의 아내 올림피아스, 그리고 아들 알렉산더의 동상이 세워졌다. 주로 신들의 형상은 금과 상아로 동상을 만들었다.

알렉산더를 계승한 장군들은 자기들을 신으로 숭배하라고 요구하지 않았다. 그들은 아마도 여전히 알렉산더의 인격에 압도되어 있었을 것이다. 그러나, 그들이 왕의 칭호를 취하기 전부터 그리스 도시들은 실질적으로 그들에게 그러한 존숭을 표했다. 가장 현저한 예는 아테네 사람들이 안티고노스 모노프탈모스와 그의 아들 데메트리오스 폴리오르케테스(Demetrios Poliorcetes)를 그들을 구원한 신으로 맞이한 것이다. 알렉산더를 계승한 장군들은 죽은 알렉산더를 숭배하도록 선동했다. 유메네스(Eumenes)는 자기의 회의실로 사용되는 막사에 알렉산더의 왕좌를 설치했다. 아르히다이오스(Arrhidaios)가 마케도니아로 옮겨가려 했던 알렉산더의 시체를 프톨레미 1세가 빼앗아 멤피스로 가져갔다. 그의 시신은 후일 알렉산드리아로 옮겨졌는데, 정부에서는 막대한 비용을 들여 그곳에 죽은 왕을 영구히 경배하는 제도를 제정했다. 알렉산더 숭배하기 위해 바쳐진 신전들과 성소들은 특히 소아시아의 이오니아 지방에 있는 도시들에 존재했다고 알려져 있다. 이 신전들 중 일부는 알렉산더 당시부터 존재했던 것 같다. 그러나 수세기 동안 여러 곳에서 계속 알렉산더를 신으로 숭배한 사실이 헬라 시대에 통치자를 숭배한 관습에 직접적으로 영향을 미친 것은 아니다.

Bibliography to 1.5b-2: Texts

Grant, *Hellenistic Religions,* 64-70("Divine Honors Paid Antigonos and Demetrius").

Bibliography to 1.5b-e: Studies

J. Rufus Fears, "Ruler Worship," in Grant and Kitzinger, *Civilization,* 2. 1009-25.
Nilsson, *Griechische Religion,* 2. 132-85("Die Religion im Dienste der Könige").
Fritz Taeger, *CHARISMA: Studien zur Geschichte des antiken Herrscherkultes,* vol. 1: *Hellas* (Stuttgarttt: Kohlhammer, 1957; reprint 1978).
Christian Habicht, *Gottmencschentum und griechische Städte* (Zet. 14; 2d ed.; München: Beck, 1970).
Heinrich Dörrie, *Der Königskult des Antiochos von Kommagene im Lichte neuer Inschriften-Funde*(Göttingen: Vandenhoeck & Ruprecht, 1964)
Nock, "Notes on Ruler-Cult I-IV," in: idem, *Essays,* 1. 134-59
Idem, "Deification and Julian," in: Idem, *Essays,* 2. 833-46

(c) 이집트의 통치자 제의

처음부터 이집트의 원주민들은 마케도니아의 왕을 신으로 숭배했다. 그것은 왕의 직위에 따른 당연한 것이었다. 따라서 이집트의 전통적인 통치자 제의가 프톨레미 왕조로 전해졌고, 나중에는 로마 황제를 숭배하는 것으로 이어졌다. 이집트에 거주한 마케도니아인들과 그리스인들이 통치자 제의를 제정한 첫번째 단계는, 프톨레미 1세와 그의 부인 베레니케(**Berenike**)를 구원자 신으로 경배한 것으로서, 이것은 그들의 사후에 프톨레미 2세가 제정했다. 프톨레미 1세의 권위 하에 발행된 주화의 뒷면에 새겨넣은 글씨는 "프톨레미 왕"이 아니라 "프톨레미 구세주"(σωΤήρ)라고 바뀌었다. 왕실의 다른 사람들(심지어 첩까지도)도 죽은 후에 신격화 되었다. 그리스 풍습에 따르면, 신전을 짓는 것과 축일을 제정하는 것이 새로운 신을 만드는 데 있어서 통례가 되는 요소였다. 구원자 신을 기리는 경기에서 승리한 사람은 올림픽 경기의 우승자와 같은 영예를 얻어야 한다고 프톨레미 2세는 공포했다.

후일 프톨레미 2세(빌라델포스)는 신성을 가진 왕실 사람들 숭배하는 데에 자기 자신과 그의 누이이자 아내인 아르지노에 2세를

"신성을 가진 형제와 자매"(θεοί 'Αδελφοὶ)로 포함시켰다. 생존하고 있는 왕과 왕비를 숭배하는 것은 전통적인 영웅 숭배의 한계를 넘어서는 것이지만, 그리스인이 가지고 있는 전제 조건을 바탕으로 하여 발전된 것으로 이해될 수 있다. 나중에 발생된 주화에 이들 두 사람을 신으로 표시한 것은, 그들의 지위 때문이라기보다는 그들의 탁월한 통치 때문이었다. 이러한 요인들과 병행하여, 전통적으로 파라오를 신으로 숭배하는 이집트의 관습도 프톨레미 왕조 시대에 헬라식의 통치자 제의가 제도적으로 발달하는 데 영향을 미쳤을 것이다. 프톨레미 2세와 아르지노에 2세가 그리스인들과 비그리스인들 모두가 인정하는 하나의 행동을 통해 신민들을 통합하기 위해서 살아있는 왕과 왕비를 신으로 경배하는 것을 권장했을 가능성도 있다. 그러나 이러한 통치자 제의는 근본 특성상 그리스의 제도였으며, 셀류시드 왕국이나 헬라화 된 여러 왕국에서 행해지던 통치자 제의와 다르지 않았다. 이집트, 시리아, 버가모, 그리고 본도의 왕들이 모두 "Savior", "Philadelphos", "Benefactor" 등의 신적 호칭을 사용한 반면, 마케도니아의 왕들은 그러한 칭호를 사용하지 않은 것이 이채롭다.

이집트에서 통치자 숭배가 특별히 발달된 것은 프톨레미 4세 필로파토르(222-204 BCE) 때이다. 그는 자신이 그리스의 신 디오니소스의 후손이라고 주장했고, 몸에는 디오니소스가 가지고 있는 담쟁이 덩굴로 문신을 했다. 마카비 3서 2:28 이하에 기록되어 있는 신화에 따르면, 그는 알렉산드리아에 있는 유대인들에게도 동일한 문신을 새기라고 강요했다고 한다. 디오니소스 제의가 멀리까지 퍼졌다는 사실은 이러한 전승들 안에 반영되어 있다(§4.3f). 프톨레미 4세는 그의 사후에 발행된 주화에 헬리오스, 제우스, 그리고 포세이돈의 훈장을 달고 있는 모습으로 새겨져 있다. 그러므로 그는 하늘과 땅과 바다의 통치자로 여겨진다. 제설 혼합주의를 보여주는 증거도 있다: 베레니케 2세(Berenike II; 프톨레미 3세의 아내)에게 바친 신전 헌당식에서, 그녀는 "이시스(Isis), 신들의 어머니, 베레니케"라고 불렸다. "신들의 어머니"(Mother of the Gods)가 프리지나의 마그나 마터(Magna Mater; §4.4b)를 언급하는 것이라면, 아시아의 신이 이시스와 결합되어 등장하는 것은 헬레니즘 시대의 초기 단계에 제설 혼합주의가 퍼져 있음을 보여 준다. 로마 시대에 통치자 제의가 발달하면서 왕족중 한 사람을 특정한 전통적인 신과 동일시 하는 것이 전형적으로 발생하는 현상이 되었다(§6.5b).

기원 전 2세기, 특히 소아시아와 에게 해 지역의 프톨레미의 영토 중에서 그리스에 속한 부분을 잃어 버린 후, 알렉산드리아 왕실의 종교 정책은 더욱 이집트의 특성을 나타냈다. 국가에서 이집트인 제사장들로 구성된 종교 회의를 감독했다. 기원 전 101년에 죽은 클레오파트라 3세와 그 후의 이집트 왕비들은 여신 이시스의 이름으로 공적인 성명을 발표했다. 새로운 디오니소스라고 불린 안토니와 새로운 이시스라고 불린 클레오파트라 7세의 신성한 결혼은 이집트에서 행해진 통치자 제의의 절정인 동시에 종지부였다. 서방의 관점에서 볼 때, 안토니와 클레오파트라를 계시된 신으로 여겨 기리는 것은 비로마적이고 주제넘은 일이었다. 옥타비안은 이 논거를 사용하여 자기의 적을 공격하는 데 성공했다. 그럼에도 불구하고 이 헬레니즘적 통치자 제의의 특징들은 얼마 후에 케사르를 숭배하는 로마의 제의에서 재등장한다.

(d) 셀류시드 제국의 통치자 제의

프톨레미 1세의 사후의 신격화 과정과 유사하게, 셀류코스 2세는 자기의 아버지 셀류코스 1세를 "제우스 니카토르(Zeus Nicator)"로 숭배해야 한다고 공포했다. 곧바로 살아있는 왕을 숭배하는 관습이 도입되었다. 그러나 셀류시드 제국에서 행해진 국가 차원의 통치자 제의를 뒷받침하는 증거는 희박하다. 셀류시드 제국의 통치자 숭배를 뒷받침하는 직접적인 증거는 이집트의 통치자 제의를 뒷받침해 주는 증거보다 훨씬 드물다. 이집트에 관한 증거들은 파피루스에서 많이 발견된다. 어쨌든 안티오코스 3세가 살아 있을 때 그를 신으로 숭배했다는 증거가 있다. 안티오코스는 편지에서 왕을 섬기기 위해 대제사장들이 임명되어 있는 모든 도시의 여자 대제사장들의 이름은 안티오코스의 아내인 라오디케의 이름을 따서 지으라고 요구했다. 그 편지는, 통치자 제의를 수행하는 대제사장들이 이미 선임자들 밑에서 활동하고 있었음을 드러내 준다. 셀류시드 왕조의 통치자 제의는 셀류시드 왕국의 주요 신들인 제우스와 아폴로와 연결되어 있었다. 이것은 오론테 강변의 안디옥 근처, 다프네에 위치하고 있는 유명한 아폴로 신전에서 분명히 드러난다.

게다가 셀류시드 왕조는 당시 존재하던 지역적 제의들을 장려했다. 이것은 정치적인 ,이유에서 특별히 중요했다. 셀류시드 제국의 신전들은 많은 영토를 가지고 있었는데, 그리스의 일부 도시처럼 신전 소유의 영토들은 어느 정도의 자치권을 가지고 있어 총독의 통치를 받지 않았다. 기원 전 2세기초에 셀류시드 왕조의 통치 하에 들어간 예루살렘의 유대의 신전 국가의 경우처럼, 대개 대제사장이 그 땅을 다스렸다. 신전 국가들은 보통 스스로 자신의 직무를 처리했다. 국가의 신들을 숭배하는 제의를 이러한 신전에 도입하려 할 때 분쟁이 발생했을 수도 있다(유대의 신전 국가와 안티오코스 4세 에피파네스와의 분쟁에 대해서는 §5.1c를 참조하라).

(e) 버가모 및 아나톨리아의 다른 지역의 통치자 제의

페르가몬의 통치자들은 사후에 공식적으로 신격화되었다. 물론 그들이 왕의 칭호를 취하면서 곧바로 그들을 숭배하는 제의를 수행할제사장들이 임명되었다. 살아 있는 왕들을 기리기 위한 축제들과 운동 경기들이 거행되었다. 여자 제사장들은 왕비를 숭배하는 제의를 수행했다. 종교 제도의 설립에 가장 큰 역할을 사람은 앗탈로스 1세의 아내요, 유메네스 2세와 앗탈로스 2세의 어머니인 아폴로니스(Apollonis)였다. 그녀는 버가모에 있는 데메테르의 성소를 개혁하는 일을 후원했다. (이 여왕은 아테네에 있는 앗탈로스의 주랑에 새겨진 명문에 아들인 앗탈로스 2세와 함께 등장한다.) 그녀의 고향인 키지코스(Kyzikos)에는 그녀를 위한 신전이 세워졌고, 여러 도시에 그녀(아폴로니스 에우세베스 여신)에게 바쳐진 제단, 제물, 찬송 등이 있다.

왕이 신과 같은 존숭을 받은 것은 앗탈로스 왕조의 마지막 왕이 다스린 잠시 동안뿐이었다. 그는 공식적으로 신격화되지는 않았지만 아스클레피오스 신전에 그의 동상이 세워졌다. 제우스 소텔의 제단에서는 날마다 그를 위해 분향했으며, 그가 신전에 도착할 때면 마치 그가 신인듯이 주민들 모두가 행진을 하고 제사를 드렸다.

비두니아와 갑바도기아 등 아나톨리아의 다른 국가의 왕들도 사후에 신적인 존숭을 받았다는 증거가 있다. 그것을 나타내는 감명적인 기념물로는 님루드 닥에 있는 콤마게네의 안티오코스(기원전 31년 이전에 사망)의 묘실을 들 수 있는데, 거기에는 실물보다 더 큰 그의 동상도 있다. 이 왕은 스스로를 "디카이오스 에피파네스 신"(Thoes Dikaios Epiphanes: 헬라어로 데오스(θεός)는 '신', 디카이오스(Δίκαιος)는 '의로운', 에피파네스(Επίανής)는 '영광스러운'이라는 의미를 가진다)라고 불렀다. 그러나 그 기념물에 새겨진 명문에서는 신들과 그 왕을 분명히 구분한다. 그는 죽은 영웅으로 존숭되며, 그의 생일과 즉위를 기념하는 축일들이 거행되었다.

제2장

사회와 경제

1. 헬레니즘과 헬라화

(a) 헬레니즘이라는 개념

1836년과 1843년에 드로이센(J. G. Droysen)은 "헬레니즘의 역사"(*Geschichte des Hellenismus*)에 관한 두 권으로 된 혁신적인 저서를 출판했다. 이 책에서 그는 종래와는 달리 알렉산더의 시대로부터 기독교가 시작된 시기까지의 기간에 그리스 교육의 후원 하에서 이루어진 서방 문화와 근동 지방의 문화의 혼합을 묘사하기 위해서 "헬레니즘"이라는 단어를 사용했다. 이 기간을 "헬레니즘 시대"라고 지칭하는 것이 널리 받아들여져 왔다. 그러나 기독교가 등장하기 오래 전에 헬라 제국들은 서쪽에서는 로마, 동쪽에서는 파르티아의 공격에 굴복하여 사라졌으므로, 이 명칭과 관련하여 몇 가지 문제점도 있다. 그러나 헬레니즘의 문화적, 종교적 영향력은 헬레니즘 시대 이후까지 미쳤으며, 수백 년 동안에 걸친 로마 및 동부의 많은 국가들의 헬레니즘화 뿐만 아니라 고대 기독교의 발달에서도 드러난다.

최근의 학계에서는 그리스와 근동 지방의 요소들이 혼합된 관계를 묘사하는 데 있어서 보다 조심스럽다. 그리스 세계와 다른 문화권들 사이에는 긴밀한 접촉이 있었다. 헬레니즘 시대 이전에 이미 수세기 동안 그리스와 동양간의 활발한 교류가 있었다. 그리스의 식민 정책, 경제력의 증대, 그리고 특히 이오니아의 그리스인들과 동양 사이의 밀접한 문화적 교류로 말미암아 이미 오래 전부터 그리스적 요소와 비그리스적 요소들 사이에 대단히 강력하고 창조적인 상호 작용이 이루어져 왔다. 이러한 상호작용이 없었다면 고대 그리스 건축과 예술, 종교와 신화학, 과학과 철학 등을 생각할 수 없을 것이다. 그러나 헬레니즘 시대에 강화된 이 과정을 "혼합" 혹은 "결합"이라고 묘사하는 것이 최선의 방법인지에 대해서는 의문의 여지가 있다. 그리스인들과 페르시아인들을 통합하여 새로운 국가를 건설하려는 알렉산더의 꿈은 이루어지지 않았다. 그의 후계자들은 자기들이 우선적으로 마케도니아인이요 그리스인이라고 주장했으며, 그리스적 요소를 주도적 요소로 간주하여 촉진시키기 위해서 노력했다.

알렉산더 대왕과 더불어 시작되어 로마인들의 동방 정복으로 끝난 시기를 지칭하기 위해 헬레니즘이라는 용어를 사용하는 것이 바람직하다. 이 시기의 특징적 현상은 "헬라화" 과정의 강화, 즉 과거 페르시아 제국의 국가들을 마케도니아와 그리스가 정치적으로 지배하게 되면서 시작된 그리스어, 그리스 교육, 그리스 문화의 확장이다. 어느 요소가 더 지배적일 것인지에 대해서는 의문의 여지가 없었다. 그리스 문화가 로마와 접촉하여 로마의 정치적 지배 하에 있을 때에도, 그리스 요소가 우세했다. 로마는 그리스의 예술, 건축, 철학, 문학 등의 영향을 깊이 받았다. 로마 제국의 동쪽 지역은 근본적으로 그리스적 상태로 남아 있었으며, 서방의 라틴 세계에서도 그리스의 언어, 문화, 종교 등이 입지를 굳히고 있었다. 로마 제국 시대의 발달상은 헬레니즘을 떠나서는 이해할 수 없다. 로마 제국이 헬라화 되었다는 점에서, 헬레니즘은 비잔틴 시대에도 지속되었다고 볼 수 있다. 사실 로마 제국 시대 초기에 시작된 기독교는 하나의 헬라화된 종교, 특히 이미 헬라화 된 유대 종교의 상속자로서 로마 세계에 들어갔다.

Bibilography to §2

W. W. Tarn, *Hellenistic Civilization* (3d ed.; rev. by author and G. T. Griffith; London: Arnold, 1952; reprint New York: New American Library, 1975).

F. W. Walbank, *The Hellenistic World* (2d ed.; Cambridge, MA: Harvard University Press, 1993). idem, ed., *The Hellenistic World(CambAncHist,* 7/1; 2d ed.; Cambridge: Cambridge University Press, 1984).

Roger Ling, ed., *The Hellenistic World to the Coming of the Romans (CambAncHist*, plates to vol. 7,2; Cambridge: Cambridge University Press, 1984).

Michael I. Rostovtzeff, *The Social and Economic History of the Hellenistic World* (3 vols.; Oxford: Clarendon, 1941

Jean-Philipp Levy, *The Economic Life of the Ancient World* (Chicago and London: University of Chicago, 1967.

Moses. I. Finley, *The Ancient Economy* (3d ed.; Harmondsworth: Penguin, 1992).

Bibilography to §2.1

Johann. Gustav. Droysen, *Geschichte des Hellenismus* (2 vols.; Hamburg: Perthes, 1836-43; reprint Basel: Schwabe, 1953

Reinhold Bichler, *"Hellenismus." Geschich†e und Problematik eines Epochenbegriffs* (Impulse der Forschung 41; Darmstadt: Wissenschaftliche Buchgesellschaft, 1983)

Moses Hadas, *Hellenistic Culture: Fusion and Diffusion* (New York: Columbia University, 1959; reprint 1968).

John Pentland Mahaffy, *The Progress of Hellenism in Alexander's Empire* (Chicago: University of Chicago, 1905

Peyton Randolph Helm, "Races and Physical Types in the Classical World," in Grant and Kitzinger, *Civilization,* 1. 137-54.

(b) 헬라 제국의 그리스들과 여러 국가들

헬라인들과 헬라화 된 마케도니아인들이 지배했던 나라들에게 미친 그들의 영향력의 정도는 나라마다 다르고, 시대 변천에 따라 다양하다. 또한 헬라화 정책도 집권자에 따라 변화했다. 초기에는 그리스의 영향이 미미했는데, 이는 특히 알렉산더의 사후에 그 후계자인 디아도코이들이 이런 면에서 알렉산더의 정책들을 지속하지 않았기 때문이다. 그리스인들과 마케도니아인들은 지배 계층을 형성하여 정부와 군대 내의 요직을 모두 차지했다. 새로 건설된 도시들과 군사 식민지에 거주한 그리스인들은 원주민들과는 다소 분리된 생활을 했다. 헬라의 도시들은 행정에 있어 상당한 자치를 누렸다. 이러한 도시에는 그리스인들만 들어갈 수 있는 체육관이 있었고(§3.1), 전통적인 그리스 신들을 숭배하는 신전들도 있었으며, 전형적으로 헬라적인 사교 체계로 표현된 그들만의 사회 생활도 갖고 있었다. 원주민들은 처음에는 이러한 제도들에 거의 접촉하지 못했다. 그들이 볼 때에 그리스 문화의 우월함은 그리스어가 정부의 공식 용어로 사용되는 것, 그리고 급속히 증대되는 그리스 상업과 산업과의 교역 관계 안에 나타났다.

각 지방에서의 그리스 문화, 문학, 도덕, 및 종교 분야와의 상호작용은 점진적으로 발전되었다. 헬라 요소들과 근동 지방의 요소들의 실질적인 혼합을 뜻하는 혼합주의는 먼저 종교적 역사 분야에서 발견된다. 마케도니아의 통치자들이 이집트를 지배하던 지역에서 혼합절충적 발달상이 분명히 나타나는데, 이곳에서 그 용어는 근동 지방의 신들과 전통들이 기원전 3세기의 그리스 의상을 입고 등장하는 것을 의미한다. 이러한 현상은 프톨레미의 영토 내에 거주하는 상이한 주민들의 만남에서 자연히 생겨난 것이 아니다. 헬라-이집트의 신인 사라피스(Sarapis)와 이시스(Isis)를 숭배하는 제의를 만들어내는 일을 왕실이 주도했다(§3.4a). 알렉산드리아에서 진행되었다고 주장되는 바 70인역 성경의 기원에 관한 전설에서는(§5.3b) 히브리어 성경의 헬라어 번역이 프톨레미 왕가의 주도로 이루어졌다고 주장한다. 이 두 사건 모두 기원전 3세기에 일어났다. 물론 이 번역 작업이 행해진 진정한 원인은 회당에서 예배를 보면서도 그리스어를 사용한 알렉산드리아에 거주하는 헬라화 된 이스라엘 사람들 때문이었다.

한편 그레코-로마 세계의 다른 지역에서는 여신 이시스를 헬라어로 바꾸어 부르는 일이 유행했지만, 이집트의 원주민들을 그것을 받아들이지 않았다. 그들은 대체로 헬라화의 영향을 받지 않았다.

헬라적 혼합절충주의의 과정을 간단하게 묘사할 수 있는 공식은 없다. 그것은 그리스인이 아닌 주민들이 그리스의 지식을 습득하는 것, 그들의 사회적 지위와 경제적 성공, 그리고 "외래" 세력인 그리스에 대한 잠재적 저항 등에 크게 의존했다. 일반적으로 헬레니즘에는 동양과 서양, 야만인의 문화와 헬라적 교육의 대조라는 특징을 지닌 안티테제가 포함된다.

이 안티테제는 조화될 수 없는 반대도 아니고, 혼합을 촉진하는 자극도 아니었다. 오히려 정치, 경제, 문화, 종교 등의 영역에서의 서로 주고 받은 매료됨과 자극이었다. 각 영역에서 그리스 요소가 안티테제의 형태를 결정했다. 마케도니아인들과 헬라인들이 취한 정치적 행위들은 본토와의 관계를 유지하려는 그들의 소원에 의해 강력히 좌우되었다. 상업과 교역의 중심지는 그리스 본토의 외곽 지역으로 옮겨졌지만, 경제와 교역은 그리스의 표준을 따랐다(아테네식 화폐 제도의 표준이 거의 보편적으로 받아들여졌고, 은행들은 거의 그리스인들이 갖고 있었다). 헬라어와 헬라식 교육의 이상이 문화적으로 지배적이었지만, 교육의 중심지는 알렉산드리아, 버가모, 로도 등지로 옮겨갔다. 이 모든 현상이 일어나는 데 있어서 처음부터 비헬라적인 요소들이 기여한 바도 없지는 않지만, 그것이 헬라어와 헬라식 조직 구조로 나타났기 때문에 즉시 인식되지는 못했다. 헬레니즘 문화가 새로이 발달하는 데 있어서 오히려 헬라인 아닌 사람들이 훨씬 더 큰 역할을 담당했다. 예를 들어 스토아 철학의 창시자인 제노(Zeno)는 키프로스 출신의 페니키아 상인의 아들이었다. 야만인들도 그리스인들에게서 배운 형태에 맞추어 나름의 사회 구조를 조직했다. 예를 들면, 델로스의 베이루트 출신의 페니키아 상인들의 조직은 그리스의 신 포세이돈의 후원을 받는 *thiasos*의 형태이다.

셀류시드 제국의 방대한 영토 안에서 가장 효과적인 헬라화의 요소는 그리스와 마케도니아의 이민들에 의해 많은 도시들을 건설한 것이다. 이 도시들중 일부는 군사 식민지로 출발했지만, 제국의 내적 안정에 기여하는 군사적인 목적 외에 여러 가지 중요한 기능도 갖고 있었다. 이주민들은 신흥 도시에서 편안함을 느꼈고, 종종 도시의 이름을 자기들의 출신지를 따서 짓기도 했다(예를 들면, 라리사, 에뎃사). 새로운 정착민들은 왕을 위해서만 아니라 자기들 자신의 번영과 안녕을 위해 기꺼이 싸우고 일했다. 셀류시드 제국의 왕들은 최소한 처음에는 의식적으로 헬라화 정책을 추구하지 않았고, 또한 헬라인들과 헬라화 된 야만인들로 구성된 민족 국가를 만들려는 의도도 없었다. 오히려 그들은 여러 상이한 민족들, 문화들 및 종교들로 이루어진 다원주의(pluralism)를 그들의 영역 안에 받아들인 듯하다. 그러나 그들이 영토 내에서의 통제권을 유지하기 위해서는 다민족으로 구성된 왕국 안에 존재하는 원심력들에 대한 대응세력으로서 헬라인들과 마케도니아인들의 강력한 존재가 필요했다. 헬라인들은 어느 정도 동양화 되었다. 많은 동양인들은 특히 왕들을 섬기며 새로운 그리스 식민지들과 이미 헬라화된 도시들의 문화와 경제에 참여하면서 헬라화 되었다. 그리하여 고대 리시디아의 수도인 사데에 정착했던 바벨론 출신의 유대인 군사 식민지 개척자들은 완전히 헬라화되어 그리스어를 사용하는 회당 공동체로 등장했다. 이러한 현상은 의도적인 것이 아니라 우연히 발달된 것이다.

프톨레미 왕조가 지배한 이집트에서의 상황은 상당히 달랐다. 이집트에서 자랑할 만한 헬라 도시로는 알렉산드리아와 밀레토스의 식민지였던 나우크라티스(Naucratis) 뿐이었다. 프톨레미 왕조는 이집트 내에 새로운 도시들을 건설하는 일에 흥미가 없었는데, 그것은 곧 도시에 거주하는 그리스인들과 시골에 거주하는 본토인들 사이의 차이점을 없앨 방편이 마련되지 않음을 뜻했다(이런 점에서 볼 때 알렉산드리아에 거주하는 유대인들은 그리스인에 속했다). 모든 공식 문서에는 헬라어가 사용되었지만(이 일은 임명된 마을 서기관이 행했다), 대부분의 이집트 원주민들은 헬라어를 배우지 않았다. 이집트인들은 자기들 고유의 방언을 그대로 보존했는데, 이는 얼마 후 초기 기독 교회의 콥트 문서에서 문학적 언어로 다시 나타난다. 기원 전 2세기를 특징지었던 이집트 본토인들의 잦은 반란은, 알렉산드리아 외곽의 농촌 지역을 헬라화하는 데 실패한 데서 비롯된 것이었다.

Bibliography to 2.1b

J. K. Davies, "Cultural, Social and Economic Features of the Hellenistic World," in *CombAncHist* 7(2d ed.) 257-320.

Arnaldo Momigliano, *Alien Wisdom: The Limits of Hellenization* (Cambridge and New York: Cambridge University, 1975).

Amélie Kuhrt and Susan Sherwin-White, eds., *Hellenism in the East: The Interaction of Greek and Non-Greek Civilization from Syria to Central Asia after Alexander* (London: Duckworth, 1987).

2. 행정과 경제의 기본 구조

헬라 국가들은 광대한 지역으로 확장되어 다양한 민족들로 구성된 수백만 명의 인구를 인구를 갖고 있었다. 영토의 방대함 때문에 마케도니아와 그리스의 정복자들은 국가에 대해 완전히 새로운 개념을 가져야 했다. 그들이 정치적 공동체에 대해 지니고 있는 전통적 개념은 도시 국가나 소규모 왕국이었다. 당시에는 그리스의 본보기들이 없었으므로(아리스토텔레스도 폴리스 공동체 형태에 입각한 국가 이론을 발달시켰다), 헬레니즘 제국들은 대체로 페르시아와 이집트의 행정 체계를 의지했다. 그러나 이것은 페르시아가 바벨론으로부터 정권을 탈취할 때 발생했던 것과 같은 단순한 권력의 이동이 아니었다. 그리스인들은 과거의 어떤 정복자들도 소유하지 못했던 유익, 즉 확립된 화폐 체계들을 포함하는 고도로 발달된 경제를 가져다 주었는데, 그것은 피정복지의 경제 성장을 자극하는 일에 즉시 활용될 수 있는 것이었다. 인도로 가는 항로와 같은 새로운 발견을 위한 탐험, 그리고 수단 원정 등에 의해 경제적 지평은 더욱 확장되었다. 게다가 정복자들은 동방에서는 여전히 친숙치 않은 사회적, 정치적 생활의 총체인 그리스적인 도시를 소개하고 발전시켰다. 이집트를 제외한 모든 곳에서 진행된 많은 신 도시들의 건설과 옛 도시들의 재건으로 말미암아 그때까지 동방에는 알려지지 않았던 문화적, 경제적 중심지들이 생겨났다.

Bibliography to §2.2

Chester G. Star, "Greek Administration," in Grant and Kitzinger, *Civilization.* 1. 631-47.

Michael I. Rostovtzeff, "The Hellenistic World and its Economic Developmet," *AHR 41* (1935-36) 231-52

Fritz M. Heichelheim, *An Ancient Economic History: From the Palaeolithic Age to the Migrations of the Germanic, Slavic, and Arabic People*s, vol. 3(Leiden: Sijithuff, 1970).

Robert J. Littman, "Greek Taxation," in Grant and Kitzinger, *Civilization,* 2. 795-808.

(a) 그리스와 마케도니아

기존의 그리스 도시들은 이러한 새로운 발달의 혜택을 거의 받지 못했다. 모든 헬레니즘 왕국들은 끊임없이 그리스 안에서 발판을 구축하려 했으며, 따라서 그리스 땅에 전쟁을 몰고 왔다. 그 결과 그리스 본토는 더욱 빈곤해졌다. 농업과 광산 자원에 관한 한 그리스는 이미 불이익을 당하고 있었다. 게다가 헬레니즘 시대 초기에는 증가했던 그리스산 제품들에 대한 수요마저 줄어들었다.

점진적인 경제 침체는 모든 곳에서 동일하게 느껴지지는 않았다. 아테네는 장기간 상당한 번영을 누렸다. 마케도니아의 지배 하에서 아테네는 마케도니아 왕국의 무역 중심지요 어음 교환소였다. 아테네인들의 문화 생활의 수준은 상대적으로 높았다. 델포이(Delphi)는 종교 생활의 중심지로서 계속 번창했고, 그리스의 외교적 수도로서의 중요성도 그대로 보유했다. 아테네와 델포이는 헬라 왕들이 후원하는 건설 사업의 혜택을 입었다. 전통적으로 공업 생산과 교역에 그다지 참여하지 않았던 도시들의 경제는 크게 침체되었다. 스파르타가 그 전형적인 도시였다. 스파르타는 사회적 문제들을 해결하지 못함으로 인해 경제의 침체가 심화되었다. 원래 8천 명에 달했던 전체 시민 수가 기원전 3세기에 가서는 7백 명으로 격감했고, 대부분의 토지는 백 명도 안되는 시민들이 차지하고 있었다. 아기스(Agis)와 클레오메네스(Kleomenes) 3세와 같은 왕들의 개혁 시도는 과두정치 독재자들의 반발에 의해 좌절되었고, 외부의 군사적 개입 때문에 실패로 돌아갔다. 스파르타가 이러한 사회적 개혁을 지속할 만큼 든든한 경제적 기반을 실제로 갖고 있었는지는 분명치 않다.

에게 해의 섬들은 계속된 전쟁에 개입하지 않았지만, 해적들에게 시달림을 당했고, 외세 점령에 의한 재정적 부담으로 고생했다. 재정적, 경제적 어려움이 매우 강력했다. 그러나 사모트라케와 델로스는 왕실의 관대한 증여 덕분에 이러한 어려움이 일부 완화되었다. 그러나 로도(Rhodos)는 특별한 지위를 지녔다. 로도는 풍부한 농업, 그리고 아나톨리아 남서부에 있는 재산 덕분에 독립을 유지하면서, 지중해 동부의 가장 중요한 재선적 항구요 또한 많은 국제 무역 대리점들의 주체요 어음 교환소 역할을 했다. 로도는 자체의 무역 이익을 보호하기 위해 강력한 해군을 거느렸는데, 이들이 성공적으로 해적들을 제어했다. 로도는 자신의 군사력을 동원하여 다른 도시들을 기꺼이 지원했다. 헬라의 뱃사람들의 전통들과 경험을 요약한 로도의 해상법은 로마 제국 시대에까지 유효했다. 로도를 강타한 기원전 227년의 지진이 있은 후에 많은 국가들이 로도의 재건을 도왔다. 이 섬의 부와 균형잡힌 사회적, 정치적 조직의 체계 덕분에 로도는 이 시기에 사회적 불안정을 전혀 겪지 않은 극소수 국가들 중 하나가 되었다. 또한 로도는 아테네와 알렉산드리아 다음 가는 문화의 중심지가 되었다. 포세이도니오스(Poseidonios)와 같은 학자들이 이곳에서 자리를 잡고 활동했다(§§3.3b; 3.4c; 4.1a). 로마 제국의 동방 지배 초기에 다소간의 장애가 있었지만, 로도는 로마 제국 시대에도 역시 경제적인 번영과 문화적 지위를 유지했다.

작은 섬 델로스(Delos)도 로도처럼 국제 금융과 무역의 중심지였다. 델로스는 처음에는 프톨레미 왕조를 의지하다가 나중에는 로도를 의지했으며, 그 후에는 로마의 보호국이 되었다. 시리아와의 무역 관계는 특별히 중요했다. 이 섬은 기원 전 88년 본도의 미트리다테스 4세에 의해 멸망 당할 때까지 계속해서 번영했다(§6.1d). 그 외의 다른 섬들은 농업에 기초를 두고서 제조업에 어느 정도 참여하는 한 그런 대로 꾸려나갈 수 있었다. 예를 들어 코스(Kos) 섬에서는 비단 생산이 발달했다. 이러한 경우에 있어서, 중산층 시민들은 그리스 본토의 도시에 사는 사람들보다 더 좋은 생존의 기회를 소유했다. 그러나 이곳에서도 임금(賃金)의 하락, 농업과 공업에서의 노예 노동력의 증가, 그리고 과중한 세금 부담 등은 경제적 불황의 징후였다.

Bibliography to §2.2a

F. W. Walbank, "Macedonia and Greece," in *CambAncHist* 7(2d ed,) 221-256.
Richard M. Berthold, *Rhodos in the Hellenistic Age* (Ithaca, NY: Cornell University Press, 1984).

(b) 소아시아의 헬라 도시들

소아시아 서쪽 해안의 이오니아 도시들(에베소, 밀레토스 등)은 내부의 행정면에서는 독립을 유지했지만, 기원 전 3세기에는 프톨레미 왕조가 다스린 이집트의 군사적, 정치적 지배 하에 있었다. 이 기간에 세금 부담은 과중했고, 군대의 병력들은 시민들의 집에서 숙식을 했다. 또한 이집트 육군과 해군에 대한 의무(그들의 말을 돌보는 일, 선박 제조)로 시달렸다. 이 도시의 경제력은 이집트의 지배가 끝난 후에야 비로소 회복되었지만, 잇따른 셀류시드 제국의 통치 역시 골치 아픈 것이었다. 마이클 로스토프제프(Rostovtzeff)는 기록하기를, "셀류시드 왕조는 이 도시들이 없이는 존재할 수 없었고, 그 도시들은 셀류시드 왕조와 더불어 살 수 없었다"고 했다. 비록 셀류시드 왕조가 계속하여 내적 자치권을 부여해 주었지만, 그 도시들은 정치적으로는 예속되어 공물을 바쳐야 했다. 그밖에도 모든 시민들은 왕가에 세금을 바쳐야만 했다. 때때로 주어진 왕가의 기부금과 공물의 면제와 같은 특혜에도 불구하고, 그 도시들은 페르시아의 통치에서 해방된 이후로 약속되어온 "자유"를 원했으나, 그것은 헛일이었다. 그럼에도 불구하고, 현존하는 문서들과 이 시기에 행해진 건축 행위에 관한 고고학적 증거에 의하면, 농업, 공업, 및 무역이 이 도시들에게 상당한 번영을 가져다 주었으며, 이 번영은 버가모가 소아시아의 서쪽 지역을 통치하는 기간에도 지속되었다. 이 도시들의 경제적 몰락은 본도의 미트리다테스(Mithridates)의 전쟁으로 인해 악화되기는 했었지만, 궁극적으로 로마가 다스린 첫 1세기 동안의 로마의 잘못된 행정과 착취에서 비롯된 것이었다. 후일 로마의 황제들은 이 도시들이 과거에 누렸던 번영을 회복시키기 위해 개인적으로 개입해야만 했다.

카지코스(Kyzikos), 비잔티움(Byzantium), 헤라클레아(Heraklea), 시노페(Sinope), 트라페조스(Trapezos) 등 흑해 연안의 도시들은 한동안 주요 헬라 왕국들의 영향을 받지 않고 독립을 유지했다. 그러나 후일 일부 도시들은 본도(Pontus) 왕국에 합병되었다. 이 도시들은 농업에 기반을 둔 소규모 자치 국가들이었다. 무역, 어업 및 제조업이 번영의 기반이었다. 리키아와 밤빌리아에 있는 소아시아 남쪽 해안의 헬라 도시들이나 헬라화된 도시들(Xanthos, Patara, Perge, Aspendo, Side)은 프톨레미 왕조의 통치에서 벗어나 셀류시드 왕국의 지배를 받았다. 이 도시들은 잠시 로도의 지배를 받은 후, 마침내 독립을 쟁취했으며, 독립 상태는 기원전 2세기 대부분과 1세기까지 유지되었다. 활발한 농업과 약간의 교역을 통해 어느 정도 유익을 얻었지만, 해적들의 약탈도 있었다. 해적들의 약탈 행위는 로마의 통치가 확립되기까지 문제거리로 남아 있었다.

Bibliography to §2.2b

David Magie, "Rome and the City-States of Western Asia Minor from 200 to 113 B.C.," in: Calder and Keil, *Anatolian Studies*, 161-85.

A. H. M. Jones "Civitattes liberae et immunes in the East," in: Calder and Keil, *Anatolian Studies*, 103-17.

K. M. T. Atkinson, "The Seleucids and the Greek Cities of Western Asia Minor," *Antichthon* 2(1968) 32-57.

(c) 소아시아의 왕국들

성채, 궁전, 신전, 극장, 체육관 등을 지닌 **버가모**의 도시 계획안은 그리스 정신을 볼 수 있는 문서이다. 이 도시의 도수관(導水管)과 급수 체계는 그리스의 기술적 독창성을 보여준다. 이것은 일부는 알렉산드리아로부터, 일부는 아테네나 에피다우로스로부터 영감을 받아 만들어낸 것이었다(버가모의 아스클레피아이온의 재건에서처럼). 버가모의 왕들은 크게 부유해졌다. 초기에는 조그마한 자치국에 불과했던 이 왕국은 곧 경제적 독립을 확보했으며, 카이코스 계속에서 생산되는 풍성한 포도주와 올리브, 풍부한 천연 자원(이다 산맥에서 생산되는 목재, 구리, 은), 그리고 자체의 항구를 자랑했다. 행정은 이집트의 모델을 따라 왕이 경제를 엄격하게 통제하는 중앙집권 체계를 채택했다(§2.2d). 버가모의 원래 영토에서 중요한 도시는 수도뿐이었다. 시골 지방은 여러 개의 구로 나뉘어졌는데, 그것은 왕의 재산으로서 원주민 농부나 소작농(κλήρουχοι: 클레루크노이)들이 경작했다. 이들은 왕에게 지대나 십분의 일의 세를 바쳤다. 소아시아의 타 지역에서처럼 상당수의 주요한 농경지들이 있었던 것 같다. 공업은 왕가의 보조금을 받았고, 부분적으로는 왕이 소유하고 있던 제조 공장들에 집중되어 있었다(특히 직물과 양피지). 이러한 제품들 및 버가모에서 기른 유명한 말들을 수출함으로써 왕실은 엄청나게 부유해졌지만, 일반인들에게는 경제적 혜택이 그다지 돌아가지 않았다.

소아시아의 북서쪽 해안에 위치한 **비두니아**(Βιθυνία)는 천부적인 자연의 혜택을 받은 나라로서 풍요한 농업, 많은 삼림 및 보석들과 수정의 채석장들을 자랑했다. 프로폰티스(Propontis)와 흑해 근방에 있는 헬라의 자유 도시들(Kyzicos, Heraklea)은 그 나라에 거주하는 트라키아인들로 하여금 헬라 무역을 의존하게 만들었다. 트라키아 왕조는 알렉산더의 후계자들의 지배에서 그 국가를 해방시켰다. 다른 헬라 국가의 왕들과 마찬가지로, 그들은 새로운 도시를(니코메디나, 프루사)를 건설했으며, 델로스와 델포이에서 후원자로 등장했다. 프톨레미 왕조 및 마케도니아와의 무역 협정을 통해 그들은 교역과 무역에 참여했다. 비두니아는 기원전 74년까지 독립국가로 남아 있었으며, 금융업과 노예 무역에서 로마와 경쟁을 했다.

흑해 남부와 남동쪽의 내륙에 위치한 본도(Pontus)는 강 계곡을 따라 비옥한 농업 지역을 갖고 있었다. 본도의 동부 지역은 고대 세계에서 가장 중요한 광산 지대로서 철, 구리, 은 등이 생산되었다. 제품들은 메소포타미아와 시리아로 수출되었으며, 해안에 헬라 도시들(Sinope, Trapezus)이 건설된 후에는(기원전 630년경) 그리스로도 수출되었다. 고대 힛타이트 제국의 중심지였고 아나톨리아(Anatolia)의 이란인들의 버팀줄이었던 본도와 갑바도기아는 알렉산더의 공격를 받지 않았고, 셀류시드 제국의 왕들은 이 두 도시를 장악하지 못했다. 따라서 헬레니즘 시대에도 그 이전의 사회 구조가 완전하게 남아 있었다.

본도에는 도시 문화가 없었다. 봉건 영주나 신전(여기에서는 아나히타와 같은 이란 신들을 섬겼다)이 다스리는 마을들과 커다란 사유지들이 사회적, 경제적 구조의 특징이었다. 왕실은 헬라화 된 이란인이었고, 왕들은 헬라의 교역와 무역에서 자기들의 몫을 획득하기 위해 크게 노력했다. 그것을 위한 중요한 단계가 헬라 도시들의 정복이었다. 시노페는 기원전 183년에 정복되어 이 국가의 새로운 수도가 되었으며, 왕들이 부유해짐에 따라 많은 유익을 거둬들였다. 왕들은 이제 광석 수출을 장악했고, 서방으로 선적하기 위해서 도착한 아시아의 상품에게 통과세를 부과했다. 시노페 출신의 상인들은 그리스에서 유명했으며, 나중에는 지중해 서부를 비롯하여 철과 광석이 거래되는 모든 곳에서 유명해졌다. 기원 전 2세기 말, 본도의 미트리다테스 5세는 소아시아에서 가장 부유한 왕이었다. 그의 후계자인 미트리다테스 6세는 헬라 세계를 장악하려는 로마에 도전하기 위해서 육군과 해군을 무장시키는 데 이 풍부한 자원을 사용했다.

켈트족 계통의 **갈라디아**인들은 기원 전 3세기에 그리스와 아나톨리아를 침입한 후 고대 프리기아 지역에 다시 정착했다. 갈라디아인들은 고르디온(Gordion), 안키라(Ankyra), 페시누스(Pessinus, Magna Mater의 본 고장, §4.4b) 등의 도시에 거주했다. 귀족들은 부자였고 부족의 조직을 장악하고 있었으며, 방대한 토지와 도적 기사들의 주인이었다. 원주민들이나 갈라디아인 영주들 모두 헬라화 과정의 영향을 그다지 받지 않았다. 기원전 2세기에 갈라디아인들은 헬라 도시 헤라클레아(Heraklea)를 정복함으로써 헬라 세계의 경제에 참여하고 흑해에 접근하려 했다. 그러나 버가모과 로마는 이를 좌절시켰다. 로마는 이 나라를 초토화시켰다. 이로 인해 갈라디아인들은 무서운 반란을 일으켰는데(기원전 168년), 이 반란은 버가모의 유메네스(Eumenes) 2세에 의해 진압되었다. 이 사건들이 있은 후에야 비로소 소아시아 중부 지역의 헬라화가 서서히 시작되었다(특히 기원전 1세기경 로마의 분봉왕들 치하에서). 갈라디아처럼, 갑바도기아도 경제적, 문화적으로 헬라 세계의 가장자리에 남아있었다.

Bibliography to 2.2c

H. Heinen, "The Syrian-Egyptian Wars and the New Kingdoms of Asia Minor," in *CambAncHist* 7(2d ed.) 412-433.

Michael Rostovtzeff, "Pergamun," in *CambAncHist* 9. 590-618.

Idem, "Some Remarks on the Monetary and Commercial Policy of the Seleucids and Attalids," in: Calder and Keil, *Anatolian Studies,* 277-98.

Esther V. Hansen, *The Attalids of Pergamon* (Cornell Studies in Classical Philology 36, 2d ed.: Ithaca, NY: Cornell University Press, 1971.

(d) 이집트와 키프로스

이집트에 거주하는 헬라인과 마케도니아인들은 대체로 알렉산드리아에 집중되어 있었다. 국가의 행적직 관리로 채용되었을 때 외에는 알렉산드리아, 프톨레미 1세가 상부 이집트에 건설한 프톨레마이스, 파이움 지역의 새로운 정착지들, 고대 헬라 도시 나우크라티스 등지 이외의 지역에 그리스인들과 마케도니아인들이 거주하는 일은 극히 느물었다. 원주민들은 이 그리스 관리들을 외래 세력의 대표자로 여겼다. 왕, 그의 행정관들, 그리고 일부 알렉산드리아인들이 이 나라의 부를 완전히 장악하고 있었다. 해군과 상업용 선박들이 알렉산드리아에 정박했고, 수입과 수출을 위한 거의 모든 상품의 운송이 그곳에서 이루어졌다.

프톨레미 왕조는 파라오 정부로부터 넘겨 받은 자본주의적 국가의 독점 원리에 따라 그 나라를 다스렸다. 그리스인늘의 경제적 전문 지식과 기술은 이러한 체계를 다듬어 보다 지속적으로 적용할 수 있게 해주었으며, 그럼으로써 생산이 증가되었다. 한편, 보다 더 통제하려는 갈망 때문에 결국 오만한 관리 조직이 생겨났는데, 그것은 궁극적으로 자멸적인 것이었다. 대부분의 농경지는 왕의 것이었고, 중앙 정부의 지시에 따라 운영되었다. 왕실의 목장에 속하지 않은 개인 소유의 목축업은 국가의 엄격한 감독 받았고, 매년 모든 가축과 그것들의 판매 현황을 열거한 통계가 수집되었다. 양봉업과 어업은 개인의 손 안에 있었으나, 소득의 일부는 왕실에 바쳐야 했다. 사냥, 광업, 벌채에 있어서의 모든 권리들은 왕실에서 관리했다.

모든 제품, 특히 수출용 제품은 왕실의 공장에서 생산되었다. 천연 자원들은 모두 국가가 소유하고 배정했다. 그밖에도 신전들이 소유하고 있던 공장들도 있었는데, 아마도 왕들은 이곳에서 애당초 독점적인 산업 생산과 조직의 방법들을 배웠을 것이다. 사적인 생산은 원주민들이 사용할 단순한 소비 상품들의 제조에 국한되어 있었다. 국가의 가장 중요한 독점 사업은 엄격한 가격 통제를 받은 기름(여러 종류의 식물성 기름), 직물(특히 린넨. 모직은 개인적으로 제조되었다), 맥주, 소금, 가죽, 종이 등이었다. 종이(파피루스)는 국내 수요를 위해 생산되었다(국가의 행정에 엄청난 양이 소비되었다). 또한 다른 나라들에 수출하기 위해 많은 양이 생산되었다.

이집트는 우선적으로 아프리카에 있는 자신의 속령, 지중해 동부 지역, 남부 및 서부 소아시아 지역(로마의 통치가 시작될 때까지 프톨레미 왕조가 다스렸던 키프로스를 포함), 그리고 헬라의 섬들과의 무역에 활발히 참여했다. 그러나 소아시아와 에게 해 지역 내에 있는 프톨레미 왕조의 속령들은 경제적 독립을 유지한 반면에, 어떤 면에서는 헬라 섬이요 어떤 면에서는 페니키아 섬이었던 키프로스는 국가의 독점 체제에 합병되어 있었다. 이집트에는 광산 자원이 빈약했으며, 동광(銅鑛)들은 왕들이 직접 운영했다. 프톨레미 왕조의 치하에서 이집트는 경제적으로 독립하기 위해 크게 노력했다. 왕들의 부는 주로 수출 촉진과 엄격한 수입 제한에 기인한 것이었다(목재와 광석들만 정규적으로 수입되었다). 이집트는 해외의 속령들을 상실하면서 경제적으로 몰락하게 되었으며, 아울러 이집트 원주민들의 소요가 증가했다.

<u>Bibliography to §2.2d</u>

Michael I. Rostovzeff, "The Foundations of Social and Economic Life in Egypt in Hellenistic Times," *JEA 6* (1920) 161-78.

Eric Turner, "Ptolemaic Egypt," in *CambAncHist* 7(2d ed.) 118-174.

Fraser, *Alexandria.*

Hugh MacLennan, *Oxyrhynchus: An Economic and Social Study* (Princeton NJ: Princeton University Press, 1935).

William Linn Westermann, "The Ptolemies and the Welfare of Their Subjects," *AHR 43* (1937/38) 270-87

Roger S. Bagnail, *The Administration of the Ptolemaic Possessions Outside Egypt* (Leiden: Brill, 1976)..

(e) 셀류시드 제국

많은 민족들과 다양한 경제 구조들을 지닌 광대한 셀류시드 제국에서 통일된 경제 체제를 시행한다는 것은 불가능했다. 그러나 셀류시드 왕조는 알렉산더와 아케메네스 왕조의 합법적 후계자임을 자처하며 통일된 행정 체계를 제정했다. 왕들의 주요 목표는 군대를 유지하고 전쟁을 수행하는 데 필요한 막대한 경비와 계속 증가하는 왕실과 관리들의 유지에 필요한 경비를 충당하기 위해서 수입을 극대화하는 것이었다. 비록 통일된 과세 제도는 없었지만, 중앙 집중적인 재정 행정은 중요한 것이었다. 중앙 정부는 산하의 도시들과 속령들의 조폐와 화폐 정책들을 통제했고, 합법적으로 왕에게 권한이 있는 상품들과 제조품들의 수출에 관한 결정을 했다. 그러나 그 밖의 점에서는 왕이 직접 소유하고 있는 재산(왕가 소유의 사유지)만 왕실에서 운영했다. 이러한 토지의 실제 크기가 얼마나 되는지는 감정하기 어렵지만, 아마도 셀류시드 제국 전체 영토의 절반에 이를 것이다.

그 나머지 부분은 제국에 예속된 다양한 제후들과 도시들이 소유하고 운영했다. 왕실의 사유지를 관리하기 위해서는 토착민들에게 의존할 수 없었기 때문에, 그들을 관리할 행정가로서 마케도니아인들과 헬라인들을 데려왔다. 셀류시드 왕조가 건설하고, 헬라인들이 주로 정착한 수많은 신 도시들은 왕실의 이익을 안정시키는 데 기여했다. 도시들은 자치적으로 업무를 수행했기 때문에 왕실의 관리를 받지 않았지만, 세금과 관세 등의 형태로 수입을 창출하고 경제를 강화했다. 혹 도시들이 그 지방의 헬라화를 촉진하는 도구가 되었다고 해도 그것은 의도적인 것이 아니라 그들의 존재의 결과로 인한 부수적인 것이었다.

소아시아와 바빌로니아 지역 내의 왕의 부동산에 관한 자료가 보존되어 있지만, 셀류시드 제국에 관한 자료는 이집트에 관한 자료에 비해 훨씬 빈약하다. 특히 소아시아에 있는 오랜 신전 국가들의 땅은 왕의 부동산으로 간주되었으며, 사제들은 대개 관리자들로서 봉사했다. 마을의 주민들은 농노들이거나, 많은 경우에 있어서 신전 노예들이었다. 또한 페르시아의 귀족들이나 토착민들이 소유한 큰 부동산들도 있었다. 이 부동산들 중 일부는 전 주인들이 계속 소유했고, 나머지는 마케도니아의 귀족들에게 넘어가거나 왕의 재산이 되어 그의 이름으로 운영되었다. 이 큰 부동산과 관련된 마을들에 사는 사람들은 농노나 소작농이었으며, 노예들은 거의 없었다. 메소포타미아 지방에서는 신전 지역의 거주민들은 자유인으로서 나름의 부족 조직들을 유지하고 있었다. 왕들은 바빌로니아와 페르시아의 기존 구조에 거의 관여하지 않았지만, 새로운 도시들과 군사적 식민지를 건설하기 위해 지가 소유의 땅들을 사용했다.

남부 시리아, 팔레스틴, 그리고 페니키아는 1세기 동안 프톨레미 왕조의 지배를 받았음에도 불구하고, 프톨레미 왕조의 이집트와는 상당히 다르며, 오히려 셀류시드 왕조의 것과 유사한 행정 체제를 갖고 있었다. 이 나라는 히파르키들(hipparchies)로 분할되어 있었는데, 왕들은 그것을 통해 지배권을 행사했고, 왕실의 이윤을 추구하는 세금 징수 청부인들이 어디에나 있었다(이들은 국세 징수 뿐만 아니라 가축의 등록 등의 문제들도 관리했다). 그러나 이 나라는 이집트보다는 훨씬 통일성이 적었기 때문에, 다양한 형태의 제한된 자치 정부들이 계속 존재했다. 몇 개의 국가들은 시리아와 페니키아 연안의 부분적으로 헬라화된 도시들과 병존했다. 이 도시들 가운데 시돈(Sidon)은 광범위한 헬라화의 중심지가 되었다. 심지어는 팔레스틴 내에도 헬라화된 시돈인들의 식민지가 있었다. 프톨레미 왕조는 예루살렘같은 신전 국가들과 요단 건너편의 토비아드인들(Tobiads)의 것과 같은 부족 국가들(sheikdom: 아랍의 족장들이 다스리던 곳:역자 주)에게도, 그들이 알렉산드리아 왕실의 재정 정책에 협력하는 한 어느 정도의 자치를 부여했다. 이곳 사람들은 자유인으로 남아 있었고, 민족적 전통을 보존했지만 매년 공물을 바쳐야 했다. 해안의 도시들의 경우도 이와 비슷한 합의가 이루어져 있었다.

프톨레미 왕조는 이 지역에 헬라 도시를 건설했고, 따라서 헬라화의 과정을 촉진했다. 이 도시들 가운데는 해안의 가자(Gaza)와 프톨레마이스-아케(Ptolemais-Ake), 필로테리아(Philoteria), 필라델피아(암만) 요단 건너편의 펠라(Pella) 및 이두메의 몇 도시들이 있었다. 이 도시들은 주로 정치적, 군사적 이유들 때문에 건설되었다. 최우선적인 목적은 외부 침략자들이 이집트를 공격하기 위한 기지를 구축하는 것을 방지하려는 것이었으며, 따라서 요새들을 갖추고 있었다. 제논 서신이 보여 주듯이, 알렉산드리아 출신의 헬라 상인들은 해안의 도시들 뿐만 아니라, 요단 건너편과 팔레스틴 내륙과도 교역을 했다. 제논은 260-259년(기원전)에 그의 주인 아폴로니우스(Appolonius)를 위해 그 지방을 여행하면서 나바티아 대상(隊商)들에게서 노예들이나 물건을 샀다.

새로운 속국들은 셀류시드 제국를 괴롭히는 어려움들, 특히 그 제국이 동쪽 지방과 아나톨리아의 속령들을 상실함에서 비롯된 재정적 문제들을 직접 경험하게 되었다는 것 외에, 이 지역이 셀류시드 제국의 지배됨에 따른 변화는 그리 많지 않았다. 셀류시드 왕조는 점증하는 불안한 통치를 안정시키기 위한 노력의 일환으로 헬라화의 과정을 강화했다. 재정적인 착취와 공공연한 신전 약탈과 연결된 이러한 노력들은 결과적으로 외세의 통치에 대한 유대인의 저항을 낳았다.

<u>Bibilography to 2.2e</u>

Rostoztzeff, see under §2.2c.

Domenico Musti, "Syria and the East," in *CambAndHist* 7(2d 2d.) 175-218.

Getzel M. Cohen, *The Seleucid Colonies: Studies in Founding, Administration and Organisation* (Wiesbaden: Steiner, 1978).

Susan Sherwin-White, "Seleucid Babylonia: A Case for the Study for the Installation and Development of Greek Rule," in Kuhrt and Sherwin-White, *Hellenism in the East,* 1-31.

Fergus Millar, "The Problem of Hellenistic-Syria," in Kuhrt and Sherwin-White, *Hellenism in the East,* 110-33.

(f) 세금

헬라 제국들의 행정과 경제 정책에서 세금은 중요한 요소였다. 직접세는 전체 주민들에게서 거둬 들였다. 이는 전제 통치 시대 외에는 고대 그리스에서는 없었던 것이었지만, 동양의 제국들에서는 일상적인 것이었다. 직접세는 대체로 완전한 시민권을 갖지 못한 도시의 주민들에게만 부과되었다. 예외적인 상황에서는 시민들에게 특별히 기부를 하도록 요구할 수도 있었고, 특별한 행사가 있을 때면 부자의 자발적인 기부가 기대되었다. 다른 모든 세금은 간접세였다(관세, 소비세, 판매세, 시장세, 그리고 부두세와 같은 공공시설 사용료). 헬라 제국의 왕들은 이 간접세 제도를 개선했지만, 방대한 제국에 소요되는 막대한 경비, 특히 육군과 해군의 유지를 위한 비용을 충당하기 위해서는 새로운 수입원이 필요했다. 정복된 모든 땅들은 법적으로 왕이 소유했다. 고대 시대에는 노동력이 싼 농업에서의 수입이 부의 주된 원천이었으므로, 농지 임대료와 부동산세가 세입의 가장 중요한 원천이었다. 왕들은 수입을 늘리기 위해서, 인두세, 상업상의 면허세, 그리고 노예, 가축, 건물 등에 대한 재산세 등의 직접세를 징수했다.

헬라화 된 왕국들은 모두 유사한 세금 제도를 사용했다. 이집트는 본국 내에서는 세무원들을 통하여 세금을 징수하는 국고 관리 체계를 갖고 있었다. 그러나 남부 시리아, 소아시아 및 에게 해 제도에 있는 이집트의 속령들을 위해서는 세금 징수 청부인(tax farming) 제도를 사용했다. 세금징수 청부인으로 지원하려는 부자들은 해마다 직접 왕에게 입찰하기 위해 알렉산드리아로 갔다. 최고 가격 입찰자가 대개 특허를 받았다. 요세푸스가 기록한 토비아드 요셉(Tobiad Joseph)의 이야기는 이 과정을 보여주는 좋은 예이다(*Ant.* 12. 169ff.). 시리아에서 셀류시드 왕조가 이 세금징수 청부인 제도를 사용했고, 후에는 로마인들도 이 제도를 채택했다.

현존하는 자료들은 프톨레미 시대의 과중했던 세금 부담에 대한 증거를 제공한다. 세금 부담의 압박감은 높은 세율 때문이었다기보다는 빠져 나갈 여지를 남겨 놓지 않았던 제도의 완벽성에서 기인한 것이라고 보여진다. 셀류시드 왕조의 세금 징수는 훨씬 덜 엄격했다. 이미 확립된 전통들과 개인적인 합의가 도시, 신전 국가 및 왕실 소유 토지 소작인들이 지불해야 할 부동산세 및 여러 가지 세금의 액수를 결정했다. 세금은 총독 관할 구역에 따라 상당한 차이가 있었다. 심지어 한 구역 안에서조차 세금이 일정치 않았다. 실제로 세금이 얼마나 과중했는지를 결정하기는 쉽지 않다. 세금 징수가 터무니 없었던 것처럼 보이지는 않는다. 심지어는 자신들에게 부과되는 높은 수준의 세금 뿐만 아니라 세금 부과의 원리 자체에 반대했던 유대인들의 경우에도 세금이 그렇게 터무니 없는 것은 아니었던 것 같다(마카비 1서 10, 40).

Bibilography to 2.2f

Andreas. M. Andreades, *A History of Greek Public Finance* (2d ed.; Cambridge, MA: Harvard University Press, 1933).

Henri Francotte, *Les finances des citiés grecques* (Paris: Champion, 1909; reprint New York: Amo, 1979).

A. H. M. Jones ",Texation in Antiquity," in: P. A. Brunt, ed., *The Roman Economy* (Oxford: Blackwell, 1974) 151-85.

3. 사회

(a) 본토인들의 형편

마케도니아인들과 그리스인들의 지배를 받은 많은 민족들의 형편에 대해 보편적으로 타당한 관찰을 한다는 것은 불가능하다. 동부의 모든 지역에서 본토인들은 외국인 통치자들에게 예속 되었다. 이들 통치자들이 해방을 선전했음에도 불구하고 본토인들은 이들을 반기지 않았으며, 과거의 주인들보다 선호하지도 않았다. 본토인들의 운명은 왕실의 행정 체계와 세금 징수 제조, 그리고 헬라화의 기회를 얼마나 활용하는가, 그리고 도시와 농촌의 차이점 등에 따라 크게 달랐다.

프톨레미 왕조의 치하에서 이집트인들은 마케도니아인, 헬라인 및 다른 이민인(많은 유대인을 포함)들과는 완전히 다른 사회 계층으로 분리되었다. 하지만 이집트 원주민들은 왕의 노예가 되지 않았고, 자기들이 거주하는 지역(νόμος) 안에서는 통행의 자유와 독립을 유지했다. 그리고 특정의 조건 하에서는 이집트 전역을 통행할 수도 있었다. 그들은 자기들의 옛 이집트 법에 따라 판결하는 법정을 가지고 있었다. 그들은 직업이 없거나 돈이 모자라는 사람들은 아니었음에도 불구하고 외국인 주인들을 전적으로 의지하는 비특권층이었다. 직업의 선택과 수입은 왕에 의해 정해졌으니, 이제는 통치자들이 외국인이라는 것 외에는 과거와 근본적으로 달라진 것이 없었다. 농장이나 공장에서 일하는 노동자들은 심하게 감시당할 뿐만 아니라, 쥐꼬리 만한 수입에 대해서도 세금을 내야 했다. 빚을 못 갚으면 노예로 팔려 갔다. 하위직 관리들(예: 마을의 읍장이나 서기)들은 그리스 감독관들의 수중에 있었다.

외국어로 말하고 외국의 신들을 섬기는 그리스인들과 마케도니아인들은 과거 파라오들의 행정부 관리들보다 더 유능하고 요구하는 것이 많았으며, 항상 외국인으로 남아 있었다. 기원전 3세기말과 2세기초에 관료제도의 압박이 증가되었다. 개인의 재산 소유는 더욱 제한되었고(헬라인에게도) 보다 높은 차원의 봉사가 요구되었다. 이로 말미암아 소요와 반란들이 일어났으며, 이것들은 경제적 침체로 인해 더욱 심화되었다. 잔인한 진압 정책 및 이집트 본토인의 뜻을 지원하려는 왕들의 노력에 불구하고, 프톨레미 정부는 이러한 사회적 불안을 통제하지 못했다.

이처럼 소요가 거듭 발생한 것은 단순히 프톨레미 왕조의 무능함 때문만은 아니었으며, 로마의 증가하는 정치적인 압력 때문도 아니었다. 단순히 지긋지긋한 외국의 통치에서 벗어나려는 이집트인들의 갈망 때문에 발생한 것도 아니었다. 그 주된 이유는 정부의 중앙집권적 독점 체계였다. 그 체계는 계속 본토인 노동자 계층에게 억압적인 규제를 가했을 뿐 그들의 노동으로 생산된 이윤 배분에 동참하는 것은 허락하지 않았다. 심지어 많은 이집트인들이 행정부 고위직에 진출하고 많은 헬라인들이 이집트화한 후반기 헬레니즘 시대에도 불안은 완화되지 않았다. 중앙집중적인 국가 독점 체계 하에서의 경제 조직은 결국 마을의 인구의 감소와 농경지의 감소, 그리고 국가적인 경제의 위기를 초래했다. 이 비옥한 지역에서 최대한의 이윤을 얻기 위해서 고안된 이 체계 때문에 결국 본토인 노동 계층을 철저하게 궁핍해졌다.

셀류시드 제국의 상황은 완전히 달랐다. 왜냐하면 셀류시드 제국의 왕들은 획일적인 경제 체계를 적용하려 하지 않았고, 또 본토인들에게 분명히 정의된 사회적, 경제적 지위를 배정하려 하지도 않았기 때문이다. 오히려, 새로 만들어진 사회적 구조들은 이전의 구조들보다 더 훌륭한 사회적 승진의 기회들을 제공했다. 그러나 농촌의 주민들 대부분에게는 변화가 거의 없었다. 왜냐하면 헬라 문화는 도시 밖에서는 그다지 영향을 미치지 못했기 때문이다. 종속 국가들과 신전 소유의 지역들은 국내적으로는 여전히 자치적인 행정을 유지했다. 이 지역들에 대한 외국의 통치의 영향력은 주로 군사적 점령, 세금, 조공 등을 통해 이루어졌다. 그리스적인 도시로 재건되지 않은 옛 도시의 주민들은 계속해서 그들의 생업과 직업을 물려받았다. 그들은 어느 정도 헬라화 되었는데, 서부 지역이 크게 변했고 동부에서는 표면으로만 변했다.

신흥 도시들, 특히 티그리스 강변에 있는 셀류키아(Seleukia)와 오론테 강변에 있는 안디옥에는 헬라인과 다른 인종들이 섞여 있었다. 그렇지만 헬라인이 아닌 사람들이 새로운 직업을 가지고자 했을 때 아무도 막지 않았으므로, 그후 몇 세기 동안에 이 도시의 많은 주민들이 헬라화되었다. 이곳에서 셀레오코스 제국은 헬라인과 비헬라인을 사회적으로 구분하지 않았다. 헬라화 과정에 유익하게 작용한 요인들 중에는 주민들의 이동이 증가한 것과 경제적인 기회들이 포함된다. 동방과 서방에 유대인 디아스포라(Διασπορά)가 형성된 데서 나타나는 것처럼, 대규모의 집단들이 이주하여 정착할 수 있었다. 헬라 문화와 언어는 이러한 집단이 새로운 지역에 정착할 수 있는 방편이었다. 그러므로 헬라 도시의 새로운 제도는 특히 본토인들에게 유익한 것으로 드러났다.

Bibliography to § 2.3

J. K. Davies, "Cultural, Social and Economic Features of the Hellenistic World," in *CambAndHist* 7(2d ed.) 257-320,

Bibliography to § 2.3a

Horst Braunert, *Die Binnenwanderung: Studien zur Sozialgeschichte Ägyptens in der Ptolemäer-und Kaiserzeit* (Bonn:Rohrscheid, 1974).

(b) 외국인들과 헬라인들의 지위

이집트의 외국인들은(헬라인과 헬라인이 아닌 사람들) 하나의 구분된 인종 집단을 형성했다. 그들은 본토 이집트인들과 똑같이 세금을 냈으며, 국가의 시장 독점을 존중해야 했다. 그러나 외국인들은 본토인들보다 더 많은 권리를 가지고 있었다. 이주해온 사람들은 어느 정도의 자치를 누렸으며, 조직을 구성하는 것도 허용되었고(예:연무 협회), 부동산을 소유할 권리도 있었다. 대부분의 외국인들은 군인, 행정관, 국가가 독점하는 공장들이나 농업 분야의 경제를 감독하는 등 왕을 위해 봉사하는 직업을 가졌다. 처음에는 행정부와와 군대의 요직은 모두 헬라인과 마케도니아인의 차지였다. 후일 이집트 상류층의 헬라화 된 사람들이 왕을 섬기는 자리로 승진할 수 있게 되었다. 일부 헬라인들은 농사, 공예, 장사 등의 직종에 종사했다. 왕은 자신이 박물관으로 불러들인 철학자들, 과학자들, 예술가들은 자기 마음대로 쫓아낼 수 있었는데, 실제로 기원전 2세기에 이런 일이 발생했다.

외국인들은 국가 정치의 구조 안에서 별개의 범주로 구분되었으며, 많은 협회들로 구성되어 있었다(제의 협회, 전문 협회, 연무 협회. §2.3e를 보라). 그들은 자체의 법정을 가지고 있었는데, 이 법정에서는 왕실의 법령과 저촉되지 않는 한 그들 고유의 법(예를 들면, 유대의 법)을 사용할 수 있었다. 모든 특권은 왕이 개인적으로 부여했으며 언제라도 그것을 빼앗을 수 있었다. 협회들은 배타적이었으며, 입회를 감독했다. 예를 들어 헬라 연무 협회의 회원이 되려면 헬라어 시험을 통과해야 했다. 따라서 이집트 상류층의 자녀들은 이러한 시험에 합격하기 위해서 항상 그리스어 문법책을 가지고 다니면서 열심히 공부했다.

물론 셀류시드 제국 내에서 마케도니아인들과 그리스인들은 처음부터 상류 계층으로서 다음과 같은 집단들을 포함했다: (1) 왕의 측근, 즉 왕의 가족, 친구, 그리고 가까운 조언자들; (2) 자신의 집과 부하와 종과 노예를 가지고 있는 최고위 행정 관리들과 왕궁의 직원들; (3) 부유한 지주나 도매상과 같은 독립한 헬라인들. 처음부터 헬라인이 아닌 사람들이 두번째와 세번째 집단에 속해 있었지만(페니키아 상인들, 이란인 지주들, 고위 관리들) 그다지 많지는 않았다. 이러한 집단에 속한 사람들은 여러 가지 특권을 소유하고 있었으며 굉장한 부자들이었다.

마케도니아인들과 그리스인들은 관리와 군인; 재정 관리와 국내의 세입 업무에 종사하는 하위직 공무원; 부동산 소유자, 농부, 식민지 개척자; 학자, 의사, 상인, 기술자 등 헬라인 유산층이 종사하는 전형적인 직업을 가졌다. 이러한 특권 집단에는 헬라인이 아닌 사람들도 있었으며, 세월이 흐르면서 헬라인이 아닌 사람들이 헬라인들을 지배하게 되었다. 왕은 이러한 집단들을 "헬라" 중산층으로서 강화하고 보존했는데, 그것은 그리스인들의 인종적 우월함을 믿었기 때문이 아니라 그리스 교육의 힘을 의지했기 때문이었다. 교육과 훈련만이 인간으로 하여금 사회에 기여할 수 있게 한다는 것이 전형적인 그리스 신념이었다. 일부에서는 기술공을 천시했지만,

제국의 동쪽 지방에서는 여러 가지 전문 직종에 종사할 숙련된 전문가들을 많이 필요로 했다. 특히 이집트에서는 전문가들은 제한된 계층에서 선발되었으며, 전통적으로 그러한 직업에 종사하는 것을 경계했다. 헬라인들만이 교육과 직업 훈련을 일반적으로 이용할 수 있는 기회라는 개념을 발달시켰지만, 이 체계의 수혜자들은 그리스식 방법을 채택해야만 했다. 자의로 헬라 문화(즉, 언어 교육 그리고 전문 훈련)를 받아들인 사람들을 이러한 계층으로 받아들인 것은 당연한 일이었다.

헬라 왕국들은 숙련된 전문가들을 많이 필요로 했다. 육군과 해군에서 복무할 군인들뿐만 아니라, 배를 만들고 무기를 제작하고 작동할 기술자와 장인들이 필요했다. 왕국의 행정부에서는 헬라어를 사용하는 수천 명의 숙련된 전문가, 회계사, 재정 전문가, 변호사, 서기관, 비서관들을 고용했다. 이처럼 복잡하지만 보편적으로 제 기능을 발휘한 헬라적 행정은 과거의 행정 체계를 전혀 닮지 않았으며, 항상 자격을 갖춘 새로운 전문가들의 세대를 훈련하는 일에 관심을 가졌지만, 수요를 충족시키지 못했다.

헬라 시대에는 전문화된 독립된 직업을 가진 사람들이 크게 증가했다. 의사와 변호사; 배우, 무용가, 음악가, 그리고 극장과 관련된 일에 종사하는 사람들; 전문적인 운동 선수; 그리고 철학자, 과학자, 시인, 변호사, 의사 등이 있었다. 이들 중 일부는 왕실을 위해 일했고(예를 들면 알렉산드리아 박물관에서), 혹은 개인적인 후원자의 지원을 받았다. 또 어떤 사람들은 웅변가나 순회 포교사로 활동하여 생계를 유지했다. 이집트에는 분명히 공중 보건 업무가 있었지만, 셀류시드 제국에도 그러한 업무가 있었는지는 분명치 않다. 비록 그다지 존경을 받지 못하고 보수도 많지 않았지만, 가르치는 일이 널리 행해졌다. 도시들은 학교에서 가르칠 교사들을 채용했고, 일부 부유한 사람들은 개인 교사들을 고용했다.

모든 직업에 종사하려면 학교와 연무장에서 기본적인 읽기와 쓰기 교육을 받아야 했다. 전문 학교는 없었다. 철학 학교들이나 도서관에서는 특별한 전문직에 종사할 사람들을 교육하지 않았다. 수사학을 가르치는 학교에서는 전공이 없이 인문 교육만 제공했으며, 이 학교를 졸업한 사람들은 웅변가나 변호사나 건축가가 되었다. 의료 학교만은 예외였다. 그밖의 경우에 전문 직업인들은 도제 훈련을 통해 훈련을 받았다. 예를 들어 극장은 배우와 무용가들을 위한 학교 역할을 했다. 특별한 직업을 갖고 훈련을 받는 일은 길드와 전문적인 협회들이 관리했으며, 따라서 이러한 집단은 헬라 세계에서 중요한 역할을 했다. 사실상 전문적인 협회들은 도시의 중산층의 중추였는데, 여기에는 외국인들과 노예들은 물론이요 시민들도 포함되었을 것이다.

(c) 노예와 노예 제도

고대의 여러 문화 안에서는 다양한 형태의 개인적인 종속 상태, 노예 상태, 법적 지위의 하락을 적지 않게 찾아 볼 수 있다. 그리스와 로마 시대는 노예를 물건처럼 사고 파는 것이 일반화되어 있었다. 특정한 형태의 농업이나 산업 생산은 노예의 노동력을 의존했다. 이러한 노예 제도가 그리스에 도입된 것은 기원 전 6세기경이며, 로마에는 4세기에 도입되었다. 로마 제국 시대의 노예 제도는 그리스 시대의 노예 제도와 흡사한 점이 많으므로, 이 단원에서 함께 다루겠다.

고대 그리스의 노예들은 대부분 헬라인이 아닌 다른 종족 출신이었다. 그리스 시대에는 전쟁으로 노예들의 신규 공급이 상당히 늘어났다. 알렉산더의 뒤를 계승한 여섯 장군들, 헬라 왕국들, 그리고 그리스 도시들과 동맹들이 벌인 많은 전쟁 기간에 많은 포로들이 잡혀왔다. 그 결과 많은 그리스인들과 동양 사람들이 노예로 팔렸다(이들 중 많은 사람들은 헬라화 된 사람들이었다). 새로운 노예 공급의 또다른 원천은 해적들이었다. 해적들은 헬레니즘 시대 말기에 매우 활발하게 활동하면서 조직적으로 사람들을 납치하여 노예 시장에서 팔았다. 간혹 마을 전체가 공격을 당하여 온 마을 사람들이 노예로 팔리기도 했다. 해적 행위는 동부 지역에서보다는 그리스 본토에서 더 횡행했다. 로마가 그리스와 마케도니아를 정복하고, 여러 차례의 원정을 통해서 헬라 제국들의 영토를 정복했을 때에, 그리스인들을 포함하여 엄청나게 많은 포로들을 수중에 넣었다.

노예 제도는 로마 공화국 시대의 마지막 백 년(150-50 BCE) 동안에 절정에 달했다. 로마 제국 시대에는 아우구스투스 이후로는 정복을 위한 전쟁이 감소되었으므로, 새로운 노예들의 공급이 눈에 띄게 줄어들었다. 동시에 제국 시대에 노예들의 해방이 늘어나기 시작했으며, 이로써 노예들의 수도 현저히 감소되었다. 반면에 새로운 노예들을 얻은 수 있는 방법도 있었다: 노예의 자녀들은 주인의 소유였으며, 버림 받은 아이들—자유민으로 태어난 아이들을 유기하는 일이 비일비재했다—을 노예로 삼을 수 있었고, 때로는 경제적인 이유(가난)나 유력한 지위를 얻기 위해서 자신을 노예로 파는 사람들도 있었다.

고대 시대의 노예들의 경제적, 사회적, 법적 지위는 미국의 아프리카인 노예들의 지위와는 대단히 달랐고, 어떤 경우에는 훨씬 좋았다. 고대 시대의 노예들은 법적 권리를 완전히 박탈 당하지 않았다. 로마 제국의 노예들은 재산을 보유하고(주인은 그들에게 임금을 지불할 의무가 없었다), 주인들과의 분쟁이 있을 때에는 그 지방 총독이나 로마의 치안관에게 고발할 권리를 가졌다. 그러나 노예들의 모든 권리는 제한되어 있었고, 어떤 것은 명목상인 것에 불과했다. 노예들은 법정의 증인으로 서기도 했다. 그들은 주인들로부터 매를 맞기도 하고, 때로는 처형되기도 했다. 로마 제국의 황제들은 노예들의 지위를 어느 정도 개선하고 향상시켜 주었다. 정당한 이유 없이 노예를 학대하거나 죽이면 처벌을 받았다. 비록 노예 계층은 게으르고 정직하지 못하고 어리석은 사람들로 멸시를 받았지만, 노예 제도가 제정되는 데 있어서 인종적인 편견은 그다지 작용하지 않았다.

노예들이 지닌 능력, 교육, 전문 훈련에 따라 그들의 경제적인 형편은 다양했다. 가정에 고용된 노예들에게는 고대 가정에서 필요한 많은 일들이 맡겨졌다. 좋은 환경을 지닌 고대 가정들은 오늘날의 가정들보다 경제적으로 훨씬 독립되어 있었다. 곡식을 빻는 일, 빵 굽기, 바느질, 기름짜기, 비누 만들기, 그밖에 여러 가지 일들이 가정 안에서 이루어졌다. 이런 일들을 하는 노예들은 그 집의 식구 취급을 받았으며, 간혹 주인의 여인들이나 자녀들과 함께 식사를 했다. 대단한 부잣집에서 일하는 노예들의 수가 엄청나게 증가했을 경우에는 상황이 달랐다.

농사, 특히 로마인 원로원 계층이 소유한 땅에서 일하거나, 공장이나 광산에서 일하는 노예들도 많았다. 광산에서의 작업은 위험했으며, 때로는 형벌로서 광산 노동이 부과되기도 했다. 주요 공장에서는 기껏해야 몇십 명 정도의 노예를 고용했지만, 광산이나 부동산을 운영하는 사람들은 수백 명, 혹은 수천 명의 노예를 소유하기도 했다. 특히 그 시설이 국가의 것으로서 왕실이나 제국의 관리인이 운영하는 경우에 그러했다. 그런 경우에는 노예들에게도 중요한 관리직이 주어졌다. 관리인이나 감독관으로 고용된 노예들은 후일 노예 상태에서 해방된 후에 도움이 될 기술과 지식을 습득할 수도 있었다. 노예들이 왕이나 황제, 혹은 부유한 상인이나 사업가들의 집에서 요직을 차지하기도 했다. 전쟁 포로 중에 유식한 헬라인들이 늘어남에 따라, 많은 노예들은 자신이 받은 과학적, 문학적, 수사학적 교육을 발휘하여 교사, 궁정 시인, 사서, 고위 관리자로 활동했다.

셀류시드 제국과 이집트에서는 노예제도가 그다지 큰 역할을 하지 않았다. 이집트에는 고유의 신전 노예 제도(*ιεροδουλία*: 히에로둘리아).가 있었으며, 노예들은 신전 안에서 비천한 일들을 하거나, 신전 소유의 공장이나 농지에서 일했다. 그러나 이러한 일들은 경제적으로 그다지 중요치 않았다. 이집트에 있는 헬라인과 외국인들

중에서는 단지 왕과 몇몇의 부유한 시민들만이 노예를 소유할 수 있었다. 왕들은 노예 제도를 좋아하지 않았으며 노예 소유자들에게 높은 세금을 부과함으로써 되도록이면 노예 제도를 제한하려 했다. 시리아에서는 농노를 노예로 취급하는 것을 금하는 칙령이 있었다. 셀류시드 왕조의 왕들은 자기 영토 내의 신민들을 노예의 신분으로 전락시키는 일에는 관심이 없었다. 소아시아의 일부 지역에서는 신전 노예 제도가 계속 존속했으며, 셀류시드 왕조의 왕들과 일부 부자들은 노예를 고용했다. 그러나 전반적인 경제, 특히 농업은 노예 제도에 의존하지 않았다. 노예 제도가 주된 역할을 한 유일한 헬라 왕국은 버가모였다. 버가모의 왕실 농경지, 공장, 주요 건설 사업(예를 들면 왕실 도서관 건설)에는 노예들이 고용되었다. 물론 건설 사업에는 어느 정도의 전문 기술이 필요했다..

기원전 2세기와 1세기에 로마는 노예를 크게 의지했다. 일반적으로 노예 소유주들이 삯을 받기로 하고 자기들의 노예를 송출하여 그 임금 중 일부를 챙겼던 제조업과 공장에서는 이러한 현상이 덜했다. 이런 노예 노동력은 비쌌다. 그러므로 공장이나 사업체 소유자들이 자기들의 노예를 고용할 때에만 자유 노동력 시장에서 노예 노동력이 경쟁에 성공할 수 있었다. 따라서 노예들을 이렇게 사용하는 일은 상대적으로 드물었다. 한편, 거대한 로마 제국의 농경지들은 노예들의 군단을 고용하지 않는 한 제대로 경작할 수 없었다.

노예들의 주요 반란—아파메아의 에우누스의 반란(Eunus of Apamea; 136-132 BCE), 스파르타쿠스(Spartacus; 73-71 BCE)의 반란

은 주로 이탈리아의 남쪽과 시실리에서 발생했다. 이 시대에 로마인들은 로마 자체 내에서와 사유지 내에서 엄청나게 많은 노예들을 고용했다. 로마 시의 노예들만해도 200,000명에서 300,000명 사이로서 전체 주민의 1/3에 해당했다! 이러한 노예들의 반란들이 과연 어느 정도까지 사회적인 문제로 말미암아 야기되었는지는 규정하기가 어렵다. 농업에 고용된 노예들은 일반적으로 도시의 노예들보다 고된 생활을 했다. 종교적이고 민족주의적인 동기들이 큰 역할

을 한 것 같다. 버가모에서의 노예들의 형편은 이탈리아에서의 노예들의 형편과 비견할 수 있다. 이곳에서 발생한 아리스토니코스(Aristonicos)의 반란(133-130 BCE)은 노예 반란의 동기 중 일부를 드러내준다. 이것은 앗탈로스 왕의 유언에 따라 버가모를 물려받은 로마에 대항한 반란이었다. 아리스토니코스는 그 유언의 합법성에 대해 논쟁했으며, 스스로 마지막 왕의 후계자로 주장하면서 지방민들을 규합하여 로마에 대적했다. 그는 노예 제도의 종식을 선포하고 자기의 추종자들을 "태양시의 시민들"(Ἡλιοπόλις)이라고 불렀으며, 이로써 그 시대의 유토피아적이고 사회 변혁적인 사상들의 일부를 반영했다(§3.4e를 보라).

노예 제도에 대한 의견은 찬성, 반대, 무관심 등 다양했다. 철학자들 및 사회 비평가들이 노예 제도를 비난했음에도 불구하고, 노예 제도의 정당성 입증이 필요하다고는 생각되지 않았다. 노예 제도 폐지를 원하는 혁명적 욕구가 없었다. 노예 소유권을 최초로 부인한 사람들은 고전 시대의 소피스트들이었다. 스토아 학파와 견유학파의 철학자들은 노예도 다른 모든 사람들과 동일한 인간이며 동일한 본성적 능력과 권리를 소유한다고 되풀이해서 강조했다. 그러나 이들 철학자들은 근본적인 관점에서 노예 제도를 비판하려 하지 않고, 다만 진정한 자유는 사회적 지위와는 상관이 없다고 강조했다. 그밖에도 노예들은 천성적으로 열등하다고 주장하는 사람들도 있었다.

기본적인 문제는 해결되지 않고 그대로 남아 있었다. 한편으로 볼 때, 노예들은 인간이었으며 주인들로부터 금전이나 선물, 아니면 최소한 후대, 자비, 이해 등의 은혜를 받아야 한다고 기대되었다. 노예들을 비인간적으로 다루는 주인들은 노예들에 의해 살해되거나(이런 일은 발생하지 않았다), 아니면 친구들로부터의 신망을 상실할 위험이 있었다. 다시 말해서 노예들의 복지보다는 주인들의 도덕적 평판이 위험하게 되었다. 노예들은 헌신적으로 주인을 섬겨야 했다. 다른 면에서 볼 때, 노예는 소유물이었으며, 소용이 없게 되면

버릴 수 있었다. 노예의 인간적 가치는 그들이 지닌 본래의 인간적 권위가 아니라 의무 수행에 따라 결정되었다.

비록 종종 노예들은 무시해도 좋은 어릿광대, 혹은 죄인들로 묘사되기도 했지만, 노예들은 희극이나 문학에서 다른 사람들처럼 약점이나 장점을 지닌 인물로 등장하기도 했다. 실지로 주인과 노예가 서로 거래할 때에 노예들은 동일한 인간적 의무들을 지니며 동일한 존경을 받아야 하는 것으로 묘사되었다. 종교 안에서는 사회적 지위의 차이가 없었다. 엘류시스 제전(Eleusinian mysteries)에서는 시민들과 아테네인 노예들을 모두 받아들여 그들을 의식에 입문시켰다. 근동 지방에서 기원한 신흥 종교들—이러한 종교들은 종종 노예들에 의해 도입되었다—은 사회적 신분의 차이를 인정하지 않았다. 기독교가 이러한 종교 중 하나였다. 기독교인 노예들은 주인에게 순종하라는 권면을 받지만, 그들은 교회 내에서는 장로나 집사로 봉사했다.

노예 해방은 선행으로 간주되었으며, 후일 콘스탄틴 대제가 감독들의 법정에 수여한 권리들 중 하나도 노예 해방권이었다. 그러나 기독교나 다른 모든 신흥 종교들은 노예 제도의 폐지를 옹호하지 않았다(몇몇 교회 교부들은 그것을 요구했다). 옛 시대에 뿌리를 둔 진정한 사회-비평적 사상들은 나타나지 않았고, 신흥 종교들은 노예들의 사회적 지위를 근본적으로 불리한 것으로 간주하지 않았다. 그들은 자기들 자신의 계층 내에서 노예들의 평등을 주장할 때에 가장 고귀한 그리스 사상의 전통을 취했다.

고대 말기에 노예 제도가 완전히 불법으로 선포되지는 않았지만 최소한 엄격하게 규제되었으며, 중세가 시작되면서는 거의 완전히 사라졌다. 노예 제도가 쇠퇴하는 데에는 여러 가지 요인들이 기여했다. 철학적 비판과 기독교적 비평도 어느 정도 기여했다. 그러나 보다 중요한 것은 노예 노동력을 선호하지 않게 된 경제 구조상의 변화들이었다. 노예를 고용하는 데에는 비용이 많이 들었으며, 소작인들을 의존하는 편이 더 유익하게 되었다. 특히 3세기(CE)에 일반 가정들이 점점 더 가난해지고 중산층이 점차 사라짐으로 말미암아 가정에서 노예를 소유하는 것이 더욱 어렵게 되었다.

Bibliography to § 2.3c: Texts

Shelton, *As the Romans Did,* 190-205.

(d) 해방 노예의 지위

최소한 적당한 일자리를 발견할 수만 있나면, 해방된 노예들의 형편은 노예 신분일 때보다 좋을 듯이 보였다. 그러나 아무 곳에도 속하지 않은 여인들의 경우에 적절한 일자리를 구하는 것은 어려운 일이었다. 그러나 노예들이 해방된 후에도, 그들의 예속 상태는 끝나지 않았다. 해방된 노예들에게는 몇 가지 유익이 있었다. 노예였을 때에는 "벨릭스"(행운아), "오네시모스"(유익한 자), "첫째", "둘째" 등 모욕적인 이름을 지녔지만, 이제는 제대로 된 이름을 가질 수 있었다. 주인이 로마 시민일 경우, 해방되는 노예들은 로마 시민권을 얻었다. 주인은 그들에게 상점 경영과 같은 일을 맡기기도 했는데, 그들은 전 주인을 위해 그러한 일을 맡아서 했다. 해방된 노예들에게는 결혼할 권리가 있었다. 그러나 무덤의 비문들이 보여주는 바에 의하면, 대부분의 남녀 자유민들은 내연관계로 살았다.

노예 신분에서 해방된다고 해서, 과거에 노예였던 사람들이 자기가 원하기만 하면 어느 곳이든지 가고, 무슨 일이든지 할 수 있다는 것을 의미하는 것은 아니었다. 그들은 더 이상 이전의 주인들에게 대한 법적인 의무 수행 관계에 있지 않았지만, 특히 로마 사회의 후원자 제도 때문에 그들은 자신의 새로운 후원자가 된 옛 주인의 속박을 받았다. 해방 노예는 전 주인의 피보호민으로서 날마다 자신의 새 후견인을 방문하여 아침 인사를 드려야 했고, 때로 후견인은 그들에게 여러 가지 일을 부탁하기도 했다. 해방 노예들은 이제 보은의 관계에서 주인에게 이전보다 더 속박되었다. 권세자들은 종종 해방 노예들의 책임 의식을 이용하여 그들을 중요한 사업이나 정치적 사명을 수행하는 대리인으로 고용하기도 했다. 로마 관습상 해방 노예들의 자녀들의 법적 지위는 기이했다. 노예 여인이 자녀를 낳았는데, 그후에 법적으로 자유민이 되었을 경우에, 그 자녀들은 어머니의 노예가 되었다. 그리고 만일 아버지가 돈을 주고서 자기 아들을 노예 신분에서 구해내면, 그는 법적으로 아버지의 아들이 아니라 아버지의 해방 노예가 되었다.

로마 사회에서 일부 해방 노예들은 유명한 부자가 되었다. 그러나 비록 그들이 로마 시민이 되었어도, 자유민들의 사회에서는 그들을 동등하게 받아들여 주지 않았다. 심지어 가난한 귀족들조차도 부유한 해방 노예들을 조롱했고, 해방 노예들이 자신의 부유함을 과시하려는 일이 끊임없는 조롱의 주제가 되었다. 부모가 해방된 후에 태어난 자녀들은 자유인으로 간주되었으며, 사회적인 스티그마가 없이 사회생활을 하며 교육을 받을 수 있었다. 그 유명한 예는 호라티우스로서, 그는 해방 노예의 아들이었다. 그러나 부유한 해방 노예는 소수에 불과했다. 독립하여 경제적으로 생존할 기회를 거의 갖지 못한 수천 명의 해방 노예들은 자기들의 피보호민의 신분에 의지했다. 그들이 노예였을 때에는 주인은, 비록 경제적 어려움 때문에 노예들에게 일을 시키지 못하더라도 그들에게 먹을 것과 입을 것을 주어야 했다. 그러나 일단 해방 노예들이 일자리를 잃거나 후원자를 잃으면, 누구에게도 그들을 돌보아야 할 의무가 없었다. 주인이 사망함으로 말미암아 사유지에서 일하는 노예들이 대량으로 해방될 경우, 이들은 도시의 최하층 계층이 될 수밖에 없었다. 아마 이 사실은 아우구스투스 황제가 이러한 관습을 엄격하게 제한한 이유를 설명하는 데 도움이 될 것이다.

Bibliography to §2.3d: Texts

Shelton, *As the Romans Did,* 190-205.

Bibliography to §2.3: Studies

Peter Garnsey, *Soceal Status and Legal Privilege in the Roman Eapire* (Oxford: Clarendon, 1970).

Susan Treggiari, *Roman Freedmen during the Late Republic* (Oxford: Clarendon, 1969).
Sandra R. Joshel, *Work, Identity, and Legal Status at Rome: A Study of the Occupational Inscriptions* (Norman: University of Oklahoma Press, 1992).

(e) 여인들의 지위

고대 지중해 연안의 모든 사회에서는 여인들은 법적 지위가 제한되고 정치적 권리도 없었다. 여인들의 신분은 지방에 따라 달랐다. 일부 그리스의 도시들과 이집트에서는 여인들은 어느 정도 재산권을 소유했고, 법정에서 증언할 수도 있었다. 그러나 청동기 시대의 미케네와 크레테에 존재했었던 것과 같은 고대의 여가장 제도나 법적 평등의 흔적은 전혀 남아 있지 않았다. 여인들은 아버지나 남편에게 예속되었으며, 활동 영역은 가정으로 제한되었다. 그리스에서는 신분이 높은 여인들은 당시 시민들의 사회생활의 중심이 되었던 주연(酒宴, *συμποσία*)에 참석하지 않았다. 결혼은 중매에 의해 결정되었으며, 결혼 계약은 신랑(또는 신랑의 아버지)와 신부의 아버지가 협상하여 결정했다. 남편이 죽을 경우, 그의 재산과 아내는 다음 서열의 남자 친척이 물려 받았는데, 이 때 그 친척은 그 여인과의 결혼을 요구 받기도 했다.

헬레니즘 시대에는 많은 변화가 있었다. 이동이 보다 쉬워진 것, 가사의 자급도가 저하된 것, 그리고 교육의 중요성이 강조된 것 등으로 말미암아, 비록 상류층에서 뿐이지만 여인들에게 보다 많은 기회와 여가가 주어졌다. 결혼은 이제 가문들간의 경제적인 거래가 아니라, 하나의 공동 생활을 시작하는 귀중한 기회로 여겨졌다. 고대 그리스 시대에는, 남편들은 아내들에게 가정에서의 의무들을 교훈하라는 권면을 받았었는데, 이제 남편은 배우자에게 학예(學藝)와 철학을 가르칠 수 있게 되었다. 여자 시인들과 산문 작가들이 증가했다. 헬레니즘 시대의 문학은 고대 그리스 시대와 같은 여성 차별주의적 태도를 나타내지 않는다. 최소한 (이런 면에서 매우 보수적이었던 아테네를 제외한) 몇몇 도시에서는 여인들이 공직에 종사하고 재산을 소유하며 가정을 다스리기도 했다.

그다지 부유하지 못하고 신분이 낮은 가문의 여인들에 대한 정보는 훨씬 적다. 결혼한 부부들의 경우, 신분이나 법적 권리들의 차이점은 그다지 문제가 되지 않았던 듯하다. 남자들과 여자들은 그저 수지를 맞추기 위해서 함께 일해야 했다. 여인들은 농장과 과수원에서 일해야 했다. 바느질과 방적과 같은 일은 전통적으로 여인들이 행했다. 많은 미혼 여성들은 매춘을 비롯하여 남자들을 위해 봉사하는 일에 종사했다. 결혼한 여인들은 기술자인 남편의 일을 돕기도 했다.

최소한 공화국 말기의 여인들은 그리스 시대의 여인들보다 많은 권리와 특권들을 소유했다. 부인들은 남편과 함께 극장이나 파티에 참석했다. 아내는 능력 있는 인간으로서 자신의 재산을 관리할 수 있었고, 남편이 없을 경우에는 남편의 재산도 관리할 수 있었다. 또 법정에서 증언할 수도 있었다. 아내는 결혼한 후에 생긴 모든 재산에 대해 권리를 가졌다. 이혼은 남편이나 아내 중 어느쪽에서든지 주도할 수 있었다. 그러나 여인은 군인이나 공무원이 될 수는 없었다. 정치적으로 중요한 역할을 한 로마 여인들은 모두 귀족이었으며, 이러한 여인들은 종종 남편이나 아들을 앞세우고 배후에서 영향력을 발휘하기도 했다.

종교 활동이나 제의 활동 분야에서는 여인들에게 가장 많은 기회들이 주어졌다. 전통적으로 여인들에게는 많은 사제직이 주어졌는데, 예를 들면 로마 시대에 베스타 여신을 섬긴 처녀들(Vestal Virgins)를 들 수 있다. 에베소에서는 여인들이 그 도시의 최고위 제의 관리인 프리타네이스(*prytaneis*)로 일할 수 있었다. 그 지방의 황제 제의를 수행한 대제사장들의 명문(銘文)에는 여성의 이름이 많이 등장한다. 특히 근동 지방에 기원을 둔 새로운 제의에서는 여자 사제들과 여성 관리들이 등장하는데, 특히 유대교와 기독교에서는 여인들이 회당장(알키쉬나고고스: *'αρχισυνάγωγος*), 혹은 사도(롬 16:7), 집사, 기독교 회중의 후원자 등으로 일했다. 그러나 어떤 상황에서든 여인은 정치적인 권리와 투표권을 가질 수 없었다. 프톨레미 왕조에서, 또는 로마 제국의 왕실에서 여인들이 중요한 역할을 행하여 아우구스타(Augusta)라는 칭호를 받은 것은 왕실의 특권 덕분이었으므로, 일반적인 여인들의 신분 상승의 증거로 간주해서는 안된다.

Bibliography to § 2.3e: Bibliography

Leanna Goodwater, *Women in Antiquity: An Annotated Bibliography* (Metuchen, NJ: Scarecrow, 1975).

Bibliography to § 2.3e: Texts

Mary R. Lefkowiz and Maaaureen B. Fant, eds., *Women's Life in Greece and Rome: A Source Book in Translation* (ed ed.; Baltimore, MD: Johns Hopkins University Press, 1992).

Ross S. Kraemer, ed., *Maenads, Martyrs, Matrons, Monastics: A Sourcebook on Women's Religions in the Greco-Roman World* (Philadelphia: Fortress, 1988).

Bibliography to § 2.3e: Studies

Helene P. Foley, "Women in Greece," in Grant and Kitzinger, *Civilization,* 3. 1301-17.

Sheila K. Dickison, "Women in Rome," in Grant and Kitzinger, *Civilization,* 3. 1019-32.

Judith P. Hallett, *Fathers and Daughters in Roman Society: Women and the Elite Family* (Princeton, NJ: Princeton University Press, 1984).

John Peradotto and John P. Sullivan, eds., *Women in the Ancient World: The Arethusa Papers* (SUNY Series in Classical Studies; Albany, NY: State University of New York Press, 1984).

Sarah B. Pomeroy, *Goddesses Whores, Wives, and Slaves: Women in Classical Antiquity*(New York: Schocken, 1975).

Eadem, *Women in Hellenistic Egypt from Alexander to Cleopatra* (New York: Schocken, 1984).

Suzanne Dixon, *The Roman Mother* (Norman, OK: University of Oklahoma Press, 1988).

(f) 집과 가정

이 주제에 대해 세밀하게 논하는 것은 불가능한 일이다. 그것은 특히 지역적인 차이점과 인종적 차이점이 크게 작용하기 때문이다.

그러나 헬라 제국과 로마 제국 시대의 모든 사회가 공통적으로 지닌 근본적인 특성들 중 몇 가지에 대해서는 간단하게 다루어야 할 것이다. 한 집안(*oikos*)과 가족은 어디에서나 사회의 최소 기능 단위였다. 도시에서와 시골에서, 집안들은 경제적으로 반-자립적 단위로서, 음식을 마련하고 의복을 지었다. 한 집안에는 그 집의 주인, 아내, 자녀, 늙은 부모, 결혼하지 않은 친척들, 그리고 하인들과 노예들이 포함되어 있었다. 비록 그 집안의 가장인 아버지는 여러 면에서 구분되었지만, 나머지 가족들은 책임을 분담하고, 함께 모여 식사를 하고(원래는 노예들도 함께 식사했다), 종교 의식을 거행하곤 했다.

법적으로 권위는 그 가정의 주인이요 아버지의 수중에 있었다. 그러나 실제로 집안의 일상적인 잡일들을 관리하고 여자 노예들을 감독하고 어린 자녀들을 교육하는 것은 아내의 책임이었다. 그러나 부유한 집안에서는 자녀들을 돌보는 일은 유모와 관리인(파이다고고스: παιδαγωγός)에게 맡겨졌다. 중산층과 가난한 집안에서는 아버지와 어머니가 모든 책임을 동등하게 나누어서 했다. 부유한 집에서는 주인과 안주인은 가사 운영과 자녀들을 감독하는 일에 거의 관여하지 않았다. 로마에서는, 전통적으로 아버지들이 아들의 교육을 맡았지만, 젖 먹일 유모를 고용할 수 있는 부유한 부모들은 자녀들을 양육하는 일을 하지 않았다. 키케로는 그리스인 유모에게서 배운 그리스어를 "모국어"로 사용했다.

고대 가정의 가부장적 구조에 대해서는 많이 언급되어 왔다. 로마인들은 가장의 권력을 행사하여 방탕한 자녀들을 벌하거나 의절하고 심지어 처형한 사람들에 대한 이야기들이 많다. 실제로, 각자의 개성에 따라 다르지만, 대부분의 가장들이 가정을 전제적으로 다스린 것은 아니었다. 비록 아버지는 노예를 포함한 재산들에 대해 독점적으로 권한을 가지며, 심지어 성인이 된 자녀들에게까지도 사법적이고 재정적인 권위를 소유했지만, 집안의 안주인들은 가사 전반에 있어서 독점적인 권위를 행사했으며 종종 자신의 돈을 마음대로 사용하며, 자신의 노예를 소유하기도 했다. 고대 그리스 시대 이후에는, 아내들은 교육, 그리고 재산을 사고 팔고 상속하는 일에서도 권리를 행사했다. 어떤 사회에서는 남편이 연대보증인 역할을 하기도 했다.

자유민들의 결혼은 사랑과는 관계가 거의 없었다. 결혼은 흔히 재정적인 이유에 따라 중매로 이루어졌다. 로마 사회에서 부부중 한편이 집을 떠나거나 배우자에게 통지함으로써 이혼이 성립되었다. 팔레스틴에서의 상황은 달랐다. 만일 마가복음 10장이 실제의 관습을 반영한다면, 이혼할 수 있는 권리는 남편에게만 있었다. 중산층과 하층에서는, 경제적으로 이혼이 어려웠다. 그러나 상류층에서는 이혼이 매우 흔했고, 부부중 한 사람의 간통 때문에 이혼하는 일은 드물었다. 그러나 종종 간음이 이혼의 구실이 되기도 했다! 낙태가 성행했으며, 원치 않는 자녀를 버리는 일이 흔했다. 가난한 부모들은 자녀들에게 직업을 보장해주거나 보다 낳은 상속의 기회를 마련해 주기 위해서 양자로 주기도 했다. 때로는 자기의 친 자식보다 입양된 아이들을 보다 훌륭하게 돌보는 일도 있었다.

그리스나 로마의 가정에서의 사생활에 대해서 다루는 것은 어려운 일이다. 당시에는 사생활의 보장이라는 것이 거의 없었는데, 특권을 그다지 갖지 못한 가정들보다는 부유한 가정이 더 사생활의 보장을 받지 못했다. 항상 노예들, 친구들, 친지들, 손님들, 피보호민들이 드나들었다. 한 명 이상의 노예가 주인의 부름에 대비하여 대기하고 있었고, 일반적으로 안주인의 방에서는 여자 노예가 함께 잠을 잤기 때문에 부부간의 성생활을 위한 장소를 발견하는 데도 어려움이 있었다. 친척들간의 정은 중요하게 여겨지지 않았다. 남편은 첩이나 시종으로 거느리고 있는 젊은 남녀 노예들과 개인적으로 가장 친밀한 관계를 가졌을 수도 있다. 하드리아누스 황제의 총애를 받았던 소년 안티누스의 이야기가 그 전형적인 예이다. 부잣집에서는 이혼하거나 남편과 사별하는 것이 반드시 불행한 일이라고는 할 수 없었다. 로마의 사교계에서는 부유한 과부들이 가장 매력적인 손님이었기 때문이다. 오비디우스(Ovid)가 『색도』(*Ars Amatoria*)를 저술하면서 염두에 두었던 것이 바로 부유한 과부들과의 간통 관계였다. 그러나 그다지 유복하지 못한 가정에서는 부부간의 관계나 부모와 자식들간의 관계가 친밀했다. 따라서 과부가 재혼하거나 친정으로 돌아갈 수 없는 경우, 남편의 사망은 부인에게 진정으로 괴로운 일이었다.

스토아 철학자들과 후대의 기독교인들은 결혼에 대해 매우 다른 도덕을 주장했는데, 그것은 진실로 중산층의 가치관을 반영하는 것이었다. 즉, 남편과 아내는 서로 사랑하고 존경해야 하며, 아내는 남편에게 복종하며, 결코 이혼해서는 안된다는 것이었다. 성인 남자가 어린 소년과 성관계를 갖는 것은 경멸의 대상이었다. 철학자들과 유대의 교사들과 기독교인들은, 성적인 사랑은 오직 자녀를 낳기 위해서만 사용되어야 한다는 데 의견이 일치했다. 자녀들은 부모에게 복종해야 했으며, 부모들에게는 자식을 자랑하고 돌보아야 할 의무가 있었다. 애초부터 기독교 회중들은 과부와 고아들을 돌보는 것을 공동체의 주요 의무로 간주했다.

Bibliography to § 2.3f: Texts

Shelton, *As the Romans Did,* 18-167.

Bibliography to § 2.3f: Studies

A. R. W. Harrison, *The Law of Athens,* vol. 1: *The Family and Property*(Oxford: Clarendon, 1968).

W. C. Lacey, *The Family in Classical Greece*(London: Thames & Hudson, 1968).

Beryl Rawson, ed., *The Family in Ancient Rome: New Perspectives*(London: Croom Helm, 1986).

Eadem, *Marriage, Divorce, and Children in Ancient Rome* (Oxford: Oxford University Press, 1991).

Keith R. Bradley, *Discoviering the Roman Family: Studies in Roman History* (New York and Oxford: Oxford University Press, 1991).

Susan Treggiari, *Roman Marriage* (Oxford: Oxford University Press, 1991).

Suzanne Dixon, *The Roman Family*(Baltimore, MD: Johns Hopkins University Press, 1992).

John Clarke, *The Houses of Roman Italy 100 B.C.-A.D. 250: Ritual, Space, and Decoration* (Berkeley, CA: University of California Press, 1991).

Claudine Leduc, "Marriage in Ancient Greece ," in Schmitt Pantel, *History of*

Women, 235-94.
Sarah B. Pomeroy, "Greek Marriage," in Grant and Kitzinger, *Civilization,* 3. 1333-42.
Susan Treggiari, "Roman Marriage," in Grant and Kitzinger, *Civilization,* 3. 1343-54.
Valerie French, " Birth Control, Childbirth, and Early Childhoo d," in Grant and Kitzinger, *Civilization,* 1335-62.
Veyne, "From Mother's Womb to Last Will and Testament" and "Marriage," in idem, *Private Life.* 9-49.
Yvon Thébert, "Private Life and Domestic Architecture in Roman Afirica," in Veyne, *Private Life.* 313-409.
Alexander Gordon McKay, "Houses," in Grant and Kitzinger, *Civilization,* 3. 1363-83.

(g) 부와 가난

헬레니즘 시대에 특히 동부 지역에서는 도시와 농촌을 막론하고 농업이 경제적 번영의 기초였으며, 가장 중요한 수입의 원천이었다. 대규모 사유지에서 일하는 농노들로 구성된 마을들이 있는 농촌 지역, 혹은 신전 소유지들이 일부 농지들을 독점했다. 그밖에 다른 토지들은 도시들이 통제했다. 원래 대규모 시민 집단들이 소유했던 땅들은 모든 주민들의 경제적 번영의 기초가 되었다. 토지는 자급 농업에서부터 집중적인 곡물 생산과 반 유목에 의한 목축 등 사용하게 사용되었다. 농촌 지역의 사람들은 대체로 가난하고 종종 종살이를 했지만, 가난한 무산 계층은 아니었다. 그러나 도시에서는 궁핍함이 진정한 사회 문제였다. 많은 도시의 주민들이 토지를 상실하는 곳에서는 어디에서나 가난한 무산 계층이 생겨났다.

그리스의 도시들은 근본적으로 두 계층으로 이루어져 있었다. 상류층은 안정을 확보한 귀족 가문들로 이루어졌는데, 그들은 방대한 사유지를 소유하고 있으면서 거기에서 부를 끌어모았다. (로마 시대에는 이처럼 땅을 소유한 가문들을 보다 엄격하게 정의하여 두쿠리온(*ducurions*)라고 했는데, 그들은 시의회[*curia*: 쿠리아]를 구성하며 정치 지망생들을 지원하는 사람들이었다.) 중산층은 농부, 장인(匠人), 교사, 그밖에 다양한 전문 기술자들로 이루어져 있었다.

이 집단에는 외국인들과 시민들(외국인들은 부동산을 소유할 수 없었다), 노예들과 자유민들도 포함되었다. 어떤 사람들은 자신의 사업체를 가지고 있었고, 그렇지 않은 사람들은 봉급을 받고 일했다. 도시들의 사회적 안정은 이 계층의 복지와 밀접하게 연결되어 있었다. 가난으로 말미암아 제3의 계층이 형성될 수도 있었다. 이 계층은 특권을 빼앗기고 일자리를 잃은 무산 계층으로서, 후원자가 없는 해방 노예들, 빚 때문에 땅을 빼앗긴 농부들, 과부와 그 자녀들, 재산을 모으는 데 실패한 외국인들로 구성되었다.

그리스, 그리고 소아시아 서쪽에 있는 옛 그리스 도시들의 토지는 점차 소수의 상류층의 수중에 들어갔다. 중산층은 갈수록 봉급에 의지하여 살게 되었고, 무산 계층이 크게 늘었다. (후일 로마의 이탈리아에서 이러한 현상이 대규모로 발생했다.) 임금은 초기에는 상승했지만, 헬레니즘 시대에 전체적으로 하락했으며, 가격은 상승했다. 인구는 안정되었지만, 경제적인 어려움의 증가, 그리고 자유 노동자들을 직장에서 몰아내는 추세, 즉 가정, 농업, 산업 분야에서의 노예 노동력의 상승 때문에 일자리는 감소되었다. 빈부의 격차가 뚜렷해졌다. 가난한 자유민 노동자들이나 빚진 농부들은 노예들보다 더 형편이 좋지 못했다. 노예들은 적당한 일자리에 고용되든지 그렇지 못하든지간에, 주인들이 먹여주고 입혀주었다. 경제적 문제를 겪은 그리스 동부의 노예 소유자들은 종종 많은 노예들을 해방시켜 주었고, 그리하여 직업이 없는 무산자들이 증가되는 결과를 낳았다. 후일 이것 때문에 노동력 시장에서의 경쟁 시장이 증가하고 노동 계층의 불행이 증가했기 때문에, 이러한 노예 해방은 금지되었다. 헬레니즘 시대에는 도시 노동자 계층의 소요, 반란, 데모이 도시 생활의 일상적인 부분이 되었다.

그리스에서는 땅의 재분배를 목표로 한 모든 반란들은 실패했는데, 그것은 단지 부자들의 저항 때문은 아니었다. 그리스는 원래 경작할 땅과 광산 자원이 빈약했으며, 로마에 정복되기 전까지는 계속 약탈과 전쟁에 시달렸다. 전쟁은 매우 잔인했고 경제를 파괴했다. 보통 패배한 군대의 군인들의 절반 정도는 전쟁터에서 죽었다. 전쟁에 소요된 경비를 보충하기 위해서 전쟁 포로들과 정복한 도시의 주민들은 노예로 팔렸다. 모든 도시들이 철저히 파괴되었다. 더베는 알렉산더 대왕에 의해 초토화되었고, 만티네이아(Mantineia)는 아케아인(Achaeans)들에 의해 초토화되고, 마지막으로 고린도는 로마에 의해 멸망했다. 전리품을 얻으려는 것이 전쟁의 주된 목표였으므로, 패배한 국가는 약탈 당하고 그 국토는 황폐화되었다.

헬레니즘 시대에 그리스에서는 해적 행위, 약탈, 납치가 보편적으로 일어났다. 섬이나 해안 도시들만 아니라 내륙 지방도 그 대상이 되었다. 단 한 번의 습격을 받아 일천 명 이상이 잡혀가기도 했다. 현존하는 사료는 신성한 것을 모독한 일, 신전들을 더럽힌 일, 그리고 도피성의 권리를 침범한 일 등이 일상적으로 발생했음을 나타낸다. 전쟁을 벌이는 쌍방에서는 종종 해적들을 이용하기도 했다. 크레테와 아이톨리아인들은 특히 해적들과 밀접하게 연결되어 있었으며, 로마인들은 거리낌없이 해적들에게서 노예를 사들였다.

Bibliography to § 2.3g: Texts

Shelton, *As the Romans Did,* 129-52.

Bibliography to § 2.3g: Studies

Sandra R. Joshel, *Work, Identity, and Legal Status at Rome: A Study of the Occupational Inscriptions* (Norman, OK: University of Oklahoma Press, 1992).

(h) 협회

헬라 시대의 왕국들과 로마 제국 정부는 시민 생활을 크게 규제하지 않았으며, 또 각각의 도시들도 사회 생활에 있어서 중요한 많은 일들에 관여하지 않았다. 공식적으로 인정을 받은 제의, 공식적인 거리와 건물들, 시장에서 사용되는 저울과 자, 그리고 시민권과 징세 등은 시가 통제했지만, 그밖에 많은 중요한 사회적 하부 구조들은 주민들이 주도하도록 내버려 두었다. 이와 같은 공백 지역을 채워주는 역할을 한 협회들은 도시 생활의 중요한 구조적 요소가 되었다. 사설 협회들은 여러 가지 교역이나 제조 사업, 청년들의 육체적 지적 훈련의 중심지인 연무장들을 후원했다. 협회들은 그 회원들의 복리와 사회적 배려를 위해 힘썼다. 모든 경우에 이러한 활동을 위한 기금은 부유한 회원들의 성금으로 충당했다. 후원자들이 기꺼이 자신이 소유한 부의 상당한 부분을 다른 사람들을 위해 내놓으려 하는 한, 이러한 도시의 하부 구조들은 제 기능을 발휘할 수 있었다.

그리스 도시의 사회 생활의 중심은 주연(酒宴, *συμπόσιον*)이었다. 정규적으로 모여 주연을 벌이는 집단들은 특별한 형태의 예배의식, 직업적인 결속, 이웃, 같은 혈통의 후손, 혹은 정치적인 이해관계 등 공통의 이해관계에 의해 구성되었다. 일반적으로 남성들을 즐겁게 해주기 위한 가수나 무희나 매춘부 외에는 여인들의 입회는 허락되지 않았다. 어떤 경우에, 여인들이 종교적인 활동과 관련하여 나름의 협회를 구성했다. 이러한 협회에 가입하지 않고서 사람들이 사회에서 정치적, 사회적, 직업적 역할을 발휘한다거나, 혹은 조금이라도 그 즐거움을 누릴 수 있었다고 상상하기는 어렵다.

헬레니즘 시대에는 협회들이 크게 증가했다. 비록 공화국 말기에 로마인들은 그러한 집단들을 불법으로 규정했지만, 협회들과 클럽들은 로마 제국 시대에도 그리스의 동부 지방에서 중요한 사회 제도로 존속했다. 귀족 사회에도 약간의 개인적이고 종교적인 클럽들이 있었지만, 대부분의 클럽은 도시의 중산층의 것이었다. 이러한 클럽들 덕분에 상이한 사회적, 경제적 지위에 있는 사람들이 공통의 종교적, 경제적, 사회적 목적 안에서 평등하게 연합되었다. 헬레니즘 시대의 많은 협회들은 과거 그리스 시대의 협회들이 지속된 것이었다. 그러나 어떤 협회들은 이집트와 셀류시드 왕국에 존재했던 협회들의 고유한 전통을 이어받았다. 헬레니즘 시대에 협회들은 전통적인 정치적, 사회적 구조와 상관 없이 크게 발달되었으며, 주로 자발적인 참여에 토대를 되었다.

협회들이 매우 다양했고, 지역에 따라 크게 달랐기 때문에, 그것들을 분류하기는 어렵다. 또 과거 80년 동안 학계에서는 고대 세계의 협회와 관련된 방대한 문헌들을 체계적이고 포괄적으로 다루지 않았다. 협회들을 다음과 같이 구분하는 것이 유익하다.

(1) 공동체 전체를 위한 일을 수행하는 협회들(특히 연무 협회)
(2) 전문적 협회, 상인들의 조합(길드), 노동 조합, 카르텔 등.
(3) 사회적 목적을 수행하는 단체
(4) 종교 협회들(디아소이: *thiasoi*)

거의 모든 협회들은 여러 가지 목적을 가지고 있었다. 예를 들어, 연무 협회들은 공공 기관으로서 체육적, 교육적 기능을 했지만 사교 클럽의 기능도 했다. 협회들의 조직 방법에는 공통점이 많았다. 사교 클럽과 전문적인 길드가 종교적인 특성을 소유하며 어떤 신에게 바쳐지거나 그 이름을 본 딸 수도 있었다. 때로 이것은 하나의 격식일 수도 있지만, 그렇지 않고 진지한 종교적 헌신을 함축할 때도 있었다. 음악과 관련된 클럽들은 후원하는 신으로서 아폴로를 선호하지만, 배우들이나 극장의 무희들의 길드들은 디오니소스 신을 수호신으로 하여 조직되었다. 후일 디오니소스는 사교 클럽과 만찬 클럽에서 가장 인기있는 신이 되었다. 그밖의 경우에, 이러한 클럽들은 그리스 신의 이름 밑에서 숭배되는 어느 지방의 신이나 외국의 신들에게 헌정된 디아소스(*thiasos*)라고 주장되었을 수도 있다.

공동 생활의 가장 중요한 것은 연무 협회였다. 그것들은 그리스인들이 정착한 곳이면 어디에서나 조직되었으며, 공식적으로 도시 당국의 인정과 규제를 받았다. 또 보조금을 받고, 부동산과 건물 등의 재산 소유권을 포함하여 몇 가지 특권을 소유했다. 연무협회의 감독관은 귐나시알크(γυμασίαρχ: 운동가 양성 책임자)였는데, 그것은 봉사직(레이툴기아: *λειΤουργία*)이었다. 그는 봉급을 받지 않았으며, 축제와 특별한 운동 경기들을 재정적으로 뒷받침했다. 다른 협회들의 경우와 마찬가지로, 연무 협회의 경우에도, 부자들의 기부는 종종 시민들에게 선물을 아낌없이 주는 형태를 취했는데, 정규적으로 일상적인 식사를 하는 도중에 제공되어, 사회적 질투심을 감소시키며 경제적 불편 등의 충격을 완화하는 데 이바지했다. 연무 협회의 주요 목적은 체육관을 짓고 설비를 제공하고 유지함으로써 청년들의 헬라식 교육을 증진하는 데 있었다. 체육관은 여러 종류의 사회 활동에 활용할 수 있는 클럽 회관으로 사용되었다. 체육관과 연무 협회가 없는 헬라 도시의 생활은 상상할 수도 없었다.

많은 종류의 전문적인 협회가 있었는데, 이것들 모두가 도시나 왕의 감독을 받지는 않았다. 일부 협회들은 헬라인이 아닌 주민들이 구성한 헬라화된 길드나 연맹이었다. 이집트의 왕실 관리들의 협회는 전통적인 이집트 고유의 제도이었다. 특히 로마 시대에 소아시아의 여러 도시에 장인들과 상인들의 협회들이 많이 존재했다는 분명한 증거가 있다. 그 협회들은 헬레니즘 시대 이전에 존재했던 길드들을 이어받은 것일 가능성이 크다. 주민들의 이동성이 커졌다는 점을 고려할 때, 전문적인 협회들은 특히 중요했다. 그러한 협회들은 여행하는 동료들에게 숙박과 편의를 제공했으며, 그들이 외국의 도시에서 일자리를 발견하고 정착하는 일을 도와 주었다. 사도 바울이 다른 도시로 이동해서도 천막 만드는 일을 할 수 있었다고 사도행전에서 묘사한 것도 이러한 맥락에서였다(행 18:1-3).

이러한 협회의 전형적인 예는 델로스 섬에 있는 베리토스 출신 상인들의 길드이다. 그들은 포세이돈의 디아소스(*thiasos*)로서 조직되었으며, 성소와 집회실을 갖춘 커다란 건물을 소유하고 있었는데, 페니키아 상인들과 그들의 거래상인 로마인들은 거래를 하는 동안에 이곳에 머무를 수 있었다. 디오니시우스 신을 모신 테크니타이(*ΤεχνίΤαι* : 기술자, 기능자) 협회들은 매우 널리 퍼져 있었으며, 극장과 관련된 직업에 종사하는 사람들은 누구나 회원이 될 수 있었다. 이러한 협회들은 특권적인 지위를 누렸으며, 어느 지역에서는 왕실의 감독 하에 조직되었다. 그 회원들은 교사로 봉사했으므로 이러한 협회들은 배우와 무희와 음악가들을 양성하는 학교의 기능도 했다. 아마 다른 전문 협회들도 그와 유사하게 입회 구조의 일부로서 직업 훈련을 통제하는 기능을 발휘했던 것으로 추정할 수 있다.

사회적 친교를 촉진하기 위한 클럽들이 많았다. 상류 계층에서는 만찬를 나누면서 철학적 담론을 하는 것을 크게 친양했고, 심지어 특별한 문학 장르(Deipnosophists)를 만들어내는 일을 촉진하기도 했다. 일반적으로 헬라 사회의 모든 계층에서는 식사와 술을 마시는 파티에서의 친교를 바람직하게 여겼다. 그러나 이러한 파티가 때로 말다툼이나 떠들썩한 가두 행진, 때로는 소송으로 끝나는 경우도 있었다. 어떤 협회들은 회원들이 말다툼을 벌여 소송을 하는 것을 금하는 것을 회원 규제 조항에 명기했으며(고전 6:6-7을 보라), 모든 분쟁은 협회 내에서 해결할 것을 요구했다. 사교적 협회들은 흔히 "청년들의 클럽", "연장자들의 클럽" 등의 명칭을 지녔다. 이러한 협회들의 목적은 가능한 한 모든 종류의 사교적 모임, 예를 들면, 고향 사람들의 모임이나 동창회 등을 개최하는 것이었다. 이러한 협회들은 시민이 아닌 사람들과 외국인들 사이에서 유행했다. 왜냐하면 그들은 완전한 시민으로서의 의무와 기회에서 배제되었기 때문이다.

종교적 목적의 협회들은 주로 정치적 공동체의 지원을 받지 못하는 신들이나 제의들을 위해서 만들어졌으며, 따라서 공적으로 인정된 성소를 갖지 못했다. 이런 협회들은 종종 근동 지방에서 생겨난 새로운 종교들(사라피스, 이시스, 아티스, 멘 티라노스, 기독교 등)을 보급하는 수단이 되기도 했다. 많은 디오니소스 협회들은 순수한 사교 클럽이 아니라 진지한 제의 협회들이었다. 일반적으로 극장 가까이에 세워져 있는 기존의 디오니소스 신전들과는 상관 없이 가정에서 개인적인 디오니소스 제의들이 행해졌다. 이러한 종교 협회들은 사회 계층과 상관 없이 입회할 수 있었는데, 노예와 노인들, 때로는 여인들도 입회할 수 있었다. 또 여인이나 노예를 막론하고 회원들은 누구나 지도자가 될 수 있었다. 이러한 협회들을 모방하여 조직된 공동체들을 지닌 초기 유대교와 기독교도 역시 공평무사했다. 이것은 사회적 신분의 차이가 전혀 상관 없는 유토피아적이고 새로운 공동체 의식을 드러낸다.

로마 제국 시대에, 만찬 클럽들과 협회들은 나름의 전통적인 역할을 유지했다. 심지어 그것들은 정치적으로 특권을 빼앗긴 사람들을 위한 주요한 사회적 하부 구조가 되기도 했다. 상류층에서는, 최고급 음식을 마련하고 손님들을 위한 쾌적한 환경을 마련하는 기법이 강조되었다. 비록 부유한 자유민들이 개최하는 호화로운 만찬이 시와 문학의 주제가 되기도 했지만(페트로니우스의 *Satyricon* 중에서 "트리말키오의 만찬"을 보라), 대부분의 협회가 개최하는 일반적인 모임들이나 생활은 대체로 적절한 규모로 진행되었다.

로마 당국에서는 협회들을 규제하려 했다. 사제단과 공무원들은 그들의 정규 집회 때에 감독을 받았다. 이것들 중에서 가장 특이한 것은 아우구스탈레스(*Augustales*)의 협회들인데, 그것은 대체로 제국의 여러 도시의 자유민들로 구성되었다. 그것들은 제국이나 지방의 감독 하에 있으면서, 로마 황제 제의의 여러 면을 감독하는 책임을 맡았다. 그밖의 협회들은 제국이나 자치시의 승인을 받거나, 아니면 공공 질서를 위협한다고 간주되지 않는 한 비공식적으로 그 존재가 인정되었다. 제빵업자나 제화공들의 협회와 같은 전문적 협회들이 대중에게 유익을 주기로 약속한다면, 그 협회들은 특권을 받고 세금이 면제되기도 했다. 한편, 황제들은 협회들이 일으킬 폭동이나 술주정을 두려워했다. 회원들의 품위 있는 장례를 보장하는 장례 클럽들은 가장 재미없는 클럽으로 여겨졌다. 가장 의심쩍은 것으로는 기이한 시간에 모임을 갖으며(기독교인들은 아침 일찍 모였다), 여인이나 노예들을 지도자로 갖는 협회들이었다. 플리니(Pliny)는 기독교회 내에서 여자 노예들이 직분을 맡고 있다고 보고한다(*Epist*. 10.96).

Bibliography to § 2.3h: Texts

Shelton, *As the Romans Did,* 308-23.

Bibliography to § 2.3h: Studies.

Nicholas R. E. Fisher, "Greek Associations, Symposia, and Clubs," in Grant and Kitzinger, *Civilizations,* 2. 1167-97.

Idem, "Roman Associations, Dinner Parties, and Club s," in Grant and Kitzinger, *Civilization,* 2. 1199-1225.

Franz Poland, *Geschichte des griechschen Vereinswesens* (Leipzig: Teubner, 1909).

Mariano San Nicoló, *Ägyptisches Vereinswesen zur Zeit der Ptolomäer und Römer*(MBPF 2; 2d ed.; 2 vols.; München: Beck, 1972).

Nock, "The Guild of Zeus Hypsistos," in idem, *Essays,* 2. 414-43.

Horsley, "A Fishing Cartel in First-Century Ephesos," in idem, *New Documents,* 5. 95-114.

4. 헬라 도시

(a) 새로운 도시와 군사 식민지 건설

지중해 동부 지방과 비옥한 초생달 지역(Fertile Crescent)은 특히 페니키아 해안과 메소포타미아에 있는 고대 도시 문화를 자랑할 수 있다. 이미 그리스인 식민지 개척자들은 지중해와 흑해 연한에 새로운 도시들을 건설했었다. 그러나 알렉산더와 그의 후계자들은 유례 없는 도시화 과정을 주도했는데, 그 과정은 로마 제국 시대에까지 계속되어 과거에 전원 지역이었던 방대한 지역의 사회적, 경제적 구조를 변화시켰다.

이러한 현상에서 유일하게 제외된 지역이 이집트였다. 이집트에 있는 고대 그리스 도시는 하나뿐이었다. 그것은 나우크라티스라는 상업 도시로서 기원전 650년경에 밀레토스에 의해 건설된 것이었다. 박하와 도자기 산업으로 유명한 이 도시는 그리스와의 교역에 대해 개방한 유일한 이집트의 도시였다. 프톨레미 왕조에서는 이집트에 단 하나의 새 도시를 건설했는데, 그것은 상부 이집트의 프톨레마이스 헤르미오우(Ptomelais Hermiou)이다. 이 도시는 이집트 남부 지방을 위한 헬레니즘의 중심지가 되었다. 그렇지 않은 경우, 새로운 정착지들은 왕실 관리들이 상속 재산으로 보유하고 있는 왕실의 사유지들에게 부속되었다. 그리스인 이민들은 상류층을 이루었으며(관리, 군인, 기술자 등), 이집트 원주민들이 모든 고용직의 일을 했다. 이 정착지들은 "도시"가 아니라 기술자들과 군인들의 거주지였다. 또 이집트인들이 그리스 문화를 받아들여 헬라화 될 수 있는 기능도 발휘하지 못했다.

그렇지만 알렉산더가 건설했으며 왕들의 거주지였던 알렉산드리아는 지중해 세계 전체에서 헬라적인 도시의 상징이 되었다. 알렉산드리아는 자체의 행정 체계 하에서 발달하지 않았으므로 다른 그리스 도시들과는 달랐다. 그것은 왕의 도시였다. 그 도시는 규모에 있어서 그리스나 이오니아의 어떤 도시보다 크게 성장하여 셀류시드 제국의 수도인 오론테 강변의 안디옥과 티그리스 강변에 있는 셀레오키아 다음 가는 도시가 되었다. 알렉산드리아에는 찬란한 건물들이 있었다. 알렉산드리아 시의 1/3은 왕실의 건물들, 즉, 궁전, 도서관, 박물관, 동물원, 그리고 알렉산더 대왕의 무덤 등이 차지하고 있었다. 그곳에는 두 개의 커다란 산책로, 웅장한 광장들, 아름다운 분수들, 거대한 신전들이 있었는데, 신전들 중에서는 사라피스 신에게 바친 신전이 가장 유명했다.

사람들은 몇 개의 거주지에서 살았는데, 가장 큰 거주지는 그리스인들과 유대인들을 위한 것이었다. 전체 인구는 최소한 50만 명이고, 많게는 백만 명으로 추정된다. 자유민들이 다수 집단이었고, 나머지는 노예들이었다. 일부는 완전한 그리스 시민이었다. 유대인을 포함한 자유민들은 자기들 나름의 헌법($\pi o \lambda \iota T \epsilon \acute{\mu} \mu a T a$: 폴리류아타)에 따라 조직되었으나 여러 가지로 불이익을 당했는데, 특히 로마 시대에 그러했다. 이러한 상황은 많은 사회적 불안의 원인이 되었으며, 때로는 유혈 투쟁으로 이어졌다. 교역 중심지로서의 알렉산드리아는 지중해 동부의 다른 대도시들과 대등했다. 그러나 헬레니즘 문화과 꽃 피던 시기에 예술, 학문, 문학 등의 중심지로서의 알렉산드리아를 상대할 도시가 없었다.

셀류시드 1세 때에 시작되어 그의 후계자인 안티오코스 1세와 안티오코스 2세 치하에서 지속된 셀류시드 왕조는 알렉산더의 정책을 그대로 적용하여, 새로운 도시들의 건설을 중요한 정치 계획으로 삼았다. 혹시 이 새로운 도시들이 헬라화 과정에서 가장 중요한 요소가 되었다 해도, 이것이 그 도시들을 건설한 원래의 목적은 아니었다. 그 도시들은 원래는 주요한 교역로와 군사보급선을 보호하며, 북쪽의 산악 부족들과 남쪽의 아랍 족속들을 견제하며, 소아시아의 갈라디아인들의 공격에 대비하기 위해서 건설되었다.

이 도시들 중 꽤 많은 도시들은 폴레스(πόλεις: πόλις의 복수형임)로 건설된 것이 아니라, 군사 식민지로서 건설되었다. 새로운 도시의 건설에는 비용이 많이 들었으며, 엄청난 시간과 노력을 투자해야 했다. 유급 용병들의 상비군을 유지하는 비용이 시간이 갈수록 비싸졌기 때문에, 군사 식민지들(클레루키아이: κληρούχίαι)들은 많은 이익을 제공했다. 일단 경작할 수 있는 왕실의 땅에 정착한 군인들은 독립된 수입원을 소유하게 되며, 전쟁이 발생할 경우에 그들이 방어해야 할 국가와의 사이에 새로운 유대관계가 형성된다. 이 정책도 역시 그리스인 이민들에게 기회를 제공해주었다. 왜냐하면 셀류시드 군대에 복무하게 되면 결국 군인들은 자기 소유의 가정과 농장을 소유하게 되었기 때문이다. 마지막으로, 이런 식으로 보다 효과적인 농경 방법을 소개할 수 있었으며, 새로운 농업 지역들을 개척할 수 있었다. 군사 식민지들은 새로운 "도시들"만큼의 특권을 누리지는 못했지만, 결국은 도시들과 동일한 기능들을 행하게 되었다.

수백 개의 새로운 도시들과 식민지들 중에서 셀류시드 왕조가 세운 도시들 중에는 가장 중요한 많은 도시들이 포함되어 있었다. 시리아에서는 그 지역의 정치적 수도인 오론테 강변의 안디옥, 흑해 연안에 있는 라오디게아와 피에리아의 셀류키아 등 중요한 항구 도시, 소아시아에 있는 리디아의 티아티라, 프리기아의 이파메아 키보토스, 킬리키아의 안디옥과 셀류키아, 메소포타미아에서는 에뎃사, 듀라 유로포스, 믹도니아의 안디옥, 그리고 가장 중요한 것으로서 동부 지방의 수도인 티그리스 강변의 셀류키아 등이다. 페르시아와 메디아에는 몇 개의 식민지만이 존재했지만, 여러 개의 요새들이 건설되었다. 그중에서도 엘라이오스에 있는 셀레오키아와 같은 것은 고대 페르시아 도시들을 재건한 것으로서 고대 페르시아의 수사(Susa) 유적지에 건설되었다.

이 새로운 지역들은 처음에는 각기 다르게 건설되었지만, 세월이 흐르면서 "도시들"이 되었다. 새로운 도시에서는 토지가 그 도시의 재산이 되었으며, 그 다음에는 시민들에게 개인 재산으로 이전되었다. 군사 식민지에서는, 정착민들에게 배당된 땅의 사용권은 상속하여 물려줄 수 있었지만 법적으로 소유권은 왕에게 있었고, 상속자가 없을 때에는 왕에게 귀속되었다. 새로 건설된 지역에 정착한 사람들에게는 그 외에 다른 차이점들이 있었다. 군사 식민지의 주민들은 일반적으로 그리스인과 마케도니아인 군인들이었다. 그 외에 경우에, 민간인 이민들이 모도시(母都市)의 자도시(子都市)들을 세웠다. 또 몇 개의 마을과 성읍들이 통합하여 하나의 새로운 도시를 세우기도 했다(*synokismos*). 이런 경우, 그리고 왕이 전체 국민들을 자기 영토의 한 곳에서 다른 곳으로 재정착시킬 때에, 비그리스인 주민들이 주권을 잡았다. 이런 방식으로 메소포타미아 출신의 유대인들이 소아시아에 정착했다(Josephus, *Ant.* 12.148). 마지막으로, 고대의 도시들에게 새로운 특권을 부여하여 그리스의 폴리스로 재조직하고 새로운 이름을 부여하기도 했다(간혹 후대에 옛 이름이 재등장하기도 했다). 이런 방식에 의해서 에뎃사는 안디옥으로, 니스비스는 또 다른 안디옥으로, 엑바타나는 에피파네이아로 재건되었다. 그밖에 다른 고대 도시들은 헬라화되었다. 우룩-와르카(Uruk-Warka)는 오르코이(Orchoi)가 되었다. 이 도시 안에는 상당수의 그리스인들이 거주하고 있었지만, 행정은 원주민들이 장악하고 있었다.

티그리스 강변에 있는 셀류키아(바그다드에서 그리 멀지 않음)는 셀류시드 1세가 왕국의 수도로 건설한 것이다. 이 도시는 금융업과 도시의 부의 주요 토대인 동서 교역의 새로운 중심시로서 고대 도시인 바벨론의 위치를 차지했다. 인구는 약 60만 명이었다고 추정된다. 셀류키아는 파르티아의 지배 하에 들어갔을 때에도 어느 정도의 독립을 유지했다. 이 도시는 트라얀이 시작했으며 기원후 164년에 마지막으로 있었던 여러 차례의 파르티아 원정 기간 중에 멸망했다. 셀류코스 1세 역시 오론테 강변에 안디옥을 세웠는데, 그 도시는 그의 사후에 수도가 되었다. 안디옥은 안티오코스 4세 에피파네스 시대에 최초로 번영했으며, 기원전 64년에 로마에게 정복되어 로마의 속주인 시리아의 수도로서 찬란한 대도시요 문화의 중심지가 되었다. 이곳은 최초의 주요한 헬라 기독교 회중이 위치했던 곳이다. 비록 지진에 의해 크게 손상되었으며, 종종 페르시아인과의 전투 및 비잔틴 제국과 모슬렘 교도 사이의 싸움에 휘말리기도 했지만, 안디옥은 중세 시대까지 중요한 도시로 존속했다.

Bibliography to ∞2.4

R. E. Wycherley, *How the Greeks Built Cities* (2d ed.; London: Mcamillan, 1967).
F. E. Winter, "Building and Townplanning," in *CambAncHist* 7 (2d ed.) 371-383.
Richard Tomlinson, *From Mycenae to Constinople: The Evolution of the Ancient City* (London: Routledge, 1992).
A. H. M. Jones, *The Greek City from Alexander to Justinian* (Oxford: Clarendon, 1940; reprint 1971).
Victor Tcherikover, *Die hellenistischen Städtegründungen von Alexander dem Großen bis auf der Römerzeit* (Ph.S 19/1; Leipzig: Dieterich, 1927).
Fraser, *Alexandria,* 1.3-92.

(b) 도시 계획 및 건축

헬네리즘 시대의 도시의 계획과 건물들은 고대 헬라 도시의 것들의 연속이었다. 도시의 지형적 특성에 따라 튼튼한 성벽을 쌓았고, 종종 도시가 원래 점유하고 있던 것보다 넓은 지역에 성벽을 쌓기도 했다. 중앙에 위치한 광장(agora)을 에워싸고 주랑(stoa), 법정, 정부의 건물(*boulenterion, prytaneion*, 공문서 보관소) 등이 있었다. 신전은 광장 근처나 그밖에 눈에 뜨이는 곳이라면 어디에나 위치할 수 있었다. 산기슭에 있는 극장, 음악당, 몇 개의 연무장, 그리고 분수대도 중요한 것이었다.

건축 설계가인 히포다모스(Hippodamos)의 이름으로 되어 있는 도시 계획이 기원 전 5세기에 이오니아에서 사용되었다. 거리는 직선으로 배치되어, 전체 도시가 동일한 직사각형 블럭으로 나뉘었으며, 그 불럭들은 다시 세분되어 모든 시민들이 동일한 크기의 땅을 소유하게 되어 있다. 공공건물들과 신전들에게만 한 개 이상의 블럭을 차지하는 것이 허용되었다. 히포다모스는 이 계획을 아테네의 항구 도시인 피라에우스(Piraeus)와 이탈리아 남부에 있는 투리(Thurii) 건설에 사용했다. 이것은 새로운 헬라 도시 건설을 위한 기본 패턴이 되었으며, 소아시아의 그리스 지역에 있는 도시들, 예를 들면 히포다모스의 고향인 밀레토스와 에베소와 프리에네 등지에 도시를 재건할 때에 사용되었다. 프리에네는 가파는 산기슭에 도시가 건설되었음에도 불구하고 이 패턴을 엄격하게 적용하여 건설되었다.

새로운 헬라 도시들은 히포다모스의 도시계획에 따라 건설되었으나, 고대 그리스의 도시들과 비교해 보면 수정된 부분이 많으며, 또 사회적으로나 경제적으로 변화된 상황을 반영한다. 원래는 요새화 된 왕의 성이었던 아크로폴리스가 헬레니즘 시대의 도시에서는 전혀 발견되지 않는다. 시민들은 도시의 경계 내에 있는 요새화 된 곳(종종 폭군이 시민들을 대적하기 위한 요새 역할을 하기도 했다)이 도시에 어울리지 않는다고 생각했다. 그리하여 아크로폴리스는 사라지거나, 또는형식적으로만 요새화되었고, 도시의 방어는 완전히 성벽에 의존하게 되었다. 불규칙한 원형의 성벽 안에는 넓은 공간들이 있었는데, 혹시 이것이 방어에 적절한 것이었을 수도 있다. (이러한 관습은 로마 시대와는 크게 다르다. 로마 시대의 성벽은 로마군 병영의 형태를 본따서 직사각형이었다.) 성문과 능보(稜堡)는 돌을 만들었다. 성벽은 돌로 쌓았는데, 그 사이에는 흙과 잡석을 넣었다. 아니면 돌로 기초를 닦은 위에 흙벽돌로 쌓았다. 당시에는 고도로 발달된 포위 공격에 맞서야 했기 때문에 성벽은 대단히 튼튼했다. 따라서 성벽 건설은 시민들이 주도하여 엄청난 노력을 기울여야 하는 일이었다.

고대 그리스 시대에는 광장의 형태가 불규칙했으며, 도시의 주요 거리와 거주지에 대해 개방되어 있었다. 광장은 정치 생활과 경제 생활의 중심지였기 때문에 시장, 정부의 건물들, 법원, 신전들에 둘러싸여 있었다. 그러나 헬레니즘 시대에 광장은 직사각형으로 건축되었고, 사방이 주랑으로 둘러싸였고, 도시의 다른 부분들로부터 폐쇄되었다. 그리하여 광장은 주로 두 개의 출입구만을 지닌 하나의 건물이 되었는데, 로마 시대에는 이 출입구를 인상적인 구조로 장식하기도 했다. 보다 큰 도시에서는 교역과 쇼핑에 사용된 아고라가 일종의 보행자 전용 상점가 역할을 했고, 행정부의 건물이나 신전을 위한 아고라도 있었다. 공공 장소에는 새로이 주랑들이 세워졌고, 이전의 주랑들은 확대되었으며, 종종 내부 주랑들을 갖추기도 했다. 아고라(광장)는 도시 생활의 중심지요 모든 사람들에게 개방된 곳이었기 때문에, 교역과 휴식, 오락과 대화, 개인적인 담론이나 공적인 토론, 혹은 예술품 전시 등 여러 가지 목적에 사용되었다. 철학자들과 선교사들은 이곳에서 자신의 가르침이나 메시지를 공표하곤 했다.

신전이나 기타 공공 건물들은 도시의 정사각형 거리 배치에 맞게 건축되었다. 중요한 신전들은 광장과 직접 접한 곳에 건축되었고, 시의회의 집회 장소인 불류테리온(*bouleuterion*)과 프리타네이온(*prytaneion*)—聖爐가 있는 시장의 방 —도 역시 광장과 인접한 곳에 건축되었다. 그밖에 주요 건물들은 두세 개의 구획을 포함할 수 있었다. 보다 큰 성소들은 성벽 밖에 위치할 수도 있었는데, 특히 고대의 전통에서 특별히 거룩한 곳에 위치할 것을 요구하는 경우(예를 들면, 에베소의 아데미 신전)에 그러했다.

극장 역시 가능한 한 히포다모스의 도시 배치에 맞추어 건설되었다. 만약 성벽이 산이나 언덕을 포함하고 있으면, 산기슭이 관중석으로 이용 되었다. 건축의 대가인 로마인들은 후일 관중석이 매우 높이 솟아올라 있으며, 테라스와 거대한 아치형의 기본 구조를 지닌 극장과 원형극장들을 소개했다. 헬레니즘 시대에는 *proskenium*(솟은 무대)가 있는 무대 건물이 극장의 통상적인 부분이 되었다. 원래는 마름모형이었고, 나중에는 원형이나 반원형으로 된 합창대석이 무대에 덧붙여져 사용되긴 했지만, 배우들은 무대 위에서 연기를 했다. 관중석(*cavea*)과 무대는 별개의 건물로서, 오른쪽과 왼쪽에 있는 통로에 의해 구분되었다. 로마 시대에는 극장은 사방이 막힌 하나의 건물로 생각되었다. 이것 역시 로마 시대의 특이한 취향으로서, 결국 소규모의 해상 전투극 상연을 위해 물을 채울 수 있도록 합창대석을 원형 경기장 안쪽에 다시 만드는 결과를 낳았다.

현존하는 인상적인 고대 건물들의 유적 중에는 연무장이 있다. 연무장이란 원래는 몇 개의 건물들에 의해 불규칙하게 둘려 쌓여 있는 연무장뜰이었다. 가장 특이한 것은 날씨가 좋지 않을 때에 달리기 연습을 하는 데 사용되는 길이가 1 스타디엄(studium)이나 되는 옥내 경기장(크쉬도스: *xysthos*)이었다. 헬레니즘 시대에는 연무장은 잘 디자인된 건축 예술적 단위로서 건축되었다. 사각형의 뜰은 사방이 주랑으로 둘러싸여 있는데, 여러 가지 목적(목욕, 탈의, 기름 바름 등)에 사용되는 많은 방에 접근할 수가 있었다. 사교적 모임, 강연, 소규모 회합에 사용되는 방도 있고, 심지어 소규모의 성소와 도서관으로 사용되는 방도 있었다. 로마 시대에 건축된 에베소에 있는 항구 연무장의 연무장 뜰은 8만 평방 미터나 되었다.

모든 주요 도시에는 육상 경기장이 있었는데, 보통 성벽 바깥 쪽에 위치했다. 도시들은 경기장에 돌로 된 좌석(원래 관중들은 경사진 경내의 잔디밭에 앉았었다.)과 소극장으로 사용될 수 있는 반원형의 좌석을 한쪽 끝에 설치하기 시작했다.

헬라식 도시의 가옥들은 여러 가지 전통 양식에 따라 건축되었다. 도시를 규격화하여 구획하고 세분한 히포다모스의 도시 계획안에 따라 가옥들의 크기가 결정되었다. 한 구획 안에서 두 채나 네 채, 혹은 그 이상의 가옥들을 발견할 수 있을 것이다. 원래 한 구획 내에 있는 가옥들의 수효는 모두 동일했었지만, 세월이 흐르면서 이 원칙이 깨지기도 했다. 부유한 시민들은 넓은 가옥을 짓기 위해 한 구획 전체를 차지했을 것이다. 히포다모스의 계획을 사용하지 않는 도시에서는 부자들과 가난한 사람들의 집들, 넓은 주주식(peristyle) 가옥들과 조그만 건물들이 뒤섞여서 발견된다. 부자들은 여러 가지 가옥 형태 중에서 주주식을 선호했다. 종종 정교한 저수 체계를 갖춘 사방이 트인 직사각형의 포장된 안뜰의 사방은 주랑 현관으로 둘러싸여 있었고, 거기서 여러 크기의 방에 들어갈 수 있게 되어 있었다. 창문은 거리 쪽으로는 거의 나지 않았고, 모든 방의 창문은 통풍과 채광을 위해 안마당을 향해 있었다. 또 이층집은 드물었다. 주랑이 있는 안마당은 아름다운 모자이크로 뒤덮였는데, 프레스코 벽화와 모자이크로 방들을 장식하기도 했다. 가난한 사람들도 비록 주랑은 없더라도 안마당을 중심으로 가옥들을 건축했다.

로마 시대에 여러 가지가 발달했지만, 헬레니즘 시대의 도시들의 기본 특성들은 대부분 보존되었으며, 부분적인 변화도 있었다. 두 개의 주요 산책로, 마차길, 하수구와 배수로, 주랑식 보도 등이 도시의 중앙에서 교차했다. 건축물들과 장식물들은 그 도시의 부를 나타냈다. 광장은 로마 법정의 특징들을 취했고 기념문 구조에 의해 외부와 차단되었다. 탈의실, 냉탕(프리기타리움: *frigidarium*), 온탕(테페다리움: *tepedarium*), 한증탕(칼리다리움: calidarium) 등의 시설들을 갖춘 아치형 홀을 지닌 정교한 목욕탕이 건축되었다. 수로들은 깨끗한 물의 수요 증가 해결에 도움을 주었고, 과거의 단순한 우물들 대신에 예술적인 분수 가옥이 등장했다. 이러한 도시의 쇄신은, 기독교가 로마 및 로마 제국 동부의 여러 주요 도시에서 새로운 종교로 자리를 굳히려 할 무렵에 시작되었다. 그 당시에는 예수님의 고향인 갈릴리 지방처럼 비교적 먼 곳까지 도시화가 이루어져 있었다. 로마가 주도한 도시의 쇄신으로 말미암아 지중해 세계의 거의 모든 지역의 사회 구조가 변화되었고, 옛 헬레니즘 시대의 도시들에게 새로운 일자리가 주어지고 새로운 번영이 도래했다.

5. 농업

(a) 농업 생산과 그 배경

헬레니즘 시대와 로마 시대의 중요한 발달상은 도시화였다. 그러나 오래 된 도시건 새로 건설된 도시건간에 도시들은 한 지역의 중심지요 주변의 마을들과 부락들을 위한 상업의 중심지로서의 특성을 그대로 보존했다. 농업과 낙농업은 대부분 생계 유지를 위한 것으로서, 그 목적은 그 지역의 중심지인 도시에 필요한 것을 공급하는 데 있었다. 주민들의 영양 공급원의 70%는 곡물이었으므로, 거의 모든 경작할 수 있는 땅에서는 곡식을 재배했다. 고대 지중해 지역에서는 전반적으로 밀과 에머(밀과 비슷한 딱딱한 곡식)을 재배했다. 땅이 비옥하지 않은 곳에서는 보리를 재배했다. 곡물 다음으로 필요한 것은 야채, 콩, 잠두, 올리브 등이었다. 농산물과 채소는 개인 소유의 밭에서 생산되거나, 근처의 마을에서 생산하여 시장에서 판매했다. 육류는 주요 음식이 아니었다. 암소나 황소는 주로 짐수레를 끄는 데 사용되었고, 낙농 제품은 양과 염소에게서 얻었다. 양털은 의복에 사용되었다. 때로 쇠고기와 양고기도 먹었지만 주된 식용 고기는 돼지고기였다.

엄청나게 비싼 육상 운송 비용 때문에 농산물의 수입이나 수출이 제한을 받았다. 올리브유와 포도주는 해상 항로를 이용하여 수출했고, 지중해에 직접 접할 수 있는 곳이라면 먼 곳에서라도 많은 양의 곡물을 들여왔다. 도시에서 일상적으로 필요한 양식은 자체 생산에 의존해야 했다. 알렉산드리아와 로마 등 일부 대도시는 해외로부터의 엄청난 곡물 수입에 의존하게 되었는데, 이것은 왕실과 제국의 보조금에 의해서만 가능했다.

헬라 제국들에 속한 모든 나라들은 풍부한 농업 생산을 할 수 있는 땅을 가지고 있었다. 고대에는 전체적으로 농업이 부의 주된 원천이었다. 도시들이 그 주민들의 필요를 충족시켜줄 수 있는 농업 지역들을 통제할 경우에, 올리브유와 포도주와 같이 수출에 적당한 특산품들은 부수적인 수입의 원천이 되었다. 그리스의 농업은 고도로 발달되었으며, 때로는 수출을 위해 올리브유와 포도주를 생산하기도 했다. 그러나 전체 국토의 1/10만이 경작이 가능한 땅이었기 때문에 주민들을 위한 주식 생산이 넉넉치 못했다. 그리하여 그리스인들은 항상 곡물 수입에 의존했는데, 대부분은 트라키아와 러시아 남부에서 수입했다.

그밖에 키프로스, 페니키아, 키레나이카 등의 곡물 수입원은 초기 헬레니즘 시대에는 프톨레미 왕조가 장악하고 있었다. 이것은 곧 프톨레미 왕조가 그리스의 곡물 시장을 지배했음을 의미한다. 그들은 곡물 생산을 늘림으로써 이집트를 고대의 주요 곡물 수출국으로 만들었는데, 이러한 상태는 로마 시대에까지 지속되었다. 지중해 지역 전체를 장악하려면 이집트의 곡물 시장에 접근해야만 했다. 이집트는 모든 곡물을 자급자족했다. 경작에 필요한 비옥한 땅은 관개의 가장 중요한 근원인 나일강에 의존하고 있었다.

셀류시드 제국의 농업은 유목 형식의 낙농에서부터 밀 재배를 위한 고도로 정교한 관개 체계에 이르기까지 무척 다양했다. 특히 메소포타미아가 그러했다. 부족한 부분은 셀류시드 제국의 영토 내에서의 지역적 교역에 의해 보충했지만, 제국의 점진적인 와해로 인해 경작지가 감소되면서 어려움이 발생했다. 원래 로마는 국민들의 식량을 자급할 수 있었다. 그러나 이탈리아 내의 여러 지역이 수지가 맞는 수출 품목인 올리브유와 포도주 생산으로 전환함에 따라, 엄청나게 증가하는 로마의 도시 주민들을 위한 곡물을 수입해야 했다.

(b) 농업 분야의 혁신

헬레니즘 시대에는 농경지가 크게 증가했다. 늪에 배수 시설을 하기 위한 몇 가지 시도가 그리스에 있었는데, 이것은 이집트의 파이윰(Fayyum)에서도 시행되었던 것으로 입증되었다. 셀류시드 제국은 메소포타미아에서 동일한 시도를 한 것으로 추측된다. 왕은 작업을 위한 기술자들과 엔지니어들을 공급했다. 새로운 도시를 건설하면서 주인이 없는 땅이나 휴작지들은 농경지로 개방되었다. 그 외에 농장을 만들려는 새로운 정착민들에게 왕이 소유한 땅들을 팔거나 빌려주거나 완전히 주기도 했다.

셀류시드 제국 시대의 농경 방법의 개선이나 보다 나은 기계들의 도입에 관해서는 알려진 것이 거의 없다. 셀류시드 제국의 왕들은 프톨레미 왕조의 왕들과는 달리 경제를 중앙집중화하려 하지 않았다. 그러나, 특히 그리스인 정착민들이 개간한 농장에서는 프톨레미 왕조의 이집트에서 사용된 새로운 방법들과 유사한 많은 혁신적 방법이 도입되었다. 그러나 원주민 농부들, 신전 소유의 영토, 이전 주인이 그대로 소유하고 있는 사유지에서는 거의 변화가 없었다. 페르시아인들은 소아시아에서 동양의 과수들을 새 풍토에 적응시키기 시작했었는데, 셀류시드 왕조에서도 그러한 노력을 계속했던 듯하다. 그러나 살구, 복숭아, 체리 등 페르시아 산 과수들은 지중해 세계에 제대로 정착하지 못하다가 로마 시대에 최초로 이탈리아에 도입되었다. 대부분의 감귤류 과수의 도입 상황도 거의 유사했다.

이집트에 관해서는 훨씬 더 많이 알려져 있다. 헬라인들은 전통적인 목제 연장 대신에 철제 보습, 호미, 삽 등을 도입했다. 프톨레미 왕조에서는 물을 퍼올리기 위해 물레방아를 도입함으로써 사람들이 물을 나르는 것보다 훨씬 효과적으로 논에 물을 댈 수 있게 했다. 수확한 과일들을 처리하는 기계들은 그리스의 발명품이거나, 옛날 기계들을 개량한 것들이었다. 프톨레미 왕조는 사과, 호도, 마늘, 기타 전통적 채소를 개양한 품종 등 몇 가지 새로운 종류의 농산물을 들여왔다. 파라오 시대에 이집트에는 포도밭이 극히 드물었다. 이집트인의 국가적인 음료는 맥주였다. 프톨레미 왕조에서는 포도원 경작지를 늘렸고, 그리스와 소아시아가 원산지인 다양한 포도를 도입했다. 이집트에서는 원래 올리브를 재배해왔으나 주로 과일로서 사용했었다. 그런데 프톨레미 왕조는 식물성 기름의 수요를 충족시키기 위해, 올리브 유 생산을 장려했다. 다른 지역에서 생산된 올리브유에 대해서는 수입 관세를 50%나 부과했다. 보다 좋은 양모를 생산하기 위해서 소아시아와 아라비아에서 양들을 수입했다. 왜냐하면, 양모로 만든 옷에 익숙해 있었던 헬라인 거주자들이 전통적인 의복을 포기하려 하지 않았기 때문이다. 돼지, 말, 당나귀 등도 다른 나라들로부터 이집트로 들여왔다. 동시에, 왕들은 이집트 생산품들을 그들이 다스리는 여러 지역에 소개했다. 그리하여 콩, 편두, 겨자, 호박 등 전형적인 이집트 식물들이 남부 시리아와 팔레스틴에서 재배되었다.

버가모의 왕들은 프톨레미 왕조가 다스린 이집트의 전례를 따라, 적극적으로 농업 생산의 계획과 실행에 힘썼다. 그들은 특히 소의 품종을 개선하는 데 관심이 있었는데, 그 이유 중 일부는 양피지 산업에 사용할 가죽을 얻기 위해서였다(§2.6d를 보라). 그들의 종마 사육장 농장은 유명해졌다.

로마의 농업은 그리스의 양식을 그다지 개선하지 않고 따랐다. 고올 지방과 브리튼 지방에서만 곡식을 추수할 때에 사용되는 낫 대신에 자루가 달린 큰 낫을 사용한 듯하다. 고올 지방에서는 노새나 황소가 끄는 곡식 수확기가 발명되었다는 증거가 있지만, 고대 시대의 묘사와 설명을 기초로 하여 그것을 재현하는 데에는 성공하지 못했다. 로마, 특히 고올 지방과 독일에서 포도 재배를 개량하고 보급하는 데 관심이 있었음은 잘 알려져 있다. 로마인들은 접붙이는 방법들 개량하고, 배와 체리 등 동양의 과수들을 도입하는 데 성공했으며, 당도가 높고 영양분이 많은 무화과 소비를 촉진시켰다. 로마는 농업 분야에서 그리스와 근동 지방의 양곡와 생산 방법을 서유럽과 중부 유럽에 소개하는 중개자 역할을 했다.

Bibliography to § 2.5: Text

Shelton, *As the Roman Did,* 152-66.

Bibliography to § 2.5: Studies

Dorothy J. Thompson, "Agriculture," *CambAncHist* 7 (2d ed.) 363-70..

K. D. White, "Farming and Animal Husbandry," in Grant and Kitzinger, *Civilization,* 1. 211-45.

K. D, *Roman Farming* (London: Thames and Hudson, and Ithaca: Cornell University Press, 1970).

Peter Garnsey, *Famine and Food Supply in the Graeco-Roman World: Respn=onses to Risk and Crisis* (Cambridge and New York: Cambridge University Press, 1988).

6. 공업과 산업

(a) 기술, 그리고 기술자들의 사회적 지위

기술자들은 헬레니즘 문화와 로마 문화의 중추였다. 건축에서부터 야금술, 요업과 회화에서부터 직조와 염색에 이르기까지 고대의 모든 기술 분야에는 재료에 대한 해박한 지식, 그리고 오랜 세월 동안 훈련을 받아야만 습득할 수 있는 고도로 발달된 기술이 요구되었다. 한 가지 기능에 대한 지식은 대체로 조그만 작업방에서 아버지에게서 아들에게로, 그리고 스승에게서 도제에게로 전수되었으며, 비법은 가문의 전통이었다. 모든 기능의 경우, 대부분의 작업에는 일상생활에서 필요한 단순한 물건들을 만드는 일이 포함되었다. 그러나 오늘날에도 솜씨와 아름다움에 있어서 최고의 완전함이 본보기가 되는 물건들을 제조하는 일도 많이 행해졌다.

고대의 기술자들에 관해 놀라운 사실이 두 가지가 있다. 즉 거의 전문화되지 않았다는 것, 그리고 일을 계획하는 지도자와 실행하는 기술자가 기본적으로 구분되지 않았다는 점이다.

전문화의 결여는 건축에서 가장 분명히 나타난다. 작업장은 규모가 작았으며, 2명 내지 5명 이상을 고용하지 않았다. 신전, 주랑, 법정 등 주요 건물들을 건축하는 일은 여러 개의 작업장에게 맡겼는데, 전문성에 따라 맡기지는 않았고, 각각의 작업장이 건물의 일 부분을 맡아서 일했다. 건축에 종사하는 기술자는 돌을 다룰 줄 알아야 했으며, 비계와 대들보를 만들기 위해서는 목재도 다룰 줄 알아야 했다. 즉 석공인 동시에 목수였다. 게다가 돌들을 고정시키고 기둥의 고상부(鼓狀部)의 건축을 위해서는 죔틀을 고정시키는 데 필요한 쇠를 다룰 줄도 알아야 했다. 게다가 기술자들은 건축 자재들을 운반하고 들어올리기 위해 고안된 기계들을 연구하고 만들고 다루는 기술들을 완전히 습득해야만 했다. 조각가인 페이디아스는 아네테의 아크로폴리스에 세우는 판테온 건축을 감독하면서 청동 조각들을 만들었고, 올림피아에 나무와 금과 상아로 제우스의 신상을 만들고, 아테네의 판테온에 아테나 여신의 신상을 만들었다. 페이다스만이 예외적인 인물은 아니었다. 제화공이나 축융업자처럼 단순한 직업에 종사하는 사람들은 일반적으로 그 특유의 업종에만 한정되어 일했지만, 유명한 기술자들은 여러 가지 기능의 일을 할 수 있었다. 건축가들과 조각가들은 두 가지 기술을 모두 가지고 있었고, 대부분의 건축가들이 처음에는 목수 생활에서부터 시작했다.

고대에는 일을 계획하고 기획하는 사람과 그 계획대로 시행하는 사람의 구분이 없었다. 신전이나 배를 건조하는 일은 복잡하기 때문에 건축업은 다른 기술과는 달리 종합적 입안자가 필요했다. 그러나 계획을 세우는 건축가들은 동시에 석공이나 목수였다. 주물류를 설계하는 사람들은 광부나 금속 작업공으로서 그 기술을 배웠을 것이다. 이러한 고대의 방식은, 건축가는 수학과 기하학을 비롯하여 여러 가지 학문에 대한 이론적인 연구를 해야 하기 때문에 건축가 훈련에 더 많은 비용이 드는 데도 불구하고, 솜씨 좋은 건축가에게도 석공이나 목수와 같은 액수의 임금을 지불했다는 사실에서 나타난다. 다른 기술 분야에서는 기술자가 원자재 구입에서부터 제품의 최종 완성에 이르기까지 전 과정을 관장했다.

기술자들은 고도로 발달된 기술을 가지고 있음에도 불구하고 사회에서 존경 받는 지위를 차지하지 못했다. 기술자들에는 외국인이나 노예들이 포함되어 있었다. 그러나 시민권을 가지고 있는 사람들조차도 바나우소이(βάναυσοι), 즉 손으로 일을 해서 생계를 유지해야만 하는 사람으로 간주되었다. 따라서 비록 그들이 고안하고 생산한 물건의 품질이 좋다고 알려져 있어도, 그들은 기술이 없는 노동자 정도의 임금밖에 받지 못했다. 그럼에도 불구하고 기술자들은 자기의 기술에 자부심을 가졌고, 그 기술 분야의 전통을 소중히 했다. 종종 그들은 항아리나 프레스코나 모자이크나 신전 등 자기가 만든 작품에 자기의 이름을 써 넣음으로써 자신의 자부심을 표현하기도 했다. 그들의 작품들은 인기가 많았으며, 많은 사람들이 국제적인 명성을 얻었다.

고대에는 전반적으로 숙련된 기능공, 기술자, 건축가들이 만성적으로 부족했다. 수요를 충족시켜 줄 숙련된 사람들이 넉넉하지 못했기 때문에 이들의 임금이 상승하거나 사회적 지위가 개선되었다. 아마 이 때문에 많은 사람들이 이러한 직업에 매력을 느꼈을 수도 있다. 사람들이 기술자로서의 직업을 갖는 것을 저해하는 다른 요인으로는 오랜 수습 기간이 필요하다는 것, 그리고 그 일 자체의 어려움과 위험성 등이 있다. 사도 바울은 자신이 생계를 유지한 방법에 대해 말하면서 "밤낮으로 일하면서 수고하고 애썼다"(살전 2:

9)고 말했는데, 이것은 고대의 모든 기술자들의 일상생활을 묘사한 것이다. 광부들은 치명적인 가스 및 잦은 사고의 위험에 노출되어 있었고, 축융업자들과 무두장이들은 유독성 화학 물질에, 대장장이는 불과 열기에 노출되어 있었다. 기둥에 홈을 파고 대접받침을 맞추고 기둥 위를 가로지른 부분의 장식을 하는 일 등은 다듬은 돌들을 제 위치에 놓은 뒤에야 이루어지기 때문에, 건축 현장에서 일하는 일꾼들은 높은 비계 위에서 대부분의 일을 해야만 했다. 그러므로 절름발이 신 헤파이스토스(Hepaistos)는 기술자를 나타내는 적절한 이미지였다.

Bibliography to § 2.6: Text

Shelton, *As the Roman Did,* 127-67.

M. M. Austin, "Greek Trade, Industry, and Labor," in Grant and Kitzinger, *Civilization,* 2. 723-51.

Keith Hopkins, "Roman Trade, Industry, and Laabor," in Grant and Kitzinger, *Civilization,* 2. 753-77.

J. K. Davies, "Cultural, Social and Economic Features of the Hellenistic World," in *CambAncHist* 7(2d ed.) 257-320.

Carl Roebuck, ed., *The Muses at Works: Art, Crafts, and Professions in Ancient Greece and Rome* (Cambridge, MA: MIT Press, 1969).

Engineering and Techonology:

R. J. Forbes, *Studies in Ancien† Technology* (9 vols., Leiden: Brill, 1944-64; some vols. revised, 1965-1971).

K. D. White, *Greek and Roman Technology* (Ithaca, NY: Cornell University Press, 1984).

Albert Neuburger, *Technical Ar†s and Sciences of the Ancien†s*(London: Methuen, 1930).

J. G. Landels, *Engineering in †he Ancient Wolrd* (Berkeley and Los Angeles, CA: University of California Press, 1978; reprint 1981).

Moses I. Finley, "ˇechinical Innovation and Economic Progress in the Ancient World," *Economic History Review* 2/18(1965) 29-45.

Bibliography to § 2.6a

Alison Burford, *Craftsmen in Greek and Roman Society* (London: Thames & Hudson, 1972).

Eadem, Crafts and Craftsmen," in Grant and Kitzinger, *Civilization,* 1. 367-88.

Sandra R. Joshel, *Work, Identity, and Legal Status at Rome: A Study of the Occupational Inscriptions*(Norman, OK: University of Oklahoma Press, 1992).

(b) 광업과 제련 산업

헬라 국가들은 금속류, 특히 금, 은, 동, 주석 등을 엄청나게 필요로 했다. 그 이전 시대에는 금은 강에서 사금을 했었다. 예를 들어 파크톨로스 강의 금(실제로는 호박금)은 리디아 왕들의 부의 원천이었다. 그러나 이러한 자원들은 곧 바닥이 났다. 고대 그리스 시대에는 광맥, 특히 은광맥이 있는 광산들을 개발했다. 그중에서도 아티카의 라우리온 광산 지대와 페니키아인들이 개발해낸 타소스의 은 광산은 잘 알려져 있다. 그리스의 여러 지역, 특히 타이메토스 산맥에 있는 스파르타의 광산들과 에오보이아와 세리포스에 있는 아테네의 광산에서 철광석이 발견되었다. 마케도니아의 경우 금광석과 은광석은 빌립보 근처의 판게온 산에서 생산되었고, 철은 트라키아의 것을 사용했다. 그리스의 철광은 이미 고대 그리스 시대에 거의 바닥이 났으므로, 그리스의 도시들은 필요한 것을 수입해야만 했다. 금광과 은광에서는 한정된 양밖에 생산하지 못했으므로, 새로운 광산을 발견하는 것이 급선무였다. 알렉산더 대왕은 군대에 탐광자들을 포함시켰는데, 그들이 하는 일은 새로운 광원을 찾는 것이었다.

새로 정복 된 지역에는 수백 년 동안 채굴되어온 넉넉한 광원들이 많았다. 프톨레미 왕조의 왕들은 누비아와의 경계 지역에서 금과 호박금을, 시나이에서 구리(곧 키프러스에서 매장량이 풍부한 광원이 발견되었으므로 이것은 곧 버림을 받았다), 그리고 레바논의 철광들을 차지했다. 그들은 해외의 속주들을 소유하고 있는 한 광산 자원의 부족을 겪지 않았다. 셀류시드 왕조는 방대한 영토에 산재해 있는 많은 철광 자원들을 장악했다. 그러나 금은 시베리아에서 수입해야만 했는데, 파르티아가 발흥한 후로는 이러한 수입품들이 박트리아까지밖에 오지 못했다. 셀류시드 왕조는 서부의 속주들을 상실하게 되면서 소아시아의 은도 얻을 수 없게 되었다. 소아시아 북부 지역과 아르메니아의 왕들은 철광 사업을 장악했으며, 따라서 셀류시드 왕조에게는 결국 시리아 남부에 있는 동광과 철광만이 남게 되었다. 이것들은 이전에는 프톨레미 왕조가 다스린 이집트의 것이었다.

로마는 원래부터 금속류를 직접 조달할 수 없었다. 왜냐하면 이탈리아의 아페닌 산맥에는 광석이 부족했기 때문이다. 제1차 칼타고 전쟁 이후인 기원전 238년에 손에 넣은 사르디니아가 철, 은, 동을 공급했고, 스페인과 브리튼을 정복함으로써 필요한 모든 금속들을 무한정 얻을 수 있게 되었다. 스페인의 은 덕분에 로마의 화폐주조소는 매 년 50톤에 달하는 주화를 발행할 수 있었다.

고대 시대의 채광 기술은 아티카의 라우리온 광산과 스페인에 있는 로마의 은광들에 대한 연구를 통해서 잘 알려져 있다. 수갱(竪坑)에서부터 뻗어나간 광산의 갱도들은 높이가 1미터를 넘지 않았으므로, 광부들이 모든 작업을 누운 자세로 행해야 했다. 환기와 조명(횃불과 기름을 사용하는 등잔)도 형편 없는 환경에서 막대한 양의 광석을 운반해야 했다. 1톤의 은을 얻으려면 약 10만 톤의 광석을 파내야 했는데, 이것은 1000명의 일 년 노동량에 해당되는 것이었다. 캐낸 광석들은 광산 밖으로 운반해야 했는데, 때로는 갱도가 아주 깊은 곳도 있었다(스페인의 어느 은광은 깊이가 800피트가 넘었다). 지하수를 퍼내는 데 필요한 인력과 정련 과정에 필요한 목재의 양을 고려할 때, 일꾼들을 집단적으로 고용하여 제대로 대우해 주지도 않고 끔찍한 환경에서 작업을 시켰음이 분명하다. 일반적으로 자유 노동자들은 광산에서 일하려 하지 않았다. 노예들과 죄수들이 광산에서 일을 했는데, 후에는 기독교인들도 여기에 포함되었다. 때로는 그 지방 주민들에게도 광산에서 일할 것을 강요하기도 했다. 서기 2세기, 하드리안 황제 시대에서부터는 노예들이 감소하여 자유민 노동자들을 고용해야 했기 때문에 법적 조처를 통해서 처우가 개선되었다. 그리하여 광부들에게도 공중 목욕 시설, 음식, 의복 등이 공급되었고, 광산촌의 학교를 운영하기 위해 교사들이 초빙되었다.

헬레니즘 시대 이전에도 특히 근동 지방에서는 야금술이 크게 발달했다. 제조업은 산업화 되지 않고, 소규모의 가내 수공업 상태에 있었다. 일부 작업장에서는 몇몇 품목만 전문적으로 생산해 냈다. 전쟁 장비의 수요가 막대했기 때문에, 대장간에서의 무기 생산이 이 분야에서 가장 중요한 산업이었다. 대량 생산된 무기들은 왕들이(후에는 로마 군대가) 구매하여 대형 무기고에 저장했다. 최고급 강철은 소아시아에서 생산되었지만, 고대 시대 전체에 걸쳐서 가장 단단한 최고 품질의 강철 생산지는 인도였다. (중세 시대에 다마스크의 강철이라고 알려진 강철은 다메섹을 거쳐 수입된 인도산 강철이었다.) 청동으로 만든 가정용 상품들도 대량 생산 되었다.

헬레니즘 시대에는 사치품 수요가 증가했고, 로마 제국 시대에도 귀족들의 취향이 다양해짐에 따라 역시 사치품의 수요가 증가했다. 이것은 동부 지역의 작업장에서 예술적인 그릇들을 만드는 사람들에게 새로운 자극제가 되었다. 금속 세공, 즉 장식을 한 컵, 접시, 항아리, 기타 금이나 은이나 동으로 만든 그릇들을 생산하는 기술이 동부 지역에서 활발해졌다. 이 시기에 이집트에서는 국내와 국외의 수요를 충족시키기 위해서 이러한 그릇들을 생산하는 일이 활발했다. 그러나 이러한 제품의 수출은 시리아, 동부 소아시아, 그리고 아르메니아의 제품들, 특히 흑해 남동 연안에 있는 칼리브 지역의 유명한 공장에서 생산된 제품들과 경쟁해야 했다. 페르시아의 금속세공 기술 역시 계속 번창하여 헬레니즘 시대의 세공 양식에 강력한 영향을 주었다. 로마 시대에는 베수비우스 산 주위의 도시들, 북부 이탈리아, 고올 지방 등지에서 아름다운 제품들이 생산되었다.

Bibliogra.phy to § 2.6.b

John F. Healy, *Mining and Metallurgy in the Greek and Roman World* (London: Thames & Hudson, 1978).

Idem, "Mines and Quarries," in Grant and Kitzinger, *Civilization*, 2. 779-93.
T. R. Glover, "Metallurgy and Democracy," in idem, *Greek Byways* (Cambradge: Cambridge University Press, 1932), 58077.

(c) 방직업

직물은 주로 각 가정에서 여인들이 제조했다. 소규모 작업장들이 지역 수요를 공급했고, 귀한 직물과 사치한 옷감은 공장에서 생산되어 수출되었다. 직물 생산은 옛부터 거의 변하지 않은 전통적 방법에 의존했다. 유일한 예외는 수직 베틀의 발명인데, 이것은 원래 이집트에서 발명된 것으로서 로마 시대 초기에 이탈리아와 그리스에 소개되었다. 철학자 멘데스의 볼로스(Bolos of Mendes, 2 BCE)가 쓴 염색에 관한 책들은 값비싼 염료와 직물에 관한 가르침을 주는데, 이 책은 자주 복사되고 인용되었다. 이것은 그 당시 염색에 강한 홍미가 있었음을 나타내준다. 그중 어떤 자료들은 후에 연금술에 관한 사이비 과학 문헌에도 등장했다.

훌륭한 직물 생산은 고대의 다른 모든 기술 분야와는 달랐다. 왜냐하면 이 분야에서의 주요 공급원은 노예와 여인을 막론하고 수십명의 직공을 고용한 대규모 공장이었기 때문이다. 동방의 국가들이 직물 생산을 주도했다. 그리스인들은 동방 지역에 거주하는 그리스인들의 수요를 충족시키기 위해서 양모 생산과 보급을 증진했다. 베는 이집트에서 생산되었고, 다른 나라에서 생산되는 일은 극히 드물었다. 세계적으로 유명하여 수요가 대단했던 비소스(byssos)라는 삼베는 왕실 직조 공장에서 생산되었고, 또 전처럼 신전의 직조 공장에서도 생산되었다. 그러나 그 장식적인 문양들은 이제 이집트적인 것이 아니라 헬라적인 것이 되었다.

그밖의 수출품으로는 이집트와 바벨론의 양탄자가 있었다. 알렉산더 대왕 시대부터 중국에서 비단이 수입되었다. 그것은 페니키아의 공장에서 중간 처리 과정을 거친 후에 선적되어 서방 국가에서 판매되었다. 코스 섬에서는 비단 생산이 소규모로 발달되었다. 대체로 여자 노예들이 작업을 하는 대규모 공장에서 생산된 비단은 "코스 비단"(Coan fabrics)라고 알려졌다. 버가모의 왕들은 직물 생산을 개선하기 위한 방법들을 장려했다. 이 지역의 몇몇 소 도시에서는 수출용 양탄자를 생산했다. 버가모는 특히 금실을 섞어서 짠 커튼과 봉도직(brocades)의 생산으로 유명했다. 이것들은 거의 여자 노예들을 고용한 왕실 공장에서 제조되었다.

(d) 도자기와 유리

일상생활에 사용되는 도자기 제품은 지방의 토기장이에 의해 생산, 판매되었다. 예술적으로 디자인 된 도자기는 몇몇 오래 된 헬라의 도시의 특산품이었다. 기원 전 3세기에도 이러한 도자기의 수출이 중요했다. 그것들은 그리스로부터 동방의 모든 나라들로 수출되었는데, 시실리에서는 주로 이집트로 수출했다. 그러나 오래지 않아 헬라 자기의의 형태와 문양을 모방한 자기류가 동방의 여러 나라에서 생산되었다. 이집트에서는 그리스의 도자기를 이집트화 한 제품을 수출하는 데 성공했다. 고대 그리스 시대에 우세했던 아테네식의 빨간 색 문양을 넣은 도기 대신에 아무런 문양이 없이 흑색의 윤이 나는 도기로 바뀌었다. 헬레니즘 시대에는 다양한 문양의 연한 빛깔의 도기들이 만들어졌다.

값비싼 도자기의 수요는 그리 많지 않았다. 그 이유는 금속세공 제품들이 더 유행했기 때문이다. 부잣집에서는 예술적으로 돋을새김을 한 금, 은, 동 그릇으로 여기저기를 장식했다. 기원 전 250년경에는 대중적인 금속 세공 제품들을 모방하여, 돋을새김을 한 도자기 그릇들이 나타나기 시작했다. 근동 지방의 영향을 받아 파양스 도자기(유약으로 채색된 고급 도자기)가 생산되었다. 아우구스투스 시대에 로마에는 새로운 형태의 도자기, 소위 데라 시길하타(*terra sigillata*)라는 그릇이 등장했다. 이러한 컵과 접시들은 금속으로 만든 그릇들을 모방하여 얇고 광택이 나게 제작되었다. 그것들은 때로는 돋을새김을 하기도 했지만 그림을 그려 넣지는 않았다. 이러한 도자기의 대량 생산은 초기에는 이탈리아에 집중되었지만, 곧 고올 지방으로 퍼졌는데, 이곳의 도자기의 형태는 그 지방 특유의 도자기 제조의 전통의 영향을 받았다. 이러한 공장에서 생산되어 수출된 많은 도자기들은 브리튼과 이집트에서까지도 발견되고 있다. 소아시아, 리아, 스페인 등지의 공장에서는 약간 질은 떨어지지만 데라 시킬하타(*terra sigillata*)의 모조품들을 생산했다.

그리스에서는 유리가 전혀 알려지지 않은 것은 아니지만, 거의 생산되지는 않았다. 대부분의 유리 제품은 페니키아와 이집트에서 수입되었다. 이집트는 고대로부터 유리 제조의 중심지였다. 프톨레미 왕조가 이 산업을 강화하고 장려했는데, 특히 사치품(화병이나 사발)과 모조 진주(보석 대용) 등 수출용품 생산을 장려했다. 셀류시드 제국에서는 페르시아 전통의 금문양이 들어간 유리 그릇 생산이 시리아인들에 의해 계속되었다. 이 제품들은 유리 용액을 굳혀가면서 형태를 만든 것이었다. 불어서 유리 제품을 만드는 기술이 로마 시대 초기에 발명 되어 유리 제품 산업에 혁신을 가져왔다. 그리하여 이탈리아, 이집트, 그리고 시리아에 있는 새로운 생산 중심지들은 다량으로 저가의 일상 유리 제품을 만들어 수출하는 데 성공했다.

Bibliography to §2.6d

Antia Engle (ed.), *Readings in Glass History* (4 vols.; Jerusalem: Phoenix Productions, 1973-74).

(e) 문방구와 서적

고대에는 글을 쓰기 위해 모든 종류의 재료를 사용했다: 나무, 돌, 밀납판이나 진흙판, 도자기 조각, 그리고 다양한 금속류(쿰란에서는 구리로 된 두루마리가 발견되었다). 그러나 헬라 시대와 로마 시대에는 상업적으로 생산되는 동물 가죽(vellum)과 파피루스만이 널리 사용되었다. 동물 가죽을 사용할 것인가, 파피루스를 사용할 것인가는 왕들의 경제 정책에 의해 좌우되었다. 이집트는 파피루스 산업을 독점하고 있었는데, 고급 종이에서 거친 포장지에 이르기까지 다양한 질의 파피루스를 대량으로 생산했다. 이집트는 파피루스를 좋은 가격에 수출하는 정책을 시행했다. 때때로 다른 나라들은 파피루스 수입 금지 조치를 취하기도 했다. 시리아가 잠시 그렇게 했고, 나중에 버가모가 같은 조치를 취하여 가죽을 사용하게 했다. 셀류시드 제국은 이집트에 의지하지 않고 파피루스를 자급자족했다.

파피루스는 파피루스라는 식물로 만들었다. 이 식물은 나일강 삼각주의 늪 지대에서 많이 발견되는데, 5m 높이까지 자라고 줄기의 직경은 약 5cm 정도이다. 이것을 30cm에서 50cm 정도의 길이로 잘라서 나무의 줄기 방향으로 갈라서 연한 안쪽 부분을 얇은 띠로 잘라 견고한 지지대 위에 나란히 놓는다. 그 다음에 두번째 층을 그 위에 십자 방향으로 놓는다. 그것을 누르고 두드리면 빳빳한 파피루스 종이가 만들어지는 것이다. 그 식물의 즙은 접착제로 사용할 수 있다. 파피루스의 결이 수평으로 놓인 면을 렉토(*recto*)라고 하며, 주로 이 쪽에 글씨를 썼다. 버조(*verso*)라고 하는 반대쪽에도 글을 쓰는 것이 가능하지만, 좀 번거롭다. 왜냐하면 이 면에는 파피루스 결이 상하로 되어 있기 때문이다. 이러한 이유로 파피루스는 양면을 다 사용하는 종이(codex)보다는 한 면만 사용 가능한 두루마리(scroll) 생산에 더 적합했다. 오피스토 그래프(opistograph)라는 소수의 두리마리는 양 면에 글이 기록되어 있다.

양피지는 소, 당나귀, 말, 양, 염소 등의 가죽을 특별한 과정을 거쳐 만들었다. 가장 좋은 양피지는 갓 태어난 동물의 가죽으로 만들었다. 다른 제품을 만들 때처럼 무두질을 하지 않고 백악(chalk)과 물로 처리하며 털을 제거하고 잡아당기고 건조시켜서 부석으로 부드럽게 만든다. 파피루스와 마찬가지로, 다양한 질의 양피지가 있었다. 가죽을 처리하는 특별한 방법들이 도입된 것은 버가모의 유메네스 2세 때로 알려져 있다. "양피지"(parchment)라는 명사는 라틴어의 *pergamina(charta)*, 즉 "버가모산 종이"라는 데서 유래되었다. 플리니(elder Pliny)가 기록한 바에 의하면, 유메네스는 새 도서관을 위한 책을 만들기 위해 이집트로부터 많은 분량의 파피루스를 사려고 했다(*Historia Naturalis* 13, 21f). 그러나 이집트의 프톨레미 5세는 이것이 자신의 도서관과 경쟁이 되는 것에 질투를 느낀 나머지 파피루스 수출 금지 명령을 내렸다. 따라서 유메네스는 그의 책들을 만들 다른 종류의 문방구를 찾지 않을 수 없었고, 마침내 동물 가죽으로 만든 양피지를 발명했다. 이 이야기는 전설에 불과한 것이 거의 분명하다. 그러나 버가모가 경제적 독립을 확립하는 데 지대한 관심이 있었음은 의심할 여지가 없다. 아탈로스 왕조는 전반적인 생산 산업의 향상에 실질적으로 기여했으며, 양피지를 생산하여 자국 내의 도서관에서 사용할 뿐만 아니라 수출도 했다.

고대에 가장 널리 사용되었던 책의 형태는 두루마리(라틴어로는 *volumen*, "to roll"을 의미하는 *volvere*에서 유래함)였다. 몇 장의 파피루스를 일정한 길이가 되도록 접착제로 붙여서 사용했다. 양피지를 사용할 때에는 여러 장을 꿰메어 붙여서 사용했다. 보통 두루마리의 길이는 6-10미터이고, 평균 높이는 25-30cm였다. 두루마리는 동일한 수효의 행을 갖는 동일한 폭의 세로단으로 이루어져 있다. 상하단에 빈 공간이 있고, 세로단 사이에도 공간이 있어서 이곳에 수정할 내용이나 주석을 달 수 있었다. 두루마리는 다루는 데 불편하지 않게 하기 위해서 길이의 제한이 있었다. 따라서 고대 저자들의 서적들은 여러 권으로 나뉘어져 있다. 신약 성경 중에서 긴 책들은 평균 길이의 두루마리 하나의 분량에 해당된다. 누가만은 자기의 책을 두 권으로 즉, 누가복음과 사도행전으로 나누었다.

초대 교회 시대에는 양면지(codex) 형태가 두루마리를 대체하기 시작했다. 양면지는 두루마리에 비해 훨씬 덜 성가시며, 보통 한 권 이상의 분량을 기록할 수 있었다. 양면지 형태의 책을 만들려면 몇 장의 파피루스를 겹쳐서 중간을 접은 후에 각각의 단위들을 꿰매고, 가죽으로 제본을 했다. 고대의 양면지 책들은 각 단위가 몇 장으로 되어 있는가에 따라 이름을 붙였는데, 예를 들어 "사판본"(a four-ply codex)과 같이 붙였다. 파피루스는 접을 때에 깨지기 쉬웠기 때문에, 때때로 접힌 부분을 양피지로 강화하곤 했다. 사본의 경우에는 파피루스의 뒷면을 사용을 할 수 있었다(그러나 두루마리도 뒷면을 사용하는 경우도 있었다. 이것을 "opistographs"라고 불렀다).

아마 실질적인 이유와 제의적인 이유에서 기독교인들이 최초로 양면지 형태의 책들을 만들어 냈을 것이다. 2세기의 파피루스 중 대부분의 양면지 책은 기독교 문헌이었다. 반면에 모든 두루마리들은 유대교나 이교의 문서들이었다. 현존하는 2세기부터 4세기까지의 신약 성경 사본들은 모두 양면지로 된 반면에, 비기독교 장서의 파피루스들은 두루마리이다. 기독교인들은 몇백 년 동안 파피루스 양면지에 의존했고, 이교도들은 계속해서 파피루스 두루마리를 가장 뛰어난 책의 형태로 생각했으나, 마침내 양피지 양면지가 득세하게 되었다. 양피지는 당연히 파피루스, 특히 파피루스 두루마리보다 우수한 점들을 가지고 있었다. 그것은 보다 영구적이고 사용하기가 편했으며, 양면에 기록하기가 용이했다.

프톨레미 왕조의 경제 정책은, 파피루스가 오랫동안 지속적으로 인기를 얻은 중요한 이유가 된다. 이집트에서 전통적으로 재배되고 사용된 파피루스는, 프톨레미 왕조의 엄청난 행정 기록(공문서, 세입 목록, 통계 자료, 문서, 계약)을 수록할 가장 저렴한 문방구였다. 또한 파피루스 수출을 장려함으로써 이집트의 무역 수지가 개선되었다. 일단 인기를 얻은 파피루스의 우월한 위치는 수세기 동안 지속되었다. 그러나 기독교인들이 양면지 형태의 책을 도입하면서부터 양피지를 선호하게 되었고, 중세 시대에는 양피지 대신에 중국으로부터 도입된 종이가 사용되기 시작했다.

고대 그리스 시대에도 책들의 상업적인 생산이 있었다. 서방(*scriptoria*)에서는 전문적인 서기들을 고용했는데, 이들은 구술을 받아썼다. 그 결과 본문 비평가들이 지적하는 바와 같은 실수와 전와(轉訛)가 발생했다. 서기들에게는 기록한 행의 수효에 따라 임금이 지급되었으며, 보다 신경을 써서 기록해야 하는 일은 비용이 더 들었다. 후에는 노예들이 서방에서 일하기도 했다. 일상적인 서신에는 초서체가 사용되었는데, 여러 개의 문자를 연자 기호로 결합해서 사용했다. 책을 제작할 때에는 언설체(uncial)가 사용되었다. 즉, 멋을 낸 대문자들을 연결 기호 없이 사용했는데, 단어와 단어 사이를 띄지 않았다. 현재 보존된 것은 전혀 없지만, 고대 저자들의 서명은 초서체로 쓰여졌다.

책 값은 사용된 재료의 질, 삽화의 수, 제본 비용 등에 따라 달랐다. 책에 삽화들이 사용된 것은 1세기 것에서 처음으로 입증되어 있고 고대 말기에는 널리 사용되었다. 그러나 이미 헬레니즘 시대에 장인들의 교과서 등에서 사용되고 있었음이 분명하다. 어떤 책에는 저자의 그림이 들어 있기도 했다. 로마 시대에는 고대 서적 제작이 활발했다. 이 시기에 기독교인들도 서적들을 제작하기 시작했다.

Bibliography to § 2.6e: Texts

Jenö Plattky, *Sources on the Earliest Greek Libraries with the Testimonia*((Amsterdam: Hakkert, 1968).

Bibliography to § 2.6e: Studies

Mohammed A. Hussein, *Origins of the Book : Egypt's Contribution to the Development of the Book from Papyrus to Codex*(Leipzig: Edition Leipzig, 1970; reprint Greenwich, CT: New York Graphic Society, 1972).

David Diringer, "Greek and Latin Book Production," in idem, *The Hand-Produced Book* (New York: Philosophical Library, 1953), 228-74.

C. H. Roberts, and T. C. Skeat, *The Birth of the Codex* (London: British Museum, 1983).

Frederic G. Kenyon, *Books and Readers in Ancient Greece and Rome* (2d ed.; Oxford: Clarendon, 1951).

Clarence Eugeme Boyd, *Public Libraries and Literary Culture in Ancient Rome* (Chicago: University of Chicago Press, 1915; reprint 1966).

Tönnes Kleberg, *Buchhandel und Verlagswesen in der Antike* (Darmstadt: Wissenschaftliche Buchgesellschaft, 1969).

7. 무역, 화폐 체계, 금융업

(a) 가장 중요한 무역업

기원 전 7세기에 지중해 지역에서는 주로 외국과의 교역을 위해 고안된 장거리 무역과 화폐 체계가 발달했다. 기원 전 5세기에는 그리스의 화폐 체계가 전 지역에 퍼져 있었다. 페니키아인, 칼타고인, 에투루리아인, 헬라인들의 교역은 대서양으로부터 인도까지 뻗어 있었다. 알렉산더 대왕의 정복으로 인해 많은 민족들이 단일 시장의 일부가 됨으로써 근본적인 변화가 초래되었다. 헬라 세계의 국가들 사이의 교역은 국내 교역의 특성을 지니게 되었고, 아테네, 밀레토스, 델로스, 로도와 같은 부분적으로 독립된 도시들이 교역의 중심지가 되었다. 결국 로마까지 포함하게 되는 이 넓은 지역은 완전히 상이한 문화와 경제 구조를 지닌 나라들과 교역을 했다. 그러나 간혹 헬레니즘의 영향이 그들에게 미치기도 했다. 해외 무역은 인도를 대상으로 했는데, 나중에는 파르티아와 아라비아 반도 사람들을 비롯하여 아프리카의 리비아, 누비아, 이디오피아 등과 교역을 했다. 또 일루리아인들과 켈트족, 게르만족, 스키티아인과 사르마티아인 등 유럽의 민족들과도 교역을 했다. 지중해 교역 지역 내에서는 로마가 우위를 차지하고 있으면서 헬라화 된 교역 강대국으로서 갈수록 중요한 역할을 하게 되었다.

교역의 주된 동기는 수출 시장을 확보하는 것보다는 인근에서 얻을 수 없는 물건들과 원료들을 확보하려는 데 있었다. 고대 그리스 시대와 헬레니즘 시대, 그리고 로마 제국 시대에는 전쟁이 교역을 촉진한 주요 요인이었다. 군대에서는 막대한 양의 물건을 소비했다. 무기와 군인들의 의복은 종종 수백 마일이나 떨어진 곳에 있는 작업장에서 운송해 와야 했다. 배을 만드는 데 쓸 목재 등의 원료와 철광석 역시 멀리서 운반해와야 했다. 대부분의 국가들은 직접적으로나 간접적으로(항해할 수 있는 강을 통해서) 지중해에 접촉했다. 종종 비용이 많이 들고 시간도 오래 걸리는 육로, 특히 지중해 동쪽을 통해 상품을 운송하기도 했다. 외국과의 교역에서는 사치품의 수입이 우세했다. 예를 들면, 귀금속과 진주, 값비싼 직물류(비단과 면), 유향, 연고, 화장품, 희귀 목재, 상아 등이다. 주식이나 대량 소모품의 교역은 근거리 지역에서만 이루어졌고, 먼 지역과의 교역은 강이나 바다를 이용할 수 있는 경우에 이루어졌다.

헬라 왕국들간의 식료품이나 대량 소모품의 거래는 처음부터 매우 중요했다. 헬라의 도시들은 곡식을 필요로 했고, 셀류시드 제국과 이집트는 다량의 공산품을 그리스로부터 사들였다. 그러나, 왕들은 원료 공급의 자급자족을 원했으며, 특히 무기와 직물류 같은 공산품을 널리 사용했다. 그러므로 이 왕국들 내에서의 교역은 계속 성행했지만, 자립하려는 노력이 이들 국가들 사이의 교역에 장애물이 되었다. 그러나 완전한 독립은 결코 이루어지지 않았다. 이집트는 수입와 금속을 수입해야 했고, 셀류시드 왕조가 쇠퇴함에 따라 일상용품의 수입이 더 필요하게 되었다. 그러나, 일반적으로 지중해 지역의 여러 나라들간의 교역에서는 특별한 가치나 질을 갖고 있는 품목들 즉, 고가의 포도주, 정제된 올리브유, 예술적인 도자기와 금속세공품들을 선호하는 경향이 있었다. 로마 시대에는 특히 부유한 도시 인구들의 수요가 증가하면서 이러한 품목들이 원거리 교역의 주종을 이루었다.

그리스의 도시들은 계속 곡물과 목재 그리고 금속류의 수입을 필요로 했다. 동시에 그들은 수출품의 양을 늘리기가 어렵다는 것을 경험했다. 그리스의 자원난과 식량난은 만성적이었다. 에게 해는 기원 전 2-3세기에 국제 교역의 중심지였으며, 로마 시대에도 그 중요성을 그대로 유지했다. 에게 해의 교역권을 장악하려는 프톨레미 왕조의 노력은 잠시 동안만 성공했다. 아테네는 중요한 상업 중심지의 위치를 유지했고, 로도는 항상 주도적 역할을 했으며, 델로스 섬은 로마의 지원을 받아 한동안 중요성을 획득했다. 에베소와 밀

델로스의 보세 창고
에게 해의 델로스 섬의 옛 항구 근처에 줄지어 있는 이 보세 창고들은 기원전 3-2세기에 건축되었다. 델로스 섬은 그 중심적 지위 때문에 지중해 동부 지역에서 로마로 수출되는 상품들의 재선적지로 이용되었다. 재선적을 기다리는 상품들은 이 보세 창고에 보관되었을 것이다.

레토스는 잠시 이집트의 지배를 받았지만, 곧 강력한 교역 중심지로서의 전통적인 위치를 되찾았으며 로마의 후원을 받아 그 위치를 새롭게 할 수 있었다.

이집트의 교역에 대해서는 많은 파피루스 문서들의 발견을 통해서 잘 알려져 있다. 이집트는 금속류, 목재(특히 해군용), 말, 그리고 코끼리(군사용) 등을 수입했다. 금, 상아, 코끼리는 동아프리카에서 홍해의 항구들을 통해서 수입되었고, 이따금씩 누비아와 나일강을 경유하여 수입되기도 했다. 때때로, 아라비아로부터 노예들이 수입되었고, 거북이 껍질, 염료, 쌀, 향료, 면과 비단 등은 인도로부터 들여왔다. 국내 생산 보호를 위한 높은 관세 정책에도 불구하고, 정제된 올리브유 같은 사치품들이 수입되었다, 고대 이집트의 주요 수출품은 곡물과 파피루스였다. 인도로부터 서부 지중해로 수입되는 물건들의 일부는 이집트를 경유했다.

셀류시드 왕국의 교역에 대해서는 이집트에 대해서만큼 알려져 있지 않다. 이곳에서도 사치품의 수요가 이집트만큼이나 대단했었음이 틀림없다. 이집트나 흑해 연안의 도시들이 강력한 경쟁자였지만, 셀류시드 왕조는 자기의 영토를 경유하여 서방에서 판매되는 온갖 종류의 사치품 교역에서 자연스럽게 이윤을 취했을 것이다. 로마의 발흥, 그리고 부유한 시민들이 로마에 집중함으로 말미암아 교역 형태가 변화되었다. 동방에서 만든 사치품에 대한 엄청난 수요의 증가는 이제 제국의 서쪽 지역으로 방향을 돌려 지중해 동부에 자리잡은 상업 도시들에게 상당한 이익을 가져다 주었다. 동시에 로마의 증가하는 곡물 수요를 위해 이집트와 흑해의 항구에서 곡식을 실어나르기 위해서 수백 척의 상선이 필요했다. 폼페이와 아우구스투스가 해적들의 약탈 행위를 제거하고, 스페인과 다키아를 정복한 이후로, 상선들의 함대는 로마의 화폐주조소와 군대에 공급할 엄청난 양의 금, 은, 철을 운반했다.

Bibliography to § 2.7

Fraser, Alexandria, 1.312-88.

Bibliography to § 2.7a-b

Peter Garnsey, Keith Hopkins, and C. R. Whitaker, eds., Trade in the Ancient Economy(Berkeley, CA: University of California Press, 1983).

Peter Garnsey and C. R. Whittaker, eds., *Trade and Famine in Classical Antiquity* (Cambridge Philological Society Proceedings, Suppl. 8; Cambfidge, 1983).

M. M. Austin, "Greek Trade, Industry, and Labor," in Grant and Kitzinger, *Civilization,* 2. 723-51.

Keith Hopkins, "Roman Trade, Industry, and Labor," in Grant and Kitzinger, *Civilization,* 2. 753-93.

Lionel Casson, *Travel in the Ancient World* (London: Allen & Unwin, 1974).

(b) 주요 교역로

가장 중요한 교역로는 지중해와 흑해를 경유하는 노선, 그리고 새로 개방된 인도 항로였다. 로마인들은 지중해를 "우리의 바다"(*mare nostrum*; Our Ocean)라고 불렀다. 아프리카와 동양과의 교역을 위해서는 육지의 대상로(隊商路)가 중요했고, 강을 이용한 하상교통은 미미한 역할을 담당할 뿐이었다. 상인들이 광범위하게 이용한 강은 나일강, 유프라테스강과 티그리스강, 그리고 나중에는 다뉴브 강과 론 강에 불과했다. 교역로에는 많은 위험이 도사리고 있었다. 전쟁이 안전을 위협했다. 광활한 사막을 통과해야만 하는 대상(隊商)들은 산적들의 공격을 받을 위험이 있었기 때문에 군사적인 방어책을 필요로 했는데, 때로는 그들 스스로가 방어책을 마련해야 했다.

동양으로부터 이어지는 육로는 대체로 지중해나 흑해의 여러 지점에서 끝이 났다. 따라서 수입품들은 그곳에서부터는 바다를 통해 수송되었는데, 최종 목적지에 도착하기까지 여러 번 재선적되어야 했다. 가장 북쪽의 대상로는 카스피해 북쪽을 따라서 흑해로 이어진다(이것이 중국의 실크 로드이다). 이 도로는 지중해 지방의 세력의 지배를 전혀 받지 않았으며, 일단 중요성을 확보하게 되자 셀류시드 제국의 영토를 괴롭히던 어려움들이 남쪽의 교역로들을 보다 위험하게 만들었다. 그다지 많이 사용되지 않았던 또 다른 북쪽의 교역로는 카스피해 남쪽으로 나 있었는데, 파르티아, 셀류시드, 본도의 왕들의 통제를 받는 국가들을 통과해야 했다.

남쪽으로는 인도와 바빌로니아를 잇는 고대 교역로들, 즉 박트리아를 통과하는 북쪽 교역로, 그리고 게드로시아와 페르시스를 통과하는 남쪽의 교역로가 있었다. 헬레니즘 시대에는 두 개의 교역로 모두가 티그리스 강변의 셀류키아에서 끝이 났다. 셀류키아는 동방에서 가장 중요한 상업 도시이며 재 선적 지점이었다. 셀류시드 왕조는 동방을 지배하는 한, 군사적 목적 때문에 두 개의 도로를 모두 유지하고 안전을 도모해야 했다. 이곳에서 지중해로 재선적하는 것은 어려웠다. 왜냐하면, 한 동안은 이집트가 피에리아(Pieria)에 있는 항구 도시인 셀류키아를 지배했기 때문이다. 후일 상인들은 유브라테스강을 나란히 따라 가다가 안디옥에서 끝나는 노선(후일 기독교는 이 길을 통해 기독교가 동쪽으로 확장되어 나갔다)이나, 팔미라(Palmyra)와 다메섹를 경유하여 페니키아 연안 도시에 이르는 길 중 하나를 이용하곤 했다. 가장 남쪽의 교역로는 인도로부터 페르시아 해협에 이르는 해로를 사용했다.

지중해를 향해 서쪽으로 보다 깊은 곳까지 수송하는 일은 정치적 상황에 따라 변했다. 상인들은 페르시아 만에서부터 아라비아 반도를 가로질러 나바티아를 통과해서 홍해로 가거나, 시나이 반도를 경유해서 이집트로 가는 길을 선호했다. 이집트가 나바티아인들과 좋은 관계를 유지하고 지중해 연안의 페니키아 도시들을 지배하는 동안은, 이 무역 중개를 통해 상당한 이득을 얻었다. 로마가 아라비아 펠릭스 속주를 설치하여 이 지역을 지배한 것도 이와 유사한 상업적 이해관계 때문이었다. 셀류시드 왕조는 페르시아 만을 목적지로 하는 상품들을 셀류키아로 우회하여 운송하게 하려고 노력했으며, 후일 파르티아인들은 이 교역로를 통해 도착한 상품들을 페르시아만에서 가로챘다. 메소포타미아를 놓고 벌인 파르티아와

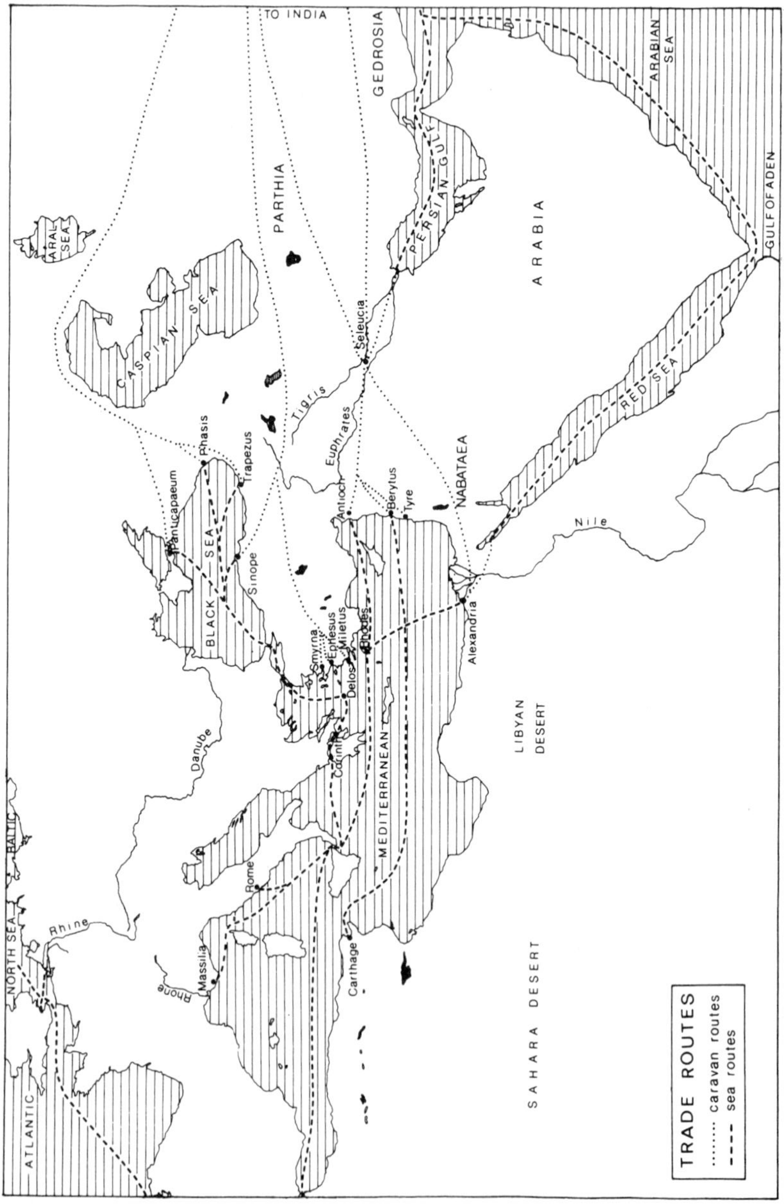
TRADE ROUTES
caravan routes
sea routes
ATLANTIC
NORTH SEA
BALTIC
Rhine
Rhone
Massilia
Rome
Danube
Carthage
Corinth
MEDITERRANEAN
SAHARA DESERT
LIBYAN DESERT
Delos
Smyrna
Ephesus
Miletus
Rhodes
Alexandria
BLACK SEA
Sinope
Panticapaeum
Trapezus
Phasis
CASPIAN SEA
ARAL SEA
Antioch
Berytus
Tyre
NABATAEA
Nile
Euphrates
Tigris
Seleucia
PARTHIA
ARABIA
RED SEA
PERSIAN GULF
GEDROSIA
TO INDIA
ARABIAN SEA
GULF OF ADEN

로마 사이의 전쟁들은 부분적으로 이 중요한 교역로를 장악하려는 시도와 관련이 있었다. 또한 아리비아 반도를 돌아 인도로 가는 직항로를 유지하는 일에도 어느 정도의 관심이 있었다. 홍해에서 나일강으로 이어지는 운하가 다시 개방되자, 인도에서 해상으로 운송된 인도의 상품들이 알렉산드리아로 도착했다.

서부 지중해에서의 교역은 주로 해로를 의존했다. 헬라 도시들 가운데 고린도가 서방과의 교역을 주도했나. 케사르가 고린도를 재건했을 때, 이 도시는 가장 중요한 운송 중계지가 되었다. 물론 칼타고와 그 모도시인 페니키아 연안의 튀루스(Tyre) 사이에는 고대로부터 상업적인 결속이 있었다. 이러한 결속은 헬레니즘 시대에 중요하게 되었다. 당시 서방에는 인도와 아리바아 산 사치품들을 판매하기 위한 새로운 시장들이 세워졌고, 헬라 제국들은 서방으로부터 원 자재를 수입했다. 유황은 이탈리아로부터, 은은 스페인으로부터, 그리고 주석은 멀리 브리튼에서 수입되었다. 그러나 이러한 해상 교역로들은 점차 로마의 통제를 받아 로마의 상업적 이해관계의 지배를 받게 되었다. 군사적 목적을 위해 로마가 건설한 도로들은 곧 지중해 동부와 서 유럽 사이의 교역 확대에 기여했다.

(c) 화폐와 화폐제도

알렉산더 대왕 이전의 화폐 제도는 혼란 상태에 있었다. 통일된 화폐 제도의 표준이 없이 금과 은으로 된 다양한 통화가 사용되고 있었다. 알렉산더는 은을 그의 제국의 통화로 삼았고, 모든 조폐국에 아테네식 표준을 도입했다. 처음부터 은화는 부족하지 않았고, 알렉산더의 사후에 여섯 장군들이 벌인 전쟁 기간을 제외하고는, 헬레니즘 시대에는 전반적으로 은의 공급이 안정적이었다. 이 시대가 끝나갈 무렵에 은의 부족 현상이 나타났는데, 그것은 은광의 채광량 감소, 사재기의 증가, 화폐가 로마로 유출된 것 등에 따른 결과였다. 로마 제국은 스페인의 은광들을 입수한 덕분에 수백 년 동안 안정적으로 은을 공급할 수 있었다.

주, 도시, 동맹국들은 정치적인 독립을 주장할 때마다 자체의 화폐를 주조했다. 그러나 통화 정책은 큰 왕국들, 그리고 상업적으로 영향력이 있는 독립 도시들에 의해서 결정되었다. 아테네의 표준 은화는 이집트를 제외한 모든 지역에서 사용되었다. 프톨레미 1세 소텔의 통치 말년에 은화의 무게가 감소되어, 그 표준은 결국 이전에 페니키아 국가들이 사용한 것과 거의 동등한 것이 되었다. 이집트 밖에 있는 모든 프톨레미 왕조의 속주에서 사용할 은화들은 이곳에서 주조되었다. 프톨레미 왕조는 금화도 주조했다. 또 이집트 자체 내에서 사용할 일상적인 화폐로 동전도 주조했다. 이집트인들은 구리 화폐에 익숙해 있었다. 이와 같이 이집트는 실제로 세 가지 금속을 기반으로 한 통화 체계를 갖고 있었는데, 금화는 무역과 외국의 군사 원조를 위해서만 사용되었고, 은화는 해외에 있는 프톨레미 왕조의 속주에서, 동화는 이집트 자체에서 사용되었다. 프톨레미 왕조는 자기 영토 내에서는 자국의 통화만 사용할 것을 강화했다. 금화를 비롯한 다른 통화들은 국내 시장에서의 사용이 엄격히 금지되었다.

알렉산더가 공포한 화폐 협정은 셀류시드 제국에서는 변하지 않고 그대로 남아 있었다. 아테네식 화폐 표준이 그대로 지속되었다. 셀류시드 제국은 프톨레미 왕조처럼 세 가지 금속 화폐 체계를 갖고 있지 않았지만, 금화, 은화, 동전들이 자유롭게 주조되고 통용되었다. 그러나, 곧 금화의 주조는 정지되었고, 특별한 경우에만 재개되었다. 동전은 지역 시장에서 사용되었다. 많은 도시들, 특히 소아시아의 헬라 도시들은 그들 나름대로 구리 화폐를 주조할 수 있는 특권을 부여받았다. 그렇지만 화폐를 주조하는 다른 권리는 안티오코스 4세 에피파네스 시대에 가서야 주어졌다. 안티오코스는 은화를 주조하는 왕실의 권리를 몇몇 도시에게 위임했고, 나중에는 독자적인 화폐 발행까지 허락했다. 셀류시드 제국의 영토 내에서는 외국 화폐는 법정 화폐가 아니었지만, 점점 더 많은 예외가 생겼다.

게다가 셀류시드 제국의 금화와 은화와 병행하여 일종의 국제 통화가 존재했다. 그것은 빌립 2세, 알렉산더, 리시마쿠스의 사후에 발행된 주화들로서, 이집트 외부의 헬레니즘 세계 어디서나 동일한 표준에 따라 주조되었다.

로마의 주조 화폐는 지중해 세계의 통상에 있어서 비교적 늦게 나타났다. 수세기 동안 이탈리아 중심부에서 화폐로 사용된 청동 주물 외에, 로마는 기원전 3세기초에 마그나 그래시아(Magna Graecia)의 표준 드라크마를 모방하여 은화를 주조하기 시작했다. 제2차 포에니 전쟁 기간에, 로마는 시실리의 드라크마와 칼타고의 반 세겔에 맞먹는 은화 데나리온을 발행했다. 이 주조 화폐는 이탈리아와 시실리 전역의 표준 화폐가 되었고, 지방의 화폐 주조는 중단되었다. 아우구스투스는 마침내 세 가지 금속 화폐 체계를 확립했는데, 그것은 서기 3세기까지 로마 제국 전체의 통화로서 효력을 발휘했다. 금화는 공화국 시기에 특수한 화폐 주조로서 발행 되었던 반면, 아우구스투스는 25데나리온의 가치를 지닌 *aureus*를 만들어 표준 통화의 일부로 삼았다. 은화 1 데나리온은 16 *asses*에 해당한다. *asses*는 구리로 주조되며, 그보다 가치 있는 중간 정도의 화폐로는 *sesteritius*(4 *asses*)와 구리와 주석의 합금으로 만들어진 *dupondius*(2 *asses*)가 있었다. 이러한 제국의 통화와 병행하여 황제의 감독을 받는 속주의 통화가 있었는데, 특히 그리스 동부에서는 지방의 주조 화폐인 동전과 은화인 드라크마도 사용되었다. 제국에서 발행하는 화폐는 전적으로 국가의 선전을 위한 것이었다. 주화들은 정부의 계획, 중요한 정치적 사건(예를 들어, 새로운 속주의 정복), 그리고 황제의 업적이나 덕 등을 선포했다. 로마의 주화에 새겨져 있는 많은 신상이나 신전의 그림들은 로마 시대의 종교사를 연구하는 데 대단히 중요하다.

화폐 체계

그리스 화폐	로마 화폐
1 talent=60 minas	1 aureus(금)=25 denarii(은)
1 mina=50 staters(금)	1 denarius=4 sestertii
1 stater=2 drachams(은)	1 sestertius=2 dupondii
1 drachama=6 obols(청동)	1 dupondius=2 asses
	1 ass=5 quadrants

그리스 화폐와 로마 화폐의 관계: 1 drachama=1 denarius

Bibliography to § 2.7c

Colin M, Kraay and Max Hirmer, *Greek Coins* (New York: Abrams, 1966).

Edward Allen Sydenham, *The Coinage of the Roman Replubic* (rev. G. C. Haines; New York: Arno, 1975).

Harold Mattingly, *Roman Coins from the Earliest Times to the Fall of the Western Republic*(2d ed.; London: Methuen, 1960).

C. H. V. Sutherland, *Ancient Numismatics: A Brief Introduction* (New York: American Numismatic Society, 1958).

Karl Christ, *Antike Numismatik: Einführung und Bibliographie* (Darmstadt: Wissenschaftliche Buchgesellschaft, 1972).

(d) 금융업

그레코-로마 세계의 경제에서 은행들은 중요한 요소였다. 그러나 대부분의 사람들은 돈을 개인적으로 간직해 두었으며, 은행에서 빌리기보다는 친구나 동료 사업자에게서 빌리는 편을 선호했다. 고대 세계의 금융업에 대한 자료들은 여러 곳에 흩어져 있으며 그 신빙성도 고르지 않다.

초기에는 신전이나 왕의 재무성이 유일한 금융 시설이었는데, 그것은 대중을 위한 것이 아니라 그 주인들의 이익을 위한 것이었다. 신전 은행은 주요 축제나 건축 계획의 재정을 마련하기 위해서 여러 가지 형태로 돈을 끌어모았다. 왕실의 재무성은 세금 징수와 관련된 기관이었다. 그러다가 헬레니즘 시대에 주화를 주조할 권리가 있는 도시들이 소유한 은행과 사설 은행들이 나타나기 시작했다. 시 소유의 은행들은 일반적으로 그 도시를 위해서 세금을 징수하며

아테네의 판태누스 도서관의 명문
이 이 명문이 새겨진 대리석은 서기 100년경 아네테의 아고라 남동쪽 입구에 세워진 이정표의 일부였을 것이다.
"어느 책도 밖으로 가지고 나가서는 안될 것이다. 왜냐하면 우리가 그 책을 놓고 맹세했기 때문이다. 도서관은 제1시부터 제6시까지 개방될 것이다."

지출 경비를 위한 기금을 조달했다. 원래 환전상의 역할에서 진보된 사설 은행가들은 교역과 상업에서 중요한 위치를 차지하게 되었다.

사설 은행들은 원래의 환전 업무를 지속해 나가면서(종종 외국의 화폐들은 법정 화폐로 인정되지 않았기 때문에 해당 지역의 화폐로 교환해야만 했다), 국제적인 통화 결제소가 되었다. 게다가 사설 은행들은 고객의 구좌와 예금을 맡았고(무이자 혹은 이자를 지급하는 함께 장, 단기 예금), 금융 대체, 송금, 상품의 선적 등의 사업에 대한 사업 자금의 대출 등의 업무를 시행했다. 종종 은행가들은 새로운 사업을 위한 창업 자금을 대출해 주기도 했다. 로마 시대에는 사설 은행가들의 기록은 법정에서 증거로도 효력을 발휘할 수 있었기 때문에, 그들은 주요한 지급을 할 때에 중개인으로 사용되기도 했다.

고대 세계에서 아테네는 항상 주도적인 금융업의 중심지였다. 아테네의 금융 사업의 대부분은 개인이 장악하고 있었는데, 이들 중에는 간혹 외국인들도 있었다. 그러나 모든 상업 도시들, 지중해 지역의 교역이 이루어지는 중요한 항구 도시들, 그리고 대상로(隊商路) 주변에 위치한 여러 도시에도 은행이 있었다. 대상(隊商)들은 제한된 거리를 벗어난 곳에까지 상품을 수송했으므로, 은행들은 더 많은 상품 수송을 위해 새로운 대상들에게 장비를 공급하고 재정적 지원을 해주어야 했다.

어떤 곳에서는 신전의 금고가 은행 역할을 했다. 델로스에 있는 아폴로 신전이 가장 잘 알려진 예이다. 그 신전의 부유함은 프톨레미 왕조의 관심을 끌었다. 그리하여 프톨레미 왕조는 그것을 자기들의 중앙 은행 중 하나로 삼았고, 델로스를 자기들이 지배하는 섬 연맹의 수도로 삼았다. 후일 로도, 마케도니아, 로마 등도 델로스의 신전 금고를 사용했다. 신전 은행들은 환전(예루살렘은 예외였던 듯하다)이나 상업적 대출과 거래에는 관심이 없었다. 그것들의 주된 용도는 큰 액수의 돈의 보관소였다. 또 신전 은행들은 부동산을 임대해 주기도 했는데, 때로는 영구적으로 임대해 주었다. 이러한 은행들의 역할은 신전이 소유한 것은 신성불가침이라는 관념에서 생겨난 것이었다.

이집트의 프톨레미 왕조는 독특한 은행 체계를 발달시켰다. 그것은 경제의 다른 분야와 마찬가지로 중앙 집권화 되어 있었다. 왕실 은행은 개인 사업자에게 임차 되는데, 그 사업자는 그 은행을 국립 중앙은행으로서 운영하면서 여러 곳에 지점을 설치했다. 아마 지점들이 항상 왕실 행정부의 지방 사무소와 분명히 구분되지 않았을 수도 있다. 이 은행들은 구두 협약 대신에 문서 양식만 사용했다. 이 은행들은 중앙집중적 체계의 일부였기 때문에 수표 지불이나 송금을 통한 대체(對替)가 일반화 되었다. 이런 요소들중 일부가 로마의 은행 체계에서도 그대로 시행되었다. 그러나 은행업에 관해 로마가 기여한 가장 중요한 점은 완전하게 발전된 복식 부기의 도입이었다.

Bibliography to §2.7d

Weslley E. Thompson, "Insurance and Banking," in Grant and Kitzinger, *Civilization*, 2. 829-36.

제3장

교육, 언어, 문학

1. 문화 생활과 지적 생활의 기본적인 특징

(a) 문화적, 지적 생활의 공적 특성

공적인 문화적, 지적 생활의 기초는 학교였다. 학교의 발달은 주요 도시에 민주적인 통치가 자리잡은 것과 관련된다. 과거에는 특별한 계층의 특권이었던 활동과 학문, 즉 음악, 연무, 문학 등이 민주화되었다. 공립 학교는 도시 행정을 책임지고 있었다. 연무관들은, 비록 사설 협회들의 지원을 받았지만, 일종의 공립 기관으로 간주되었다. 소아시아에 있는 이오니아의 도시들은 최초로 3단계의 학교 제도를 개발했다. 초등 학교에서는 7세에서부터 14세까지의 어린이들에게 읽기, 쓰기, 음악, 체육 등을 가르쳤으며, 교사들의 급료는 시에서 지불했다. 여학생들을 위한 학교가 많았고, 남녀 공학도 있었다고 확인된다. 교육 방법은 간단했다. 알파벳을 배우는 것에서부터 시작하여 단어와 문장을 읽고 쓰는 단계로 나아갔다. 기계적인 암기식의 학습이 큰 역할을 감당했다. 로마 시대에도 초등 교육에는 그다지 변화가 없었다. 후대에 이 단계의 교사들이 개인에 의해 보수를 받게 된 것은 이익이 되지 못했다.

다음 단계의 학교는 문법 교사에 의한 교육이었는데, 교사의 보수는 부모들이 지급했다. 교사는 학생들에게 문법을 가르칠 뿐만 아니라, 호머(Homer)나 유리피데스(Euripides)와 같은 시인들의 저서를 읽혔다. 그러한 전통은 몇 세기 동안 변하지 않았다. 학교 교육에 있어서 시인들의 유력한 위치는 1세기에 플루타크에 의해서 비판적으로 논의되었다(*Quomodo adolecens poetas audire debeat*). 15세(혹은 17세)가 된 청년들은 1년 또는 2년 동안 연무장에서 체육과 기초적인 군사 훈련을 받았다(*ephebia*).

주요 도시(로도, 버가모, 알렉산드리아, 아네테 등)에는 공립 기관이나 사립 재단에서 재정 지원을 해주는 수사학 학교가 있었다. 보통 이러한 교육은 사적인 것으로서, 학생이나 부모가 학비를 지급했다. 수사학과 철학 교육은 연무장에서의 훈련을 마친 사람들에게만 개방되었다. 철학을 가르치는 학교와 수사학을 가르치는 학교들은 서로 경쟁을 했는데, 수사학 학교가 더 인기가 있었으며 모든 공직 생활을 하는 데 있어서 중요했다.

그리스의 지적 생활의 초점은 구두로 하는 의사 전달이었다. 물론 문서로 기록된 책들을 보다 쉽게 입수할 수 있게 되기도 했다. 수사학의 목표는 상대방이나 대중을 설득하는 것, 심지어는 강요하는 데 있었다. 속임수를 쓰더라도 성공하기만 하면 큰 찬사를 받을 수 있었을 것이다. 동시에 수사학 교육은 신화와 전승을 암송하는 것에서부터 그것들을 비평적으로 분석하는 것으로 변화되었다. 문학의 발달은 수사학에 도움이 되었다. 헤로도토스(Herodotos)와 투키디데스(Thukydides)와 같은 사람들이 저술한 민족지학적이고 역사적인 새로운 저술들은 과거 시대 및 인물들에 대한 지식을 제공했다. 수사학 교육의 기초는 기원 전 5-4세기에 아테네의 소피스트들이 놓았다. 그들은 처음으로 지식의 특성, 도덕적 가치들의 기능, 그리고 수사학 기법과 관련된 언어 자체의 문제 등을 조직적으로 조사했다. 그들의 업적 덕분에 그후 수세기 동안의 수사학 교육 과정이 결정되었고, 오늘날까지 인문 교육에도 영향을 미치고 있다.

길게는 5년 동안 지속되는 공식적인 수사학 교육을 마치면 정치, 법률, 또는 공공 행정 등의 직업을 갖기도 했다. 수사학 교육에는 이러한 직업을 위한 특별한 교육은 포함되지 않았다. 수사학 교육의 관심은 수사학적 이론, 고전적 연설가들에 대한 연구, 대중 연설 실습에 있었다. 아울러 철학과 지리학과 역사도 교육했는데, 그 과목들이 유익하다고 증명되는 정도까지만 교육했다. 이런 교육을 마친 학생들은 변호사 사무실이나 행정 기관에서 도제 형태로 직업 훈련을 받았다.

기원 전 3세기에 주인보다 더 훌륭한 교육을 받은 노예들을 포함하여 그리스 노예들이 이탈리아에 유입되면서 그 영향이 로마 사회에서 나타나기 시작했다. 로마의 상류층 가정의 유모들의 대부분이 그리스인들이었기 때문에 그러한 가정의 자녀들이 우선적으로 배운 언어는 그리스어였다. 학교 교육 대신에 전통적인 가정 단위의 교육 체계가 자리잡았다. 기원 전 3세기에 그리스인 수사학 교사들이 로마에 정착하기 시작했다. 로마 제국 시대에 이르러서는 수사학 교육은 로마 사회에서 인정된 고등 교육의 형태가 되었다. 로마 제국 시대의 교육 언어는 헬라어였으며, 또는 헬라어와 라틴어가 함께 사용되었다. 스토아 철학의 영향 때문에, 이러한 직업들을 위한 도덕적 표준은 일반적으로 받아들여졌다(§4.1d를 보라). 후일 기독교 저술가들은 교회의 직분들에 대해서 동일한 기준들을 제정했다. 즉 도덕적 자질과 수사학(혹은 철학) 교육을 당연히 거쳐야 하는 것으로 간주되었다.

서적을 대량으로 생산하고 판매하게 되면서(§2.6d), 점차 일반 대중도 서적을 이용할 수 있게 되었다. 이런 현상과 병행하여 공립 도서관들이 설립되었다. 본래 도서관들은 부자들의 개인 소유였다. 많은 책들을 소유하는 것은 엄청난 부로 가정되었다. 헬라 시대의 왕들에 의해 최초의 공립 도서관이 펠라(Pella), 알렉산드리아, 그리고 버가모에 설립되었다. 로마의 황제들도 이것을 따라 행했다. 아우구스투스는 팔라틴(Palatine) 도서관을 세웠고, 하드리아누스는 아테네에 유명한 도서관을 세웠다. 공립 도서관으로서 보다 중요한 것은 로마 시대에 보편적인 것이 된 시립 도서관들이었다. 시립 도서관들은 아테네에 있는 판타이노스(Pantainos) 도서관이나 에베소에 있는 켈소스(Kelsos) 도서관처럼 공공 기금이나 개인적인 기부금에 의해 재정을 충당했다. 연무장과 학교에도 소규모의 도서관들이 있었다. 서부와 동부에서 도서관에 비치된 기준 장서들은 동일했다. 고대 그리스 작가들, 그리고 산문 작가들과 철학자들보다는 시인들(특히 호머나 유리피데스)이 더 잘 알려졌다, 그리고 안내서, 교재, 그리고 개론들(이것들은 항상 좋은 질은 아니었다) 등이었다.

고대 그리스 시인들의 작품들은 어느 곳에서나 읽을 수 있었고 낭독하는 것을 들을 수도 있었다. 유식한 사람들 뿐만 아니라 글을 모르는 사람들도 극장에서 시에 접할 수 있었다. 매년 정해진 날짜에 희극과 비극을 경연(競演)하는 디오니소스 극장의 전통은 이미 오래 전부터 고대 아테네의 유명한 제도였다. 알렉산드리아에서는 매년 정해진 날에 그러한 경연(競演)을 하곤 했지만, 대부분의 헬라 도시에 있는 극장들은 이 전통을 이어받지 않았다. 대신에 비정기적이지만 자주 고전 연극을 공연했다. 유리피데스의 비극은 거듭 공연되었음에 틀림없다. 이따금 새로운 비극과 희극들이 공연되었고 무언극도 공연되었다. 로마 시대에는 판토마임, 때로는 고전 비극이 특히 인기가 있었다. 기원 전 3세기에 라틴어로 번역된 그리스 비극이 로마에서 공연되었다. 이런 공연들을 위해 건축된 극장들은, 처음에는 임시로 나무로 건축되었지만, 고대 그리스 건축을 모방했다. 로마 시인들이 저술한 희극들은 처음에는 아테네의 신희극을 개작한 것, 전형적으로 로마의 특성이 첨가된 라틴어 번역본에 불과했다. 로마의 비극들도 역시 헬라 시대의 비극 작가들과 밀접한 연관이 있었다(§3.4b; 6.4b).

많은 도시에는 하나의 독립된 건물로서, 아니면 버가모에 있는 대형 연무장의 강당처럼 다른 건물의 일부로서 음악당을 가지고 있었다. 이것들은 대중 강연, 또는 시인들이나 웅변가들이나 음악가들의 경쟁을 하는 데 사용되었다. 한편 스토아 즉, 주랑은 대중 강연이나 토론 장소로 즐겨 사용되었다. 이 시대의 가장 중요한 철학적 운동인 스토아주의는 개인 가정에서나, 신전의 신성한 구역에서 발견되는 것이 아니라, 페니키아 사람 제노(Zeno)가 대중에게 가르침을 행했던 아테네의 스토아 포이킬레(Stoa Poikile)에서 발견된다(§ 4.1d). 그가 죽었을 때, 아테네는 한 사람의 철학자의 죽음으로 여기지 않고 존경 받는 유명한 시민의 죽음으로 여겨 애도했다. 모든 사람들이 그의 덕을 칭송했다. 기독교 선교사들은 이 정신을 이어받았으며, 자신의 메시지의 공공성과 전달자의 도덕적 성실성을 강조했다(고후 4:1-4 참조). 헬레니즘 시대의 도시들은 교육의 공공성을 강조했으므로, 파벌적인 분리는 교육 정책에 맞지 않았다. 기독교 파벌주의자들은, 철학자들을 로마에서 추방한 도미티안(Domitian) 황제만큼이나 이러한 원리를 파괴했다.

도시 생활에서 조소(彫塑)와 회화(繪畵) 역시 공적인 것이었다. 원래 그림과 조각이 놓이던 곳은 신성한 곳, 특히 신전과 묘지였다. 고대 그리스 시대에는 비록 신성한 예술이 계속 존속했지만, 이미 이러한 예술들이 세속화되었다. 헬레니즘 시대에는 사적인 영역보다 전체 국가가 우위에 있었다. 극장, 집회장, 공공 건물, 연무장, 도서관, 신전 경내 등에서 예술 작품들을 발견할 수 있었다. 이러한 장소에서는 수백 개의 동상을 발견할 수 있었으며, 때로는 많은 그림들이 화랑과 주랑(stoa)에 전시되었다. 도시들이 예술 작품들에 대해 돈을 내야 하는 경우는 거의 없었다. 대부분 통치자들, 개인 협회, 또는 부유한 시민들이 기증했기 때문이다. 개인적으로 소장하고 보존할 수 있는 사람들이 그렇게 하지 않고 운동 경기나 식량 공급이나 유익한 건물 건축을 위해서, 그리고 예술적인 장식품과 조상(彫像)들을 위해 막대한 돈을 기부한 것이 그 도시의 특징적 정신이었다. 건물에 새겨진 명문들을 보면, 종종 그 건물과 거기에 속한 모든 예술 작품들이 기부되어진 것이며, 심지어 기부자들의 덕을 인정하여 세운 동상들의 값까지도 지불했음을 알 수 있다. 동부의 헬라 도시들에서 건축이 융성한 것은 그 시대의 공공심을 증명해준다. 개인의 주택들은 비교적 검소했다. 건축 활동은 신전, 관공서, 공공장소, 극장 등을 세우는 데 집중되었다.

오늘날의 관람객들조차도 헬레니즘 시대의 조각이 각기 나름의 특성을 지닌 인간들을 표현하는 방식에 감명을 받는다. 이상화하려는 고대 그리스의 경향은 퇴조하고, 개인주의가 분명하게 표현되었다. 델로스 출신의 상인, 근동 지방의 사제, 수염 난 철학자, 죽어 가는 켈트인 용사, 동전에 새겨진 왕과 통치자들의 모습 등 모두가 그들의 개성을 나타낸다. 분명히, 이것은 로마 시대의 야만적인 사실주의와는 다르다. 개성과 확신과 인생의 경험이 각 작품의 얼굴 모습에서 분명히 드러나는데, 이것은 현대 관람자로 하여금 인생의 의미에 대한 대화에 참여하고픈 마음을 일으켜 주기도 한다. 우리는 이러한 동상들을 관람함은 물론 덕을 기리는 명문이나 무덤의 비문을 읽어야 한다. 거기에는 진부한 문구도 많지만, 위인들이나 용사들 및 알려지지 않은 수많은 시민의 업적과 덕목들이 적혀 있다. 이런 사람들이 무엇을 하고 경험했던간에, 수많은 본보기 안에서 헬라의 도시에 거하는 각각의 주민들의 신앙과 운명 그리고 그들의 삶을 결정한 신들의 힘 등을 가시적으로 볼 수 있다.

이러한 정신은 대부분 로마 시대에도 이어졌지만, 몇 가지 심오한 변화도 있었다. 공적인 예술품 소장과 경쟁하여 부자들의 화려한 별장에 개인적으로 예술품을 소장하는 일이 급속히 성장했다. 제국 시대 초기의 이상주의로 흐르던 새로운 경향이 사라진 후, 조소 분야에서 개인주의적 표현에 대한 관심이 점차 증대하여, 3세기의 기괴한 거친 사실주의에서 절정에 도달했다. 동시에, 로마 시대에는 고대 그리스의 유명한 예술 작품들의 복사판을 다량으로 생산하는 일이 다시 성행했다. 대형 건축물들은 당시 시민들의 공공심보다는 개인의 힘을 증명해준다. 그럼에도 불구하고, 로마 시대에 거대한 목욕탕, 미학적으로 기분좋은 공공장소와 거룩한 곳들, 환상적인 급수 시설, 조각들이 가득찬 광장들 등에서 대중에 대한 예술적 의무감을 엿볼 수 있다.

Bibliography to §3

Werner Jaeger, *Paideia: The Ideals of Greek Culture,* vol 3 (Oxford: Oxford University Press. 1965).

Paul Wendland, *Die hellenistsch-romische Kultur in ihren Benziehungen zum Judentum und Christentum* (4th ed. with bibliography by Heinrich Dörrie; HNT 1,2-3; Tübingen: Mohr/Siebeck, 1972

Bibliography to §3.1

M. L. Clarke, *Higher Education in the Ancient World* (London: Routledge, 1971).

Henri-Irenée. Marrou, *A History of Education in Antiquity* (London: Sheed and Ward, 1956).

Idem, "Education and Rhetoric," in Finley, *Legacy,* 185-201.

Carolyn Dewald, "Greek Education and Rhetoric," in Grant and Kitzinger, *Civilization,* 2. 1077-1107.

(b) 문화 생활의 국제성

헬레니즘 세계가 몇 개의 독립 왕국과 많은 도시국가로 나누어져 있었지만, 그럼에도 불구하고 그 세계의 문화 생활은 통일되고 국제화되어 있었다. 로마의 통치 하에 전 지역이 정치적으로 통일되면서, 헬레니즘의 문화가 그 세계의 문화가 되었다. 그리스식 교육은 이미 헬라 왕국들과 도시들에게로 그 영향력을 확장했고, 로마도 기원전 3세기에는 그 영향권 안에 들어갔다. 각각의 민족적 요소들은 사라지지 않았으나, 지배적인 헬라 문화에의 공헌자로서의 새로운 역할을 취했다. 토속 문화 전통들은 헬레니즘의 영향권 안에서 자체의 장점과 생명력을 유지했으나, 전통적인 표현 형태를 보존하기 위한 이데올로기적 정당성은 상실했다. 물론 헬레니즘의 영향에 저항하는 집단들이 있었다. 그러한 저항의 좋은 예가 마카비 반란이다. 그러나 이 사건에서도, 소수의 유대인들만이 헬레니즘의 확장에 저항했을 뿐, 대부분의 유대인들은 헬라화 되었고, 자기들의 성경을 그리스어로 번역하는 데서 신적 영감을 발견했다. 기독교는 갈수록 철저하게 헬레니즘적인 운동이 되었는데, 그 이유는 유대교가 이미 그러한 길을 보여 주었기 때문이다.

각각의 민족들이 자신의 유산이라고 주장할 수 있는 모든 것이 헬레니즘이라는 세계 문화에 기여하게 되었다. 미술, 문학, 종교뿐 아니라, 문화 활동과 지적인 활동, 장인들의 기능까지도 그러했다. 이 과정은 외국 문화에 대한 그리스인들의 선천적인 호기심 때문에 장려되었다. 왕들은 국제 정치적 이유 때문에 토속 문화 전통들과 종교를 적극적으로 장려함으로써 그 과정을 촉진했다. 그 결과, 그리스의 의상에서 그러한 전통들이 되살아났고, 새로운 국제 문화에 보다 쉽게 기여하게 되었다. 바벨론의 역사, 이집트의 역사, 또는 유대의 역사, 종교, 지혜, 과학 등에 관한 그리스어 책들이 출간되었다. 에게 해의 델로스 섬에서는 시리아 화가들이 제작한 모자이크가 발견된다. 그리스인 화가들의 그림들이 로마에 소개되었고, 파르티아의 모티프를 새긴 유약을 칠한 장식 화병들이 시리아에서 지중해 세계의 모든 지역으로 수출되었다.

스토아 철학은 이 새로운 세계 문화의 지평을 가장 적절하게 표현했다. 스토아 철학자들은, 세계는 모든 국가의 백성들이 동등한 권리를 지닌 시민이 되는 하나의 큰 폴리스(polis)에 불과하며, 다른 나라들의 모든 신들은 하나 또는 동일한 신적 섭리를 나타내며, 모든 사람들의 도덕적 원리에 있어서 인종적, 사회적인 지위의 구분을 인정해서도 안된다고 가르쳤다. 그러한 가르침을 선포하는 방랑 철학자들은 곧 모든 사람들에게 종교적인 메시지를 설교하는 방랑 선교사들과 합류했다. 헬레니즘이라는 환경은, 이미 각 민족들의 전통 안에 뿌리를 내렸으며 특별한 성지들과 결부되어 있는 종교가 세계 종교라고 주장하는 선교 운동으로 변화될 수 있는 비옥한 땅을 제공해 주었다.

헬레니즘의 문학에서는 인간을 특정한 국가나 도시의 일원으로 보지 않았고, 도시와 국가는 사람들이 우연히 살게 된 환경으로 보았다. 그러나 사람들은 여전히 자기들이 살고 있는 지역에 봉사해야 했는데, 이러한 도시의 주민들이 지닌 공동체 정신이 많은 기념비에 기록되어 있다. 헬레니즘 시대의 통치자들은 무엇보다도 자기 나라와 수도의 이익을 증진하기 위해 노력하면서 문학, 예술, 학문 등을 크게 지원했다. 그러나 헬레니즘-로마 세계 전체의 문화적 통일을 나타내는 그리스의 상징물들을 지원하는 데에 상당량의 돈을 사용하는 일도 그리 드물지 않았다. 시리아의 안티오코스 4세 에피파네스는 아테네에 있는 제우스 올림포스 신전 건물의 복구를 위한 기금을 기부했다. 자국의 수도인 버가모를 국제적인 문화와 지적 생활의 중심지로 만드는 일에 큰 관심을 가졌던 버가모의 왕들은 아테네에 몇 개의 건물들(아탈로스의 스토아와 유메네스의 스토아)을 기증했다. 부유한 시민들도 종종 그리스의 도시나 성소를 위해 개인적으로 기부를 하곤 했다. 예를 들면, 올림피아의 레오니다이온(Leonidaion)은 낙소스 출신의 건축가 레오니다스(Loenidas)가 기부하고 건축한 것이다. 로마의 황제들, 특히 하드리아누스는 이러한 본보기를 열심히 모방했다. 개인적인 기부자들 중에서 가장 유명한 사람은 헤로도 아티쿠스(Herodes Atticus)이다. 아테네, 고린도, 델포리, 올림피아 등 헬라의 여러 도시에 있는 웅장한 건물들은 이 유명한 수사학자의 관대한 기부 행위를 증명해준다. 그는 고대 시대에 가장 부유한 사람이었다고 전해진다. 기독교인 상인인 시노페의 마르키온(Marcion of Sinope)이 로마 교회에 200,000 세스테르티우스(sestertius)를 기부한 일은 로마 시대에도 여전히 살아 있었던 헬레니즘 정신의 전형이었다.

아테네는 문화적, 지적 생활의 상징이었다. 로마 시대에도 아테네는 여전히 세계의 문화적 수도로 간주되었다. 사도행전의 저자인 누가는 사도 바울의 일생을 기록하면서 그가 아테네를 방문하여 아레오파고 의회에서 행한 연설을 빼놓을 수가 없었다(행 17장). 헬레니즘 세계의 통치자들은 몇 가지 건축물들을 기증함으로써 아테네의 아름다움에 기여했다. 로마 황제들은 그 도시의 영화와 명성을 증진시키기 위해서 많은 돈을 사용했다. 네로는 디오니소스 엘류테리우스(Dionysos Eleutherius)의 극장을 수리했다. 하드리아누스는 제우스 올림푸스의 광대한 신전을 완성했고, 큰 도서관 건물을 기증했다. 아우구스투스의 친구인 아그립바는 광장 중앙에 새 음악당을 지어 주었다. 헤로데스 아티쿠스(Herodes Atticus)는 아크로폴리스 언덕 위에 또 하나의 음악당을 지었다. 아테네는 사실상 거의 박물관처럼 되었지만, 철학적 학파들의 본거지로서의 중요성을 그대로 보유했다. 헬레니즘 시대 초기에 창시된 스토아 학파, 영웅 아카데모스의 정원에 있는 "학술적인" 플라톤의 학파, 아리스토텔레스의 학원(Lyceum), 그리고 에피큐로스 학파의 고향이었다. 심지어 비잔틴 시대에도 그러했다.

아테네와 경쟁한 곳은 프톨레미 왕국의 수도인 알렉산드리아였다. 알렉산드리아는 아우구스투스 황제 때에 문화와 학술의 중심지으로서의 명성을 회복했다. 이곳은 신플라톤주의의 창시자인 플로티노스(Plotinos)가 교육을 받은 곳이며, 기독교 신학의 탄생지이기도 하다. 기원전 280년에 프톨레미 1세 소텔이 세운 알렉산드리아의 박물관은 인류 역사상 특별히 과학 연구에 전념한 최초의 기관이었다. 프톨레미 왕조에 의해 박물관에 초빙된 학자들과 시인들과 예술가들은 왕이 임명한 사제의 지도 하에서 하나의 종교적인 협회로서 조직된 공동체 안에서 살았다. 왕이 전적으로 후원했기 때문에, 회원들은 자유로이 공부와 연구에 전념할 수 있었다. 기원 전 3세기의 시들 중에 매우 중요한 작품들이 있었고, 그대 그리스의 문학작품들의 본문 해석 및 결정판 출판에 있어서 중요한 성취가 있었다. 지리학, 천문학, 의학 등 여러 학문 분야에서도 괄목할 만한 성과가 있었다. 박물관 옆에는 웅장하게 건축되어 400,000권의 장서를 갖추어 고대의 가장 유명한 도서관이었던 알렉산드리아 도서관이 있었다. 이 박물관은 기원 전 269/270년 또는 273년에 제노비아 또는 아우렐리안에 의해 파괴되었다. 그후에 학자들은 사라페이온으로 옮겨가서 그곳의 박물관을 사용했는데, 그 박물관도 389년에 기독교인 주교인 데오빌로(Theophilos)에 의해 불타 버리고 말았다.

기원 전 3세기에 버가모는 문화적 주요 도시로서 알렉산드리아와 경쟁하기 시작했다. 비록 버가모는 알렉산드리아만큼의 중요성을 획득하지는 못했지만, 로마의 예술과 건축에는 알렉산드리아보다 훨씬 큰 영향을 주었다. 헬레니즘 시대와 로마 시대의 문화적, 지적 생활에서 더 중요한 것은 로도 섬이었다. 알렉산더 대제에 의해 페르시아 통치에서 해방된 이 섬은 독립을 유지했다. 그리고 비록 기원 전 42년에 카시우스(Cassius)에 의해 정복되고 파괴되었지만, 이곳은 조각 분야에서 중요한 학파의 본거지였다. 이 학파에서는 현재 바티칸 박물관에 소장되어 있는 유명한 라오콘(Laocoon)을 만들었다. 이 섬은 기원 전 2세기에서부터 유명한 수사학 학파 중 하나를 자랑할 수 있게 되었다. 로도는 또한 시인이요 학자요 한때 알렉산드리아 도서관의 사서였던 아폴로니오스, 스토아 학파의 철학자들인 파나티오스(Panaetios)나 포시도니오스(Posidonios) 등 유명한 철학자들과 학자들의 거주지였다. 기원 전 1세기에 키케로, 루크레티우스, 케사르, 티베리우스 등 많은 로마인들이 연구를 위해 로도로 왔었다.

교육의 국제성은, 학생들이 고향으로부터 멀리 떨어진 곳에 있는 철학 학교나 수사학 학교에 등록한 경향뿐 아니라, 주도적 철학자들과 학자들이 그리스 문화의 영향권에 들어온 지 얼마 되지 않은 국가들 출신이었다는 사실에서 증명된다. 아테네의 철학 학교들의 거장들 중에는 소아시아나 동부의 다른 지역에 거주하는 그리스 가문 출신도 있었고, 헬레화 된 근동 지방 출신들도 있었다. 주요한 스토아 철학자들 가운데는 외국 출신이 무척 많았다. 스토아 학파의 창시자인 제노는 키프로스 출신의 페니키아인이었다. 그의 후계자인 클레안테스는 소아시아의 아수스(Assus) 출신의 헬라인이었고, 그 학파의 제2인자인 크리시푸스(Chrysippus)는 길리기아의 의 솔로이(Soloi) 출신이었다. 그밖에 타르수스(Tarsus) 출신의 제노, 티그리스의 셀류키아 출신인 디오게네스(Diogenes)을 들 수 있다. 파나에티오스(Panaetios)는 로도의 부유한 가문의 자손이었다. 포세이도니오스의 고향은 시리아의 아파메아였다. 그러나 예를 들어 카르네아데스(Karneades)는 키레네 출신으로서 북 아프리카 사람이었고, 안티오코스는 아스칼론이라는 페니키아의 항구 도시 출신이었다. 그러나 이러한 인물들이 "외국적" 요소들을 소개했을 것이라고 생각하는 것은 옳지 않다. 반대로, 그들은 세계적인 문화가 된 하나의 헬라 문화를 발달시키는 일에만 관심을 가진 완전한 "그리스인"이었다.

Bibliography to §3.1b

Edward Alexander Parsons, *The Alexandrian Library, Glory of the Hellenic World: Its Rise, Antiquites, and Destructions* (New Tork: American Elsevier. 1952).

Fraser, *Alexandria*, 1. 305-35.

2. 언어

(a) 헬라어에서 코이니(Κοινή)로의 발전

그리스인들은 여러 가지 방언을 사용했다. 어떤 방언은 특정 지역에서만 사용되었으며, 이따금 그 지방의 명문들에서 나타나기도 하지만 현존하는 문헌에서는 나타나지 않는다. 중요한 언어들은 다음과 같다. 소아시아의 서해안 지역 중심부에서 사용된 이오니아 방언(*Ionic*); 이오니아 방언과 밀접하게 연관된 아티카 방언(*Attic*); 소아시아 서해안 지역이 북부 지방, 레스보스, 테살리와 보이오티아 등지에서 사용된 이올리스 방언(*Aeolic*); 펠로폰네소스 반도의 북부와 서부, 소아시아의 남서부, 그레데 섬, 로도 섬, 고스 섬 등에서 사용된 도리아 어(*Doric*); 도리아 어와 밀접하게 연결된 것으로서 엘리스, 아가야, 그리고 그리스의 서부와 중부에서 사용된 방언들; 마지막으로 펠로폰네소스 반도 내부와 키프로스(구브로) 섬에서 사용된 방언(Arcado-Cyprian) 등이다. 마케도니아 어는 그리스의 방언이 아니라, 헬라어 어족의 다른 갈래에 속한다.

이러한 여러 방언 중에서 이오니아 어와 이올리스 어와 아티카 어만이 그리스 문학에서 등장한다. 이오니아 어는 초기의 그리스 서사시(호머), 서정시, 그리고 소아시아의 초기 산문 작품들(헤로도토스, 히포크라테스)에서 사용된 언어이다. 이올리스 어는 레스보스(Lesbos: Sappho)의 서정시에서 사용되었고, 비극적인 코러스의 서정시에서는 도리아 어가 사용되었다. 아티카 방언 산문은 기원 전 5세기에 발달했다. 아테네가 주도적 위치를 차지한 덕분에 아티카 어는 곧 상업과 외교 분야에서 뿐만 아니라 문학에서도 주도적 위치를 차지하게 되었다. 이오니아 방언과 밀접하게 관련된 일부 요소들이 동화되었다[예를 들면 τάσσειν(탓세인)에서 -ττ를 부정과거나, 미래형에서 -σσ로 한다거나, ἄρσεν(알센)에서 -σσ를 -ρσ로 하며, νεώς(네오)를 ναός(나오스)로 하는 등)] 알렉산더 대왕과 그의 후계자들은 아티카어를 정부의 공용어로 사용했고, 그리하여 아티카어는 헬레니즘 세계의 혼합어(*lingua franca),* 즉 헬레니즘 시대와 로마 시대의 공용어인 코이니(Κοινή)가 되었다. 동방에서는 아케메네스조 페르시아 제국의 행정 용어요 상업 용어였던 아람어와 경쟁하여, 부분적으로 아람어에게 자리를 내주었다. 코이니가 발전하면서, 고대 그리스의 아티카 방언 산문과 코이네를 뚜렷하게 구분해주는 많은 특성들이 나타났다.

(1) **음성학**: 구어에서 이중 모음이 사라졌다. 그것들은 단지 단지 기록에만 남았는데, 가끔 비문과 파피루스와 초기 기독교 작품들에서도 나타나지 않는다. ει는 ḗ로, ου는 û로(후에는 αι가 ä, οι가 ê로, ευ와 αυ가 ef와 af로 변했다), αι, ηι, ωι가 각각 α, η, ω로 변했다. η의 발음은 ι와 동일하게 되었다. 자음 중에서 ϕ = p^h는 f가 되었고, θ = t^h는 무성음인 th로, 그리고 χ = k^h는 ch로 변했다(후일 β는 ν로, δ는 th로, γ는 g^h 또는 y가 되었다).

(2) **어형론**: 소위 아티카어의 제2 격변화는 사라져서 'ἵλεως가 'ἵλεος로 되었다(신약 성경에서는 두 가지 형태가 다 발견된다). 호격은 대체로 주격으로 대치되었다[θεε가 θεός로 변했음]. 제3변화 명사의 자음 어간의 대격 복수 어미는 이 격변화의 모음 어간으로 대치되었다(ἰχθύς가 ἰχθύας로 바뀜). 형용사는 최상급 대신에 비교급으로 사용되게 되었다. 동사의 어형 변화에서, 기원법의 동사는 사용하지 않고, 조동사의 도움을 빌리는 활용법이 더 자주 쓰였다. -μι로 끝나는 동사는 어간 활용에 흡수되었다.

(3) **어휘** : 복합어가 빈번하게 사용되었다. 특수한 학문, 철학, 종교, 행정 용어 분야에서 새로운 기술적 용어들이 만들어졌다. 어떤 신조어들은 이전에 사용되던 헬라 단어들을 기초로 하여 만들어졌고, 어떤 용어들은 외래어를 그대로 사용했다. 따라서 코이니에는 셈어와 라틴어에서 차용한 단어들이 포함되었고, 드물게는 페르시아어와 이집트어도 포함되어 있었다.

(4) **구문론**: 고대 아티카 방언의 용법을 크게 벗어났다. 그러나, 코이네 구문론의 전형적인 특징들은 비문학 작품이나 산문 저술 훈련을 받지 않은 작가의 저술에 자주 등장하므로, 그것들은 단지 어떤 경우에는 지방어가 접속사가 없이 나열하는 병렬 문체, 간결체, 파격 구문, 그리고 어법 위반을 나타낸다는 사실을 반영한다.

Bibliography to §3.2

Friedrich Blass and Albert Debrunner, *A Greek Grammer of the New Testament and Other Early Christan Literature* (trans. and rev. Robert W. Funk; Chicago: University of Chicago Press, 1961).

Bibliography to §3.2a

Robert Browning, "Greek in the Hellenistic World and the Roman Empire," in idem, *Medieval and Modern Greek*(2d ed.; Cambridge: Cambridge University Press, 1983).

Leonard R. Palmer, *The Greek Language*(Atlantic Highlands, NJ: Humanities, 1980).

(b) 문학 언어

대화, 상업, 그리고 행정 분야의 공통어인 헬라어 코이네는 발달하여 자체의 법과 형태를 취했다. 그것은 법, 학문, 경제, 행정 등의 분야의 기술적 용어인 동시에 일상생활에서 사용하는 구어였으며, 학교와 수사학에서 사용되는 언어인 동시에 고대 그리스의 문학 관례의 영향을 다양하게 받은 복합적인 현상이었다. 많은 작가들은 보다 세련된 일상어인 "발달된 코이네"로 저술했다. 현존하는 자료들은 헬레니즘 시대와 로마 시대의 일상어에 대해서는 풍부한 정보를 제공해주지만, 문학 언어에 관한 자료들, 특히 헬레니즘 시대의 문학 언어로서의 코이네에 대한 자료는 거의 없다.

로마 제국 시대에 유행한 아티카주의(Atticism, 고어 사용 운동)에서는 문학 언어로서의 헬라어 표준을 설정했는데, 그것은 코이네로 기록할 때에는 충족시킬 수 없는 것이었다. 이것은 코이네 문학이 대부분 사라진 이유 중 하나이다.

아티카주의(Atticism)의 부흥으로 말미암아 이상적인 고대 그리스 언어들을 인용하게 되었고, 아티카의 산문 형태가 모든 문학 작품 저술의 표준이 되었다. 아티카주의는 의식적인 문학 운동으로서, 그리고 "아시아주의"(Asianism)에 대항한 반작용으로서 기원 전 1세기에 시작되었다. 아시아주의는 기원 전 3세기에 소아시아에서 발달된 수사학 형태인데, 특이한 구문과 절, 널리 알려진 단어들을 지나치게 많이 사용한 문장들, 그리고 수사학적 효과를 발휘하기 위해서 생략된 절들을 연속적으로 사용하는 문체이다. 아시아주의를 반대하는 사람들은 아시아주의 수사학자들의 과장된 문체 대신에 고대 아티카 산문의 명료하고 합리적인 문제를 옹호했다. 그러나 아시아주의는 살아 남았다. 그것은 많은 명문들(예를 들면 코마게네의 안티오코스의 명문들)에서 발견된다. 대체로 이류 수사학교에서 아시아주의를 가르쳤고(페트로니우스는 *Satyricon*에서 수사학을 공부하는 학생들이 배워야 하는 과장된 문구들을 공격했다), 많은 작가들이 그것을 선호했다. 기독교 작가들 중에 안디옥의 이그나티우스(Ignatius)가 좋은 본보기이다. 아시아주의는 후일 아티카주의 수사학자들에게 어느 정도 영향을 주었다. 그러나, 전체적으로, 아시아주의자들에 대항한 키케로의 논쟁에서 시작된 아티카주의는 고대 후기의 그리스 작가들의 지배적인 문학 형태가 되었다.

기원 전 30년 이후에 로마에서 가르친 수사학자이자 역사가인 할라카르나소스의 디오니시오스(Dionysios of Halikarnassos)는 데모스데네스(Demosthenes)를 본보기로 삼았다. 그는, 자기의 저서 『단어의 배열에 관하여』(*On the Attangement of Words*)에서, 고대 그리스의 작가들을 모방하는 것을 세련된 연설의 기준으로 제시했다. 기원 전 2세기의 큰 부자로서 예술의 후원자였으며 제2 소피스트 학파의 주요 대표 인물인 헤로데스 아티쿠스는 아티카 문체에 가장 능숙한 대가가 되었다. 현재 그의 연설문 중 하나가 보존되어 있는 다. 그것은 고대 그리스 시대 초기의 아티카 산분 형태를 완전히 통달하고 있음을 나타내기 때문에, 일부 현대 학자들은 그 연설문이 기원 전 5세기에 작성되었다고 주장한다. 할리카르나소스의 디오니시오스(Dionysious)와 시리아 출신의 파우사니아스(Pausanias, 서기 100년경)는 고대 아테네 작가들의 어법을 따르는 사전들을 집필했다. 그리스 내의 이중 언어성을 영속시킨 이 성공적인 아티카주의에는 독창적인 장인 정신과 학문적 정확성이 결합되어 있다.

그러나, 코이네가 문학에서 사용된 몇 가지 예가 있다. 헬레니즘 시대의 역사가들이 사용한 언어는 그들이 사는 지방의 언어와 밀접하게 연결되어 있었다. 비록 그들의 작품들은 대부분 없어졌지만, 역사가 폴리비오스(Polybios, ca. 200-120 BCE)와 디오도로스 시쿨루스(Diodoros Siculus, 1 BCE)가 저술한 몇 권의 완벽한 책과 많은 단편들이 보존되어 있다. 플루타크(Plutarch, 45-125 CE), 그리고 유대인 작가인 필로와 요세푸스는 지방어 코이네의 영향을 어느 정도 나타낸다. 소피스트요 풍자가인 사모사타의 루키안(Lucian of Samosata, 120-180 CE)은, 비록 고대 그리스 문학의 숭배자이지만,

당대의 언어를 광범위하게 사용했으며, 아티카주의의 남용을 조롱했다. 그밖에 예외적인 인물로는 천문학자인 베티쿠스 발렌스와 철학자인 에픽테토스가 있다. 그의 제자인 아리안(Arrian)이 기록한 그의 강의들은 초기 기독교 시대의 지방어를 직접적이며 전와(轉訛)되지 않은 상태로 보여준다.

(c) 코이네가 일상어로 사용된 증거

헬레니즘 시대와 로마 시대의 일상어에 관한 가장 풍부한 증거는 문어체가 사용되지 않은 파피루스와 개인적인 명문(銘文)들에서 얻어진다. 이집트에서는 문학적 본문이 기록된 파피루스들 외에도, 프톨레미 왕조 초기부터 이슬람의 침공 때에 이르기까지 수천 개에 달하는 공문서들과 개인 서신들이 배출되었다. 이러한 파피루스에 사용된 언어와 일상적으로 사용되는 구어와의 정확한 관계는 토론되어야 할 문제이다. 비록 서신을 기록한 사람들은 때로 다소 문어체 형식을 흉내내려고 했지만, 이집트어를 모국어로 사용하는 사람들이 작성한 문서에서는 종종 비어(蜚語)들이 등장한다. 그러므로 이 파피루스들의 언어적 특성들이 모두 일상어로 사용된 코이네의 직접적인 증거가 되는 것은 아니다. 전문 용어는 여러 가지 방법으로 표현되었다. 정부의 칙령, 행정 서류, 법원의 기록, 그리고 관리들이나 정부 대리인의 보고서 등 공문서뿐만 아니라 모든 계층의 시민들이 제출한 청원서, 요청서, 고소문 등에서 행정 용어들이 발견된다. 결혼, 이혼, 매매, 고용, 차용, 안보 등에 관한 사적인 계약서들, 그리고 유언장(종종 공적인 사서에 의해 기록됨)등은 공식적인 기록들보다 더 직접적으로 구어(口語)를 반영한다.

일상어를 가장 쉽게 접급할 수 있는 자료는 사적인 서신들이다. 온갖 삶의 영역에 종사하는 사람들이 기록한 서신들이 보존되어 있다. 사업차 집을 떠나 있는 남편이 부인에게 쓴 편지도 있고, 군인으로 복무하는 아들이 부모님께 쓴 편지도 있고, 아버지가 자녀들에게 권면하는 편지도 있다. 노예와 자유민, 남녀노소 빈부귀천에 상관 없이 많은 사람들의 편지가 있다. 마법과 관련된 파피루스도 많이 발견되었는데, 그것들은 그 시대의 종교적 언어를 보여주는 자료로서 귀한 가치를 지닌다. 그것들은 또한 헬라의 종교가 아닌 종교들(유대교를 포함하여)의 용어들이(번역되거나 발음을 그대로 문자화하여) 과연 얼마나 코이네에 포함되었는지를 보여준다.

19세기말에 최초로 파피루스들이 발견된 후 수십 년 동안, 초대 기독교 문헌에 사용된 언어를 설명하기 위해서 언어학자들과 신약성경학자들은 이런 자료들의 대부분을 분류하고 수집했다. 그리고 월터 바우어(Walter Bauer)의 사전과 같은 신약성경 사전들, 그리고 블래스-데브룬너(Blass-Debrunner)와 물튼(Moulton)의 문법책들 등에 수록되었다. 최근 몇십 년 동안에 발견된 풍부한 자료들은 아직도 초기 기독교의 언어의 관점에서 조직적으로 탐구되지 않았다.

이집트에서 발견된 파피루스들은 한정된 지방의 일상어를 보여주는 반면에, 사적인 명문들은 거의 모든 헬레니즘 세계의 것들이 보존되어 있다. 그리스 본토, 그리스 제도, 서부 아나톨리아, 이탈리아 등지의 것이 가장 풍부하게 보존되어 있다. 이러한 명문들은 대부분 돌에 새겨졌지만, 드물게는 나무, 금속, 조가비, 모자이크 등에 새긴 것도 있다. 공적인 명문들과 마찬가지로, 개인적인 명문들도 파피루스에 기록된 기록물들의 출판을 반영한다. 그것들 중에는 계약서, 사업 서류, 계산서, 유언장 등이 포함된다. 초기 기독교 문학의 언어에 관한 특별한 관심거리로는 헌신, 저주, 기원(祈願), 기적적인 치유에 관한 기록들, 꿈과 환상, 또는 순례에 관한 기록, 인간의 생사에 관한 이야기를 포함하는 명문들이다. 많은 명문들은 전통적인 공식과 상투적인 문구들을 사용하고 있으며, 또 항상 개개인의 사상과 신념들을 나타내지는 않는다. 그럼에도 불구하고 그것들은 탄생, 죽음, 헌신, 치료 등의 사건들을 묘사하는 전통적인 언어들을 반영하며, 따라서 일반적인 어법과 용어 사용을 드러내준다. 파피루스에 관해 언급된 것들은 이러한 명문에 적용된다. 고대 기독교 언어사(言語史)의 관점에서 지역적 차이점에 특별한 관심을 기울여 조직적으로 연구할 필요가 있다.

문어체를 사용하지 않은 파피루스와 명문들은 주로 일상어의 관례들을 증거해주는 데 반해, 문어(文語)로서의 코이네를 보여주는 증거는 폴리비오스(Polybios)와 에픽테토스(Epiktetos)와 같은 작가들에게서 뿐만 아니라, 헬레니즘 시대와 로마 시대에 헬라어로 저술한 유대인 작가들의 방대한 자료들 안에도 존재한다. 이런 자료들 중에는 히브리어나 아람어 원본을 헬라어로 번역한 글들이 많았다. 그 예로는 이스라엘의 성경과 구약 성경 위경(예를 들면 『12 족장의 유언』과 『솔로몬의 시편』)을 들 수 있다. 이러한 역본들은 종종 히브리어 원본을 매우 근접하게 따랐기 때문에, 거기에 사용된 헬라어에는 구문과 어휘에 많은 셈족 어법이 포함된다. 이러한 저술들은 헬라니즘 시대의 유대교와 기독교의 종교 언어에 크게 영향을 미쳤다. 문어적인 코이네를 이해하는 데 있어서 보다 중요한 것은 맹목적으로 히브리 원본을 따르지 않은 번역서들과 원래 그리스어로 기록된 유대 문헌들이다. 후자에 속하는 책들로는 『솔로몬의 지혜』(*Wisdom of Solomon*), 마카비 1서, 2서, 3서, 그리고 『시빌의 책』(*Sibyline Books*), 요셉과 아스넷(*Joseph and Asneth*), 『아리스테아스의 서신』(*Letter of Aristeas*) 등이 있다(§5.3b, d). 특히 중요한 것은 기원 전 1세기에 알렉산더 폴리히스토르(Alexander Polyhistor)에 의해 수집된(유세비우스의 *Praep. Ev.* 9.17-30에 보존됨) 유대인 작가들의 저술들의 단편들, 그리고 포킬리데스(Phokylides)라는 필명 하에 보존된 유대인 속담들의 시적인 번역본이다. 이런 저술들 중 어떤 것은 아티카 산문의 관례들의 영향을 받은(작자들의 교육 수준에 따라 영향을 받은 정도가 차이가 있다) 보다 높은 수준의 코이네를 반영한다. 그러나, 전체적으로 이러한 저술들은 세련된 문어적 문체를 거의 알지 못하는 사람들이 말하고 기록하는 데 사용한 일상어를 보여주는 증거들이다.

Bibliography to §3.2c

Eric G. Turner, *Greek Papyri: An Introduction* (Oxford: Clarendon, 1968; reprint 1980).

Horsley, "The Fiction of 'Jewish Greek,'" in idem, *New Documents,* 5. 5-40.

(d) 초기 기독교 저술에 사용된 언어와 코이네

고대 기독교 저술가들은 그 시대의 언어 즉, 코이네 헬라어로 저술했다. 금세기초까지도 학자들은 이 언어를 "성경 헬라어"라고 불렀다. 신약 성경(70인역)에서 사용된 헬라어와 고대 헬라어의 차이는 잘 알려져 있다. 이 문헌들이 지닌 몇 가지 분명한 특성은 이스라엘의 성경, 그리고 헬라어를 사용하는 유대인들의 언어와 문학 등에 대한 신약성경의 관계에서 비롯된 것들이다(§3.2e를 보라). 그러나 전반적으로 볼 때, 초기 기독교 문헌에 사용된 헬라어는 헬레니즘 시대 초기에서부터 오늘날 그리스인들의 언어인 "Demotic"에 이르기까지 하나의 산 언어로서 지속적으로 발달한 그리스어에 속한다. 실제로 신약 성경에서 사용된 그리스어에는 현대어인 Demotic과 동일한 특성들이 있는 듯하며, 로마 제국 시대에 행해졌던 바 문학과 수사학에서 옛 아티카 산문체 언어를 인위적으로 사용했던 것과는 거의 관계가 없다.

다양한 초기 기독교 저술가들이 사용한 인반적인 언어 구조 안에는 상당한 차이점들이 존재한다. 모국어의 요소들 다음으로, 대중 철학과 수사학과 역사학 등에서 사용되는 전문 언어, 그리고 고대 아테네의 산문의 영향도 발견된다. 히브리서는 신약 성경의 다른 글들보다 더 아티카 산문과 밀접한 관계를 지닌다. 기술적으로 시대를 구분한 것, 그리고 문장들의 종속적 구조는 이 글의 작가가 훌륭한 문학 교육을 받았음을 드러내준다. 물론 저자는 엄격한 아티카주의자(Atticist)들이 허락하지 않을 단어들을 사용하기도 했다. 그러나 다른 점에서는 신약 성경에는 일상어인 코이네가 주로 사용되었다. 바울, 누가, 또는 목회 서신이나 베드로후서의 작가들 중에 헬라어 교육을 부족하게 받은 사람들은 없었다. 예를 들어, 베드로후서의 문체는 히브리서의 문제보다는 덜 세련되었지만, 베드로후서의 저자는 보다 고상한 헬라어를 사용하려고 했다.

세번째 복음서와 사도행전의 저자인 누가는 다른 신약 기자들보다 더 과중하게 문어체 형식을 의존한다. 그는 유식한 헬라인들의 관례적이고 문자적인 언어이며 헬레니즘 시대의 역사가들이 사용한 높은 수준의 코이네 문체에 꽤 친숙했다. 그의 책들의 서언인 누가복음 1:1-4은 문어적 관례들에 관한 그의 지식을 나타낸다. 그는 자신이 주요 자료로 사용했던 마가복음에 등장하는 바 아람어와 라틴어에서 차용한 외래어 대신에 문어적 취향에 보다 잘 들어맞는 헬라어를 사용했다. 따라서 누가는 σατανᾶς(사타나스: 사탄) 대신에 διάβιλος(디아볼로스: 마귀), ʽραββί(흐랍비-랍비) ʼ/ραββουνί(흐랍브니/ 랍오니, 아람어로 나의 주님) 대신에 διδάσκαλος(디다스칼로스-선생), κῆνσος(인구조사, 세금, 인두세) 대신에 φόρος(포로스: 세금), κεντυρίων(켄튀리온: 백부장) 대신에 ἑκαντόνταρχος(헤카톤탈코스: 백부장)를 사용했다. 누가는 복음서를 기록하면서, 마가복음의 단순한 병렬 문장 구조식 문체를 분사구문과 관계절로 바꾸었다. 사도행전에서 누가는 연설문을 작성한 것, 언어 선택, 그리고 문법 양식 등을 통해서 화자의 교육 수준을 나타내준다(예를 들자면, 그는 일상어에서는 이미 사라진 어법인 기원문을 사용했다).

『클레멘트 1서』(*1 Clement*)의 저자는 문어체에서 파생된 용어들과 구절들을 많이 사용한다. 목회 서신에서도 그러하다. 변증가인 순교자 저스틴(Justin Martyr)의 글들(2세기 중엽)에서, 그리고 그 직후 아테나고라스의 『변증』(*Apology*)에서는 아티카주의의 영향을 받아 더 오래 된 코이네가 사용되었다. 서기 200년경에 저술된 변증서인 『디오그네토스에게 보낸 서신』(*Epistle to Diognetos*)은 문어적 산문을 평균치 이상으로 사용했음을 보여준다. 거의 같은 시기에 저술 활동을 한 알렉산드리아의 클레멘트는 산문 형식의 대가였다.

그는 문어체 언어를 완벽하게 구사했기 때문에 아티카주의의 엄격함을 무시할 수 있었다. 헬라어 산문의 표현력은 그의 글에서 아티카주의의 엄격함으로는 도달할 수 없는 수준에 도달했다. 그후로 기독교 저술가들은 아티카주의의 엄격한 규칙이 그다지 엄격하게 적용되지 않는 산문 형식을 사용했다. 많은 작가들이 구어체 헬라어에 근접했음이 나타나는데, 그것은 아마도 일반 평민들을 대상으로 하는 설교의 영향 때문일 것이다.

그러나, 이러한 예들은 단지 누가복음과 히브리서에서부터 시작된 오랜 발달상의 종식을 나타낼 뿐이다. 누가복음과는 달리, 신약성경의 대다수는 일상어와 문어 사이의 문턱을 넘지 못했다. 바울은 그 시대의 공용어를 솜씨좋게 훌륭하게 사용했지만, 전적으로 일상어의 세계에 거했다. 그는 종속절을 사용했고, 또 의도적으로 비교적 많은 어휘를 사용했다. 그는 또한 같은 음으로 시작하는 단어들을 사용하는 익살 등 다양한 기법들을 구사했다. 이러한 기법들은 바울이 받은 수사학 교육, 견유학파-스토아 학파의 통렬하고 비판적인 논쟁 문체 훈련, 그리고 헬라화된 회당에서 행하는 설교 양식에서 비롯된 것이었다. 바울의 독특한 언어적 특징들을 그의 기질과 깊은 종교적 경험의 탓으로 돌리는 것은 엄청난 잘못이 될 것이다. 그는 의도적으로 생략법과 파격 구문을 사용한다.

바울의 서신서들과 마찬가지로, 마태복음, 마가복음, 요한복음, 요한계시록, 그리고 베드로후서를 제외한 대부분의 공동서신에서도 일상어가 사용된다. 속사도 교부들의 글과 초기 기독교 시대에 기록된 외경들에서도 일상어가 사용되었다. 무식한 평민들이 사용하는 몰취미한 언어와 가장 밀접한 관련이 있는 것은 마가복음, 요한계시록, 『헤르마스의 목양서』(*Shepherd of Hermas*), 그리고 『12 사도의 가르침』(*Teaching of the Twelve Apostles,* 소위 디다케)이다. 여기에서는 병렬 구문이 우세하며(접속사가 없이 절이나 구를 늘어놓은 것), 기원법은 없으며, 또 완곡법 형태의 동사가 빈번하게 등장한다[예를 들어 마태복음 24:29의 πεσοῦνται(페순타이 : 떨어지다)

에 맞추어 바로잡은 마가복음 13:25의 ἔσονται πίπτονες(에손타이 핍톤테스:떨어지다)을 들 수 있다. 완곡법 형태의 동사가 누가의 저술에서도 등장하는데, 이것은 셈어, 혹은 "성경체 고어 사용"의 영향 때문이다]. 셈어나 라틴어에서 채용된 외래어들이 당대의 일상어인 헬라어에서와 마찬가지로 자연스럽게 사용되었다. 마가복음에서는 비속한 코이네가 많이 사용되었으므로, 마가복음의 언어는 어느 정도 교육을 받은 중류층에게는 호소력이 없었다. 마태는 과장되지 않은 코이네 문체로 저술했지만, 그런 대로 납득할 수 있는 헬라어 문장을 만들어내기 위해서 마가복음의 문장과 단어들을 많이 바로잡아야만 했다. 마태는 무식한 문장 형식의 어색함과 서투름을 피하면서도 바울처럼 구어체와 가까운 문어체를 사용하는 데 성공했다.

요한복음은 특별한 위치를 차지한다. 이 복음서의 언어는 분명히 단순하고 정상적인 코이네 헬라어이다. 이 책의 모든 언어학적 독특함은 코이네 헬라어를 사용한 에픽테토스(Epicketos)와 같은 다른 작가들에게서도 나타난다. 만약 제4 복음서의 언어와 문체가 신약 성경의 다른 책들과 다르게 보인다면, 그것은 아마도 저자의 문체와 관련된 장치들이 단순하고 제한되었으며 반복적으로 사용되었기 때문일 것이다. 신약 성경의 글들과 셈족 언어와의 관계에 관한 질문은 쉽게 답변하기가 어려우므로 특별히 다루어야 할 것이다.

Bibliography to §3.2d

Walter Bauer, "An Introduction to the Lexicon of the New Testament," in: idem, *A Greck-English Lexcion of the New Testament and Other Early Christian Literature* (2d ed. by F. Wilbur Gingrich and Frederick W. Danker; Chicago: University of Chicago Press, 1979) 11-28.

James W. Voelz, "The Language of the New Testament, *ANRW* 2.25.2 (1984) 893-977.

Horsely, "The Greek Documentary Evidence and NT Lexical Study: Some Soundings," in idem, *New Documents,* 5. 67-94.

(e) 신약 성경과 셈족 언어

신약 성경의 모든 책들은 원래 헬라어로 쓰여졌다. 헬라어로 된 초기 기독교 저술 중에 히브리어나 아람어에서 번역되었다고 여겨지는 책은 하나도 없다. 신약 성경의 언어에 미친 셈어의 영향에 관한 문제를 논할 때에는 이 점을 기억해야 한다. 신약 성경, 속사도 교부들, 그리고 외경에는 분명히 셈어 어법들이 들어 있다. 어떤 글은 다른 글보다 더 많은 셈어 어법들을 포함하고 있지만, 전반적으로 셈어 어법의 사용 빈도가 매우 높다. 그것들의 형태와 기원, 그리고 그 특별한 예들을 결정하는 데서 어려움이 일어난다. 따라서 초기 기독교 문헌에 등장하는 상이한 셈어 어법들의 특성과 유형을 분명하게 밝혀야 할 필요가 있다.

(1) 히브리 어법: 히브리어 본문을 헬라어로 번역한 데서 생겨난 셈어 어법을 적절하게 표현하자면 히브리 어법(Hebraism)이라고 해야 할 것이다. 신약 성경에서 히브리 어법은 히브리 성경의 헬라어 번역본을 인용할 때에만 나타난다. 기독교 작가들은 주로 70인역을 인용했으며, 가끔은 다른 자료들을 인용했고, 경우에 따라서는 어떤 필사(筆寫) 전통의 노작(勞作)인 번역본(마태복음의 인용의 대부분이 이런 경우이다)을 인용했다. 히브리 어법 사용은 분명한 인용문에서 나타나지만, 또한 저자가 분명하게 인용하지 않은 채 자신의 문장에 포함시킨 히브리 성경 구절에서도 나타난다. 히브리 어법은 훌륭하게 헬라어 문체를 구사하는 작가들에게서도 매우 자연스럽게 나타나는데, 그것은 저자가 히브리어로부터 번역된 헬라어 문서들의 집록을 인용하고 사용했음을 증명해준다.

(2) 아람어 어법: 특별한 본문을 시리아와 팔레스틴의 헬라화하지 않은 주민들의 일상어인 아람어에서 헬라어로 번역할 때에 셈어 어법이 나타난다. 또 저자가 아람어를 사용하는 환경에서 저술을 하거나, 또는 그러한 환경에서 신약 성경을 저술한 초기의 전통이 형성되었을 때에도 셈어 어법이 나타났다. 아람어 어법은 복음서에

서 가장 빈번하게 나타난다. 왜냐하면 예수님과 제자들, 그리고 초기 팔레스틴 교회의 교인들은 아람어를 사용했기 때문이다. 예수님이나 최초의 기독교 공동체의 전통에서 파생된 것, 그리고 후대의 아람어를 사용한 교회들에서 파생된 모든 것들은 초기 기독교 저술로 통합되기 얼마 전에 헬라어로 번역되었음이 분명하다. 일반적으로, 그러한 번역 작업은 현존하는 복음서들이 만들어지기 전에 구전 전승으로 전해지던 초기 단계에서 이루어졌다. 이러한 전승들을 번역한 사람들이 헬라어를 모국어로 하는 사람들이 아니었을 수도 있다. 현존하는 복음서들이 기록되기 수십 년 전에 그러한 번역물들이 존재했었음이 분명하다. 따라서 그러한 자료들을 헬라어를 사용하는 공동체들이 사용하는 도중에 원래의 아람어 어법은 대부분 보다 적절한 헬라어로 대치되었을 것이다. 다만 마가복음은 아람어 원문을 곧바로 번역한 헬라어 원문을 사용했던 것 같다. 요한복음에 수록된 기적에 관한 이야기들의 자료는 아람어로 된 글을 직접 번역한 것일 가능성이 있다. 아람어 어법은 초기에 확정된 예식 전통, 즉 주기도문의 헬라어 번역본에서도 발견된다.

(3) 성경체 고어: 초대 기독교는 이스라엘로부터 성경 뿐만 아니라 그 성경의 영향을 깊이 받은 종교적 언어도 물려받았다. 이러한 유산은 주로 예배 때에 헬라어 성경, 즉 70인역의 영향을 받은 용어를 사용하는 회당과 헬라화 된 유대교를 통해서 기독교에 전해졌다. 히브리 성경에서 근원한 것이므로 궁극적으로는 히브리 어법이라고 할 수 있는 이러한 성경체 고어(biblicism)들은 고대 기독교 문헌의 후기 저작물에서도 발견된다. 그것은 헬라화 된 유대교의 헬라어 성경이 기독교도의 성경으로 남아 있었기 때문이다. 현대 영어에도 성경체 고어들이 많이 있다.

초기 기독교 저술들 중 바울의 서신들은 성경체 고어 사용이 그다지 많지 않다. 그러나 바울의 서신서들보다 몇십 년 후에 저술된 누가의 글, 특히 사도행전에서는 성경체 고어가 자주 나타난다. 아람어에서 번역된 자료들을 사용한 데서 비롯된 셈어 어법과 누가의 성경체 고어를 구분하기가 어렵기 때문에, 일부 학자들은 사도행전 1-12장이 그러한 자료를 사용했다는 가능성 없는 가정을 하기도 한다. 성경체 고어는 특히 베드로전서나 클레멘트 1서와 같이 회당의 설교 양식의 영향을 받은 기독교 작가들의 글에 빈번하게 나타난다. 또 그것들은 헬라어 성경을 주석하는 데 있어서 유대교적 방법이 계속 사용되는 모든 곳에서 나타난다. 어떤 경우든지 서로 밀접하게 관련된 두 요소는 클레멘트 1서와 바나바서에서 찾아볼 수 있다.

(4) **2개 국어 병용**: 많은 셈어 어법은 2개 국어를 사용하는 환경에서 형성된 일상어인 헬라어에서 파생된다. 시리아와 팔레스틴의 많은 도시에서는 헬라어나 아람어, 또는 두 가지 언어 모두를 사용하는 유대인들을 비롯하여 이교도들과 기독교인들이 함께 어울려 생활하고 있었다. 그러한 환경에서는 문어적 언어의 관례들보다는 회화와 상업 언어가 다른 언어의 영향을 더 빨리 받아들인다. 이러한 셈어 어법들 중 일부는 일반적인 언어 환경에서 파생된 것으로서 어의(語意)를 채용한 것이다. 예를 들면 아람어 ימאא는 "바다"나 "대양" 뿐만 아니라 "호수"를 지칭하는 데 사용되므로, 이 두 가지 모두를 지칭하기 위해서 θάλασσα((다라사)가 사용된다. 그밖에 궁극적으로 히브리 성경에 근원을 둔 것들이 있다. 그 예로는 "공평치 못하다"라는 의미로 사용되는 πρόσωπον λανβάνειν(프로소폰 란바네인), "아첨을 떨다"라는 의미로 사용되는 πρόσωπον θαυμάζειν(프로소폰 다우마제인)이 있다. 꽤 많은 신학 용어들이 완벽하게 훌륭한 헬라 단어들이지만, 빈번하게 사용되었으며, 그에 상응하는 히브리어의 의미 때문에 다른 의미들을 취했다. 예를 들면, "천사"("사자"가 아님)를 의미하는 ἄγγελος(앙겔로스), "영광"("견해"가 아님)을 의미하는 δόξα,(독사) "사랑", "자비"("창자"가 아님)를 의미하는 σπλάγχνα(스플랑크나)가 있다.

이러한 종류의 셈어 어법은 아마도 교인들의 다수가 아람어와 헬라어를 사용하던 기독교 공동체 내에서 생겨났을 것이다. 안디옥에 있었던 초기의 기독교회는 분명히 두 개의 언어를 사용하는 사회였다. 예루살렘에는 아람어를 사용하는 예수님의 제자들과 추종자들의 공동체가 있었을 뿐만 아니라 헬라파, 즉 헬라어를 사용하든 유대인 기독교인들이 있었으며, 갈릴리에도 헬라어를 사용하는 주민들이 상당히 많았다. 요한복음에 나타나는 많은 셈어 어법은 동일한 기초 위에서 설명될 수 있다. 즉 복음, 또는 그 원전들은 팔레스틴이나 시리아의 2개 언어를 사용하는 공동체 내에서 저술되었다. 일상적인 회화체 헬라어와 아람어의 영향을 받은 특징들을 분명히 구분하는 일을 쉽지 않다. 비록 드물게 나타나지만 헬라어에서 가능한 특징들은 아람어(또는 히브리어) 내의 그와 유사한 특징들이 그러한 용법에 유리할 때에는 보다 빈번하게 나타난다. 이것은 초기 기독교 저술에서 전치사 ἐν(= ב)를 수반하는 여격이 증가한 것, 그리고 καί(= ו)를 선호한 것에서 설명된다.

(5) 다양한 이유 때문에 히브리어와 아람어로부터 채용된 외래어들이 등장한다. "byssus"라는 고급 린넨을 의미하는 셈어 βύσσος(뷔쏘스), 그리고 100 드라크마(dracama)를 나타내는 화폐 단위인 므나(mina)를 의미하는 μνᾶ 등은 헬라의 상업 언어 안에서 훌륭하게 자리를 잡았다. 교사(rabbi)를 의미하는 ῥαββί(흐랍비)와 같은 외래어들은 아마 두 개의 언어를 사용하는 공동체 내에서 두 가지 언어가 집접 접촉함으로써 파생되었을 것이다. 예식에는 외래어로 된 특별한 용어들이 사용되는 경향이 있다. 예를 들면 μαράνα θά = מָרַנָא תָא(마라나타, 고전 16:22; *Did.* 10.6), 또는 원래는 히브리어로서 헬라어와 라틴어를 거쳐 현대의 의식 용어로 사용되는 "호산나", "아멘" 등이 있다. 마가복음에서는 ἐφφαθά[엡파다, "열리라"를 의미하는 아람어 אֶתְפְּתַח(에르파타)를 소리나는 대로 기록한 것: 막 7:34)과 ταλιθά κοῦμ(탈리다굼, "소녀야 일어나라"를 의미하는 아람어 טַלְיְתָא קוּם(탈리타쿰)를 소리나는 대로 기록한 것: 막 5:41]를 인용하고 있다. 마법 파피루스와 영지주의 저술에서는 이이와 유사한 외래어들과 공식들이 많이 발견된다.

Bibliography to §3.2e

Joseph A Fitzmyer, *A Wandering Aramean: Collected Aramic Essays* (SBLMS 25: Missoula, MT: Scholars Press, 1979).

Mathew Black, *An Aramic Approach to the Gospels and Acts* (3d ed.; Oxford: Clarendon, 1967).

Idem, "The Biblical Language ," in *Cambridge History of the Bible* 1.1 11

Raymond A. Martin, *Syntactical Evidence of Semitic Sources in Greek Documents* (SBLSCS 3;Cambridge, MA: Society of Biblical Literature, 1974).

Moisés Silva, "Semantic Borrowing in the New Testament," *NTS* 22 (1976) 104-10.

Max Wilcox, "Semitisms in the New testament," ANRW 2.25.2(1984) 978-1029.

3. 학문

(a) 전제와 출발점

기원 전 6세기부터 헬라인들이 정착한 여러 나라와 도시에서는 과학적인 사고(思考)가 시작되었다. 비록 고대 그리스 시대 이전에 바벨론과 이집트가 헬라인들의 사고에 영향을 미치고 실질적인 공헌을 했지만, 식민지 개척은 그들의 경험의 수평선을 넓혀 주었다. 다른 국가들과 민족에 관한 그리스인들의 지식은 설화, 신화, 전설 등에 반영되었다. 실제로 그러한 이야기들이 감화를 주어 호머의 『오딧세이』(*Odyssey*)라는 서사시가 저술되었다. 소아시아에 있는 이오니아인들의 도시들은 거의 모든 사고의 영역에서 보다 과학적인 세계관으로 이어지는 문을 열었다. 철학적인 노력이 중요한 역할을 했으며, 전설과 신화에서부터 경험에 대한 과학적인 판단으로의 변천을 이루었다. 플라톤은 신화에 대한 분명한 비판을 통해 세계에 대한 과학적 접근을 요구했다. 그리하여 철학은 수학적으로 정확한 세계관을 위한 이론적 기초를 제공했다.

학문으로서의 민족지학이 아주 일찍부터 시작되었다. 『오딧세이』

와 아르고(Argo)선 원정에 관한 전설에 최초로 반영된 흑해와 지중해 탐험에는 보다 조직적인, 즉 보다 과학적인 판단이 요구되었다. 페니키아인, 그리고 곧이어 헬라인 탐험가들은 대서양으로 진출하기 시작했다. 기원 전 5세기에는 칼타고의 선박들이 영국 제도(British Isles)에 도착했다. 기원 전 322년부터 311년 사이의 어느 시기에 마르세유의 그리크 피데아스(Greek Pytheas)호가 북해, 그리고 아마도 브리튼에서 북쪽으로 엿새 동안 항해해야 하는 거리에 있는 툴리 섬(Thule, 이것이 아이슬랜드인지 쉐트랜드 제도인지, 노르웨인지 확실치 않다)까지 항해하고 돌아와서, 북부 지방에서는 하지 때에 태양이 지지 않는다고 보고했다. 기원 전 6세기에 유티메네스 역시 마르세유에서 항해를 시작하여 아프리카 서안을 따라 항해해 내려가서 세네갈, 또는 니제르 강 입구에 도착했다. 스키락스(Skylax)는 페르시아 왕의 부탁을 받고서 소아시아의 카리아를 출발하여 카불과 인더스 강까지 항해했고, 돌아올 때에는페르시아 해안과 아라비아 해변을 따라 홍해까지 항해했다(519-516 BCE).

그러한 항해들로 말미암아 소위 *periploi*("배를 이용한 세계 일주")라는 문학 장르가 만들어졌다. 이 장르에서는 외국의 해안을 따라 항해를 하는 선박들의 관점에서 외국에 대해 묘사하면서 항로와 거리 등에 관한 정보를 수록했다. 선원들은 그러한 책들을 안내서로 사용했다. 곧 지리학자들과 민족지학자들도 그것들을 자기들의 저술을 위한 자료로 사용했는데, 이것은 지침서에서 학문으로의 변천이 된다. 현재 알려진 가장 옛 시대의 민족지학자는 밀레도(Miletus)의 헤카타이오스(Hekataios; 560-480.BCE)이다. 그는 자신이 만든 세계 지도에 도식적인 지역 구분을 사용한 것으로 알려져 있다. 헤로도투스(약 484-430.BCE)를 필두로 하여, 관심은 외국 민족들의 땅의 특성뿐만 아니라 그들의 관습과 습관들을 묘사하는 데로 돌려졌다. 의학의 시초는 민족지학에 대한 관심과 밀접하게 관련되어 있다. 기원 전 5세기에 힙포크라테스와 코안 의학 학교의 회원들은 특정 국가들의 자연적인 특징들과 그 주민들의 생리학적 특성의 관계에 대해 논했다. 과학적인 천문학은 기원 전 4세기에 시작되었다. 기원 전 3세기에 이미 지구가 둥글다는 사실이 발견되었다. 플라톤의 제자인 본도의 헤라클리데스(Heraklides)는 그의 글에서 지구가 그 축을 중심으로 돌고 있다고 주장했다. 그는 또한 몇 개의 혹성이 태양 주위를 돌고 있는 가능성에 대해 논했다. 플라톤의 아카데미의 학생이요, 키지코스(Kyzicos) 섬에 잇는의 어느 학교의 우두머리였고, 후에는 아테네에 있는 학교의 지도자였던 니도의 유독소스(Eudoxos, 약 391-338.BCE)는 우주적 관심을 가진 학자로서 아리스토텔레스 다음으로 중요한 학자였다. 소논문 '유도키알스 아스트로미카' (*Eudoxi ars astronomica)*는 그에 의해 쓰여지지는 않았지만, 그의 통찰 중 많은 부분을 이용했고, 태양과 달과 혹성들이 지구의 주위를 돌고 있다는 이전의 견해를 강화했다 유독소스는 엘레아(Elea) 학파와 피타고라스 학파의 수학적 통찰들을 체계적으로 평가했고, 유클리드(Euklid)로 하여금 『기하학 원론』(*Elements*)을 저술할 수 있게 해준 이론을 발전시켰다. 이 책은 고대의 수학과 기하학의 표준적인 교과서가 되었다. 또 간단한 기계나 군사 장비를 제작하는 사람들도 지레의 작용의 법칙 등 수학과 물리학에 관한 실질적인 통찰들을 응용하기 시작했다.

과학적 연구는 칼키디케(Chalkidike)의 스타기라(Stagira) 출신인 물리학자의 아들로서 자연 과학자이며 철학자인 아리스토텔레스에게서 절정에 달했다. 당대의 다른 중요한 학자들이 그랬듯이, 아리스토텔레스도 플라톤의 아카데미에서 공부했다. 그는 몇 년 동안 소아시아의 미시아(Mysia), 레스보스(Lesbos)의 미틸레네(Mytilene), 그리고 펠라(Pella)에 있는 빌립 2세의 궁정에서 가르쳤다. 아리스토텔레스는 기원전 335년에 아테네로 옮겨가서 리케움(Lyceum)이라고 알려진 연무장에 그 자신의 학원을 세웠다. 그는 많은 분야를 포괄하는 광범위한 연구 프로그램을 조직했다. 그의 연구에는 대부분의 자연 과학 외에도, 정치학과 역사가 포함되었으며, 그 때문에 그의 학원에서는 광범위한 자료를 수집했다. 158개에 달하는 도시들과 국가의 헌법이 수집되고 비교되었다. 아리스토텔레스는 기상학, 식물학, 동물학 분야에 크게 공헌했다. 그는 현존하는 동물학 자료들 수집물을 보충했고, 많은 귀중한 관찰 결과들을 첨가했으며, 분류 체계를 만들었다. 현대 자연 과학이 시작되기 전까지 그의 통찰에 필적하는 것들이 없었다. 식물학의 분야에 있어서, 고대 세계가 알고 있던 것은 모조리 의학의 제약 분야에 유익한 식물들에 대한 약식의 기술(記述)이었다. 아리스토텔레스의 제자 테오프라스토스(Theophrastos)는 모든 식물의 분류 체계를 만들고, 그것들의 구조를 기술했으며, 의사들과 여행자들과 농업 관계 서적들을 저술하는 사람들이 기고한 자료들을 수집했다. 헬레니즘 시대의 초기에 이러한 저서들이 등장하면서 생물학 분야에서의 학문은 이미 그 절정에 도달했다.

Bibliography to §3.3: Texts

Morris R. Cohen and I. E. Drabkin, *A Source Book in Greek Science* (Cambridge, MA: Harvard University, Press 1958).

Bibliography to § 3.3: Studies

Rudolf Pfeiffer, *History of Classical Scholarship from the Beginnings to the End of the Hellenistic Age* (Oxford: Clarendon, 1968).

G. E. R. Lloyd, "Hellenistic Science," in *CambAncHist* 7(2d ed.) 321-52.

Idem, *Greek Science after Aristotle*(New York: Norton, 1973).

Yvon Garlan, "War and Siegecraft," in *CambAncHist* 7(2d ed.; Providence: Brown University Press, 1957; reprint 1970).

George Sarton, *A History of Science: Hellenistic science and Culture in the Last Three Centuries B.C.* (Cambridge, MA: Harvard University Press, 1959).

Bibliography to §3.3a

M. Cary and E. H. Warmington, *The Ancient Explorers* (2d ed.; Baltimore, MD: Penguin, 1963).

Lionel Casson, *The Ancient Mariners: Sea Farers and Sea Fighters of the Mediterranean in Ancient Times* (2d ed.; Princeton, NJ: Princeton University Press, 1991

Walter Woodburn Hyde, *Ancient Greek Mariners* (New York: Oxford University Press, 1947).

Samuel Sambursky, *The Physical World of the Greeks* (London: Routledgel, 1956).

(b) 헬레니즘 시대의 학문의 황금기

알렉산더의 정복을 통한 인간들의 경험의 수평선의 확대는 그후 2세기 동안 많은 영향을 끼쳤다. 근동 지방의 영향들은 지속적이고 심오했다. 헬레니즘 국가의 왕들, 특히 프톨레미 왕조, 그리고 로도를 포함한 몇몇 도시들은 학문을 폭넓게 지원했다.

아리스토텔레스의 학파(소요학파)에서는 이전 세대에서부터 시작된 연구를 계속했다. 이 학파에서는 로도의 유데모스(Eudemos)가 테오프라스토스 다음으로 뛰어난 학자였다. 소요학파에서는 위에 언급한 분야들 외에도, 인류학, 수문학(水文學), 광물학, 그리고 음악 이론(아리스토제노스는 최초의 음악학자로 알려졌다), 과학의 역사(자연 철학, 기하학, 천문학) 등의 연구에 전념했다. 학문의 역사에 관한 관심을 가진 데 따른 중요한 결과는 과거의 중요한 인물들의 지서전을 만든 것이다(§3.4d). 비록 이 학파는 쇠퇴했지만, 여전히 정치학, 과학의 역사, 전기 문학 등의 분야에서 중요한 중심으로 남아 있다.

기원 전 287년에 태어난 시라쿠사의 아르키메데스(Archimedes)는 고대 수학자들의 최고봉이다. 그가 이룩해낸 많은 수학적 계산법과 기하학적 발견물은 현대의 지식에도 많은 공헌을 하고 있다. 그는 그리스 문자 π로 나타내는 원주와 원의 직경의 관계는 310/70과 310/31 사이의 수, 즉 3.1408과 3.1428 사이라고 계산했다. 오늘날은 그 숫자를 3.1416으로 간주한다. 그는 하나의 구체(球體)의 내용물과 그에 상응하는 원통의 관계를 발견했다. 물 속에 있는 물체는 그것이 대체한 물의 무게만큼 가벼워진다는 통찰은 "아르키메데스의 원리"로 알려져 있다. 그는 또한 수학적, 물리학적 결과들을 실제로 적용하는 실험을 했다. 차동 도르레, 그리고 보트와 관개용 물펌프로 사용될 수 있는 "아르키메데스 스크류"를 발명했다. 또한 시라쿠사가 로마의 포위에 저항하여 수년 동안 성공적으로 사용했던 방어 장치를 고안해낸 사람도 아르키메네스이다. 기원 전 212년에 시라쿠사를 침입한 로마 병사들에 의해 그가 살해된 것은 우연한 일이 아니었다. 헬레니즘 시대의 초기에 가장 우수한 천문학적 발견이 이루어졌다. 즉 사모스 섬의 아리스탈코스(Aristarchos)는 태양을 중심으로 한 체계를 주장한 코페르니쿠스의 우주관을 앞질러 주장했다(기원전 3세기 상반기). 그는 태양이 지구의 약 300배 정도의 크기이며, 지구와 혹성들이 태양의 주위를 돌고 있으며, 지구는 그 지축 위를 돌고 있다고 가르쳤다. 그러므로 그는 혹성의 경로 안에 있는 분명한 변폭은 원이라는 플라톤의 주장을 만족시켰다. 그러나 아리스탈코스의 이론은 널리 보급되지 못했다. 심지어 스토아 철학자인 클레안테스(Kleanthes)는 그가 신들을 모독했다고 비난했다. 바벨론의 천문학은 근본적인 기여를 했다. 기원 전 3세기에 많은 바벨론의 자료들이 헬라어로 번역되었다. 그러나 바벨론의 관찰 결과들을 체계화한 것은 헬라인의 업적이었다. 고대의 가장 중요한 천문학자로서 기원 전 160-125년에 주로 로도에서 가르쳤던 니케아의 힙파르코스(Hipparchos)가 바벨론의 계산법을 의존했는지는 분명치 않다. 그는 주야 평분시의 진행을 발견했다. 그는 또한 1년의 정확한 길이를 계산했고(이것은 현대의 계산과 6분 26초 차이가 난다), 달의 자전은 29일 12시간 44분 2.5초 동안 지속된다고 계산했다(현대의 계산과 1초도 차이가 나지 않는다). 그리고 밝기에 따라 800개의 별들의 목록을 만들었다. 기원 전 1세기의 학자인 포세이도니오스(Poseidonios)는 태양의 지름은 지구의 39.5배라고 계산했다(실제로는 109배이다). 포세이도니오스는 지구에서부터 태양까지의 거리를 지구의 직경의 6,545배라고 계산했다(실제 거리는 11,741배이다).

지구가 둥글다는 전제에서부터 새로운 과학적 지리학을 위한 원리들이 형성되었다. 이 일의 중요한 동기는 알렉산더 대제가 제공했다. 그는 여러 차례의 정복을 마친 직후에 측지학 조사단을 고용했다. 이로 인해 민족지학이라는 이전의 학문과는 분명히 다른 순수한 지리학적 학문이 자리를 잡았는데, 그것은 주로 민족들, 기후,

식물, 그리고 동물 등에 관심을 지녔다. 이들의 새로운 목표는 다양한 나라들과 지구에 관한 정확한 지도를 그리는 것이었다. 기원전 246년에 알렉산드리아의 사서였으며, 철학 서적과 수학 서적 및 희곡의 역사를 저술하기도 한 에라토스데네스(Eratosthenes)는 당시 알려져 있는 모든 나라들에 대한 지도 제작을 위한 조사 체계를 고안했다. 그는 세계의 대양(大洋)들이 서로 연결되어 있으며, 따라서 사람이 살고 있는 땅—유럽, 아시아, 아프리카—는 하나의 큰 섬임이라고 인식했다. 그가 계산한 지구의 둘레는 단지 300km만 틀렸다. 천문학자인 힙파르코스는 후에 에라토스데네스의 지도 제작 노력을 비난했고, 다양한 지역을 관찰한 사람들이 먼저 되도록 많은 지역의 위도와 경도를 확정해야 한다고 주장했다. 이 거대한 구상의 극히 작은 부분만이 실제로 이룩되었지만, 프톨레미에 의해 수집된 자료들에서 볼 수 있듯이 많은 지역들의 위치가 설정되었다(§ 3. 3c). 의학 분야에서의 발전은 주로 해부학 분야에서 이루어졌다. 특히 기원 전 3세기에 알렉산드리아에서 활동한 에라시스트라토스(Erasistratos)와 헤로필로스(Herophilos)에 의해 발전이 이루어졌는데, 이들은 인간의 시체를 해부용으로 사용했다. (후대의 보고에 의하면, 그들은 사형 선고를 받은 죄수들을 생체 해부했다고 한다). 헤로필로스는 인간 몸의 신경 체계를 발견했고, 아마도 혈액 순환의 원리도 발견했을 것이다. 전통적으로 동맥이 산소를 운반한다고 가정해왔는데, 이것은 보다 후대에 널리 알려진 잘못된 학설이다.

헬레니즘 시대에 문헌학은 학문다운 학문이 되었다. 특히 문법의 통합과 본문 편집에 있어서 그랬다. 몇 세대에 걸친 알렉산드리아의 학자들이 이러한 과정에 참여했다. 그 주요한 인물은 사모드라게(Samothrake)의 아리스탈코스(Aristarchos; ca. 216-144 BCE)였다. 문법의 성문화를 위한 동기는 스토아 철학에서 비롯되었다. 이 학파에서는 최초로 문자를 자음과 모음으로 분류했으며, 어형 변화 시제의 공식을 제안했다. 아리스타르코스는 어형 변화의 형태들을 체계적으로 설명했고, 동사 활용과 격변화의 범례들을 확정했으며,

불규칙 동사 목록을 작성했다. 그의 제자인 디오니시오스 트락스(Dionysios Thrax)는 이러한 노력들의 결과들을 모은 논문집을 펴냈는데, 그 책은 고대 시대 전체에 걸쳐 결정판으로 존속했다.

알렉산드리아의 문헌학자들이 행한 두번째 중요한 과제는 고서적들을 체계적으로 편집하는 일, 즉 사본들을 수집하고, 비교하여, 수정하고 새롭게 출판하는 일이었다 이러한 작업을 도모하기 위하여 주석, 논문, 용어 색인 등이 제작되었다. 기원 전 3, 2세기에 학문적 문헌학에 시작되어 3세기에 쇠퇴할 때까지 알렉산드리아는 주도적 역할을 했다. 성경에 관한 학문적인 저서를 저술한 오리겐, 안디옥의 루키안, 가이사랴(Caesarea)의 유세비우스 등 기독교 학자들도 이 문헌학적인 학문 전통을 출발점으로 삼았다. 한편, 많은 사람들이 문헌학의 또 다른 갈래인 어원학을 연구했지만, 학문적으로 위에서 언급한 분야에서만큼 분명한 차원에 이르지는 못했다. 호머 시대로부터 특정 단어들을 어원적으로 설명하려는 시도가 있었다. 시인들, 소피스트들, 호머 시대의 번역자들은 이 분야에서 서로 경쟁했다. 플라톤은 단어들이 지시하는 사물들의 참된 본질을 정의하려고 노력한 어원학자를을 비난했었다. 그러나 문법학자들과 철학자, 특히 스토아 철학자들 사이에서는 그러한 노력이 수그러들지 않았다. 알렉산드리아의 필로제노스(Philoxenos, 기원전 1세기)는 어원학의 학문적인 기초를 세우려고 노력했다. 그는 단음절어들이 모든 단어의 어근이 된다고 주장했다. 아리스타르코스의 유비의 원리(이 원리에 따르면 호머의 본문들은 호머의 다른 본문들을 기준으로 해서만 번역되어야 한다)와 같은 여러 가지 시도에도 불구하고, 고대 문헌학은 학문의 초보 단계를 벗어나지 못했다.

<u>Bibliography to § 3. 3b</u>

Fraser, *Alexandria, 1*. 336-479, 520-53.

G. E. R. Lloyd ,"Science and Mathematic s,"in: M. I. Finley, *The Lengacy of Greece: A New Appraisal* (Oxford: Clarendon, 1981) 256-300.

Thomas L. Heath, ed. and trans, *Greek Astronomy* (New York: Dutton, 1932).

(c) 로마 시대의 학문의 발달

공정한 관찰자라면 로마 시대에는 학문과 과학이 쇠퇴했다고 보지 않을 수 없다. 창조적인 연구는 기원 전 1세기에 종식되었고, 그 대신에 백과사전류 및 이전 세대에 저술된 학구적 저서들을 수집하는 일, 그리고 완전한 오락용 저서들이 무비판적으로 보급되었다. 동시에, 미신적인 견해들은 널리 퍼졌고, 헬레니즘 시대의 학자들이 부정확하다고 간주했던 견해들이 되살아났다.

로마 제국 시대에는 수학 분야에서 새로운 발견이 전혀 없었으나, 과거의 학문적 업적들은 보존되고 개론의 형태로 전수되었다. 천문학의 분야에서는, 알렉산드리아의 학자 프톨레미(ca. 100-170 CE)가 고대의 모든 천문학적 성과들을 수집하여 포괄적인 개론을 썼는데, 이것은 『Almagest』("al"은 아라비아어의 관사이고 "magest"는 헬라어 제목 [*Megiste Syntaxis*]에서 파생되었다)라는 제목으로 보존되어 있다. 이 저서에는 프톨레미 자신의 통찰들도 어느 정도 포함되어 있는데, 그것들은 그의 선임자들의 통찰보다 열등하다. 헬레니즘 시대에 동물학자들은 동물 왕국의 이상하고 기이한 현상들에 대한 관심의 증가를 보여 주었다. 독이 있는 동물들과 같은 종(種)의 지능에 대한 연구도 있었다. 그러나 전체적으로, 일화들이 과학적인 탐구보다 더 우세했다.

지리학과 민족지학에서도 그러한 관심들이 나타났다. 다른 국가들의 특징과 기이함에 관한 호기심으로 말미암아 약간의 역사적 정보와 기론(奇論)이 등장했지만, 민족지학적 학문은 거의 이루어지지 않았다. 이러한 자료들의 방대한 수집물들이 있었음이 분명하다. 폴리비오스(Polibios)와 스트라보(Strabo) 등의 역사가들과 철학자들은 이러한 수집물들을 사용했고, 새로운 자료들의 형성에 기여했지만, 그들의 정보를 항상 비판적으로 평가한 것은 아니었다. 이런 저술들 중 어떤 것들은 독자를 즐겁게 해주는 것 외에는 다른 목적이 없었다. 이로 말미암아 외국에 관한 것이라면 전혀 믿을 수 없는 설화들을 비롯하여 사실적인 보도, 재미있는 이야기에서부터 진지한 정보에 이르기까지 무엇이든지 비판 없이 수집한 책들이 생산되기에 이르렀다. 헬레니즘 시대의 전기 소설들은 대부분 이러한 자료들을 사용한 것이었다.

비록 사회에서 의사들의 지위는 쇠퇴했지만, 로마 제국 시대에 의학은 새로운 절정에 도달했다. 고대 그리스 시대와 헬레니즘 시대로부터 행해져온 아스클레피오스(Asklepios) 신의 주요 제의적 용법과 치유법은 계속해서 활발히 사용되었다. 반면에 교육을 받은 의사를 고용하는 공공 건강 서비스는 쇠퇴했다. 헬레니즘 시대의 후기에 의학 분야는 여러 개의 학파로 나눠지는데, 이들의 끝없는 쟁론들은 철학 학파들의 쟁론과 흡사했다. 학문적 탐구보다 독단주의가 우세하기도 했다. 로마 제국 시대의 초기에는 과거 시대의 통찰들과 지식들을 수집해놓은 의학 안내서 대신에 의학, 약학, 식이요법 등이 무비판적으로 보급되었고, 엉터리 치료와 마술이 급속히 성장했고, 버릇 없는 도시 상류층의 취향에 맞춘 전문 개업 의사들이 증가했다.

이처럼 의료 서비스 분야에서의 전반적인 부패를 고려해 볼 때, 제국 시대의 위대한 의사들의 업적은 더욱 놀랍다. 그들의 의학적 관찰과 학문적인 연구는 의학을 상당히 향상시켰다. 에베소의 루푸스(Rufus; 기원전 2세기초)는 선배들의 해부학적 통찰들을 수집하고 분류했다. 병리학적 징후들에 대한 그의 세심한 기술은 내과 부문의 발달에 크게 기여했다. 그와 동시대 사람인 소라누스 메디쿠스(Soranus Medicus)는 부인과 의학과 소아과 분야에서 고대 최고의 저서들을 출간했다. 그는 많은 저서를 저술했는데, 그중에서도 지금은 남아 있지 않은 『영혼에 관하여』(*On the Soul*)는 터툴리안이 '데 아니마'(*De anima*)를 저술하는 데 자료로 사용되었다. 가장 중요한 의사는 버가모의 갈렌(Galen, 129-199 CE)이었다. 그의 많은 의학 서적은 개업한 의사로서의 그의 폭넓은 경험과 의학 연구에 기초하고 있으며, 의학의 거의 모든 부분에 대한 고대의 지식을 요약해준다. 모든 경우에, 그는 자신의 판단을 이용했는데, 종종 그것들은 그의 전임자들의 판단을 능가했다. 갈렌의 서적들은 고대 시대로부터 전해진 진정으로 위대한 최후의 의학 서적이었으며, 자연과학에 있어서 고대 학문의 최종적 절정을 이룬다. 그 책들은 중세 말에 이르기까지 의학 실습과 이론의 권위서로 존속했다.

4. 문학

(a) 전제

헬레니즘 시대에는 세계에 대한 보다 폭넓은 이해가 문학 작품에까지 확장되었다. 문학 작품에서는 새로운 주제와 형태, 그리고 전통들이 등장했다. 그리스의 문학적 유산과 동방 세계와의 접촉이 여러 가지 방법으로 가시화 되었다. 헬라의 여러 문학 장르에 동양의 자료들이 주제로 등장했다. 예를 들면 유대인 비극 작가인 에제키엘이 저술한 드라마 『출애굽기』(*Exodus*)가 있다. 그리스인들도 자기들의 문학 작품에 다른 민족의 경험들을 반영하는 설화와 주제들을 사용했다. 헬라화 된 외국인들도 헬라 문학의 발달에 기여하기 시작했다. 헬레니즘 시대의 가장 오래된 전기 소설 중 하나를 저술한 이암불로스(Iamboulos)는 시리아 출신이었고, 시리아인인 사모사타의 루키안은 로마 시대의 가장 활발하게 활동한 헬라 작가들 중의 하나였다. 로마 혈통인 바브리우스(Babrius)는 길리기아의 케티스의 알렉산더라는 왕(헤롯 대왕의 후손)의 궁정 시인이다. 그는 이솝의 우화를 헬라어 운문으로 번역했다. 바벨론의 사제인 베로소스(Berossos), 이집트의 사제인 마네토(Manetho), 유대인 작가 요세푸스 등 많은 작가들은 자기 민족의 역사와 전통에 대해 헬라어로 저술했다.

문학 작품들에 헬라의 요소와 근동 지방의 요소들이 뒤섞이게 되면서, 저술들이 다양해지고 양도 증가했다. 저술의 양과 다양성도 증가되었다. 헬레니즘 시대와 로마 시대의 헬라 문학이 그 다양성과 분량과 영향력에 있어서 이전의 수세기와 이후 인쇄기가 발명되기 전까지의 시대를 능가하게 되면서 고대 그리스 문학의 엄격한 형태들은 해체되었다. 대단히 많은 사람들이 다양한 주제에 관해 글을 썼다. 그러나 그것들의 대부분은 현재 남아 있지 않다. 교육을 받은 독자들은 주로 철학 서적이나 학문적인 서적을 읽었다. 그러나 글을 읽을 수 있으며 재미있는 시간을 보내기를 갈망하는 많은 대중이 있었다. 위대한 왕들의 궁전에서 작가들이 발견될 뿐만 아니라, 보잘 것 없는 모든 제후들의 시인이나 역사가로서의 작가들도 발견된다. 외딴 곳에 있는 헬라화 된 마을에 사는 작가들조차도 자기들을 존경하고 자기들의 책들을 읽어줄 대중을 발견하기를 바랄 수 있었다.

헬레니즘 시대와 로마 시대의 서적 생산의 한 가지 양상은 사적인 용도로 사용하기 위해 책을 저술하고 보급한 것이다. 알렉산드리아의 박물관과 철학 학교들에서는 학자들이 주로 사용할 자료들의 수집물을 만들어냈다. 한편 유대교와 기독교의 저술들에서 볼 수 있듯이, 종교적 공동체들은 그들 자신의 문학을 장려했다. 이런 저술들 중에는 특별한 용도로 쓰여진 것들도 있었다. 예를 들면, 후기에만 출판된 편지들이 있다. 비록 어떤 것은 폭넓은 대중을 위하여 쓰여졌을 수도 있겠지만, 공동체의 회원들에게 배포하기 위해 저술된 것들도 있었다. 그러한 문학의 형태와 장르는 종교의 특별한 전통에 따라 변화한다. 그러나 이런 종류의 저술들을 헬레니즘 시대의 문학의 일반적 역사에서 분리해서는 안된다. 이러한 종교들이 헬라화 되어감에 따라, 헬레니즘의 문학적인 문화는 종교 공동체들의 특수한 문학의 형성에 강력한 영향을 주었다.

헬레니즘 시대의 문학의 다양성을 고려할 때, 그 문학의 중요한 특징들을 모두 묘사하는 것은 불가능하다. 그러나, 헬레니즘 시대의 문학은 기본적으로 고대 그리스의 전통들과 연결되어 있으며 헬레니즘 문학에 응집성을 부여해주는 근본적인 문화적 통찰들과 경향을 나타내기 때문에, 일종의 일관성을 나타낸다. 또한 헬레니즘이 로마 시대의 문화를 형성하게 됨에 따라, 헬라어가 주된 구어(口語)로 사용되지 않는 곳에서도 문학이 발달했다. 다음에 제시된 관찰은 초기 기독교를 이해하는 데 있어서 중요한 특징들로 제한되어 있다. 그러나 이 관찰은 헬레니즘 문학의 특별한 선구자, 즉 고대 그리스 시대 최후의 위대한 극작가인 유리피데스(Euripides)에게서부터 시작하는 것이 바람직하다.

유리피데스는 기원 전 5세기 후반에 활동했지만(기원전 407/6년 사망), 그를 떠나서는 헬레니즘 문학과 헬레니즘의 정신에 대해 논할 수 없다. 헬레니즘 문학의 주제, 중심 사상, 문제점들은 누구보다도 유리피데스에 의해 결정적인 영향을 받았다. 문화적인 붕괴의 표식들이 가시화되기 시작한 시대에 살았던 유리피데스는 인간 생존의 특징적인 상태를 인식하고 묘사한 최초의 인물이었다. 그후 수백 년 동안 사람들은 대체로 이 주제를 민감하게 다루었다. 유리피데스는 이러한 통찰을 가지고서 새로운 시대의 문을 열었다.

그러나, 유리피데스를 미신에 반항하여 싸운 이성의 옹호자나 혁신가 또는 혁명가로 이해하는 것은 잘못이다. 비록 그가 소피스트들의 영향을 받았지만, 그의 통찰들은 특정한 철학 학파에 속한 것이 아니었다. 그의 영향력은 그가 근본적으로 인간의 삶의 특징을 새롭게 묘사한 데서 생겨난다. 그는 현명한 사고를 지녔으며 온갖 욕망을 지닌 존재, 궁극적으로 고립되어 무력한 개인으로서의 존재를 묘사했다. 이러한 인간의 상태는 서로 반대되는 것들의 화해를 허락하지 않으며, 또 현존하는 정치 구조와 종교 구조들은(이것은 헬라의 폴리스의 기관들을 의미한다) 해결책을 마련해 줄 수 없다. 혹자는 유리피데스가 펠로폰네소스 전쟁의 와중에서 그리스의 폴리스가 혼돈을 막을 안전장치를 전혀 제공하지 못했음을 당대의 어떤 사람보다 더 분명하게 깨달았다고 말할른지도 모르겠다. 질서가 잘 잡힌 공화국조차도 관리하지 못하는 세력들, 최상의 조직에서도 상상할 수 없는 험악한 세력들이 인류를 위협하고 있었다.

인류의 위대함과 중요성은 운명의 속박을 받는다. 여기서 유리피데스는 다시 헬레니즘의 기본적인 통찰을 앞질러 지적한다. 그것은 세상에 더 이상 신들이나 신비한 세력들이 없다는 것이 아니다. 인간은 합리적인 해결책을 계획하고 강구하는 동안에도 신, 기회, 혹은 운명, 또는 디오니소스와 같은 특별한 이름으로 불리는 세력들에게 예속된다. 인간은 이러한 세력들을 인정할 수 있지만, 그것들로 하여금 인간의 계획에 대해 대답하게 만들 수는 없다. 그들과 대면하는 것이 인간의 운명이다. 비록 인간이 그러한 세력들을 인정하고 숭배하려 하더라도, 그것들과 동등하기를 주장할 수는 없다. 그러한 세력들과의 대등해지는 것은 인류의 정해진 몫이 아니다. 비록 파멸로 이어지기는 하지만, 신이 어떤 사람을 강제로 주권의 영역에 인도할 수도 있을 것이다. 디오니소스가 더베의 왕 펜테우스를 멸망시킨 것을 예로 들 수 있다. 인간 존재에 관한 이러한 견해는 수세기 동안 헬레니즘 문학을 점령했으며 여러 가지 변형된 형태로 그 주제가 되어온 가장 중요한 몇 가지 질문들을 앞질러 지적한다. 그리고 많은 다양성의 주제가 되었다.

Bibliography to § 3.4

Albin Lesky, *A History of Greek Literature* (New York: Crowell, 1966)

Patricia E. Easterling and Bernard M. W. Knox, eds., *The Cambridge History of Classical Literature,* vol. 1: *Greek Literature*(Cambridge: Cambridge University Press, 1985).

Albrecht Dihle, *Grichische Literaturgeschichte von Homer bis zum Hellenismus* (2d ed.; München: Beck, 1991).

Bibliography to 3.4a: Texts

Euripides: Greek texts and English translations by A. S. Way in LCL.

E. R. Dodds, ed., *Euripides Bacchae* (2d ed.; Oxford, Oxford University Press, 1960).

Bibliography to §3. 4a: Studies

Gilbert Murray, *Euripides and His Age* (2d ed.; London: Oxford University Press,

1955).
G. M. A. Grube, *The Drama of Euripides Bacchae*(2d ed.; New York: Barnes and Noble, 1941; reprint 1961).
Charles Segal, *Dionysiac Poetics and Euripides' Bacchae* (Princeton, NJ: Princeton University Press, 1982).
Harvey Yunis, *A New Creed: Fundamental Religious Belief in the Athenian Polis and Euripidean Drama*(Hyp. 91; Göttiongen: Vandenhouck & Ruprecht, 1988).
Bernard W. M. Knox, "Euripides," in Easterling and idem, *Greek Literature,* 316-39.

(b) 연극, 희극, 시

고대 그리스 비극의 전통은 헬레니즘 시대에도 계속되었다. 특히 이집트의 프톨레미조의 왕들은 이 장르의 발전을 장려했다. 프톨레미 왕조의 제2대 왕은 알렉산드리아에서 연극 경연대회를 벌이도록 주선했다. 그러나, 전체를 합해도 불과 수십 행에 불과한 몇 개의 단편을 제외하고는 당시의 풍부하고 극적인 시들은 거의 보존되지 못했다(기원 전 3세기 이후로 50명 이상의 극작가들이 알려져 있다). 그 다음 세기의 것으로는 단 두 개의 작품만이 단편적으로 알려져 있다. 그중 하나는 유대인 비극 작가 에제키엘의 『출애굽』(*Exodus*)이다. 그러나, 로마에서는 기원전 2세기의 극작가들 사이에서 고대 그리스의 비극들이 라틴어로 재판되었다.

로마 제국 시대의 초기에는 비극을 쓰는 일이 유행했다. 게사르나 아우구스투스도 비극을 쓰려 했다. 그러나 비극의 대중 공연은 점점 감소되었다. 로마인들은 고대 그리스 비극들의 일부나 발췌한 부분들을 낭독하는 것을 듣는 일을 즐겼다. 무언극은 가장 인기 있는 장르였다. 유리피데스의 완전한 비극에 춤과 음악을 곁들여서 공연한 무언극을 관람할 수 있었다.

헬레니즘의 정신은 아테네의 신 희극(New Comedy)에 보다 직접적으로 반영되어 있다. 알렉산더 대왕의 후계자들이 다스리던 시대에, 아테네에서는 과거 그리스에서 인기를 누렸던 희극이 부흥했다. 가장 중요한 시인으로서, 최초한 부분적으로나마 작품이 보존되어 있는 인물은 메난더(Menander; 342/41-293/92)이다. 아마 신 희극이 아리스토파네스의 희극들이 지닌 관심사에 동참하지 않은 것은 정치적인 상황에 대한 그의 견해 때문일 것이다. 메난더는 개인은 정치적인 힘을 발휘하고 있지 않다고 전제한다. 그의 희극은 인간 상황의 특수성에 초점을 둔다. 그의 희극에 등장하는 인물들은 옛 아테네 희극(Old Attic Comedy)에서처럼 단순한 전형이 아니라 개성을 지닌 인물들이다. 그의 연극의 주제들과 인물들은 일반 계층을 배경으로 하는 환경에서 배출되었다. 시민, 그의 아내와 딸들, 장인(匠人), 농부, 노예, 여행자 등 각기 나름의 개인적, 사회적 문제를 지닌 인물들이 등장한다. 그들은 자신의 사회적 상황에 따른 역경에 대처해가려고 나름대로 노력하며, 항상 예측할 수 없는 운명 및 가난과 악의의 위협을 받는 인물로서 묘사된다. 이러한 인물들의 삶에서는 탐욕과 금전욕, 또는 자신의 생존을 보장해줄 약간의 물질적 재산을 소유하려는 욕망 등이 유일한 자극인 듯이 보인다. 그러나 이런 모든 것의 한복판에서, 메난더는 용서하고 화해하는 능력 안에서 볼 수 있는 진실된 인간성의 마지막 흔적들을 발견하려고 노력했다. 인간다움이야말로 헬라인이나 야만인, 자유민이나 노예들에게 동등하게 개방되어 있는 일반적인 인간의 가능성이라고 메난더는 주장한다.

신 희극의 영향은 아테네 너머까지 미쳤다. 그러나 다른 지역에 얼마나 넓은 영향을 끼쳤는지를 판단하기는 어렵다. 70명 이상의 희극 작가들의 이름들이 알려져 있으며, 그들 중 몇 명은 100편 이상의 희극을 쓴 것으로 전해진다. 그중 많은 사람들은 아네네 사람이 아니었다. 그러나 로마 제국 시대 초기에, 신 희극은 마임들이나 판토마임에 의해 뒤로 물러났다. 바울은 고린도전서 15:33에서 메난더의 희극 중에서 한 문장("악한 동무들은 선한 행실을 더럽히나니")을 인용한다. 그리고 에베소의 Slope Houses에 그려진 벽화들은 희극이 여전히 인기가 있었다는 것을 증명해준다.

여흥을 원하는 욕구는 무언극에 의해 충족되었다. 헬레니즘 시대와 로마 시대에는 어느 곳에서나 무언극이 극장을 지배했다. 무언극은 아마 제의 의식과 관련된 옛날 춤이 발달된 것으로서 신 희극에 큰 영향을 주었다. 무언극을 공연하는 단원들은 이 마을 저 마을로 다니면서 시장에 임시로 만든 무대에서 단독 공연을 하거나 집단적으로 공연을 했다. 그들은 춤, 음악, 곡예, 마술을 곁들인 풍자극과 더불어 옛날의 주제들을 현대에 맞게 개작하여 일반인들의 언어로 공연했다. 경우에 따라서 왕들은 무언극 단원들을 고용했고, 부자들은 그들을 집으로 초대했다.

그들의 풍부한 레파토리는 기록으로는 거의 보존되지 않았다. 그러나 코스의 시인 헤론다스(Herondas, 기원전 3세기)의 *Mimiambi*의 단편들은 이런 공연들의 내용과 주제들이 어떠한 것인지를 보여준다. 이런 연극들의 특징적인 제목으로는 "매춘부"(The Bawd), "포주"(The Pimp), "선생"(The Schoolmaster), "여자 숭배자들"(The Women Worshippers), "질투 난 정부"(The Jealous Mistress), "사담"(The Private Conversation) 등이다. 신 희극에서와 마찬가지로 무언극에서도 정치적인 야망이 없는 중류층과 하류층 출신들을 무대에 올렸다. 일상 생활, 그리고 너무나 평범한 보통 사람들의 곤경이 합법적으로, 또는 비합법적으로 다양하게 관중에게 전달되었다. 정중한 사회에서는 일반적으로 다루어지지 않는 상황에서 옳고 그름이 설명되기도 했다. 사회적 범주를 초월하는 관계에서 참된 우정과 거짓된 우정을 논했다. 무언극은 일상 생활의 실제를 반영한다. 관객들은 자신의 진정한 자아의 반영을 발견하며, 자신을 불쌍히 여기거나 비웃을 수도 있었다. 그러나 무언극은 관객들이 진부한 일상 경험의 제한들을 뛰어넘어 독특하고 특별한 사건들의 영역의 경험에서 자신의 진정한 정체를 인식하는 것을 허용하지는 않는다.

알렉산드리아에서는 프톨레미 왕조의 제2대 통치자의 후원 하에 시(詩)가 황금기를 맞았다. 가장 중요한 시인은 칼리마코스(Kallimachos, 기원 전 300년 직전에 탄생)이다. 그는 알렉산더 도서관의 색인, 최초로 알려진 백과사전, 지리학적 저서, 신화적, 저서,

논쟁적인 저서를 저술했다. 그의 주요 작품인 ‘아이티아’(*Aitia*)단편들 뿐만 아니라 그의 시적 작품들(디도서 1:12는 *Hymn to Zeus*에서 인용한 것이다)에 수록되었던 경구들과 찬가들이 보존되어 있다. 그는 이러한 저서들에서 헬레니즘 정식의 특징적인 방법으로 신화적 전승들을 사용했다. 칼리마코스의 시에서는 종교적 전설들과 관습과 축제들을 원래의 제의적 배경에서 분리한다. 신화론에 대한 합리적인 비평도 부재한다. 오히려, 그의 세련되고 우아한 시들은 예술적인 형식 안에서 신화론을 적극적으로 표현한다. 이따금 등장하는 프톨레미 왕조의 왕에 관한 언급에서는 그의 신성을 인정했는데, 그것은 왕의 신성에 대한 믿음의 표현이 아니라, 후원자에 대한 아부가 섞이지 않은 궁정 시이다. 제의들을 지닌 고대 종교, 그리고 플라톤과 소피스트들이 행한 바 신화에 대한 비평은 문제거리로 보이지는 않는다. 칼리마코스는 헤시오드와 『호머의 찬가』(*Homeric Hymns*)들의 시적 전통을 회복함으로써 신화에 활기를 부여했다. 칼리마코스의 시는 오비드(Ovid)나 버질(Virgil) 같은 로마의 시인들에게 심오한 영향을 주었다.

헬레니즘 시대의 탁월한 목가적 시인은 칼리마코스와 동시대 사람인 테오크리토스(Theocritos)였다. 그는 시라쿠사에서 활동을 시작하여 알렉산드리아로 옮겨 갔으며(알렉산드리아 박물관과 도서관과는 공식적인 관계가 없었다), 그후에 고스(Kos)로 옮겼다. 제1차 시리아 전쟁에서 프톨레미 빌라델포스가 거둔 승리를 축하하기 위해, 그는 왕과 그의 누이/아내를 “구원자 신들”(savior gods)로서 칭송하는 찬가를 썼다. 그의 위대한 작품으로는 후일 *Eidyllia*(=작은 시들, 현대적 의미의 “idylls”가 아니다)라고 불린 것을 들 수 있다. 거기서 그는 목자의 삶에서 일어나는 일상적인 사건들에 대한 사실적인 대화들을 재현했으며, 자연에 대한 진정한 열정을 가지고서 목가적인 주제들과 장면들을 묘사했다. 그의 시들 중 일부는 사실상 무언극, 도시 생활을 묘사하는 행동과 대화를 담은 소품이며, 헤론다스의 ‘미미암비’(*mimiambi*)처럼 대부분 하류층 인물들을 묘사한다.

알렉산드리아 사람인 아폴로니오스(Apollonios, 246/45 BCE 이후에 로도로 이사했기 때문에 로도 사람이라고 불린다)는 클리마코스의 제자였다. 그가 저술한 시와 철학적 작품들 중 '아르고나우티카'(*Argonautica*)는, 호머 이후부터 5세기의 논노스의 '디오니시아카'(*Dionysiaca*) 사이에 저술된 헬라어 서사시로서 유일하게 보존되어 있는 작품이다. 그것은 전형적인 헬레니즘 작품으로서 알렉산드리아 학자들이 수집한 지리학적 지식과 희귀 도서에 대한 지식들을 통합하고 있으며 자료들에 대한 방대한 연구서이다. *Argonautica*는 알렉산드리아 학파의 특징적인 방법으로 원인론, 인물들에 대한 심리학적 분석, 본성에 대한 묘사 등에 대한 두드러진 관심을 나타내며, 때로는 다소 무미건조한 여행 이야기에도 관심을 지닌다. 헬라 전기소설의 구성 성분이 된 요소들 중 일부가 이 서사시에 나타나 있다. 그러면서도 이 작품은 라틴어 작품인 버질의 서사시에도 영향을 주었다.

이러한 시인들에 의해 널리 사용된 경구는 헬레니즘 정신을 반영한다. 그것은 원래 죽은 자를 위한 애가로서 고인이 된 인물의 덕을 찬양하는 것이었다. 경구들은 본래의 제의적인 배경에서 떨어져나와 심포지엄 등 어떤 경우에라도 낭독될 수 있는 짧은 애가가 되었다. 영웅적인 위대함을 강조하는 주제들은 거의 완전히 사라졌고, 대신에 개인의 기쁨과 사랑을 강조한다. 어떤 기술이나 직업, 예술 작품들, 그리고 자연의 감명 등에 대한 애가조의 묘사도 있다.

교훈적인 시도 인기 장르였다. 헬레니즘의 세계는 기이한 주제들을 시로 표현하는 것을 위대한 예술이라고 여겼다. 의학, 동물학, 천문학 등의 영역을 다룬 전문적인 과학 산문이 시적 작품들의 주제가 되었다. 시인이 주제를 덜 이해하면 할수록, 그는 대중의 찬탄을 더 많이 받을 것이라고 확신할 수 있었다.

Bibliography to §3.4b: Texts

Eric Walter Handley, *The Dyskolos of Menader* (Cambridge: MA: Harvard University Press, 1965).

Fragments of Menander: Greek text with English translation by F. C. Allenson in LCL.

Callimachus: Greek text and English translation of hymns and epigrams by A. W. Mair, of fragments by C. A. Trypains in LCL(2 vols).

Hermann Fränkel, *Apollonius Rhodius: Aronautica* (Oxford: Clarendon, 1961).

E. V. Rieu, *Apollonius: The Voyage of the Argo* (2d ed.; Baltimore: Penguin, 1971).

A. S. F. Gow(ed.), *Theocriti Bucolici Graeci* (OCT; Oxfoord: Clarendon, 1952).

Idem, *Greek Bucoloci Poets: Translation With Brief Notes* (Cambridge: Cambridge University Press, 1953).

Walter George Headlam and Alfred D. Knox, *Herondas: The Mimes and Fragments* (Cambridge: Cambridge University, 1922).

Herondas: Greek Text and English Translation by A. D. Knox in LCL (Choliambics).

Anthrologia Palantia(Greek Anthology): Text and English translation by W. R. Paton in LCL (5vols.).

F. L. Lucas, ed. and trans., *A Great Garland: A Selection from the Anthologia Palantia* (2nd ed.; London, Cohen & West, 1949).

Bibliography to §3.4b: Studies

T. B. L. Webster, *Hellenistic Poetry and Art* (New York: Barnes and Noble, 1964).

Faster, *Alexandria,* 1. 553-674, 717-93.

E. A. Barber, "Alexandrian Literature," in *CambAncHist* 7(1st ed.) 249-83.

Peter D. Arnott, "Drama," in Grant and Kitzinger, *Civilization,* 3. 1477-93.

Sander Goldberg, *The Making of Menander's Comedy*(Berkeley, CA: University of California Press, 1980).

E. W. Handley, "Menander and the New Comedy," in Easterling and Knox, *Greek LIterature,* 414-25.

Anthony W. Bulloch, "Hellenistic Poetry," in Easterling and Knox, *Greek Literature,* 541-621.

Bryan Hainsworth, "Epic Poetry," in Grant and Kitzinger, *Civilization,* 3. 1417-35.

Konrat Ziegler, *Das hellenistische Epos* (2d ed.; Leipzig: Teubner, 1966).

Joseph Russo, "Greek Lyric and Eleagiac Poetry," in Grant and Kitzinger, *Civilization,* 3. 1437-54.

(c) 사료 편집

헬레니즘 시대에는 특히 사료 수집 분야의 활동이 활발했다. 세계의 역사서, 지역의 역사서, 자서전, 그리고 역사적인 전공 논문 등의 단편들이 수백 개나 남아 있지만, 현존하는 주요한 것들은 폴리비오스(Polybios)와 디오도로스 시쿨루스(Diodoros Siculus)의 작품들의 단편이다. 어느 정도 잘 보존된 것은 로마 제국 시대에 활동한 헬라 역사가들의 작품들이다. 유대인 역사가 요세푸스가 저술한 거의 모든 책들, 그리고 할리카르나소스의 디오니시오스, 아리안, 디오 카시우스, 헤로디안 등의 역사서들은 잘 보존되어 있다(§6. 4d).

헬레니즘 시대의 초기에 결정적인 혁신이 있었다. 즉 역사서들은 자신이 기술하는 사건에 직접 참여했던 사람들에 의해 저술되었다. 알렉산더 대제를 개인적으로 아는 세대에 속하는 작가들은 자신의 경험에 기초하거나 또는 일기나 원래의 문서와 같은 신빙성 있는 문서들에 기초하여 정확한 보고문을 작성했다. 이것들은 정치적 의도와 상관이 없지는 않다. 이러한 작품들 중에는 이집트의 프톨레미 1세에 의해 쓰여진 알렉산더의 역사, 인도에서 아라비아 해와 페르시아만을 통과하여 유프라테스까지의 항해 탐험에 관해 기록한 알렉산더의 제독 네아코스의 보고문 등이 있다.

알렉산더의 후계자들 중 하나인 유메네스의 친구였던 카르디아의 히에로니모스(Hieronymos)는 알렉산더의 사망 후에서부터 피로스(Pyrrhos, 273/72 BCE)의 사망까지를 다룬 다이아도키의 역사서를 저술했다. 이 저서는 현재는 남아 있지 않지만, 디오도로스 시쿨루스와 아리안과 같은 후대의 역사가들에 의해 인용되고 사용되었다. 이러한 역사가들은 중요한 정치적 지위를 차지하고 있었기 때문에, 역사적 발달에 관심을 가진 작가들은 그들의 원인 탐구, 성공과 실패에 대한 묘사, 그리고 방향 설정 등을 모방했다. 또 헬레니즘 시대 후반기와 로마 제국 시대의 역사가인 폴리비오스, 아리안, 디오 카이우스, 케사르와 타키투스, 그리고 요세푸스 등은 당대의 정치적 사건들 안에서 중요한 역할을 했다. 아마 리비(Livy)는 유일한 예외일 것이다.

폴리비우스(기원전 200년 이전에 태어나 129년, 혹은 120년 이후에 사망함)는 아르카디아의 메갈로폴리스 출신의 귀족 가문의 자손이었다. 아가야 동맹의 주요 관리였던 그는 기원 전 167년에 아가야 출신의 수천 명과 함께 로마로 유배되었다. 그는 로마에서 17년을 보내면서 로마의 유력한 정치권과 접촉을 했다. 그보다 나이가 어린 스키피오(Scipio)와의 우정은 이 시기에 시작되었다. 150년에 잠시 그리스에 돌아온 후에, 그는 칼타고에 대항한 스키피오의 아프리카 원정에 참여했고, 북 아프리카 해안을 따라 서부로 향한 항해 탐험에 합류했다. 기원전 146년에 아가야 동맹이 로마에게 패배한 후에(이 때 고린도는 초토화되었다), 폴리비우스는 자기의 동포들을 위한 로마와의 협상에 성공했다. 후일 그는 이베리아에서 스키피오의 누마티아 전쟁에 참여한 것으로 보인다(134-133 BCE). 그는 또한 그리스 본토 밖을 광범위하게 여행했다.

폴리비우스의 역사적인 작품은 정치가로서의 그의 활동과 밀접한 관련이 있다. 그는 당대의 사건들에 적극적으로 참여한 사람들만이 역사를 쓸 수 있다고 썼는데(12.25), 이것은 그의 정치적인 사료 편찬, "실용적인 사료 편찬"을 통한 비판적인 진리 추구의 특성을 정확하게 나타낸다. 역사서가 모든 역사적 사건들이 향해 나아가는 목표를 분명히 나타내기 위해서는, 역사서는 보편적인 것이 되어야 한다. 폴리비우스의 경우에, 이러한 운명은 로마가 전세계를 지배하는 것이었다(1.3-5).

역사적 저서에는 기적 이야기들과 역설이 설 자리가 없다. 왜냐하면 그것들은 역사가들의 가장 중요한 과업인 바 역사적 사건들의 원인을 추구하는 작업을 흐리게 만들기 때문이다. 그 과업을 성취하기 위해서는, 국가들과 민족들과 중요한 인물들에 대해 조사함으로써 정치적 상황 및 주요한 정치적 인물들의 배경을 조사해야 한다. 그러므로 역사가들에게는 세 가지 학문이 가장 중요하다: 민족지학, 국가의 헌법에 관한 연구, 전기. 동시에, 폴리비오스는 또한 튀케(*Tyche*, 운명의 여신)—이것이 우연, 행운, 또는 운명이든 간에—의 힘을 알고 있고, 이 해결할 수 없는 원인에게 상당한 여지를 줄 만큼 현명했다. 폴리비우스는 또한 그의 역사적 저술에서 도덕성을 가르치려고 하지만, 사료 편찬이 독자들에게 즐거움을 제공해야 한다는 개념을 거부한다. 기록된 사건에 적극적으로 참여한 경험이 있는 역사가의 주된 자료는 저자 자신의 경험이며, 그 다음 자료는 기록된 문서, 서신, 정치가의 연설문 등 다른 참여자들의 자료이고, 마지막으로는 이전 시대 역사가들의 문서들과 정보들인데, 이것들은 비판적으로 평가되어야 한다.

그의 업적들 및 자료를 조직적으로 다룬 점에 있어서 헬레니즘의 시대에 폴리비오스와 비교될 수 있는 역사가는 없다. 다른 "비극적-감상적인" 사료 편찬 학파들이 폴리비오스가 옹호한 "실용적인" 역사서 저술에 필적할 수 있었는지는 논란이 된다. 비록 폴리비오스가 끔찍하고 비극적인 사건들을 생생하게 묘사함으로써 독자들의 감성에 호소하려 했던 3세기의 역사가 필라코스(Phylachos)를 공격하기는 했지만, 실제로 사료 편찬에 그러한 프로그램이 있는 것 같지는 않다. 대부분의 헬레니즘 시대의 역사가들은 적어도 객관적인 사료 편찬의 원리를 알았고, 거기에 동의했다. 그들이 성공했는지, 그리고 어느 정도 성공했는지는 별개의 문제이다. 폴리비오스도 수사학적 방법들을 종종 사용했으며, 자료들을 항상 비판적으로 평가한 것은 아니었고, 풍문과 전설 등의 자료들을 사실로 제시하기도 했다.

폴리비우스가 3세기의 역사가 티마이오스(Timaios)의 과업을 속행한 것처럼(그는 제12권에서 티마이오스를 공격했다), 포세이도니오스(Posedonios, ca. 135-150 BCE)는 폴리비우스의 보편적 역사를 속행했다. 폼페이의 전쟁들까지를 다룬 52권에 달하는 그의 역사적 저서들 중에 남아 있는 것은 거의 없다. 포세이도니오스는 역사가 신의 섭리에 의해 인도된다고 보았다(이것은 폴리비오스의 튀케를 대신한 스토아적 관념이다). 그러나, 로마의 통치를 역사의 궁극적 운명이라고 보지는 않았다. 오히려 섭리에 의해서 문화와 도덕의 계속적인 쇠퇴와 사회적 불안과 야만인의 침입의 증가가 균형을 이룬다고 보았다. 따라서 헬라인들, 특히 동방에 있는 셀류시드 왕조의 도덕적 와해에 이어 파르티아인들의 발흥했고, 로마의 점진적인 몰락 및 정신적 지배를 상실함에 따라 게르만족의 침입과 노예들의 반란이 일어났다. 그들을 아직 문화의 병폐에 감염되지 않은 고귀한 야만인들이라고 묘사한 것은 비판적 평가의 부족을 드러낸다. 이것은 그가 시실리인 노예들에 대한 이야기들을 무비판적으로 받아들인 데서도 분명히 드러난다. 물론 이것은 그의 사회적 관심을 보여주기도 한다.

포세이도니오스는 사건들의 원인들을 조사함으로써 역사를 저술했지만, 특수한 사실들이나 개인의 행동들 안에서가 아니라 일반적인 심리학적 환경 안에서 이러한 원인들을 찾게 되었다. 후기 헬레니즘 시대의 다른 역사가들이 아무리 귀중한 정보를 보존하는 데 유익을 주었다고 해도, 그들은 수집자요 편찬자들이었다. 헤롯 대왕의 궁전 역사가인 다메섹의 니콜라우스(Nikolaus)는 144권으로 이루어진 세계사를 저술하여 헤롯 대왕에 대한 풍부하고 상세한 정보를 제공했는데, 후일 유대인 역사가 요세푸스가 이것을 사용했다. 밀레도 출신인 알렉산더 폴리히스토르(Alexander Polyhistor, ca. 100-40 BCE)는 유대인 작가들의 많은 단편들을 포함하여 동방 사람들에 관한 자료들을 수집했다(이것들 중 일부는 교회 역사가인 유세비우스에 의해 보존되었다).

디오도로스 시쿨루스의 세계사 중 현존하고 있는 부분은 꽤 방대하다. 비록 역사가로서의 디오도로스의 업적은 무시할 만한 것이지만, 이 책에는 중요한 자료들이 보존되어 있다. 할리카르나소스의 디오니시오스(Dionysios of Halikarnassos)의 로마 역사는 로마의 위대함을 찬양하는 것으로 가득하고 때로 비판적인 판단의 부족도 드러나지만, 그는 유능한 작가였다. 10권으로 된 그의 역사서가 보존되어 있는데, 여기에서는 기원전 5세기의 로마의 출발도 다루어진다. 헬레니즘 시대가 끝날 무렵에 이러한 역사서들과 병행하여 로마의 역사 편찬이 시작되었다(§6.4 d).

이처럼 역사적 자료로서 귀중한 주요 역사적 작품들과 병행하여, 그 제재를 다루는 데 있어서나 비판적인 의도에 있어서 과거의 역사 편찬의 표준조차 충족시키지 못할 다양한 역사적 주제들을 다루는 방대한 문학적 전집들이 존재했다. 그럼에도 불구하고 그것들은 그 시대 사람들의 견해를 형성하는 데 영향을 미쳤다. 알렉산더의 생전에 시작된 바 알렉산더 대제를 찬양하는 경향은 알렉산더 전설과 전기 소설의 저술, 그리고 간접적으로는 후대의 알렉산더의 이미지에도 깊이 영향을 주었다. 헬레니즘 시대의 통치자들을 찬양한 다른 작품들이 있는데, 여기서는 수사학, 전설적인 상상, 그리고 독자들을 즐겁게 해주려는 욕구 등이 주요 동기였다. 디오도로스 시쿨루스는 종종 자기의 역사서에 이러한 자료들을 포함시키곤 했다. 고대에 민족지학적 관심이 확대되면서, 그러한 정보들을 무비판적으로 받아들이게 됨에 따라 외국과 타민족에 대한 신빙성 없는 기사들을 받아들이게 되었고, 기이하고 이상한 것들을 무조건 강조하게 되었다. 이러한 경향은 그 시대의 다른 문학 장르에서의 발달상, 로마 제국 시대에까지 지속된 경향과도 상응한다.

Bibliography to §3.4c: Texts

Felix Jacoby, *Die Fragmente der griechischen Historiker* (15 vols.; reprint: Leiden: Brill, 1954-64).

Polybios: Greek text and English translation by W. T, Paton in LCL(6 vols.).

Diodous Siculus: Greek text and English translation by C. H. Oldfather et al. in LCL(12 vols.).

Bibliography to §3.4c: Studies

Fraser, *Alexandria,* 1. 495-519.

Arnaldo Momigliano, *Essays in Ancient and Modern Historiography* (Oxford: Blackwell, 1977).

Idem. "History and Bibliography," in M. I. Finley(ed.), *Legacy*, 155-84.

Idem, *The Classical Foundations of Modern Historiography*(Sather Classical Lectures 54; Berkeley and Los Angeles, CA: University of California Press, 1990).

Stephen Usher, "Greek Historiography and Biography," in Grant and KItzinger, *Civilization,* 3. 1525-40.

Charles H. Talbert, "Biographies of Philisophers and Rulers as Instruments of

Religious Propaganda in Mediterranean Antiquity," *ANRW* 2.16.2(1978), 1619-51.

Henry R. Immerwhar and W. R. Connor, "Historiography," in Easterling and Knox, *Greek Literature,* 426-71.

Kurt von Frits, "Aristotle's Contribution to the Practice and Thoery of Historiography," in *University of California Publications in Philosophy* 28.3(Berkeley and Los Angeles, CA: University of California Press, 1958), 113-38.

Marin Dibelius, "The Speeches in Acts and Ancient Historiography." in: idem, *Studies in the Acts of the Apostles* (London SCM, 1956; and reprints) 138-91.

T. R. Galover, "Polybius," in *CambAncHist 8*. 1-24.

(d) 전기(傳記)와 송덕문(AFretalogy)

동양 국가들의 군주제 통치 형태는 전기(傳記)의 발달을 위한 문화적 추진력을 제공해 주었다. 이집트에서는 고대 시대로부터 확립되어온 형식에 따라 먼저 통치자들의 전기가 발달되었으며, 곧 이어 주요 인물들의 전기가 발달되었다. 모세의 이야기, 선지서(특히 예레미아서), 그리고 느헤미아서에서 전기적 부분들도 동일한 도식을 사용했다. 그러나, 고대 그리스에서는 전기가 문학의 장르로 간주되지 않았다. 물론, 이미 호머의 서사시는 영웅들의 삶을 상세히 기술하는 일에 관심을 보였다. 크세노폰의 *Cyropaedia*와 플라톤의 『소크라테스의 변증』(*Apology of Socrates*)과 같은 책에는 전기적인 요소들이 포함되어 있지만, 그것들은 엄격한 의미에서 전기가 아니다.

고대 그리스 사회의 정치적, 사회적 구조들은 다른 모든 사람들을 능가하는 개인에게 관심 갖는 것을 좋아하지 않았기 때문에, 전기라는 문학 장르는 헬레니즘 시대 초기에서야 비로소 그리스 문화에 등장했다. 근동 지방 통치자들의 전기는 공직 생활에 대한 기록인데 반해, 그리스의 전기는 유명한 시인들과 철학자들의 삶에 대한 관심에서 성장했으며, 그러한 인물들의 작품들과 생애의 관계를 탐구하며 지혜로운 사람을 위한 정확한 생활 방법의 본보기를 찾으려 했다.

아리스토텔레스의 제자들, 특히 최초의 음악학자로 알려진 아리스토제노스(Aristoxenos)는 이러한 관심들을 조직적인 문학 활동으로 발달시켰다. 아리스토제노스는 피타고라스, 소크라테스, 플라톤을 비롯하여 여러 사람의 전기를 썼다. 그러나 불행히도, 현재 이것들 중 어느 것도 보존되어 있지 않다. 우리는 덕목들에 차이를 두는 것, 그리고 행동(*ethos*)과 성격(*pathos*)의 관계에 관한 아리스토텔레스의 철학적인 견해가 이 저서들에 적용되었다고 추측할 수 있다. 이 전기들은 철학적 교리들, 삶의 행위, 그리고 삶의 형태 안에서의 성품의 형성 등에 관한 원리를 제시했다. 아리스토텔레스 학파의 관례인 바, 개인의 전기, 시인들과 철학자들의 간단한 이력들을 저술하기 위해서, 그리고 후일 고대 작가들의 책을 출판하면서 머리말에 삽입한 간단한 약력을 마련하기 위해서는 먼저 관련된 자료 수집이 이루어졌다. 현재 남아 있는 이러한 문학적 작품들의 단편을 읽어 보면 철저한 무비판적인 태도에 놀라게 된다. 주인공의 모범석인 행위를 묘사하면서 일화, 전설, 낭만적인 찬양이 주도한다.

헬레니즘 시대의 초기에, 몇 명의 통치자들의 인품은 많은 사람들에게 강력한 인상을 주었다. 그러므로 이러한 통치자들, 특히 알렉산더 대제, 시라쿠사와 마케도니아의 몇몇의 통치자들의 전기가 많이 저술되었다. 폴리비오스와 같은 역사가들이 저술한 몇 가지 작품을 제외하고는, 이러한 전기들은 찬가나 전기 소설의 경향을 보여준다. 후대의 알렉산더 전기 소설은 여기에 뿌리를 두고 있다. 서기 1세기 이전에는 정치적 경향을 띤 통치자의 전기가 출현하지 않았다. 비록 기원전 4세기말 아테네의 총독이었던 팔레론의 데메트리오스, 에페이로스의 왕 피로스, 아가야의 정치가인 시키온의 아라토스, 이집트의 왕 프톨레미 8세 유에르게테스 2세 등이 자서전을 썼다고 하지만, 통치자들의 자서전은 그다지 흔치 않았다.

헬레니즘 시대의 정치적 전기의 근원은 공직에서의 행동이 아니라 인간 개인의 중요성에 대한 관심이었다. 폴리비오스 덕분에 전기는 역사서 저술의 특징적인 표현이 되었다. 폴리비오스는 역사적 발달의 근원은 한 개인에게서 찾을 수 있으며, 개인은 자신의 삶의 체험에 의해 형성된다는 것을 깨달았다. 이러한 통찰은 로마 제국 시대의 역사 편찬에도 유효하다. 이 시기에 헬라어와 라틴어로 저술된 전기들 중 다수가 보존되어 있다. 그것들은 디오게네스 라에르티우스가 작성한 집록에서 볼 수 있듯이, 시인들과 철학자들의 전기라는 전통을 이어간다. 그러나 그것들은 중요한 정치적 인물들의 삶도 빈번하게 다룬다. 플루타크의 '페럴렐 리브스'(*Parallel Lives*)와 수에토니우스의 *Lives of the Emperors*가 좋은 예이다. 필로의 *Vita Mosis*처럼 종교 운동을 창시한 철학자들의 전기도 저술되었다.

이러한 전기 문학, 특히 현존하는 로마 시대의 전기들의 특성을 이해하기 위해서는 한 가지 보다 중요한 장르, 송덕문[aretalogy: 덕, 강력한 행위 등을 의미하는 헬라어'*αρετή*(아레테: 선함, 미덕, 명성, 칭찬, 덕)에서 파생된 용어임]에 대해 알아 보아야 한다. 송덕문의 기원은 특정 신의 위대한 행동을 열거하는 제의 찬송에서 찾아야 한다. 이러한 찬송들은 헬레니즘 시대에 시작되어 돌에 기록되었으며, 신전 경내에 공개적으로 전시되었고, 곧 현재까지 전해 내려오는 바 신들의 기적적인 행동들을 노래한 산문 설화에 포함되었다. 특히 아스클레피오스의 제의, 사라피스와 이시스의 제의에서는(§4.3d) 그러한 기록들이 종교적 선전으로 사용되었고 공적으로 암송되었다.

그러나, 헬라인의 사고 방식에서는, 비범한 인간의 재능들은 현재의 사건들 속에 나타난 신적인 능력과 기본적으로 다르지 않았다(통치자 제의를 다룬 §1.5b를 보라). 그러므로 신들을 찬양하면서 인간의 신적 재능과 놀라운 행위들을 찬양할 수 있었다. 이런 까닭에, 헬레니즘 시대에 송덕문과 전기는 밀접하게 관련 되었고, 신적인 인간을 다루는 경우에 공통의 이해 안에서 송덕문과 전기가 하나가 될 수 있었다. 위대한 시인들과 철학자들과 통치자들에게서 신적 능력이 나타난다는 전형적인 헬레니즘적인 신념의 기원은 기원전 4세기말에서 찾아볼 수 있다. 신화에 대한 유헤메루스설(Euhemerism: 신화 史實的 비평)의 비평에서는 이미 일부 신들은 원래 그 행위들로 인하여 신적 존숭을 받은 인간이었음을 증명했었다. 호머와 소크라테스의 신성(神性)을 주장하는 것은 단순히 위대한 시적 재능이나 철학적 재능에 대한 찬사의 과장된 표현에 불과할 것이다. 그러나 피타고라스와 에피쿠로스의 경우에 신적인 능력을 부여받은 철학자와 종교 집단의 거룩한 창시자 사이의 경계선이 제거되었다.

그러므로, 헬레니즘 시대의 전기에 기적 이야기들이 무비판적으로 포함되어 있는 것은 당연한 일이다. 만일 아주 초기에 저술된 전기가 현재 남아 있다면, 과연 그것이 전기인지 송덕문인지 결정하기 어려울 것이다. 이것은 로마 시대의 몇몇 전기들, 특히 종교의 창시자의 생애를 기록한 전기문에서 분명해진다. 알렉산드리아의 필로가 저술한 '비타 모시스'(*Vita Mosis*)에서, 저자가 사용한 자료들, 즉, 모세와 출애굽의 인물과 연관된 기적의 이야기들은 송덕문에 가깝다. 필로스트라투스는 신피타고라스주의자인 티아나의 아폴로니오스의 전기에 송덕문적인 기적 이야기들의 수집물을 사용했다. 또 플루타크는 자신의 전기들이 삶과 인품의 긴밀할 관계를 강조하도록 하려 했지만, 그의 저서들을 보면 종종 송덕문적인 자료들이 사용되었음을 알 수 있다.

로마 시대의 전기의 기원은 헬레니즘의 영향을 받았다. 초기 로마의 정치적 사고(思考)에서는 고대 그리스의 민주정체에서 관심을 가졌던 문제에는 거의 관심을 갖지 않았다. 전통적으로 로마 공화정의 관리라면 그의 직무에 따른 행위에 관한 기사를 출판했을 것이며, 인간을 통한 신적 행위라는 로마의 견해는 신적 인간이라는 그리스의 견해와는 다른 것이었다. 신적 행위자가 인간을 도구로 하여 행동했을 수도 있겠지만, 그렇다고 해서 도구로 사용된 인간이 신이 되는 것은 아니었다.

그러나 아우구스투스가 자신의 업적을 기록한 '모누멘툼 앙키라

눔'(*Monumentum Ancyranum*)은 단순히 직무에 따른 행동을 기록한 것이 아니라, 신적인 아우구스투스의 행위의 기록이기도 하다. 그것은 일종의 송덕문이다. 술라(Sulla), 폼페이(Pompey), 케사르(Caesar)의 전기에서부터 시작하여 수에토니우스가 저술한 황제들의 전기, 그리고 유명한 인물들의 전기들의 모음집(*Deviris illustribus*)을 거쳐 기독교 순교자들와 성인들의 전기에서 끝나는 이러한 전기 작품들은 분명히 송덕문적인 요소들을 나타낸다. 황제들의 전기에서는, 정치적 업적과 군사적 업적에 관한 이야기들이 그의 비범함이나 초자연적 외모에 대한 설화와 함께 등장하는데, 이것은 사건의 위대함과 주제의 신성함을 나타낸다. 인간의 비범하고 초인적인 능력을 찬양할 때에 찬사의 특성을 가진 것이 빈번하게 등장한다. 기독교인들은 기독교를 세운 영웅들에 관한 기사를 저술하면서 송덕문적 전기 형태를 채택했다. 따라서 그 결과 형성된 문학, 특히 기독교 성인들에 관한 전설들이 기적 이야기로 일관하는 것은 놀라운 일이 아니다.

Bibliography to §3.4d: Texts

Philo, *Life of Moses*: Greek text and English translation by F. H. Colson in LCL (Philo, vol. 6).

Suetonius, *Lives of the Caesars*: Latin text and Englaish translation by J. C. Rolfe in LCL(2 vols.).

Philostratus, *Life of Apollonius of Tyana:* Greek text and English translation by C. Conybeare in LCL (2 vols).

Richard Reitzenstein, *Hellenistische Wunderzählungen* (Leipzig: Teubner, 1906 and reprints).

Bibliography to §3.4d: Studies

Arnaldo Momigliano, *The Development of Greek Biography* (2d ed.; Cambridge, MA: Harvard University Press, 1993).

Idem, " History and Biography," in Finley, *Legacy,* 155-84.

Albrecht Dihle, *Studien zur griechischen Biographie* (AAWG. PH 3.37; 2d.; Göttingen: Vandenhoeck & Ruprecht, 1970).

Stephen Usher, "Greek Historiography and Biography," in Grant and Kitzinger, *Civilization,* 3. 1525-40.

Duane Reed Stuart, *Epochs of Greek and Roman Biography* (Sather Classical Lectures 4; Berkley: University of California, 1928).

Hans Dieter Betz, "Gottmensch II," *RAC* 12 (1983) 234-312.
Ludwig Bieler, *ΘΕΙΟΣ 'ΑΝΗΡ: Das Bild des "göttlichen Menschen in Spätantike und Frühchristentum* (1935; reprint Darmstadt: Wissenschaftliche Bunchgesellschaft, 1967).
Moses Hadas and Morton Smith, *Heroes and Gods: Spiritual Biography in Antiquity* (RPS 13; New York: Harper, 1965).
David L, Tiede, *The Charismatic Figure and Miracle Worker* (SBLDS 1; Missoula: University of Mantana, 1972).

(e) 전기 소설

최근에 발견된 파피루스들은 그리스 전기 소설(romance)의 기원이 기원전 2세기이며 인간 생존에 대한 전형적인 헬레니즘적 견해의 표현임을 증명해준다. 헬레니즘 문학의 여러 장르에서 발견되듯이, 전기 소설에서는 새로운 문학적 개념 안에 인간 경험의 모든 요소들과 그 한계의 정복을 결합했다. 전기 소설은 알렉산더 대왕의 정복을 통해 개방된 보다 넓은 지리적 수평선을 참작하고 있지만, 인간 개개인을 줄거리의 중심으로 삼으며, 또 영웅들을 종종 삶을 무의미하게 만드는 듯이 보이는 운명의 힘과 화해하게 만들려 하며, 결국 행복한 결말로 끝을 낸다.

그리스 문학의 모든 장르가 헬레니즘 시대의 전기 소설에서 다시 등장한다. 전기 소설에서 여행과 외국 국가들에 대한 관심을 갖는 것은 지리학과 민족지학에서 생겨난 것이다. 항해에 관한 기사가 자주 등장하는데, 그것들은 호머의 『오딧세이』로 거슬러 올라가는 고대의 항해 여행담(*periploi*)에서 인용한 것인데, 결코 파선을 묘사하지 않는다. 연애라는 주제는 그리스의 비극에서 차용한 것이다. 희극과는 달리, 전기 소설에서는 연인들이 끝까지 순결을 지키는 것으로 표현함으로써 이러한 주제를 승화시킨다. 유리피데스가 동일한 기법을 사용했었다. 희극과 유사한 지나친 성적 표현과 이상한 성행위 등은 그리 중요치 않은 인물에게 적용시킨다. 후대의 희문(戲文) 작자들(페트로니우스, 아푸레이우스)만이 그러한 요소들을 이야기의 주인공인 영웅들에게 적용했다. 전기 소설은 전기에 등장하는 영웅들의 기원 및 그들의 모범적인 도덕적 행동에 관한 묘사들을 인용했다. 덕과 인품, 그리고 그것들과 삶의 행위와 섭리적 행동들의 관계에 대한 표현은 철학적 전기에서 취한 것이다.

송덕문, 역설, 민족지학의 대중화, 동물학, 약리학 등에서도 많은 요소들을 받아들였는데, 기이하고 특이한 것들을 무조건 크게 강조했다. 따라서 사람들은 기적, 역설, 귀신들과 마술, 죽은 사람의 출현, 말하는 동물들, 배를 타고 신속하게 여행하는 것, 이상한 나라들과 민족들, 갑자기 땅이 갈라짐, 영웅을 신으로 찬양함 등을 발견할 수 있다. 영웅이 행한 종교적이고 도덕적인 연설, 위험과 박해를 극복함, 신의 명령, 신탁과 꿈(이것들은 모두 열등한 역사 편찬에서 발견되는 요소들이다) 등이 전기 소설의 진정한 요소들이다. 마지막으로 전기소설에는 대중적인 이야기(storytelling)에서 받아들인 주제와 자료들이 상당히 많다. 이러한 이야기들은 다른 문학 분야에서는 거의 발견되지 않으며, 따라서 그 특성을 정확하게 정의하기는 어렵다. 그러나 이러한 구전의 설화 전승들이 널리 퍼져 있었고, 전설과 우화와 수수께끼와 일화들로 가득했음은 분명하다. 이오니아에는 특히 풍부한 이야기 전승이 존재했는데, 그 영향을 헤로도토스의 저술에서 찾아볼 수 있다. 밀레도의 아리스티데스가 헬레니즘 시대의 그러한 이야기들을 수집해 놓은 것을 '밀레시아카'(*Milesiaca*)라고 부른다. 그것은 대체로 모호하고 선정적인 특징을 지닌다. 그 집록은 시센나(Sisenna)에 의해 라틴어로 번역되었다. 플루타크에 의하면(*Crassus* 32), 많은 로마 장교들은 가방에 그 책을 넣어 가지고 다녔다고 한다. 전기 소설의 작가들은 대중적인 이야기들을 많이 이용했다.

현재 알려져 있는 것으로서 가장 오래된 전기 소설인 『니노스와 세미라미스』(*Ninos and Semiramis*), 그리고 이암불로스(Iambulos)의 『태양의 국가』(*Commonwealth of the Sun*)—둘 다 기원전 2세기에 저술되었다—에는 소설 문학의 두 가지 주요 특징이 완전하게 발전되어 있다. 현존하는 *Ninos* 단편을 가지고서는 전체 줄거리를 재구성하는 것이 불가능하다. 그러나 현재 남아 있는 이암불로스의 소설의 단편들은 전체 줄거리를 충분히 짐작하게 해준다. 주인공은 에티오피아를 경유하여 여러 차례 모험적인 여행을 마친 후에 남쪽 바다에 있는 신비한 섬에 도착하며, 얼마 후에 인도를 경유하여 돌아온다. 이 이야기의 중심 부분은 유토피아에 관심을 갖는다. 주인공은 여러 해 동안 남쪽 바다에 있는 섬에 사는 행복한 주민들의 이상적인 공화국 생활에 참여했다. 그들은 태양을 숭배하며, 여인들을 공유하며, 모든 시민들은 그다지 바람직하지 않은 명예직을 교대로 맡아 행한다.

소아시아의 아프로디시아스(Aphrodisias) 출신의 카리톤(Chariton)이 저술한 *Caereas and Callirhoe*에서 최초로 여행과 연애라는 기본 주제가 함께 발견된다. 서기 2세기와 3세기의 파피루스 단편들은, 그것이 서기 1세기경에 기록되었음을 보여준다. 그 소설의 무대는 밀레도와 페르시아이며, 시대는 기원전 5세기이다. 다양한 소설의 모티프들이 연이어 등장한다. 드라마, 희극, 송덕문. 심지어 사료 편찬도 그것에 기여했다. 펠로폰네소스 전쟁 때 수라구사의 장군이었던 헤르모크라테스, 여주인공과 사랑에 빠지는 페르시아의 아르타크세륵세스 2세가 등장한다. 왕의 궁전에서 이야기는 절정에 이른다. 두 개의 모티프 중 후자는 페르시아의 궁중 소설에서 차용한 것이다. 그것은 헤로도토스에게서도 흔적이 발견되며, 다니엘 1-5장, 유딧서, 에스더서 등 유대의 저술의 배경을 제공한다. 튀게가 해결책을 제공하고 연인들을 결합시킨다.

현재 남아 있는 다른 전기 소설들은 모두 서기 2, 3세기에 저술된 것들이다. 전기 소설이 인기를 얻었음은, 파피루스에 보존되어 있는 전기 소설의 많은 단편들이 기록 날짜가 동일한 시대라는 사실에서 드러난다. 그 시기에 대부분의 기독교 전기 소설과 사도들의 행적을 기록한 위경들도 저술되었다. 에베소의 제노폰이 저술한 '에페시아카'(*Ephesiaca*)의 배경은 이집트이며, 본디발 주제가 포함된다(창세기에 기록된 요셉 이야기 참조). 아울러 여주인공과 가난한 목자와의 순결한 결혼이라는 주제도 등장한다. 이 두 가지 주제는 이미 유리페데스에 의해 사용되었던 것이다. 시리아 사람 이암블리코스의 '바빌로니아카'(*Babyloniaca*)에는 선박 여행은 묘사되지 않지만, 기적 이야기, 유령, 마술, 무섭게 얽힌 남녀 관계 등이 많이 다루어지며, 많은 짧은 이야기들도 포함된다.

서기 3세기에 에뎃사의 헬리오도로스(Heliodoros)가 저술한 '에디오피아카'(*Ethiopiaca*)는 매우 예술적인 설화라는 특징을 지녔으며, 고대 최후의 위대한 전기 소설이다. 이 작품도 역시 인간 생존에 대한 헬레니즘 시대의 견해, 즉 인간은 좋은 운명을 만나면 구원을 받기도 하지만, 인간으로서는 이해할 수 없는 세력들과 신들을 지닌 적대적인 세계에 노출되어 있다는 견해를 초월한다. 신플라톤주의적인 신념이나 신피타고라스주의적 신념에서 파생된 새로운 종교적 관념들이 헬리오도로스의 작품에 등장한다. 여주인공이 되려면 종교적으로 순결해야 한다. 여주인공은 모든 역경의 원인과 궁극적인 해결책은 보다 고귀한 신적 공의라는 것을 깨닫는다. 르네상스 시대 이후 새로이 인기를 얻었던 롱구스(Longus)의 소설 『다프니스와 클로에』(*Daphnis and Chloe*, 서기 2세기)는 특별한 특징을 지닌다. 여행이라는 주제가 없는 대신에, 레스보스 섬에 사는 목자가 노래하는 목가의 형태 안에 애정이라는 주제가 등장한다.

페트로니우스(Petronius)와 아풀레이우스(Apuleius)의 라틴어 작품에서 전기 소설이 재등장한 것은 로마 시대에도 계속해서 전기 소설이 대중의 인기를 끌었음을 보여준다. 페트로니우스가 저술한 16권짜리 저서 『사티리콘』(*Satyricon*)에는 비록 희문의 형태이기는 하지만 전기 소설의 모든 주제들이 포함되어 있다. 그것은 완전히 전도(顚倒)된 전기 소설이다. 오디세우스가 포세이돈의 진노를 받아 박해를 받은 것처럼, 여기에서는 주인공이 남근(男根)을 상징하는 신 프리아포스의 진노를 받아 고난을 당한다. 그의 선정적 욕구의 대상은 소년이며, 종종 순결이라는 주제가 음란한 성적 모험과 경쟁한다. 왕궁의 권위 대신에 교양 없는 자유민 졸부 트리말키오의 잔치가 묘사된다. 짧은 이야기들이 많고, 호머의 서사시와 루칸의 『파르살리아』(*Pharsalia*)에 대한 야유도 수록되어 있다. 아풀레이우스의 『황금의 당나귀』(*Metamorphoses*)는 파트라에의 루키우스의 헬라어 작품에 기초를 둔 전기 소설로서 어느 청년이 호색을 탐하여 모험을 하다가 나귀가 되고 말았다는 이야기이다. 이 나귀의 여행과 고난은 무수한 이야기들과 소설들—그중에 가장 유명한 것은 "Amor and Psyche"이다—을 하나로 통합하는 틀을 제공한다. 결국 이시스 여신의 개입하여 해결책을 제공하는 것으로 이야기는 끝이 나며, 주인공이 이시스 제의로 귀의하여 입문한다는 자전적인 기사가 첨부된다.

최근에 라인홀드 메르켈바흐(Reinhold Merkelbach)는 헬레니즘 시대의 전기 소설을 위장된 신비 설화로 이해하려고 시도했다. 그는 호색적인 전기 소설들을 종교적인 것으로 보며, 이러한 소설들은 근동 지방의 신비 종교를 위해 저술되었다고 주장한다. 이암블리코스의 전기소설은 미트라스 제의를, 롱구스는 디오니소스 제의를, 제노폰은 이시스 제의를, 헬리오도로스는 솔 인빅투스(*Sol Invictus*) 종교를, 안토니오스 디오게네스는 피타고라스학파의 교리를 제공했을 것이다. 주인공이 이시스 제의에 입문하는 내용을 담은 아풀레이우스의 『황금의 당나귀』(*Metamorphoses*)는 이집트 종교를 선전하기 위해 저술된 것이었다. 사도 도마에 관한 기독교 전기 소설인 『도마 행전』(*Acts of Thomas*)에는 영혼이 천국으로 승천한다는 상징적 이야기들이 있다. 그러나 두 경우 모두 종교를 선전하기 위해 과거의 소설 자료들을 개작한 결과이다. 그러나 아풀레이어스나 『도마 행전』, 헬리오도로스 이전의 전기 소설들이 상징적인 종교적 메시지를 전달하려는 의도로 저술되었다고 믿기는 어렵다.

만약 전기 소설이 단조로운 일상생활과 불행을 초월하는 경험에 대한 인간의 갈망을 반영한다면, 전기 소설은 분명히 "종교적"이라고 할 수 있다. 그것은 정치적 공동체의 장래가 희망이나 대망의 대상이 되지 못하는 사람들의 동경이다. 하나의 적극적인 가치로서의 공동체는 전기 소설에서는 다만 유토피아나 하나의 목가(이암블로스와 론구스의 전기 소설)로 나타난다. 그러한 견해들은 예언적인 정치 메시지가 아니다. 전기 소설에서 약속하는 것은 국가적 구원이 아니다. 오히려 전기 소설은 개개인의 운명과 특이한 사건들을 기술함으로써 초월적인 경험에 대한 갈망을 이루어준다. 역사적이고 정치적인 일들은 하나의 배경에 불과하다. 그러나 외국의 국가들과 민족들에 대한 묘사는 중요하다. 왜냐하면 독자들의 상상력은 일상생활의 수평선을 초월한 이국적이고 기이한 것들을 원하기 때문이다.

전기 소설에 등장하는 중요 인물들의 운명적인 시련이 절정에 이를 때에 출현하는 것은 상징적으로 묘사된 종교 체험이 아니라 사랑의 성취이다. 종교적 요소들은 악세사리에 불과하다. 고귀하고 순결하고 신실하게 인내하는 사랑이 인간 체험의 참된 목표도 제시된다. 전기 소설은 낭만적일 경우에는 종교적이다. 문학의 역사에 있어서 문학 장르의 근원적 취지가 당대의 희문들에서 분명하게 이해되는 것은 그리 드문 일은 아니다. 주인공의 외설스러운 모험들을 묘사하고 있는 페트로니우스의 『사티리콘』(*Satiricon*)은 선정적 주제가 헬레니즘 시대의 전기 소설의 핵심이었음을 증명해준다.

<u>Bibliography to §3.4e: Texts</u>

B. P. Reardon, ed., *Collected Ancient Greek Novels*(Berkeley, CA: University of California Press, 1989).

Moses Hadas(ed.), *Three Greek Romances, Translatated with an Introduction* (Indianapolis: Bobbs-Merrill, 1964; reprint 1984).

Achilles Tatius: Greek text and English translation by S. Gaselee in LCL.

Longus: Greek Text and English translation by J. M. Edmunds in LCL.

Otto Schönbeger(ed.), *Longos: Hirtengeschichten von Daphnis und Chloe: Griechisch und deutsch* (SQAW 6; Berlin: Akademie-Verlag, 1960; reprinted 1989).

Helmut van Thiel(ed.), *Leben und Taten Alexanders von Makedonien* (TF 13; 2d ed.; Darmstadt: Wissenschaftliche Buchgesselschaft, 1983). Greek text of Manuscript L and German translation.

Bibliography to §3.4e: Studies

Erwin Rohde, *Der griechische Roman und sein Vorlaufer* (4th ed.; Hildesheim: Olm, 1966). The classic study of the Greek romance, first published 1876.

Rudolf Helm, *Der antike Roman*(Studien zur Altertumswissenschaft 4; 2nd ed.; Göttingen: Vandenhoeck & Ruprecht, 1956).

Ben Edwin Perry, *The Ancient Romances, A Liturar-Histoarical Account of their Origins*(Sather Calssical Lectures 37; Berkley and Los Angeles: University of California Press, 1967).

Tomas Hägg, *The Novel in Antiquity* (Berkeley, CA: Unversity of California Press, 1983).

Idem, *Narrative Technique in Ancient Greek Romances; Studies of Chariton, Xenophon Ephesius, and Achilles Tatius*(Uppsala: Almquist & Wiksells, 1971).

G. Anderson, *Ancient Fiction: The Novel in the Greco-Roman World*(Totowa, NJ: Barnes & Noble, 1984).

E. L. Bowie, "The Greek Novel," in Easterling and Knox, *Greek Literature,* 683-99.

John J. Winkler, "The Novel," inGrant and Kitzinger, *Civilization,* 3. 1563-72.

Alexander Scobie, *Aspects of the Ancient Romance and its Heritage: Essays on Apuleius, Petronius, and the Greek Romances*(BKP 30; Meisenheim am Glan: Hair, 1969).

Reinold Merkelbach, *Die Quellen des griechischen Alexanderromans*(München: Beck, 1954).

Otto Weinreich, *Der griechische Libesroman*(Zürich: Artemis, 1962).

Reinold Merkelbach, *Roman und Mysterium in der Antlke*(München: Beck, 1962).

제4장

철학과 종교

1. 철학 학파들과 철학적 종교

(a) 아카데미와 플라톤 주의

기원전 361년 이전에 플라톤은 하나의 사적인 제의 협회로서 자신의 "학파"를 조직하고서, 아테네에서 서쪽으로 몇 마리 거리에 있는 큰 집과 동산을 이 협회에 기증했다. 이 협회의 이름은 인근에 있는 영웅 아카데모스(Akademos)의 사당 이름을 따서 지었다. 플라톤의 사후(기원전 348/47)에, 아카데미는 주로 스승의 우주론적 가르침과 신학적 가르침들을 다듬어 완성하는 일에 관심을 지녔다. 플라톤의 제자인 제노크라테스(Xenocrates)와 스페우시포스(Speusippos)는 플라톤 주의에 반영된 "플라톤" 체계를 구축했는데, 이것은 그후 수세기 동안 유행한 플라톤 주의 안에 반영되어 있다.

이 초기 플라톤 학파의 가르침들 중에서 귀신론은 유명해졌다. 플라톤은 귀신이란 신을 대신해서 인간과 의사소통을 할 수 있는 매개적 존재라고 생각했다. 그는 또한 천상이나 공중이나 영의 세계에서, 혹은 인간의 영혼 속에서 활동하는 여러 종류의 귀신들을 구분했다. 제노크라테스(기원전 315년 사망)는 이러한 개념들 외에 선한 귀신들과 악한 귀신들을 구분하는 개념을 추가했는데, 그가 생각하기에 악한 귀신들은 이 지상 세계에 출몰한다. 이 개념은, 이미 세간에 널리 퍼져 있던 신념들에게 합법성을 마련해 주었고, 그리하여 후대에 철학 문헌들과 신학적 문헌들을 보급하는 데 기여했다. 플루타크나 신피타고라스 주의자들과 같은 로마 시대의 플라톤주의자들은 이러한 개념들을 정립하는 데 있어서 중심적인 역할을 했다. 그리스도인들도 역시 다른 사람들처럼 행했다. 순교자 저스틴은 이교와의 변론에서 귀신론을 사용했다. 그는 이교에서 신을 예배하는 것은 그것을 구약 예언의 성취라고 기만하기 위해서 악한 귀신들이 만들어 낸 것이라고 주장했다. 이러한 논증을 해 나감에 있어서 플라톤 철학을 공부한 기독교 변증가들은, 이미 귀신들과 신들(gods)에 대한 구분을 상대화시켰던 제노크라테스의 가르침을 출발점으로 삼을 수 있었다.

기원전 2, 3세기의 소위 "중기 플라톤주의"(Middel Academy)는 스토아 학파와의 싸움에 전념했으며, 다른 철학 학파들과의 논쟁도 점증하였다. 이러한 논쟁들은 기원전 268년에 아카데미의 우두머리가 된 아르케실라오스(Arkesilaos)로부터 시작되었으며, 그 다음 세기에 카르네아데스(Karneades)의 인도 아래 계속되었다. 이러한 논쟁들에 있어서 플라톤주의자들은 소크라테스을 주역으로 한 초기의 대화를 많이 의존했다. 소크라테스가 궤변론자들(Sophists)에게 지식이란 감각 기관의 지각을 통해서 얻어질 수 없는 것임을 보여주었듯이, 아카데미에서는 경험, 관찰, 과학적 통찰 등에 근거해서 얻어진 개념들만이 진리치(眞理値)를 부여할 수 있다고 주장한 스토아 학파의 인식론을 반박했다(에피쿠로스도 지식이란 경험에 근거한다고 주장했었다). 플라톤주의자들은 변증법을 사용하여 이 견해에 반대했으며, 각 논증은 다른 논증의 반격을 받으므로 판단이 유보되어야 한다고 증명했다.

그러므로 플라톤 학파는 엘리스의 피론(Pyrrho of Elis)의 회의주의에 빠져 버리고 말았다는 비난을 받았다. 그러나 감각적으로 인식 가능한 세상으로부터 진리를 추출한다고 간주하는 회의주의는 후기 헬레니즘 시대와 로마 시대에 대단히 널리 퍼졌다. 라리사의 필론(Philon of Larissa: 기원전 1세기 전반)에 이르러서야 플라톤 학파는 회의주의을 넘어서서 다른 철학 학파들을 모두 거부하는 태도를 극복하게 되었다. 로마에서는 필론이 키케로의 스승이었는데, 그는 여전히 온건한 회의주의를 표방했다. 필론의 후계자인 안티오코스(Antiochos of Ascalon)는 선배들의 회의주의와 단호히 결별하고 스토아 학파에 대한 공격을 포기했다. 이것은 마침 스토아 학파에 불어닥친 플라톤 철학에 대한 점진적인 수용 흐름과 맞아떨어졌다. 이때부터 이 학파의 사람들은 자기들을 학원 회원들(Academians)이라고 부르지 않고 플라톤주의자들이라고 불렀다. 동시에 아테네의 아카데미는 그 중요성을 잃기 시작했고, 대부분의 중요한 플라톤 주의자들은 다른 곳에서 가르쳤다. 그 결과 플라톤주의 사상과 철학이 널리 유포되기 시작했으며, 수세기 동안 유대인 철학자 필로, 순교자 저스틴에서부터 성 어거스틴에 이르는 고대 기독교 사상가들을 포함한 고대 후기의 일반적 세계관을 결정했다. 그러나 이것이 어느 특정한 학파의 성공에 기인한 것은 아니었다.

이러한 플라톤주의의 보편화와 밀접한 관련이 있는 것이 인간과 세계에 관한 이원론적 개념의 발전이다. 제노크라테스는 그의 귀신론에서, 선한 귀신과 악한 귀신의 행동에 대해 책임을 지는 선한 세계 정신과 악한 세계 정신이라는 플라톤의 주장을 채택했다. 스토아 철학자인 포세이도니오스(Posidonios)는 플라톤의 이원론의 핵심을 받아들였다. 그는 우주론에서 두 세계를 구분했는데, 하나는 달 너머에 있는 불멸하고 불변하는 천상 세계이고, 다른 하나는 달 아래 있는 무상하며 변할 수밖에 없는 지상 세계이다. 아마도 후에 광범위하게 보급되었고 영지주의(Gnosticism)에 의해 활용된 삼분법적 인간론을 발전시킨 사람도 포세이도니오스일 것이다. 그에 따르면, 인간의 영(spirit)은 태양에 기원을 두고 있으며, 중간 세상인 달로부터 혼(soul)을 받는데, 이 혼은 월하 세계(지상 세계)에서 유래된 몸(body)을 활동시키고 유지한다. 인간이 죽을 때에는 이 과정이 거꾸로 진행되어, 혼이 몸을 떠나고, 혼에게서 해방된 영은 그 근원인 태양으로 돌아간다. 이 개념은 후기 스토아 철학자들에게서, 그리고 포세이도니오스의 직접적인 영향을 받았을 로마의 키케로나 세네카 등의 철학자들에게도 다시 나타난다.

플라톤주의화 된 스토아 철학은 헬레니즘 시대가 끝나갈 때, 특히 철학 학파들의 직접적 영향이 미치지 않는 곳에서 철학적, 종교적 사유의 근간을 이루었는데, 그 대표적인 예가 유대인 철학자인 알렉산드리아의 필로이다. 성경적 인물들을 덕의 상징으로 해석한 것에서 보이듯이, 그의 풍유적인(allegorical) 해석 방법은 스토아적이다. 하나님에 대한 그의 개념도 스토아적이다. 그에 따르면 하나님은 영원 불변하며, 하나의 인격이라기보다는 우주의 근본적 힘이다(물론 필로는 하나님에 대한 성경적 개념이 지닌 개별화된 특성들을 완전히 제거하지는 못했다). 필로의 철학에서는 하나님과 대자연은 동일시되며, 스토아 철학에서와 마찬가지로 로고스(logos)는 만물에 미치는 힘이다. 그러나 이와 같은 스토아 학파의 영향에도 불구하고, 필로의 세계관, 특히 인간관은 플라톤적이다. 감각 기관을 통해 지각된 가시적 세계는 무상할 뿐만 아니라 부정적인 속성들을 지닌다. 영 혹은 혼의 근원은 하나님의 세계에 있다. 그것은 몸 안에 거하는 한은 세상적 삶의 덫에 잡혀 있으며, 그것으로부터 벗어나야 한다. 실재의 본질에 관한 참된 통찰은 감각적 인식을 통해서는 이루어질 수 없다. 인간의 영만이 하나님과 로고스를 인식할 수 있으며, 그리하여 참된 지식과 덕의 실천을 통해 가시적 세계로부터 해방되며 육과 그 정욕들을 극복하고 그 본향인 천상 세계로 돌아갈 수 있다. 가시적 세계가 악의 원인일 뿐만 아니라, 육도 근본적으로 천상의 본향과는 대조적이고 이질적인 장소로서 거룩한 혼에게는 맞지 않는 의복이다.

필로의 우주론은 분명한 플라톤적인 요소를 담고 있다. 하나님은 먼저 보이는 세계의 원형으로서 불멸하는 이데아의 세계를 창조했다. 보이는 현상 세계는 이데아의 세계의 복사판에 불과한 것으로서 변화하며 결국 사라진다. 필로는 스토아적 개념에 따라 로고스란 우주를 다스리는 힘이라고 묘사하면서도 또한 플라톤적인 의미에서 하나님의 형상으로서 인간은 그 형상을 따라 지음을 받았다고 여긴다. 이런 이유로 인해, 인간은 그 참된 본질에 있어서 하나님에 속해 있으며, 보이는 세계와는 근본적으로 다르다. 필로도 영지주의자들이나 히브리서와 같은 기독교 저술들과 마찬가지로 로마 시대 초기에 플라톤주의가 승리했음을 증명해준다.

Bibliography to §4.1: Texts

Cornelia Johanna De Vogel, *Greek Philosophy; A Collection of Texts*(3rd.; 3 vols.; Leiden: Brill, 1963-67).

A. A. Long and D. N. Sedley, *The Hellenistic Philosophers* (2 vols.; Cambridge: Cambridge University Press, 1987). Greek and Latin texts with translation and commentary.

Bibliography to §4.1: Introductions and Surveys

A. H. Armstrong, *An Introduction to Ancient Philosophy* (3d. ed.; London: Methuen, 1957) 114-40.

Idem, ed., *Classical Mediterranean Spirituality: Egyttian, Greek, Roman* (World Spirityality 15; New York: Crossroad, 1986).

Philip Merlan, "Greek Philosiphy from Plato to Plotinus," in A. H. Armstrong, *The Cambridge History of Later Greek and Early Medieval Philosophy* (Cambridge: Cambridge University Press, 1967) 11-132.

G. E. R. Lloyd, "Greek Philosophy," in Grant and Kitzinger, *Civilization,* 3. 1585-1636.

Edwin Bevan, "Helenistic Popular Pilosophy," in T. D. Bury, ed., *The Hellenistic Age* (Cambridge: Cambridge University Press, 1923).

Bibliography to §4.1: Comprehensive Treatment

Eduard Zeller, *Die Philosophie der Griechen in ihrer geschichtlichen Entwicklung,* 3,1: *Die nacharistotelische Philosophie* (2 vols.; 6th ed.; Darmstadt: Wissenshaftliche Buchgesellschaft, 1963

W. K. C. Guthrie, *A History of Greek Philosophy* (6 vols.; Cambridge: Cambridge University Press, 1962-1981).

Fredrick Copleston, *A History of Philosophy*, vol. 1: *Greece and Rome* (Westminster, MD: Newner, 1960).

A. A. Long, *Hellenistic Philosophy: Stoics, Epicureans, Sceptics* (New York: Sribner's, 1974).

Bibliography to §4.1a: Texts

David G. Rice and John E. Stambaugh, *Sources of the Study of Greek Religion* (SBLSBS 14; Missoula, MT: Scholars Press, 1979) 43-48.

Bibliography to §4.1a: Studies

Philip Merlan, *From Platonism to Neoplatonism* (2d ed.; The Hague: Nijhoff, 1960).

J. Glucker, *Antiochus and the Late Academy* (Hyp. 56; Göttingen: Vandenhoeck & Ruprecht, 1978).

Mary Mills Patrick, *The Greek Sceptics* (New York: Columbia University Press, 1929).

Charolle L. Stough, *Greek Skepticism; A Study in Epistemology* (Berkeley and Los Angeles, University Press, 1977).

John M. Dillon, *The MIddle Platonists: 80 B.C. to A.D. 220* (Ithaca, NY: Cornell University Press, 1977).

Idem, "Plutarch and Second Century Platonism," in Armstrong, *Mediterranean Spirituality,* 214-29.

(b) 소요학파

아리스토텔레스의 철학의 영향은 수세기 동안 거의 감지되지 않았다. 헬레니즘의 우주관은 아리스토텔레스의 "제일 동인"(the first mover)의 개념이나 세계의 운행에 관한 기계론적 개념에는 거의 기여한 바가 없다. 아리스토텔레스의 윤리학은 폴리스(polis)라는 정치적 단위와 너무 밀접히 연관되어 있었고 급격히 변하는 정치적 환경에 쉽게 적용되기 힘들었으므로, 별로 그 가치를 인정받지 못하였다. 몇몇 주요한 학교들(스켑시스, 알렉산드리아, 로도, 아테네)

이 아리스토텔레스의 교훈적 저술의 사본을 가지고 있었을 가능성이 있다. 그러나 헬레니즘 시대에 아르스토텔레스는 소요학파 자체 안에서도 생물학자요 자연 과학자로 주로 알려졌다. 아리스토텔레스의 가르침에 관한 기록이 소아시아 북서부의 스켑시스에 있는 어느 집 지하실에 약 이백 년 간이나 감추어져 있다가 발견되는 바람에 아리스토텔레스의 논리학에 관한 중요하고도 새로운 관심을 고조시켰다는 유명한 이야기가 있다. 어쨌든 소요학파의 지도자였던 로도의 안드로니코스(기원전 1세기 중엽)는 아리스토텔레스의 저술들을 새로이 펴냄으로써 로마 제국 시대에 논리학자로서의 아리스토텔레스의 위상을 정립하게 만들었다.

아리스토텔레스의 사후, 그의 친구요 동료였던 테오프라스토스(Theophrastos; 기원전 371-287)가 소요학파를 이끌었다. 그의 많은 저술 중 일부가 보존되어 남아 있는데, 그의 유명한 『식물에 관한 연구』(*Inquiry into Plants*), 『인물론』(*Charicters*, 30여명의 전형적인 인물들에 관한 묘사), 그리고 『종교에 대해』(*On Religion*)이라는 작품의 많은 단편들이 있다. 소요학파의 주된 관심사는 이런 작품들 안에 잘 드러나 있는 바와 같이, 시인과 철학자들(§3.4 d)을 포함한 인물들에 대한 연구와 전기들, 그리고 자연 과학이었다.

Bibliography to §4.1b

Patrick Atherton, "Aristotle," in Armstrong, *Mediterranean Spirituality,* 121-34.

(c) 에피쿠로스와 에피쿠로스 학파

플라톤과 아리스토텔레스는 그들의 학교인 아카메디와 리케움을 헬레니즘 시대가 시작되기 전에 세웠는데 반해, 에피쿠르스 학파와 스토아 철학은 초기 헬레니즘 시대에 나타났다. 이 학파들의 창시자인 에피쿠로스와 제노는 동시대 사람들이었고, 둘 다 아테네에서 가르쳤다. 두 학파가 의견과 가르침에 있어서 서로 얼마나 다른지는 차치하고, 두 학파 모두 전형적인 헬라 철학을 형성하는 데 기여했다. 즉 두 학파 모두 창시자들의 개인적 삶의 영향을 크게 받았는데, 이것은 플라톤 학파나 소요 학파에 있어서는 별로 중요한 역할을 하지 못했던 요소였다.

에피쿠로스(기원전 341-270년)는 사모스에 정착한 아테네 이주민의 아들이다. 그는 사모스 섬에 학원을 설립했으며, 기원전 306년에 아테네로 옮겼다. 그 모인 장소 때문에, 그 학원은 종종 "정원 학교"라고 언급된다. 세 개 정도의 교훈적 편지를 제외하고는 그의 저작이 하나도 남아 있지 않으므로, 에피쿠로스의 가르침을 재구성한다는 것은 어렵다. 그의 제자들과 계승자들의 저작들도 아주 소량만 보존되어 있을 뿐이다.

에피쿠로스의 인식론(그는 감각 기관을 통한 모든 지각은 참되다고 주장했다)과 원자론에 대해서는 여기서 논의할 필요가 없겠다. 헬레니즘의 지적 세계를 위해 보다 중요한 것은, 에피쿠로스가 플라톤과 아리스토텔레스의 폴리스 윤리학의 실패로부터 결과들을 끌어냈다는 사실이다. 폴리스의 구성은 도덕적인 것이 아니며, 개인과 세계가 남겨졌다. 그러므로 정치적 실재(국가)가 행복과 도덕적 책임을 위한 토대 역할을 할 수 없었다. 에피쿠로스의 철학에서는 잃어버린 인간의 정치적 본향을 대체할 종교적 사회로서 정원(Garden)을 내세웠다.

에피쿠로스 학파 사람들은 비종교적이고 무신론적이라고 비난을 받았지만, 실상은 그렇지 않았다. 에피쿠로스는 결코 신들의 존재를 의심하지 않았다. 그러나 신들은 결코 인간의 삶에 개입하지 않았다. 따라서 신들을 예배하는 것은 무의미하고, 환난의 때에 그들을 부르는 것도 무의미하며, 그들에게 제물을 드리는 것도 소용이 없다. 에피쿠로스 학파의 이러한 신념은 다른 철학 학파에서 개진한 것과 그다지 다르지 않다. 스토아 학파나 소요 학파에서도, 인간은 다른 모든 존재와 사물로부터 독립해야 하므로 참으로 지혜로운 사람이라면 개인적인 일에 있어서 신의 개입을 의존하는 것은 수치라고 말하곤 했다. 그렇지만 스토아 학파가 그 유물론적인 세계관에도 불구하고 세상의 실체와 운행 안에서의 신적 능력의 작용을 찬양한 데 비해, 에피쿠로스 학파는 중요성을 원자론적인 유물론에 두었다. 즉 대자연의 운행은 원자들의 움직임들로부터 비롯되는 법칙에 의해 결정되므로 신이나, 우주적 세계 이성이나 물질 세계를 벗어난 영적 실재들이 불필요하다는 것이다. 혼도 이 세상에 속하며, 육과 마찬가지로 원자들의 우연한 배열에 따른 결과에 불과하다.

그러므로 에피쿠로스는 종교에 관한 관념에 초월적인 능력들을 연관시킬 수 없었다. 스토아 철학자들과 마찬가지로, 그는 참된 행복에 도달하기 위해서는 "자연에 순응하여" 행동하는 삶을 살아야 한다고 가르쳤다. 형이상학적인 이데올로기에서 "자연"에 대한 지식을 이끌어낼 수는 없으므로, 인간은 인간 존재의 "자연적" 욕구들을 관찰해야 하며, 전혀 의무가 없는 방해 받지 않는 행복 외에 다른 것은 원치 않는 어린이의 순수한 상태에 거해야 한다. 이것은 삶의 행동을 위한 유일하게 참된 가치를 설정해주었다. 즉 침착하게 독립적으로 행복을 추구하는 것이다. 그밖에 다른 가치들은 모두 무의미하며, 악은 행복을 얻는 데 방해가 되므로 피해야 한다.

종교적이고 사회적인 구조인 정원 안에서 이상적인 우정을 발달시킴을 통해서 참된 행복을 얻을 수 있었다. 물론 다른 철학 학교들도 종교적인 협회의 구조를 지녔었다. 그러나 에피쿠로스 학교의 경우, 이러한 조직 형태는 철학적 삶의 목표들을 실현하기 위한 기초를 제공해 준다. 이 학교는 일종의 신비종교 협회로서 회원들의 종교적 성취를 위한 환경을 제공해주었고, 그 창시자는 일종의 신적인 존재가 되었다. 우정, 공동체, 그리고 목회적 보살핌 등이 종교적 의무로 이해되었다. 그리고 회원들의 정기적 공동 식사, 에피쿠로스의 생전에 도입된 바 창시자의 생일이나 기타 중요한 회원의 생일에 행하는 축제 등은 예전적 행사가 되었다. 그러나 이러한 행사들과 의무들은 공동체의 사기를 앙양하기 위한 것이 아니었다. 오히려 개인으로 하여금 혼의 침착함과 참된 행복을 확립하도록 돕기 위해서 공동체가 존재했다.

헬레니즘 시대의 다른 모든 철학 학파들과 마찬가지로, 에피쿠로스 학파에서는 공동의 관심사들을 개인의 관심사에 종속시켰다. 여기서 신비 종교와 유사한 점을 볼 수 있다(§4.3 e). 사람들은 개인적으로 구원을 얻기 위해서 신비 종교에 입문했다. 그렇지만 신비 종교가 내세에 대한 보장을 포함한 구원을 약속하지만, 에피쿠로스 학파의 종교적 목표는 지상 생활 경험에 국한된다: 모든 감정과 경험, 행운이나 불행, 심지어 모든 욕구나 쾌락을 초월하는 삶, 간단히 말해서 일종의 허무주의적 조화라고 할 수 있다. 이런 방식으로, 현자는 그의 삶에서 죽음을 포함하여 모든 좋지 않은 경험들이 존재하지 않는 상태를 스스로에게 증명할 수 있다. 죽음은 몸과 영혼이 그 구성 요소인 원자들로 분해되는 것에 불과하기 때문이다.

에피쿠로스 주의는 한동안 상당히 영향력이 있었지만, 아마 유식한 상류층에서만 그랬던 것 같다. 그것은 기원전 1세기, 로마 공화정 말기에 상당한 영향력을 발휘했다. 루크레티우스(Lucretius)의 장문의 교훈적인 시가 그 사실를 대변해 주는 강력한 증거이다(§6. 4b). 세네카는 에피쿠로스 학파에서 목회 서신들을 저술하는 관습을 모방했다. 그러나 로마 제국 시대로 접어들면서 에피쿠로스 주의의 영향은 감소되었고, 나중에는 무신론을 반박하는 그리스도인들과 이교도 논쟁가들의 표적이 될 뿐이었다.

Bibliography to §4.1c: Text

Cyril Bailey, *Epicurus: The Extant Remains* (Oxford: Clarendon, 1926; reprint 1970)

Bibliography to §4.1c: Studies

Elizabith Asmis, "Philodemus' Epicureanism," *ANRW* 2. 36.4 (1990) 2369-2406.

John Ferguson, "Epicureanism under the Roman Empire," *ANRW* II.36.4(1990) 2257-2327.

Wolfgang Schmid, "Epikur," *RAC* 5(1961) 681-819. reprinted with other essay on Epicurus in idem, *Ausgewählte philosophical schriften* (Berin: De Gruyter, 1984).

A. A. Long, "Epicureans and Stoics," in Armstrong, *Mediterranean Spirituality*, 135-53.

J. M. Rist, *Epicurus: An Introduction* (Cambridge: Cambridge University Press, 1972).

A. J. Festugière, *Epicurus and His Gods* (Cambridge, MA: Harvard University Press, 1956).

Bernard Frischer, *The Sculpted Word: Epicureanism and Philosophical Recruitment in Ancient Greece* (Berkeley and Los Angeles, CA: University of California Press, 1982).

(d) 스토아 학파

스토아 학파는 제노(Zeno)에 의해 설립되었다. 제노는 알렉산더 대왕이 페르시아 정복을 시작한 기원전 333/332년에 시돈의 식민지인 키프로스의 키티온(Kition)에서 페니키아인 상인 므나세아즈(므낫세 혹은 므나헴과 같음)의 아들로 태어났다. 그는 집에서는 헬라어도 사용했지만, 헬라어가 그의 모국어는 아니었다. 기원전 312년에 그는 아테네로 가서 견유학파 철학자인 크라테스(Krates)의 제자가 되었다. 기원전 300년경에 그는 아테네 광장의 북쪽에 있는 스토아 포이킬레(*Stoa Poikile*)에서 대중 강의를 시작했다. 최근에 미국 고전 연구학회에서 그곳을 발굴해냈다. "스토아 주의"라는 용어는 그가 가르친 장소의 이름에서 유래한 것이다.

아테네인들로부터 크게 존경을 받던 제노는 264년경에 아테네에서 사망했다. 그의 후계자 클레안테스(Kleanthes; 기원전 331-232년)는 소아시아 앗소스의 가난한 그리스 가문 태생이었다. 그는 단지 4 드라크마를 가지고 아테네로 왔었으며, 학비를 벌기 위해서는 고용되어 부지런히 일해야 했다. 너무나 가난했기 때문에 파피루스를 살 수 없었던 그는 깨진 항아리 조각에 강의 내용을 기록했다. 우주의 섭리적 통치자인 제우스에게 바친 그의 유명한 찬가가 현재 보존되어 있다. 그의 뒤를 이어 길리기아의 솔로이 출신인 헬라화된 페니키아인 크리시포스(Chrysippos)가 스토아 학파의 우두머리가 되었다. 그는 705권의 책을 저술했으며, 스토아 철학을 조직적으로 정립한 사람으로 알려져 있다(205년경 사망).

조기부터 스토아 철학은 세계적이고 범신론적이었다. 비록 에피쿠로스 학파와 많은 전제들을 공유하고 있었지만, 스토아 철학은 반-에피쿠로스적이었다. 아리스토텔레스의 철학에서 우위를 차지하던 폴리스의 문제가 스토아 학파에는 존재하지 않았다. 스토아 철학에서 언급하는 것은 정치적 공동체가 아니라 우주이며, 폴리스의 신들이 아니라 자연세계 전체의 신적 능력이었다. 따라서 스토아 철학에시는 물리학이 중심이 된다. 그러나 에피쿠로스 학파에서는 자연을 원자들이 우연히 배열되어 이루어진 것으로 본 반면, 스토아 철학에서 자연을 이해하기 위해 사용되는 중심 용어는 로고스(=이성)이다. 우주를 만드는 데 사용된 재료는 죽은 물질이 아니라 지혜롭고 살아있으며 성장하고 움직이는 것이다. 분명히 물질이지만 항상 변화를 만들어내는 힘인 우주적 이성을 나타내기 위한 적절한 비유는 "불"이다. 불인 로고스는 비이성적이며 맹목적인 힘이 아니라 합리적인 원리, 즉 의미 있고 목적이 있고 섭리적인 우주의 질서이다. 그러므로 스토아 철학자들은 과학과 종교에 관심을 가졌다. 과학은 세계의 합리적 질서를 증명했고, 종교는 로고스의 섭리적 보살핌을 증명했다.

철저하게 유물론적 세계관을 지닌 철학인 스토아 주의는 헬레니즘 시대에 신들에 대한 신앙의 부흥을 지원했으며, 따라서 새로운 신학의 기초가 되었다. 스토아적 일신론에서는 에피쿠로스 학파에서 주장했던 바 신들에 대한 의인화 된 개념들을 거부하며, 범신론과 합리주의를 특징으로 한다. 신은 만물에 스며 들어 있는 창조적인 불이다. 신은 이성적 원리, 즉 로고스로서, 목적을 가지고서 세계의 질서와 아름다움을 고안했다. 스토아 철학자들은 순수히 외면적인 제의적 행위들을 하찮게 여겼지만, 대중 종교의 다신론적 신념들을 조롱하지는 않았다. 자연의 능력들의 현현인 신들은 세계 이성의 지혜로운 통치를 상징하고, 제우스는 천계를 나타내며, 헤라는 공기를, 포세이돈은 물을, 디오니소스는 성장력을 나타낸다. 별들은 이성적인 존재로 간주되었다. 다양한 민족들이 섬기는 상이한 신들은 하나의 신적인 이성, 일반적으로 제우스라고 불리는 그리스인들의 전통적인 최고신을 다른 이름으로 부른 것이었다. 이러한 스토아 철학의 견해는 그 시대의 혼합주의적 경향과 조화를 이루었으며, 바람직하고 철학적인 이론적 설명을 제공해 주었다.

스토아 철학자들은 세계 안에서의 인간의 역할에 대한 정의 안에서 스스로를 소크라테스의 진정한 후계자로 보았다(§4.2 a 참조). 이것이 스토아 철학의 가르침에서 윤리학이 우세한 사실을 설명해 준다. 즉, 덕이 존재하는 유일한 선이다. 그러나 에피쿠로스 학파에서는 목표는 "자연에 순응하여" 살기 위해 있는 것이라고 가르치며, 반면에 스토아 철학자들은 소피스트들을 공격한 소크라테스의 논증의 편에 선다. 즉 덕은 성공이나 쾌락으로부터 분리되어야 한다는 것이다. 물질, 정치적 야심, 특별히 인간의 애정 등 모든 다른 목표와 동기는 인간의 도덕적 운명을 변조한 것이고 왜곡한 것에 불과하다. 그러나 소크라테스가 추구한 덕의 정의에서는 공익, 동료 시민들의 권리 존중, 모든 사람의 행복에 적극적으로 공헌하는 것 등을 인정한 반면, 스토아 철학자들은 모든 정치적이고 사회적인 고려에서 덕을 분리했으며 또 세상의 사회적 구조 안에 있는 모든 표면적이고 경험적인 동기로부터 윤리학을 구분했다. 거룩한 로고스는 모든 살아 있는 존재에게 자신의 목적을 퍼뜨리며, 그 존재들은 모두가 자신의 본유적인 부분인 바 자신이 받은 몫의 로고스에 따라 행동하고 발달한다. 도덕적 행동의 유일한 목표(τέλοˊς)는 제노가 말한 바처럼 "(로고스와) 일치해서 사는 것"(ὁμολογουμένως ζῆν: 호몰로구 메노스 젠)이며, 혹은 크리시포스가 말한 바와 같이 "자연과 일치해서 사는 것"(ὁμολογουμένως τῇ φύσει ζῆν: 호몰로구 메노스 테 퓌세이)이다. 나아가 이 텔로스 개념을 수정한 것들은 스토아 철학의 역사적인 발전을 보여주는 흥미로운 지표가 된다.

윤리학 이해를 위한 결론은 세 가지이다.

(1) 윤리학의 목표는 쾌락이 아니라 이성적 행동, 즉 자신의 참된 본성인 로고스.이성에 대한 통찰이다.

(2) 비록 각각의 인간이 속해 있는 사회가 폴리스일 수는 없지만(그보다는 전체 우주이다), 인간은 "본성적으로"(θέσει가 아니라 φύσει) "사회적 동물"(χοινωνιχὸν ζῷον: 코니노니콘 조온)이라는 인식.

(3) 본성, 즉 모든 인간의 로고스는 동일하다.

그러므로 사회적, 인종적 특성들은 "본성적으로" 주어진 것이 아니기 때문에 중요치 않다. 그러나 몇 가지 문제가 여전히 해결되지 않은 채 남는다. 온 우주는 자연에 의해 주어진 것인 반면, 스토아 철학자들은 인간들이 제도적 구조에 대해 책임을 져야 하는 세계적 사회 내에서 기능들을 다스릴 수 있는 윤리적 원리들을 개진하지 못했다. 비록 그들은 우주를 "신들과 인간의 도시"라고 부를 수 있었지만, 이 표현이 함축하고 있는 정치적/사회적 의미를 규명하지 못했고, 또 신분이나 인종과 상관 없는 모든 동료 인간들을 향한 사랑이 사회적 귀결을 이루어내지 못했다. 왜냐하면 사회적 특성들은 "자연에 의해서" 정해진 것이 아니므로 타당성이 없기 때문이다. 비록 표면적으로는 노예나 황제가 되는 것처럼 혐오스러운 상황에 처해 있을지라도, 사회로부터 독립해 있는 철학자의 이상은 본질적으로 장부다운 이상으로 남아 있었다.

"자연(Nature)"은 사회적 세계, 또는 외적 물리적 세계를 말하는 것이 아니라(물론 많은 것이 거기로부터 얻어질 수 있지만), 인간의 참된 "본성," 즉 이성, 또는 이성적 분별력인 로고스를 의미한다. 사람의 몸, 건강, 기타 일상생활에 필요한 모든 것 등 정상적이고 자연스러운 인간 생존의 경험은 "자연(nature)에 따른 삶"의 준비 단계가 아니다. 진정으로 이성적인 통찰력만이 "자연"(nature)이 무엇인지, 특히 인간 실존의 정수의 궁극적인 "본질"(nature)을 구분할 수 있다.

인간의 본성과 도덕적 운명에 대한 이러한 견해는 인간의 궁극적인 이성적 본성을 인식할 수 있는 심리학을 필요로 한다. 기성 정치 공동체나 모든 표면적인 목표들은 도덕적 동기를 제공할 수 없다. 그러한 동기는 표면적인 가치관을 의존하게 만들 것이다. 심지어 우정, 가족, 건강과 같은 선을 추구하는 것까지도 참된 영혼의 자유에 장애물이 된다. 스토아 철학의 윤리에서는 모든 사람에게 우주적 세계 이성(*spermatikos logos*)의 일부로서 내재해 있는 "이성" 안에서 세계 이성(로고스)의 분명한 현존을 발견한다. 그러나 이성적 인간의 본연의 모습은 혼의 감정과 애착의 위협을 받는다. 그러므로 하나의 애착의 원리인 스토아 철학에서는 심리학이 대단히 세련된 중심 요소가 되며, 애착은 영혼의 질병으로 간주된다. 욕구, 두려움, 쾌락 등 뿐만 아니라 후회, 슬픔, 동정 등도 병적인 상태로서, 지혜로운 사람들은 무정념((*apatheia*)의 상태에 이르기 위해서는 이 상태에서 벗어나야만 한다. 스토아 철학자들은 애착에 대해 설명하면서 의학 분야의 용어와 개념들을 많이 사용했다. 영혼의 질병으로서의 애착이라는 그들의 견해는 육체의 질병에 대한 병리학적 통찰을 본딴 것이다. 철학자는 영혼의 의사가 된다.

에피쿠로스의 원리들과 일치하는 스토아 철학의 원리들은 철학자들의 과업에 대한 묘사, 그리고 물질주의적 우주론에서 분명히 나타난다. 서로 반목하는 이 두 학파의 유사성은 지혜로운 자의 이상이라는 견해에서 분명하 나타나는데, 그것은 적절한 도덕적 가치관들을 설명하는 데 의존한다. 인간은 악을 인식할 수 있으며, 일단 악을 알고 나면 그것을 정복할 수 있다는 데 이들 두 학파는 동의한다. 또 가치 있는 것이란 진실로 개인에게 관심을 갖으며 무가치한 것들과는 구분되는 것이라고 정의하는 점에서도 두 학파는 일치한다. 도덕적 가치들의 내용이 관계되는 경우, 스토아 철학자들은 내적인 가치와 물리적인 가치와 표면적인 가치들을 구분한 아리스토텔레스의 구분을 거부했고, 가치들을 분류하는 것을 인정하지 않았다. 그들은 플라톤 학파에서 주장하는 바 신중, 불굴의 정신, 절제, 정의 등 주요 가치들을 받아들였고, "자연에 따르는 것"의 공식적인 표준으로 돌아갔다. 이것은 도덕적 행동을 위한 격언적인 규칙들, 예를 들자면 "언제 어디에서나 선하다고 간주되는 것"들의 등장을 장려했다. 그리하여 스토아 철학의 윤리가 대중적인 도덕적 교훈의 기초가 되었고, 대중적인 도덕에서는 에피쿠로스의 윤리를 쾌락주의라고 여겨 거부했다.

헬레니즘 시대의 특성이 된 지혜로운 자라는 이상을 형성하고 보급한 데 대한 우선적인 책임은 스토아 철학자들과 에피쿠로스 학파에게 있었다. 고대 그리스 철학에 따르면, 지혜로운 자는 세상과 사회에서의 행동, 전쟁에서의 불굴의 용기, 정치적 결정을 내릴 때의 신중함, 다른 사람들과 교제할 때의 절제 등을 통해서 자신이 덕을 완전하게 소유하고 있다는 증거를 제시했다. 그러나 견유학파(§4.2a)에서는 지혜로운 자는 독립성과 검약, 그리고 사회의 의무로부터의 이탈 등을 통해서 구분된다는 소크라테스의 새로운 관념을 발달시켰다. 이 관념은 스토아 학파와 에피쿠로스 학파에서 동일한 목표, 즉 자기 자신과 완전히 조화를 이룸으로써 운명의 속박을 극복하는 개인의 참된 행복(*eudaimonia*) 추구에 있어서 결정적인 요소가 되었다. 에피쿠로스 학파의 경우, 참된 행복을 획득하기 위해 필요한 전제 조건은 사회로부터의 이탈이었다. 반면에 스토아 학파의 경우, 사회와의 관계는 역설적이었다. 지혜로운 자는 노예의 일이건 황제의 일이건 간에 자신에게 주어진 정치적 지위나 교육이나 근원과 관련된 온갖 세상적인 일을 하면서도 참된 행복의 소유를 증명할 수 있다. 이러한 견해는 비록 기독교적 관점에서이기는 하지만 바울의 서신에도 나타나는 공식, 즉 "마치 …이 아닌 것처럼"이라는 유명한 구절로 표현된다. 그러므로 지혜로운 자는 적극적으로 사회적인 일에 개입할 수 있다. 그러나 그가 적극적으로 활동을 하건 수동적으로 고난을 당하건 간에 사회 안에서의 그의 지위와 참여가 그의 진정한 존재에 영향을 주지는 않는다. 왜냐하면 참된 행복은 표면적인 환경에 의존하지 않기 때문이다.

고대의 전통들 안에 포함된 모든 진리를 나타내는 새로운 세계관을 개진하기 위해, 스토아 철학자들은 풍유적인 방법을 채택하고 발전시켰다. 그 주된 목적은 신들에 대한 전통적인 믿음들을 새로운 철학적과 연결시키기 위해 과거의 신화들과 종교 의식들(rituals)을 재해석하는 것이었다. 이러한 해석을 하게 된 동기는 전통적인 종교적 신앙들에 대한 진정한 존경심이었다. 이것은 호머를 위시한 고대 그리스 작가들의 작품들이 지닌 감추어진 종교적인 의미를 발견하려는 그들의 노력을 잘 설명해 준다. 이러한 노력을 하는 가운데서 풍유적인 방법에 손질이 가해지고 다듬어졌으며, 후일 헬라화된 유대인 신학자들과 기독교 신학자들이 성경 본문을 해석하기 위해 쉽게 사용된 고대의 표준적 본문 해석 방법이 만들어졌다. 위-헤라클리토스(Pseudo-Heraklitos)의 『호머의 문제』(*Homeric Problems*)는 완전히 스토아적이라고 말할 수는 없지만 그 당시에 학교들에서 유행하던 바 호머에 대한 종교적 풍유적 해석을 보여주는 가장 좋은 본보기이다. 고대 신화들의 풍유적인 해석에 기반을 둔 스토아 철학에 대한 개관 서적이 1세기에 코르누투스(Cornutus)에 의해 저술되었다.

소위 중기 스토아 학파(Middle Stoa)는 로도의 파나이티오스

(Panaitios of Rhodes; 기원전 180-110년경)에 의해 시작되었다. 그의 철학은 "고대의 철학자들로의 회귀"라는 특징을 지녔는데, 말하자면 소크라테스, 플라톤, 그리고 아리스토텔레스와 같은 고대 그리스 철학자들의 철학으로의 회귀였다. 파나이티오스는 초기 스토아 학파의 독단주의와 결별했고, 또한 크리시포스의 체계 안에 존재하는 모순들도 거부했다. 대신 그는 플라톤과 아리스토텔레스에게 크게 의존하는, 실제적인 삶에 연관된 윤리적 가르침을 강조했다. 그의 사상은 로마의 저술가들에게 강한 영향을 끼쳤는데, 예를 들어 그의 저작 『올바른 행위에 관해서』(*On Right Conduct*)는 키케로의 『의무』(*De officiis*)라는 책에서 광범위하게 인용되었다.

스토아 철학이 발전하는 데 결정적인 역할을 한 사람은 기원전 1세기 로도에서 가르쳤던 역사가요 지리학자요 점성가요 철학자인 아파메아의 포세이도니오스인데, 그에 관해서는 현대 학계에서 논란이 되어 왔다. 그는 스토아적 가르침을 후기 헬레니즘의 일반적 사상과 교묘하게 혼합했기 때문에, 후기 스토아 철학자들은 그의 철학을 받아들이기 어렵다고 판단했다. 동시에 그는 스토아 사상을 보다 일반적인 체계로 재구성했는데, 이 체계는 로마 제국 시대에 지식층의 세계관에 지대한 영향을 끼쳤다. 포세이도니오스는 소크라테스 초기의 사상, 플라톤 철학, 아리스토텔레스 철학으로부터 많은 요소들을 빌려왔으나, 에피쿠로스 학파와는 분명한 선을 그었다. 결과적으로 에피쿠로스 철학은 고립되었으며, 다른 모든 철학 전통의 요소들의 혼합은 크게 장려되었다. 그 결과는 그후 수백년 동안 이교도 사상가(키케로, 플루타크), 유대인 사상가(알렉산드리아의 필로), 크리스찬 사상가(저스틴, 알렉산드리아의 클레멘트)를 막론한 모든 사상가들, 그리고 고대 후기의 새로운 혼합 철학인 신플라톤주의에서 나타난다.

포세이도니오스의 철학을 재구성하는 일은 문제를 많이 안고 있다. 학문이란 간접적이고 이차적인 자료나 증거에 철저히 의존해야 한다. 그럼에도 불구하고 우주론에 관한 그의 가르침들은 재구성되어야 할 필요가 있는데, 그 이유는 이후의 시대에 그 가르침이 미친 영향 때문이다. 태양은 인간의 영의 원천인 순수한 순수한 불이며, 달은 인간의 영에게 혼을 부여하고, 지구는 몸을 부여한다는 그의 견해는 영지주의의 우주적 인간론에서 다시 나오는 내용들이다. 연금술과 관련된 저서들에서는 물론이고 여기에서도 영이나 혼의 천상 여행이 아주 비슷한 방식으로 이해된다. 즉, 인간이 죽으면 육은 부패하고 혼은 세상에 잠시 머물다가 세상이 힘이 쇠약해져서 영을 붙잡아 둘 수 없게 되면 태양으로 돌아간다. 포세이도니오스는 이러한 개념들을 가지고서 인간의 영이 겪는 신비 체험의 단계를 묘사하는 데 쓰여지는 도식(개요)을 만들어냈다. 포세이도니오스는 후기 헬레니즘 시대의 사상을 지배하게 된 이원론적 사상을 어느 정도는 수용했다. 그의 우주론에서 스토아적 일원주의를 유지하려고 노력했음에도 불구하고, 이 지상 세계는 열등한 영역이었다. 태양과 천상 세계가 신의 순수한 영역인데 반해, 이 세상과 신의 능력과의 관계는 여전히 모호했다. 다른 말로 하면, 이 세상에 살고 있는 인간의 존재들에게는 구속(救贖)이 필요하다. 모든 것을 다스리는 거룩한 이성은 여러 계층의 에너지들로 분화 되었는데, 신화론적인 용어로 말하자면 신들, 영웅들, 악마들로 분화되고, 점성학적인 용어로 말하면 여러 계층의 별의 세력들로 구분되었다. 그러나 로마 제국 시대의 스토아 철학자들은 포세이도니오스에게서 멀어졌다. 그들은 크리시포스(Chrysippos)를 스토아적 가르침을 체계적으로 집대성한 사람으로 인식했으며, 필요할 때마다 그를 언급했다. 로마 시대의 스토아 학파는 우주론에 관한 관심이 별로 없었지만, 스토아 윤리학은 이제 세계를 정복할 준비가 되어 있었다.

Bibliography to §4.1d: Texts

Joannes von Arnim(ed.), *Stoicorum Veterum Fragmenta* (4 vols.; Leipzig: Teubner, 1903-24).

Max Pohlenz, ed. and trans., *Stoa und Stoicker: Die Gründer, Panaitios,*

Poseidonios (Zürich: Artemis, 1950). Selections in German translation.

Bibliography to §4.1d: Studies

J. M. Rist, *Stoic Philosophy* (Cambridge: Cambridge University Press, 1969).
A. A. Long, "Epicureans and stoics," in Armstrong, *Mediterranean Spirituality,* 135-53.

2. 헬레니즘 시대의 정신

(a) 견유주의

소크라테스는 공공 장소에 가서 온갖 종류의 사람들과 논쟁하고, 그들로 하여금 자신들을 돌아보며 반성하도록 도전한 것으로 유명하다. 견유주의(Cynicism)가 소크라테스로부터 물려받은 것은 특정한 가르침이 아니라 철학을 하는 이러한 패턴이었다. 이 학파의 창시자는 소크라테스의 제자였던 안티스테네스(Antisthenes, ca 450-365 BCE)이다. 안티스테네스는 모든 쾌락을 엄격하게 삼감, 검약, 헤라클레스에 대한 저서에서 주장했던 이상 등을 전했다. 가장 유명한 견유학자는 안티스테네스의 제자인 시노페의 디오게네스(Diogenes of Sinope; 기원전 400/390-328/323)이다. 그는 건방진 언동 때문에 "개"(*κύων*: 퀴온)라고 불렸으며(여기서 이 학파의 명칭이 유래했다), 문화적 가치들과 귀족들의 관습들을 거부했다. 그는 나무통에서 잠을 잤고, 먹고 마시는 데 필요한 지극히 단순한 도구까지도 거부했으며, 항상 같은 옷을 입고 지냈다.

디오게네스는 특별한 철학적 주장들을 반포하지 않았고, 그의 후계자들도 그러했다. 그러나 후에 견유주의자들은 종종 스토아 철학의 영향을 받았다. 그들의 검약과 건방진 언동은 주로 사회의 관습들에 대한 거부 표현들이었다. 긍정적인 측면에서 그들은 행위의 자연적 표준들을 강조했고, 목회 상담자들처럼 행동했으며, 다른 사람들의 복지를 위해 자발적으로 일했다. 견유주의 철학은 교리들의 공식화와 전수한 것이 아니라, 행위을 위한 두드러진 모본들을 만들어냈는데, 그것들은 일반적으로 창시자인 디오게네스에 관한 이야기 형태를 취한다. 마로네이아의 메트로클레스는 이러한 전승들을 수집하기 위해서 *chreiai*라는 문학 장르(행동하는 데 쉽게 이용할 수 있는 규칙으로 사용될 수 있는 격언들을 지닌 간단한 일화들)를 만들어냈다.

탁발(托鉢)하는 견유주의자들의 가르침에는 특별한 유형이 없었다. 어떤 때에는 조롱을 사용했고, 어떤 때에는 듣는 사람들을 납득시키고 도와주기 위해서 관심있는 접근 방법을 사용하기도 했다. 디아트리베(*diatribê*)는 견유주의에서 만들어낸 것이다. 이 단어의 본래의 의미는 소일거리(pastime)라는 뜻이었고, 기원전 4세기에는 스콜레(*σχολή*: 여가)라는 말과 함께 철학 학파를 지칭하는 말로 사용되었다. 기원전 3세기에는 문외한을 끌어들이려는 방법으로서의 디아트리베가 철학을 연구하는 전문가들이나 학생들을 대상으로 하는 (플라톤적) 대화를 대신했다. 디아트리베는 기교적인 언어를 경멸하고, 그 본보기로서 심지어는 무례하기까지 한 일반인들의 토속적인 언어와 비유들을 사용했다. 가공의 반대자에 대한 반론, 수사학적 질문들, 일화들, 두드러진 인용들이 이러한 대중적 연설의 전형적인 양식이었다.

"견유주의의 디아트리베"로서 최종적으로 나타난 것은 순수하게 견유주의적이 아니었다. 다른 철학파들의 요소들도 흡수한 디아트리베 양식은 다른 학파들, 특히 스토아 학파에 영향을 끼쳤다. 디아트리베 양식의 창시자로 간주되는 대중 철학자 보리스테네스의 비온(Bion of Borysthenes)은 플라톤과 아리스토텔레스의 철학의 영향을 크게 받았다. 이 양식의 명백한 최초의 증거는 텔레스(Teles)라는 무명의 철학자의 단편들에서 나타나는데, 그것은 스토바이오스(Stobaios)에 의해 보존되어왔다. 디아트리베는 또한 초기 기독교 시대의 작가들, 즉 알렉산드리아의 필로, 세네카(Seneca), 무소니우스(Musonius), 에픽테토스(Epictetos), 튀루스의 막시무스, 그리고 기독교 작가들, 특히 바울 같은 사람들의 문학 양식에 영향을 끼쳤다.

Bibliography to §4.2

E. R. Dodds, *The Greeks and the Irrational* (Berkeley and Los Angeles: University of California Press, 1951).

Bibliography to §4.2a: Texts

E. N. O'Neil, ed., *Teles(The Cynic Teacher)* (SBLTT 11, Greco-Roman Religion Series 3; Missoula, MT: Scholars Press, 1977).

Gabriele Giaannantoni, *Socratis et Socraticorum reliquiae*(Napoli, Italy: Bibliopolis, 1990).

Abraham J. Malhherbe, *The Cynic Epistles: A Study Edition* (SBLSBS 12; Missoula, MT: Scholars Press, 1977).

Harold W. Attridge, *First-Century Cynnicism in the Epistles of Heraclitus* (HTS 29; Missoula, MT: Scholars Press, 1976).

Bibliography to §4.2a: Studies

Donald R. Dudley, *A History of Cynicism from Diogenes to the 6th Century A.D.* (London, 1937).

Frraud Sayre, *The Greek Cynnics* (Baltomore; Furst, 1948).

Ragnar Höistad, *Cynic Hero and King* (Uppsala: Bloms, 1948).

H. D. Rankin, *Sophists, Socrates and Cynics*(Totowa, NJ: Barnes & Noble, 1983).

Hans Kieter Betz, "Jesus and the Cynies," *JR* 74(1994).

Abraham J. Malhherbe, "Self-Definition among Epicureans and Cynics," in Meyer and Sanders, *Self-Definition in the Greco-Roman World, 46, 59.*

(b) 유헤메로스 설

헬레니즘 시대에는 신들에 대한 신앙의 기원을 설명하려는 이론들이 많았다. 이러한 설명들의 일부는 호머의 작품들에 대한 초기의 풍유화로부터, 그리고 궤변주의적 견해들로부터 유래했다. 신들을 천문학적인 세력들과 동일시한 플라톤의 신화 비평은 헬레니즘 시대와 로마 시대에 특별히 중요하게 되었다. 스토아 철학자들이 소개한 또 다른 설명에 의하면, 신들은 우주에 속속들이 퍼져 있는 힘들과 동일한 것이며, 인간은 이성이 그 본질의 핵심이기 때문에 신들과 밀접하게 연관되어 있다. 이러한 사이비 과학적 설명과 더불어 신들을 다양한 계급의 귀신들로 생각하는 보다 대중적인 이론도 발견된다(§4.1.a).

비록 많은 사람들에 의해 무신론의 전형으로 간주되긴 했지만, 고대 세계에서 신들에 대한 믿음의 기원을 설명하는 이론으로서 가장 널리 받아들여진 것은 유헤메로스 설(Euhemerism)이다. 이 학설의 창시자인 메세네의 유헤메로스(Euhemeros of Messene; 기원전 340-260년)는 무신론자라는 비판을 받았다. 그러나 유헤메로스는 생각만큼 이 이론에 크게 공헌하지 않았다. 그리스 신화에 대한 유헤메로스 설의 설명은 호머와 함께 시작된 전통에 속하는데, 여기에서 신들과 그들의 행위, 행동들, 느낌들은 신인동형론적 용어들 속에서 이해되었다. 이러한 해석은 처음부터 합리적이었다. 유헤메로스 직전에 활동한 압데라의 헤카타이오스(Hecataeus of Abdera; 기원전 350-290년)는 유대인들에 대해 기술한 최초의 고대 작가인데, 그는 이집트의 개념을 빌려왔다. 이집트의 개념에서는 부분적으로 헬라의 신들과 동일시되는 이집트의 신들이 태고적부터의 왕들로 등장한다. 이 왕들이 국가들을 세웠고, 법을 공포했으며, 사람들에게 문명화에 필요한 모든 것들과 인류의 문화를 가르쳤다. 헤카타니오스 역시 민족지학적 이상향, "About the Hyperboreans"에 대해서 저술했다. 유헤메로스는 헤카타이오스를 인용했지만, 그를 능가했다. 그의 유토피아적인 정치적 전기 소설에서 우라노스, 크로노스, 그리고 제우스(그들의 부인인 헤스티아, 레아, 헤라와 함께)는 태고부터 존재한 왕들로 묘사되어 있다. 헬라인들은 호머 이후 줄곧 신들의 연애 사건들을 마치 인간의 호색적 모험인 양 말해 왔었다. 그러나 유헤메로스는 이제 거인들에 대항한 신들의 신화적 전쟁들을 마치 왕과 군주들의 집 안에서 벌어지는 음모와의 암투인 양 묘사했다. 제우스는 알렉산더 대제의 모습으로 묘사되어 있다. 그는 서부에서 동부로 모든 나라들을 통과해 진군해 나아가면서 왕국들을 건설하고 자신의 친구들을 통치자들로 임명한다. 또한 그는 법을 제정하고 자신의 예배하는 제의들을 세웠다(이것은 알렉산더 이후 수십 년간 존재했던 통치자 제의의 분명한 반영이었다).

유헤메로스는 비판적인 신화 해석의 오랜 전통으로부터 그 결과들을 이끌어 냈다. 그러나 그는 마침내 신들을 인간의 능력으로 통제할 수 없는 경험의 영역에서 제거하여 영웅들의 수준으로 끌어내렸다. 사람들이 통치자 제의를 지킴으로써 상급을 구하려 할 때 사용하는 것과 같은 방식으로 축복을 확보하기 위해서 신들을 신적인 통치자들처럼 숭배하도록 했다. 이 정치적 신학 밖에 놓인 세계는 그 신성한 부모들을 잃어 버리고 별들과 귀신들의 능력에 넘겨지고 말았다. 신들에 대한 옛날의 믿음이 차지하고 있던 자리를 점성학, 귀신론, 마술적 의식들이 채우려 했다.

Bibliography to §4.2b: Text

K. Thraede, "Euhemerismus," *RAC 6*. 887-890.

H. F. van der Meer, *Euhemerus van Messene* (Amsterdam; Vrije Univeriteit te Amsterdam, 1949).

Albert Henrichs, "The Sophists and Hellenistic Religion: Prodicus as the Spiritual Father of the Isis Aretalogies," *HSCP* 88(1984) 139-58.

(c) 점성술과 운명

플라톤은 별들이 신적인 존재라고 말했다. 플라톤 이전에도 피타고라스주의자들은 동양으로부터 유사한 점성술적인 믿음을 받아들였을 것이다. 그러나 그러한 견해들은 헬라의 종교적 사상의 전통 안에서는 생소한 것이었다. 헬라의 신들은 별들과 전혀 공통점 없었고, 태양 숭배는 실시되지 않았고, 태양의 신 헬리오스는 다른 신들과 똑같은 식으로 의인화되지는 않았다. 해, 달, 별들, 혹성들이 강력한 신들로서 국가들의 운명, 전쟁과 평화, 밭의 과일들의 성장, 가축들의 건강과 생식력을 결정한다는 관념은 메소포타미아에서 유래되었다. 한 도시나 국가를 위한 별자리는 훨씬 더 오래 된 반면에, 개인들을 위한 별자리는 기원전 5세기말경에 최초로 메소포타미아에서 발견된다.

헬라인들은 기원전 4세기에 이 점성술적인 믿음에 대해 알게 되었다. 당대의 가장 중요한 수학자였던 크니도스의 유독소스(Eudoxos)와 아리스토텔레스의 제자이며 후계자였던 데오프라스토스는 별들의 능력에 대한 믿음을 철저히 배격했다. 그러나 그 다음 세기가 진행되는 동안 천문학의 발달과 함께 그러한 믿음은 헬라어권 세계에 급속히 퍼져나갔다(§3.3b). 스토아 철학의 창시자 제노는 바벨론 점성술의 영향을 받았던 것 같다. 바벨론인 사제 베로소스(Berossos)는 자신이 저술한 바벨론 역사에서 점성술에 대해 방대하게 묘사했는데, 그 책은 헬라어로 출판되어 시니아의 안티오코스 1세에게 헌정되었다. 이러한 성공적인 진보들의 결과로 점성술은 확고하게 뿌리를 내렸으므로, 기원전 2세기에 아카데미의 수뇌였던 카르네아데스(Karneades)의 저항은 너무 늦은 것이 되어 버렸고, 스토아 철학을 점성술과의 연루된 스토아 철학을 해방시키려는 파나이티오스(Panaitios)의 노력은 수포로 돌아갔다. 별들에 대한 새로운 믿음은 뿌리 뽑을 수 없게 되었다.

바벨론 점성술과 더불어 헬라의 과학과 헬레니즘의 새로운 철학적 종교도 승리를 거두었다. 물론 헬라의 과학, 특히 천문학이 가장 눈부신 진보를 이루었던 도시 알렉산드리아는 체계적이고 과학적인 점성술적 노력의 탄생지이기도 하다. 헬레니즘 시대의 천문학자들의 과학적인 발견은 바벨론 시대의 것들보다 훨씬 더 뛰어난 것이었기 때문에, 점성술적인 운명의 결정을 위한 새로운 체계들은 가장 현대적인 통찰들과 가장 발달된 수학적 방법들의 도움으로 발전되었다. 천문학과 점성술 사이에 있을 수 있는 갈등은 의식하지 못했던 것 같다. 기원전 2세기에 잠시 알렉산드리아에서도 일했던 고대의 중요한 천문학자인 니케아의 힙파르코스(Hipparchos of Nicea)는 점성술의 개념들을 진리로 믿었다. 수학과 신비주의는 결단코 상호 배타적이지 않았다. 기원전 2세기에 잘 알려진 천문학 안내서가 "네켑소와 페토시리스"(Nechepso and Petosiris)라는 가명으로 출판되었고, 헤르메스 트리스메기스토스(Hermes Trismegistos; 이 이름은 후에 연금술 문학을 위한 권위로서 중요해진다)가 저술했다고 주장 되는 비슷한 작품도 나왔다(§6.5. e). 물론 이 작품들은 이집트의 전통과는 관계가 없으며, 헬라인 과학자들이 바벨론 점성술을 토대로 한 자신의 연구에 기초하여 쓴 책들이다.

처음부터 일관된 과학적 체계로 등장한 점성술은, 세계를 새로운 철학적-종교적으로 해석하기 위한 골격을 제공했기 때문에 성공했다. 신들을 섬기는 종교들은 그 신들이 정치 생활, 경제 생활, 그리고 개인의 생활의 후원자요 보호자로 경험되는 경우에 한해서만 이 형태로 살아남을 수 있었다. 그러나 인구의 유동성, 지리적인 지평의 확대, 그리고 경제와 정치와 과학의 보편화로 말미암아 더 이상 지역의 신들로 만족할 수 없게 되었다. 비록 새로운 헬라 왕국들의 통치자들은 자신의 보편적인 정책들을 위해서 고대 도시의 제의들과 신들을 사용했지만, 이것이 이 신들을 보편적인 신들로서 새롭게 이해하는 결과를 낳지는 않았다. 대중화된 철학과 그와 연결된 점성술은 새로운 방향을 제시했다.

가장 중요한 보편적 철학이었던 스토아 주의는 그 우주론 형성에 있어서 보편적으로 타당한 점성학 개념들을 의지했다. 점성학은 과거의 신들이 우주적 세력으로서 재등장할 수 있는 골격을 제공해주었다. 한 때 올림포스 산의 통치자였던 제우스는 바벨론의 치료신 마르둑(Marduk)과 동일시되어 가장 밝은 혹성으로 재발견되면서 하늘의 빛나는 주(lord)인 목성(Jupiter)으로 변화되었다. 아프로디테(Aphrodite)는 금성(Venus=Ishtar, 사랑과 미의 여신), 아레스(Ares)는 화성(Mars=Nergal, 바벨론의 죽음의 신), 크로노스(Kronos)는 토성(Saturn=Ninurtu, 바벨론의 전쟁의 신), 그리고 헤르메스(Hermes)는 수성(Mercury=Nebo, 바벨론의 지혜의 신)이 되었다. 한 주일의 날은 이 다섯 혹성과 해와 달에 의해 결정되었다. 이것이 헬라 정신의 산물이었다는 것은 태양의 지배적인 위치에서 나타나는데, 이는 발전된 헬라 과학의 태양 중심적 우주관과 일치한다. 반면에 바벨론에서는 달이 보다 중요한 운명의 힘이었다.

이러한 헬라 신들의 보편화에서는 태양을 중심적 위치에 두었는데, 이는 무적의 태양(*Sol Invictus*)을 기독교와의 투쟁에 있어서 가장 강력한 이교의 상징으로 삼았던 후기 로마 시대의 발전의 기초가 되었다. 철학자 포세이도니오스(Posidonios)는 순수한 불인 태양은 모든 이성과 모든 영들의 근원이며, 궁극적으로 모든 힘은 태양에서 비롯된다고 주장했다. 그러나 이러한 생각들의 대중화는 로마 시대에 이루어졌다.

우주적인 법과 힘이라는 개념을 지닌 점성학적 세계관은 인류가 살아 나가기를 배워야만 했던 더 크고 새로운 세계에 대한 이미지를 제시했고, 그들이 고려해야만 하는 힘들에 대한 모종의 생각들을 제공했다. 그러나 이 세계관에는 유령을 불러들이는 부정적인 측면도 있었다(*Heimarmenê*). 이 용어는 호머가 사용한 μοῖ;α(모이자: 운명, 숙명)과 같은 어근을 지닌 헬라어 μείςομαι(메이조마이: 자기의 몫을 받다)에서 유래되었다. 고대 그리스의 비극에서는 그 용어 대신에 사랑, 죄책, 재난, 죽음 등으로 나타난 인간 삶의 불가해한 "필연성"과 강력한 신비를 의미하는 아낭케(ανάγκη)에 대해 말했다. 아리스토텔레스는 아낭케를 정의하여 "자유로운 선택의 움직임에 반대되는 것"이라고 했다(*Metaphysics* 4.5; p. 1015a, 20ff.). 그러나 "필연성"이 인간의 삶을 무의미하고 부조리하게 만들지는 않으며, 단지 인간들이 자신들의 삶을 미리 계산하지 못하게 한다. 따라서 그것은 수수께끼로 가득찬 삶의 참된 경험을 위한 기회를 제공했다. 그것은 최후를 결정하게 될 것이 성공이냐 절망이냐를 드러내지 않은 채 인간이 자신의 인간성에 충실할 것을 요구했다.

그러나 헬레니즘에서는 *Heimarmene*가 수학적 계산처럼 인생을 결정하는 힘이 되었다. *Heimarmene*는 모든 것 위에 있는 최종적인 힘을 지닌 최고의 신, 별들 속에 기록되었으며 별들이 궤도를 따라 도는 것처럼 정해진 행로를 따라 살아가게끔 되어 있는 운명이었다. 알렉산드리아의 필로는 바벨론 점성학과 *Heimarmene*의 개념에 대한 특징적인 묘사를 하고 있다(*Migr.* Abr. 179).

> 이 사람들은 가시적인 우주(즉, 지구와 별들)가 존재하는 유일한 것이고, 그것은 우주의 영혼으로서 그 자체가 신이거나 그 안에 신을 담고 있다고 생각했다. 그들은 운명(*heimarmenê*)과 필연성(ανάγκη)를 신들에게 속한 것으로 만들었고, 따라서 인생을 많은 불경건함으로 채웠다. 왜냐하면 그들은 가시적 현상들 [우주의] 바깥에는 그 어떤 것에도 행위의 원인자가 없고, 그러나 해와 달과 다른 천체들은 그들의 궤도들에 의해 모든 존재를 위한 선뿐만 아니라 그 반대의 것도 결정한다고 가르쳤기 때문이다.

점성학적인 세계관에서는 모든 인간을 운명의 손에 넘겨주기 때문에 자유가 자리잡을 여지가 없다. 심지어는 인간의 삶의 사회적 구조들의 관계들과 권위들조차도 비록 제한되기는 하지만 자유가 가능한 영역으로 논의되지 않았다. 인간들은 그들이 물려받은 사회적 구조들에서부터 끌려나왔고, 헬라 철학은 인간들의 정치적, 사회적 차원에서의 인간의 자유나 도덕적 책임을 결정할 수 없게 되었다. *Heimarmene*라는 표식 아래 있는 새로운 세계관에서는 정치적 구조들을 고려하지 않았고, 오직 별들의 운행에 관한 법칙들과 물리적/자연적 법칙들만을 고려했다. 후에 황제들의 주화와 군기(軍

旗)에는 점성학적 상징들이 그려졌고, 그리하여 심지어 통치하는 정치 세력도 별들의 법칙에 순응한다는 것을 모든 사람들로 하여금 믿게 했다.

계산할 수는 있지만 바꾸어 놓을 수 없고 무자비한 항성의 힘들과 인간 개인들과의 대면은 점성학적 숙명론의 확산을 용이하게 만들었다. 그것들은 물질적이고 물리적인 특성을 지닌 세력이었기 때문에, 그러한 세력들에게 영향을 미칠 수 있는 마술이 삶의 모든 영역에 침투해 들어왔다. 사람들은 연애에 성공하기 위해서 마술사를 필요로 했고, 점성학 안내서에 따라서 잔치를 벌이기에 가장 좋은 시간을 선택했으며, 점성가에게 자문을 구한 후에만 중요한 정치적 결정들을 내렸다. 운명과 논쟁하는 것은 무익한 일이었으나, 사람들은 최소한 그 운명에 맞추어서 계획들을 조절할 수는 있었다. 점성학과 *Heimarmene*에 대한 믿음이 로마 제국 시대에 그 절정에 도달하게 됨에 따라, 미트라신교(Mithraism)와 기독교 등 구원의 새 종교들은 어쩔 수 없이 그것과 타협해야만 했다.

Bibliography to §4.2c: Studies

Franz Cumont, *Astrology and Religion among the Greeks and Romans* (New York and London: Putnam's, 1912).

Franz Boll, Karl Bezold, and Wilhelm Gundel, *Sternglaube und Sterndeutung: Die Geschichte und das Wessen der Astrologie* (5th ed.; Darmstadt: Wissenschftliche Buchgesellschaft, 1966).

O. Neugebauer and H. B. van Hoesen, *Greek Horoscopes* (MAPS 48; Philadelphia, PA: American Philosopical Siceity, 1959).

Hans Georg Gundel, *Weltbild und Artrologie in den griechischen Zauberpapyri* (München: Beck, 1968).

Wilhelm Gundel and Hans Gundel, *Arstrologumena: Die astrologische Literatur in der Antike und ihre Geschichte* (Wiesbaden: Steiner, 1966).

(d) 오르페우스교와 내세에 대한 개념

오르페우스교(Orphism: 윤회, 응보 등을 믿는 신비 종교)와 트라키아의 가수 오르페우스(Orpheus; 그의 추종자들은 그의 생애는 호머 시대 이전으로 연대를 추정한다)라는 인물의 기원은 불확실하고 불가사의한 것으로 남아 있다. 오르페우스교는 고대 시대에 저술된 신화적 저술에서 처음으로 분명히 나타난다. 헤시오드의 신화적 시들의 예를 따라, 헬라의 작가들은 시적인 언어로 신들의 기원과 후손들에 관한 많은 작품들을 만들어 냈다. 이 모든 작품들은 기원전 600년에서 500년 사이에 쓰여졌다. 그것들은 결코 같은 종류가 아니었고, 일찍이 헤시오드가 그러했던 것처럼 근동 지방의 신화적 전승들을 많이 사용했다. 쿠마르비(Kumarbi)와 괴물 울리쿰미(Ullikummi)에 관한 아나톨리아의 신화(힛타이트 본문들을 통해 보존됨)와 헤시오드의 『신통기』(神統記, *Theogony*), 그리고 바벨론의 창조 신화 *Enuma Elish*(기원전 1500년)와의 관계는 매우 밀접하다. 후대에 가서 이 신화들은 헬라 세계에 다시 알려졌는데, 바벨론 창조 신화는 바벨론 사제 베로소스를 통해서(기원전 3세기), 아나톨리아의 신화는 페니키아인 비블로스의 필론(서기 64-141년)이 저술한 『페니키아 역사』(*Pheonician History*)를 통해서 알려졌다. 근동 지방의 신화적인 자료들을 사용한 사례는 문학 작품들을 통해서 분명히 입증되었지만, 다른 분야에 있어서도 동양과의 유사한 접촉이 있었음을 배제할 수 없다. 그러한 접촉은 기원전 6세기의 신화적인 시들에 영감을 불어 넣어 주었고, 헬레니즘 시대에 부흥했다.

오르페우스교 사회가 그러한 신화적인 시들을 상당 부분 공유했음이 분명하지만, 그들의 역할을 과대평가해서는 안된다. 기원전 6세기에 저술된 몇몇 신통기(神統記)들은 오르페우스교의 작품들이다. 히에로이 로고이(*Hieroi Logoi*)라는 저서는 매우 큰 영향을 미쳤는데, 일찍이 헤로도토스와 신플라톤주의자들도 그것을 언급했다. 최소한 하류 계층의 사람들을 상당수 회원들로 포함시켰던 오르페우스교의 비밀종교 집회들이 있었음이 분명하다. 오르페우스교의 사제들은 종교적으로 교훈적인 책들을 판매했고, 사람들을 오르페우스교의 의식(mysteries)에 참여하도록 초청했다. 오르페우스교의 신화들과 신비주의는 헬라의 신비종교들에게 상당한 영향을 끼쳤던 것 같다(§4.3e, f). 완전히 확립된 오르페우스교의 신비 의식은 기원전 3세기경에 처음으로 등장했음이 입증된다. 오르페우스교의 중심지는 피타고라스 학파(헬레니즘 시대 초기에는 존재하지 않았다. §6.5d)의 소재지였던 남부 이탈리아였다. 아마도 피타고라스 학파의 남은 자들은 오르페우스교 집단에 흡수되었을 것이다.

오르페우스교 신학의 특징은 일신론적 경향이다. 크세노파네스(Xenophanes)로부터 인용한 유명한 인용구에 등장하는 "한 신이 있다"는 문구는 후대에 매우 널리 알려졌고, 기원전 3세기의 오르페우스교 본문에 나타난다. 한편 보다 초기의 오르페우스교 신통기들 속에 나타난 다신론적인 사색들은 수정된 형태로 지속되었다. 태고의 원리들, 즉 물과 흙으로부터 존재가 생겨날 때에 크로노스(Kronos)는 첫번째 자리를 차지했다. 크로노스는 아이테르(Aither)와 카오스(Chaos)를 창조했는데, 이들 안에 세계의 알(world egg)이 들어 있었고, 그로부터 전형적인 오르페우스교의 창조신 파네스(Phanes)가 나왔다. 파네스는 짐승의 머리들을 갖고 있는 날개 달린 중성적인 인물인데, 때로 디오니소스와 동일시 되기도 하고 프로토고노스(Protogonos)라고도 불린다. 이어지는 창조의 과정을 통해서 다른 신적 존재들이 생겨난다. 이들 중 어떤 것들은 전통적인 신들과 동일시되고, 다른 것들은 *Heimarmene*와 *Ananke*처럼 힘(powers)이라고 지칭된다. 이 신화의 변형본과 역본들이 현존한다. 이것들의 핵심은 타이탄들이 디오니소스를 정복하고 잡아먹기 시작했으며, 이에 격노한 제우스는 타이탄들을 그의 번개불로 태워버렸는데, 그 때 연기 속에서 디오니소스의 신성과 타이탄들의 사악함을 지닌 인간들이 나왔다는 이야기이다. 이러한 오르페우스교 신화의 역본들이 영지주의적 신화에 직접적으로 영향을 미쳤는지, 아니면 영지주의적 신화가 근동 지방의 신화들을 유사하게 사용한 것인지에 대해서는 더 연구해 볼 가치가 있다.

오르페우스교는 사람이 죽은 후에 그 영혼이 다른 사람의 몸 속으로 들어간다는 윤회의 교리와 지하세계 및 사후의 형벌에 대한 개념을 통해서 가장 심오한 영향을 미쳤는데, 이러한 개념들은 대중적인 신앙과의 긴밀한 연관 속에서 발전되었다. 헬레니즘 시대의 통념은, 사후에 영혼들은 진정한 의식이 없는 유령의 삶 속에 있는 자신을 발견하게 될 것이라는 생각이었다. 죽은 자들을 위한 제사, 장례 의식, 마술적 관습 등에 관한 다양한 고대의 믿음들은 계속 존속했고, 헬레니즘 시대에 새롭게 꽃 피었다. 죽은 자들을 위한 식사는 널리 행해지던 관습으로서 순교자들의 무덤 앞에서 식사하던 기독교의 관습에서도 지속되었다. 이 믿음은 만일 죽은 자가 행운을 얻게 된다면, 음식과 포도주의 영원한 잔치를 즐길 수 있을 것이라는 생각과 밀접한 관련이 있다. 음식과 포도주를 가져와서 무덤 위나 땅 속에 박혀 있는 파이프에 붓는 일도 관례적인 것이었다. 저주판들이 무덤 위에 놓여졌는데, 죽은 사람은 그 저주를 없애줄 책임이 있었다.

갑작스럽게 죽은 사람들이나 매장되지 못한 사람들의 영혼은 그 시체가 있는 주위에 자주 나타난다고 가정했다. 따라서 마술을 통하여 그들을 불러내어 산 자를 돕게 만들 수 있었다. 강신술의 사례들도 기록되어 있다. 때때로 사람들은 영혼이 사후에 슬픈 운명에 처하게 되는 것은 망각의 우물(Λήθη: 레데)에서 물을 마셨기 때문이라고 했다. 이 헬레니즘적 개념은 그에 상응하는 고대 그리스의 개념(레데의 집[House of Lethe]에 대한 내용이 담겨 있다)에 비교할 때 새로운 것이었다. 기억의 샘(Μνημοσύη: 므네모쉬네)에서 물을 마신 자는 신들과 영웅들의 세계로 옮겨가서 살게 된다. 오르페우스교 사람들은 특히 이 고대 그리스의 개념을 즐겨 사용했다. 그들은 무덤 속에다가 망각(Ληθη: 레데)의 샘을 피하고 기억의 샘물을 마시라고 죽은 사람에게 권고하는 말을 새겨 넣은 작은 금판을 집어 넣었다.

이 모든 것은 죽은 사람들이 그들의 악한 행위에 대한 형벌을 받거나, 혹은 항구적인 복락과 기쁨의 장소로 가거나, 아니면 영웅이 되어 신들과 친교를 누린다는 신앙을 반영해 준다. 이러한 믿음들은 결코 내세에 영혼이 육신이 없이 사는 것이 아니며, 인간의 삶을 완전히 재현한다고 상정한다. 그러한 믿음들에 관한 증거들을 제공해 주는 비문들은 극히 드물다. 대부분의 경우, 우리는 사랑하는 아내나 남편이나 자녀를 잃었다는 내용의 상투적 문구만을 발견한다. 복된 내세에 대한 믿음은 남부 이탈리아의 꽃병, 죽은 자들을 심판하는 장면을 담은 마케도니아 무덤들의 벽화들 속에서 보다 분명하게 나타나며, 그리고 로마 시대로 이어져, 영웅화 된 죽은 사람을 위한 제의를 유지하고 발전시킨 수많은 건물들과 기부물들 속에서 보다 분명하게 나타난다. 오르페우스교의 가르침과 이후 신피타고라스주의자들의 가르침은 영혼 불멸을 믿는 믿음의 형성과 확장을 위한 촉매 역할을 했다.

점성학적 세계관에도 불구하고, 오르페우스 교도들은 땅 속 깊은 곳 속에 있는 형벌의 장소(Tartaros)와 서쪽 끝에 있는 극락의 들판에 대한 옛 개념을 고수했다. 이것은 대부분의 일반 사람들 사이에 살아 남아 있었던 믿음이었다. 형벌의 장소를 지구 반대편에 있는 남극의 하늘로 옮김으로써 점성학적 세계관으로 그러한 믿음들을 조정해 보려는 시도가 간혹 있었지만, 일반적으로 받아들여지지 않았다. 오르페우스교 교리는 헬레니즘 시대 초기에 널리 퍼져 있었으며 로마 시대의 이교도들(버질, 플루타크, 사마사타의 루키안), 유대인(에녹 1서), 기독교인(베드로 묵시록, 도마행전)에게서 풍부하게 증거가 발견되는 바 지옥에 대한 묘사의 기초가 되었다. 플라톤은 공의와 응보를 논하면서 오르페우스교의 내세의 형벌의 교리를 사용한 최초의 사람이었다. 서기 2세기에 이교도 조롱자 루키안(Lucian)은 철저한 그리스의 전통 안에서 지옥의 형벌에 대한 무시

무시한 묘사들로써 기독교 설교자들과 경쟁했다. 이 두 사람이 보여주는 것은 당시에는 정치적 질서 속에서 공의의 개념을 수립할 수 없었으므로, 내세에 각 개개인을 위한 보상과 형벌이 있다는 개념에 거의 전적으로 의존할 수 밖에 없었다는 것이다. 바로 이러한 이유 때문에 정확한 과학적 통찰들을 향한 진보에도 불구하고 옛날의 신화적 세계관의 일부가 보존되었던 것이다. 공의의 개념은 포기할 수 없는 것이었다. 물질적인 과학적 세계관 속에는 그 개념이 자리할 공간이 없었다. 점성학적 세계관도 힘과 능력들에 관해 말할 수는 있었지만, 그것은 운명의 개념에 의해 좌우되었다. 그러므로, 비록 무시무시한 방식이긴 했지만, 공의의 개념에게 피난처를 제공해 주는 지옥불과 형벌에 관한 신화적인 묘사에 매달리는 수밖에 없었다.

Bibliography to §4.2d: Texts

Apostolos N. Athanassakis, ed., *The Orphic Hymns* (SBLTT 12; Missoula: Scholars Press, 1977).

Bibliography to §4.2d: Studies

W. K. C. Guthrie, *Orpheus and Greek Religion: A Study of the Orphic Movement* (2d.; London: Methuen, 1952; reprint: Princeton, NJ: Princeton University Press, 1993).

Martin P. Nilsson, "Early Orphism and Kindred Relgious Movements," *HTR* 28 (1935) 181-230.

Arthur D. Nock, "Orphism of Popular Philosophy?" in idem, *Essays,* 1. 503-15.

M. L. West, *The Orphic Poems* (Oxford: Clarendon, 1983).

Larry J. Alderink, *Creation and Savation in Ancient Orphism* (American Classical Studies 8; Chico, CA: Scholars Press, 1981).

Robert Garland, *The Greek Way of Death* (Ithaca, NY: Cornell University Press, 1985).

Emily Vemeule, "The Afterlife: Greece," in Grant and Kitzinger, *Civilization,* 2. 987-06.

John A. North, "The Afterlife: Rome," in Grant and Kitzinger, *Cicvilization,* 2. 997-1007

3. 헬라 종교의 발달

(a) 종교적 혼합주의

헬레니즘 시대는 종교적 혼합주의(syncretism)의 시대라는 특징을 지닌다. 이 단어의 의미를 분명히 파악하기 위해서 이 단어의 원래 의미를 의존하는 것은 별로 도움이 안 된다. "syncretism(συγχρητισμός: 쉉크레티스모스)"이란 말은 일찍이 서로 적대관계 속에서 살아가던 크레타 섬의 도시들이 구성한 동맹을 지칭하기 위해 처음 사용되었다. 현대에 와서 이 용어는 헬라어 동사 "συγχεράννυμι(쉉케란뉘미: 섞다)"의 파생어로 오해되어, 종교들, 특히 그리스의 종교와 동양 종교들의 혼합을 묘사하기 위해 사용되었다. 그러나 혼합이란 말은 이러한 종교적 전통들의 만남과 그 결과의 특징을 제대로 묘사하지 못한다. 그 만남은 헬레니즘 시기의 초기에 인구의 유동성이 커지면서 헬라인들과 야만인들이 각기 나름의 종교적 전통을 지닌 채 공존하게 되면서 시작되었다. 단지 주민들이 섞여 살았기 때문에 종교적 혼합이 이루어진 것이 아니다. 그것은 진정한 영적이고 심리학적인 것으로서 한편으로는 헬라인들의 지배적인 위치(이것은 필연적으로 그리스 문화의 확장으로 이어졌다)에 뿌리를 두었고, 다른 한편으로는 진기하고 이국적인 것에 매력을 느끼는 헬라인들의 정신에 뿌리는 두고 있었다. 이것은 많은 상이한 발달상을 낳았는데, 그것들은 모두 나름대로 혼합적 현상들이었다.

원래 근동 지방의 종교와 헬라인들의 종교는 국가나 도시, 또는 민족들에 의해서 확고하게 자리를 잡은 지역적인 제의들이었다. 이들 종교의 신들은 사당, 신성한 동산이나 산 등 특별한 장소와 연결되어 있었다. 그러나 인구 이동의 증가, 철학, 지적 계몽 등의 영향으로 이러한 견해들은 변화되기 시작했다. 그리스의 신들은 새로 건설된 헬라 도시들의 신들이 되기 위해 동양으로 옮겨졌는데, 때로는 조각상이나 신성한 물건의 형태로 옮겨졌다. 왕들이 자기의 나라에서 헬라적 요소를 강화하려고 노력하면서, 이 발전은 공식적으로 장려되었다. 한편 동양의 신들 및 그것들과 관련된 제의들은 노예들, 상인들, 선원들, 군인들에 의해 서양에 소개되었다. 이주자들은 처음에는 자기들이 섬기는 고대 신들을 인정하고 새 보금자리를 제공해준 종교적 협회들의 설립을 통해 이 신들을 정착시켰다.

이러한 식으로 동양으로 간 헬라인들은 안디옥 근처 다프네(Daphne)에 있는 아폴로의 신전과 같은 성소들을 건설했다. 그러나 이보다 더 일찍 동양의 신들은 이미 서양에 정착했었다. 예를 들면, 아티카(Attica)의 라브리안(Lavrian) 광산에서 일했던 아시아 출신 노예들은 헬레니즘 시대 이전에 이미 아시아의 신 멘(Men)을 가져왔었다. 트라기아와의 징치 관계와 교역 관계에 따라서 기원전 430년경에 트라키아의 여신 벤디스(Bendis)가 아테네에 정착했다. 그보다 더 먼저 아시아의 대모신(Great Mother)이 그리스에 도입되어 여러 도시에서 공식적으로 인정을 받았다. 이처럼 신들의 종교적 이식은 전혀 새로운 일이 아니었으며, 그것을 종교 혼합이라고 말할 이유가 없다. 하나의 제의의 이동이 혼합적 과정이 되려면 몇 가지 다른 요소들이 있어야만 한다.

그러한 요소들 중 하나가 다른 기원을 가진 신들의 동일화 또는 결합인데, 이것조차도 헬라 종교의 역사에 있어 전혀 새로운 것이 아니었다. 에베소의 아르테미스(Artemis) 및 소아시아의 다른 도시들(사데, 서머나, 페르게)에서 같은 이름으로 불리는 여신들은 아시아의 풍요의 여신이었는데, 이 여신의 신상은 그리스의 처녀 신과 별로 공통점이 없다. 그러나 헬레니즘 시대는 상이한 신들이 그런 식으로 결합되는 일이 많이 이루어졌다. 이 과정은 새로 수입된 신에게 헬라식 이름을 지어주는 것에서부터 시작되었다. 예를 들어,

델로스에는 스스로를 포세이돈 숭배자들이라고 불렀고 자기들이 섬기는 페니키아의 해신(海神)을 포세이돈이라고 부른 페니키아의 베리토스(Berytus=Beirut) 출신 상인들과 선주들의 협회가 있었다. 헬라의 신들은 동양의 신들과도 연결되었다. 고스(Kos) 섬에는 제우스와 시리아의 신인 아스타르테(Astarte)의 협회가 있었다. 끝으로, 헬라의 신들(특히 제우스)은 동양식 이름들을 받았는데, 대개 근동 지방 종교들이 헬라 왕의 공식적인 인정을 받았을 때에 이러한 일이 있었다(예, Zeus Keraunius, Zeus Sabazius). 민족지학과 철학은 이미 헬라의 신들과 동양 신들의 동일화를 예비했었다. 그러나 헬라와 로마의 신들도 상당히 일찍 동일화 되었다(제우스=주피터, 아프로디테=비너스 등). 그 결과 원래 전혀 다른 신성을 지녔던 로마의 신들은 그리스 신의 특성을 취했으며, 그리스 신화를 채택하게 되었다.

종교 혼합의 과정에서 또 하나의 중요한 요인은 각기 다른 종교들의 다양한 요소의 상호 침투이다. 여기서 다음과 같은 현상이 관찰된다. 첫째, 동양의 종교들이 헬라화 되었다. 동양 종교들의 의식과 관습은 대개 보존되었다. 그러나, 그들의 신화들과 종교적 전설은 헬라어로 번역되면서 헬라의 관념들이 포함되었다. 또 근동 지방의 신에 대한 진술이 헬라화 되었을 수도 있다. 이미 헤라클레스-멜카트로스(Herakles-Melkathros)와 제휴되어 있던 페니키아의 두로(Tyre)의 신 멜카르트(Melqart)의 모습이 헤라클레스의 곤봉과 사자 가죽을 두른 모습으로 두로의 동전에 등장했다. 둘째, 헬라적 기원을 가진 것이나 동양적 기원을 가진 것을 막론하고 일반적으로 헬레니즘 시대의 종교의 경험에서 생겨난 개념들(예, 만유를 통치하는 유일한 하늘의 신에 대한 개념)이 모든 종교에 침투했다. 또는 새로운 세계관의 요소들이 어느 곳에서나 받아들여졌다(예, 점성학, 대중적 플라톤주의, 기적들에 대한 믿음, 인간 개개인의 구원에 대한 강조). 셋째, 본래의 지역적 전통으로부터 분리되었던 고대의 개념들은 새로운 세계의 문화에 맞도록 재해석 되어야 했다. 종교 의식들은 원래 도시들과 합병된 땅의 비옥함과 연관되어 있었고 구원을 영적으로 해석하는 용어들로 표현되었다. 이런 특수한 상황 속에서 계몽의 대중화, 신화에 대한 비평, 스토아 신학 등이 매우 효과적이 되었다. 왜냐하면, 보편적 중요성을 지닌 영적 진술로서의 신화, 의식 및 관습에 대한 그들의 풍유적인 해석이 이미 그 길을 예비했기 때문이다.

마지막 혼합화 현상은 더 오래된 종교들의 헬라적 요소 및 비헬라적 요소들로부터 새로운 종교가 만들어진 것이었다. 사라피스 제의의 형성이 그러했다. 혼합주의는 본질상 인위적 조종의 결과가 아니라 하나의 역사적 발달상이다. 그것은 상충되는 두 개의 역사적 힘들의 만남에 대한 반응이다. 첫째는 오랜 역사를 지닌 전통으로부터 생겨난 압박이요, 둘째는 새로운 문화 및 그 정신과 대화를 해야 할 필요이다. 인위적으로 새로운 종교를 만들 때에는 이 상충되는 힘들을 조화시키려 애쓰고, 따라서 모든 창조적인 충돌을 피한다. 실제로, 사라피스 제의의 역사는 그것이 전통적인 이집트의 지반을 통합하는 데 실패했음, 그리고 단지 그후에 이집트의 이시스와의 혼합적 통합을 통해서만 호소력과 힘을 얻었음을 증명해준다. 헬레니즘 시대와 로마 시대의 종교들은 모두 이러한 과정을 거쳤다. 비록 마카비 반란 때에 있었던 경건한 사람들의 반발에도 불구하고 이스라엘의 종교 역시 이 과정을 거쳤다. 기독교는 이미 헬라화한 유대 종교 내에 있는 선교적 야망을 갖은 한 종파로 시작했다. 그것은 단순히 유대인 예언자 예수의 설교를 토대로 하여 출현한 것은 아니었다. 아마도 기독교는 그 당시의 다른 종교들보다 더 문화적, 종교적 시류들에 적응하고, 수많은 외래 요소들을 받아들임으로써(모든 면에 철저히 혼합적인 방법으로) 마침내 하나의 세계 종교로서 성공할 수 있게 되었을 것이다.

Bibliography to §4.3: Texts

Rice and Stambaugh, *Source for Greek Religion.*

John Ferguson, *Greek and Roman Religion: A Sourcebook* (Noyes Classical Studies; Park Ridge, NJ: Noyes Press).

Kraemer, *Maneads, Martyrs,* passim.

Bibliography to §4.3: Studies

Nillson, *Griechische Religion* 2.

Martin P. Nilsson, *Greek Piety* (Oxford: Clarendon, 1948).

Walter Burkert, *Greek Relision* (Cambridge, MA: Havard University Press, 1985).

Idem, *Homo Necans: The Anthropology of Ancient Greek Sacrificial Ritual and Myth* (Berkeley, CA: University of California Press, 1983).

Idem, *The Orientalizing Revolution: Near Eastern INfluence of Greek Culture in the Early Archaic Age* (Cambridge: Havard University, 1992).

A. J. Festugière, *Personal Religion among the Greeks* (Sather Classical Lectutes 26; Berkeley and Los Angeles: University of California Press, 1954).

Louise Bruit Zaidman and Pauline Schmitt Pantel, *Religion in the Greek City* (trans. Paul Cartledge; Caabridge: Cambridge University Press, 1992).

Patrica E. Easterling and John V. Muir, eds., *Greek Religion and Society* (Cambridge: cambridge University Press, 1985).

Erika Simon, *Die Götter der Griechen* (2d ed.: München: Hirmer, 1980).

L. H. Martin, *Hellenistic Religion: An Intrduction* (New York: Oxford University Press, 1987).

Susan Guettel Cole, "Greek Cults," in Grant and Kitzinger, *Civilization,* 2. 887-908.

John Ferguson, "Divinities," ibid., 2. 847-60.

Michael H. Jameson, "Sacrifice and Ritual: Greece," ibid., 2. 959-79.

Bibliography to §4.3a

Arthur D. Nock, "ΣΥΝΝΑΟΣ ΟΕΟΣ,' in idem, *Essays,* 1. 202-51.

(b) 옛날 신들과 그들의 제의

헬레니즘 시대 초기에는 기존의 제의들이 쇠퇴됨이 없이 지속될 것이라고 생각되었고, 이 허구는 고대 후기까지 유지됨으로써 그 제의들의 최후 종말에 기여했다. 고대 그리스의 제의적 조직들 뿐만 아니라, 지역적 전통에 견고히 뿌리 내리고 있었던 아시아, 시리아, 이집트 신들의 제의들도 많은 지역 주민들로부터 인정을 받았다. 그 제의들은 새로운 통치자들의 지원도 기대할 수 있었는데, 이들 새로운 통치자들은 동양의 제의를 헬라화하려 하지 않고 기존의 신전과 사당에 은혜를 베풀었는데, 로마인들도 이러한 정책을 받아들여 그대로 지속했다. 그러한 헬라화가 발생한 경우에 그 주도권은 대개 그 제의의 실제적인 추종자들이 잡고 있었고, 예외적인 경우에만 왕들이 주도권을 잡았다. 고대 그리스 시대에 시작된 신화에 대한 비평 덕분에 그리스에서 전통적인 신들을 숭배하는 일은 당연한 것으로 취급되지 않았다.

알렉산더 대제 때부터, 한 때 독립했던 도시들과 국가들의 신들은 외국 문제들에 대한 정치적 중요성을 상실했다. 동양과 서양에서 정치적 동맹(부족 동맹)들의 중심이 되는 성소들은 정치적 권력을 상실했다. 앗시리아 시대부터 페르시아 시대에 이르기까지 근동지방의 제국들의 강력한 정치로 말미암아 이스라엘 부족 연맹의 야웨 성소는 예루살렘에 있는 왕의 성소로 변형되었고, 후에는 제사장의 지도 아래 아무런 정치적 의미가 없는 속국의 제의로 인정되는 결과를 초래했다. 시리아와 소아시아의 수많은 신전 국가들(종종 큰 재산을 소유함)은 유사한 발달 덕분에 존재할 수 있었다. 드물게 속국이 정치적 독립을 획득하는 경우에 기존의 제의가 새로운 정치적 기능을 떠맡곤 했다. 잘 알려진 유대의 신전 국가의 역사가 이를 잘 보여준다. 그것은 또한 종교적인 발전이 이미 발생한 경우에 그 방향을 쉽게 바꾸어 놓을 수 없음을 보여주는 본보기가 된다. 마카비 반란 때에 정치적, 종교적 자유를 위해 싸웠던 유대 전통의 수호자들은 성전 제의가 이스라엘의 국가 제의로서의 옛 위치를 회복한 순간에 신전 제의로부터 탈퇴했고, 반면에 디아스포라 유대교는 예루살렘 성전과 공식적 유대만 유지했다.

전통적인 신을 섬기는 제의가 국가 제의로서의 기능을 상실하게 되면서 종교적, 예전적(liturgical) 개혁이 요구되었는데, 이것은 헬레니즘 시대에 흔히 발생한 현상이다. 그 전형적인 모습은 느헤미아와 에스라의 영도 하에 이루어진 예루살렘의 야웨 제의의 개혁에서 나타난다. 이 사건은 실제로는 헬레니즘 시대 이전에 발생했지만, 예가 될 수 있다. 작은 속국의 상황에 맞추려는 시도는 헬라 국가들보다는 동양에서 먼저 이루어져야 했다. 우리는 두 가지 문제에 주의를 기울여야 한다. 첫째, 고대의 전통과의 계속성을 유지하기 위해서는 새로운 토대 위에서 종교적 의식들을 조정하고 제재하는 일이 필요했다. 왜냐하면, 신전이 대 제국의 왕실의 제의를 모방한 왕의 성소가 되어왔던 최근의 과거에 호소하는 것이 불가능했기 때문이다. 둘째, 변화된 정치적 상황에 따라 공적인 세입과 신전의 수입의 관계를 새로이 결정해야 했기 때문에, 신전의 수입 총액이 확정되어야 했다.

한 때 재정적으로 안전했던 신전들은 더 이상 정규적인 수입을 의지할 수 없게 되었고, 새로운 정부의 정기적인 지불금에도 의존할 수 없게 되었다. 반면에, 도시나 작은 국가들은 제대로 기능을 발휘하는 신전 제의로부터 상당한 양의 돈을 착취할 수 있었다. 또 헬라 제국의 왕들은 기회가 주어질 경우 신전의 보물들을 약탈해도 그들의 위엄이 실추된다고 생각하지 않았다(안티오고스 3세는 신전을 약탈하려다가 살해되었다). 이 계열들과 함께 에스라가 소개한 제의 법(제사 법전, Priestly Codex)은 성전 제사에서 따라야 할 과정들을 묘사하는 데 우선 순위를 두고 있고, 종교 의식들과 축제들에 참여하는 데 관한 규칙들과 규정들을 자세히 다루고 있다. 에스라의 법도 역시 예루살렘의 유대 권력자들에게는 세금을 거둬들일 권리가 없다는 사실에 주의를 기울이고 있다(스 4:13, 20; 7:24). 페르시아 왕은 성전 안의 새로운 설비를 위한 기금을 기부했다(스 7:15; 참고, 느 5:14; 7:70). 그러나 그러한 기금은 지속적인 재정적 기초가 될 수 없었다. 그러므로 정규 수입은 제사를 드리는 데 대한 지불금, 처음 익은 열매, 십일조, 특별히 임명된 관리들이 성전 소유의 부동산에서 거두어 들이는 세입의 형태로 고정되었다(느

12:44). 또 어떤 사람들이 이 세입들로부터 유익을 얻어야 할 것인가도 매우 상세하게 규정되었다(느 11:1; 12:1).

헬레니즘 시대 초기에 있었던 많은 그리스 신전들의 개혁에서, 제사 절차에 대한 규정들 및 축제와 제사(*fasti*)에 관한 달력을 확정함에 있어서 동일하게 고대의 법들을 의존하고 있는 것을 발견하게 된다. 다양한 신전의 활동을 위한 재정적 기초를 확보하는 데 특별한 주의를 기울였다. 기원전 338-326년에 아테네에서 재정과 문화 업무를 담당한 서기였던 뤼쿠르고스(Lykourgos)의 개혁은 잘 알려져 있다. 그는 아테네에 있는 신전들만 아니라, 오로포스(Oropos)의 치료자 암피아라오스(Amphiaraos)의 신전과 엘류시스(Eleusis)의 비밀 성소와 같이 아테네의 통제 하에 있던 성소들을 위해서도 재정적 개혁을 시작했다. 새 장비들이 구입되었고, 축제들은 재구성되었다. 유사한 개혁이 다른 헬라 도시에서도 일어났던 것으로 알려져 있다. 제사를 준비하고, 신전 안에 들어가고, 축제에 참여하는 동안에 지켜야 할 의식적 정결과 금식을 다룬 새로운 규칙들이 발표되었다.

신전 건축 활동이 재개된 것은 헬레니즘 세계의 여러 지역에서 자리를 잡았던 신들을 섬기는 옛 제의들이 이 시대에도 계속 융성했음을 보여준다. 그리스에서의 몇몇 주요한 건축 계획 외에도, 몇몇 기념비적인 건축 사업이 그리스보다 경제적 사정이 더 좋았던 소아시아와 그리스의 몇몇 섬에서 시작되었다. 에베소의 아데미 신전(이것은 알렉산더 대왕이 태어나던 날 밤에 화재로 말미암아 타버렸다고 전해진다)과 디디마에 있는 아폴로 신전은 완벽하게 재건되었다. 버가모에서는 왕들이 정교한 돋을새김으로 장식한 거대한 제우스의 제단을 세웠다. 고스(Kos) 섬에서는 아스클레피에이온(Asclepieion)이 네 개의 테라스 위에 세워진 큰 복합 건물로서 재설계되었다. 헬라 제국의 왕들은 자기의 영토가 아닌 지역에서의 몇 가지 건축 활동을 위해 재정을 지원했다. 예를 들자면 아테네에 있는 제우스 신전의 건축은 400년 이상 중단되었다가 시리아 왕 안디오고스 4세 에피파네스가 희사한 기부금을 기초로 하여 건축 활동이 재개되었다. 로마의 황제들도 이 정책을 채택했다. 따라서 기원전 1세기부터는 헬라 국가들 내에서만 아니라 다른 지역에서도 이전에 등한시되었던 옛날 신들의 성소들이 새로이 세워졌다. 예를 들자면 바알벡(Baalbek=Lebanon)에 있는 주피터 신전을 들 수 있다. 헤롯 대왕에 의해 예루살렘 성전이 재건된 것도 옛 신들을 섬기는 제의에 대한 관심을 입증한다.

옛 제의들의 지속적인 생명력과 활력은 이 시기에 증폭되고 재구성된 수많은 축제들과 경기들에서도 관찰된다. 그러한 축제 행사들, 즉 신전 봉헌 기념일(cf. 기독교의 예배당 헌당 기념식), 왕이나 황제를 섬기는 날, 혹은 사용되지 않던 옛 종교적 전통의 회복 등을 기리는 행사 등이 많았다. 이 축제들은 종교적인 깊이가 결여되어 있었을 수도 있지만, 그럼에도 불구하고 그 옛 제의들이 많은 주민들에 의해 지속적으로 받아들여지고 있었다는 것을 보여준다. 특별한 행렬이 있을 때나, 제사 음식들 및 특별 시장이 개설되는 신전 봉헌 기념식이 있을 때면(어린이들을 위한 방학이나 노예들을 위한 자유의 날 처럼, 축제의 부분들이었다), 주변 나라에서도 사람들이 찾아오곤 했다. 예루살렘의 장막절 축제나 디디마의 아폴로 축제와 같은 행사에는 대중적인 경건 행위, 군중들을 위한 유희, 찬송들과 기도들 속에 표현된 종교적 헌신, 정치적 선전 등이 뒤섞여 있었다.

로마 제국 시대에는 기본적인 변화가 있었다. 아우구스투스는 헬라의 제의들을 국가적으로 지원하는 시대를 열었는데, 이 시대는 하드리안 치하에서 절정에 달했다. 그러나 옛 종교들의 쇠퇴를 보여주는 증거도 있다. 로마 시대에는 신성한 비문들의 숫자가 급격하게 감소된다. 특히 가장 웅장한 제의 건물들이 서 있었던 아테네에서는, 장엄한 신전들의 가시적인 존재는 이 도시가 고대 그리스의 위대함을 보여주는 박물관에 불과하다는 인상밖에 심어주지 않았다. 서기 2세기에 몇 마일에 달하는 행진로를 건설한 것과 에베소에서 아르테미스를 섬기는 제의 관리들이 증가한 것은 아마도 새로운 종교들, 특히 이집트의 제의와 기독교가 대중의 인기를 얻은 데 대한 반작용이었을 것이다. 옛 전통들이 정부의 지원을 받고 보조금을 많이 받을수록, 신전의 제의적 활동은 대다수 거주민들의 종교 의식(意識)으로부터 점점 더 멀어져 갔다.

이따금씩 발생한 개혁, 근동 지방의 의식과 개념들의 수용, 혹은 신비 제의의 의식을 도입한 것 등은 별다른 변화를 초래하지 못했던 듯하다. 이러한 혁신들 중에는 전통적인 그리스의 횃불 대신에 근동 지방 제의에서 사용되는 등불을 도입한 것이 있는데, 이것은 처음에는 봉헌 예물로서, 나중에는 제례적 도구로서 사용되었다. 향을 태우는 것은 특별한 형태의 제사로서 모든 곳에 소개되었다. 이집트와 동양의 제례들을 모방하여, 날마다 예배를 드리는 것이 관례가 되었는데, 특히 아스클레피오스의 신전처럼 많은 사람들이 방문하는 신전과 치유를 행하는 성소에서 그러했다. 예배의 횟수가 증가함에 따라 희생 제사는 특별한 축제 때에만 드리도록 제한되었고, 매일의 제사와 예배에서는 거의 완전히 사라졌다. 로마 시대 초기에는 찬송가, 기도, 향, 등불 등이 매일 행해지는 의식을 구성하는 요소가 되었다. 특별한 때에는 설교가 행해졌다. 그 마지막 국면에 있어서 그리스의 옛 신들의 제의는 새로 선전된 종교들, 유대교의 디아스포라 회당들, 그리고 기독교에서 발달했던 예배의 형태와 크게 다르지 않았다.

세 가지 면에서 초기 로마 제국 시대를 옛 신들의 예배가 침체했던 시대로 규정할 수 없다. 시골 지역에서는 지역 신을 섬기는 제의가 전통적인 힘과 더불어 계속되었다. 치료하는 신들, 특히 아스클레피오스의 신전은 1세기와 2세기에만 인기의 절정에 도달했다. 신비 제의를 갖고 있었던 헬라 신들, 특히 데메테르와 디오니소스는 황제뿐만 아니라 대중의 지지를 지속적으로 받았다. 헬레니즘 시대 초기부터 널리 숭배되었던 동양의 새로운 신들(사라피스와 이시스, 대모신과 아티스, 미트라스와 *Sol Invictus,* 유대교와 기독교)과 함께, 세 헬라 신들—아스클레피오스, 디오니소스, 그리고 테메테르—이 계속 널리 숭배되었다.

Bibliography to §4.3b: Texts

Rice and Stambaugh, *Sources for Greek Religion,* passim.
Francisczeck Sokolowski, *Lois sacrés des cités grecques* (Paris: Boccard, 1969).

Bibliography to §4.3b: Studies

Burkert, *Greek Religion,* 119-89.
Lewis Richard Farnell, *The Cults of the Greek States* (5 vols.; Oxford: Clarendon, 1896-1907; reprint New Rochelle, NY: Caratzas, 1977).
Jon D. Mikalson, *Athenian Popular Religion* (Chapel Hill, NC: University of North Carolina Press, 1983).
Michael H. Jameson, "Sacrifice and Ritual: Greece," in Grant and Kitzinger, *Civilization,* 2. 959-79.
Martin P. Nilsson, *Greek Popular Religion* (LHR NS 1; New York: Columbia University Press, 1940).

(c) 신탁

그리스 종교에서는 항상 신탁이 중요한 요소였다. 신탁의 예언은 여러 가지 형태로 주어졌다. 꿈(아스클레피오스의 신전의 특징), 신이 인간 매체를 통해 말함(델포이의 피티아와 무녀들), 또는 동물들을 통해서(도도나의 신성한 나무 안에 있는 제우스의 비둘기), 지하 세계 여행(에피라에 있는 사자의 신탁과 레바데이아에 있는 트로포니오스의 신탁에서처럼), 혹은 주사위를 던지는 것과 같은 행위에 의해 신탁의 예언이 주어졌다. 아폴로가 가장 중요한 신탁의 신이 되었지만, 다른 신들에게도 신탁을 구했다. 에페이로스의 도도나에 있는 제우스의 탁선소는 가장 오래된 고대 그리스 탁선소이다. 올림피아가 국가적 성소로서 일찍부터 탁월한 위치를 차지하게 된 것은 정치적 신탁 활동의 성공에 기초를 두고 있으며, 이스트미아에 있는 멜리케르테스의 성소의 제의를 맡은 관리들 중에는 "예언자"(*mantis*)가 포함되어 있었다.

주로 아폴로의 성소였던 탁선소들의 정치적 중요성은 헬레니즘 시대에 감소되었다. 특히 델포이가 그러했다. 델포이는 한 때 헬라 국가들의 부족 동맹의 정치적, 종교적 중심지였으며, 새로운 식민지를 발견하기 위한 계획의 비준이나 새로운 국가의 헌법 승인을 받기 위해 사절들이 파견되던 곳이었다. 그러나 헬레니즘 시대의 왕들과 로마의 황제들은 신탁을 대단히 존중했다. 이것은 그들이 델포이와 클라로스와 같은 성소에 많은 건물들을 기증한 사실에서 증명된다. 클라로스에 있는 아폴로의 탁선소와 소아시아의 디디마에 있는 탁선소는 로마 제국 시대에 정치적으로 중요한 곳이 되었다. 그렇지 않은 경우, 신탁은 신성한 일, 법적인 일, 개인적인 일에 초점을 두었다. 사람들은 종교적 축제를 지킬 적절한 시기에 관하여, 봉헌 예물에 관하여, 기부금에 대하여, 공동체 내에서 중요한 다른 모든 종류의 문제들에 관하여 문의하곤 했다. 또한 델포이에 있는 아폴로 신전 비문에 공개적으로 제시된 노예 해방에 관한 수많은 문서들에 의해 나타나듯이, 탁선소는 법적인 거래의 보증인 역할도 했다.

헬레니즘 시대에는 다른 종류의 예언, 즉 Sibyl(무녀)이 중요하게 여겨졌다. 시빌의 옛 형태는 전설을 통해서만 알려져 있는 바 일찍이 활동하던 무녀였다. 무녀들은 여러 장소에 거주했으며, 예언을 요청하거나 요청하지 않았거나 상관 없이 황홀경 속에서 운명에 관한 예언을 하곤 했다(신탁은 특수한 요청이 있어야 했고, 그 대답들은 정해진 시간에만 주어졌다). 후세에 가서는, 시빌의 신탁들은 대개 고대의 유명한 시빌들 중 한 사람의 이름으로 출판되고 보급되었던 책들에서 발견되는 예언들을 의미했다(예, 소아시아 에리트라이의 시빌, 이탈리아의 쿠메의 시빌). 이러한 책들은 대개 세계와 민족들의 역사 안에서의 운명적인 전환을 예언했고, 일반적으로 지배적인 헬라와 로마 문화에 대해 부정적이고 비판적인 자세를 견지했다. 현존하는 시빌의 책들은 헬라어로 쓰여졌지만, 동양 국가들의 반헬라적, 반로마적 감정들의 비판적인 저류를 나타내고, 또한 근동지방에 기원을 둔 많은 전통들을 포함하고 있다. 그리스의 시빌들 외에도 소위 갈대아(바벨론) 시빌도 권위를 주장했다. 유대인들과 기독교인들은 다가올 보다 좋은 세상에 대한 이미지뿐만 아니라 운명에 대한 묵시적인 예언들을 선전하기 위해 이러한 책들을 사용했는데, 모두 기존의 그리스 종교 문학 장르의 형태를 취한다.

신탁을 행하는 과거의 성소들 중 몇 개가 새로이 번성하며 인기가 증가한 반면, 델포이는 점차 단순한 관광의 중심지가 되고 말았다. 플루타크는 델포이에서 많은 사람들이 경박함, 호기심, 또는 하찮은 이기적 관심 때문에 신탁을 요청한다고 불평했다. 그러나 신탁의 성공은 그 시대의 기호(嗜好)에 부응하는 능력에 크게 의존하고 있었다. 델포이가 지닌 장엄한 고대의 전통에 대한 자각은 오히려 불리한 조건이 되었다. 신학적 자세에 있어서, 새 시대의 요구에 적응한 것으로 알려진 아폴로 신탁은 클라로스(Klaros: 소아시아의 서머나와 에베소 사이 콜로폰 근처)의 신탁이다. 몇몇 전통들은, 클라로스에서는 철학자들의 일신론적 개념들을 받아들였다는 것, 그리고 그것이 혼합주의에 반대되는 것이 아니라는 것(현재 보존되어 있는 클라로스의 신탁에 의하면, IAO[=Yahweh?]가 최고의 신이다), 그리고 그들의 대표들이나 지도자들로 하여금 신비 제의 의식에 참여하게 했다는 것을 지적하고 있다. 클라로스의 몇몇 예언이 옳은 것으로 판명되었다는 사실 이상으로, 그러한 새로운 제도들은 클라로스 신탁이 그레코-로마 세계 전역에서 인기를 얻은 가장 중요한 기초가 되었던 것 같다. 수많은 비문들이 보여주듯이, 소아시아 전체 뿐만 아니라 마케도니아, 달마디아, 사르디니아, 그리고 멀리 브리튼에서도 클라로스에 신탁을 요청했다.

다른 탁선소들은 신탁 절차들을 조종함으로써 신비종교와 기적들에 대한 믿음에 의해 제기된 욕구들을 불완전하게나마 충족시키려 했다. 파우사니아스의 보고를 통해 알려진 바에 의하면, 보이오티아의 레바데이아 근처에서 섬기던 신 트로포니오스(Trophonios)의 신탁을 받으려면 복잡한 입문 의식을 거쳐야 했다. 입문자는 여러 날 동안 몸을 정화하는 의식을 행하고 양을 제물로 드리고, 망각과 기억의 우물에서 마신 후에(과거를 잊고 지성소에서 경험하게 될 일을 기억하기 위해서) 지성소로 내려가서, 작은 구멍을 통과하여 동굴 속으로 끌려 들어간다(지하 세계 여행이 끝난 후에는 역시 이 구멍을 통해 다시 끌어 올려졌다). 그리고 나서 그는 기억의 보좌에 앉혀지고, 사제들은 그의 경험에 관하여 물었다. 사제들은 그의 대답을 기록하고 해석했다. 다른 탁선소에서도 이와 유사한 절차를 사용했다. 많은 아폴로의 신전에서 지하의 밀실이 발견되었다.

사모사타의 루키안의 보고에서는, 자신의 닥신소 인에서 예언, 치료, 종교적 옷차림에 대한 충고 등과 관련된 사업을 벌여 성공한 예언자 아부노테이고스의 알렉산더의 속임수에 대해 이야기해 준다. 누구든지 원하기만 하면, 신비 제의에 입문할 수 있었다. 알렉산더의 이야기는, 로마 시대에 번영한 많은 탁선소들은 국가나 도시들의 정치적인 일에는 관심이 거의 없었고, 개인적인 일에 있어서 초자연적인 도움을 구하는 사람들의 요구에 응했음을 보여준다. 루키안의 보고에 따르면 사기꾼에 불과한 알렉산더가 성공할 수 있었던 이유는 거룩한 능력이나 다른 세상의 능력을 통제할 수 있다고 주장하는 기관이나 개인에게 자신의 욕구와 염려를 맡기려고 했던 사람들이 많았기 때문이었다. 이러한 로마 시대의 탁선소들은 기적을 행하는 "신적인 사람"(θεῖος ἀνήρ: 데이오스 아넬)이었던 고대의 신탁인들과는 달랐고, 또 이전의 방랑 철학자인 견유주의자들이나 스토아 철학자들과도 달랐다. 문제가 되었던 것은 이 세상에서 안전한 집을 갖지 못한 인간들의 갈망과 욕구를 만족시키기 위한 종교적 시장에서의 신적인 능력의 표현이었다. 신탁인들도 "신적인 사람"처럼 마술과 주술에 근접했다.

Bibliography to §4.3c: Text

Rice and Stambaugh, *Source for Greek Religion,* 93-106.

Bibliography to §4.3c: Studies

Burkert, *Greek Religion,* 114-18.

John Pollard and John Ferguson, "Divination and Oracles," in Grant and Kitzinger, *Civilization,* 2. 941-58.

Simon Price, "Delphi and Divination," in Easterling and Muir, *Greek Religion and Society,* 128-154.

H. W. Parke and E. D. W. Wormel, *The Delphic Oracle* (2 vols; Oxford: Blackwell, 1956).

Joseph Fontenrose, *The Delphic Oracle* (Verkeley, CA. University of California Press, 1978).

H. W. Packe, *The Oracles of Zeus: Dodona, Olympia, Ammon* (Cambridge, MA: Harvard University Press, 1967).

(d) 아스클레피오스

아폴로와 인간 코로니스(Koronis)의 아들인 아스클레피오스(Asklepios)는 아들과 딸들을 둔 인간과 결혼했다. 그는 호머와 핀달의 저서에서는 "영웅"으로 분류되지만 헬라 시대와 로마 시대에 신전에서 신으로서 예배되지는 않았다. 그의 기원은 테살리에 있는 트릭카라고 알려져 있는데, 그는 헬라 세계의 다른 치료의 신들과 영웅들과 함께 이 지방의 치료신이었다(예. 오로포스의 암피아라오스와 아테네의 아미노스). 그러나 그를 섬기는 제의가 확장되면서 중심지는 펠로폰네소스에 있는 에피다우로스가 되었는데, 이곳에는 그의 신전이 그의 아버지 아폴로 말레아타스의 신전 바로 곁에 세워져 있었다.

기원전 6세기에 이 신은 에피다우로스 뿐만 아니라 헬라 세계의 여러 지역에 소개되었다. 그중에 하나가 아테네인데, 기원전 4세기말 재난이 있었을 때에 아테네의 아크로폴리스 남쪽 언덕에 아스클레피오스 신전에 세워졌다. 이 신은 케리케스(Kerykes)라는 강력한 제사장 가문의 반대와 아르스토파네스의 조롱을 받았지만, 시인 소포클레스는 가장 먼저 이 신을 받아들였으며, 플라톤의 *Phaedo*에 기록된 바처럼 소크라테스는 마지막으로 남긴 말에서 이 신을 칭송했다. 로마 제국 시대에 명성을 날렸던 버가모의 아스클레피오스 신전도 에피다우로스에 근거를 두고서 세워진 것이었다. 펠로폰네소스 남부의 메세네에서는 아고라의 중앙에 이 신의 신전이 세워졌는데, 이것은 곧 이 신에게 근원을 둔 하나의 독립된 중심지로 등장했다. 그러나 테살리의 트릭카가 세운 것으로 추정되는 바 고스에 있는 아스클레피오스의 신전은 에피다우로스의 주장에 도전했다. 고스는 그리스의 위대한 의사 힙포크라테스의 고향이며, 아스클레피오스의 아들들로 구성된 조합이 이곳에 형성되었다. 로마 시대에는 300개가 넘는 아스클레피오스의 신전이 존재했었다는 증거가 있는데, 이는 에피다우로스, 고스,, 그밖에 다른 주요 아스클레피오스 신전의 보급이 성공했음을 보여준다. 이 제의가 확장된 것은 당시의 일반적인 종교적 분위기에 뿌리를 둔 유리한 환경에 힘입은 조직적인 포교의 결과였다.

아스클레피오스가 인기를 얻은 데에는 많은 요인이 기여했다. 아스클레피오스 신전들은 과거부터 존재했던 지방 치료 신들의 전통을 이어갔다. 그리하여 정규적으로, 또는 특별한 행사가 있을 때에는 그 신들에게 제물을 바쳤고, 사람들은 병이 들거나 재앙이 임했을 때에 이 신들에게 치료를 구했다. 치료에 성공한 사례들은 기록되었다. 이와 같은 치유의 기록은 원래는 신에게 봉헌된 목판에 기록되었지만, 후에는 높은 기둥에다가 명문의 형태나 돋을새김의 형태로 “출판” 되었으므로 누구나 그것을 볼 수 있게 되었다. 규모가 큰 신전에서는 특별한 경우에는 이 신의 위대한 행위를 찬양하는 전문인들(aretalogists)을 고용했다. 이와 같은 기적 이야기들

(aretalogies)은 널리 퍼져 있었으며 매우 인기가 있었다. 에피디우로스, 고스, 버가모 등지의 신전들처럼 규모가 큰 신전들은 광범위한 의료 시설을 갖추고 있었는데, 이것들은 영적인 치유와 육적인 치유의 기회를 제공했다. 기적을 행하는 치유자와 의사들 사이의 긴장에도 불구하고 아스클레피오스 신전들이 발달한 것은 과학적 의학의 출발과 밀접한 관계가 있다. 서원(誓願)하는 장면을 묘사한 부조들은 외과 수술 도구들과 기적적 치료의 장면들을 보여준다. 아테네 근처 암피아라온에서 발견된 부조에는 뱀의 모습을 한 아스클레피오스, 그리고 그가 의사로 등장하는 치료의 장면을 묘사한다.

주요한 아스클레피오스 신전들은 대체로 주요 도시의 외곽에 위치했으며, 그 성역 내에 장기 체류자들을 위한 시설을 갖추고 있었다. 아폴로, 아르테미스, 아스클레피오스의 딸인 히기에이아를 모신 신전들을 비롯하여 한두 개의 아스클레피오스의 신전에는 목욕탕(로마 시대에는 온탕이 있었음), 도서관, 극장, 연무장, 경기장, 치료를 위한 방, 신이 환자의 꿈에 나타나 치유한다는 신성한 방(*abaton*), 방문객들을 위한 숙소(*katagogion*이라 불렸으며, 에피다우로스는 160개의 방을 보유했다!)가 있었다. 치유는 꿈과 기적적 치유에서부터 심신의 치유(목욕, 운동, 강의, 독서를 병행함)와 의학적 치료에 이르기까지 광범위했다. 몇 개의 아스클레피오스의 신전 발굴에서는 수술용 기구들이 계속 발견되고 있으며, 몇몇 신전에는 의학 전문학교들이 연결되어 있기도 했다(고스, 버가모). 물론, 환경과 관습들은 상이했고, 사제들은 의학적 방법보다는 신들의 치유 능력을 믿으라고 강조했을 것이다. 그러나 이러한 신전을 찾는 많은 사람들은 과학적 의술과 기적의 치유, 조직적 치료와 꿈이나 환상 속에서 받는 지시 사이의 차이를 분명히 구별하지 못했다. 그들은 모든 종류의 치유에 대해서 신을 찬미하고, 서원 제물과 헌금을 바쳐 영광을 돌렸다.

아스클레피오스 제의에서는 예식의 준비와 의학적 치료를 할 때

치유의 모습을 담고 있는 서원비(신에게 바쳐진 기념비)
우측에 한 환자가 서원을 하며 들어서고 있다. 가운데의 다음 장면은 신이 뱀의 형상으로 그 환자의 꿈에 나타나 부상 당한 어깨를 치유하는 모습을 보여준다. 좌측에는 신이 의사로 나타나 약물 치료를 해 주고 있다. 이 서원비는 알키모스에 의해 아스클레피오스신과 유사한 치유의 신 암피아라우스에게 바쳐진 것이다.

에 개개의 인간에게 특별한 관심을 보였다. 꿈 속에서 아스클레피오스가 선포한 것은 개인의 욕구에 대한 것이었다. 여기에는 그 신과의 개인적 관계가 포함되는데, 이러한 관계는 신비 종교에 입문함을 통해서 더욱 깊어진 일상적인 예배를 통해서 강화된다. 그러나, 이러한 면에 대한 우리의 지식은 매우 한정되어 있다. 신전 내의 어떤 방과 공간들의 용도나 목적은 아직 밝혀지지 않고 있다. 아스클레피오스 숭배는 또 다른 면에서도 그리스 신비종교들과의 유사성을 보여준다. 아스클레피오스 제의에서는, 치유를 받기 위해 신전에 들어오는 사람들에게 "정결"을 요구했는데, 그것은 제의적인 조건으로서만 아니라 도덕적 조건으로 이해되었다.

그리스의 신들 중, 아스클레피오스는 가장 자비로운 신이었다. 그는 인간의 "구원자(σωτήρ: 소텔)"였으며 은혜을 베푸는 자였고 친구였다. 이 신의 자비로운 특징은 많은 신상에서 확연히 드러난다. 예를 들자면 그의 사랑의 손길, 자비, 인간 고난에 대한 지식을 들 수 있다. 기적적 치유에 대한 많은 이야기들은 그의 기적적인 능력만을 보여주는 것이 아니라 그의 연민, 오래 참음, 특별히 가난한 자들과 사회적으로 불리한 입장에 있는 사람들에 대한 선한 의지도 나타내고 있다. 물론, 우리는 기독교적인 하나님의 이미지를 이교의 신들에게 적용할 때에는 조심해야 하지만, 다른 신들보다도 특히 아스클레피오스가 많이 반영하고 있는 박애의 이미지는 그 시대의 깊은 열망을 표현하고 있다. 이 열망에 기독교는 열심으로 반응했고, 또 이 열망은 기독교의 하나님의 이미지에 영향을 주었다.

<u>Bibliography to §4.3d: Texts</u>

Emma J. and Ludwig Eldelstein, *Asclepius: A Collection and interpretation of the Testimonies* (2 vols.; Balltimore, MD: Johns Hopkins University Press, 1945).

Rice and Stambaugh, *Source for Greek Religion,* 69-80.

<u>Bibliography to §4.3d: Studies</u>

Mabel Lang, *Cure and Cult in ancient Corinth* (Corinth Notes 1; Princeton, NJ: American School of Classical Studies in Athens, 1977).

Robert Garland, "Asklepios and His Sacred Snake," in idem, *Introducing New Gods: The Politics of Athenean Religion* (Ithaca, NY: Cornell University Press, 1992) 116-35.

Lewis R. Farnell, *Greek Hero Cults and Ideas Immortaltity* (Oxford: Clarendon, 1921).

(e) 그리스의 신비 의식(엘류시스와 사모드라게)

"신비 의시"(mysteries)란 용어는 기원전 5세기부터 데메테르, 카비로이, 그외 몇몇 신의 제의에서 행해지는 거룩한 의식들을 지칭하기 위해 사용되었다. 올기아(ὄργια=의식적 행위)란 단어도 쓰였는데, 특히 디오니소스 제의에서 사용되었다. 보다 보편적인 용어인 τελετή라는 용어는 단순히 "입문식"을 의미한다. 그리스와 헬레니즘 시대의 "신비 의식" 개념의 발달에서는 엘레우시스에서 행해지던 데메테르와 코레 제의가 가장 중요하다. 사모드라게의 위대한 신 카비로이의 신비 제의도 유명했고, 아티카에 필랴의 신비의식, 메갈로폴리스의 위대한 여신들의 제의, 카르카디아의 리코소우라에서 성행한 데스코이나 제의, 메세니아의 안다니아에서 성행한 제의 등도 유명했다. 그러나 고대 그리스 시대 이전의 조직적인 신비 제의를 증거해주는 고고학적 증거나 문헌적 증거를 얻는 일이 항상 가능한 것은 아니다. 이러한 제의의 중심지에서의 건축 활동은 대체로 헬레니즘 시대나 로마 시대에 진행되었다. 헬레니즘 시대에 있었던 몇몇 신비 의식의 조직이나 개혁은 엘레우시스(Eleusis) 시의 감독 하에서 성취되었다. 기원전 8세기나 7세기 이전에 과연 엘레우시스에 조직적인 신비 제의가 존재했는지 의심할 이유가 있다.

신비 의식의 관습은 그리스의 폴리스 이전의 사회 구조(부족이나 가문)에서 유래되었다. 그리스의 폴리스에서의 예배는 모든 시민들이 행하는 공적인 일이었다. 신비 의식은 은밀할 것이며, 입문자들은 도시의 사회적 정치적 구조와 동일하지 않으며, 때로 여인들과 노예들과 외국인들도 포함되는 특별한 집단에 들어가게 된다. 신비 의식의 사회학적 구성 요소는 비밀 사회이며, 그 제의의 의식은 공적으로 전달되지 않으며 회원들만이 알 수 있다. 도시의 공적인 신들을 예배하는 일은 일반적으로 그 신이 공익(사회적 정치적 질서, 도시의 방어, 도시의 법 보호 등)을 위해 베푼 유익과 관련되는 데 반해, 신비 의식의 의미는 성(性)과 연결된 농업이나 풍요의 상징들의 해석에 있었다. 이러한 상징들은 입문자들을 정치적/사회적인 기능을 초월하는 영역으로 인도하며, 죽음의 한계를 초월할 수도 있는 개인적 성취를 약속한다.

신비 의식에도 그와 관련된 신의 운명, 혹은 고난이나 죽음에 대해 이야기하는 신성한 이야기(ἱεροὶ λόγοι : 히에로이 로고이)들이 있다. 이러한 이야기는 그 신과의 새로운 관계를 세우며, 신들의 운명을 잘 알게 해 줌으로써 입문자를 유한한 삶의 현실과 그 사회적 맥락을 초월한 개인적인 경험의 영역으로 이끌어간다. 그러나 이러한 이야기들이 의식을 거행하는 것과 어떤 관계가 있는지는 분명하지 않다. 그러나 일반적으로 신비 의식들은 선택적인 도덕적, 사회적, 정치적 가치관을 중시하는 새로운 공동체를 만들어 내지는 못한다(유일한 예외는 기원전 2세기초에 로마를 위협했던 박카스의 반란일 것이다).

데메테르 여신은 미노아에서 유래되었지만 사람들의 신앙에 깊이 뿌리 내린 가장 그리스적인 신이었다. 데메테르는 그리스의 여러 지역에 알려져 있었고(그리스에 속한 소아시아에는 잘 알려지지 않았다), 신전과 제단이 갖추어진 성소에서 숭배되었다. 데메테르 제의는 곡식의 성장과 연결되어 있었다. 데메테르는 "땅의 어머니(Mother Earth)"가 아니라 "곡식의 어머니(Mother of Grain)"였다. 그녀의 주요 축제는 늦가을에 행해지던 테스모포리아(*Thesmosphoria*)라는 파종제였는데, 대부분의 경우 여자들만 참여할 수 있었다. 아테네에서 서쪽으로 30킬로미터 거리에 있는 엘류시스에 있는 데메테르 신전의 중앙 건물은 일반적인 그리스 신전과는 근본적으로 다른 특징을 나타낸다. 보통 열주(列柱)들로 둘러싸이고 비교적 작은 규모의 성상 안치소를 지닌 정상적인 그리스의 신전들과는 달리, 엘류시스에 있는 데메테르 신전에는 집회실이 있었다(최초의 집회실은 기원전 6세기 후반에 페이시스트라토스에 의해 건축되었다). 후일 *Telesterion*이라고 불린 이 집회실은 수천 명을 수용할 수 있을 만큼 넓게 건축되었다. 이곳에서 남자들과 여자들이 데메테르의 세의에 참여했다.

데메테르 제의의 신화(*hieros logos*)는 호머의 서사시 중 하나에 수록되어 현재까지 남아있는 유일한 고대 그리스 제의 신화이다. 이 신화는 병인학적인 부분을 담고 있는데, 그 부분은 데스모포리아의 요소들 중 일부(금식, *kykeon*이라는 보리물 섭취)에 대해 언급하고 있다. 또 엘류시스 제의의 신화들이 수록되어 있다. 그 내용인즉, 데메테르의 딸 코레-페르세포네는 그녀를 아내로 맞고자 하는 지하 세계의 신 하데스-플루토에게 끌려 간다. 딸을 찾아 온천지를 헤메지만 실패한 데메테르는 엘류시스에 도착하여 슬픔에 잠겨 금식에 들어간다. 그 결과 곡식은 성장하지 않고, 모든 사람들은 굶어 죽을 위험에 직면한다. 드디어 제우스가 개입하여 하데스로 하여금 데메테르의 딸을 놓아주게 만든다. 그후 페르세포네는 일년의 삼분의 이는 어머니와 함께 보내고, 삼분의 일은 지하세계에서 보내게 된다. 그리하여 지상에는 다시 곡식들이 결실하게 된다. 엘류시스의 왕 트리프톨레모스는 종종 날개 달린 뱀들이 끄는 마차를 타고서 온 백성들에게 밀 이삭을 가져다주는 모습으로 묘사되었다.

이 전설과 실제의 의식 거행의 관계는 분명하지 않다. 수천 명이 입문했지만, 의식의 비밀은 오직 문헌들과 그림으로 된 자료들 속에 있는 인유(引喩) 안에서만 드러난다. 기독교 저술가들의 기록들 중에서 가장 초기의 것은 알렉산드리아의 클레멘트의 기록

엘레우시스의 텔레스테리온
텔레스테리온의 서쪽에 있는 좌석들. 텔레스테리온은 엘레우시스의 신비의식을 위한 큰 모임 공간. 가장 큰 것은 가로 180피트, 세로 170피트의 크기로 42개의 기둥이 천장을 받쳤음

(*Protrepticus*. 2. 29)에서 발견되는데, 우리는 그것을 조심스럽게 다루어야 한다. 클레멘트는 아테네에서 출생했을 가능성이 있다. 그 의식들 중에 음란한 것이 들어 있다는 기독교인들의 거듭 된 비난은 설득력이 없으며, 또 엘류시스의 의식이 "신성한 결혼(*hieros gamos*)"을 연출했었다는 것도 그럴 듯하지 않다. 그러므로 우리는 그 의식에 대한 몇 가지의 일반적인 언급만으로 만족해야만 한다.

이 의식에 입문하려면 몇 단계를 거쳐야 했는데, 각 단계에는 "실증", 실행", "서약"이 포함된다. 첫 단계는 제사인데, 주로 아테네에 있는 엘레우시니온에서 거행되었다. 입문자는 제사를 드리기 전에 바다에서 새끼 돼지와 함께 목욕을 했다. 두번째 단계는 보에드로미온 달(가을)에 거행되었으며, 정화 의식, 금식, 황홀한 춤과 외침 속에서 거룩한 길을 따라 아테네에서부터 엘류시스까지 하루 종일 행진하는 것으로 이루어졌다. 마지막 단계는 밤중에 텔레스테리온 안에서 거행되었는데, 입문자는 이미 입문한 전수자의 인도를 받아 그곳에 들어간다. 텔레스테리온에 들어가기 전, 그리고 이 웅대한 홀에 들어가서 행하는 다양한 행위의 내용은 확실히 알 수 없다. 그러나 예식의 절정은 히에로판트(*hierophant*: 성물을 보이는 제사장으로 엘류시스에서 가장 등급 높은 종교 관원)가 밀 이삭 하나를 보여주는 것이었다. 그 밀 이삭은 횃불, 또는 건물 지붕에 있는 구멍을 통해 들어오는 햇빛의 조명을 받았다.

이 신비 제의의 근원은 농업적 상징주의이며, 이 제의에서 행하는 행동들은 데메테르와 코레의 신화와 관련이 있다. 그러나 고대 그리스 시대와 그 이후에, 매년 곡식을 성장하게 해준 자연의 거룩한 신비 의식 시행은 상실의 슬픔과 재결합의 기쁨, 죽음의 공포와 불멸의 소망을 표현하는 것으로 이해되었다. 소포클레스는 "신비 의식을 보고 하데스로 가는 인간들은 세 배나 복이 있다. 그들에게만 생명이 있고, 다른 사람들에게는 악이 있도다."라고 말했다(*Triptolemus*, frg. 19). 키케로는 입문식을 마친 후에 아티쿠스에게 말하기를, "우리는 엘류시스에서 '삶의 진정한 기초'를 깨달으며, 우리가 기쁨을 가지고 살 수 있으며, 보다 좋은 소망을 가지고 죽을 수 있다는 확신을 받는다"고 말했다(*De ligibus* 2.38). 다른 신전에서도 들의 곡실의 성장에 연관된 공개적 또는 비밀한 의식을 행했고, 또 인도-유럽이나 지중해 지역에서 유래된 각종 전설을 사용했지만, 엘류시스는 이것들과는 달리 이러한 의식들을 죽음과 그 정복으로서의 상징으로 이해했다.

세월이 흐름에 따라 엘류시스는 다른 그리스 신비 의식들에게 깊은 영향을 끼쳤고 그것들의 표상이 되었다. 엘류시스의 영향력은 로마 제국 시대에도 강력하여, 전세계적으로 중요한 위치를 차지했다. 많은 로마인들이 엘류시스 신비 제의에 입문했는데, 그중에는 로마의 황제들도 있었다. 아우구스투스는 후일 아테네에서 공개적으로 자신의 몸을 불 태운 인디안 자르마로스와 함께 입문했고, 하드리안은 두 번에 걸쳐 헌신했으며, 안토니우스 피우스, 마르쿠스 아우렐리우스, 코모두스도 입문했다. 흥미로운 사실은 네로가 엘류시스에 한 번도 가지 않았다는 점이다. 네로는 자신이 그곳에서 환영을 받지 못하리라는 사실을 잘 알고 있었다. 또 신피타고라스 주의자로서 마술가인 티아나의 아폴로니우스는 엘류시스와 껄끄러운 관계에 있었다. 엘류시스는 혼합주의적 경향에 오랫동안 저항해 왔다. 이아고스-디오니소스는 4세기까지도 엘류시스의 신들 중 하나로 받아들여지지 않았다. 이 신비 제의의 역사가 끝날 무렵(이것은 서기 5세기에 멸망했다)에 비로소 미트라스의 사제가 엘류시스의 히에로판트가 될 수 있었다.

카비오로이(Kabioroi)의 신비 제의도 유명했다. 고대 그리스 시대에 제의의 중심지는 렘노스(Lemnos) 섬과 보이오티아의 더베였는데, 후자는 기원전 6세기에 시작되어 로마 제국 시대까지 지속되었다. 가장 인기가 있었던 카티오로이 신비 제의는 사모드라게 섬에 있는 것이었는데, 그것의 기원은 그리스 시대 이전이다. "카비오로스"(Kaboiros)는 테살로니카와 빌립보를 수호하는 영웅으로 등장하는데, 그 이름의 의미와 기원은 알려져 있지 않다. 아마 프리기아에서 생겨났으며 키벨레(Kybele)와 흡사한 여신, 그리고 그 신의 남자 동료 둘이 "사모드라게의 위대산 신들"로 숭배되었다. 사모드라게의 신전에 있는 두 개의 주요 건물—아낙토론(Anaktoron)과 히에론(Hieron)—은 집회실인데, 전자는 고대 그리스 시대 말기에 건축되었다가 로마 시대에 재건되었고, 후자는 헬레니즘 시대에 건축 되었다. 두 건물은 많은 사람들을 입문시키려는 의도로 건축되었는데, 아마 히에론은 보다 높은 단계의 입문에 사용되었던 듯하다. 엘류시스 제의는 외부 세계로 전해지지 않은 반면, 사모드라게는 조직적으로 선교 활동과 보급에 힘썼다. 엘류시스 제의의 영향력은 그 사제들과 신학자들이 다른 지역의 제의들을 세우고 개혁하는 일에 조언을 해주는 정도에 그쳤다. 예를 들자면 유몰피드 티모테우스(Eumilpid Timotheus)가 알렉산드리아에 사라피스 제의를 조직하는 일을 도와준 것을 들 수 있다(§4.4a). 사모드라게 섬의 사제들의 선교 활동으로 말미암아 카비오로이 제의는 다른 도시들, 특히 이오니아를 비롯하여 에게 해의 여러 섬에 전해졌다.

소위 "헬레니즘 시대의 신비 종교들"에 대해서는 이후에 논하게 될 것이다. 그러나 여기에서는 우선 "신비 의식들(mysteries)"은 철저히 그리스적 현상이며, 또 헬레니즘 시대에 근동 지방의 제의들이 유입되기 전에는 신비 제의의 신전들이 그리스 전역에 널리 세워지고 펴져 있었음을 기억해야 한다.

Bibliography to §4.3e: Texts

Rice and Stambuagh, *Sources for Greek Religion,* 169-216.
Meyer, *Mysteries Sourcebook,* 16-59.

Bibliography to §4.3e: Studies

Walter Burkert, *Ancient Mystery Cults* (Cambridge, MA: Havard University Press, 1987).
George E. Mylonas, *Eleusis and the Eleusinian Mysteries* (Priceton, NJ: Princeton

University Press, 1961).
G. D'Alviella, *The Mestiries of Eleusis: The Seciet Rites and Rituals of the Classical Greek Mystery Tradition* (Wellingborough: Aquarian Press, 1981).
Larry J. Alderink, "The Eleusisnian Mysteries in Roman Imperial Times," *ANRW* 2.18.2(1989) 1457-98.
Kevin Clinton, "The Eleusinian Mysteries: Roman Initiates and Benefactors Second Century B.C. to A. D. 267,"*ANRW* 2.18.2 (1989) 1499-1539.
Idem, Myth and Cult: *The Iconography of the Eleusinian Mysteries* (Stockholm: Svenske Institutet i Athens, 1992).
Susan G. Cole, *Theoi Megaloi: The Cult of the great Gods at Samothrace* (EPRO 96; Leiden: Brill, 1984).
Idem, "The Mysteries of Samothrace during the Roman Period," *ANRW* 2.18.2 (1989) 1564-98.
Karl Lehmann, *Samothrace: A Guide to the Excavations and Museum* (2nd ed.; Locust Valley, NY: Augustin, 1960).

(f) 디오니소스 제의

데메테르와 코레의 신비 제의와 사모드라게의 위대한 신들을 섬기는 제의들이 아무리 존중되고 영향력이 있었다 해도, 가장 중요한 그리스의 신비 종교는 디오니소스 제의였다. 이 신은 한 때 그리스 종교에 새로 등장한 것으로 생각 되었지만, 이미 미케네 시대에 그리스에 존재했으며 기원전 11세기에 이오니아인들이 이주하기 전에도 아테네 사람들과 이오니아 사람들이 보편적으로 숭배했던 신이다. 디오니소스라는 이름은 "제우스의 아들"이라고 해석되었다. 그는 제우스의 넙적다리에서 태어났다고 한다. 그러나 그 이름의 후반부의 의미는 수수께끼로 남아 있다. 프리기아와 리디아의 영향(그의 어머니는 프리기아의 땅의 여신인 세멜레[Semele]이다), 심지어 셈어권 세계의 영향(디오니소스가 들고 다니는 "thyrsos") 등이 고대 그리스 시대에 등장하는 이 신의 이미지를 형성한 듯하다.

디오니소스는 풍요의 신이요, 과일, 특히 과수와 포도나무의 신이다. 그의 모습은 스승인 실레누스의 팔에 안긴 어린아이, 거의 여성의 특성을 지닌 청년, 또는 수염이 난 노인 등 여러 형태로 표현된다. 그를 기리는 축제도 여러 형태이다. 즐겁게 포도주를 마시는 것, 염소나 황소를 제물로 드리고 커다란 남근(男根)의 형상을 들고 행진하는 것, 또는 한 겨울에 광란 상태의 여인들이 숲에 들어가서 야생 짐승의 생살을 먹는 것 등이 있다. 오모파기아(*omophagia*)라는 이 의식은 디오시소스 신과 하나가 되기 위한 일종의 성례였다. 그들은 이 신이 야생 짐승의 모습으로 나타난다고 믿었다. 아테네 시의 질서정연한 축제였던 디오니소스 의식두 디오니소스와 통치자(Royal Archon)의 아내가 신성한 결혼을 하는 *hieros gamos*라는 의식에서 절정에 달했다.

어떤 형태든 간에 디오니소스의 출현은 항상 흥분 상태 및 광기와 연결되어 있으며, 또 그 시대의 악으로부터의 해방과 기쁨을 가져다주는 포도주가 선물로 주어졌다. 디오니소스는 흔히 표범이 끄는 마차를 타고 도착하는 것, 시중 드는 시녀들의 무리와 포도넝쿨과 포도 송이들로 둘러싸인 음란한 사티로스들(satyrs), 그가 아리아드네와 결혼하는 것 등을 묘사한 그림이 고대로부터 로마 시대에까지 고정적으로 등장하지만, 디오니소스는 결코 동일하지 않았으며 순화된 신이 아니라 혁명적인 신으로 등장하며, 정치 기구의 신이 아니라 사적인 협회의 신이었으며, 신비 의식을 통해서 개인에게 축복과 불멸을 수여하는 자였다.

디오니소스는 기원전 6세기에 대중들에게서 널리 받아들여졌는데, 그 상황은 로마 시대에까지 계속되었다. 그는 헬라 세계에서 아스클레피오스 다음으로 광범위하게 숭배된 신이었다. 이 두 신은 헬라어권 세계에 사는 사람들과 로마인들의 종교 생활에서는 올림피아의 신들보다 중요했다. 헬레니즘 시대의 소아시아와 여러 섬에 디오시소스 제의가 있었음이 증명된다. 비록 남자들은 바커스의 여사제들이 행하는 주신제(主神祭)에 참여하는 것은 허락되지 않았지만, 남자들은 사제, 히에로판트, 다도우고스(*dadouchos*: 횃불 드는 사람) 등의 직분을 차지했다. 사제들과 여사제들은 신비 의식에 참석한 참가자들의 티아소이(*thiasoi*)를 인도한다. 이집트에서 디오니소스 제의가 널리 보급된 것은 프톨레미 4세 필로메토르의 종교 정책의 지원 덕분이었다(기원전 3세기 후반과 2세기초).

소아시아에서는 디오니소스 제의가 신비 의식이라기보다 공적인 특성을 띠었는데, 디오니소스는 카테게몬(*kathegemon*=설립자; 이후 이 칭호는 "온 우주의 설립자요 창조자"로 이해되었다)이란 칭호로 아탈로스 왕국의 공식적인 신으로 숭배되었다. 디오니소스는 또한 아나톨리아의 신 사바지오스(Sabazios: 아탈로스 1세의 아내에 의해 버가모에 들여온 종교)의 여러 특징을 흡수했다. 버가모에서 주조된 은화(*kistophoroi*라고 불림)는 한 마리의 뱀이 담쟁이 넝쿨로 감싸인 광주리에서 기어나오는 모습을 담고 있는데, 이는 두 신의 제의적 상징을 합쳐 놓은 것으로 추정된다. 디오니소스 제의는 로마 공화국 시대에 소아시아에서 인기가 있었다. 로마를 대적하여 그리스인들의 해방자로서 일어선 본도의 미트리다테스는 자신을 디오니소스라고 칭했고(§6.1d), 당시 동부 지방의 통치자였던 마르크 안토니는 클레오파트라와 함께 "새로운 디오니소스"(New Dionisos)로 칭송을 받았다. 수세기 후에 버가모에 있는 디오니소스의 신전은 또다른 "새로운 디오니소스", 즉 로마의 카라칼라(Caracalla) 황제를 위해 재건축되었다.

디오니소스 제의가 국가에 의해 받아들여지고 공식적으로 장려되었을 경우에, 그 제의를 단순한 신비 제의라고 생각하기는 어렵다. 그러나 그 제의는 엄격히 규제된 국교로 등장하지도 않는다. 대중적인 축하 의식들은 전형적인 "디오시노스 제의"의 특징을 나타냈다: 실레노스(Silenus: 사토로스와 비슷한 숲의 신)들과 무희들, 무언극 배우들과 곤봉 던지는 사람들의 행진, 바커스 신의 시녀들(satyrs: 반은 사람이고 반은 짐승인 숲의 신)로 등장하는 여인들과 판(목양신)으로 등장하는 청년들, 대중 무언극(퍼포먼스들과 판토마임), 바커스식의 춤들, 그리고 연극 공연 등이었다. 이 모든 것들은 수일간 지속되는, 디오니소스 축제의 일부로서, 그 축제에는 남녀노소를 막론하고 모든 계층의 사람들이 참여했다. 이런 맥락에서 볼 때, 디오니소스 제의에 입문한 사람들의 협회는 신비 의식 모임이라기보다 공적인 조직이었다.

그 공적인 제의의 형태는 주로 소아시아에서 일어난 디오니소스 종교의 형태를 취했을 듯 싶다. 심오한 종교적 개념을 지닌 디오니소스 신비 제의는 기원전 5세기에 이탈리아에서 모습을 나타냈다. 남부 이탈리아의 그리스인들 사이에 정착된 디오니소스 종교는 보다 나은 내세의 종교관을 강조하는 오르페우스적 사상과 연결되었다. 기원전 2세기초에 로마인들이 두려워한 것은 저력있는 포교 능력을 가진 디오니소스(바커스) 신비 제의였다. 기원전 186년의 것으로서 유명한 *Senatus consultum de Bacchanalibus*(바커스 제의에 대한 공회 자문서)는 로마 정부가 이 널리 보급된 제의에 몇 가지 가혹한 조처를 취했다는 증거를 제시해준다. 원로원은 "또 다른 사람들"이 일어남으로써 기존의 국가의 구조를 위협한 이 운동의 혁명적인 잠재력을 제대로 평가했다. 이 사람들은 여인들을 지도자로 삼았고, 기존의 계층 구분을 무시했으며, 새로운 종교를 세우려 한 것이 아니라 새로운 국가를 세우려 했다. 그들에 대한 처벌은 신속하게 이루어졌는데, 6,000명이 처형되었다고 한다. 이 법령은 기독교처럼 일반 대중이 참여할 수 없는 비밀 모임을 가지던 구원을 가르치는 이방 종교에 대한 로마 정부의 판례로서 수세기 동안 사용되었다.

그 충격적인 사건이 있은 후, 로마 세계의 디오니소스 신비 의식은 개인의 종교적 만족이라는 범위 안에 머물렀다. 디오니소스 제의의 의식과 종교적 개념들에 대해서는 충분히 알려져 있지 않다. 아마도 모든 곳의 의식과 개념이 동일하는 않았을 것이며, 다른 신비 제의들의 영향을 받았을 것이다. 디오니소스의 신전은 어느 곳에나 있었으며, 주로 극장과 근접한 곳에, 존재했지만, 그 의식은 개

데르베니에서 발견된 금도금을 한 청동 컵
이 커다란 컵은 초기 헬레니즘 시대의 것으로서 유골 단지로 사용되었다. 이것은 디오니소스와 아리아드네, 그리고 박카스 신의 시녀들을 보여준다.

인의 가정에서 이루어졌음이 틀림없다. 폼페이의 빌라 이템(Villa Item)과 델로스에 있는 가면의 집(House of Masks) 등은 그러한 가정 성소였을 가능성이 있다. 그 의식을 거행할 때는 일상적인 음식을 먹고 포도주를 마셨다. 디오니소스는 포도나무의 신이 아니던가. 디오니소스의 죽음과 재생의 신화가 널리 알려져 있었으며, 불멸의 삶에 대한 소망의 기초로 작용했을 것이다. 이것은 단순히 고대의 식물 종교의 영성회를 피하는 것이 아니고, 디오니소스 제의의 신화와 의식을 해석하기 위해 사용된 오르페우스적 개념의 표현이다. 특히 동방의 영향이 전제 되어서는 안된다. 폼페이의 빌라 이템에 있는 벽화는 해석하기가 어렵다. 그 벽화에는 두루마리(오르페우스 문서?)를 읽고 있는 벌거벗은 소년, 남자의 생식기가 그려져 있는 키(*liknon*: 곡식을 까부르는 데 쓰이는 부채꼴의 기구), 매 맞은 흔적이 있는 어두운 날개를 단 형상(지하 세계의 공포의 표현?), 거울 속으로 들여다 본 정경(불멸적 자신에의 인식?), 춤추는 박카스의 시녀 등이 묘사되어 있다. 그 의식에는 구속함과 황홀경, 공포와 고통 등의 경험도 포함 되었을 것이다. 또한 예식적 정결을 위한 규칙과 절제의 규율들이 있었던 것으로 보인다.

이러한 신비 의식들이 근본적으로 상류 계층의 독점물이라는 견해는 분명히 잘못된 것이다(최소한 헬라 시대에 한해서는). 앞서 언급한 *Senatus consultum*에서 로마 정부가 간섭하고 있는 대상은 상류층이 아니었다. 한편, 로마 시대에 디오니소스 제의는 유복한 사람들에게도 인기가 있었던 것으로 보인다. 가난한 사람들은 자기들의 집을 벽화나 모자이크로 장식할 여유가 없었을 것이다. 이 제의가 가르치는 불멸에 대한 믿음은 대단히 진지했다. 디오니소스 제의는 사회적 지위나 정치적 권력이라는 특권과 상관 없이 사람들에게 죽음을 초월하는 삶의 가치를 보장해 주었다는 점에서 혁명적이었다. 그러나, 디오니소스의 축제와 종교 의식의 막대한 인기에도 불구하고, 이 운동의 종교적 영향력이 영적인 삶의 갱신에 얼마나 기여했는지는 확실치 않다.

Bibliography to §4.3f: Texts

Rice and Stambaugh, *Sources for Greek Religion,* 195-209.
Meyer, *Mysteries Sourcebook,* 63-109.

Bibliography to §4.3f: Studies

Burkert, *Greek Religion,* 161-66, 290-95.
Idem, *Mystery Cults,* passim.
Thomas H. Carpenter and Christopher A. Faraone(eds.), *Masks of Kionysus* (Ithaca: Cornell University Press, 1993).
Martin P. Nilsson, *The Dionysiac Mysteries of the Hellenistic and Roman Age* (Lund: Gleerup, 1957; reprint New Youk: Arno, 1975).
Albert Henrichs, "Greek and Roman Glimpses of Dionysos," in: Caroline Houser (ed.), *Dionysos and His Circle: Ancient through Modern*(Cambridge, MA: Fogg Art Musuem, Harvard, 1979) 1-11.
Idem, "Changing Dionysiac Identities," Meyer and Sanders, *Self-Definition 3.* 137-60.
Susan Guettel Cole, :New Evidence for Mysteries of Dionysos," *GRBS* 21(1980) 223-38.

4. 새로운 종교들

(a) 사라피스와 이시스

헬레니즘 시대와 로마 시대에 동부 지역에서 이집트 신들의 제의는 철저하게 헬라화 되었다. 그것의 기초는 많은 이집트 신들이 등장하는 이집트의 제의들이다. 대표적인 이집트의 신들은 이시스, 오시리스, 아피스, 호루스, 아누비스, 셋(Seth)을 들 수 있다. 이 신들은 각기 다양한 이집트 제의의 중심지에서 상이한 기능을 소유했다. 가장 중요한 것은 이시스와 오시리스의 신화인데, 이 신화의 완성된 형태는 이집트 것이 아니고 헬레니즘 시대의 산물이었다.

이시스(Isis)는 살아 있는 파라오의 신화적 상징인 호루스의 어머니였다. 원래 나일강 동쪽 삼각주의 목자들이 섬기던 신이었던 오시리스(Osris)는 매 년 범람하여 새로운 생명을 복원되는 비옥한 땅의 신화적인 화신이 되었다. 그의 적은 사막의 신인 셋(Seth)이었다. 오시리스는 죽음의 신이기도 했으며, 죽은 파라오와 동일하게 인식되어 죽음의 세계에서의 왕의 삶을 상징한다. 이러한 면에서 그는 셋에 대항해서 파라오의 시신(즉, 오시리스)을 수호하는 무덤의 수호신인 아누비스(Anubis)와 결속된다. 왕좌 신화에서 오시리스는 이시스와 연결된다. 이시스는 살아 있는 왕 호루스의 어머니였고, 죽은 왕 오시리스는 이시스의 남편인 동시에 호루스의 아버지였다.

고전적인 형태의 이시스 신화는 셋(Seth)이 자기의 쌍둥이 형제인 오시리스를 죽이고 그 시신을 조각 내어서 나일강에 던져버린 싸움에 대해 이야기한다. 후대에 번역된 그리스어의 신화에서는 용 타이폰(Typhon)이 그 시체를 절단하고, 이시스와 그 자식을 핍박한다. 이시스는 셋의 아내인 네프티스(Nephthys)와 함께 오시리스의 죽음을 애도한다. 두 여신은 오시리스를 찾아 나선다. 그들은 오시리스의 시신 조각들을 발견하고는 다시 붙여 맞춘다. 이시스는 그의 성기를 살려 내어 임신하고 호루스 혹은 하르포크라테스(=어린 아이인 호루스, 주로 어머니의 무릎에 앉아 있는 모습으로 표현된다)를 낳는다. 아누비스는 오시리스를 땅에 묻어준다. 그리하여 오시리스는 죽은 자들의 영역에서 왕이 되고, 호루스는 산 자들을 통치하게 된다.

헤로도토스는 이미 이시스를 알고 있었다. 이시스는 처음에는 데메테르와 동일시 되었다. 그러나 헬레니즘 시대 이전에 그리스에는 이시스 제의가 존재하지 않았다. 이시스 신은 사라피스(헬레니즘의 혼합주의적 창조물)와 동행하여 헬레니즘 세계에 들어오는 데 성공했다. 신성한 황소 아피스는 프톨레미 왕조가 이집트에 오기 오래 전에 멤피스에서 숭배되었다. 죽은 황소는 오시리스가 되며, 반면에 죽어가는 오시리스의 영혼은 살아있는 아피스와 결합한다고 믿었다. 이같은 오시리스와 아피스의 밀접한 관계에서 오소라피스(Osorapis)라는 신의 이름이 합성되었다. 프톨레미 1세는 멤피스에서 자신이 세운 새로운 수도 알렉산드리아로 알렉산더 대왕의 시신을 옮겨갔으며, 오소라피스 제의도 들여와서 그것을 자기 영토의 중심적인 제의로 삼았다. 이제 이 이집트의 신에게 그리스의 특색이 덧입혀졌다. 그리스의 유명한 조각가 브리악시스(Bryaxis: 할리카르나수스의 마우솔루스 왕의 무덤인 유명한 Maysoleum의 조각을 담당했던 주요 조각가 중 한 사람)는 이 신의 신상을 만들었다고 한다(이것은 그보다 일찍 다른 목적으로 만들어진 것일 수도 있다). 그 신상은 제우스와 하데스의 특징을 가지고 있으며, 이집트 신들의 전통적인 모습과는 유사한 점이 없다. 유명한 엘류시스의 사제이며 많은 신학서의 저자이기도 한 에루몰피드 티모테우스(Eumolpid Timotheus)는 프톨레미에게 새로운 제의를 제정하고 그 의식을 조종하는 것에 대해 조언했다. 오소라피스라는 이름은 헬라화되어 사라피스가 되었다. 이 제의와 의식은, 어느 정도 이집트적인 요소가 포함되었지만 그리스 양식을 따랐으며, 이것은 후대에 이집트적 그 중요성이 새로이 부각되었다.

이 새 제의의 창설을 결정한 동기와 의도에 대해서는 거듭 논의되어왔다. 프톨레미 1세는 그리스인과 이집트인 백성들 모두의 마음을 끌 새로운 종교를 창설함으로써 자기 왕국 내의 두 민족을 통합하려 한 것일까? 그랬던 것 같지는 않다. 왜냐하면, 프톨레미 1세가 그와 같은 정책을 추구했다는 증거가 존재하지 않기 때문이다. 비록 알렉산드리아의 사라피스 신전은 국가적 성소가 되었지만, 이집트인들은 이 새로운 신을 받아들이지 않고, 전통적인 아피스 황소 제의를 이어나갔다. 더 설득력 있는 해석은 프톨레미 1세가 자

사라피스의 흉상
사라피스는 번식의 상징으로 "칼라투스"(과실담는 광주리)를 쓰고 있다. 흉상을 떠받치고 있는 "구"(globe)는 우주로 해석되어 왔으며, 따라서 사라피스의 온 세계 통치권을 의미한다. 헬라 작품의 로마 사본(알려진 사라피스상들은 모두가 알렉산드리아에 있는 유명한 사라피스 신상의 사본들이다).

기의 전 영토(당시 시리아 남부와 팔레스틴, 키프로스, 아나톨리아의 서부와 남부, 몇몇 그리스의 섬을 포함했다)의 그리스인들과 마케도니아인을 위한 신으로서 사라피스를 창안하고 그 가장 중요한 신전을 수도 알렉산드리아에 두었을 것이다. 프톨레미 왕조가 알렉산드리아에서 그의 제의를 관대하게 지원했지만, 사라피스 제의를 다른 곳에서도 제국의 중심 종교로 확립시키려고 노력한 일에 대해서는 알려진 바가 없다.

이 제의가 만들어진 가장 중요한 동기는 다른 곳에 있는 듯하다. 즉, 프톨레미 왕조는 이집트의 신을 자기 왕조의 신으로 채택함으로써 파라오의 진정한 후계자로서의 자신들의 입지를 합법화할 필요가 있었다. 옛 수도 멤피스에 있던 오시리스-아피스 제의에 대한 관계 확립, 그리고 그 신을 공식적으로 새로운 수도인 알렉산드리아로 옮겨간 것 등이 이 점을 증명해준다. 사람들은 그리스 문화와 깊이 동화되어 있었으므로, 어떤 이집트 신이라도 근본적으로 수정하지 않고서 그대로 받아들일 수는 없었다. 그러므로 그들에게 있어서 이집트 신의 헬라화는 선택의 여지가 없는 결정이었다.

이 그리스-이집트 제의의 지속적인 중요성은 정치적 목표와는 관계가 없으며, 종교 역사의 영역에 속한다. 비록 사라피스 제의가 급속도로 확산되기는 했지만, 이 제의가 최종적으로 승리하게 된 것은 사라피스 때문이 아니라, 헬라화 된 이시스의 압도적 위세였기 때문이었다. 이시스는 사라피스의 아내가 아니라 동료였으며, 때로 그의 누이라고 불리기도 했다. 만일 그 당시에 세계 종교의 중심 신이 된 신이 있었다면 그는 바로 이시스였다. 그러나 이는 파라오의 왕좌의 여신과 오시리스의 아내로서의 이시스가 아니라, 하늘의 여주인이요, 만물의 어머니요, 우주의 통치자로서였다. 이시스는 당시 종교적 기대감을 충족시키는 데 있어 중요한 모든 것을 자신 안에서 결합한 신이었다.

이집트의 요소들은 이시스가 전세계적인 신으로 발전하는 데 도움을 주었다. 이집트의 하토르(Hathor) 여신으로서의 이시스는 암소의 모습을 한 하늘의 여신이었고(아풀레이우스에 의하면, 이시스의 행렬 때에는 암소의 상을 앞세웠다고 한다), 죽은 오시리스의 아내로서의 이시스는 하데스의 아내인 페르세포네와 동일시될 수 있으며, 하데스는 사라피스와 동일시될 수 있다. 그 외에도 이시스의 많은 특성이 이집트의 것이었는데, 의복과 머리 모양, 시스트럼이라 불리는 금속성 짤랑이 악기, 그녀의 동료로서 여우의 머리를 가진 아누비스를 들 수 있다. 그러나 전체적인 그녀의 모습과 본질은 그리스의 것이었다. 그리스의 예술가들은 미, 권위, 조화, 덕을 상징하는 그녀의 이미지를 창출해 내었다. 때로 그녀는 아프로디테의 특징들을 취하기도 한다. 특별히 효과적이었던 것은 자기의 무릎이나 젖가슴에 아기 하르포크라테스를 사랑스럽게 안고 있는 어머니 여신으로서의 묘사였다. 기독교에서 아기 예수를 무릎에 누이고 있는 마리아는 이시스의 모습을 예술적으로 모방한 것이다. 이시스의 특색은 계시록 12장의 메시야의 탄생에 대한 이야기에도 등장한다(머리에 황도대[zodiac]를 썼으며 해로 옷 입고 달 위에 서 있는 여인, 아기를 잉태했는데, 자신의 신생아를 데리고 용으로부터 피신해야 하는 여인).

이시스에 대한 가장 특징적인 묘사는 이시스교의 참 강령이라 일컬을 수 있는 이시스의 예찬 신화(Aretalogy)에서 찾아 볼 수 있다. 여기서 이시스는 자신을 "나는 이시스다"(ἐγώ εἰμι "Iσις: 에고 에이미 이시스)라는 공식적 문구로 자신을 나타내며, 그 뒤에 따르는 짧은 문장에서는 자기의 지위와 능력을 설명하고, 다른 신들과 동류임을 전제한 후 그 신들의 업적을 자기 것으로 주장한다. 이 예찬 신화들은 보편성과 일신론을 향한 강력한 경향을 보여줄 뿐만 아니라 천체학과 점성학의 영향도 보여준다. 키메(Kyme)의 비문에서 발췌한 다음의 글은 그 전형적인 주장을 맛보게 해준다.

나는 모든 땅의 여주인 이시스라…
나는 인간을 위해 법을 제정하여 주었으니, 누구도 그것을
  바꿀 수 없으리
나는 크로노스의 맏딸이며오시리스의 아내요 딸이라
나는 인간들을 위해 열매를 발견하는 여인이라…
여인들은 나를 여신이라고 부르노라…
나는 하늘에서 땅을 구분했으며.
별들의 길을 보여 주었노라…
나는 바다의 일을 계획하였노라
나는 옳은 것을 강화했으며…
나의 비밀들을 인간에게 계시했노라…
나는 더 이상 살상이 없게 했으며…
운명을 정복했으니,
운명은 나에게 귀를 기울이도다.
오 이집트여, 나를 살찌게 하는 이집트를 환영하노라!

(F. C. Grant, *Hellenistic Religion,* 131-33, adapted)

다른 신들의 이름들이 이따금 채택되며 그들의 업적들은 우주의 통치자인 이시스 신의 것이 되어 버린다. 그녀는 모든 사람들의 법을 반포했으며, 그들에게 말을 주고, 쓰는 법을 가르쳤으며, 땅을 경작하는 법을 지도했다. 그녀는 결혼 관계를 보호하며, 바다를 항해하는 선원들에게 안전을 주고, 별들의 운행에 관한 법칙을 주었으며, 스스로 태양으로서 온 세상을 밝힌다. 그녀는 운명을 정복할 수 있는 능력을 가진다.

지역에 따라 다르지만, 이시스 제의의 행렬과 대중적 예식에서는, 대체로 이집트의 의식과 기구들이 주로 사용된다. 이시스 제의의 입문식에는 이집트의 요소들도 포함되어 있지만, 그리스 신비 제의들의 제의들, 특히 엘류시스 제의의 전통을 계속해서 사용했다. 따

라서 전형적으로 동양적인 현상은 아니었다. 서기 2세기의 작가인 아풀레이우스가 몇가지 상세한 내용을 제공해 주지만 입문식이 행해지는 동안 신전에서 실제로 어떤 일이 행해졌는지에 대해선 언급하고 있지 않다(*Metamorpnoses* 11). 아풀레이우스는 준비 예식, 꿈을 통해 주어지는 입문식의 날짜에 대한 지침들, 요구되는 각종 기구와 예복의 구입(입문식을 거행하는 데에는 비용이 많이 들었다!), 금식 기간과 정결을 위한 목욕에 대해서 언급하고 있다. 입문식 자체도 암시로 묘사되어 있다: 입문자는 죽음의 경계에, 프로세르피나의 문턱에까지 이른다. 그는 모든 사물을 통과하고 한 밤중에 해의 빛남을 보며, 지상과 지하의 신들을 보고 그들을 숭배한다. 입문식을 거행한 다음날 아침, 입문자는 최고의 신이 입는 의복인 황도대를 상징하는 12개의 겉옷을 입고 태양 빛을 상징하는 종려잎으로 만든 면류관을 쓴 사람들 앞으로 인도된다. 모든 세력들을 극복한 입문자는 비로소 최고의 거룩한 신과의 동일성을 획득한다. 이제 그는 덧없는 세상의 영역에 귀속되지 않고 햇살에 둘러싸인 태양으로 나타나며, 순수한 영의 영원한 세계와 하나가 된다.

물론 신전의 성소에서 무엇이 실제로 행해졌는지를 알아내는 것이 그렇게 중요한 것은 아니다. 준비 과정으로서의 금식, 그리고 신상들, 상징물, 횃불, 등불 등을 자유자재로 다룰 줄 아는 사제들의 기술에 의해 원하는 효과를 쉽게 만들어 낼 수 있었을 것이다. 중요한 것은 해석이다. 그 의식은 분명히 죽음과 재탄생의 경험을 의미하지만 그것은 신의 운명에 참여하는 형태로 일어나지는 않는다. 이시스와 오시리스의 신화는 그런 식의 이해에 맞지가 않다. 확실히 오시리스는 죽어 죽음의 영역을 다스리는 주인이 되었으며, 오시리스 자신도 "입문자"(μύσυς: 입문자)라고 불릴 수 있을 것이다. 그러나 그가 다시 살아났다는 말은 없었다. 더욱이, 오시리스는 아풀레이우스가 묘사한 입문식에서 아무런 역할도 하지 않는다. 그 본문에서는 하데스의 여주인인 프로세르피나(즉, 이시스)에 대해 말하고 있을 따름이다.

단순히 죽음만이 아니라 영혼의 천상 여행(*Himmelsreise der Seele*)을 상징하는 여행 중에 자기가 거하는 곳의 문턱까지 찾아온 자를 위해 이시스가 베푼 은혜는 무엇인가? 소위 "자발적인 죽음"(*Metam.* 11.21)을 결행하고 다시 태어난 자에게는 삶과 구원의 새 행로가 주어진다. 이는 불멸도 아니고 또 죽음에서의 부활도 아니라, 자신의 이전 삶에 대해 죽고 이시스 신에게 봉사하는 새로운 삶의 가능성을 의미한다. 이 때에 입문자는 우주를 지배하는 신과 연합되는 것을 의식하게 된다. 이것은 입문자가 착용하는 천상의 예복과 태양의 면류관에 의해 상징되며, 또 이것들은 입문하지 않은 이들로부터 그를 구별해준다. 상징적인 죽음의 경험은 과거와는 근본적으로 다른 새로운 지상 생활을 의미한다. 그러나 이시스 신을 신봉하는 사람은 그녀로부터 거룩한 보증을 받는다:

"그대가 지상생활의 덧없음을 제대로 파악하고서 지하의 영역에 있는 자들에게로 내려 가게 되면,…그리고 엘리시온의 들판(역주: 낙원)에 살게 되면서 그대는 나를 은혜로운 수호자로서 예배하게 될 것이다"(*Metam.* 11.6).

이시스는 하데스를 포함한 모든 곳을 지배하는 까닭에, 그녀의 신비 의식에 입문한 사람들은 사후에도 보호함을 받는다. 세상에서의 새로운 삶은 죽은 이후의 삶에서 그 대응물을 가지게 된다.

이 신비 종교의 입문식에 대한 설명에는 기독교의 가르침과 병행되는 것이 아주 많다. 로마서 6장에 나타나는 바 세례에 대한 기독교의 이해는 입문식을 표현하는 것과 동일한 헬레니즘적 언어와 개념들에 의해 전달된다. 바울은 죽은 자들은 (세례를 받음으로써 상징적으로) 새로운 삶의 길을 걸어야 한다고 권면한다. 그러나 그 새로운 지상 생명에는 자연적인 한계가 있기 때문에, 바울도 아풀레이우스와 마찬가지로 그리스도께서 자기를 믿는 모든 사람을 죽은 자들 가운데서 다시 살리실 것을 기대한다.

한편, 신학적, 사회학적인 차이점이 분명히 드러난다. 기독교 입문자들의 경우, 죽음과 부활은 그리스도의 운명이었으며, 따라서 그들은 "그와 함께" 죽었고, 또 그리스도가 죽은 자들 가운데서 살아나셨던 것처럼 그들도 살아날 것이다. 기독교인들은 자기들이 믿는 신이 겪었던 운명에 동참했다. 게다가 기독교의 세례는 비용이 들지 않는 단순한 의식이었고, 그리스 신비 의식들과 이시스 입문식과는 달리 신비적 조작이 없었다. 더욱이 기독교에서는 세례 받은 자들을 새로운 공동체에 받아들여지는데, 그 공동체에는 사회적, 인종적, 성적 차별이 없었다. 또 세례 받은 사람들은 자신의 삶을 공동체의 복지를 위해 헌신해야 했다. 그와는 대조적으로 이시스 신비의식의 입문식은 소수의 특권을 받은 사람들, 즉 입문식에 드는 엄청난 비용을 지불할 수 있는 사람들에게만 허락되었다(이것은 다른 신비 의식들에게도 적용되는 사실이다). 아풀레이우스의 영웅의 경우, 원래의 의식을 확인하고 보다 높은 난계에 도달하기 위해서 더 많은 입교식이 요구되었다. 그러나 이것은 진실로 택함을 받은 한정된 사람들에게만 해당되었다. 그러나 기독교는 신비 의식들의 종교적 개념을 완전히 받아들이면서도 입문식을 민주화 했으며 재정적 조건에서 해방시켰다. 바울이 몇몇 반대 집단들에 대해 투쟁한 것은 엘리트 의식의 형성이 초기 기독교 공동체들이 직면한 위험들 중의 하나였다는 것을 지적해 준다. 모든 이들을 위한 종교로서의 기독교의 성공은 이 투쟁의 결과에 달려 있었다고 해도 과언이 아니다.

헬레니즘 시대와 로마 시대에 건축된 이집트 종교의 신전들이 여러 도시에서 발견되어왔다. 발굴된 신전들의 구조는 매우 다양하다. 작은 소규모의 집회소도 있고, 고대 세계에 건축된 것중에서 가장 규모가 큰 신전에 속하는 것들도 있다. 헬레니즘 시대의 것으로서 "Sarapeion A"라고 알려진 델로스 섬에 있는 집회소는 그 공간 대부분을 회원들의 활동을 위해 할애하고 있는 반면에 "사라피스

신의 집"은 건물의 안뜰 내부에 작은 규모로 설치되어 있다. 로마 시대의 것으로서 테살로니카에서 발견된 이시스의 신전은 하나의 회의장이다. 한쪽 끝에 있는 작은 벽감에는 여신상을 안치해 두었다. 델로스 섬에 있는 "Sarapeion C"는 대규모의 신전으로서 비교적 작은 규모의 신전이 여럿 딸려 있다. 아마 이것들은 각기 이시스, 사라피스, 하르포크라테스 신을 위한 신전으로서 안뜰을 중심으로 하여 그 주위에 건축되어 있다. 여기에서도 예배자들의 모임을 위한 공간이 건축의 주요 특징이 된다. 이것은 전형적인 그리스 신전과는 전혀 비슷한 점이 없다. 그리스 신전에서는 건축물의 중심 구조인 작은 내부방(cellar)이 신의 집이었다.

그리스와 로마의 건축 표준으로부터의 결별은 로마 시대에 건축된 보다 큰 규모의 사라피스/이시스 신전에서 관찰할 수 있다. 밀레도의 사라피스 신전은 기둥이 두 줄로 늘어 서 있는 바실리카로서, 이교의 신전이라기보다는 기독교의 교회와 흡사하다. 2세기 초반에 세워진 버가모의 "Red Hall"이라는 이집트식 신전은 특이한 구조를 지니고 있다. 가로가 60미터, 세로가 27미터, 높이가 20미터나 거대한 벽돌 건물로 된 이 신전은 동편에는 신상을 모셨고, 약간 규모가 큰 서편의 공간에는 예배자들이 들어갈 수 있는 곳으로서 수백 명을 수용할 수 있었다.

이러한 건물들은 큰 무리의 군중들을 수용할 공간을 마련하려는 의도를 지닌 것이었다. 한편 택함을 받은 소수의 개인들의 비밀 입문식을 거행할 수 있는 공간도 마련되어 있었는지 궁금해 하는 사람들도 있을 것이다. 버가모에 있는 사라피스 신전에는 지하 통로가 있는데, 그것은 신상 밑의 공간 및 지하의 방들과 연결된다. 같은 시대에 건축된 대규모 건물인 에베소의 사라피스 신전에는 내벽과 외벽이 있어서 두 개의 통로가 만들어지는데, 각각의 통로에는 6개의 벽감이 있다. 그러나 이집트 제의의 신전들 모두가 그처럼 특별한 구조를 갖추었던 것 같지는 않다. 가장 놀라운 건축학적 특징은 회중이 예배에 참석할 수 있는 공간을 마련한 것이다. 이런 점에서 최소한 로마 시대의 이시스와 사라피스 숭배는 기독교의 교회나 유대교의 회당 예배와 어느 정도 유사하다고 볼 수 있다.

Bibliography to §4.4: Bibliography

Bruce M. Metzger, "A Classical Bibliography of the Greci-Roman Religions 1924-1973 with a supplement 1974-1099," *ANRW* 2.17.3 (1984) 1259-1423.

Bibliography to §4.4: Studies

Nisson, *Greichische Religion 2.* 622-67.

A. J. Festugière, *Études de religion grecque et hellénistique* (Paris: Vrin, 1972).

Athur Darby Nock, *Converson The Old and the New in Religion from Alexander the Great to Augustine of Hippo* (London; Oxford University Press, 1933l reptint: Brown Classics in Judaica; Lanham, MD, and London: Universith Press of America, 1988).

Richard Reitzenstein, *Hellenistic Mystery Religions: Their Basic Ideas and Significance* (Pittsburgh Theological Monograph Series 15; Pittsburg: Pichwick, 1978).

Franz Cumont, *The Oriental Religions in Roman Paganism* (New York: Dover, 1956).

Edwyn Bevan, *Later Greek Religion* (London: Dent: New York: Dutton, 1927).

Bibliography to §4.4: Literature

J. Leclant, *Inventaire bibliographique des Isiaca* (3 vols; EPRO 18.1-3; Leiden: Brill, 1972-1985).

Bibliography to §4.4a: Texts

Ladisav Vidman, *Sylloge inscriptionum religionis Isiacae et Sarapiacae* (Berlin: De Gruyter, 1969).

Meyer, *Mysteries Sourcebook,* 157-96.

Yves Grandrean, *Une wouvelle arétalogie d'Isis à Maronée* (EPRO 49; Leiden: Brill, 1975).

Helmut Engelmann, *The Delian Aretalogy of Sarapis* (EPRO 44; Leiden: Brill, 1975).

J. Gwyn Griffiths, *Apuleius of Madauros: The Isis-Book (Metamorphoses, Book XI_: Introduction, Translation and Commentary*(EPRO 39; Leiden: Brill, 1975).

John Gwyn Griggths, *Plutarch"s de Iside dt Osirede* (Cardiff: University of Wales, 1970).

Bibliography to §4.4a: Studies

Ladislav Vidman, *Isis und Sarapis bei den Griechen und Römern. Epigraphische*

Studien zu den Trägern des ägyptischen Kultes (Berlin: De Gruyter, 1970).
Friedrich Solmsen, *Isis among the Greeks and Romans* (Martin Classical Lectures 25; Cambridge, MA; Harvard University Press, 1979).
Wilhelm Hornbostel, *Sarapis: Studien zur Überlieferungsgeschichte, den Erscheinungsformen und Wandlungen der Gestalt eines Gottes* (EPRO 32; Leiden: Brill, 1973).
Regina Salditt-Trapmann, *Tempel der ägyptischen Götter in Griechenland und an der Westküste Kleinasiens* (EPRO 15; Leiden: Brill, 1970).
Françoise Dunand, *Le culte d'Isis dans le bassin oriental de la Méditerranée* (EPRO 26; 3 vols.; Leiden: Brill, 1973).
Pierre Roussel, *Les cultes égyptiens à Délos du III e au I er siècle avant J.-C.* (Nancy: Berger-Levrault, 1916).
John E. Stambaugh, *Sarapis under the Early Ptolemies* (EPRO 25; Leriden: Brill, 1972).
Sharon K. Heyob, *The Cult of Isis among Women in the Greco-Roman World* (EPRO 51; Leiden: Brill, 1975).
Robert A. Wild, *Water in the Cultic Worship of Isis and Sarapis* (EPRO 87; Leiden: Brill, 1981).
Idem, "The Known Isis-Sarapis Sanctuaries from Roman Period," *ANRW* 2.17.4 (1984) 1839-1851.

(b) 대모신과 아티스

고대 시대에 헬라인들은 키벨레(Kybele), 즉 인간이나 동물을 막론하고 모든 살아있는 것의 어머니인 대모신(Magna Mater)을 숭배했다. 이 신은 궁극적으로 아나톨리아 동부에서 유입된 힛타이트족의 풍요의 여신인 쿠바바(Kubaba: 리디아인들은 이 신을 아데미의 여동생으로 받아들였고, 아나톨리아의 헬라인들은 서머나의 키빌레-튀케로 받아들였다), 밤빌리아의 페르게에서 섬기는 아데미, 에메소인들의 위대한 아데미(다이아나)였다. 이 신은 풍요로움의 상징들로 치장되며, 전통적인 그리스의 신 아데미나 로마의 신 디아아나와는 전혀 닮은 점이 없다.

초기에 대모신이 받아들여지는 곳에서 그 제의는 본래의 광란적인 특성들을 상실하고 그 지방에 맞추어 동화되었다. 그리스인들은 이 신을 단순히 *Meter*(μήτηρ)라고도 부른다. 이 신은 종종 제우스와 헤라와 포세이돈의 어머니인 레아와 동일시 되었다. 아테네에서는 메테르의 신전이 국가 공문서 보관소 역할을 했다. 올림피아에 있는 이 신의 신전은 고대 그리스 시대로부터 헤라의 신전을 마주보고 서 있었는데, 이 신을 섬기는 신전은 신들의 어머니라고 불린 헤라와 관련되어 있었을 것이다.(이 *Meter* 신전은 후대에는 황제제의의 신전으로 사용되었다). 고환 제거 의식은 사라졌다. 자신의 부정(不貞)을 슬퍼한 나머지 스스로 거세해 버렸다는 키벨레의 연인 아티스는 고대 그리스 시대에는 등장하지 않는다. 그리스인들은 아티스 대신에 아프로디테(시리아의 이시타르와 동일)의 연인인 아도니스를 숭배했다. 아도니스 제의는 빠르게 지나가는 봄의 상징으로써 광범위하게 퍼졌었다. 그러나 그리스인들은 아도니스를 섬기는 신전을 건축하지는 않았다. 아도니스는 개인적인 의식(ritual) 안에서 숭배되었다.

헬레니즘 시대 초기에 그리스에서는 대모신의 제의가 새로이 발달했다. 그러나 이번에는 대모신은 부르기아 페시누스에서 본래의 거세고 원시적인 제의적 특징과 자신의 불행한 연인 아티스의 신화를 함께 가지고 나온 키벨레였다. 동쪽 지방에는 시리아의 아타르가티스/이시타르, 이집트의 이시스 같은 강력한 경쟁자들이 존재했다. 그리스는 그 제의를 받아들이지 않았지만, 서부 세계에서는 신속하게 받아들였다. 기원전 204년에 로마에서는 대모신 제의가 공식적으로 인정되었다. 이것은 근동 지방의 제의로서 최초로 오랫동안 인정을 받은 사례이다. 키벨레 제의에 참여하는 것에 대한 규제가 궁극적으로 없어진 것은 클라우디우스 황제의 집권 때였으며, 대모신을 섬기는 봄 축제는 로마에서 열리는 축제 중 가장 인기 있는 것 중의 하나가 되었다.

봄축제는 3월 15일부터 27일까지 2 주일 동안 지속되었다. 첫날에는 여신의 신전에 갈대를 가지고 들어갔는데, 그 의미는 분명하지 않다. 3월 22일에는 소나무를 베어 신전에 가져다가 세우고 장식했다. 이것은 아티스의 상징으로서, 고대의 나무 제의를 표출하는 것이다. 다음 며칠 동안에는 아티스의 죽음에 대한 슬픔을 표현하는 금식이 행해졌다. 3월 24일은 성일(*dies sanguinis*)이었다. 갈리(*galli*: 낮은 등급의 사제)가 광란적인 춤을 추면서, 새 신자들이 무아지경에서 스스로 거세하는 동안에 여신상 위에 피를 뿌렸다. 그 다음은 힐라리아라 불린 침묵의 날이었다. 3월 27일에는 여신의 신상을 강으로 가져가서 씻었다. 거세한 이후의 갈리의 실제 입문 의식에 관해서는 알려진 바가 없다. 그러나 이것이 과연 헌신자들이 키벨레 신비 의식에 입문하는 정상적인 방법이었는지는 의심스럽다. 보다 높은 계층의 사제들은 거세되지 않았으며, 봄 축제 때에는 오로지 갈리의 입문식만 행해졌고 다른 입문식들은 다른 때에 행해졌을 것으로 추측된다.

아티스와 키벨레의 신비 의식에서 행하는 의식의 해석에 대해 많은 추측이 있다. 대부분의 해석은 풍유적인 것인데, 풍유도 결국은 변화될 것이다. 거세는 곡식 이삭을 베는 것으로 이해될 수 있었고, 땅이나 데메테르와 동일시되는 여신의 상을 강물에서 씻는 것은 곡식을 맺게 하려면 땅에 물을 대 주어야만 한다는 것을 의미할 수도 있었다. 그 의식들이 죽음과 부활이라는 사상과 연관 되었을 가능성은 거의 없다. 아티스가 죽었다가 살았다는 말이 없으며, 또 거룩한 결혼(ἱερόσ γάμος)을 지칭하는 내용도 없다. 또한 스스로 거세하는 의식은 입문 의식이 아니었으며, 거세된 고환들을 세척하고 기름을 발라 신전에 보관했다는 보고가 있는 것으로 미루어 보아 고환을 여신에게 봉헌하는 제사 의식이었는지도 모른다. 만일 이 추측이 옳다면, 많은 예배자들의 집단적인 입문식은 상이한 특성을 지녔을 것이다.

특이한 키벨레 신비 제의의 의식인 타우로볼리움(taurobolium: 황소를 제단에 바치는 의식)도 정상적인 입문식이었을 수 없다. 원래 이것은 황소 싸움이었으며, 로마 시대에 대모신과 아티스 제의의 의식의 일부로 행해졌다. 타우로볼리아의 증거는 이것이 2세기와 3세기에 가장 광범위했었음을 말해 준다. 보통 황제나 특정 시민을 위해 드려진 타우로볼리아는 입문식이 아니라 황제나 공동체를 위한 아티스의 축복을 다짐하기 위한 희생제사였다. 대제사장은 구덩이 속으로 들어가는데, 그 구멍 위에서 황소를 죽인다. 그가 구멍에서 다시 나올 때, 참석자들은 그를 마치 죽었다가 다시 살아난 사람인 양 숭배한다. 황소의 고환은 특정한 의식을 통해 성결케 되어 여신에게 봉헌된다(아마도 스스로 거세하기를 꺼리는 사람들을 위한 대속 제물로서). 4세기에는 타우로볼리움이 신비 종교의 개인적인 입문 의식으로 이해 되어진 증거도 있다. 입문자는 엄격한 금식을 행한 후에 마치 죽음을 향해 가는 것 같은 두려움을 가지고 떨면서 구덩이 속에 들어갔다. 그에게 부어지는 피는 속죄를 이룩해주며 재생과 새생명을 수여해주는데, 일반적으로 그 유효 기간은 20년이다. 이 기산이 지나면 의식을 다시 거행해야 한다. 타우볼리움에 대한 이러한 이해는 기독교의 영향을 받아 발달했을 것이다.

대모신과 아티스 제의의 의식들이 지니는 특이한 특성들 때문에 대모신보다 아티스가 더 중요한 역할을 한다는 신학적/신화적 해석이 생겨났다. 소아시아에서 숭배된 신 멘(Men)과 함께 아티스는 하늘의 신이 되었고, 그의 거세는 창조의 행위로 이해되었다. 기독교 영지주의자들도 아티스 신화를 빌려와서 자신들의 혼합주의적 신학을 위해 사용했다. 영지주의자 나아세내스(Naassenes)에 대한 히폴리토스(Hippolytus)의 보고서에는 아티스를 찬양하는 찬송이 인용되어 있다.

> 크로노스의 인종이든지, 아니면 제우스나 위대한 레아(Rhea=
> 　키벨레)의 축복받은 자녀이지,
> 아티스여, 그대를 찬양하노라. 그대는 슬픈 레아의 메시지,
> 앗시리아인들은 그대를 가장 흠모하는 아도니스, 모든 이집트,
> 　오시리스 라고 부른다…

> 나는 레아의 아들, 아티스의 노래를 부르겠노라
> 모두 찬양하라! 다들 찬양하라!—판으로서, 박카스로서,
> 빛나는 별들의 목자로서.

그러나 키벨레와 아티스 제의과 크게 인기를 얻게 된 것은 이러한 영지주의적 개념들 때문이 아니다. 그보다는, 법석대는 요란한 의식들, 축제들, 제의 행사들이 많은 사람들의 마음과 감정에 미친 영향을 고려해 보아야 한다. 대모신 제의의 종교적 열정은 과격하며 극단적이었다. 그 축제들은 화려했으며 타악기들의 원색적 음악과 환희의 춤으로 가득했다. 의식들은 원시적이고 잔인했으며, 그리스적 기준에서 볼 때에는 지극히 역겨운 것이었지만 매혹적이었다. 대모신 제의의 도덕적 요구는 매우 엄격하고 호된 것이었다. 종교적인 면에 관심을 가진 철학자들의 사변적 학설에서는 전혀 다루어지지 않는 심오한 종교적 경험과 심리적 정서를 설명하는 데 있어 죄의식과 죄책감은 중요한 역할을 했다.

Bibliography to §4.b: Texts

P.-L. van Berg, ed., *Corpus cultus Deae Syriae* (2 vols.; EPRO 28.1-2; Leiden: Brill, 1972).

Harlod W. Attridge and Robert A. Oden, eds., *The Syrian Goddess(De Dea Syria) Attributed to Lucian* (SBLTT 9, Greco-Roman Series 1; Missoula, MT: scholars Press, 1976).

Maarten J. Vermaseren and E. N. Lane, eds., *Corpus Cultus lovis Saabazii*(3 vols; EPRO 19.1-4; Leiden: Brill, 1971-1978)

Bibliography to §4.b: Studies

Sherman E. Johnson, "The Present State of Sabazios Research," *ANRW* 2.17.3 (1984) 1583-1613.

Robert A. Oden, *Studeis iin Lucian's De Dea Syria*(HSM 15; Missoula, MT: Scholars Press, 1977).

Monika Hörig, "Dea Syria-Atargatis," *ANRW* 2.17.3(1984) 1536-81.

Paul John Morin, "The Cult of the Dea Syria in the Greek Wolrd"(Ph. D. diss., Ohio State University, 1960).

(c) 사바지오스, 멘, 그리고 다른 신들

사바지오스(Sabazios)는 부르기아인(그리고 트라키아인)이 섬기는 식물의 신이다. 사바지오스 제의는 리디아와 비두니아, 그리고 트라키아와 마케도니아에까지 전해졌다. 기원전 5세기에 그리스인들은 이미 사비지오스 신을 알고 있었다. 사바지오스는 디오니소스와 관련이 있으며, 이따금 발견되는 바 사바지오스와 디오니소스가 동일시 되는 것의 근원은 고대에 있다. 이 신이 대중적으로 인기가 있었음은 지금까지 발견되어온 많은 사바지오스의 손들을 보면 분명하다. 즉 솔방울과 뱀, 그리고 다른 상징들로 장식되어 있는 베네딕티오 라티나(*benedictio Latina*) 형태의 들고 있는 손이다. 디오니소스 제의처럼, 사바지오스 숭배도 신비 종교의 특징들을 가졌다. 죽은 자들이 심판관 앞에서 풀려나서 축복 받은 자들의 영원한 식사에 영접되는 것을 상징하는 것으로 보이는 로마의 빈센티우스 무덤에 있는 그림으로 판단해 볼 때, 제의적 만찬이 있었음은 분명하다.

혼합적 경향이 특별히 강했던 것으로 보인다. 소아시아에서 사바지오스를 디오니소스와 동일시한 것 이외에도 이따금 대모신이나 미트라스(Mithras)와 연결지었으며, 특히 제우스나 히프시스토스("최고의 신")와도 연관되었음을 발견한다. 이상한 것은 이스라엘의 신인 야웨와의 동일시이다. 기원전 139년에 "사바지오스 주피터의 제의를 가지고서 로마의 관습을 부패시키려 한" 유대인들이 로마에서 축출 되었다(Valerius Maximus 1.3.2). 소아시아의 내륙에서 발견된 몇몇 문서들은 "최상의 신"(*Theos Hypsistos*)을 믿는 일신교적 신비 제의를 언급하는데, 그 회원들은 안식일, 그리고 음식에 관한 법을 지키고 있다고 전한다. 또한 잔치 장면을 담은 부조가 새겨진 "안식주의자들"이라 불린 종교 집단의 비문들이 있다.

이 "히프시스토스를 믿는 자들" "안식주의자들"이 어떤 사람들이

사바지우스의 손
청동이나 황토로 만든 사바지우스신의 손이 많이 발견되었다. 뱀, 개구리, 도마뱀, 솔방울로 장식된 이 손들은 마술적 능력을 소유했다고 믿어졌다.

었는지, 그리고 그들이 사바지오스와 어떻게 연관되며 또 유대교와 어떻게 연관되는지는 확실치 않다. 소아시아에 거주하며 이미 크게 헬라화 된 유대인들이 자기들의 회중을 조직하고 또 자신들의 예배를 신비 종교로 인식하면서, 당시 이교도 이웃들이 받아들인 종교적 형태와 칭호를 받아들였을 가능성이 꽤 높다. 위에서 언급한 증언에는 유대교의 특징이 뚜렷이 나타난다. "최상의 신"으로 칭한 하나님의 호칭은 70인역에 나타나며, 헬레니즘 시대의 유대교 문헌(필로와 요세푸스)에도 나타난다. 안식 만찬—포도주를 곁들인 절기 음식—은 유대인의 특유의 것이다. 로마에 있는 핀센티우스의 무덤의 앙겔루스 보누스(*angelus bonus*)는 분명히 유대적인 기원을 지닌다. 그러나 사바지오스/히프시스토스의 안식주의자들이 유대-혼합주의적 신비 종교였는지, 혹은 유대교에서 본을 따온 이방 종교였는지, 아니면 우리가 단지 명칭(Sabazios-Sabbath-Sabaoth)들의 혼동에 직면하고 있는 것인지 결론 내리는 것은 불가능하다. 그러나 로마에서 행해진 사바지오스 숭배자들의 축출에 대한 보고서에 "유대인"이라고 명시된 점을 감안할 때, 이름의 단순한 혼동이라는 가설은, 믿을 만한 것이 못 된다. 그러므로, 우리는 소아시아에 근거지를 둔 혼합적 종교성을 가진 단체가 있었다고 생각할 수밖에 없다. 후일, 기독교가 이단적 무리들과 벌인 논쟁들은, 기독교 회중들 역시 동일한 유대의 신비 제의들의 영향을 받았다는 것을 증명해준다.

헬레니즘 시대에 널리 퍼진 또 다른 부르기아의 신은 멘(Men)인데, 종종 티란노스(Men Tyrannos)로 불리기도 했다. 멘의 제의는 소아시아 지역 대부분에 전파되었다. 멘은 기원전 5세기에 아티카의 라브리아에 있는 아테네의 은광(銀鑛)에서 일하던 노예들에 의해 그리스에 소개되었다. 멘은 달의 신으로서 부르기아식 복장을 한 초승달로 표현된다. 그의 이름은 종종 설명할 수 없는 별명과 더불어 등장하지만, 그는 사바지오스와 동일시 되기도 한다. 후대에 이탈리아에서는 아티스와 함께 하늘의 우주적 신으로서 숭배되었다.

시리아의 여신 아타르가티스(Atargatis)는 셈족의 기후의 신인 바알-하다드(Baal-Hadad)와 더불어 에뎃사, 니스비스, 바엘벡, 팔미라, 다메섹, 사모사타 등 시리아의 도시, 그리고 필리스틴의 아스켈론에서 숭배되었다. 이 신의 특성들은 페니키아의 아스타르테의 특성과 관련이 있다. 이 신은 헬라어권의 세계에 알려지면서 대모신인 키벨레와 동일시 되었다. 앗시리아의 사모사타 출신인 루키안(Lucian)은 아타르가티스와 하다드를 헤라와 제우스와 동일시했다. 델로스 섬에서 헬레니즘 시대의 것인 아타르가시스 신의 신전 구역이 발굴되었는데, 그 구역 안에는 극장 및 특별한 제의실과 식당이 포함되어 있다. 로마의 군단들은 바다와 땅과 하늘의 신인 이 신을 이탈리아 항구들, 심지어는 로마의 속주들의 북부 지역에까지 소개했다.

Bibliography to §4.4c: Texts

P.-L. van Berg, ed., *Corpus cultis Deae Syriae* (2 vols.; EPRO 28.1-2; Leiden: Brill, 1972).

Harold W. Attidge and Robert A. Oden, eds., *The Syrian Goddess(De Dea Syria) Attributes to Lucian* (SBLTT 9, Greco-Roman Series 1; Missoula, MT: Scholars Press,1976).

Maarten J. Varmaseren and E. N. Lane, eds., *Corpus Cultis Iovis Sabazii* (3 vols; EPRO 100.1-3; Leiden: Brill, 1983-1989).

E. N. Lane, ed., *Corpus monumentorum religionis dei Menis* (4 vols.; EPRO 19.1-4; Leiden: Brill, 1971-1978).

Bibliography to §4.4c: Studies

Sherman E. Johnson, "The Present State of Sabizios Reseach," *ANRW* 2.17.3(1984), 1583-1613.

Robert A. Oden, *Studies in LUcian's De Dea Syria* (HSM 15; Missoula, MT: Scholars Press, 1977).

Monika Hörig, "Dea Syria-Atargatis," *ANRW* 2.17.3 (1984) 1536-81.

Paul John Morin, "The Cult of the Syria in the Greek World" (Ph.D. diss., Ohio State University Press, 1960).

(d) 신비 종교들의 문제점

학자들간에 소위 "헬레니즘 시대의 신비 종교들"의 문제가 많이 논의되고 있다. 금세기초에 프란츠 쿠몽(Franz Cumont)과 리차드 라이젠스타인(Richard Reitzenstein)은 헬레니즘 시대의 신비 종교들, 즉 디오니소스, 이시스, 오시리스, 키벨레, 미트라스 등의 제의들이 동양에 기원을 둔 것이라는 가설을 제기했다. 이것은 생산적인 출발점이 되어 이러한 신비 종교들에 대한 유익한 자료들을 체계적으로 출판하는 결과를 낳았다. 특히 Maarten J. Vermaseren이 편집한 *Études préliminaires aux religions orientals dans l'empire romain*, 그리고 기독교를 헬레니즘 시대와 로마 시대에 새로이 등장한 많은 신비 종교들 중 하나로 보는 견해를 낳았다.

이 가설에 대한 비평에서는 때로 기독교의 특이성을 옹호하려고 노력했으며, 당대의 일반적인 종교 환경에서부터 그 근본적인 특성들을 구분하려 했다. 이러한 변증적 관심에 내해서는 여기서 다루지 않겠다. 보다 중요한 것은 "헬레니즘 시대의 신비 종교들"의 관념 및 그것들이 근동 지방에 기원을 두었다는 가설에 대해 의심을 제기한 비판적 의견들이다:

(1) "신비 의식들"이 있었음은 확실하다. 그러나 많은 경우, 특정한 집단과 그 의식에 완전히 헌신할 것을 요구하는 운동이라는 의미에서 그것들을 "종교"라고 부르는 것은 적합하지 않다.

(2) 신비 의식의 의식과 종교적 개념은 너무나 다양하기 때문에, 모든 신비 의식에게 공통적으로 적용할 수 있는 신학적 방향 설정을 재건하는 것은 불가능하다. 모든 신비 의식에 공통적인 개념들은 헬레니즘 문화의 일반적인 종교적, 철학적 언어에 속하는 것들이다. 달리 말하면, 그것들은 신비 의식에만 국한되는 것이 아니다.

(3) 신비 종교들의 동양 발생설(특히 이란에서 기원했다는 설)은 지극히 회의적이다. 이 가설을 입증해줄 충분한 이란의 자료가 존재하지 않으며, 또 기원전 1세기에 미트라스 신비 의식이 등장하기 전에는 그러한 기원을 주장하는 신비 집단이 없었다.

(4) 현재 알려져 있는 가장 오래된 신비 의식은 근동 지방의 것이 아니라 그리스의 것이다. 고대 그리스 시대 이전에 그리스가 아닌 다른 곳에 근원이 두었을 수도 있다. 디오니소스 제의는 트라키아나 부르기아에서 기원할 것일 수도 있지만, 이 신의 이름은 미케네 시대의 그리스에서 발견된다. 데메테르와 지하 세계(그의 딸 코레는 페르세포네로서 하데스의 여신이었음)와의 연관은 전형적으로 그리스적인 것이 아니다. 그러나 기원전 8세기에 엘류시스에 있는 데메테르의 제의는 그리스적 제의였다. 사모드라케의 신들은 트라키아에 근원을 두었을 가능성이 많은데, 이 신들은 고대 그리스 시대 이전에 헬라화되었다. 비록 대모신(*Magna Mater*)은 동양의 신비 제의로서 로마에 도입 되었지만, 후기 청동기 시대에 소아시아의 헬라인들 사이에서 숭배되었고, 기원전 6세기에는 그리스 자체 안에 자리를 잡았다.

헬레니즘 시대와 로마 시대와 관련하여, 우리는 그리스의 관습, 의식, 개념, 이야기 등은 일반적으로 모든 사람들에게 개방되지 않았던 입문 의식을 제공한 헬레니즘 시대의 제의나 종교에 뿌리를 두고 있다는 관찰에서부터 시작해야 한다. 이러한 특별한 의식들은 정치적, 혹은 사회적 공동체의 모든 회원에게 요구되는 의식과는 다른 것이었다. 자신의 개인적인 유익을 위해 제의에 참여하기를 원하는 사람에게는 정규적인 대중 예배와 제사 외에도 비밀 의식이 제공되었다. 이처럼 개인의 영적 유익과 덕성 함양에 대한 관심은 헬레니즘 시대, 그리고 로마 제국 시대의 특징적 현상이 되었다. 엘류시스 제의의 신전은 원래 정치 세력, 즉 아테네라는 도시 국가의 규제를 받았으며, 사실상 하나의 시민 기관이었다. 필요한 자격요건을 갖춘 아테네 시민은 누구나 입문할 수 있었다. 그러나 엘류시스는 점차 이러한 의식들 안에서 자신의 삶을 위한 영적 유익 및 내세에 대한 근심들 덜어주는 도움을 추구한 국외자들을 끌어들였다. 고대의 신들을 신봉하는 몇몇 다른 제의들도 이 시장에서 경쟁하기 위해서 "신비 의식들"을 제정하기 시작했다. 기존의 제의들의 맥락 안에서, 또는 그것과는 상관 없이 종교 협회들이 세워졌는데, 그것들은 티아소이(*thiasoi*), 의장들과 사제들, 정해진 집회 날짜, 정규적 집회 등을 갖추고 있었다.

물론 대부분의 경우 종교적 협회들은 "신비" 제의가 아니었다. 비록 그것들이 특별한 신을 숭배하기 위한 사적인 협회로서 조직되었지만, 그 목적은 대체로 대중 축제와 행진을 위한 기금을 마련하고 운영하는 것, 그리고 제사 음식을 먹기 위해 개최되는 잔치를 통제하는 것에 있었다. 신비 의식들은 황제 숭배와도 밀착되었고, 이미 지적한 바와 같이 신탁과도 연관되었다. 그러므로 이러한 의식들을 지칭하는 데 "신비 의식"이라는 용어가 등장하기도 할 것이다. 그러나 어느 제의, 또는 협회가 진실로 신비 종교의 근본적인 특징을 소유하고 있는지를 결정하는 데 반드시 유익한 지침이 되지는 못한다.

이시스와 사라피스의 제의와 같은 신흥 종교들은 다른 제의들이 하는 대로 따라 했다. 엘류시스와 사모드라게와 같은 기존의 제의들처럼, 그것들은 자신의 예식에 보다 심오한 의미 및 개인의 덕성 함양과 종교적 체험에 대한 관심을 증가시켜 줄 신비로운 영기(靈氣)를 부여하려고 노력했다. 프톨레미 1세가 엘류시스 출신의 사제의 충고를 받아들여 사라피스 제의를 조직한 것은 우연한 일이 아니었다. "신비 의식들"의 통합도 이러한 신흥 종교들이 항상 그리스에 존재했으며 근래에 널리 전파되고 대중의 인기를 얻은 종교 체험의 표준과의 동등성을 주장할 수 있음을 의미할 수도 있다. 따라서 그러한 신비 종교들은 실질적으로는 헬라화 된 근동 지방의 제의였다. 만일 이집트나 동양에서 유래된 의식들를 기초로 하여 발달되었을 수도 있는 특별한 비밀 의식들을 "신비 의식"이라고 이해한다면, 그것은 곧 그것들의 헬라화의 일부, 그리스의 유산이 아닌 것을 헬라식으로 해석한 것이다.

그러나 진정한 그리스 신비 의식이 지닌 표식들 중 하나는 이러한 새로운 신비 종교들에게 적용될 수 없다. 엘류시스 신비 의식은 결코 다른 장소로 옮겨질 수 없었다. 그러나 신비 종교들은 항상 이동했는데, 이것은 이미 에게 해 제도와 소아시아 서부 지역에 정착했던 사모드라게의 카비로이 신비 의식, 이탈리아 남부에 보급된 디오니소스 제의에 적용되는 듯이 보였다. 새로운 신비 종교들은 결코 특정 장소에 부동의 토대를 세운 것이 아니었다. 이것은 헬레니즘 시대의 신비 종교들을 특징 짓는 또다른 차이점들을 제시해준다. 물론 이러한 특징들이 각각의 경우에 항상 나타나는 것은 아니다. 그것들은 다음과 같이 요약할 수 있을 것이다.

(1) 회원들이 복종해야 하는 확립된 규칙과 택함을 받은 관리를 지닌 견고한 조직
(2) 입문 의식을 통과해야만 주어지는 회원 자격
(3) 정해진 양식에 따른 성례 의식이 거행되는 정규 집회 참석
(4) 특정의 도덕적, 혹은 예술적 교훈을 지켜야 할 의무(후자는 주로 입문을 위한 준비 과정에 해당된다).
(5) 회원들의 상부 상조
(6) 공동체나 제의의 지도자에 대한 복종
(7) 불가해한 종규에 예속되는 전통들을 장려함

우리는 대체로 그리스에서 기원하지 않은 새로운 종교 운동 집단, 그리스 신비 의식에서 사용된 용어와 개념을 사용하여 자기들의 전통적인 의식을 해석한 집단에 대해 다루고 있다. 그러나 이들 새로운 종교들은 공동체 조직과 스스로를 정의하는 데 있어서 과거의 그리스 신비 의식들을 닮지는 않았다. 그것들이 모든 사람들에게 허락되는 것이 아닌 비밀 의식이라는 특징을 지니는 한, "신비" 종교라는 용어를 사용하는 것은 정당화 된다. 그러나 "신비 종교"라는 용어를 신학적으로 "신비"라는 개념과 연결짓는 것은 지혜롭지 못한 듯하다. 그런 경우에, 유사한 특성을 지닌 신비 의식들이

존재한다는 것 뿐만 아니라, 그러한 의식들이 회원들에게 구원과 불멸을 제공해주는 것으로 이해하는 신학적 해석이 있었음도 증명해야 할 것이다. 헬레니즘 시대와 로마 시대에 신비 제의와 직접 연관되었던 사람들에게서 그러한 언어와 사상이 폭넓게 발견되었는데, 그것은 헬레니즘 시대의 종교 역사의 일반적인 현상으로서 로마 제국 시대에 꽃을 피우게 되었다.

유대교와 기독교에서도 이 용어를 사용했지만, 그 용어는 그 종교들의 신비 종교로서의 특수한 성격에 대해서는 아무 것도 말하지 않는다. 오히려 그것은 유대교와 기독교를 비롯하여 소위 신비 종교라고 불리는 것들은 구원과 불멸이라는 사상을 떠나서는 상상할 수 없는 전형적인 헬레니즘 시대의 종교임을 증명해준다. 이러한 사상은 전형적인 동양 사상이 아니라는 점에 유의해야 한다. 그것들은 헬레니즘의 신학과 세계관의 일부로서, 근동 지방은 그것의 형성에 어느 정노 기여했다. 그러나 그리스의 특징이 아닌 동양의 특징들이 의식, 제의 신화, 전통, 그리고 여러 가지 명사 안에 자주 등장한다. 다시 말해서 이 종교들 각각의 특징이 되는 특별한 면모에서 자주 등장한다.

특별한 종교 의식과 신화에 대한 정보는 제한되어 있는데, 그 이유는 여러 가지이다. 비밀 종규들이 준수되었으며, 그 집단의 신화나 설화가 알려져 있다 해도 의식에 대한 상세한 내용은 드러나 있지 않다. 이러한 신화에 대한 기록된 보고서들은 일반적으로 국외자들에게서 비롯된 것이며, 그 공동체 자체는 이러한 설화들을 구전 형태로 전했다. 구성원은 압도적으로 중산층이 많았지만, 낮은 계층의 회원들도 있었으며, 드물게 귀족과 부자도 있었다(고전 1:26). 따라서, 종교적인 이유로 금지되지 않은 경우에도 서원 헌물과 비문들은 드물었다. 모임은 개인의 집에서 가졌다. 따라서, 정보가 부족하다고 해서 그러한 종교가 널리 확산되어 있지 않음을 증명한다고 말할 수는 없다. 반대로, 그러한 신비 종교들이 여러 곳에, 특히 소아시아와 이탈리아에 확고히 자리잡고 있었다고 믿을 훌륭한 근거가 있다.

위에서 나열한 범주들을 사용한다 해도, 현재 알려져 있는 종교들과 제의들을 "신비 종교"로 분류하기란 여전히 쉬운 일이 아니다. 우리는 이 모든 종교 내에서 다양한 변화와 발전이 발생했을 오랜 세월을 다루고 있는 것이다. 어떤 기본 의식들은 비교적 안정을 누렸겠지만, 제의의 상징과 전통에 대한 해석은 교리적으로 확정되지 않았다. 보통 중심되는 조직이 결여되어 있었던 이러한 종교들이 지닌 차이점은 서로 다른 지역적 상황에 기인했다. 이 모든 것은 초기 기독교의 역사에서도 잘 관찰될 수 있다. 창시자를 기념하는 평범한 식사가 일반적으로 행해졌는데, 주님의 만찬 제정의 말은 여러 가지 형태가 있었는데, 그것은 오랜 세월을 거쳐 발달하여 어느 곳에서나 동일하게 사용되는 공식으로 다듬어졌다. 몇몇 회중들은 음식에 관한 법규를 지켰지만 지키지 않는 회중들도 있었고, 어떤 교회는 "사도"와 "예언자"들을 지도자로 두었고, 다른 교회에는 장로들의 회나 감독, 혹은 두 가지 모두를 두었다. 전통과 의식에 대한 통일된 해석이 존재하지 않았음은 명백하다. 일부 기독교인들은 성찬을 참여자에게 불멸을 보증해주는 신비 의식으로서 행했으며, 어떤 이들은 구세주의 오심을 기대하는 메시아적 만찬으로 이해했다. 헬레니즘 시대의 신비 종교들을 종교적 현상들의 역사로서 이해하려 한다면, 이러한 차이점들을 고려해야만 한다.

이러한 신비 종교들이 세계적인 조직을 갖는 것은 일반적인 일이 아니라 예외적인 것이라는 사실은 이러한 신비 종교들, 혹은 그 중 하나를 획일적인 현상으로 설명하려는 노력을 좌절시킨다. 이따금 보다 오래 된 제의의 중심지들이 특별한 영향력을 발휘하기도 했다. 예를 들면 부르기아의 페시누스가 대모신 제의에 영향을 끼친 것, 그리고 예루살렘이 유대인과 기독교인들에게 영향력을 끼친 것이다. 그러나 그러한 중심지들은 결국 상징적 중요성만을 가질 뿐이었다. 예루살렘이 파괴되었을 때, 대부분의 기독교 회중들은 조직적인 면에서 예루살렘으로부터 독립된 지 이미 오래였다. 로마 제국 시대의 유대교와 기독교의 발전은 세계적인 조직이 형성된 방법을 예증해준다. 그것은 "이단적" 집단들을 배제하는 과정을 수반하는 수백 년에 걸친 과정이었다. 그러나 국외자가 항상 "정통적" 회중과 이단적 집단을 구분할 수는 없었다.

이러한 보호 조처를 염두에 두고서 위에서 언급된 기준들 사용하게 되면, 다음의 제의들이 신비종교에 포함된다고 생각할 수 있다: 디오니소스 제의, 멘 티란노스 제의, 사바지오스 제의, 히프시스토스 제의, 미트라스 제의, 그리고 대모신 제의, 이시스 제의, 시리아의 여신 제의. 물론 많은 종파와 분파들을 포함하는 기독교와 디아스포라 유대교의 몇 종파들, 심지어 랍비 유대교도 여기에서 언급 되어야 한다. 예루살렘과 예루살렘 성전의 멸망 이후, 얍니아(Yavneh)에 재건된 유대교는 구전 전승의 육성, 도덕법과 의식법의 확정, 상호 협조의 의무, 외부인을 경계할 것에 대한 현저한 묘사 등의 특징을 가졌다. 이러한 특성들은 다른 신비 종교에서도 발견된다. 비록 입교자가 공동체에 대한 충성을 약속하는 입문 의식(할례, 개종자들의 세례)이 강조되기는 하지만, 비밀 의식은 없었다는 점에 유의해야 한다.

개인이 종교 집단의 회원으로 받아들여지며, 공동체의 종교적 체험의 초점을 제공해 주었을 의식적 행위들이 널리 퍼져 있었다. 이 행위들은 고대 도시에서 신들을 섬기던 것과 같은 상황에서 등장하지는 않으나, 그리스나 동양의 종교에서 꼭 같이 발견되며, 결국 옛 신들의 제의와 황제 숭배에도 침투해 들어갔다. 유대교와 기독교 내에서는 물론이요 반(半) 종교적인 단체들과 철학적 공동체에서도 공통적이며 엄숙한 만찬이 행해졌다. 상징적 내용과 신학적 의미는 공동체에 따라 다양했지만, 모든 해석에는 공통적으로 많은 헬레니즘적 개념들이 있었다. 우주관과 운명에 대한 믿음, 영혼 불멸 사상,

귀신론 등의 개념은 신비 종교나 대중 철학, 마술에서나 옛 신들을 숭배하는 사람들에게서 등장했다. 유대인이나 기독교인들도 예외가 아니었다. 이러한 것들을 말할 때 사용되는 언어는 신비 종교의 특별한 언어가 아니라 헬레니즘의 일반적인 종교적/철학적 언어였다. 신비 종교의 언어는 의식과 예식에 관한 특수 용어만이 사용되었는데, 각각의 경우에 따라 달랐다. 그것은 종교적으로 신비화 된 철학적이고 과학적인 통찰에게 부여된 당시의 일반적인 종교 언어였으며, 심오한 것과 불가해한 것에 편파적인 관심을 가지고 있었다. 기독교와 같은 종교가 그런 언어를 사용했으면, 그것으로 인해 그 종교는 신비 종교라는 의심을 받게 된다. 기독교인들은 그들의 핵심적 의식을 주의 만찬(*mysterion*, μυστήριον)이라고 부르는데, 때때로 같은 단어를 그들의 메시지를 지칭하는 데도 사용했다.

우리는 신비 종교들이 특정 계층의 종교적 기대에 호소함으로써 다른 종교나 철학적 집단과 구분 되었는지의 여부를 질문할 수 있다. 그러나 상이한 종교 집단들의 회원들을 구성하는 사회적 계층에 대해 충분히 알려져 있지 않으므로, 우리는 대도시의 변화하는 인구의 종교적 취향이 소도시나 마을들의 경우와는 현저하게 다르다는 일반적인 개념에 만족할 수밖에 없다. 도시의 사회 계층 전반에 걸쳐 신비 의식에 대한 신앙, 불멸의 소망, 주술(occultism), 마술 등이 정착되어 있었다. 스스로를 철저한 회의주의자로 생각했던 구제불능의 조소가 루키안(Lucian) 같은 사람은 예외이지만, 교육을 받았고 글을 아는 사람들도 중산층이나 노예들과 마찬가지로 쉽게 받아들였다. 교육을 많이 받은 사람들도 마술을 사용했다. 철학적 회의주의자라고 자처했던 키케로는 엘류시스에서 살았고 또 죽음(내세)에 대한 소망을 지녔다. 신플라톤주의 철학자들은 대단히 심각하게 주술을 행했다. 신비 종교에 헌신한 저술가들은 무식한 사람들에 대해서 꽤나 거만했을 것이다. 그러나 이것이 신비 종교는 교육 받은 상류 계층만을 위한 것이었을 암시하는 것은 결코 아니다. 비록 특정 종교 공동체가 하나의 사회적 집단에게만 호소할 수도 있겠지만, 신비 종교들이 선전한 사상과 소망은 기본적으로 계층 구분과는 무관하다.

하나의 제의의 명성, 그 조직의 형태, 그리고 입문하는 데 필요한 재정적 조건 등이 종교적 메시지보다 더 중요한 요소였다. 엘류시스는 유서 깊고 유명한 곳이었다. 그곳은 황제나 원로원 의원들이 입문하기에 적당한 장소였다. 아풀레이우스에 따르면, 이시스 신비 의식을 거행하는 데는 비용이 많이 들었다고 한다. 엄격한 군대식 조직을 지닌 미트라스 제의는 군인들에게 가장 인기가 있었다. 기독교의 입문 의식인 세례는 단순하고 비용이 그리 들지 않았다. 그러나 그렇다고 해서 기독교가 가난하고 혜택을 별로 받지 못한 사람들의 종교라고 주장하는 것은 옳지 못하다. 바울은 예루살렘에 막대한 금액의 구제금을 보냈다(고전 16:1-4).

포교 방법에도 차이가 있었지만 그것은 그리 중요하지 않았다. 방랑 철학자들과 포교사들의 관습은 어느 곳이나 동일했고, 신통한 능력을 증명하는 것이 일반적인 관행이었다. 포교를 위한 도구의 선택은 주로 개인의 성실성과 관련된 문제였을 뿐, 철학적 혹은 종교적 교훈의 내용과는 거의 무관했다. 철학자 디오 크리소스톰(Dio Chrysostom)도 사도 바울처럼 탐욕적으로 메시지를 날조하는 것의 위험을 잘 인식하고 있었다. 물론, 포교의 의도는 다양했다. 개개인을 설득하여 엄격히 제한된 입문자들의 집단에 가입하게 만들거나, 또는 대중을 설득하여 모든 사람을 환영하는 공동체에 가입하게 할 수도 있었다. 미트라스 제의는 모든 사람들에게 호소한 듯 하지만, 선별된 사람들로 구성된 엄격하게 조직적인 추종자의 서열 구조를 가지고 있었다. 아풀레이우스가 전하는 바에 따르면, 이시스 제의에는 선택된(그리고 부유한) 사람들만이 입문할 수 있었다. 그러나, 같은 시기에 소아시아에 있는 사라피스 신전에서는 종교 예식에 참여하는 많은 사람들에게 방을 제공했다는 사실을 우리는 알고 있다. 기독교 내에서는, 선택된 소수에 치중하는 영지주의 개념과 기독교적인 만인구제설 사이의 분쟁이 오래도록 지속되었다.

정확한 정의를 내리기는 어렵지만, 신비 종교들 및 그 종교들이 번성할 수 있었던 환경과 관련된 현상들이 광범위하게 존재하고 있었음을 입증할 수 있는 충분한 자료가 있다. 신비 종교들은 전형적인 헬레니즘적 인간관과 세계관에 밀접하게 연결되어 있기 때문에, 이 환경의 일부로 간주해야 한다. 우주는 신적인 질서를 가지고 있지만, 인간은 감각과 물질, 무질서와 유한한 운명의 영역에 속박되어 있으며 헤이마르메네(Heimarmene) 즉, 운명의 힘에 종속되어 있기에, 이 신적 우주에 완전히 참여하지 못한다. 그러나, 인간은 그 영혼 안에서 신적 세계의 온전한 참여자가 된다. 각종 신적 세력들은 구원의 행위에 도움을 줄 준비가 되어 있다. 구원은 가시적 세계의 영역에서는 이루어질 수 없으므로 당연히 딜렘마의 원인이 된다. 이것은 또한 책임 있는 정치적 활동을 위한 주도권의 결여를 설명해준다. 이것은 그런 활동을 위한 기관들이 존재하지 않았다는 사실과는 상관이 없다. 누가 그러한 일을 성취하든 간에, 그는 정치 활동을 인간의 숙명으로 여기는 생각을 갖고 있는 귀족층 사람이거나, 아니면 노예 반란과 같은 소망 없는 정치적 모험에 빠진 사람이어야 했다. 가시적 세상을 초월하는 영역에 존재하며, 보다 보다 조화롭고 영속적인 질서에 속하는 눈에 보이지 않는 세력들(이런 세력들은 자신의 영향력을 지상의 인간 세상에 행사할 수 있는 능력이 있었다)을 믿음으로써만 구원을 얻을 수 있었다.

그러므로 삶의 통달은 사람이 이러한 영계 세력들의 호의를 확보하여 그 유익을 누릴 수 있는가의 여부에 달려 있었다. 온 우주에는 로고스의 능력이 충만히 배어 있다고 보거나, 혹은 선한 귀신들과 악한 귀신들이 도처에서 활동하고 있다고 믿고서 마술이나 비밀의 지식을 통해서 그들의 도움을 받으려 했든지 간에, 영적 권세에 대한 믿음은 중요한 것이었다. 물질과 반대되는 영 안에, 그리고 지상 세계와 반대되는 달의 세계 안에, 그리고 이제까지 미지의 세력을 대변했던 새로운 신들의 명백한 능력 안에는 신적 능력이 존재한다는 것이 동양에서 유래한 새로운 종교들이 지닌 매력이었다. 목적은 여전히 이 세상의 삶에 통달하는 것, 그리고 사후의 삶을 보장 받는 것이었다. 이 세상의 삶은 전혀 부적절하다고 본 영지주의자들은 더 급진적이었다(§6.5f). 그들은 고차원의 세력들의 도움을 통한 삶의 통달을 추구하지 않고, 이 세상으로부터의 해방이라는 목적만을 지식과 능력을 기울였다. 물론, 영지주의가 신비 종교에 침투하는 것은 쉬운 일이었다. 영지주의의 글들과 비영지주의 글들은 신비 문헌들 안에 나란히 실려 있으며, 또한 기독교 공동체 내에도 영지주의 글과 비영지주의 글이 공존했다.

신비 종교들이 제공하는 바처럼 물질, 죽음, 운명에 대한 극복의 명시화와 구체화는 추상적인 철학적 교리들보다 더 우수한 것으로 곧 판명되었다. 입문 의식에는 두 가지 장점이 있었다. 첫째는 초자연적 세력들이 역사하고 있음을 상징적으로 표현할 수 있었다는 것(신상, 번개 효과, 상징적 의복, 풍유)이요, 둘째는 같은 비밀, 즉, 구원의 지식을 소유한 벗들의 공동체에 받아들여지는 기회를 제공했다는 점이다. 입문의 목표는 주로 개인이 소유하게 될 능력이었으므로, 이 공동체의 중요성은 부차적인 것에 불과했다. 그러므로 신비 의식의 목적이 보다 나은 새로운 세계나 공동체를 만들어 내는 것이라고 이해해서는 안 된다. 중요한 것은 삶의 역경 속에서, 또는 사후에 혼이 더 나은 세계로 여행을 할 때에, 보다 높은 권위들의 보호를 확보하고 그 능력을 사용하는 것이었다. 물론, 종교나 조직화된 종교의 도움 없이도 동일한 목적을 달성하는 것이 가능했다. 예를 들어, 철학적 묵상이나 신비주의, 혹은 신비 문학 같은 신비 종교의 책자에 몰입함을 통해서, 심지어 마술이나 점성학을 통해서도 타계의 세력들과 접촉할 수 있었을 것이다. 그러나 신비 종교들은 최상의 기회를 제공했으며, 또 이러한 신적 세력과의 접촉을 제도화할 수 있었다. 그렇기 때문에 신비 종교들이 더 성공할 수 있었던 것이다.

Bibliography to §4.4d: Texts

Meyer, *Mysteries Sourcebook,* 225-53.

Bibliography to §4.4d: Bibliography

Bruce M. Metzinger, "A Classified Bibliography of the Greco-Roman Mystery Religions 1924-1977," *ANRW* 2.27.3(1984) 1259-1423.

Bibliography to §4.4d: Bibliography

Arthur D. Nock,"Hellenistic Mysteries and Christian Sacraments," in: idem, *Essays,* 2. 791-820.

제5장

헬레니즘 시대의 이스라엘 민족

1. 로마에게 정복되기 전의 이스라엘 민족사

(a) 바벨론 유수기부터 알렉산더 대왕 시대까지

기원전 597년과 585년에 신바벨론 제국의 느부갓네살 왕에 의해 예루살렘이 멸망한 이후, 유다 왕국의 상류층은 바벨론으로 추방당했다. 기원전 539년에 페르시아가 바벨론을 정복했고, 추방되었던 유대인들은 페르시아의 왕 고레스(Kyros)의 허락을 받아 예루살렘으로 귀환했다. 그후 수십 년 동안 진행된 예루살렘의 종교 공동체의 재건은 바벨론에 거주하는 사람들의 영향력 하에서 이루어졌다.

예루살렘 성전(제2 성전)은 기원전 520에서 515년 사이에 건축되었다. 성벽 재건도 시작되었으나 곧 중단되었다. 예루살렘으로 귀환한 사람들은 사마리아 지방 장관의 관할 하에 있었으며, 그 지역에 사는 다른 유대인들 및 유대인이 아닌 주민들과 갈등을 겪기도 하고 거래도 했다.

에스라와 느헤미야가 바벨론에서부터 예루살렘에 도착하면서 사태는 새로운 국면에 도달했다. 이 두 사람은 기원전 5세기에 활동했음이 분명하다(일부 학자들은 역대기의 순서와는 달리, 느헤미야가 에스라보다 먼저 예루살렘에 도착했다고 주장한다). 이 두 사람은 페르시아 왕의 허락을 받아서 예루살렘으로 왔는데, 이스라엘 민족의 특성을 보존해주며 반(半) 독립적 행정을 보장해줄 입법 체계의 도입에 관심을 가졌다. 주도적 관리인 페르시아 총독 대신에 페르시아 왕의 직접적인 관할 하에 있는 장로들의 공회가 설치되었다. 대제사장 가문은 주요한 제사장 가문들과 제휴하여 정의를 구현하고 종교와 의식을 감독하는 최고의 권력이 되었다.

그리하여 예루살렘은 페르시아 영토 내의 다른 국가들처럼 전형적인 신전 국가(temple state)로서 재조직되었다. 비록 이 국가는 예루살렘 시와 유대의 여러 마을로 구성되었지만, 이 국가의 구성은 헬라의 도시 국가의 구성과는 완전히 달랐다. 즉, 이 국가는 예루살렘의 자유 시민들과 위정자들로부터 권한을 부여 받는 것이 아니라 성전으로부터 권한을 부여 받았는데, 그것은 신적 임재에 의해 인정을 받는 것이었다. 이 국가의 법은 민법이 아니라(하나님으로부터 인정 받은 민법도 아니었음) 하나님으로부터 받은 종교법이었고, 대제사장이 최고 관리였다(§4.3b를 보라). 이것은 곧 제재 규약을 포함하는 법은 그 민족의 종교적 특성을 강조하기 위해 고안되었음을 암시했다. 예를 들자면 정결에 대한 법과 종교 공동체에 속하지 않은 외부인들과의 결혼 규제 등이 있다. 에스라와 느헤미야가 도입한 법들은 팔레스틴 내에서도 예루살렘의 관할이 아닌 지

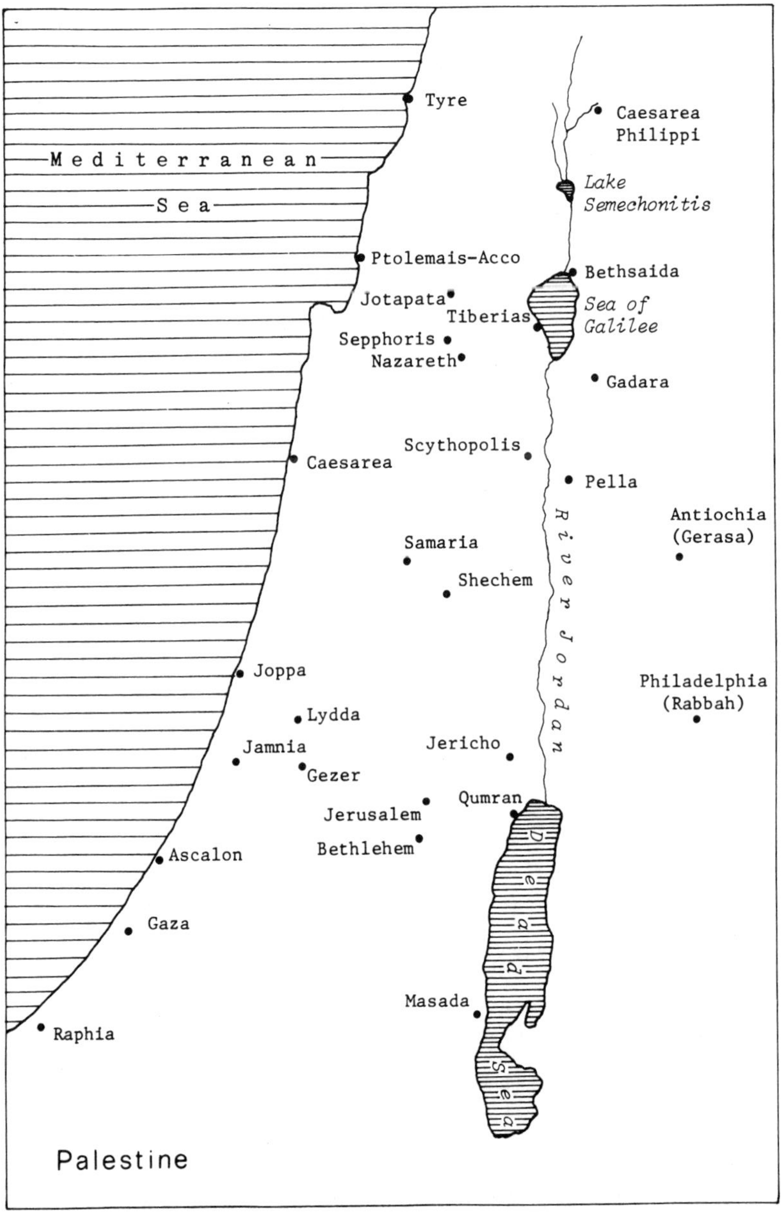
Tyre
Caesarea Philippi
Mediterranean
Sea
Lake Semechonitis
Ptolemais-Acco
Bethsaida
Jotapata
Tiberias
Sea of Galilee
Sepphoris
Nazareth
Gadara
Scythopolis
Caesarea
Pella
Antiochia (Gerasa)
Samaria
Shechem
River Jordan
Joppa
Philadelphia (Rabbah)
Lydda
Jamnia
Jericho
Gezer
Qumran
Jerusalem
Bethlehem
Ascalon
Dead Sea
Gaza
Masada
Raphia
Palestine

역, 즉 사마리아, 갈릴리, 요단강 건너편, 심지어는 상부 이집트의 엘레판틴(Elephantine)에 사는 이스라엘 사람들에 의해서도 받아들여졌을 가능성이 있다. 엘레판틴에는 6세기말 이후로 자체의 신전을 소유한 이스라엘 사람들의 식민지가 존속했다. 기원전 419년에 다리우스 2세(Darius II)의 이름으로 발표된 서신에서는 식민지에서는 무교절을 지켜야 한다고 요구했다. 이러한 법들이 궁극적으로 모세 오경에 있는 유서 깊은 법적 전승들과 융합하게 됨으로써 유대인들은 어디에서든 그것을 정당한 것으로 인정하게 되었다. 이 일은 기원전 4세기에 이루어졌다.

페르시아 제국의 다른 지방들에서와 마찬가지로, 5-4세기에 팔레스틴 내에서 헬라의 영향이 점점 증가했다. 그리스의 상품들이 페니키아와 팔레스틴의 해안 도시들을 경유하여 유대와 사마리아와 같은 내륙 지역에 수입되었다. 유대인의 주화는 아티카의 주화를 모방했으며, 제우스의 상이나 아테네의 부엉이의 상을 담고 있던 것으로 보인다. 페르시아 영토 내의 여러 지역에서 그리스인 용병들이 활동했다. 아마 팔레스틴 외부에 있는 이스라엘 공동체에는 종교혼합주의가 널리 퍼져 있었을 것이다. 이것은 엘레판틴에서 발견된 아람어 파피루스에서 증명된다.

<u>Bibliography to §5</u>

Arnoldo Momigliano, "Greek Culture and the Jews," in: M. I. Finley, ed., *The Legacy of Greece: A New Appraisal* (Oxford: Clarendon, 1981) 325-46.

Gerhard von Rad, *Old Testament Theology* (2 vols.; New York: Harper & Row, 1965) 2.263-315.

Martin Hengel, *Judaism and Hellenism: Studies in Their Encounter in Palestin during the Hellenistic Period* (2 vols.; Philadelphia: Fortress, 1974; reprint 1991).

Michael Edward Stone, *Scriptures, Sects, and Visions* (Philadelphia: Fortress, 1980).

Samuel Safrai and Menahem Stern, eds., *The Jewish People in the First Century* (2 vols, CRINT 1; Philadelphia: Fortress, 1974-1976).

Sean. Freyne, *Galilee from Alexander the Great to Hardrian, 323 B.C.E. to 135 C.E.: A Study of Second Temple Judaism* (University of Notre Dame Center for the Study of Judaism and Christianity in Antiquity 5; Notre Dame, IN:

University of Notre Dame Press, 1980).
Pieter W. van der Horst, *Essays on the Jewish World of Early Christianity* (NTOA 14; Göttingen: Vandenhoeck & Ruprecht, 1990).

Bibliography to §5.1

Martin Noth, *The History of Israel*(2d ed.; New York: Harper & Row, 1960).
Elias Bickerman, *From Ezra to the Last of the Maccabees*(New York: Schockeum, 1962).
Max Weber, *Ancient Judaism* (London: Collier-Macmillan, and New York: The Free Press, 1952; reprint, 1967).
Victor Tcherikover, *Hellenistic Civilization and the Jews*(New York: Atheneum, 1970).
Martin Hengel, *Jews, Greeks and Barbarians* (Philadelphia: Fortress, 1980).
W. D. Davies and Louis Finkelstein, eds., *The Cambridge History of Judaism:* vol. 1: *The Persian Period* (Cambridge: Cambridge University Press, 1984).
Idem, eds., *The Cambridge History of Judaism:* vols. 2: *The Hellenistic Age* (Cambridge: Cambridge University Press, 1989).
A. Reifenberg, *Israel's History on Coins from the Maccabees to the Roman Conquest* (London: East and West Library, 1953).

Bibliography to §5.1a

Michael E. Stone and D. Satran, eds., *Emerging Judaism: Studies on the Fourth & Third Centuries B.C,E.* (Minneapolis: Fortress, 1989).
Peter R. Ackroyd, *Israel under Babylon and Persia* (London: Oxford University Press, 1970).
Jacob Neusner, *A History of the Jews in Babylonia*, vol. 1: *The Parthian Period* (StPB 9; leiden: Brill, 1965).
Frank Moore Cross, "A Reconstruction of the Jewish Restoration," *JBL* 94(1975) 4-18.

(b) 헬라 제국의 지배를 받은 팔레스틴

잇수스 전쟁(기원전 333년. §1.2b를 보라) 이후, 팔레스틴은 알렉산더 대왕의 통치 아래 들어가게 되었다. 알렉산더의 장군 파르메니온(Parmenion)이 그 지역을 점령했는데, 사마리아만이 반기를 들었다. 사마리아는 알렉산더가 이집트에 있을 때 다시 봉기했으며(331년 BCE), 알렉산더의 군대는 그 도시를 정복하고 파괴해 버렸다. 이후 사마리아는 그리스의 식민지로서 재건되었다. 아마 사마리아로부터 추방되었던 이스라엘 백성들이 옛 도시 세겜을 재건하고 그리심 산에 신전을 세운 것도 이 때였을 것이다. 그러나 유대인들의 종교 공동체와 사마리아인들의 종교 공동체가 분열하게 된 것이 이 때문이라고 믿을 이유는 없다.

알렉산더의 사후, 팔레스틴은 이집트의 프톨레미 왕조의 지배를 받게 되었다. 셀류시드 제국의 왕들은 시리아 남부를 정복하려는 시도를 거듭했으나 성공하지 못하다가 안티오코스 3세(223-187 BCE) 때에 비로소 성공했다. 안디오코스는 217년에 남부 팔레스틴에 있는 라피아에서 프톨레미 4세 필로파토르에게 패배했으나, 198년에 요단강의 근원지 근방(후일 가이사랴 빌립보가 위치함)에서 프톨레미 5세 에피파네스를 무찌르는 데 성공했다. 그리하여 페니키아와 팔레스틴은 셀류시드 왕국의 일부가 되었다. 예루살렘은 이 전쟁에서 안디오코스를 지지하여, 예루살렘에 있던 이집트 주둔군을 포로로 잡아두고 셀류시드 왕국의 왕을 환호하며 맞아들였다. 그에 대한 보답으로 안디오코스는 이 신전 국가가 과거에 가지고 있던 모든 특권을 다시 부활시키고 새로운 호의도 베풀었다(그것을 선포하는 내용이 요세푸스의 『고대사』[*Antiquity*] 12.138-44에 보존되어 있다). 이후 여러 해 동안 예루살렘과 셀류시드 제국 사이에는 좋은 관계가 지속되었다.

프톨레미 왕조나 셀류시드 왕조 모두 팔레스틴에 거주하는 사람들의 문화적, 종교적 문제에는 개입하지 않았었다. 그러나 헬레니즘 시대 초기에 시작된 헬라화 과정은 국가 전체에 영향을 미쳤고, 결국 예루살렘에도 영향을 끼치게 되었다. 도시들은 헬라화의 본거지였다. 프톨레미 왕조는 이집트에 새로운 도시들을 건설하는 것을 후원하지는 않았지만, 팔레스틴에 새로운 헬라 도시들을 건설하는 것은 적극적으로 지원했다. 사마리아는 알렉산더 대왕 때에 이미 헬라 도시로 재건되었다. 프톨레미 왕조와 셀류시드 왕조 시대에 많은 헬라 도시들이 팔레스틴에 건설 되었는데, 그 대부분은 이미 존재하던 도시들을 재건한 것이었다. 예를 들자면, 지중해 연안의 프톨레마이스(원래는 악코), 얍니아, 아스칼론, 가자 등의 도시들; 갈릴리 바다의 남쪽과 동쪽으로는 후에 "10 도시 연합"(Decapolis)에 속하게 된 펠라, 빌라델피아(라바트 암몬, 오늘날의 암만), 가다라, 스키토폴리스(베드세안), 바산의 셀류키아 등이다. 특히 거라사는 안디오코스 4세에 의해서 안디옥로 재건되었는데, 로마 제국 후기에 이를 때까지 시리아 남부에서 가장 웅장하고 중요한 도시 중 하나가 되었다. 이 신흥 도시들의 주민들 중에는 마케도니아인과 헬라인도 있었으나, 대부분은 헬라화 된 셈족, 시리아인, 페니키아인, 아랍인, 그리고 이스라엘인이었다. 그 결과 헬라 또는 헬라화된 동양 문화의 요소와 새로운 삶의 방식, 그리고 이방 종교들이 수입되었다. 이러한 도시에서 숭배되던 신들은 헬라 이름을 가진 동양 신들(예를 들어 아스토렛이 아스칼론에서는 아프로디테로 불림)이거나, 스키토폴리스의 디오니소스처럼 도시의 공식 명칭에 의해 소개된 헬라의 신들이었다. 디오니소스의 주화에는 디오니소스의 신화적 탄생지인 니사(Nysa)라는 이름이 새겨져 있다.

프톨레미 시대에 남부 시리아와 팔레스틴은 프톨레미 제국의 엄격히 중앙 집중화 된 행정에 완전히 예속되어 있지는 않았다. 왕들의 소유로 되어 있는 부동산은 왕실 관원들에 의해서 운영되었다. 그러나 그보다 더 많은 부분은 여러 도시나 신전 또는 제후들의 반(半) 자치적인 지배 하에 있었다. 예루살렘과 유대의 일부는 이러한 신전 국가들 중 하나였으며, 그 군주들 중에는 페르시아 시대부터 전통적으로 예루살렘의 경쟁자였던 요단 저편의 부유한 토비아드 가문이 가장 눈에 띄었다. 토비아드 요셉(기원전 3세기 하반기)의 아버지는 요단 저편 지역의 프톨레미 군대의 지휘관이었으며 어머니는 예루살렘의 대제사장의 딸이었다. 토비아드 요셉은 22년 동안 시리아 남부 지역 전체를 다스리는 이집트 재정 장관 직을 가지고 있었다. 요셉은 이스라엘인이었지만, 그리스식 생활 방식을 정치적, 경제적 권력에 부수되는 것으로 간주하여 받아들인 전형적으로 헬라화 된 거물이었다. 상류층 이스라엘인들 사이에서는 이러한 선택이 흔히 있었다. 요단 저편, 예루살렘, 그리고 사마리아의 지도층 제사장 가문들은 결혼에 의해 서로 연결되어 있었고, 모두 헬라화 되어 있었다. 서기 2세기초에 시작된 셀류시드 제국의 지배도 이 면에서는 근본적 변화를 가져오지 못했다. 그것은 단지 친(親) 프톨레미파로부터 친-셀류코스파로 그 권력이 넘어갔음을 의미했을 뿐이다. 그럼에도 불구하고 헬라화라는 문제와 밀접하게 관련된 위기가 곧 발생하게 되었다.

<u>Bibliography to §5.1b</u>

A. Schelit, ed., *The Hellenistic Age: Polotical History of Jewish Palestine from 332 B.C.E. to 67 B.C.E.* (The World History of the Jewish People 6; New Brunswick, NJ: Rutgers University Press, 1972).

(c) 마카비 반란

마카비 반란의 기원과 원인은 분명하지는 않다. 안디오코스 3세가 팔레스틴을 정복하기 전에도 예루살렘에는 이미 친(親) 셀류시드 파가 존재하고 있었다. 그 지도자들 중에는 대제사장 시몬(아마 의인 시몬일 것이다)과 토비아드 요셉의 아들들 중에서 위로 몇 명, 즉 그 나라에서 가장 강력한 가문들이 포함되어 있었다. 안디오코스 3세는 유대인들로부터 환영을 받았고, 유대 민족의 신정 정치와 종교적 삶의 토대였던 "조상들의 법"을 인정했다. 물론 "조상들의 법"을 보장 받은 유대인 지도자 사회는 이미 헬라화 되어 있었다. 전통적 형태의 이스라엘 종교를 고수하려는 사람들은 이러한 무리들을 대적하게 되었다.

그러나 전통적 형태의 종교와 가속되고 있는 헬라화 사이의 갈등은 피비린 내 나는 반란이 발생한 충분한 원인이 되지는 못한다.

정확히 말하자면, 공개적인 적대감이 발생하기 전까지의 상황을 설명하는 유일한 자료인 마카비 2서는 지도층인 제사장 가문들 사이의 정치적 싸움이 반란으로 이어지는 사건들이 발생하는 데 상당한 역할을 했다고 지적하고 있다. 그러나 적대감의 폭발은 로마인들이 시리아 왕 안디오코스 4세 에피파네스에게 굴욕을 준 시기와 일치하며(§1.4d), 셀류시드 제국의 경제적 어려움과도 연관되어 있다. 더욱이 바벨론 포로기부터 발달해온 유토피아적 묵시주의의 요소도 비교적 널리 수용된 것으로 보인다(§5.2b). 헬레니즘 시대의 제2세기에는 특히 유토피아적 개념들이 크게 작용한 다수의 혁명 운동이 발생했다. 예를 들면, 버가모에서 "태양 국가"의 추종자들이 일으킨 폭동이 있다(§2.3c). 사회적 요인들도 중요한 역할을 했다. 마카비 반란 때에, 부유한 귀족층을 대적한 폭동은 시골에 거주하는 가난한 사람들이 주도했다.

마카비 반란으로 이어진 일련의 사건들을 재구성해보면, 그 발단은 대제사장직과 성전의 재정 이익을 통제하는 문제를 두고 벌어진 친 시리아 파와 친 이집트 파 사이의 분쟁이었다. 사독 가문 출신의 대제사장 시몬이 사망한 후(기원전 200년 이후), 그의 아들 오니아스 3세가 후계자가 되었다. 그러나 오니아스는 이집트 쪽으로 기울었으며, 토비아드 요셉의 막내 아들을 지지했다. 요셉의 막내 아들은 새 대제사장과의 우정을 이용하여 성전의 금융 제도를 자신의 이익을 위해서 사용했다.

그러나 기원전 175년에 시리아 왕 셀류코스 4세가 암살된 사건을 기회로 삼아 토비아드 가문의 형제들과 그 추종자들은 오니아스를 축출하고 오니아스의 형제인 야손(여호수아)를 대제사장에 임명했다. 새로운 왕 안디오코스 4세 에피파네스는 이 모든 일을 알고 있었으며 지원해 주었다. 야손은 에피파네스에게서 대제사장직을 샀다. 동시에 야손은 예루살렘을 헬라 도시로 재구성하고 그 명칭을 안디옥이라고 부르기 위해 허락을 받았다. 그렇게 하기 위해서는 전통적인 장로회의(γερουσία : 게루시아) 대신에 시의회(βουλή : 불레)를 임명하고, 투표권을 지닌 시민들의 모임을 조직하고 체육관을 짓고, 에페보이(έπηβοι)의 교육을 위한 준비 등이 필요했다. 이 새로운 조직에 종교 개혁이 포함 되었는지는 분명치 않다. 야손은 "조상들의 법"을 버렸다는 비난은 받지 않았으나, 비슷한 사례들을 분석해 보면 근동 지방의 한 도시를 헬라화하는 과정에서 전통적인 동양의 신(이 경우에는 야웨)이 그리스의 신(제우스 올림푸스였을 확률이 가장 높다)과 동일시되었을 것이다. 그러나 만약 이것이 사실이었다 하더라도, 안디오코스 4세나 그의 전임자들 중 누구도 기존의 의식이나 종교적 관습에 개입하지는 않았을 것이다. 만일 헬라화의 과정에서 명목상으로 야웨(여호와)를 제우스 올림푸스와 동일시하는 데 그쳤다면, 종교적 반란이 일어났을 가능성은 매우 희박하다.

야손이 축출된 것은 하나의 전환점이 되었다. 비록 야손은 개혁파에 속해 있었지만 아직 합법적인 사독의 후손이었으며, 따라서 보수파들도 그를 "조상들의 법"을 보장하는 자로 여겼었다. 기원전 172년 시몬이라는 성전 관리의 형제인 메네라오스(Menelaos)가 야손의 자리를 차지했다. 아마 개혁자들은 메네라오스를 적임자로 여겼을 것이다. 그는 토비아드 형제들의 지지를 받고 있었고, 야손이 지불한 것보다 더 많은 돈을 대제사장직을 얻기 위해서 왕에게 지불했던 것 같다. 이제 상황은 위기로 치달았다. 대제사장의 직분은 귀족층의 사리사욕으로 인해서 남용되어서는 안 된다는 것이 자명해졌다. 많은 것이 대제사장직에 달려 있었다. 대제사장은 백성을 위해서 종교법을 보장하는 자였으며, 합법적이지 못한 대제사장은 국가 전체의 존립을 위협하는 존재가 되었다. 백성들의 반발이 증가함에 따라, 메네라오스는 그의 직책을 유지하기가 어려워졌다. 그가 안디옥에 있는 동안, 그가 대리인으로 임명한 형제 리시마코스가 예루살렘에서 살해되었다. 이러한 정치적 상황 발달로 말미암아

“경건한 자”들이 조직을 갖추고 하시딤이라는 정치 운동을 형성했다. 이 운동에는 후일 엣세네 파라고 알려진 사람들, 마카비 가문, 그리고 바리새인들도 가담했다. 이 새로운 당은 귀족층이 모든 일을 권력 투쟁에 이용하지 못하게 했다.

기원전 169-168년에 안디오코스 에피파네스는 이집트를 상대로 두 번의 원정을 벌였다. 첫번째 원정에서 돌아오면서, 그는 새로운 헬라 도시인 안디옥-예루살렘을 방문했다. 사실상 그는 이 방문에서 성전의 보물에 관심을 두고 있었음이 밝혀졌다. 셀류시드 왕조의 재정적 위기가 심각했기 때문에, 그 왕조의 왕들은 거듭 그러한 방법으로 재정을 확보했던 것이다. 안티오코스가 이 도시를 떠나고, 야손이 예루살렘을 다시 장악하려는 시도가 실패한 후에, 힘을 얻은 보수파는 도시를 장악하고 메네라오스와 그 일당을 아크라라는 헬라화 된 요새에 가두었다. 이 행동은 반란의 시작을 알리는 신호였다. 이집트에서 로마인들에게 수모를 당했던 안티오코스는(로마 원로원은 그에게 모든 이집트 정복을 포기하라는 최후 통첩을 했음) 신속하게 대처했다. 그는 (아마 아폴로니오스라는 자신의 지휘관을 통해서) 예루살렘을 점령하고 유대인 거주민들을 살해하거나 추방했으며, 예루살렘을 카토이키아(κατοίκια), 즉 병사들과 퇴역 군인들 및 여러 식민지 개척자들(대부분이 시리아인들)이 거주하는 도시로 만들어 버렸다.

안디오코스가 임명한 총독 아폴로니오스는 충실한 유대인들을 핍박하기 시작했는데, 그것은 종교적인 이유에서가 아니라 반항하는 백성들을 진압하기 위해서였다. 반란이 발생한 것이 종교적인 핍박에 대한 반작용이었다는 전통적 견해를 지지하기는 어렵다. 이제 야웨(개혁 이후로는 제우스 올림피오스라고 불림)의 성전은 표면적으로 헬라화 된 시리아의 신 제우스 바알 샤마인(Zeus Baal Shamayin)의 제의로 변형되었다. 그의 신성한 바위를 성전 안에 들여 놓았으며, 거기서 그는 동료 신 “아테나”와 “디오니소스”와 함께 숭배되었다.

이 때에 이르러서야 "조상들의 법"이 무효화 되었는데, 그것은 그 법이 안디옥-예루살렘 카토이키아의 시리아-헬라 시민들을 위한 법으로는 쓸모가 없었기 때문이었다. 167년에 안티오코스의 칙령과 더불어 완성된 정치적/종교적 재조직으로 말미암아 그 새로운 제의는 합법화 되었고, 예루살렘과 유대 지방에서는 이스라엘의 종교적 관습은 불법화 되었다(다른 곳에서는 불법화 되지 않았음). 그리하여 신실한 유대인들은 박해를 받았다. 박해가 어느 정도 심각했는지는 측정하기 어려운데, 그것은 이 핍박에 대하여 마카비서가 제공하고 있는 정보는 대부분이 전설적인 것이기 때문이다. 안디오코스는 전통적인 유대 종교를 가장 성실하게 신봉하는 자들이 반항의 핵심이라는 것을 정확히 알고 있었다. 그러므로 그는 주민들에게 이교도의 제의에 참여할 것을 강요하고 할례를 불법화했다. 그리고 충성심을 시험하기 위해서 돼지고기를 먹게 했다. 이것을 거부하는 것은 곧 반란에 가담하고 있음을 증명하는 것이었다. 자기의 믿음을 부인하려 하지 않은 많은 유대인들이 순교했다.

시리아 관원들에게 체포되지 않은 사람들은 유대의 산들로 도주하여서 마카비(Maccabeus: "망치"라는 뜻)라는 성을 가진 유다가 지휘하는 유격대에 가담했다. 이것은 마카비 2서 5장 28절과 8장 1절에 기록되어 있다. 그러나 하스몬 가의 왕실 역사학자가 기록한 마카비 1서는 이와 다른 내용을 기록하고 있는데, 그것은 후대의 하스몬 가의 통치자들은 유다의 후손이 아니라 그의 형 시몬의 후손들이기 때문이었다. 마카비 1서는 유다가 아니라 그의 아버지인 맛다디아(Mattathias)가 그 운동의 창시자라고 기록하고 있다. 맛다디아는 제사장으로서 하스모네우스(Hasmoneus)라는 사람의 후손이었다. 이 저항 운동은 하시딤이 헬라파 개혁자들에 대항하여 지켜오던 전통적 가치관에 호소했다. 이 저항 운동은 폭넓은 지지를 얻기 위해서 부유한 대제사장 가문들에 대한 가난한 사람들의 분노를 이용했다.

자연히 지도권은 게릴라 전을 치를 줄 아는 사람이 차지했다. 처음에는 모든 하시딤이 유다가 이끄는 반란에 참여했다. 그러나 후일 이 게릴라 지도자들의 후손들이 정치적인 권력과 성전 통제권을 원하게 되고 또 실제로 그것을 손에 쥐었을 때, 엣세네인들과 바리새인들은 그들과 결별했다. 반면 안디오코스 4세의 정부는 모든 기존 세력들과 이익 집단들, 즉 헬라 도시들과 부근의 비유대인 주민들, 사마리아인들, 그리고 헬라화를 선호했으며 모든 팔레스틴 주민들과 평화로운 공존을 유지하기를 원하는 유대인들로부터 지지를 얻어내는 데 성공했다. 이 마지막 그룹에는, 안디오코스가 임명한 대제사장 메네라오스의 지도 하에 있는 예루살렘의 고위 계층도 속해 있었다.

유다의 지휘 하의 게릴라들이 거듭 승리한 사 년 동안의 전쟁이 끝난 후(168-164 BCE) 후에, 예루살렘의 헬라화 된 유대인들은 화해를 위한 마지막 시도를 행했으며 안디오코스로 하여금 전통적인 유대 종교에 대한 금지령들을 취소하게 하는 데 성공했다. 새로운 법령들은 마카비 2서 11:16-21, 27-32에 보존되어 있다 일정 기간 동안 핍박을 피해 도주했던 자들의 귀환이 허용되었으며, 종교적 자유가 보장되었다. 그러나 이 법령이 선포된 지 얼마 되지 않아서 유다는 예루살렘을 정복했고, 헬라파는 또다시 아크라 요새로 피해야 했다. 당시 동부 지역에서 파르티아인들과 싸우던 안디오코스 에피파네스는 163년에 사망했다. 그의 부관이었던 리시아스는 그 왕국의 서부 지역의 총독이었는데, 왕위 계승의 문제로 인해서 안디옥에 머물러 있어야 했기 때문에 이에 대처하지 못했다. 유다는 이 기회를 틈타서 자기의 세력을 견고히 하고 유대 국경 넘어서까지 적들에게 수모를 줄 뿐 아니라, 새로운 왕 안디오코스 5세 유파토르와 타협했다. 예루살렘 성전은 공식적으로 전통적인 유대 종교의 것으로 복귀되었고(기원전 162년, 마카비 2서 11:22-26을 보라).

메네라우스는 처형되었다. 그러나 새 대제사장 알키모스는 아마 합법적인 사독 가문 출신이었을 것이나, 헬레니즘에 동조했다는 이유로 유다의 인정을 받지 못했다.

그로부터 얼마 되지 않아서, 안디오코스 5세가 사촌인 데메트리오스 1세 소텔(Demetrios I Soter, 162-150)에 의해 살해되었다. 이때부터 사태는 유다에게 불리하게 되어갔다. 새 왕은 유다 대신에 알키모스를 지지했고, 예루살렘의 하시딤은 알키모스를 대제사장으로 받아들일 용의가 있었기 때문이었다. 데메트리오스의 장군 박키데스(Bakchides)는 유다의 군대를 격파했고, 유다는 기원전 160년 전사했다. 곧 이어 알키모스도 죽었으며 시리아 장군 박키데스는 새로운 화해 조약을 제시했다. 결국 유다의 형제인 요나단이 믹마쉬(예루살렘 근처)라는 마을의 "재판관"으로 세워지기는 하지만, 예루살렘의 정사에는 관여하지 않기로 타협했다(157년). 시리아의 통치가 다시 회복되었지만, 유대인들에게는 종교의 자유가 보장되었다. 그러나 대제사장 자리는 공석으로 남아 있었다.

몇년 동안 평화가 지속되다가(157-153), 시리아 왕좌를 차지하려는 자들간의 다툼이 재현됨에 따라 다시 불안정한 시기가 도래했다. 요나단(나중에는 그의 형제 시몬)은 시리아 왕국의 내부적인 문제를 이용했는데, 어느 정도의 어려움은 있었으나 결국 정치적 독립이라는 목표를 달성할 수 있었다. 기원전 153년에 알렉산더 발라스(Alexander Balas)가 시리아 왕좌를 차지하려고 시도했다. 데메트리오스 1세는 이 도전자로부터 자신을 방어하기 위해서 요나단의 지지를 구했고, 그 대가로 요나단이 예루살렘을 차지하는 것을 허락했다. 그러나 그로부터 얼마 후, 요나단은 알렉산더 발라스 쪽으로 기울었고, 발라스는 그 대가로 그를 대제사장에 임명했다. 152년에 요나단은 처음으로 대제사장으로서 공중 앞에 나타났다. 알렉산더 발라스는 데메트리오스 1세와의 싸움에서 승리한 후에 요나단을 "왕의 친구"로 삼았고, 유대의 스트라테고스(στρατηγόσ)와 총독으

마카비 가와 하스몬 가

(모든 연대는 기원 전임)

통치자		사건	
200년경	대제사장 시몬 사망 오니아스 3세가 대제사장이 됨	195	예루살렘이 안티오코스 3세 환영함
175	야손(대제사장)	175	셀레우코스 4세 암살됨; 예루살렘이 그리스의 폴리스로 재건됨
172	멜라노스(대제사장)		
		169	안티오코스 4세가 성전의 보물을 약탈해감
168-160	반란의 지도자 유다	168-164	마카비 반란
		167	예루살렘이 "안티오키아"로 됨
		164	안티오코스 4세 사망
		160	성전 예배가 전통적 예배로 복귀함
152-143	요나단(대제사장)		
143-134	시몬(대제사장)	142	시리아 수비대가 아크라에서 축출됨 "의로운 교사"의 추방
134-104	요한 힐카노스		
		128	그리심 산의 사마리아 신전 파괴
104	아리스토보울로스		
104-78	알렉산더 얀네우스	94	"바리새파"란 반란
76-67	알렉산드라		
67-65	힐카노스 II와 아리스토불로스II	65	폼페이의 예루살렘 입성

로 임명했다. 이렇게 해서 하스몬 국가의 토대가 놓여진 것이다.

Bibliography to §5.1c

Daniel J. Harrington, *The Maccabean Revolt: Anatomy of a Biblical Revolution* (Old Testament Studies 1; Willington, DE: Glazier, 1988).

Elias Bickerman, *The God of the Maccabees: Studies on the Meaning and Origin of the Maccabean Revolt*(SJLA 32; Leiden: Brill, 1979).

(d) 하스몬 가의 시대

하스몬 가의 사람들은 독립 국가의 통치자가 되며 팔레스틴 전체를 자신의 지배 하에 두려는 목적을 달성하기 위해서, 시리아 내부에서 계속되는 왕조들간의 전쟁 및 로마로 권력이 이양되는 국제적 정세를 이용했다. 이런 면에서 요나단은 꽤 성공했다. 심지어 데메트리오스 1세의 아들 데메트리오스 2세 니카토르(Demetrios II Nikator)가 기원전 145년에 알렉산더 발라스를 전복시켰을 때도 요나단은 자신의 위치를 강화할 수 있었다. 데메트리오스 2세는 요나단에게 사마리아 남부 지역을 상으로 주었다. 그러나 그 다음에 동맹국을 바꾼 그의 선택은 그를 파멸시키는 결과를 가져왔다. 디오도토스 트리포(Diodotos Trypho)가 알렉산더 발라스의 아들인 안디오코스 6세를 왕위에 앉히려고 데메트리오스 2세에게 반기를 들었을 때, 요나단은 그를 지지했고, 그 보답으로 그는 요나단의 직위를 공고히 해 주고 요나단의 형제를 팔레스틴 해안 지역의 스트라테고스로 임명했다. 결과적으로 이 두 형제는 팔레스틴 해안으로부터 갈릴리와 다메섹 에 이르는 전 지역을 정복할 수 있었다. 그러나 디오도토스 트리포는 자신이 왕위에 오르기 위해서 안디오코스 6세를 투옥하면서 요나단도 체포하여 처형했다. 맛다디아의 아들 중에 마지막까지 살아 남은 시몬은 트리포에 대항하여 데메트리오스 2세와 협정을 맺었다. 데메트리오스는 시몬을 유대의 독립된 통치자로 인정하고, 유대인들에게 면세를 허락했으며, 시몬이 예루살렘의 아크라에서 시리아인들을 추방하는 일을 허락해 주었다(142-141년 BCE).

이것은 시몬의 독립성을 확립해 주었다. 그는 그것을 이용하여서 게셀(Gezer)과 야파(Jaffa)를 정복함으로써 지중해 연안에 이르는 통로를 확보했다. 시몬은 스파르타와 로마와도 외교 관계를 성립시켰고, 그의 즉위 연도에 따라서 공식적인 문서에 연대를 기록하기

사르디스의 회당
서기 2세기에 도시의 가장 중요한 지역에 있는 연무장 한편에 건축되었고 서기 5세기에 다시 건축된 이 회당은 최근 조지 한프만의 지휘 하에 하바드-코넬 팀에 의해서 발굴되었다. 입구는 왼쪽 끝에 있으며 기둥으로 둘러싸인 안뜰을 통해서 들어가게 되어있다. 세 개의 문 사이에 두 개의 (모세오경을 두기 위한) 성소가 있다. 오른쪽에 있는 기념비적인 테이블은 두 마리의 독수리가 지탱해주고 있고, 그 뒤로 여러 줄의 좌석이 있다. 건물의 길이는 약 200피트이며 높이는 70피트 이상이다.

시작했다. 요나단이 전임자들처럼 시리아 왕에 의해서 대제사장으로 임명되었던 것에 반해서, 시몬은 대규모의 제사장들의 모임과 유대인의 지도자들, 그리고 국가의 장로들에 의해서 "섭정" 그리고 "신실한 예언자가 올 때까지 영원한 대제사장"으로서 비준을 받았다(140 BCE). 이 사건은 삼십 년 전에 모든 보수주의자들, 하시딤, 그리고 정치적 반항자들을 규합하여 안디오코스 4세 에피파네스를 대적하여 싸우게 만들었던 모든 희망과 기대의 성취인 듯이 보였다. 사실 이것이 마카비 1서의 저자가 그의 책 14장에서 독자들에게 전달하려 한 것이다.

이 단계의 정치적, 종교적 문제들을 그냥 넘어갈 수는 없다. 비록 시몬의 직위 선포에서는 의식적으로 "왕"이라는 칭호를 피했지만, 그것은 전형적인 헬라 통치자의 방식으로 권위를 선포한 것이었다. 그의 지위는 군사력에 토대를 두고 있었다. 시몬만이 자주색 옷을 입고 금색 띠를 찰 수 있었으며, 그에게 반항하거나 불순종하는 자에게는 가혹한 처벌이 따랐다. 시몬의 "레스 게스태"(*res gestae*: 왕으로서의 업적)는 청동판에 새겨졌고, 성전 지역에서 그의 권위와 힘의 상징으로 대중에게 전시되었다. 그의 가문 사람들로서 독립 전쟁에 참여했던 다른 사람들은 이 문서에서 거의 언급되지 않았다.

물론 하스몬 가의 공식 왕실 역사서인 마카비 1서에서는 요나단과 시몬이 사독의 후손이 아니기 때문에 그들의 대제사장직이 불법으로 간주되었다고 언급하지는 않는다. 그러나 최소한 하시딤의 한 부류이며 지금은 쿰란 본문들의 발견으로 인해서 잘 알려진 엣세네인들이 이 때 망명 생활을 시작한 것으로 보인다. 그들은 사독 가문의 제사장인 "의의 교사"의 지도 하에 자기들의 종교적 중심지를 사해 해변에 세웠다. 그들이 볼 때에 시몬(아마 그의 형제인 요나단도)은 의의 교사를 무자비하게 핍박한 "악한 제사장"이었다(§5. 2c). 그러므로 마카비 1서 14장 44절의 법령이 시몬의 통치에 불순종하는 제사장들에게 형벌을 내리겠다고 위협하는 것이 놀라운 일이 아니다. 하시딤의 일파인 바리새인들은 반 세기 후에 시몬의 후계자들로부터 핍박을 받았다. 비록 하스몬 가의 사람들은 이후 여러 해 동안 유대 국가를 다윗과 솔로몬의 시대만큼 강하게 만드는데 성공했으나, "경건한 사람들"은 이들을 자기들의 종교적 소망의 성취로 받아들이려 하지 않았다.

기원전 139년에 셀류시드 왕국의 역사상 마지막으로 능력 있는 지도자인 안디오코스 7세 시디테스(Sidites)가 왕위에 올랐다. 이 새 왕은, 시몬의 독립성을 인정할 용의는 있었으나, 시몬에게 게셀과 야파에서 철수할 것과 아크라에 시리아 주둔군이 머무는 것을 인정하라고 요구했다. 시몬은 그 요구를 거절했다. 시몬의 아들인 유다와 요한(힐카노스)은 전쟁에서 안디오코스의 장군을 격파했다. 그러나 그로부터 얼마 후인 135년에 시몬은 술 잔치에서 그의 사위인 프톨레미의 음모에 의해서 희생되었다. 프톨레미는 시몬의 아내와 아들 둘을 살해했으며, 요한 힐카노스는 도망했다. 한편 안디오코스 시디테스는 새로이 군대를 이끌고 유대를 쳐들어올 준비를 하고 있었다. 요한 힐카노스는 경쟁자였던 프톨레미를 이기고 아버지의 후계자로서 인정 받았으나, 그는 예루살렘 성벽 뒤로 철수해야 했다. 안디오코스와 요한 힐카노스는 협정을 맺었는데, 이 협정에서 요한은 아버지가 성취한 모든 정복지를 포기하고 조공을 바치기로 합의했다. 그에 대한 보답으로 안디오코스는 요한 힐카노스의 독립을 인정하고 아크라를 유대인들의 수중에 남겨두었다. 요한 힐카노스도 참여하도록 종용되었던 파르티아와의 전쟁에서 안디오코스 시디테스가 살해되면서(129년), 시리아가 유대 국가의 내정에 간섭할 위험은 종식되었다. 왜냐하면 셀류시드 제국은 그후 군사적 힘과 정치적 영향력을 회복하지 못했기 때문이다.

그후 수십 년 동안 하스몬 가는 해안 지역과 헬라 도시들을 포함하여 팔레스틴 전역을 체계적으로 정복해 나갔다. 이 정복 사업은 대부분 요한 힐카노스의 통치(135-104년) 기간 중에 성취 되었으며, 일부는 그의 아들 아리스토보울러스(104)와 알렉산더 얀네우스(104-78)에 의해서 성취 되었다. 이 정복에서 비롯된 문화적, 종교적 문제들 중에서, 헬라 도시들의 운명은 가장 중요한 결과를 낳았다. 팔레스틴의 헬라화는 한 동안은 헬라 도시의 건설과 밀접하게 연결되어 있었다. 물론 그 도시들의 시민들은 대부분 헬라인들이 아니라 헬라화 된 페니키아인, 시리아들 등이었다. 그러나 문화적, 상업적 생활의 중심지로서의 자유 도시의 개념("자유"라는 수식어를 사용할 수 있는 것은 그 헌법과 자치 정부의 존재 때문임) 자체는 헬라적이었다. 교육의 권리(γυμνασία:컴나시아는 이 도시들의 가장 중요한 기관 중의 하나였음), 그리고 공식적인 신들이 인정을 받게 되자 마자 이루어진 종교의 자유로운 활동도 역시 근본적인 헬라 개념이었다.

그러나 하스몬 가의 유대 국가는 헬라 도시의 사상과 화합할 수 없었다. 마카비 반란은 예루살렘을 헬라 도시로 재구성하려는 시도를 거부한 것이었다. 심지어는 문화적, 종교적 다원주의라는 관념도 혐오감을 느끼게 하는 것이었다. 반란의 취지를 계속 지속시킬 수 있는 유일한 방법은 국가 전체를 이스라엘의 하나님에 대한 믿음으로 돌아가게 하는 것이었다. 이 종교적인 목표는, 경제력을 소유한 독립 도시들의 존재는 작은 민족 국가의 이해 관계와 조화를 이루지 않는다는 정치적 통찰과 조화를 이루었다. 그러므로 하스몬 가 사람들은 자기들이 권력을 발휘할 수 있는 지역에 있는 대부분의 헬라 도시를 정복해 나갔다. 해안 지역의 악코-프톨레마이스와 요단 저편의 암몬-필라델피아만이 독립을 유지할 수 있었다.

이러한 도시의 주민들은 도시를 떠나거나 유대교로 개종하도록 강요 되었으며, 도시에 남은 사람들은 자신의 특권을 잃고 하스몬 가의 통치에 복종해야 했다. 이로 말미암아 헬라화의 과정에서 가장 중요한 기관인 폴리스가 제거되었다. 그러나 많은 지역에서 헬라 요소들과 관습과 언어가 계속 존재했다. 반면에 하스몬 가의 정치적 행동과 외적으로 나타나는 현상에 헬레니즘의 영향이 분명하게 나타났다. 요한 힐카노스는 자기의 아들인 유다와 맛다디아와 요나단의 이름을 아리스토보울로스, 안티고노스, 그리고 알렉산더로 바꾸었다. 아리스토보울로스는, 물론 다른 국가들과의 대외적 관계를 위한 것이기는 했으나, 자신을 "필헬레노스(헬라의 친구)"로 부르고 "왕"이라는 칭호를 취했다(그의 주화에는 여전히 "대제사장 요한"이라고 쓰여 있었다). 요한 힐카노스도 헬레니즘 시대의 왕들이 전형적으로 행했던 것처럼 외국인 용병들을 고용했던 것으로 보인다. 하스몬 가의 통치자들은 단 두 가지 목표만 꾸준히 추구했다. 그것은 유대 국가의 권력을 증가시키는 것, 그리고 무력을 사용해서라도 모든 거주민들을 유대의 신민으로 만드는 것이었다.

마카비 전쟁이 시작 되었을 때에는 종교적인 목표가 주된 목표였는데, 즉 성전과 예루살렘 시, 그리고 유대 땅을 이방인의 가증한 것들로부터 해방시키는 것이었다. 그러나 하스몬 가 사람들은 종교를 국가의 모든 주민들이 예루살렘에 충성하게 만드는 도구로 사용했다. 예루살렘의 통치자는 동시에 대제사장이었다. 그들은 이두매를 정복한 후에 모든 남자 주민들에게 할례를 받도록 강요했다. 헬라 도시들을 정복했을 때도 마찬가지였다. 사마리아의 수도인 세겜도 정복되었고, 그리심 산의 성전은 파괴되었으며, 사마리아 주민들은 예루살렘의 종교적 권위를 인정하라는 강요를 받았다.

하스몬 가의 지배에 대해 일부 이스라엘 공동체 내에서 심한 반발이 일어났다. 엣세네 파의 문헌들은, 하나님의 선택을 받은 백성이라는 개념이 더 이상 예루살렘 성전과 대제사장의 관할 하에 있는 종교 공동체의 정치적 현실과 일치될 수 없었다는 것을 보여주고 있다. 요세푸스에 따르면(*Antiquities* 13), 바리새파도 이러한 종교적 정책을 염려스러운 눈으로 보고 있었다. 자기 형제인 아리스토보울로스 1세의 짧은 통치(기원전 104년) 후에 대제사장이 되어서 아버지의 제국주의적인 정책을 지속했던 알렉산더 얀네우스의 통치 하에서 공개적인 갈등이 표출되었다. 94년에 바리새인들이 선동한 것으로 보이는 반란이 시작되었는데, 그것은 6년간의 내란으로 이어졌으며, 시리아 왕 데메트리오스 3세가 혁명파를 돕기 위해서 개입했다. 결국은 얀네우스가 승리했다. 그는 반란군 지도자 팔백 명을 공개적으로 십자가형에 처했다. 요세푸스는 그들이 바리새인들이었다고 말하지는 않는다. 그러나 얀네우스의 미망인 알렉산드라의 통치 때에는 바리새파가 국가를 통치한 듯이 보인다. 그들은 자신의 새로운 권력을 이용하여 얀네우스의 통치 때에 추방 되었던 자들을 다시 불러들이고 그의 고문들을 처벌했다.

알렉산드라의 사후에, 그녀의 아들들이 벌인 음모와 싸움이 와중에서 하스몬 가의 통치는 붕괴되었다. 대제사장직을 물려받은 힐카노스 2세는 동생 아리스토불로스 2세로 인해서 페트라의 나바테아인들에게로 도피했다. 가장 뛰어난 정치인이었던 이두매인 안티파터(이두매 총독의 아들이며 헤롯 대왕의 아버지였음)의 도움을 받은 힐카노스는 나바테아인들과 함께 아리스토불로스를 물리칠 수 있었다. 아리스토보울로스는 예루살렘 성전 안에 들어가서 스스로를 방어하려 했다(기원전 65년). 이 상황에서 양측은 모두 로마의 장군 폼페이에게 호소했다. 폼페이는 지중해 동부 지역을 통치하고 있었으며, 로마 제국을 위해서 과거에 셀류시드 제국의 영토였던 지역의 재조직을 막 시작했었다. 결국 하스몬 가의 팔레스틴 통치는 폼페이의 예루살렘 정복으로 막을 내렸다. 그러나 그후 수십 년 동안에 일어난 정치적 사건과 음모에서 일부 하스몬 가 사람들이 부차적인 역할을 담당하기도 했다(§6.6a).

(e) 이스라엘의 디아스포라

팔레스틴 내의 유대인들과 사마리아인들의 역사는 헬레니즘 시대의 이스라엘 백성의 역사의 일부분에 지나지 않는다. 바벨론 유수 이후 과거 유다 왕국의 백성들 중 많은 사람들이 팔레스틴 외부에서 살았다. 추방된 자들 중 일부가 예루살렘으로 귀환할 수 있다는 허락을 받았을 때에도 상황은 크게 변하지 않았다. 많은 국가들로부터 여러 민족 출신의 많은 사람들이 이주해야 했던 헬레니즘 시대에, 팔레스틴 외부에 사는 유대인들의 비율은 더욱 증가했다. 디아스포라는 점점 더 중요하게 되었고, 독립적인 종교적, 문화적 발달이 시작되었다.

바벨론의 디아스포라는 페르시아 시대에 그 규모가 가장 큰 것이었다. 이 유대인들은 주로 바벨론에서 살았다. 바벨론은 알렉산더가 재건했던 도시로서 셀류코스 1세에 의해 티그리스 강변 셀류키아에 건설되었는데(312 BCE), 동부 지방의 주요 경제적 중심지로서 인구가 매우 많았다. 이러한 도시에 거주하는 대부분의 동양인들의 헬라화 현상은 유대인 디아스포라에게도 영향을 미쳤다. 로마 시대 초기에도 바벨론 디아스포라는 팔레스틴에 거주하는 유대인들에게 대단한 영향을 주었고, 헬레니즘의 영향력은 팔레스틴 내의 유대인들에게도 미쳤다. 바벨론과 팔레스틴 사이의 결속은 매우 굳건했다. 왜냐하면 양 지역에 거주하는 대다수의 사람들이 아람어를 사용했기 때문이다. 한편 이집트에 있는 디아스포라와 소아시아와 서방에서는 그리스어가 공용어로 사용되었다. 바빌로니아의 유대인들은 전반적으로 셀류시드 왕조나 파르티아의 통치자들에게 적대감을 갖지 않았다. 그러나 로마에 대한 그들의 감정은 그다지 긍정적인 것이 아니었던 것처럼 보인다.

바벨론에는 아주 훌륭한 성서의 전승이 있었다. 서기 70년에 로마인들에 의해서 예루살렘이 멸망한 후에, 유대교를 재조직하는 데 있어서, 히브리 성경의 바벨로니아판은 얌니아의 랍비들이 인정하는 본문이 되었으며(마소라 본문의 현대적 개정판들의 기초), 그

때까지 사용되어온 팔레스틴 본문을 대신했다. 팔레스틴 본문은 칠십인역의 헬라어 판, 사마리아인들의 모세오경, 쿰란에서 발견된 성서 사본들 안에만 보존되어 있다. 후일 바벨론 탈무드가 랍비 전승의 권위 있는 법전이 되었다. 에뎃사, 니시비스, 듀라 유로푸스와 같은 동부의 여러 도시에도 디아스포라 공동체들이 있었다. 티그리스강 상류(고대 앗수루)에 위치했으며 파르티아인 제후들이 다스렸던 아디아베네에 있는 디아스포라는 기원전 7세기말에 앗시리아인들에 의해 끌려간 북왕국 이스라엘의 백성들이 정착했던 곳이다. 서기 1세기초에는 그곳을 다스리던 군주와 그의 어머니까지 유대교로 개종했다(Josephus *Ant.* 20.17ff.)

이집트 디아스포라는 곧 그 중요성에 있어서 바빌로니아 디아스포라를 능가하게 되었지만, 그 발달상은 근본적으로 다른 것이었다. 그곳에 거주하던 한 무리가 선지자 예레미야에게 자신들과 함께 갈 것을 강요했고, 예레미야는 이집트에서 죽었다. 기원전 6세기말 상부 이집트의 엘레판틴에는 이스라엘의 군사 식민지가 있었다. 엘레판틴의 디아스포라는 바벨론의 디아스포라와 현저한 차이가 있었다. 물론 파피루스 문서가 보여주듯이, 이곳에서도 아람어가 사용되었지만, 이곳의 이스라엘인들은 나름 대로의 성전을 가지고 있었고(바벨론에는 유대인의 성전이 건설된 적이 없음), 그들의 혼합주의는 바벨론에서처럼 이스라엘의 전승들을 다듬는 것과는 아주 달랐으며, 예루살렘보다는 사마리아를 지향하는 것이었다.

페르시아의 정복 이후, 특히 기원전 3세기에 프톨레미 왕조가 팔레스틴을 지배하는 동안에 많은 유대인 이주민들이 이집트로 왔고, 헬레니즘 세계의 문화적 중심지인 알렉산드리아에 커다란 디아스포라 공동체를 형성했다. 전반적으로 프톨레미 왕조는 이러한 현상, 특히 이스라엘 사람들이 그리스어를 일상어로 채택하며 경제적으로나 문화적으로 중요한 기능을 점유한 것, 그리고 대부분의 이집트 농민들과는 달리 도시의 "그리스" 기반의 일부가 되는 것에 호감을 가졌다. 기원전 2세기에 셀류시드 왕조가 팔레스틴을 지배하기 시작했을 때에도 이스라엘인들의 이집트 이주는 그치지 않았다. 예루살렘에는 아직도 친-프톨레미 파가 있었는데, 이집트는 그들을 위한 피난처가 되었다. 예루살렘에서의 헬라화 개혁이 진행되는 동안에 내쫓긴 대제사장 오니아스 3세의 아들 오니아스 4세의 이야기는 많은 것을 밝혀준다. 오니아스 4세는 프톨레미 6세 필로메토르의 통치 기간에(180-145 BCE) 이집트에서 활동한 용병 대장이었다. 레온코폴리스에는 그와 그의 군대를 위한 카토이키아(κατοικία, 군사 지역)가 건립되었으며 유대인의 성전이 건축되었다. 필로메토르의 재위 기간 중의 유대인들의 튼튼한 입지, 그리고 유대인들이 그와 과부 된 아내를 지지했다는 사실이 필로메토르의 경쟁자였던 프톨레미 8세 유에르게테스(145-116 BCE)의 시대에 유대인들이 박해를 당한 이유가 되었는지도 모른다. 이 박해는 마카비 3서가 프톨레미 4세의 책임으로 돌리고 있는 유대인 대학살 시도의 역사적 배경이 되었는지도 모른다. 기원전 100년경에는 오니아스 4세의 두 아들이 이집트의 장군으로 있었다고 전해지고 있다.

후대의 자료에 의하면, 유대인(요세푸스)와 그레코-로마인들은 이집트 및 서방의 디아스포라 공동체들을 "유대적"이었다고 말하고 있지만, 이스라엘 백성 중 다른 집단들도 디아스포라의 형성에 개입했음이 분명하다. 외부인들은, 이스라엘의 종교를 믿는 사람들이라면 모두 "유대인"('Ιουδαῖοσ)라고 불렀다. 그러나 "헬레니즘적-유대적"이라고 알려져 있는 현존하는 저술들 중에는 사마리아에 충성하는 사람들이 저술한 것들도 있다. 더욱이 고고학적 유물에 의해 증거되고 있는 바 그리스 영토 내에 세워진 가장 초기의 회당, 즉 델로스 섬에 있는 회당은 실질적으로 사마리아식의 회당이었다. 모든 이스라엘 출신 사람들은 기원전 3세기에 팔레스틴의 히브리어에 기초를 두고서 알렉산드리아에서 번역이 시작된 모세오경의 헬라어 번역본을 사용했고, 기도할 때에는 그리스어를 사용했다. 알렉산드리아의 유대인들은 결코 따로 분리된 유대인 지역에 살지 않고 도시의 여러 지역에 거주했다. 그러나 대체로 알렉산드리아의 다섯 개 지역 중에서 두 지역에 집중되어 있었다. 그들은 그리스어를 완전히 받아들였고, 도시의 문화 생활에 참여했다.

디아스포라는 알렉산드리아를 기점으로 하여 다른 서방 국가로 퍼져갔는데, 우선 프톨레미 왕조의 속령으로 퍼졌다. 기원전 3세기에 키레나이카에 있는 중요한 유대인 공동체가 세우졌고, 그레데 섬과 구부로 섬에도 세워졌다. 알렉산드리아가 지중해 동부 지역에서 서부 지역으로 물건을 수출하는 데 있어서 중요한 항구였기 때문에, 로마 디아스포라의 시작도 알렉산드리아 유대인들에 의해서 이루어진 것일 가능성이 높다.

시리아의 디아스포라에 대해서는 그리 알려진 것이 없다. 그러나 기원전 2세기에 셀류시드 왕조가 다스리는 동안 팔레스틴 유대인들이 특히 서부의 중심 도시인 안티옥으로 이주했을 가능성이 있다. 아파메아와 다메섹 와 같은 주요 도시 및 길리기아 부근에도 유대인 공동체가 있었다는 증거가 있다. 유대인들과 사마리아인들은 팔레스틴과 국경을 접하고 있는 시리아 영토에도 살았다.

바빌로니아와 이집트의 공동체 다음으로 중요한 디아스포라는 소아시아의 디아스포라였다. 기원전 3세기에 알렉산드리아 출신 이민들에 의해 소아시아 서부와 남부의 해안 지역에 이러한 공동체들 중 일부가 형성되었을 것이다. 당시에는 프톨레미 왕조가 [illegible] 의 중요한 지방들을 다스리고 있었다. 현재 신빙성 있는 가장 오래된 정보는 기원전 200년경의 것이다. 안디오코스 3세는 바벨론에 있던 유대인 2000세대를 서부 소아시아의 군사 식민지에 정착시켰다. 기원전 2세기말에 이루어진 로마의 정복과 더불어 아나톨리아와 흑해 연안의 주요 도시에 디아스포라 공동체가 있었다고 가정할 수 있다. 그러나 로마 제국 시대 이전의 비문에서는 그 증거가 발견되지 않으며, 서기 2세기 이전의 것으로 추정되는 것은 전혀 없다. 콘스탄틴 대제 시대 이후에 제작된 소아시아의 모든 유대인의 비문에서는 헬라어가 사용되었다. 사데에서는 유일하게 회당이라고 추정되는 건물이 발굴되었다. 그것은 커다란 바실리카형태의 건물로서 사데에 거주한 유대인 공동체의 규모와 사회적 지위를 증거해준다. 그러나 이 건물은 서기 3세기말까지는 회당으로 사용되지 않았고, 거의 80개에 달하는 헬라어 명문들중 대다수는 서기 4세기의 것이다.

그리스와 마케도니아에서의 디아스포라 공동체의 시작에 대해서는 알려진 것이 거의 없다. 대부분의 증거는 로마 제국 시대의 문헌들, 특히 사도 바울의 서신들과 사도행전에 기록되어 있는 것으로서, 여기에서는 항상 고린도, 아테네, 데살로니가, 빌립보에 있는 "유대인" 공동체라고 언급된다. 마케도니아 북부의 스토보이에서 발굴된 회당은 서기 2세기나 3세기의 것이며, 고린도의 "히브리인들의 회당"에서 발견된 헬라어 명문은 그보다 더 후대의 것이다. 데살로니가에서 발견된 사마리아인의 명문은 서기 5세기의 것으로서 주의를 기울일 가치가 있다.

서부 지역의 최초의 유대인 공동체는 이탈리아 남부와 시실리에 있는 그리스 식민지들 안에 세워졌을 것이다. 기원전 2세기와 1세기에 로마가 지중해 동부로 진출하면서 벌인 전쟁 때에 유대인 전쟁 포로들이 여러 지역으로 끌려갔다. 기술자나 상인들도 이주했다. 비록 대부분의 고고학적 증거물(회당 건물, 비문, 지하 무덤 등)은 서기 2세기말부터 4세기의 것이기는 하지만, 로마에는 12개나 되는 회당을 지녔던 대규모의 디아스포라 공동체가 존재했다고 추정된다. 서기 1세기말의 건물인 오스티아의 회당은 100년 후에야 회당으로 사용되었다.

문화적 역사의 발달 현상인 헬라화는 유대인이나 사마리아인, 엣세네나 바리새파, 디아스포라에 거주하는 자나 팔레스틴에 거주하는 자를 막론하고 모든 이스라엘 백성에게 영향을 끼쳤다. 그러나 디아스포라에서는 헬라화의 영향이 훨씬 심오했다. 팔레스틴에서는 히브리 이름을 헬라 이름으로 개명하는 것이 지배 계급과 상류층에만 제한되어 있었으나, 디아스포라에서는 매우 흔한 현상이었다. 헬라어가 팔레스틴에서도 알려지기는 했으나 그것이 상용어로서 아람어를 대치하지는 않았다. 종교 서적은 계속 히브리어로 쓰여졌고, 성경은 히브리어로 필사 되었고, 회당 예배 때에 사용하기 위해 아람어로 번역되었다. 반면에 알렉산드리아, 소아시아, 로마 등지에 거주하는 유대인들의 언어는 헬라어였다. 로마에서 발견된 서기 3, 4세기의 비문에서는 히브리어는 전혀 사용되지 않고 라틴어도 거의 사용되지 않는다. 바벨론과 동부의 속주들을 제외한 지역에서는 성경을 헬라어로 읽고 회당의 예배 의식에서 헬라어를 사용하는 것이 규칙이 되어 있었다. 헬라어를 사용하는 디아스포라에서 출판된 헬라어 문헌들은 대단히 풍부하고 다양했다. 그러나 안타깝게도 그 대부분이 유실 되었거나 단편들만 보존되어 있다.

성경, 예배 의식, 설교, 저술 등에서 헬라어가 사용된 것과 아울러, 헬레니즘적인 개념들이 유대인의 사상에 침투했으며, 이스라엘의 문학적 유산의 전통에 근본적인 변화를 가져왔다. 신학적인 선언들은 이제는 "철학"이 되었다. 성경은 심오한 철학적이고 종교적 통찰들이 수록된 글로 이해되었고, 알렉산드리아의 필로의 시대 이전에 호머의 글들처럼 풍유적으로 해석되었다. 창조 이야기는 우주론으로 이해되었고, 문자 그대로 준수된 할례나 안식일과 같은 종교적 관습은 하나의 상징으로 이해되고 영적으로 재해석되었다. 전통적 유대 기도문들을 헬라어로 번역되면서 스토아적 형식을 사용했다. 헬라화 된 유대인들은 저술할 때에 헬라 문학의 형태를 활용했으며, 때로는 고대 그리스 시대의 유명한 헬라 저자들의 이름으로 출판하기도 했다. 기독교는 헬라어를 사용하는 세계에서 선교 활동할 때에, 이스라엘의 성서와 전승들을 헬라화하는 데서부터 시작했다.

유대인과 사마리아인들의 디아스포라 공동체들은 그 외형적 형태에 있어서 그리스의 형태들을 채택하여 "협회들"로 조직되었다. 다른 인종 집단이나 종교 집단의 경우에서처럼, 이들은 교역이나 직업적인 면에서 특권을 부여 받은 거주민의 협회였거나, 또는 다른 민족의 제의를 추종하는 자들이 조직한 것과 같은 종교적 협회였다. 이 유대인 공동체의 관리들은 그 구성원들에 의해 선출되었으며, 그들의 칭호는 다른 헬라 협회의 것을 그대로 사용했다. 여자들도 직책을 맡았는데, 그중에는 "회당장"도 있었다. 유대인 사회에서도 법적 계약이나 상업적인 계약은 헬라나 로마의 법에 근거하며 체결 되었으며, 관련된 문서는 헬라어로 기록되었다. 예루살렘 성전과 그 신정 정치의 전형적인 특징이었던 위계 질서 구조 대신에 헬라 협회들이 지닌 전형적 특성인 민주적인 절차가 채택되었다. 모든 결정은 투표권을 가진 구성원들, 또는 그들에 의해 선출된 의회에 의해서 내려졌다.

디아스포라에 거주하는 이스라엘인들에게는 제도화 된 지역적 권위 같은 것은 전혀 없었다. 예루살렘이나 사마리아가 디아스포라 내에서 소유한 권위는 제도적인 것이 아니라 이상적인 것이었다. 유대인 디아스포라 공동체가 예루살렘에게 매년 성전 세금을 보낸 사실을 예루살렘이 사법적 권위를 소유했다는 증거로 볼 수는 없다. 서기 70년 이후에 얌니아의 랍비들이 그러한 세계적인 통치권을 세우려고 시도했다는 사실은 유대 전쟁 이전의 상황으로 볼 수는 없다. 성전 세금은 이스라엘의 구원의 역사의 중심인 예루살렘과의 종교적 관계를 나타내는 상징이었다. 성전 관리가 유대 국가의 정치적 경계선 외부에 사는 유대인들에게 통치권이나 정치적인 권력을 발휘한 적은 없었다. 지역적으로는 각각의 디아스포라 공동체는 고유의 중재 재판소에서 구성원들간의 논쟁이나 다툼에 대한 결정을 내릴 권리를 가지고 있었다. 이것은 다른 종교적 협회들도 사용했던 권리였다(아테네의 박카스 추종자들의 헌법과 고린도전서 5-6장 참조). 디아스포라 내의 이스라엘인들은 팔레스틴의 정치적 문제에는 관여하지 않으려고 노력했으며(스스로의 존립 문제만도 이러한 결정을 내리게 만들기에 충분했다), 자기들에게 권력을 행사하는 정치적 권위들에게 순종하려고 노력했다. 이러한 근본적인 태도는 후일 많은 기독 교회들도 채택했다(롬 13:1ff, 벧전 2:13ff). 이스라엘의 종교 관습이 방해나 간섭을 받지 않기 위해서는, 유대인들을 다스리던 관리들에게 암시적으로나 구체적으로 일정한 특권을 허용할 용의가 있어야 했다. 안식일을 지키는 것, 모일 수 있는 권리, 제물로 사용할 짐승을 죽일 권리, 예루살렘으로 돈을 보낼 수 있는 특권 등이 그 중의 일부였다. 그러한 특권들은 보통 도시나 왕이 부여했으며, 로마 제국 시대에는 로마 관리들에 의해서 주어졌다. 로마 시대에 유대인들은 안식일을 지키기 위해서 군복무를 면제 받으려 했고, 헬레니즘 시대에 이스라엘 출신 사람들은 종종 군대에서 복무하거나 군사 식민지에 정착했다.

디아스포라 공동체의 구성원들은 완전한 시민의 권리를 누리지 못했으며, 도시나 국가의 공식 제의에 참여하는 것을 공적으로 면제받지 못했다. 유대교가 합법적인 종교, 즉 공적으로 허가를 받은 종교였다는 생각은 현대인들이 만들어 낸 것으로서, 특혜를 받지 못했던 초기 기독교와 비교하기 위한 것이었다. 이 개념은 헬레니즘 시대나 로마 시대에는 존재하지 않았다. 한편, 모든 사람들이 자신의 전통이나 선택에 따라 종교를 가질 수 있었다. 하나의 종교가 인정 받을 수 있는 절차는 모든 사람에게 개방되어 있었는데, 그것은 종교적 협회의 형태를 통하거나, 또는 시민 종교로 받아들여져 그에 따른 감독을 받는 제의의 형태로서 가능했다. 그러나 다른 한편으로는 아무도 도시의 신이나 로마인의 신들을 경멸할 수 없었다. 그러한 권리를 허용하는 문서가 전혀 보존되어 있지 않다는 것은 결코 우연이 아니며, 이런 점에서 유대인 저자들의 주장은 순수히 호교론적인 것이다. 실제로는 유대인(또는 기독교인)들이 공식

종교 축제 때 나타나지 않는 것은 곧 그 제의를 무시한 행동이었는데, 도시의 주민들이 반유대인 감정을 나타낼 때에 그 반작용으로 공식 제의에 불참하는 현상이 나타났다.

시민은 자신이 거주하는 도시의 공식 신을 인정해야 했으며, 배타적인 유일신에 충실하면서 완전한 시민권을 발휘하려는 사람들은 분명한 문제들에 직면했다. 모든 헬라 도시에서는 상당한 수의 주민들이 시민권을 소유하고 있지 못했으며, 그럼에도 불구하고 도시의 경제적, 문화적 삶에서 중요한 역할을 할 수 있었다. 시민이 아닌 사람들에게 허용된 많은 직업들 중에서 군 복무도 유대인들에게 알려져 있었다. 군사 식민지에 거주하는 사람들은 평화 시에는 농부로서 자신의 땅을 소유하고 경작했다. 그밖의 다른 직업은 상업과 금융업이었다. 유대인 장인(匠人)에 대해서는 거의 언급되고 있지 않은데, 아마 기존의 장인 협회들이 외국인들로부터 회원의 특권을 보호했기 때문이었을 것이다. 사도 바울과 그의 유대인 동료였던 브리스길라와 아굴라는 장막을 만드는 사람들이었다. 그 사회에 동화된 유대인들은 고위 공직을 가졌던 것으로 알려지고 있다. 로마 시대에 유대인 철학자 필로의 조카인 디베료 알렉산더는 여러 해 동안 팔레스틴의 총독으로 지냈으며, 후에는 이집트의 장관을 지냈다.

주위 문화에 많이 동화 되었고 정치 관료들에게 대해 긍정적인 태도를 소유했음에도 불구하고, 유대인 디아스포라는 거듭 유대인들을 대적하는 행위에 직면하고 핍박을 당했는데, 그것은 헬레니즘 시대에도 그들의 문학에 표현되었다. 이 반유대주의는 디아스포라에 그 근원을 두고 있으며, 서로 다른 문화와 종교적 전통들이 공존하는 데서 비롯된 대립과 밀접하게 연관되어 있다. 그러나 그것은 유대교와 헬라 문화 사이의 갈등에 그 주요 원인이 있던 것은 아니었다. 보다 중요했던 것은 헬라화의 과정 속에서 여러 유서 깊은 문화적 전통들이 경쟁하는 데서 감지된 긴장이었다. 반유대주의를 지적해주는 가장 오래된 증거로서 기원전 3세기에 이집트의 제사장 마네토(Manetho)가 쓴 글에서 이것이 지적되었는데, 그의 글은 300년 후 유대인 역사학자 요세푸스의 시대에도 알려져 있고 읽혀지고 있었다. 요세푸스는 마네토의 글을 인용하고 반박했다(*Contra Apionem* 1.227ff). 마네토는 이집트에서 생활한 이스라엘과 출애굽에 대한 전승을 친-이집트의 시각에서 다루었다. 그의 글에서는 이스라엘 사람들을 문둥병자, 또는 문화적 종교적 가치관을 파괴하는 야만인들이라는 비방이 그치지 않는다. 그러나 그는 헬라인들에게 쓴 글에서 고대의 기록들에 호소함으로써 이집트의 문화와 종교를 지혜와 경건과 정의를 갖춘 것으로 찬양했다. 유대와 사마리아의 호교론자들도 곧 비슷한 방식으로 반응하기 시작했으며, 후일 기독교 변증론자들도 동일한 방법을 사용하며 자신의 "우월한 전승"과 진리에 호소하면서 유대교 호교론자들과 경쟁하기를 주저하지 않았다.

그러나 이처럼 상이한 문화들 사이의 경쟁은 반유대주의가 발생한 틀에 불과했다. 직접적 원인은 각 경우마다 다르며, 하나의 공통된 요소에 의해서 설명되지는 않는다. 종교적 차이점들 이외에도 경제적인 요소와 정치적인 요소들도 역할을 했던 것으로 보인다. 반유대적 논쟁들은 어떠한 것이 모욕적인 것으로 느껴졌는지를 보여 주고 있다. 즉 유대인들이 할례나 안식일을 지키는 것과 같은 이상한 의식들, 또는 다른 신을 섬기기를 거부한 것 등이었다. 예루살렘 성전에 신상이 없다는 사실 때문에 유대인들이 무신론자라거나 또는 당나귀 머리를 숭배하고 있다는 중상이 생겨났다.

유대인들은 자신의 특별한 위치를 고집했으며, 자기들 고유의 종교 활동을 허용하는 특권을 얻으려고 애를 썼다. 동시에 그들은 자기들이 살고 있는 정치적 공동체의 시민으로 인정받고 싶어했으나, 그 도시의 신들을 섬기는 것은 원하지 않았다. 그러한 상황에서 하스몬 가의 사람들이 이방인을 추방하며 팔레스틴의 여러 도시에 사는 비유대인들을 유대교로 강제로 개종시켰기 때문에 이미 존재하고 있던 반유대교적 감정이 더욱 강화되었을 가능성이 없지 않다. 그러한 행동은 그 헬라 도시와 헬레니즘 세계 및 로마 제국 시대의 토대였던 종교적/인종적 다원주의를 범하는 행동이었다. 팔레스틴 외부에 사는 유대인들은 이 다원주의를 이용하기를 원했으나, 종교적 충성심 때문에 이러한 도시에서의 삶(신전들, 연무장, 공적인 종교 축제들)에 참여하는 것을 제한했다. 그리고 그들의 종교적 신념은 다원주의적 사회의 근본적 권리에 대해 비판적이었던 듯하다. 그러므로 디아스포라에 거주하는 이스라엘인들의 상황은 불안정했다. 근본적인 갈등은 현실적으로 해결할 수 없는 것이었다. 헬레니즘 시대의 왕들, 그리고 로마의 황제들은 대규모의 유대인 공동체를 포함하고 있는 도시들이 자체적으로는 세우기가 불가능했던지 또는 세우기를 원하지 않았던 중재적 해결안을 세우기 위해서 거듭 개입해야 했다.

Bibliography to §5.1e: Texts

Victor. A. Tcherikover, *Corpus Papyrorum Judaicarum*(Cambridge, MA: Harvard University, 1957-64).

Bibliography to §5.1e: Studies

A. Thomas Kraabel, “The Diaspora Synagogue: Archaeilogical and Epigraphic Evidence since Sukenik,” *ANRW* 2.19.1 (1979) 477-510.

J. Andrew Overman and R. S. MacLennon, eds., *Diaspora Jews and Judaism: Essays in Honor of, and in Dialogue with, A. Thomas Kraabel* (South Florida Studies in the History of Judaism 41; Atlanta, GA: Scholars Press, 1992).

Shaye J., D. Cohen, and E. S. Frerichs, eds, *Diaspora in Antiquity* (Brown Judaic Studies 288; Atlanta: Scholars Press, 1993).

Joseph Gutmann, ed., *The Synagogue: Studies in Origins, Archaeology and Architecture* (Library of Biblical Studies; New York: Ktav. 1975).

Idem, ed., *Ancient Synagogues: The State of Research* (Chico , CA: Scholars Press, 1981).

Pieter W. van der Horst, *Ancient Jewish Epitaphs: An Introductory Survey of a Millenium of Jewish Funerary Inscriptions(300 BCE-700 CE)* (Contributions to Biblical Exegesis and Theology 2; Kampen: Kok, Pharos, 1991).

Bernadette J. Brooten, *Women Leaders in the Ancient Synagogue*(BJudSt 36: Choco. CA: Scholars Press. 1982).

L. Michael White, "The Delos Synagogue Revisited," *HTR* 80 (1987) 133-60.
Erwin R. Goodenough, *The Jurisprudence of Jewish Courts in Egypt: Legal Administration by the Jews under the Early Roman Empire as Described by Philo Judaeus* (New Haven: Yale University Press, 1929).
John J. Collins, *Between Athens and Jerusalem: Jewish Identity in the Hellenistic Diaspora* (New York: Crossroad, 1983).
J. N. Sevenster, *The Roots of Pagan Anti-Semitism in the Ancient World* (NovTSup 41; Leiden: Brill, 1975).

2. 이스라엘 종교 내의 다양성

(a) 성전, 율법, 제사장(사두개파)

헬라에게 정복되기 전 수십 년 동안에 모세오경의 마지막 개정이 완성되어, 1세기 전에 에스라가 소개한 율법과 통합되었다. 사마리아인들의 의식과 규례는 예루살렘의 것과 동일했으며, 그들도 역시 모세 오경을 받아들였다. 그러나 우리는 사마리아의 종교에 대한 직접적인 정보는 거의 가지고 있지 않다. 따라서 우리의 논의는 주로 예루살렘과 그 관할 지역에 제한된다.

기원전 5세기말의 성전 재건으로 말미암아 성전의 제의는 공식적으로 인정된 종교의 중심이 되었다. 율법은 의식과 연관 되어 있는 만큼 성전 제의와도 연결되어 있었다. 율법의 모든 규정은 제사장들이 관장했다. 궁극적인 정치적 권위는 페르시아 행정부에게 있었으며, 페르시아인들이 법과 제의의 집행을 감독했다. 페르시아 관리 역할을 한 에스라와 느헤미아의 개혁은 잘 알려진 본보기이다. 기원전 3세기에 프톨레미 왕조, 그리고 2세기에 셀류시드 왕조가 예루살렘을 지배하는 동안, 대제사장은 왕의 권위에 종속되어 있었으며, 그의 명령대로 행해야 했다. 그러나 신전 국가의 관할 안에서는 신전과 그 제사장들의 조직보다 더 높은 정치적 권력이 없었다.

예루살렘과 유대는 제사장의 이해관계에 의해서 다스림을 받는 공동체였다. 종교적 정결에 대한 법을 시행하는 것은 사회적 규범을 유지하는 것과 동일한 일이었다. 그 한 예는 유대 성전 사회에 속하지 않은 지역의 거주민들과의 결혼을 금지하는 법이었다. 이것이 사마리아인들과 같은 이스라엘인들과의 결혼을 어느 정도 배제했는지는 확실치 않다. 페르시아 시대에 예루살렘의 대제사장들과 사바리아의 산발랏 가문 사이에 결혼이 이루어졌었다. 헬레니즘 시대 초기에는 예루살렘과 요단 동편을 다스린 토비아드 가문 사이의 관계가 매우 긴밀했었다.

대제사장의 가문은 그 지방의 귀족층이었고 부자였다. 반면에 지위가 낮은 제사장들은 권력과 금전적인 혜택도 적게 누렸다. 헬레니즘 시대 초기의 대제사장들은 전통의 보존자였음에도 불구하고 헬레니즘의 영향에 대해 꽤 개방적이었다. 사독 가문의 오니아드 가문이 상당히 헬라화 되었던 사실은 마카비 반란을 야기시킨 이유 중의 하나였다. 그러나 반란을 지지했으며 후에는 하스몬 가를 지지한 제사장들은 다른 신학적 사고를 보여준다. 개혁파가 재난을 당한 이후에는, 아무도 예루살렘의 성전 종교의 헬라화를 시도하지 않았다.

하스몬 가의 통치자들 모두가 대제사장 직분을 차지하고 있었던데 반해, 그들을 지지하고 헤롯 시대와 로마 시대에 대제사장들을 배출한 제사장 가문을 지칭하는 명사로서 "사두개인"이라는 명사가 등장한다. "사두개인"라는 명사는 아마 "사독인"이라는 명사와 동일한 것일 것이며, 사독의 합법적 후손이라는 그들의 주장을 보여주고 있다. 에스겔과 에스라는 다윗의 대제사장이었던 사독의 후손들이 대제사장이 되어야 한다고 주장했었다(스 7:2; 겔 40:45; 43:19 참조). 사독 가문 출신인 "의의 교사"의 지도 하에 쿰란으로 도피했던 사람들은 이 주장의 적법성을 의심했으며, 지방 제사장의 후손인 하스몬 가의 시몬이 대제사장을 불법적으로 차지한 데 대해

항의했다.

사두개인들은 성문법에 기록된 바 성전과 종교에 관한 규정들이 정확하게 성취되는 데 대한 보장을 원했다. 율법을 해석하는 것이 그들의 의무였는데, 그들은 율법을 문자 그대로 적용하는 것이 옳다고 주장했다. 그들은 예언서와 성문서를 거부하지는 않았지만, 신빙성이 있는 것으로 인정하지도 않았다. 사두개인들은 구전 전승도 받아들이지 않았으며, 기록된 율법 안에 분명히 기록되지 않은 신학적 개념도 받아들이려 하지 않았다(Josephus *Ant*. 13.29.7 etc.). 이것은 신약에서 그들이 죽은 자의 부활에 관한 바리새인들의 가르침을 대적하는 자들로 등장하는 것과 일치한다(막 12:18 이하). 그러므로 상급과 형벌은 세상에서의 삶에만 관련해서 설명된다. 상급과 형벌은 인간의 행동에 대한 즉각적인 결과이며, 운명 같은 것은 없다고 말한다(Josephus *Ant*. 13.173). 이것은 사두개인들이 천사와 영의 존재를 부인했다는 사도행전의 서술과도 일치한다(행 23:8).

사두개인들에 대해서 보존되어 내려오는 이러한 빈약한 기록들(사두개인파 적들에 의한 부정적 평가였음)은, 이 제사장 무리의 개인적인 생활 양식은 헬레니즘 문화에 동화되어 있었지만, 그들이 헬레니즘의 정신에서 비롯된 모든 쇄신과 타협하지 않고 거부했다는 결론을 내리게 한다. 그들은 기존의 예루살렘 성전 종교를 개혁하려는 어떠한 시도도 용납하지 않았다. 또 헬레니즘 세계와 로마 세계에서 평판이 좋은 성전의 전통적인 품위를 유지했다. 사두개인들은 로마-유대 전쟁에서 예루살렘에 몰락하기 전까지 자신의 정치적 위상을 유지했다. 그러나 그들은, 팔레스틴과 디아스포라에 있는 유대인들의 종교적 발전은 이미 오래 전에 자신들이 그토록 배제하려고 노력하던 외부의 영향력에 의해서 결정되고 있었다는 사실을 거의 깨닫지 못하고 있었다.

<u>Bibliography to §5.2a</u>

Menaham Haran, *Temples and Temple Service in Ancient Israel* (Oxford:

Clarendon, 1978).
Th. A. Busink, *Der Temple von Jerusalem von Salomo bis Herodes* (2 vols.; Leiden Brill, 1970-1980).

(b) 종말론적 묵시주의(Apocalypticism)

헬레니즘 시대의 이스라엘의 종교적 발달에서 중요한 요인은 묵시론적 세계의 도래를 기다리는 운동이었는데, 그것은 기독교의 형성에도 결정적인 역할을 준다. 종말론적 묵시주의는 마카비 반란에 영향을 주었고, 엣세네파가 형성되고 유지하는 동인이 되었으며, 로마-유대 전쟁과 바르 코흐바 반란의 도화선이 되었다. 그러나 이것은 이스라엘의 유산과 그 예언적 전통을 세례 요한과 예수와 그의 추종자들에게 중재해 주었고, 구약 성서와 신약 성서를 잇는 중요한 다리를 마련해 주었다. 후일 유대교와 기독교에서 발생한 항의, 쇄신, 해방 등의 운동 안에는 종말론적 묵시주의가 중요한 요인으로 존재했다.

종말론적 사고의 출발점은 헬레니즘 시대 이전으로 거슬러 올라간다. 그 기원은 포로기 때에 일어난 이스라엘의 신학적 개념의 근본적 변화와 연관되어 있다. 기원전 6세기초에 발생한 유다 왕국과 예루살렘의 멸망으로 말미암아 역사적 신정설(historical theodicy: 악의 존재가 신의 속성과 모순되지 않는다는 설)의 개념에 대한 근본적인 의심이 제기되었다. 포로기에 기록된 신명기 역사는 역사 안에서의 신정설이라는 개념을 거부하지 않았다. 하나님은 역사적 사건들에 의해 정당화 된다. 이스라엘이 거듭 좌절을 겪은 것과 궁극적으로 국가적인 파국을 당한 이유는 항상 이스라엘의 죄 때문이었다. 이스라엘이 회개하기만 하면, 하나님은 새로운 역사적 기회를 제공하실 것이다. 그러나 주로 과거를 설명하는 데 관심을 둔 이 역사적인 글의 저자들은 구원의 역사의 재개를 주장하는 반면, 하나님의 역사를 이스라엘 민족의 제한된 역사적 경험의 차원에서 생각하기를 거부한 저자들도 있었다. 역사는 풀기 어려운 수수께기였다. 욥기(기원전 6세기에 쓰여졌을 것임)는 역사와 정치의 영역을 완전히 벗어난 곳에서 하나님의 능력이 계시 되는 것을 그렸다. 이 시대의 이오니아의 자연 철학자들과 마찬가지로, 욥은 역사 안에서 하나님의 모습을 찾지 않고 피조 세계와 자연의 능력 안에서, 그리고 우주의 질서가 혼돈 상태를 극복하고 승리한 데서 찾는다. 인간은 하나님의 능력에 비교하면 아무 것도 아니다. 하나님은 창조의 기록을 행하신 분이시며 폭풍우과 날씨는 물론이요 브헤못(Behemoth)과 리워야단(Leviathan)을 다스리는 분이시다.

동시에, 이스라엘의 예언은 미래에 대한 긴박하고 역사적인 견해로부터 등을 돌렸다. 제 2 이사야라고 알려진 선지자는 페르시아의 왕 고레스처럼 역사적으로 신분 파악이 가능한 사람을 하나님이 임명하신 바 구원을 가져다 주는 사람으로 지적할 수 있었다. 그러나 이 경우에도 사고의 차원이 변형되었다. 하나님의 종은 과거사에서 발생한 죄 때문에 고난을 당해야 하는 이스라엘의 대표자가 아니라, 새로운 세계 질서, 오직 신화론적 암유에 의해서만 서술될 수 있는 질서를 위해서 고난을 당하는 새로운 모세이다. 종말론적 예언에 가장 중요한 영감이 될 책을 저술한 에스겔은 신화론적이고 우주론적인 차원에서 새로운 성전을 묘사한다. 마지막으로 소위 이사야의 묵시록(24-27)과 스가랴의 묵시록(9-14), 제3 이사야 등은 모두 기원전 5세기나 4세기에 기록된 것인데, 이 책들은 묵시 신학의 형태 안에서 미래에 대한 신화론적 견해를 제시한다.

신화적 전승들을 발견하기 위한 종교사의 틀은 복잡하다. 고대 가나안 신화들과 동양로부터의 영향(바벨론과 이란의 신화)이 일익을 담당했을 것이다. 신학적 사고의 근본적 변화는 이러한 신화들을 융합하며 헬레니즘 시대에 이스라엘의 사고를 결정한 신학적 재정립의 길을 열어 주었다. 종말론적 묵시주의의 가장 중요한 특징들은 다음과 같다:

(1) 혼돈과 창조의 개념이 근동 지방의 신화에서 생겨난 요소들의 지배를 받는다. 창조는 혼돈의 권세들을 대적한 최초의 전쟁의 결과로 이해된다. 그리스의 신화들도 창조에 대해 유사한 이해를 드러낸다.

(2) 미래도 창조의 우주적인 재구성으로 이어질 혼돈과의 전쟁으로 간주된다. 갱신은 역사적 사건들의 결과가 아니라 세상과 하늘에서 극적이고 대변혁적인 혁명이 발생하는 데 따른 결과로 기대된다. 점성학적인 추론들이 종말론적 재앙의 개념과 결합된다.

(3) 우주와 인간 영역에 대한 견해는 이원론의 지배를 받는다. 하나님과 사탄, 거룩한 천군과 사탄의 사자들, 하나님의 택함을 받은 자들과 벨리알의 사람들, 인간 마음에 있는 선한 영과 악한 영 등.

(4) 역사에 대한 견해, 특히 현재에 대한 견해가 비관적이다. 세상은 하나님의 통치 영역이 아니라 악한 세력들의 지배를 받는 곳으로 간주된다. 창세기 6장에 나오는 것과 같이, 하나님의 아들들이 인간의 딸들에게 온다는 신화의 내용은 그 당시의 역사에 맞추어 수정된다. 그것은 홍수 이전에 악의 증가했으므로 그에 따른 멸망은 정당한 형벌로 묘사한다. 그러나 종말론적 사고에서는 이 신화가 역사 전체와 현재를 악한 세력들이 통치하고 있음을 나타내는 상징이 된다.

(5) 이스라엘 민족과 선택된 백성이 동일시 되지 않는다. 이스라엘 중에서 택함을 받아 하나님의 계명을 지키는 사람들은 장래 영원한 축복에 동참하게 되지만, 불순종하고 신실치 못한 백성들은 그에 합당한 형벌을 받게 될 것이다.

(6) 기름 부음을 받은 제사장, 기름 부음을 받은 왕, 혹은 종말론적 선지자와 같은 메시아적 인물이 기대하는 사태의 전환을 주도할 것으로 예상된다. 그러나 이 메시아적 인물은 보다 민주화된 형태로 등장할 수도 있다. 하나님의 종은 택함을 받은 이스라엘 백성 전체를 대표한다. 원래 예언자의 직무였던 업무들이 이스라엘이라

는 집단에게로 옮겨진다. 다니엘서에 기록된 "인자"는 장차 세상의 심판자가 될 인물로서 이스라엘을 대표하는 인물이다.

(7) 인간은 하나님보다 능력이 적은 것은 아니지만 근본적으로 결함이 있다고 간주된다. 인간은 죄악된 육신의 속박을 받으며, 무상한 역사에 예속되어 있다. 구원은 인간의 갈망이 성취된 데 따른 결과가 아니라 인간의 삶의 속박이 궁극적으로 와해된 데 따른 결과이다. 그럼에도 불구하고 묵시론적 개념들은 적극적인 혁명적 운동들과 관련하여 등장할 수도 있다.

(8) 개인적 부활이나 영혼 불멸에 대한 믿음, 그리고 헬라 세계에서 취한 바 지옥과 영원한 형벌에 대한 기대가 널리 퍼졌다(§4.2d).

(9) 역사의 신학은 "지혜"로 대치되었다. 개인의 상황에 대한 지식은 민족사의 정치적 경험들로부터 얻어지는 것이 아니라 인간의 상황에 대한 통찰에서 얻어진다. 악이 지배하는 세상에서의 올바른 인격적 행동에 대한 지식은 보다 큰 우주적 실체들을 이해하는 데서만 얻을 수 있다. 그러므로 "철학"과 "그노시스"가 묵시론적 사고의 구성 요소가 된다. 이 두 요소는 헬레니즘 시대 말기와 로마 시대에 이스라엘 안에서 그 모습을 나타낸다.

이러한 묵시적 신학을 포용한 사람들에 대해서는 거의 알려진 바가 없다. 페르시아 시대의 저술로서 그러한 개념들이 처음으로 나타나는 글들(에스겔서, 제2 이사야, 제3 이사야, 이사야 24-27장, 스가랴 9-14장들)은 예언적 직무를 계속하고 있다고 주장한다. 이 책들은 바벨론에 살거나 예루살렘에 살거나 알렉산드리아에 살거나 관계 없이 모든 이스라엘 사람들의 문헌 전승의 일부였다. 에스겔서는 포로기 이후 성전 종교의 재조직에 상당한 영향을 끼쳤다. 당시 제사장들도 묵시적 개념들을 받아들였는데, 후일 사두개인들은 이것을 배격했다. 사실상 쿰란파를 세운 사람들은 제사장들이었다. 만일 헬레니즘 시대에도 예언자들의 무리가 있었다 해도, 우리는 현재 그들의 제도적 구조에 대해서 전혀 알지 못하고 있다. 묵시 서적들은 에녹이나 다니엘과 같은 고대 인물의 이름을 빌어 출판되는 것이 관례였다. 세례 요한이나 예수와 같은 후대의 예언자들은 특정 선지자 학교에 속한 것으로 주장되지 않는다.

마카비 반란의 중추였던 하시딤은 이스라엘의 종교를 헬라화 하려는 자들에 대항하기 위해서만 생겨난 것이 아니라, 그 이전의 역사에 뿌리를 두고 있을 것이다. 만일 그들이 튼튼하게 조직을 갖춘 집단이 아니었다면, 그들은 제사장들과 서기관들의 학교와 연결되어 있었다. 서기관들은 고대의 예언적 책들을 필사하는 일에 관심을 가졌을 뿐만 아니라 새로운 묵시 서적들을 만들어내기도 했다. 에녹서와 성전 두루마리(Temple Scroll)의 일부는 마카비 반란 이전에 기록되었을 것이며, 반란 기간 중에 기록된 다니엘서는 혁명파의 소망과 경험들을 표현하고 있다. 그 저자는 후일 하스몬 가에 의해 실현될 민족 국가의 설립을 예견하지 못하고 있으며, 다만 택함을 받은 백성들이 민족들의 지도자가 될 새로운 세계를 하나님이 예고하실 것을 기대한다. 새로운 정치 기구 안에서의 소망의 성취라고 주장되었던 것에는 선견자의 이상이 결여되어 있었다. 하시딤 운동이 계속 존속하려면 공식적인 성전 제의를 대적하여 하나의 분파로서 재조직되어야 했다. 이후로 묵시적 개념들은 엣세네파와 기독교와 같은 분파적인 운동들, 그리고 역사를 거부하는 것이 형이상학적 원리로 간주된 과격한 형태의 영지주의 안에만 살아 남았다.

Bibliography to §5.2.b: Introduction and Surveys

H. H. Rowley, *The Relevance of Apocalyptic: a Study of Jewish and Christian Apocaliypses from Daniel to Revelation* (3d. ed.; New York: Association, 1963). Togather with volz's book, a classic treatment of this topic.

Paul Volz, *Die Eschatologie der jüdischen Gemeinde im neutestamentlichen Zeitalter* (2d. ed.; Tübingen: Mohr/Siebeck, 1934; reprint: Hildesheim: Olms, 1966).

Paul D. Hanson, *The Dawn of Apocalyptic: The Historical and Sociological Roots of Jewish Apocalyptic* (rev. ed.; Philadelphia: Fortress Press, 1979.

John J. Collins, *The Apocaluptic Imagination: An Introduction to the Jewish*

Matrix of Christianity (New York: Crossroad, 1984; reprint 1987)

Johann Michael Schmidt, *Die jüdische Apokalyptik: Die Geschichte ihrer Erforschung von den Anfängen bis su den Textfunden von Qumran* (2d ed.; Neukirchen Vluyn: Neukiechner Verlag, 1976).

Bibliography to §5.2.b: Special Studies

Frank M. Cross, "New Directions in the Study of Apocalyptic," *JTC* 6(1969) 157-65.

Hans Dieter Betz, "On the Problem of the Religio-Historical Understanding of Apocalypticism," *JTC* 6(1969) 134-56.

David Noel Freedman, "The Flowering of Apoccalyptic," *JTC* 6(1969) 166-74.

Dieter Georgie, "Who is the True Prophet?" in *Christians among Jews and Gentiles: Essays in Honor of Krister Stendahl* (ed. George MasRae et. al.; Philadelphia: Fortress, 1986) 100-26.

John J. Collins, ed., *Apocalypse: The Morphology of a Genre*(Semeia 14; Missoula, MT: Scholars Press, 1979).

David Hellholm, ed., *Apocalpticism in the Mediterranean World and the Neae East: Proceedings of the International Colloquium on Apocalypticism, Uppsala, August 12-17, 1979* (2d ed.; Tübingen: Mohr/Siebeck, 1989).

(c) 엣세네파

엣세네파는 필로(*Quod omn. prob. lib.* 75-91), 요세푸스(*Bell.* 2. 119-61 등), 힙폴리투스(*Refutatio* 9.18-28)와 플리니와 디오 크리소스톰의 글에서 나타나는 언급을 통해서 알려져 왔다. 그러나 사해사본들의 발견 및 최근 엣세네인들의 정착지였던 키르벳 쿰란의 발굴을 통해서 그들에 관해 더 잘 이해할 수 있게 되었다. 쿰란에 있던 종파가 고대 기록에서 언급되는 엣세네파와 동일하다는 데에는 의심의 여지가 없다. 원본 문서가 풍부하게 발견되었기 때문에 그 시대의 다른 유대 종파에 대해서보다 엣세네파에 대해서 더 잘 알 수 있게 되었다. 쿰란 문헌 중에 미출판되었던 부분들의 출판된다면 새로운 통찰들이 생겨나겠지만, 그렇다고 해서 지난 40년간 출판된 본문들로부터 획득한 지식이 근본적으로 변화되지는 않을 것이다.

엣세네파는, 예루살렘 종교의 헬라화에 대한 반대를 제기하여 마카비 반란을 낳게 만든 하시딤에서 발전되어 나왔다. 그들이 사독 가문 출신이 아닌 메네라오스를 대제사장으로 임명한 데 대한 반발로 반란을 지지했을 가능성이 많다. 그들은 대제사장 직분은 사독 후손들이 맡아야 한다고 주장했는데, 이 때문에 후일 하스몬 가의 시몬이 대제사장직을 취했을 때에 예루살렘의 통치자들과 결별하게 되었다(기원전 140년). 쿰란 본문에 등장하는 바 "악한 제사장"에 대한 언급은 시몬이나 요나단을 언급하는 것으로 보는 것이 적합하다. 시몬은 폭력과 사악함을 통해 권위를 강탈했으며, 엣세네파를 창립한 의의 교사를 핍박했으며, 불법적인 행위를 통해 부를 축적했고, 국민들을 현혹하여 국가를 폭력과 거짓말이라는 기초 위에 두게 만들었다는 비난을 받고 있다(특히 하박국 주석에서). 심지어 술 잔치를 벌이던 중에 살해된 시몬의 최후마저 어느 정도의 만족감과 함께 언급되고 있다.

많은 사람들의 공동 거주지로서 고안된 복합 건물이 사해의 북쪽 끝에, 사해 두루마리들이 발견된 동굴 근처에서 발굴되었다. 그것은 오랫동안 폐허로 남아 있었던 이스라엘의 요새가 있던 자리에 엣세네인들이 "사막 안의" 망명지로서 건설한 것이다. 고고학적 발견에 의하면, 엣세네인들이 이곳에 최초로 건물을 지은 것은 기원전 2세기 중반 이후였을 것이다. 그 시설물은 2백 년 이상 존속했다. 기원전 31년에 지진 때문에 건물들이 손상되었으나 수십 년 후에야 보수되었다. 그곳은 결국 유대 전쟁 때(서기 68년)에 로마에 의해 파괴되었다. 중앙 건물에는 보통 방들(그중 하나는 *scriptorium*이라고 불림)과 커다란 집회실(4.5 x 22 미터)이 있었다. 중앙 건물 주위에는 수로와 저수지가 있는 우물들이 있어서 땅에 물을 대는 데 사용될 수 있었고 가뭄 때에도 수백 명에게 충분한 물을 공급할 수 있었다. 중앙 건물 근처에서 몇 개의 다른 구조물들의 흔적이 발견되었다. 농업용 건물들, 창고, 작업실, 방앗간 두 개, 한 개의 큰 공동 묘지와 두 개의 작은 공동묘지가 있어서 천 이백 개정도의 무덤이 있었는데, 이상하게 동물들의 뼈도 묻혀 있었다. 근처의 동굴에서 발견된 사본들은 엣세네인들의 도서관에 있었던 책들로서, 로마-유대 전쟁 초기에 동굴 안에 숨겨 놓았을 것이다.

엣세네 공동체는 자신을 하나님의 진정한 백성이요 마지막 때의 새로운 언약의 백성이라고 이해했다. 사해에 있는 시설물들은 이 종말론적인 개념에 따라서 공동체의 구성원들이 삶을 영위할 수 있게 돕기 위해서 고안된 것이었다. 공동체의 종교적 순수성을 보존하는 것이 그들의 관심사였다. 이러한 보존을 위해서 의지한 전거는 율법 해석이었는데, 쿰란 공동체는 그것을 공동체의 설립자인 의로운 교사에게 부탁했다. 그는 제사장이었기 때문에 율법을 해석할 수 있는 합법적인 권위를 소유했다.

새로운 회원들은 입회할 때에 제사장인 사독의 후손들에게 계시된 모든 것을 지키겠노라고 서약했다. (의로운 교사의 사후, 공동체의 지도권은 제사장들이 소유했다.) 종교적 정결에는 율법이 명령하는 의식들을 지키는 것이 포함되었다. 여러 개의 연관된 엣세네파 특성이 있었는데, 예를 들면 중요한 축제들이 안식일과 겹치지 않도록 고안된 태양력의 도입이 있다. 그에 못지 않게 독특한 것은 개인의 도덕적 행실에 있어서 절대적으로 진실하고 신실하겠다는 약속이었다. 모든 규정과 의무는 『종규 지침서』(*Maunal of Dicipline*)에 기록되었다. 이 글은 영구적으로 쿰란에서 생활한 엣세네파의 정식 구성원인 독신 남자들에 관한 것이다. 그 공동체의 규칙을 담고 있는 또 다른 책인 『다메섹 문서』(*Damascus Document,* 중세 시대 사본들을 통해서 이미 알려져 있었음)는 대체로 결혼하여 세상에 머물러 살았던 회원들을 위해서 기록된 것으로 보인다.

정결에 관한 규정은 엣세네파의 종말론적 사고 방식과 관련되어 있다. 엣세네인들은 자신들을 선택 받은 참 백성, 말세의 전쟁 때에 결정적인 역할을 할 운명을 지닌 자들로 생각했으므로, 항상 빛의 아들들과 어둠의 자식들 간의 전쟁에 대비한 상태로 살아가야 했다. 따라서 성생활의 절제를 포함한 제의적 정결은 거룩한 전쟁에 대한 성경적의 개념의 일부였다. 쿰란의 글들 중 하나인 『전쟁 두루마리』(*War Scroll*)에는 최후의 결정적인 종말론적 전쟁을 위한 군대 편성이 자세히 설명되어 있다.

엣세네파의 종말론적 지향은 삶의 모든 면에서 나타난다. 그들은 참 하나님의 백성에게 약속된 미래를 기대했을 뿐만 아니라, 이미 택한 백성이요 하나님의 성전이었다. 새로 입회하는 사람은 재산을 모두 공동체에 내놓아야 했다. 개인적인 가난과 공동 생활은 부자와 가난한 자의 구분이 없는 메시야 시대를 대변한다. 매일 규칙적으로 행해지는 공동 식사는 메시야 잔치를 미리 보여주는 거울이라고 할 수 있다. 거룩한 전쟁이라는 이데올로기가 분명히 존재하며, 또 헬레니즘적 유토피아 사상과의 강력한 교류도 나타난다. 한적한 곳에 은둔하는 것, 간단한 공동 식사, 물건들을 통용하는 것, 공동 작업, 엄격한 도덕적 의무 규정, 범죄자에 대한 처벌 규정, 성전 예배의 거부, 그리고 음력보다 양력을 선호한 것 등은 이암불로스가 저술한 헬레니즘 시대의 전기 소설 『태양 공화국』(*Common-wealth of the Sun*)에 등장하는 요소이기도 하다.

엣세네인들의 성서 해석은 풍유적이 아니라 종말론적이었다. 그 예가 쿰란에서 발견된 주석서들이다(하박국 주석인 1 QHab과 나훔 주석인 4QNah). 그들은 각각의 성경 구절을 가까운 과거나 현재나 미래의 특정한 사건과 연관시켰다. 이 공동체의 신학은 헬레니즘 시대의 묵시적 개념, 특히 하시딤의 개념을 반영한다. 엣세네파에서는 다니엘서를 여러 번 필사했다. 이 종말론적 신학은 엄격하게 이원론적이었다. 즉 선한 세력과 악한 세력이 세상과 하늘에서 싸운다는 것이다. 빛과 어둠, 하나님과 벨리알, 진리의 영과 악의 영이 지상과 하늘에서 서로를 대적한다. 그 둘 사이에는 화합할 수 없는 적대감이 존재하는데, 그것은 원초적 과거에 근거한 신화론적인 용어들로 설명된다. 엄격한 결정론이 이 이원론적 견해와 연결되어 있다. 빛의 자녀들의 세대와 어둠의 자녀들의 세대는 하나님에 의해서 예정된 것이다. 엣세네파에 입회하는 사람은 어둠에서 빛으로 변화된다고 가르침을 받지 않고, 그의 근원에 근거하여서 이미 빛의 자녀에 속해 있다는 내용의 운명에 대해서 교육을 받는다. 이러한 통찰은 지혜로운 자들의 비밀 지식(또는 "신비")에 속한 것으로서, 공동체 내의 모든 회원들이 그 지식 안에서 가르침을 받는다.

메시아적 개념이 특히 눈에 뜨인다. 엣세네 공동체는 여러 "메시아적"(하나님으로부터 권위를 부여받은, 기름부음을 받은) 인물들을 기대한다. 종말론적 선지자, 다윗의 가문 출신의 메시야 왕, 아론 가문 출신의 메시아 제사장이 그들이다. 공동체의 설립자인 의로운 교사는 메시아적 인물들 중에 끼지 않는다. (쿰란에서 발견된 문헌들은 기독교의 예수의 재림에 대한 기대와 유사한 것들을 포함하고 있지 않다). 여러 메시아적 인물들 중에서 가장 높은 계급은 기름부음을 받은 제사장에게 속하는데, 이 제사장은 기름 부음을 받은 왕보다 우월하다. 어쨌든 묵시주의적 기대의 중심은 한 명의 메시아적 인물이 아니라 택함을 받은 백성이 차지하고 있다.

미래에 대한 특별한 통찰과 연관되어 있는 것은 천사, 영, 그리고 마귀 등에 대한 지식이다. 그들의 활동은 택함을 받은 자와 악한 자를 포함한 모든 인류의 행위와 목적과 관련된다. 선한 영과 악한 영은 하나님과 인간 세계 사이의 중재자가 아니라, 하늘과 지상의 영역에서 활동하는 권세들이며, 그들의 활동은 인간 영역에서 일어나고 있는 종말적 사건들에 비유될 수 있다. 그러한 문맥에서 "영"이라는 용어가 나타나는 경우, 그것이 하나님의 생각을 의미하는 것인지, 천사 같은 인물을 언급하는 것인지, 아니면 인간의 마음을 의미하는 것인지를 결정하는 것이 항상 가능하지는 않다. 천사들은 두 종류의 적대적인 군대로 나뉘어져 있다. 한쪽은 "빛의 왕자" 또는 "진리의 영"이 이끄는 천사의 군대이다. 개개인의 천사들은 흔히 미가엘과 같은 이름을 가지고 있으며, 천사의 군대는 위계 질서를 가지고 있는 것으로 여겨지고 있다. 그들의 임무는 천국에서의 예배와 어둠의 사자들과의 전투이다. 선택 받은 자들의 공동체는 이러한 천사의 활동에 참여한다. 천사들을 대적하고 있는 존재는 "어둠의 사자"(일반적으로 벨리알이라고 불리지만 "적대감"의 천사라고도 불림)와 그의 무리이다. 벨리알은 하나님의 적인 동시에 인류의 유혹자이다. 그의 사자들 또는 영들(창세기 6장에 나오는 타락한 천사들)은 "불의의 영들" 또는 "오류의 영들"이라고 불린다. 그들은 사람들로 하여금 죄를 짓게 만들며, 벨리알의 영역에 속한 자들에게 악한 행동들을 하려는 생각을 심어준다. 때로는 벨리알과 그의 사자들도 형벌의 대리인들로 나타난다.

쿰란에서 발견된 본문들의 천사론과 귀신론은 특이하게 신화와 심리학 사이에 위치하고 있다. 공동체의 종말론적인 의식에 일치해서, 천사들은 서로와의 전투 속에 묶여진 신화론적인 우주적 권세들이다. 그러나 그들은 또한 개인적 신앙에 관한 진술에도 나타나는데, 인간의 마음 속의 성향, 또는 도움을 주거나 유혹을 하는 세력으로 간주되기도 한다. 엣세네인들은 공동체의 정결을 보존하려고 노력했으며, 하나님의 종말론적 백성들로서 자신의 종교 체험의 맥락에서 발생하는 개인적인 신앙의 문제들을 강조했다. 이 종파의 찬송가(*Hodayot*, 1QH)는 인간의 삶이 덧없고 하나님의 자비에 달려 있음을 노래한다. 그들은 하나님께서 인간의 마음에 "영원의 사건들을 새겨 주시지 않는 한" 인간의 마음은 돌에 불과하다는 것을 알고 있다. 그들은 경건한 백성들을 향한 하나님의 영원한 신실하심에 대한 믿음을 강조하는데, 그것은 불멸에 대한 믿음의 표현으로 이해될 수 있다. 요세푸스는 이러한 믿음을 엣세네파의 것으로 지적하고 있다.

로마가 쿰란을 파괴한 후, 엣세네 파는 역사에서 사라졌다. 예루살렘의 멸망 이후에 유대인 사회를 재건하는 데 앞장 선 바리새 파는 엣세네인들의 특별한 가르침을 공유하지 않았다. 그러나 바리새적 유대교와 기독교는, 하시딤의 전통을 이어받아 헬레니즘 시대에 개발하고 발전시킨 엣세네파의 묵시주의적 기대 중에서 많은 요소를 물려받았다.

Bibliography to §5.2c: Texts

Geza Vermes, ed., *The Dead Sea Scrolls in English* (2d ed.;Shdggield: JSOT Press, 1987).

James H. Charlesworth with Frank M. Cross et al. (eds.), *The Dead Sea Scrolls: Hebrew, Aramic, and Greek Texts with English Translations* (Tübingen: Mohr/Sïebeck, 1994).

Eduard Lohse, *Die Texte aus Qumran, hebräisch und deutsch* (2d ed.; München: Kösel, 1971.

Geza Vermes and M. D. Goodman, eds., *The Essenes: ASccording to the Classical Sources* (Ozford Centre Textbooks a; Sheffield: JSOT Press, 1989).

Alfred Adam and Christoph Buchard, eds., A*ntike Berichteüber über die Essener* (KIT 182; Berlin: De Gruyter, 1972).

Bibliography to §5.2c: Studies

Frank Moore Cross, *The Ancient Library of Qumran and Modern Biblical Studies* (rev. ed.; Graden City, NY: Doubleday, 1961; reprint Grand Rapids: Baker Book House, 1980).

Idem, "The Historical Context of the Scrolls," in Hershel Shanks, ed., *Understanding the Dead Sea Scrolls* (New York: Random House, 1992) 20-32.

Geza Vermes, *The Dead Sea Scrolls: Qumran in Perspective* (rev. ed.; Philadelphia: Fortress, 1981).

Helmer Ringgren, *The Faith of Qumran* (Philadelphia: Fortress, 1963).

Hartmut Stegemann, *Die Essener, Qumran, Johannes der Täufer und Jesus: Ein Sachbuch* (Freiburg: Herder, 1994).

Bertil Gärtner, *The Temple and the Community in Qumran and the New Testament* (SNTSMS 1; Cambridge: Cambridge University Press, 1965).

Doron Mendels, "Hellenistic Utopia and the Essenes," *HTR* 72(1979) 207-22.

Roland de Vaux, *Archaeology and the Dead Sea Scrolls* (New York: Oxford University Press, 1973),

Morton Smith, "Helios in Palestine," *Eretz-Israel* 16(1982) 199-214.

Joseph A Fitzmyer, *The Dead Sea Scrolls: Major Publications and Tools for Study* (SBLSBS; Missoula, MT: Scholars Press, 1975).

(d) 바리새파

"바리새파"라는 단어를 어떻게 해석해야 할지 확실치 않다. 이것은 그 집단이 스스로를 지칭하기 사용한 것이 아니라, 적들이 먼저 사용한 것으로서 아마 "분리된 자들", 또는 "분리주의자들"을 의미할 수도 있다. 그들의 기원이나 기독교 이전 시대의 발달에 대한 우리의 지식은 제한되어 있다. 현존하는 문서 중에 확실히 바리새파의 것이라고 판정할 수 있는 것이 없기 때문에(어떤 학자들은 솔로몬의 시편을 바리새인의 글이라고 보긴 하지만), 우리는 서기 1세기 후반의 자료들을 의존할 수밖에 없다. 그것들은 신약의 복음서들과 사도행전, 유대인 역사학자 요세푸스의 보고문들, 그리고 랍비 전승 특히 미쉬나에 보존되어 있는 정보이다. 이 세 종류의 자료들은 모두 다른 면으로 강한 편견을 지니고 있다.

복음서는 바리새인들에 대해 우호적인 태도를 갖지 않았던 예수의 추종자들의 종파에서 비롯된 전승을 보존하고 있다. 사도행전의 저자가 알고 있는 것들은 역사적으로 의심스러운 것이다. 이것은 신약 성경에서 바울을 비록 공정한 증인은 아니지만 유일하게 신빙성 있는 증인이 되게 한다. 요세푸스는 바리새파가 유대 전쟁 이후 유대교를 재정비하는 데 있어서 선구자로서 국민들의 완전한 지지를 받은 종교 운동이었으며 로마에 대항한 유대인의 반란으로 이어진 과격한 정치적인 운동에는 전혀 참여하지 않았음을 증명하려고 노력했다. 훨씬 더 나중에야 성문화 된 랍비 전승은 많은 바리새인적 전승을 포함하고 있다. 랍비들은 분명히 바리새인들의 후손이었다. 그러나 "힐렐파"와 "샴마이 파"가 서로 논쟁을 벌인 방식을 보면, 이 두 파가 동일한 운동에서 생겨난 것이라고 상상하기가 어렵다.

어떤 면에서 바리새파는 마카비 반란의 주요 지지자였던 하시딤의 후손이었다. 그러나 기원전 2세기의 그 운동과 서기 1세기의 바리새파 사이에 안전한 연계점을 확보하기는 어렵다. 요세푸스는 바리새파를 요한 힐카노스 시대(최초로 그들을 지지한 인물, *Ant.* 13.288ff), 알렉산더 얀네우스(그들을 박해한 인물, *Bell.* 1.113; *Ant.* 13.403ff)와 그의 미망인 알렉산드라(이 시기에 그들이 가장 영향력이 컸다고 한다. *Bell.* 1.107-15; *Ant.* 13-399-418)의 시대에 활동한 정치적 당파라고 언급한다. 만일 이 정보가 신빙성이 있는 것이라면, 바리새파는 엣세네파처럼 하스몬 가 통치자들을 거부하지 않은 무리였을 것이다. 물론 하스몬 시대에 정치에 참여함으로써 그들의 운명은 변화되었다. 헤롯 대왕 시대에 바리새파는 처음에는 원만한 관계를 유지했지만, 후일 왕실의 음모에 개입했기 때문에 갈등이 시작되었고 헤롯은 그들의 지도자 몇명을 처형했다. 그러나 이것은 서기 1세기의 바리새파를 이해하는 데에는 그다지 큰 도움을 주지는 못한다.

첫 기독교 공동체 시대에, 바리새파는 평민, 법률가, 서기관, 제사장 등으로 구성된 집단으로 등장한다. 그들의 주된 목표는 순전히 종교적인 목표, 즉 변화된 세계에서 율법을 성취하고 "조상들의 유전"을 보존하는 것이었다. 이것이 복음서, 사도 바울의 글들, 그리고 요세푸스의 일반적 기록(*Bell.* 2.162-64, 166; *Ant.* 13.12-17, 171ff)에서 그려진 모습이다. 비록 바리새파와 관련되어 알려진 두 개의 이름—가말리엘과 샴마이—이 팔레스틴에 속한 것이기는 하지만, 바리새파가 완전한 팔레스틴 집단은 아니었다. 서기 1세기의 두 명의 다른 바리새인은 디아스포라 출신이었다. 힐렐(Hillel, 50 BCE - 20CE)은 바벨론 출신이었고, 바울은 헬라어를 사용하는 디아스포라에 속한다(바울이 예루살렘에서 가말리엘에게 가르침을 받았다는 사도행전 22:3의 정보는 신빙성이 없다). 바리새파 운동의 지리적 토대를 좁게 가정하는 것은, 요세푸스가 바리새파의 역사를 팔레스틴 내의 정치 운동으로 제시하려 한 것, 그리고 복음서에서 예수와 바리새인들이 갈릴리와 유대 지방에서 여러 차례 논쟁을 벌인 것으로 묘사한 데서 비롯된 것이다. 만일 조금이라도 디아스포라의 요소가 있다면, 이것은 바리새인들의 가르침이 성전과 그 제의가 없이는 존재할 수 없었을 율법 성취를 강조한 이유, 그리고 그 운동이 완전히 헬라화 된 이유, 또 그 운동이 대중적인 종교 사상에 대해 개방적인 된 이유 등을 설명해줄 것이다.

디아스포라 요소가 중요하며, 바울과 랍비 유대교가 초대 시대의 근본적인 요소들을 보존해왔다고 가정한다면, 바리새 운동은 완전한 헬레니즘 시대의 특성과 헬리니즘 시대의 디아스포라의 상황을 반영할 것이다. 물론 그 운동이 시작된 연대를 알려주는 표면적인 증거는 없다. 특히 다가올 새로운 시대, 최후의 심판, 의인들의 부활을 기대하는 데서 묵시주의적 개념이 분명히 나타난다. 그러나 이러한 약속들의 성취는 이스라엘의 특별한 정치적 목표의 성취와 연결된 것이 아니라 이스라엘이 율법을 성취하는 것과 연결된다. 인간과 한 국가의 운명과 장래는 율법을 도덕적, 종교적으로 성취하는 데 달려 있다는 사상은 그러한 행동들을 가르칠 수 있다는 주제넘은 생각과 마찬가지로 헬레니즘 시대의 전형적인 개념이다.

따라서 스승에게서 제자에게로 전해 내려온 해석의 전승과 "학파"가 바리새적 유대교의 중심적인 종교적 기관이 되었는데, 그것은 고대 시대의 철학적 발전에 있어서 학파들의 기능과 유사하다. 바울이 "조상들의 유전"(갈 1:4)라고 부른 이 교육적 전통은 이미 여러 세대 동안 존속해오던 것이 서기 1세기에 모습을 드러낸 것이다. 그러므로 요세푸스가 바리새파를 철학적인 종파로 설명한 것은 틀린 것이 아니다. 특정한 스승들과 연결된 전통의 설립, 스승-제자의 관계 계발, 가르침을 지혜나 철학이라 칭하는 것 등은 전형적으로 헬레니즘적인 것이다. 랍비의 글들이 보여주듯이, 바리새파에서는 많은 헬라 철학의 용어들을 사용하기도 했다. 바울은 동료 바리새인들과 헬라어로 논쟁했음이 분명하다.

랍비들의 율법 해석의 검증이 된 소위 힐렐의 자유주의라는 것은 새로운 시대의 변화된 조건 하에서도 모세의 율법을 지킬 수 있다는 성공적인 가르침일 뿐이다. 바리새인들은 결코 율법을 지키는 것을 더 어렵게 만들려고 의도하지 않았다. 사실 그들 및 그들의 후계자들(랍비 유대교)의 해석은 하나님의 통치를 위해서 율법의 성취를 가능하게 하기를 원했다. 그들의 해석 방법은 할라카(הלכה: "사람이 행하는 방법")라고 불리는데, 그것은 변화된 조건 하에서 각 계명을 성취하는 것에 관한 주장들과 반론들로 이루어진다. 이 해석 방법은 고대 성경은 새로운 시대에도 유효할 수 있도록 쓰여졌다는 것을 전제로 한다(고전 9:9-10). 이것은 헬레니즘의 정신과 완전히 일치한다. 호머의 스토아적 해석도 매우 유사한 전제들을 의존하고 있다. 두 경우 모두 해석에 있어서의 기발함과 괴변법은 자연적인 결과였다. 전반적으로든 세부 내용에서든 간에 과거의 기록을 현재의 행위 문제에 적용시킬 수 없다는 것을 받아들여야 했다. 산상수훈에서 제시된 예수의 대조법("너희는 전에…라고 말한 것을 들었으나 나는 너희에게 이르노니")은 이러한 해석 방법과는 크게 대조된다.

바리새주의가 지닌 또 하나의 헬레니즘적 요소는 개인주의이다. 성전 종교와 종교 공동체를 직접 둘러싼 환경으로부터 율법의 준수를 분리시킴으로써 개인으로 하여금 비유대 사회에 살면서도 율법을 준수할 수 있게 만들어 주었다. 누구든지 정결한 것과 부정한 것을 구분하는 법을 배울 수 있었기 때문이었다. 그러한 행위는 그 사람의 성취가 되었는데, 그는 그러한 성취를 통해서 원래는 이스라엘 백성 전체에게만 약속되었던 하나님의 의에 참여할 수 있었다. 그러므로 개인은 율법의 성취를 자랑할 수 있었다. 따라서 상급과 형벌의 개념, 그리고 부활과 마지막 심판의 개념이 개인에게 적용되었고, 불멸과 죽은 자의 심판에 대한 헬라 개념과 대등한 것이 되었다. 바리새인들이 헬라적 특성을 유대교 신앙에 적용시켜서 발전시킨 마지막 요소는 신비주의였다. 현재 연구 단계에서는 후대의 랍비적 신비주의(בכלה)와 영지주의(Gnosticism)가 바리새적 유대교의 영향을 얼마나 받았는지를 결정하기는 쉽지 않다. 어쨌든 전에 바리새인이었던 바울은 삼층천에 가 보았던 자신의 경험에 대해서 완곡하게 언급했다(고후 12:1-4).

바리새파의 조직을 지칭하기 위해서 "종파"라는 말은 적합한 단어가 아니다. 바울이 바리새인으로서의 자신의 과거를 회고하면서 조상들의 율법에 순종하는 것을 종파적인 일로 간주하지 않았고, 랍비 유대교 역시 그렇게 간주하지 않는다. 바리새인들은 공동 식사를 위해서 함께 모였던 것으로 보이지만, 그러한 식사의 의식에 대해서는 알려진 것이 전혀 없으며, 그들은 공동 생활에 대한 규칙이나 입문식도 가지고 있지 않았다. 이것은 그들과 엣세네파를 뚜렷하게 구분해 준다. 바리새인들은 공동 관심에 의해 비공식적으로 결속된 단체였다. 그들의 유일한 제도적 결속체는 철학 학파들처럼 젊은 남자들에게 교육을 제공한 학교였다. 로마-유대 전쟁으로 말미암은 재난이 있은 후에 바리새주의의 정신과 전통 안에서 유대교를 재조직하면서 학교라는 기관을 토대로 사용했는데, 이것은 랍비 유대교의 특징으로 남았다(§6.6f).

Bibliography to § 5.2d

Jacob Neusner, *From Politics to Piety: The Emergence fo Pharisiac Judaism* (Englewood Cliffs, NJ: Prientice Hall, 1973).

Idem, *The Rabbinic Tradition about the Pharisees before 70* (3 vols.; Leiden; Brill, 1971).

John Kampen, *The Hasideans and the Origins of Pharisaism: A Study in 1 and 2 Maccabees* (SBLSVS 24; Atlanta: Scholars Press, 1988).

Leo Baeck, *The Pharisees and Other Essays* (reprint with introduction by Krister Stendahl; New York: Schocken, 1960).

R. Travers Herford, *The Pharisees*(Boston, MA: Beacon, 1962).

Leo Baeck, *Paulus, die Pharisäir und das Neue Testament*(Frankfurt: Ner-Tanid, 1961)

(e) 지혜 신학

헬레니즘 시대의 지혜 신학의 선조는 이스라엘의 경험적 지혜였다. 지혜는 국제적인 현상이었으며, 고대 다른 국가들이 그렇듯이 이스라엘 안에도 지혜 전승들이 존재했다. 이러한 전승들은 삶의 다양한 부문에서 여러 세대의 경험을 바탕으로 성장했다. 가족, 직장, 사회적 지위와 정치 활동뿐만 아니라 자연의 관찰도 지혜 전승의 성장에 기여했다. 전통적으로 신이나 신비한 인물이나 고대의 전설적인 통치자들은 지혜의 창시자요 전달자라고 여겨졌는데, 이스라엘에서는 에녹이나 솔로몬 같은 사람들이 그러한 인물이다. 그러한 인물들과의 관련 때문에, 종종 지혜 전승은 신의 계시를 통해서 나온 것이라는 주장을 지녔었다. 태초의 일이던지(에녹), 또는 비상한 인물이나 기록된 역사의 인물(솔로몬)에게 그 계시가 주어졌던지, 이러한 인물들은 특별한 재능, 심지어는 신적 재능을 가졌다고 여겨졌다.

지혜의 전달은 확립된 전승을 필요로 했으며, 지혜 교사의 직무에 의존했다. 이스라엘에서의 지혜 전승의 제도화는 솔로몬의 시대에 시작되었을 가능성이 크다. 풍부하게 축적된 관찰 자료가 명단, 시리즈, 성명 등의 순서로 수집되어 있었다. 그러한 목록들은 보통 수백 년 동안 존속해왔으며, 후대의 묵시주의 문헌이나 영지주의 문헌 안에서 우주론적 사변과 종말론적 시간 예측의 맥락에서 다시 나타난다. 원래 그러한 자료들을 성문화하게 된 것은 매우 현실적인 이유에서이다. 그것은 관리들을 위한 교훈, 전문적인 정보, 개인 생활과 공동 생활 문제들을 다루는 데 관한 일반적 충고로서 고안된 것이었다. 그리스에서와 마찬가지로, 이스라엘에서도 강조점은 절제와 균형을 배우는 데 있었다.

바벨론 포로기 동안, 이스라엘의 사회 구조와 정치 구조가 붕괴된 후, 완전히 새로운 임무가 지혜 신학에게 주어졌다. 신명기 역사

시대 전까지는 국가적 재앙은 구원사적 관점에서 이해되었으며, 선지자들은 국가의 불행을 정치와 사회적 질서가 무너진 데 따른 결과로 해석했다. 그러한 노력들이 무익하다는 확신이 커지면서, 지혜 전승의 관점에서 본 새로운 대답이 요구되었다. 지혜는 모든 사람들이 이미 알고 있는 것들을 재확인해 주는 데서 그치지 않았다. 지혜의 임무는, 항상 세상을 이해할 수 있게 하고 세상의 질서를 분별할 수 있게 하며 무질서의 세력들로부터 세상을 보호해주는 메카니즘을 설명하는 것이었다.

지혜 안에서는, 우주의 질서의 근본 원인은 역사적인 경험 안에서 발견된 것이 아니라 창조, 자연 현상, 태초에 결정되었고 보편적으로 타당한 인간의 경험의 구조 등에 대한 정관(靜觀) 속에서 발견된다. 지혜는 지식을 획득하기 위해서 역사의 우연성을 초월하는 근원적인 것에 의존했다. 비록 구속사가 그 약속한 것을 지키지 않았다 하더라도, 인간은 지혜 속에서 삶에 대한 방향 감각을 얻을 수 있었다. 그 쌍둥이 자매인 묵시주의와 마찬가지로, 지혜는 태초의 시대와 창조에 호소했다. 그러므로 지혜 신학의 출발점은 묵시주의의 출현과 밀접하게 연결되어 있다. 비록 후일 그것들이 나아가는 방향이 분리 되었지만, 오랫 동안 둘 사이의 관계는 지속되었다. 묵시주의에서는, 태초의 시대에 대한 호소는 이스라엘 백성 중 선택된 남은 자들의 새로운 역사적 경험과 기대에 연관되어 있었다. 그러나 지혜 신학의 메시지는 개인을 대상으로 했으며, 이것을 전형적인 헬레니즘적 세계관과 연관시킴으로써 도덕적이고 종교적인 인간의 이상—즉 현인이나 철학자—을 발달시켰다.

그러나 "지혜"는 단순히 우주의 질서에 대한 통찰을 얻는 방법으로만 머물지 않았다. 의인화 된 지혜는 창조의 계획을 상징하게 되었으며, 궁극적으로는 신화적 인물로서 창조의 중재자가 되었다. 이러한 변화가 신화적 저류(底流)가 표면화된 것인지 또는 하나의 개념이 실체화한 것인지는 중요하지 않다. 천상의 지혜라는 인물이 근동 지방의 신(예를 들어 아낫이나 아스타르테)을 반영한다고 증명하려는 시도는 성공하지 못했는데, 그 이유는 공통적인 요소가 그리 많지 않기 때문이다. 이집트-헬레니즘 시대 말기의 이시스와 유사하다는 것이 더 설득력 있다. 이시스는 근동 지방의 어떤 신보다도 지혜와 창조와 더 가깝게 연관되어 있기 때문이다. 이스라엘 신학에서, 지혜는 창조된 것이 아니라, 하나님의 입에서 나왔고 창조가 시작되기 전부터 존재했다. 지혜는 또 야웨의 동반자로도 나타난다. 모든 것이 지혜에 의해서 창조되고 유지되므로, 지혜는 천국의 여왕의 특징을 소유한다. 지혜는 세계의 질서를 보장하고 그것을 혼돈으로부터 보호한다.

인간이 세상에서 자신의 길을 발견하기 위해서는, 지혜의 가르침에 많은 관심을 기울여야 한다. 인간은 자신에 대해서 깨닫고 자신의 운명에 대해서 배워야 하는데, 그것은 우주의 질서로부터 분별할 수 있다. 인간이 신이 정해 주신 운명을 소유했다는 것은 선택받은 민족에게 소속 된다는 것이 아니라, 인간을 하나님의 형상대로 창조한 데 따른 결과이다. 즉 그것은 궁극적으로 인류의 신적인 본질에 근거한 것이다. 지혜는 인간의 운명에 대해서 언급하는데, 인간의 운명은 인류의 근원과 마찬가지로 신적이다(솔로몬의 지혜와 필로 참조). 이러한 방법으로, 지혜롭고 의로운 자들은 근본적으로, 심지어는 형이상학적으로 불의한 자들과 구분된다. 지혜로운 자는 자신의 신적인 근원을 알기 때문에 세상의 흐름의 진정한 의미를 깨닫는다. 그들이 지금은 멸시와 핍박을 당하지만 최후에는 의로움과 결백함이 증명될 것이다.

이스라엘의 회의적 지혜는 이러한 지혜 신학의 메시지를 거부했으며, 오히려 이 세상의 흐름의 어리석음과 인간 존재의 덧없음을 강조했다. 전도서(Qohelet; §5.3e)는 이러한 회의적인 태도를 보여주는 가장 뚜렷한 증거이다. 물론 자연의 사건들을 관찰할 수는 있으나, 지속적으로 반복되는 공허한 순환에서는 아무런 의미도 발견할 수 없다. 삶의 종말을 바라보고 인간이 늙어 육체의 기능이 쇠퇴하는 것을 깨닫게 된다면, 인간에게 신적인 운명이 있다고 결론짓는 것은 어리석은 일이 된다. 이러한 회의주의에 의하면, 하나님의 개념을 개인의 인생 경험에 연관 짓는 것은 불가능하다. 하나님은 오직 세상의 흐름, 그리고 모든 인간이라는 피조물의 일반적 운명을 결정하는 능력으로만 이해될 수 있다.

이러한 회의주의 및 그것이 인간의 도덕성에 미치는 영향으로부터 지혜 신학을 방어하는 방법은 지혜와 율법을 합하는 것이었다. 유대인들은 지혜가 가르치는 것을 율법이 요구하는 것과 동일하게 여겼다. 그러므로 율법을 지키는 것은 인간들의 신적 운명을 성취하는 길로 여겨졌다. 지혜의 가르침에는 고대 이스라엘의 율법이 의도했던 모든 것이 포함되었다. 이러한 맥락에서 이스라엘의 과거에 등장했던 위인들은 새로이 중요성을 획득했다. 그들은 지혜를 섬기는 삶의 원형이요 본보기가 되었다. 비록 그들이 신실함을 견고히 하는 데에 많은 세월이 걸렸지만 조금도 동요하지 않고 자신의 운명에 충실한 그들의 태도가 강조되는데, 그 이유는 이것이 현세에서의 의인의 생존과 일치하기 때문이다.

이 세상에서의 지혜로운 자의 경험은 시대를 초월하며, 일반적으로 타당한 경험으로 제시된다. 이것은 예를 들어 이스라엘 역사로부터 이러한 예들을 인용하여 나열할 때 개인의 이름을 제거함으로써 성취된다(솔로몬의 지혜서를 보라). 알렉산드리아의 필로는 이스라엘의 족장들을 진정한 철학자의 표준으로 묘사했는데, 이 때 그는 지혜 신학의 전승을 계승하고 있는 것이다. 이 세상에 와서 자신이 머무를 처소를 찾지 못한 지혜의 신화에서 표현되듯이, 궁극적으로 지혜로운 자의 신적인 근원이라는 모티프와 이 세상에서 그들의 참 본질에 대한 모호함이라는 모티프는 영지주의로 이어진다(§6.5f).

비록 그 강조점은 매우 다르지만 묵시 신학에서도 지혜는 중요한 역할을 담당했다. 이 신학에서 지혜는 환상이나 꿈이나 황홀 상태(천계 여행)에 의해 드러나는 하나님으로서 계시를 통해서만 주어진다. 지혜에 대한 이러한 개념 안에는 철학과의 연결성이 전혀 없다. 왜냐하면 철학은 지혜를 배울 수 있는 것이라고 전제하기 때문이다. 묵시주의적 지혜는 신화론적인 언어로 포장되어 있다. 과학적 지혜 목록은 흔히 신화적 이야기로 번역되기도 한다. 그러므로 지상과 천국에 대한 "지리학"은 철저히 신화론적이다. 초기 기독교 세계관은 그러한 유산으로부터 신화적 특성들을 물려받았다. 세상에 대한 지식은 경험과 자연에 대한 관찰에 달려 있는 것이 아니라, 인간의 관찰에 의해서는 발견될 수 없는 바 천국과 지상에 있는 것들에 대한 환상을 통해서 얻어진다. 지혜로운 자는 영감에 의해서 비밀을 소유한 자이다. 그는 그것을 토대로 하여 미래를 보여주고, 과거에 대해서 가르치며, 또한 미래와 과거가 어떻게 현재를 결정하는지를 가르친다. 지혜로운 자에 대한 이러한 개념의 전형적인 현상은 종종 자신의 저서에 가명을 사용하는 데에서 나타난다. 이런 경우 저술들은 에녹이나 다니엘과 같은 고대의 현자들의 이름으로 등장한다.

Bibliography to §5.2e

Gerhard von Rad, *Wisdom in Israel* (Nashville, TN: Abingdon, 1972).

Burton L. Mack, *Logos und Sophia: Untetsuchungen zur Weisheitstheologie im hellistischen Judentum* (SUNT 10; Göttingen; Vandenhoeck & Rupricht, 1973).

Robert I., Wilken, ed., *Aspects of Wisdom in Judaism and Early Christianity* (University of Notre Dame Center for the Studey of Judaism and Christianity in Antiquity 1; Notre Dame: University of Notre Dame Press, 1975).

(f) 사마리아인들

알렉산더 대왕에게 정복되기 이전의 사마리아 지방, 즉 에브라임 지파와 므낫세 지파의 지역은 유대와 요단 저편 지역과 마찬가지로 이스라엘 국가였다. 사마리아 시는 오므리(기원전 878-871/70)에 의해서 북왕국 이스라엘의 수도로 건설 되었다. 이 도시는 기원전 721년에 앗수르에 의해서 정복되면서 에브라임의 산지와 이스르엘 계곡에 이르는 지역을 포함하는 전보다 좁은 지방의 수도가 되었다. 바빌로니아와 페르시아의 통치 하에서는, 이 지방의 행정에 커다란 변화가 없었다. 비록 앗시리아인들이 주민들 일부를 국외로 추방했었지만, 이 지방에는 여전히 많은 이스라엘인들이 살고 있었다.

남왕국 유대에서 추방되었던 사람들이 최초로 바벨론에서 귀환했을 때, 예루살렘과 유대는 사마리아 총독의 관할 하에 있었고, 느헤미아 밑에서 유대는 독립된 속주(屬洲)의 지위를 획득했다. 페르시아 시대에 사마리아와 유대 사이에는 약간의 경쟁 의식이 있었다. 그러나 예루살렘의 대제사장 가문과 사마리아의 지배적 가문인 산발랏 가문 사이에 결혼이 이루어졌다는 증거가 있다. 종교적인 일에 있어시 사마리아와 유내는 하나가 되었던 듯이 보인다. 사마리아에 거주하는 이스라엘인들은 4세기에 수집된 모세 오경을 받아들였고, 또 에스라와 느헤미아의 개혁도 받아들였다.

알렉산더의 정복 이후, 사마리아의 역사는 예루살렘의 역사와는 다른 경로를 걷기 시작했다. 사마리아는 유대와는 달리 알렉산더가 이집트에 머무는 동안에 반란을 일으켰다. 그리하여 알렉산더는 돌아오는 길에 사마리아를 정복하고 주민들을 추방했으며, 이 이스라엘의 유서 깊은 수도를 마케도니아의 군사 식민지로 만들었다. 약 200명의 지도자들은 동쪽으로 도망했지만 체포되어 요단강 윗편에 있는 동굴에서 처형되었다. 당시 그들이 가지고 갔던 문서들이 1962년에 발견되었다. 이 와디 달리예 파피루스(Wadi Daliyeh Papyri)는 사마리아의 총독들에 대한 귀중한 정보를 제공해주며, 페르시아의 아닥사스다 2세(Artaxerxes II, 404-359 BCE)와 다리우스 2세(Darius II, 335-330 BCE)에 대해 언급하고 있다. 나머지 사마리아 주민들은 세겜으로 도주하여, 거의 사백 년 동안 황폐하여 있던 그 도시를 재건했다.

이 때 세겜에 거주하는 사마리아인들은 그리심 산 근처에 성전을 지었다. 그러나 이것은 예루살렘과의 종교적 관계에 전혀 지장을 주지 않았을 것이다. 왜냐하면 이와 유사한 성전들을 다른 곳에서도 찾아 볼 수 있기 때문이다. 요단 저편의 토비아드인들도 자신들의 성전을 가지고 있었고, 대제사장 오니아스 4세는 레온토폴리스에 자신의 성전을 지었다. 하나의 사건 때문에 사마리아인들과 유대인들의 궁극적인 결별이 야기되었다. 기원전 128년에 하스몬가의 요한 힐카노스가 그리심 산의 성전을 파괴했다. 20년 후 그는 사마리아를 정복하고 파괴했으며, 사마리아 전체를 합병했다. 동시에 그는 사마리아와 그의 새로운 팔레스틴 제국을 예루살렘의 종교정책 하에 두었다. 사마리아인들은 이러한 종교 통합 방법에 반항했다. 그러나 로마가 팔레스틴을 정복한 후에야 그들은 독립된 종교 단체로 인정 받을 수 있었다. 사마리아의 종교 문학(사마리아 탈굼과 미드라쉬)의 발달은 하스몬 시대에 시작된 것이다.

몇 가지 다른 점을 고려한 결과 사마리아의 결별 연대가 2세기말로 확인되었다. 사마리아 모세오경의 본문은 쿰란에서 발견된 사본들, 그리고 칠십인역 성경의 토대가 된 히브리 본문과 긴밀하게 연관되어 있지만 오경의 바벨론 본문과는 상이하다. 사마리아 본문의 철자법은 쿰란에서 발견된 것의 철자법과 밀접하게 연관되어 있다. 즉 두 본문 모두 기원전 2세기에 사용된 철자법의 특성을 나타낸다. 사마리아 자체(字體)는 보다 많은 확인을 제공해준다. 그것은 기원전 1세기에 독립되어 발달하기 시작했는데, 이것은 쿰란에서 발견된 모세오경 사본들과 하스몬 시대의 주화에 사용된 고대 히브리 자체와 비교해 보면 알 수 있다. 마지막으로, 사마리아 묵시주의의 본질적인 양상은 마카비 시대의 유대의 묵시주의적 사상과 가깝게 연관되어 있다. 모세가 마지막 때에 "타엡"(*Taeb*)의 선지자, 즉 모든 것을 회복할 사마리아인들의 메시아로서 올 것을 기대하는 것, 그리고 마지막 심판과 죽은 자의 부활에 대한 믿음은 당시의 유대의 묵시주의 개념과 매우 유사하다. 그러나 대부분의 이러한 개념들은 사마리아인들의 중세 문헌에만 보존되어 있으며 나중에 추가한 설명들로 완전히 둘러싸여 있기 때문에, 그것들이 처음 생겨난 시기를 결정하는 것은 어려운 일이다.

사마리아의 종교 공동체는 수백 년 동안 팔레스틴뿐만 아니라 다른 곳에서도 이스라엘의 종교를 대변했다. 일찍이 헬라어를 사용하는 사미리아인들의 디아스포라가 있었다는 증거가 있다. 헬레니즘 시대 말기에 델로스 섬에는 사마리아인의 회당이 있었다. 알렉산더 폴리히스토르(Alexander Polyhistor)가 보존해온 그리스의 "유대" 문헌 단편들은 실제로 사마리아 저술들에서 생겨난 것일 수도 있다. 서기 4, 5세기에 데살로니가에서 만들어진 비문에서는 세겜의 후대 명칭인 네압볼리가 언급되며, 사마리아 히브리 글씨체로 기록된 아론의 축복을 헬라어로 번역하여 새거놓았다.

예수님의 시대에 사마리아인들은 예루살렘의 영향력 있는 계층들로부터 거부와 멸시를 당했다. 로마 시대에는 팔레스틴 내의 유대인들과 사마리아인들 사이에 적대적인 사건이 많이 발생했다. 그러나 사마리아인들이 대부분이 이방인이었으며 혼합주의에 깊이 빠져있는 분파적인 유대인이라는 주장은 정당화될 수 없다. 실제로 사마리아 종교에서 발견되는 혼합주의는 유대교에서도 발견되는 것들이다. 헤롯 대왕이 사마리아를 웅장하게 재건해서 황제를 기리기 위해서 세바스테(*Sebaste*)라고 이름 짓고, 아우구스투스에게 바치는 이교 양식의 커다란 성전을 지은 것은 사마리아의 잘못은 아니었다. 또 사마리아 출신의 대표적 이단자인 시몬 마구스(Simon Magus)에 대한 책임도 사마리아인들에게 있지 않다. 요한복음(4장)은 사마리아인들의 종교적 중심지가 사마리아가 아니라 세겜 근처의 그리심 산이라는 것, 그리고 유대인들과 마찬가지로 사마리아인들도 메시아를 기다리고 있었다는 것을 보여준다.

유대인들이 사마리아인들을 거부한 진정한 원인은 사마리아의 종교 공동체가 독립하여 발달한 데 있었다. 이 분기(分岐)는 유대교가 바리새인파 지도 하에 개혁되기 전에 시작되었다. 율법 준수에 대해 랍비적 견해를 지닌 사람들이 볼 때에 사마리아인들이 부정하고 분파주의적으로 보인 것은 당연한 일이다. 그러나 이 때문에 초기 기독교 선교사들이 메시지를 사마리아로 들고 가는 것이 저지되지는 않았다(행 8:1ff). 초기 기독교의 일부만이 사마리아인들에 대한 바리새파의 편견을 소유했으며(마 19:5), 예수님은 그것을 전혀 받아들이지 않았다(눅 19:33).

Bibliography to §5.2f: Texts

J. Bowman, ed., *Samaritan Documents Relating to their History, Religion and Life* (Pittsburgh Origanal Texts and Translation Series 2; Pittsburgh: Pickwick, 1977).

Bibliography to §5.2f: Studies

A. D. Crown, ed., *The Samaritans* (Tübingen: Mohr.Siebeck, 1989). A manual for research on the Samaritans.

Frank Moore Cross, "Aspects of Samaritan and Jewish History in the Late Persian Period," *HTR* 59(1966) 201-11.

R. J. Coggins, *Samaritans and Jews: The Origin of Samaritanism Reconsidered* (Atlanta: Knox, 1975).

J. Bowman, *The Samaritan Problem: Studies in the Relationship of Samaritanism, Judaism, and Early Christianity* (Pittsburgh Theological Monograph Series 4: Pittsburgh, PA: Pickwick, 1975).

Hans Gerhard Kippenberg, *Garizim und Synagogue: Traditionsgeschichtliche Untersuchungen zur samaritanischen Religion der aramäischen Periode*(RVV 30; Berlin: De Gruyter, 1971).

Nathan Schur, *History of the Samaritans* (Beliträge zur Erforschung des Alten Testaments und des antiken Judentums 18; Frankfurt: Lang, 1989).

Alan David Crown, *A Bibliography of the Samaritans* (ATSABS 10; Metuchen, NJ: Scarecrow Press, 1984

3. 헬레니즘 시대의 이스라엘 문학

(a) 헬레니즘 시대에 이스라엘에서 사용된 언어

바벨론 유수 이후에도 이스라엘의 언어인 히브리어는 종교 문학의 언어로 사용되었다. 이전의 책들은 여전히 히브리어로 필사되고 읽혀졌으며, 로마 제국 시대에도 많은 새로운 저술들이 히브리어로 저술되었다. 최근에 사해 두루마리들의 발견 및 팔레스틴에서 발견된 것들을 통해서 이러한 책들이 많이 히브리 원어로 빛을 보게 되었다. 하스몬 가에서 발행한 주화와 바르 코흐바(Bar Kokhba)의 서신에서 보듯이, 히브리어는 학자들의 언어였으며 때로는 공식 언어로도 사용되었다. 이처럼 랍비 유대교의 미쉬나 히브리어로서 제한적으로 계속해서 사용되었다.

시리아와 메소포타미아의 일상어는 아람어였는데, 그것은 팔레스틴의 유대인들과 사마리아인들이 일상생활에서 사용하는 언어이기도 했다. 아람어도 히브리어와 마찬가지로 북서 지방의 셈어족에 속했으며, 기원전 이천년대 후반부터 시리아 북부와 유프라테스 강가에 정착하기 시작한 민족이 사용해 왔다. 아람어는 페니키아어와 우가릿어와 함께 셈어족의 한 갈래였다. 앗시리아 제국의 관청에서는 아람어의 공식적인 형태가 발달했다. 이 혼합어(*lingua franca*)는 신-바벨론과 페르시아에 의해서도 받아들여졌다. "제국 아람어"로 알려진 이 언어는 극동 지방에서부터 이집트에 이르기는 페르시아 제국 전역에서 통용되었다. 그러나 알렉산더 대왕이 페르시아 제국을 정복한 후, 아람어는 행정 부문에서는 헬라어의 다음 위치로 물려났으나, 사업 언어와 일상 언어로서는 로마 제국 시대까지 사용되었다.

아람어는 여러 지방 언어들과 섞이면서 많은 파생어를 만들어냈는데, 그것들은 후일 기독교 시대에 사용되었고, 어떤 것은 오늘날도 사용되고 있다. 서부 아람어족에 속한 언어로는 갈릴리어(예수가 사용한 언어였으며 팔레스틴 탈무드와 이후의 탈굼에 사용된 아람어와 가까움), 사마리아어, 그리고 시리아와 이집트의 멜카이트(Melchite: 시리아, 팔레스틴, 이집트에서 단성론을 배격한 동방 정교회 교인)들이 사용했던 아람어 등 팔레스틴의 이스라엘인들이 사용했던 언어들이 포함된다. 반면 바빌로니아 탈무드의 언어나 만다야어와 고대 시리아어(동방에서 가장 중요한 기독교 문학 언어가 되었음)는 동부 아람어족에 속한다. 헬레니즘 시대의 유대 저술에서는 때로 히브리어 대신 아람어가 사용되었으며, 다수의 아람어로 저술된 유대 저술이 번역본으로 보존되어 있다.

그러나 헬레니즘 시대 초기부터 헬라어는 "코이네"라는 형태로서 알렉산더의 제국을 이어받은 후속 국가들의 행정 언어로서 자리를 잡았다. 아람어의 존속에도 불구하고, 헬라어는 일상 회화와 사업에서 사용되는 언어로서 그 영향력이 커졌는데, 그것은 두 가지 이유 때문이었다. 첫번째 이유는 팔레스틴을 포함한 동부의 여러 속주에 헬라 도시들이 건설된 것이다. 둘째는 새로운 지배 문화의 언어인 헬라어의 중요성 때문이었다. 새로운 전세계적인 문명에 참여하고자 하는 사람들이 받아야 하는 교육의 첫 단계가 헬라어 공부였다.

팔레스틴에 거주하는 사람들은 그 지방에 건설된 신흥 도시들을 통해서 헬라 문화와 정규적으로 접했다. 이스라엘인들은 하나의 새로운 세계적 문화에 대면하고 있었는데, 그 문화 안에서 조상들의 신앙을 인정 받으려면 헬라어로 말하고 쓰는 법을 배워야만 했다. 디아스포라 뿐만 아니라 팔레스틴에서도 유대인의 저서들은 헬라어로 쓰여졌고, 아람어와 히브리어로 기록된 글들은 헬라어로 번역되었다. 그러나 팔레스틴 주민들 중에서 소수의 교육을 받은 사람들만이 헬라어를 능숙하게 사용할 수 있었다. 이스라엘의 문헌들을 헬라어로 번역하는 일은 알렉산드리아에서 뿐만 아니라 다른 여러 디아스포라 공동체, 그리고 팔레스틴에 남아 있는 사람들에 의해 착수되었는데, 이것은 고대 기독교의 발전에 커다란 영향을 끼친 작업이었다.

Bibliograhpy to §5.3:Text

R. H. Charles, *The Apocrypha and Pseudepigrapha of the Old Testament* (2 vols; Oxford: Clarendon, 1912).

James H. Charlesworth, ed., *The Old Testament Pseudepigrapha* (2 vols,; Garden City, NY: Doubleday, 1983-1985).

H. F. D. Sparks, ed., *The Apocryphal Old Testament* (New York: Clarendon, 1984).

Bibliograph to §5.3: Studies

George W. E. Nickelsburg, *Jewish Literature between the Bible and the Mishnah* (Philiadelphia: Fortress, 1981).

Michael E. Stone, ed., *Jewish Writings of the Second Temple Period: Apocrypha, Pseudepigrapha, Qumran, Sectarian Writings, Philo, Josephus* (CRINT 2.2; Philadelphia: Fortress, 1984).

Leonhart Rost, *Judaism Outside the Hebrew Canon: An Introduction to the Documents* (Nashville, TN: Abingdon, 1976).

Johann Maier and Josef Schreiner, *Literatur und Religion des Frühjudentums: Eine Einführung* (Würzburg: Echter, 1973)

Gerhard Delling and Malwin Master, *Bibliographie zur jüdisch-hellenistischen und intertestamentarischen Litratur: 1900-1970* (2d ed.; TU 106; Berlin: Akademie-Verlag, 1975).

James H. Charlesworth, *The Pseudepigrapha and Modern Research* (SBLSCS 7; Missoula: Scholars Press, 1976).

Daniel J. Harrington, "Research on the Jewish Pseudepigrapha during the 1970s," *CBQ* 42(1980) 147-59.

Bibliography to §5.3a

Joseph A. Fitzmyer, *A Wandering Aramean: Collected Aramaic Essays* (SBLNS 25; Missoula: Scholars Press, 1979) 29-56.

Matthew Black, *An Aramaic Approach to the Gospels and Acts* (3d ed.; Oxford: Clarendon, 1967).

Idem and David Diringer, "Languaage and Script," *Cambridge History of the Bible* 1. 1-29.

(b) 칠십인역(The Septuagint)

“칠십인역”(LXX)이라는 용어는 히브리 성경의 헬라어 역본을 가리키는 말이다. 이 단어는 오경 번역의 근원에 대한 전설에서 파생된 것인데, 그 전설은 『아리스테아스의 서신』(*Epistle of Aristeas*)에 보존되어 있다. 그 내용은 프톨레미 2세 필라델포스(기원전 284-247)가 알렉산드리아에 있는 자신의 도서관을 위해 이스라엘의 법률서를 번역하기 위해서 예루살렘으로부터 72명의 유대인 학자들을 초대했는데, 그들은 72일만에 그 일을 마쳤다는 내용이다. 이 전설에 의하면, 72인의 학자들은 각각 따로 번역을 했으나 신적인 영감에 의해서 모두 동일한 본문을 만들어냈다고 한다. 원래 이 이야기에서는 모세 오경만 언급했다. 이 번역은 팔레스틴 본문의 한 갈래인 히브리 본문의 알렉산드리아 형태를 토대로 했다. 히브리 성경의 바벨론 전승과 70인역은 여러 곳에서 상이한데, 그 이유는 번역자들이 이 팔레스틴판 히브리 본문을 사용했기 때문이다.

기원전 2세기와 3세기 사이에, 히브리 성경의 다른 책들(선지서와 성문서)도 헬라어로 번역되었다. 위에 언급된 번역 작업의 기원에 대한 전설에는 이스라엘의 성경들의 헬라어 집록 안에 포함된 모든 책을 언급하게 되었다. 또 마카비 3, 4서와 솔로몬의 지혜서처럼 원래 헬라어로 쓰여진 책들도 여러 권 추가 되었다. 이렇게 추가된 책들과 후일 랍비 유대교의 히브리 정경에 포함되지 못한 책들(마카비 1, 2서, 토빗, 유딧, 바룩, 벤 시라)이 헬라어 집록을 구성하는데, 이것은 히브리 정경보다 규모가 컸다. 후일 기독교인들은 이것을 구약 성경이라고 불렀다.

그러나 마틴 루터는 성경 번역을 하면서 히브리 성경을 사용했다. 히브리 성경에는 포함되지 않았으나 라틴어역인 벌게이트(Vulgate)에는 부분적으로 포함된 칠십인역의 책들은 “외경”(Apocrypha), 즉 “성경과 동등하지는 않지만 유용하며 유익한 책들"로서 부록에 포함시켰다. 개혁주의자들의 이러한 판단은 부분적으로만 정당화될 수 있다. 헬레니즘 시대의 유대교나 고대 기독 교회도 어떤 책들이 구약 성경에 포함되어야 하는지에 대해서는 최종 결정을 내리지 않았다. 그러나 고대 교회의 "구약 성경"은 헬레니즘 시대의 회당에서의 관례를 따라서 항상 칠십인역이었는데, 그것은 랍비 유대교의 정경보다 오래된 것이었으며, 루터의 "외경"과 다른 고대 유대 글들을 포함한 것이었다.

헬레니즘 시대의 유대교에게 있어서 헬라어 성경의 중요성은 실로 지대했다. 헬라어 번역본은 원래는 디아스포라의 회당 예배에서 사용하기 위해서 만들어졌었다. 그것은 기원전 3세기에 디아스포라 유대인들 사회에서는 모든 사람들이 히브리어를 알고 있었다고 가정할 수는 없다는 사실을 간접적으로 증거해준다. 그러나 히브리 성경을 헬라어로 번역한 것은 유대인들의 예배에 유용한 책을 만들어 낸 정도에 그치지 않았다. 그것은 새로운 문화 환경 안에서 유대교 신학이 새롭게 출발할 수 있는 근거를 제공했다. 헬라어 성경은 이스라엘의 전통과 바벨론 포로 이후의 신학에 항상 잠재하고 있던 중흥의 불씨가 헬레니즘 문화와 종교에 에워싸여 있으면서도 더욱 발전할 수 있도록 만들어 주었다.

칠십인역은 이스라엘의 헬라화에 있어서 가장 중요한 요소가 되었고, 유대교가 세계 종교가 될 수 있게 해주었다. 일부 헬라어 번역은 철저하게 히브리 구문과 표현을 따른 번역이었다. 그러나 어떤 경우에는 번역자들이 히브리 본문을 완전히 따르지 않고 번역했는데, 그 예로는 욥기가 있다(칠십인역 욥기를 번역하는 데 사용된 히브리 본문은 현재 보존된 히브리 본문과 다르다). 칠십인역의 잠언의 옛판은 히브리 원문과 현저하게 다르다. 새로운 헬라어 본문은 분명한 신학적 변천을 보여준다. 잠언 8장 22-31절에서 지혜는 하나님에게서 나아온 완전한 창조의 보증인이요 신적인 인물로서, 히브리 원문에서보다 더 분명하게 묘사된다. 몇몇 특별한 경우에는 헬라 철학 용어가 번역에서 중요한 역할을 했다. 그러나 번역이 직역이건 의역이건간에 칠십인역은 헬레니즘 시대의 유대교와 초기 기독교의 신학적 언어를 제공하는 근원이 되었다.

아주 초기에 칠십인역은 이스라엘의 이야기를 새로이 번역하는 기초로서 특히 창조, 족장들과 모세의 설화, 출애굽 이야기들을 사용했다. 그 원형(原型)들은 히브리어와 아람어 문헌에서 찾아 볼 수 있다. 이 새로운 문학 작품 생산을 위해서 전기소설, 서사시, 드라마, 역사 등의 그리스 문학 장르들이 사용되었다. 성경에 대한 변증적, 풍유적 주석들이 얼마 후부터 나타나기 시작했으며, 알렉산드리아의 필로에게서 완전히 발달했다(§5.3d). 이것들은 기독교 성경 주석의 원형이 되었다. 칠십인역의 영향은 성서적 주제들을 다루지 않는 글에서도 분명히 드러난다. 성경을 헬라어로 번역함으로써, 성경은 일반적으로 접근할 수 있는 거룩하고 영감된 책, 과거의 지혜와 심오한 종교적 진리 및 정치적 통찰을 담은 책이 되었다. 그것은 올바른 행위를 위한 지침으로서 뿐만 아니라 마술의 자료로도 사용될 수 있었다. 유대교의 변증학과 선전은 그들의 성경이 호머나 헬라 철학자들보다 절대로 뒤지지 않으며 고대 바벨론과 이집트의 지혜보다 우월하다고 주장할 수 있었다.

헬라어 성경의 개정의 역사는 헬라어 본문과 히브리 본문의 관계나 수백 년 동안이나 존속했다는 것을 증명해 준다. 헬라어 본문의 개정은 히브리 본문의 발전과 연결되어 있다. 후대의 개정판들은 히브리 본문의 바벨론판이 점차 더 많은 영향을 끼쳤다는 것을 보여준다. 가장 오래 된 개정판들은 부분적으로만 알려져 있다. 루키안 최초(proto-Lucianic)의 개정판이 가장 오래된 것인 듯한데, 그것은 헬라어 역본을 팔레스틴의 히브리어 본문과 더 가깝게 만들려고 노력한 것이다. 그것은 고대 헬라어 사본들, 요세푸스가 인용한 문구들, "테오도티온"(Theodotion)이라고 불리는 오리겐(Origen)의 6개국어 대역성서(*Hexapla:*헥사플라) 중 사무엘서와 열왕기서에 나타난다.

최초의 테오도티온 개정판(kai-ge 개정판이라고 불림)은 서기 1세기에 만들어졌다. 그것은 그 당시 막 인정을 받기 시작했던 바빌로니아의 히브리 본문을 따랐다. 기원전 1세기의 것으로서 팔레스틴에서 발견된 12소선지서의 헬라어 사본도 이 개정판에 속한다. 그것은 신약 성서에 기록된 다니엘서 인용문에도 나타나고, 기독교 변증가인 저스틴 마터의 글에서도 나타난다. 저스틴은 그것을 성경의 여러 책에 사용했다. 오리겐의 6개국어 대역성경에서는 "퀸타"(Quinta)라는 명칭으로 나타난다. 이러한 초기 개정판들을 기준으로 한 헬라어 본문의 계속된 발전은 유대인 "번역자"로 알려진 테오도티온(Theodotion)와 아퀼라(Aquila)와 쉼마코스(Symmachos)에게서 찾아볼 수 있다. 그러나 사실상 그들은 보다 초기의 개정판들을 의존하여 개정한 수정인들이다. 테오도티온은 서기 2세기에 네오노티온 원형의 개정판의 전승을 지속시켜서 그것을 대중화시켰다. 본도 출신의 개종자인 아퀼라는 그의 "역본"을 서기 128년에 출판했다. 그는 과거의 개정판들을 토대로 삼고서 (동일한 히브리 단어들에 대해서는 동일한 헬라어를 사용함으로써) 보다 큰 정확성과 지속성을 획득하려고 노력했는데, 결과적으로 그의 헬라어 문장은 알아보기가 어렵다. 에비온파라고 알려져 있는 심마코스의 번역은 이와는 아주 다르며, 보다 정교한 헬라어를 사용했다는 특징을 지닌다.

이러한 헬라어 성경 개정판의 절정은 알렉산드리아의 기독교 신학자인 오리겐의 6개국어 대역 성경(Hexapla)이다. 이것은 방대한 작업으로서 구약 성경의 다양한 번역판을 여섯 개의 세로단으로 나란히 배열한 것이다. 히브리어 본문, 히브리어를 발음나는 대로 헬라어로 옮겨 적은 것, 아퀼라와 쉼마코스의 번역, 오리겐 자신이 개정한 헬라어 본문(여기서는 히브리 본문과 다른 것들은 알렉산드리아의 본문 비평 방법에 따라서 별표[*]나 의구표[÷]로 표시했다),

여섯 째 단에는 테오도티온의 번역을 수록했다. 그 외의 추가된 세로단들(이것들은 다른 네 가지의 번역본을 좇기 때문에 Quinta, Sexta, Septima라고 불림)에서, 오리겐은 때로 자기가 알고 있는 다른 역본들을 인용했다. 이 방대한 본문비평적 책의 일부분만이 보존되어 있으며, 그 영향은 제한적이었다. 오리겐의 제자인 팜필루스(Pamphilus)와 유세비우스(Eusebius)는 오리겐의 책을 널리 보급시키려고 노력했다. 한편, 안디옥 학파의 설립자인 루키안(312년에 사망)은 새로운 칠십인역판을 출판했다. 그것은 이전의 개정판(루키안 최초판)에 의존한 것으로서, 문체가 딱딱한 구절들을 부드럽게 만드는 데 주된 관심을 쏟았다. 이 루키안 개정판은 널리 보급되어서 비잔틴 교회의 공식적인 구약성경 본문이 되었다.

Bibliography to §5.3b: Texts

Alfred Rahlfs, ed., *Septuaginta* (2 vols.; 2d ed.; Stuttgart: Privilegierte Württembergische Bibelanstalt, 1935).

Göttingen Septuagint = *Septuagint: Vetus Testamentum Graecum auctoritate Academiae Scientiaarum Gottingensis editum.*

Bibliography to §5.3b: Studies

Emanuel Tov, "Die griechischen Bibelübersetzungen," *ANRW* 2.20.1 (1987) 121-89.

Peter Walters(Peter Katz), *The Text of the Septuagint: Its Corruptions and Their Emendation* (ed. by D. G. Gooding; London: Cambridge University Press, 1973).

Peter Katz, "Septuagintal Studies in the Mid-Century." in: W. D. Davies and D. Daube, *The Background of the New Testament and Its Eschatology...in Honor of C. H. Dodd* (Cambridge: Cambridge University Press, 1964) 176-208.

Sidney Jellicoe, *The Septuagint and Modern Study* (LBS; New York: Ktav, 1968).

(c) 에녹 1서(The First Book of Enoch)

『에녹 1서』(*First Book of Enoch*)는 헬레니즘 시대의 이스라엘 문헌의 복잡 다양함을 소개하는 데 가장 적합한 책이다. 이 책은 일반적으로 묵시서로 분류된다. 그러나 이것은 한 권의 책이 아니라 여러 장르의 전승과 책을 수집해 놓은 집록으로서 약 3세기에 걸쳐 형성된 것이다. 이디오피아 역본만이 한 권의 책 안에 에녹서의 자료 대부분을 보존해오고 있다. 이 책은 헬라어 본문을 번역한 것이며, 또 이 헬라어 본문은 아람어 원문을 번역한 것이다. 쿰란에서 발견된 사해 두루마리 중에는 *Similitudes*(에녹 1서 37-71)를 제외한 에녹 1서의 모든 부분의 아람어 단편들, 그리고 『용사들의 책』(*Book of the Giants*)이 포함되어 있었다. 이 두루마리들의 연대를 참고할 때, 최소한 에녹 1서의 일부분은 쿰란 종파가 설립되기 이전, 기원전 3세기에 저술되었을 것이라고 암시해준다. 이 책은 시락 44:6, *Genesis Apocryphon, Jub.* 4.16-23 등에서 언급되며, 히브리서 11:5-6과 유다서 14-15절에서 사용되었다.

에녹 1서의 첫 부분(1-36)은 『파수꾼들의 책』(*Book of the Watchers*)로 구성되어 있는데, 이것은 하나의 합성물이다. 그것의 주요 주제는 타락한 천사들 때문에 발생한 홍수, 하나님의 보좌 앞에 선 중재자 에녹의 역할 등에 대한 설명이다. 두번째 부분에서는 에녹이 땅끝까지 여행한 두 번의 여행을 묘사한다. 이 부분의 6-11장은 창세기 6-9장의 사건들을 되풀이한다. 다른 부분(65-67; 83-84; 107)에서는 노아의 탄생을 둘러싸고 발생한 사건을 신화적으로 고쳐 이야기한다. '*Animal Apocalypse* 와 에녹 1서에서 재서술 된 창세기 6:1-4의 타락한 천사 이야기는 이 부분이 창세기 6장에 기록된 바 신의 아들과 사람의 딸의 교제에 관한 신화를 다듬은 것보다 훨씬 이전의 신화적 자료들에 의존하고 있음을 암시한다.

『천체들의 책』(*Book of the Luminaries*)(72-82장)에 보존되어 있는 또 다른 형태의 옛 에녹 자료는 점성학적 고찰로서 훨씬 이전 시대에 에녹이라는 이름과 결합 되었을 수도 있다. 이 부분의 초점은 364일로 이루어진 태양력인데, 우주적, 도덕적 무질서를 초래하지 않으려면 이것을 지켜야 했다. 이러한 태양력에 대한 관심은 『희년서』(*Jubilees*) 및 쿰란 종파와의 밀접한 관계를 드러내준다.

이어 에녹이 자기의 아들 므두셀라에게 말해주는 두 가지 꿈 이야기가 등장한다. 첫째 꿈(83-84장)은 홍수를 예고해 준다. 두번째 꿈(85-90장)은 『동물 묵시록』(*Animal Apocalypse*)라고도 불리는데, 이것은 온갖 종류의 동물들이 짝을 짓고 번식하고 서로 잡아먹고 박해하는 것을 묘사함으로써 창조에서부터 마카비 반란에 이르기까지의 세계사를 예고한다. 이 책의 결론은 헬라어로 완벽하게 보존되어 있는 『에녹서』(*Epistle of Enoch*, 91-108장)에서 등장한다. 이것은 종말론적 권면들로 이루어져 있으며, 동시에 상이한 특성을 지닌 보다 초기의 전승, 즉 *Apocalypse of Weeks*(91:12-17; 93)도 포함하고 있다. 이것은 첫째 주간에 발생한 에녹의 탄생에서부터 10번째 주간에 이루어지는 최후의 심판과 새 하늘과 새 땅의 창조에 이르기까지의 세계 역사를 말하고 있다.

에녹 1서의 중심 부분(38-71장)은 *Similitudes*의 시리즈로서 에녹이 "사람의 아들"로서 보좌에 오른다는 내용으로 끝을 맺는다. 여기에서는 우주의 비밀을 다룬 환상, 계시, 예고; 세상과 왕들과 타락한 천사들에 대한 심판; 불의한 사람들의 정죄; 의인들을 위한 축복 등을 제시한다. "사람의 아들"이라는 인물 때문에, 일부 학자들은 이 부분을 기독교인들이 만들어낸 것이라고 주장하기도 한다. 그러나 우리가 가정할 수 있는 것은 다니엘서에 대한 지식이다. 더욱이 역사적 사건들을 암시적으로 비유한 것들은 그 연대를 기원전 1세기 후반으로 암시한다. 그러나 *Similitudes*는 엣세네 파가 아니라 유대교 사회에서 형성된 것임이 분명하다.

<u>Bibliography to §5.3c: Text</u>

R. H. Charles, trans., *The Book of Enoch* (1917; reprint: London: SPCK, 1982).

Michael A. Knibb, *The Ethiopic Book of Enoch; A New Edition in the Light of the Aramaic Dead Sea Fragments*(texts and English translation in 2 vols.; Oxford: Oxford University Press, 1978).

J. T. Milik, ed., *The Book of Enoch, Aramaic Fragments of Qumran Cave 4* (Oxford: Clarendon, 1976).

Campbell Bonner, *The Last Chapters of Enoch in Greek* (London: Christophers,

1937; reprint Darmstadt: Wissenschaftliche Buchgesellscahaft, 1968).
Siegbert Uhlig, *Das äthiopische Henochbuch* (JSHRZ 5; Gütersloh: Mohn, 1984).

Bibliography to §5.3c: Studies

James C. VanderKam, *Enoch and the Grwoth of the Apocalyptic Tradition* (CBQ. MS 16; Washington, D.C: Catholic Biblical Association, 1984).
Michael E. Stone, "The Book of Enoch and Judaism in the Third Century BCE," *CBQ* 40 (1978) 479-92.
Jonas C. Greenfield and Michael E. Stone, "The Enochic Pentateuch and the Date of the Similitudes," *HTR* 70(1977) 51-65.
George W. E. Nickelsburg, "The Book of Enoch in Recent Research," *RSR* 7 (1981) 210-17.

(d) 재서술 된 고대의 책과 전승들

성경에 기록된 역사를 다룬 유대 저술들 중에서는 창조 이야기, 족장들의 이야기, 모세의 이야기를 개작한 것들이 우세하다. 후대에 요세푸스가 개작한 이스라엘의 이야기는 역사적 사건들에 관한 그럴 듯한 기사를 제공하려는 의도를 나타내지만, 모세오경의 기사들을 재서술하고 있는 헬레니즘 시대의 저술들에서는 신화론적, 점성술적, 율법적 관심이 지배적이다. 첫째, 그것들은 그 시대의 세계적인 사회적, 정치적 무질서에 대한 신학적 관심을 표현한다. 이것은 홍수와 노아의 탄생과 같은 사건들을 재서술하는 데에서처럼 고대 신화의 부활로 이어진다. 둘째, 그것들은 적절한 행위에 대한 권면 및 종말론적이고 사변적-신비적 환상에 대한 관심을 태초의 우주적 실체들에게 두려고 했다. 셋째, 이러한 표현들이 변증적 경향의 연향을 받는 한, 그것들은 이스라엘의 태초의 역사가 고대 다른 민족의 역사보다 우월하다고 제시하려 했다.

(1) 『희년서』(*Book of Jubilees*)의 라틴어판은 부분적으로 보존되어 있으며, 이디오피아 번역판은 완전하게 보존되어 있는데, 두 가지 모두 히브리 원문를 번역한 헬라어 번역본에 의존한 것이다. 12개의 히브리어 『희년서』 사본이 쿰란에서 발견되었다. 『희년서』는

창세기 1장부터 출애굽기 14장까지를 미드라쉬 스타일로 다시 쓴 것이다. 이 책은 "임재의 천사"(Angel of Presence)가 모세에게 받아쓰게 한 것이기 때문에 영감된 것이라고 주장된다. (이러한 상황의 틀은 출애굽기 24장에서 유래된 것이다.) 창조로부터 시작되는 역사의 흐름 전체가 49년(=1 희년)을 주기로 배열되어 있다. 아담의 시대부터 모세의 시대 사이에는 49개의 희년이 있다. 각 희년은 7년의 주기로 다시 나뉜다. 364일=52주로 된 태양력이 한 해의 길이를 결정한다.

성경적 설화를 확장한 것들은 대부분 율법적 특성을 지닌다. 율법을 준수하라는 권면이 대부분 태양력에 따른 절기 배열과 관련하여 노아와 아브라함에 의해서 주어지며, 아울러 유대인들이 자신의 행동과 이방인들의 행동을 구분하는 기준이 될 행위와 관련된 금령과 규제도 주어진다. 족장들을 율법 준수의 모범으로 제시하기 위해서 성경적 이야기들이 재서술된다. 이러한 율법적 관심 외에도, 아브라함의 이야기를 부연한 것처럼 부연하여 상술한 이야기들은 지혜, 믿음, 견인 등을 예증한다.

마지막 심판에 대한 묘사와 종말론적 개찬(改竄)들 속에서 에녹1서와의 긴밀함을 비롯하여 태양력 안에서의 절기들의 위치에 관한 문제에 대한 관심은 『희년서』를 엣세네파와 관련된 서술들과 연결짓는다. 이러한 관계는 쿰란에서 발견된 많은 단편들, 그리고 다메섹 문서(Damascus Document)를 사용한 것에 의해서 확인된다. 『희년서』는 엣세네파가 설립되기 전인 기원전 100년 이전에, 마카비 반란에 선행한 헬레니즘적 개혁을 반대하기 위해서 기록되었음이 분명하다.

(2) 『창세기 계시』(*Genesis Apocryphon*, 1QapGen)은 쿰란에서 매우 훼손된 아람어 사본 안에서 발견되었다. 기원전 50년에서 서기 50년 사이에 기록된 이 두루마리의 20개 세로단 중에서 5개만이 제대로 복원되었다. 이것은 창세기 5:28-15:4의 사건들(라멕에서 아

브라함까지)을 이야기한다. 이 책은 쿰란에서 기록되었고 『희년서』와 『에녹 1서』와 관계가 있기는 하지만, 특별히 종파적인 요소들을 표현하지 않으며, 『희년서』처럼 할라카(*halaka*)에 대한 관심은 거의 나타내지 않는다. 이 책의 주된 관심사는 성경의 첫번째 책을 변증론적이며 교훈적으로 부연하여 상술하는 것이다. 여기에서는 족장들이 나레이터로 등장하며, 따라서 일인칭 단수의 형태가 지배적이다(cf. *Testaments of the Twelve Patriachs*, §5.3c[9]).

(3) **아담과 이브에 대한 책들**: 아담과 이브의 삶과 죽음에 대한 한 권 이상의 책이 헬레니즘 시대에 만들어졌다. 그러나 그것들이 존재했다는 증거는 간접적인 것에 불과하다. 『모세의 묵시』(*Apocalypse of Moses*)라는 헬라어 책은 이러한 초기의 저서를 개정한 것이다. 그것은 가인과 아벨의 탄생에서부터 시작하여 아담의 죽음과 장례로 끝나는 창세기 4:12-25에 기록된 사건들에 대해 이야기한다. 이 책의 많은 부분은 아담이 임종 시에 유혹을 받은 일에서부터 낙원에서 추방되기까지의 과거의 사건들을 이야기하는 내용이다. 이어 이브의 이야기가 보다 길게 이어지는데, 여기서는 인간의 죽음의 필연성을 설명하며, 아울러 부활에 대한 믿음을 표현한다.

몇 권의 다른 책들이 부분적으로 『모세의 묵시』와 중복된다. 라틴어로 된 *Vita Adae et Evae*(슬라브어 역본도 현존하고 있다)와 아르메니아어로 된 『아담의 회심』(*Penitence of Adam*)은 『모세의 묵시』와는 다른 헬라어 원본을 번역한 것이다. 그 헬라어 본문이 히브리 원본을 따른 것인지 아람어 원본을 따른 것인지는 분명치 않다. 이 저술들 안에는 몇 가지 기독교적 요소가 있기는 하지만, 원본과 일부 초기 개정판들은 기독교 이전 시대의 것들이다. 그것들은 로마서 5:12-21과 같은 기독교 본문 뿐만 아니라 유대교의 묵시적 본문들(바룩 2서; 에스라 4서)과 창세기의 첫 부분을 영지주의적으로 해석한 것들(낙 함마디에서 발견된 『아담의 묵시』에서 분명히 나타난다)에서도 재등장하는 아담과 이브의 이야기의 신학적 의미에 대한 지속적인 관심을 증명해준다.

(4) 『성경적 고대사』(*Libri Philonis Judaei de initio mundi*). 창세기에서부터 사울에 이르는 성경적 이야기들을 재서술한 이 책은 서기 66-70년에 있었던 유대 전쟁 직후에 편집 된 것으로서, 그 이전의 자료들을 사용하고 있다. 그것은 라틴어로만 보존되어 있지만, 히브리어 원본을 번역한 헬라어판에 의존하고 있다. 이 책은 전설적 자료들, 찬송가, 긴 연설과 설교 등을 많이 삽입하여 개찬한 것이다. 이 책에는 『희년서』와는 달리 율법적 관심이 결여되어 있으며, 종종 율법적 자료들을 생략하기도 한다(레위기의 거의 모든 부분, 민수기와 신명기의 대부분이 빠져 있음). 저자는 부활을 믿으며, 상당히 발전된 천사론을 가지고 있고, 이스라엘의 선택 받음과 모세의 역할을 강조한다. 모세는 중심적 위치를 차지한다. 실족한 자들에 대한 형벌과 훌륭한 지도자의 자질이 사사기의 설화에서 거듭 증명된다. 저자의 신학적 입장은 특정한 유대인 단체나 집단의 것과 동일하다고 말할 수 없다.

(5) 알렉산더 폴리히스토르의 시적인 단편들. 창세기에 등장하는 인물들과 이스라엘의 역사에 대해서 저술한 헬레니즘 시대 유대 저자들의 책들에서 발췌한 내용들은 거의 알렉산더 폴리히스토르(Alexander Polyhistor)의 저술에만 보존되어 있다. 비록 이 저술들은 유실되었으나, 요세푸스, 알렉산드리아의 클레멘트, 유세비우스 등은 그의 글을 인용하고 있다. 알렉산더 폴리히스토르는 기원전 105년에 밀레도에서 태어났다. 그는 미트리다테스와의 전쟁 때에 포로가 되어서 로마로 끌려왔고, 술라에 의해서 노예 신분에서 자유인으로 풀려난 후에 죽을 때까지 그곳에 머물렀다(기원전 50년경). 『유대인에 대하여』(*On the Jews*)라는 책을 포함한 그의 역사적 저술들은 자료들과 발췌물들을 무비평적으로 수집한 것이었으나, 그렇기 때문에 다른 저자들의 작품 중에서 귀중한 부분들을 보존하

게 되었다. 여기에서는 헬레니즘 시대의 유대인 시인 세 사람의 단편들에 대해서만 논하려 한다(산문 작가들의 저술에 대해서는 §5. 3f[2]을 보라).

서사시 작가인 필로(Philo)는 기원전 2세기에 호머의 문체를 사용하여 『예루살렘에 관해서』(*On Jerusalem*)이라는 서사시를 저술했다. 화려한 언어가 때로 모호하기도 하지만, 현존하는 단편들은 아브라함, 이삭, 야곱에게 주어진 약속을 하나님이 거하시는 거룩한 처소와 연결짓는다. 예루살렘의 구조와 풍부한 물 공급에서도 언급된다. 알렉산더 폴리히스토르는 이 책에서 인용한 문장들을 자신의 이야기 곳곳에 삽입했기 때문에, 그 시를 복원하기는 어렵다.

서사 시인 데오도토스(Theodotos)의 육보격 시는 팔레스틴에서 헬라인을 위해 저술된 것으로서, 디나의 강간 사건과 세겜 공격(창 33:18-34:31)을 다룬다. 세겜의 경치를 정교하게 묘사했지만, 이 시는 사마리아인의 작품이 아니다. 그것은 하스몬 가가 사마리아를 공격한 일을 찬양하는 친-유대적 선전을 나타낸다.

비극 작가인 에제키엘(Ezekiel)의 드라마 『출애굽기』에서 인용된 것으로서 269줄에 달하는 여섯 개의 단편이 보존되어 있다. 이 드라마의 자료는 출애굽기에 대한 성경의 기사에서 취해진 것인데, 전설적인 내용이 추가되었다. 모세가 그 이야기의 출발점에 이르기까지 있었던 사건들을 상술하는 긴 독백으로 시작된다. 현존하는 단편들에는 모세의 꿈이 포함되어 있는데, 그 꿈에서 모세는 자신이 시내산에서 보좌에 앉는 것, 타는 떨기나무 앞에서 하나님을 만난 일, 이집트인들의 멸망, 엘림이 낙원으로 묘사되는 것 등을 보았다. 분명히 모세가 중심 인물이다. 이 작품은 알렉산드리아의 비극 저술법과 완전히 일치하며, 공연을 위한 것이다. 또 이것은 그 시대의 비극 중에서 주요한 단편이 보존되어 있는 유일한 작품이다.

(6) 『요셉과 아세넷』(*Joseph asnd Aseneth*). 이 책에서는 족장들의 이야기를 독특하게 배열하고 있는데, 이러한 배열법은 기독교

사회에서 사용되었던 것이다. 이 책은 16개의 헬라어 사본과 여러 개의 번역본(라틴어, 시리아어, 아르메니아어, 교회 슬라보니아어 등)으로 오늘날까지 남아 있다. 이 이야기의 원래의 모티프, 즉 요셉이 이방 여인인 바로의 딸 아세넷과 결혼한다는 주제는 유대적인 것이다. 특히 기독교적 요소들이 빠져 있다. 이 책은 풍유적인 전기 소설로서, 선정적인 주제로 구성되어 있다(여행이라는 주제는 생략되어 있다). 아세넷은 우상숭배를 버리고 개종하여 이스라엘인과 결혼하기에 합당하게 된 처녀에 그치는 것이 아니다. 그녀는 풍유적으로 믿는 자들의 공동체를 상징하는데, 믿는 자라고 함은 유대교로 개종한 자들뿐 아니라 유대교 내에서도 회심하여 진정한 하나님의 공동체(또는 비밀 공동체)에 속하게 된 구성원들까지 포함한다. 그들은 세상을 버림으로써 하늘의 사자를 맞아들이며 구원의 예식에 참예할 수 있게 된다. 요셉은 천국의 사자를 상징하며 "하나님의 아들"이라고 불린다. 빵, 잔, 기름은 진정한 공동체의 성례의 상징이며, 아세넷이 받는 빵은 하늘에서 내려온 참된 빵(만나)이다.

Bibliography to §5.3d(1): Text

R. H. Charles, *The Ethiopic Version of the Hebrew Book of Jubilees Together with the Fragmentary Greek and Latin Versions* (Oxford: Clarendon, 1906).
Idem, *The Book of Jubilees* (London: SPCK, 1902).
Klaus Berger, *Das Buch der Jubliuaen* (JSHRZ 2.3; Gütersloh: Mohn, 1981).

Bibliography to §5.3d(1): Studies

James C. Vanderkam, *Textual and Historical Studies in the Book of Jubliees* (HSM 14; Missoula, MT: Scholars Press, 1977).
E. Schwarz, *Identität durch Abgrenzung...Zugleich ein Beitrag zur Erforschung des Jubiläenbuches* (EHS.T 162; Frankfurt: Lang, 1982).

Bibliography to §5.3d(2): Text

Joseph A. Fitzmyer, *The Genesis Apocryphon of Qumran Cave 1* (BibOr 18a; 2d ed.; Rome: Biblical Institute, 1971).

Bibliography to §5.3d(3): Text

M. Nager, "La Vie grecque d'Adam et d'Eve: Apocalypse de Moïse"(Dissertation Strasbourg, 1972).

J. H. Mozley, "Documents: The Vita Adae," *JTS* 20 (1928) 265-76.

L. S. A. Wells, "The Books of Adam and eve," in Charles, *APOT* 2. 123-54.

Bibliography to §5.3d(3): Studies

George W. E. Nickelsburg, "Some Related Traditions in the Apocalypse of Adam, the Books of Adam and eve and 1 Enoch," in Layton, *Rediscovery of Gnosticism,* 1. 515-39.

Bibliography to §5.3d(4): Text

Daniel J. Harrington, Jaces Cazeaux, Charles Perrot, and Pierre-Maurice Bogaert, *Pseudo-Philon: Les Antiquités Bibliques* (2 vols.; SC 229-30, Paris: Cerf, 1976). Latrin text with French translation and commentary.

Daniel J. Harrington, *The Hebrew Gragments go Pseudo-Philo* (Missoulas, MT: Scholars Press, 1974).

C. Dietzfelbinger, *Pseudo-Philo: Antiquitates Biblicae* (JSHRZ 2/2; Gütersloh: Mohn, 1975).

Bibliography to §5.3d(4): Studies

George W. E. Nickelsburg, "Good and Bad Leaders in Pseudo-Philo's *Liber Antiquitatum Biblicarum,"* in idem and John J. Collins, eds., *Ideal Figures in ancient Judaism: Profiles and Paradigms* (Chico, CA: Scholars Press, 1980) 49-65.

Bibliography to §5.3d(5): Text

Albert Marie Denis, *Fragmenta Pseudepigraphorum quae supersunt Garaeca* (PVTG; Leiden Brill, 1970).

Carl R. Holladay, *Fragments from Hellenistic-Jewish Authors,* vols, 2: *Poets, the Epic Poets Theodotus and Philo and Ezekiel the Tragedian* (SBLTT 30; Atlanta, GA: Scholars Press, 1989).

Howard Jacobson, *The Exagoge of Ezekiel* (Cambridge: Cambridge Univetsity Press, 1983) [Introduction, Greek text, English translation and commentary].

E. Vogt and Nikolaus Water, *Tragiker Ezechiel. Fragmente jüdisch-hellenistischer Epik. Pseudepigraphische jüdisch-hellenistische Dichung* (JSHRZ 4/3; Gütersloh: Mohn, 1983).

Bibliography to §5.3d(5): Studies

J. Freudenthal, *Hellenistische Studies,* vol. 1: *Alexander Polyhistor und die von ihm erhaltenen reste judäischer und samaritanischer Geschichtswerke* (Breslau: Skutsch 1875).

John J. Collins, "The Epic of Theodotus and the Hellenism of the Hasmoneans," *HTR* 73(1980) 91-104.

Nikolaus Walter, "Jüdisch-hellenistische Literatur vor Philon von Alexandrien," *ANRW* 2.20.1 (1987) 67-120.

Bibliography to §5.3d(6): Text

E. W. Brooks, *Joseph and Aseneth* (London: SPCK, 1918).

Marc Philonenko, *Joseph et Aséneth* (APB 13; Leiden: Brill, 1968).

Christoph Burchard, *Joseph and Aseneth(OT Pseudepigrapha* 2; Garden City, Doubleday, 1995).

Bibliography to §5.3d(6): Studies

Dieter Sänger, *Antikes Judentum und die Nysterien: Religionsgeschichtliche Untersuchunger zu Joseph und Aseneth* (WUNT 25; Tübinger: Mohr.Siebeck, 1980).

Christoph Burchard, *Untersuchungen zu Joseph and Aseneth* (WUNT 8; Tübingen: MOhr/Siebeck, 1965).

Richard 1. Pervo, "Joseph and Aseneth and the Greek Novel," *SBLSP* 1976, 171-81.

(e) 묵시 문학

(1) 다니엘서(*Daniel*): 헬레니즘 시대의 묵시록으로서 가장 완전하게 보존된 가장 오래된 책이며 가장 영향력 있는 책은 다니엘서이다. 이 책은 히브리 정경에서는 예언서에 포함되지 않고 "성문서"에 포함되어 있다. 다니엘서의 본문은 일부는 히브리어로(단 1:1-2:4; 8:1-12:13), 일부는 아람어로(단 2:4b-7:28) 나타난다. 이 책은 안디오코스 4세 에피파네스가 유대인의 성전을 모독한 후(기원전 167년)부터 죽기 전(기원전 164년) 사이에 쓰여졌다. "북방의 왕들"은 셀류시드 왕조이며, "남방의 왕들"은 프톨레미 왕조이다(단 11:5 이하).

묵시 문학에서는 당대에 이르기까지의 역사적 사건들을 예언의 형식으로 자세히 열거한다. 이러한 방법을 통해서 전통적인 언약 공식은 특징적으로 변형된다. 즉 묵시서는 역사적 내용 대신에 과거의 역사를 가공의 "예언적" 내용으로 제시하며, 저주와 축복의 선포 대신에 미래 사건들에 대한 환상적인 예고가 주어진다. 많은 다니엘서의 단편들이 엣세네파의 사본들에서 발견된 것은 우연한 일이 아니다. 왜냐하면 엣세네인들은 하스몬 인들과는 달리 이러한 기대를 간직하고 있었기 때문이다.

(2) 『모세의 승천』(*Assumption of Moses*)은 『모세의 유언』(*Testament of Moses*)이라고도 알려졌다. 이 책은 히브리어나 아람어 원본을 번역한 헬라어 판을 번역한 라틴어판만 보존되어 있다(서기 6세기의 사본). 이 책의 연대는 보통 서기 1세기로 측정되지만, 이 책이 기원전 2세기 이후의 전승들을 개정한 것이라고 믿을 근거가 있다. 이 묵시서는 모세가 승천하기 전에 남긴 마지막 말을 기록하고 있다(승천 자체에 대해서는 설명되어 있지 않다). 다니엘서와 에녹 1서에서와 마찬가지로, 고대의 현인이 마지막 때에 대해 예언한다. "모세"는 먼저 그 시대에서부터 마카비와 헤롯 시대까지의 사건들(후자는 전자의 부록일 수도 있다)에 대해 이야기한 후에, 이스라엘을 높이고 보복해주기 위해서 오실 하나님에 대해 예언한다. 특별한 메시아적 인물은 언급되지 않는다. 그 기사 사이에 레위 지파 출신의 "탁소"(Taxo)라는 인물의 순교 일화가 삽입된다. 이 책의 결정론, 레위의 역할을 강조한 것, 그리고 하스몬 가를 대적한 논쟁 등은 이 책이 쿰란의 저술들과 동질성을 지니고 있음을 증명해준다.

(3) 성전 두루마리(*Temple Scroll*, 11QTemp)는 쿰란에서 발견된 히브리어 문서로서, 사해 두루마리 중에서 가장 긴 것이다. 그 두루마리는 서기 1세기에 기록되었지만, 그보다 더 오래된 단편들은 그 책이 기원전 2세기 후반 이전에 저술되었음을 증명해준다. 이 본문에서 화자(話者)는 하나님이다. 하나님께서 시내산에서 모세에게 말씀하시는 것이다. 그러므로 이 책의 저자는 자신의 저서에 신적 영감을 부여한다. 이 책의 대부분은 종말론적 성전과 그 제의와 절기들(cols. 3-45), 그리고 성전 도시인 예루살렘(cols. 45-52)에 대해 묘사한다. 왕의 법을 다룬 부분(cols. 56-59)과 여러 가지 법규를 다

룬 부분(cols. 53-56, 60-67)이 마지막에 등장한다. 성전 두루마리의 주요 관심사는 할라카(*halaka*), 희생 제사와 제물에 관련된 규정들, 정결에 관한 방대한 규정들이다. 이것들은 광야의 성막을 본보기로 삼고 있으며, 예루살렘을 거룩한 성전 지역으로 간주하여 여인들은 그곳에 들어가지 못한다고 여긴다. 정결에 관한 규칙은 바리새파의 규칙보다 더 엄격하다(바리새파에 대한 교묘한 비판이 함축되어 있는 듯?). 태양력을 사용한 것, 왕이 대제사장 밑에 위치하는 것 등을 볼 때, 이 책의 할라카와 이데올로기가 엣세네파와 관련되어 있음이 분명하다.

(4) 『전쟁 두루마리』(*War Scroll*)는 『빛의 아들들과 어둠의 아들들의 전쟁』(*Milhama*, IQM)이라고도 알려져 있다. 이 책은 독특한 묵시적 글이다. 이 히브리어 두루마리의 19개의 세로단(columns)이 보존되어 있다. 각 단의 맨 밑에 있는 몇줄씩이 유실되었으며, 결론 부분도 유실되었다. 이 사본은 서기 1세기에 기록되었음이 분명하다. 왜냐하면 빛의 아들들의 군대의 전투 대형이 로마 군대의 그것과 일치하기 때문이다. 그러나 쿰란 제1 동굴과 제4 동굴에서 발견된 단편들은 현존하는 문서는 기원전 2세기 후반부에 저술된 문서를 토대로 한 복합적인 문서임을 암시해준다.

이 책은 거룩한 전쟁의 주제에 대해 상세히 설명하며, 모세의 율법에 따라 전쟁이라는 행동을 강조하며, 하나님의 최종적인 승리에 앞서 일련의 전쟁이 반드시 있어야 한다고 설명한다. 빛의 아들들의 군대 편성과 무기에 대해서 자세히 설명하고 있다. 이 설명에는 또한 기도, 찬송과 제사장들의 연설도 삽입되어 있다.

(5) 『종규 교범』(*Manual of Discipline*)과 『다마스커스 문서』(*Damascus Document*). 종말론적 종파, 새로워진 언약의 백성인 엣세네 공동체의 조직은 규칙들과 법규들의 복합물을 만들어냈다. 자발적으로건 명령에 의해서건 엣세네인들이 추방되어 독립된 공동

체를 이루어 생활하게 됨으로써 이러한 현상은 더 심화되었다. 두 개의 문서가 현존하고 있는데, 거기에는 이러한 규칙들과 법규들이 기록되어 있다. 『종규 교범』(*Manual of Discipline*)은 『공동체의 규칙』(*Rule of the Community*)이라고도 불린다. 이것은 쿰란 제1 동굴에서 발견된 것으로서 가장 완전하게 보존되어 있다. 이것은 히브리어로 기록되어 있으며 11개의 세로단으로 구성되어 있다.

이 본문이 기원전 2세기 후반에 작성되었음을 확인해 주는 여러 개의 단편들이 발견되었다. 이 글이 저술되기 전에 형성되어 사용되면서 발달된 다양한 특성의 자료들이 이 글에 포함되어 있기는 하지만, 이 저술은 새 언약의 공동체를 위한 기본적인 법률로 소개되고 있다. 완전히 남자들로만 구성된 이 사회에 새로운 회원들을 받아들이는 것에 대한 지침 외에도, 언약 갱신의 축제를 위한 규정들, 그리고 공동체와 종규에 대한 일반적인 규칙들도 포함하고 있나. 빛의 자녀들이 속해 있는 진리의 영과 어둠의 자녀들이 속해 있는 악한 영에 대한 특별한 가르침은 여러 세대의 인류에 대한 이 종파의 결정론적 견해를 증명해준다. 이 문서는 찬송으로 끝을 맺는다.

『종규 교범』의 뒷부분에 기록된 『회중의 규칙』(*Rule of the Congregation*, 1QSa)은 이와 연관된 문서이다. 그것은 추가 규정들을 포함하고 있으며, 무엇보다 더 중요한 것은 구원의 종말론적인 시대에 있을 메시아의 잔치로서, 여자와 어린아이들을 포함한 모든 이스라엘인들을 소집하는 지침을 담고 있다. 이 두 문서에는 성직정치의 위계 질서가 분명히 나타나 있다. "사독의 아들들인 제사장들"이 레위인이나 다른 회원들보다 우위에 있으며, 종말론적 시대의 메시아적 제사장이 메시아적 왕보다 우선한다.

두번째 중요 문서는 『다메섹 문서』(*Damascus Document*, or *Damascus Covenant*[CD])이다. 이것은 1896년에 카이로 게니자에서 서기 10세기와 12세기의 세 개의 단편으로 발견되었으며, 1910년에 솔로몬 셰크터(Solomon Schechter)가 출판한 이래로 알려져 왔다. 그러나 쿰란의 제4, 5, 6 동굴에서 『다메섹 문서』의 여러 단편들을 포함하여 쿰란에서 발견된 사본들을 통해서 이 책의 기원을 결정할 수 있게 되었다. 기원전 2세기의 어느 시기에서 이 문서는 "다메섹 땅에 있는 새 언약의 백성들"을 위한 공동체의 규정으로서 저술되었는데, 이 백성들은 엣세네인이었음이 분명하다. 이 문서에서는 사독의 후손들만이 하나님의 언약에 충실했다고 강조하며, 의의 교사를 그 집단의 창시자로 언급한다.

종교력(宗教歷), 정결, 맹세, 사유 재산에 대한 약간 완화된 금령은 『종규 교범』의 것들과 유사하다. 그러나 몇 가지 중요한 차이점이 있다. 『다메섹 문서』에서 언급된 공동체는 쿰란 외부에 살고 있었으며("다메섹 "란 "유배"를 상징하는 명사인 듯하다), 결혼한 부부들과 자녀들도 포함되었다(결혼에 대한 규정이 있다). 지도권은 제사장과 레위인과 장로들의 회가 가지고 있지 않았다. 모든 주요한 결정, 예를 들자면 새로운 회원의 입회 허가, 법적 문제의 판결, 재산 관리 등은 "감독자"(*Mebakker*)과 관할했다.

(6) 주석들(*Pesharim*). 엣세네인들은 성경 해석에 있어서 페셔(*pesher*)라고 불리는 특별한 형태의 성경 주석을 발전시켰다. 예언적 본문들을 모두 종말론적 과정에서 발생하는 사건들로 이해하며 과거와 현재와 미래에 대한 신비한 묘사로 간주하는 것이 특징이다.

성경책을 한 절씩 해석한 형태의 주석으로서 가장 방대한 것은 하박국 페셔이다(*Pesher on Habakkuk:* 1QpHab)이다. 약간 훼손된 두루마리 안에 하박국서에 대한 일련의 해석이 담긴 13개의 세로단이 보존되어 있다. 그 주석은 하박국서의 본문 중 한 두 문장을 인용한 뒤에 "…에 대한 해석은"이라는 말로 시작되는 짧은 주석이 이어진다. 그 선지서의 모든 진술들은 예루살렘의 사악한 제사장의 난폭한 행위들, 성전을 더럽힘, 의로운 교사에게 가해진 박해, 그리고 성서를 해석하고 하나님의 비밀을 발표하는 의의 교사의 능력과 연결된다. 예언적인 말들은 정치적인 사건들과 군사적 사건들에 대한 언급으로 이해된다. 예를 들면 "키팀"(Kittm: 셀류시드 왕조나 로마인들)과 같은 암유를 들 수 있다.

나훔 페셔(*Pesher on Nahum:* 4QpNah) 중에서 나훔 2:12-3:12에 대한 주석을 담은 세 개의 세로단이 보존되어 있다. 이것은 하스몬 시대 말기에 기록된 것으로서 역사적 언급들이 한층 더 뚜렷하다. 셀류시드 제국의 마지막 왕들 중 한 사람인 데메트리오스 3세 시대로부터 로마인들의 도래까지의 사건들이 언급되고 있다. 데메트리오스와 안디오코스(4세인 에피파네스?)의 이름이 직접 불려지고 있다는 사실은 주목할 만하다. 당대의 사건들에 대한 그밖의 언급들은 분명치 않다. 사람들을 산 채로 매달아 죽인 "진노의 사자"는 분명 알렉산더 얀네우스이다. 그러나 에브라임이라는 상징으로 등장하는 바 "불안정한 것들을 찾는 자들"이 바리새인을 의미하는지는 확실치 않다. 현재 남아 있는 이러한 형태의 다른 주석들의 단편들은 분량이 비교적 적은데, 여기에는 이샤야서 주석이 포함된다. 그러나 호세아서 주석, 미가서 주석, 스바냐서 주석, 시편 주석 등의 단편들도 현존하고 있다. 『시편 37편 주석』(*Pesher on Pslam* 37: 4QpPs 37)은 공동체와 의로운 선생의 경험, 그리고 그들의 겪은 핍박에 관해서만 언급하고 있다.

두번째 유형의 주석에서는 성경 구절들을 주제별로 배열한다. 이러한 문서들 중 하나가 『명시선』(*Florilegium*: 14QFlor)인데, 이 문서는 두 개의 세로단만이 남아 있다. 이 문서의 주제는 성전과 "다윗의 식물"인데, 이 둘은 모두 그 공동체의 종말론적 상징들로 이해되었다. 논의는 사무엘하 7:10-11에서 시작되어 시편 1:1과 2:1-2로 진행된다. 그밖의 다른 성구들은 "…에 기록된 바와 같이"라는 공식과 더불어 인용된다. 『멜기세덱에 관한 주석』(*Pesher on Melchizedek:* 1QMelch) 중 두 개의 세로단을 다룬 13개의 단편들이 남아 있는데, 그것은 그 주석이 창세기 14:18-19와 시편 110:4을 중심으로 배열되어 있음을 증명해준다. 이 두 가지 성구는 히브리서에서 멜기세덱의 반차를 따른 대제사장이신 예수를 이해하는 데서 역할을 발휘한다(히 5:1-10; 7:1-3).

초기 기독교 저자들이 잘 알려진 성구들을 사용했다는 가정의 증거는 쿰란에서 발견된 *Testimonia*(4QTest)라는 사본에서 발견된다. 이것은 완전하게 보존되어 있는데, 신명기 5:28-29; 18:18-19; 민수기 25:15-17; 신명기 33:1-8; 여호수아 6:26이 연속적으로 인용되어 있다. 비록 이 인용문들의 마지막 부분에 벨리알에 대한 예기치 않은 언급이 있는 것 외에 분명한 논평은 등장하지 않지만, 이 문서의 주제는 아론과 이스라엘의 메시아의 도래이다.

(7) 찬송(*Hodayot*). 쿰란 종파의 저술에 등장하는 바 기도와 감사에 대한 몇 가지 언급은 그들이 예배 때에 시편을 사용했음을 증명해준다. 『종규 교범』과 『전쟁 두루마리』에는 찬송들이 수록되어 있다. 어느 시편 두루마리에는 통상적인 150개의 시편에 포함되지 않은 몇 편의 시편이 수록되어 있다(11QPs[a]). 엣세네 공동체의 회원들이 지은 많은 찬송들을 기록한 두 개의 두루마리가 보존되어 있다. 그것이 『감사 찬송집』(*Hodayot*, IQH)이다. 이 사본은 심하게 훼손되어 있으므로 완전하게 복원하는 것은 불가능하다. 제1 동굴과 제4 동굴에서 7개의 단편이 발견되었다. 찬송 두루마리에 포함되지 않는 찬송들의 사본 단편 5개가 확인되었다.

많은 찬송은 보통 "주님을 찬송하나이다"라는 공식으로 시작되고, 그밖의 찬송들은 일인칭 단수를 사용한다. 첫째 부류에 속하는 찬송들은 구원의 체험, 박해, 추방 등에 대해 개인적으로 말하기 때문에, 의로운 교사가 그것들의 저자라고 주장되어왔다. 이 찬송들은 시편을 자주 언급하며 문체와 구문이 유사하지만, 새로운 종교 경험을 표현한다. 이것들은 악한 사람들에 의한 박해에 대해 말하면서 또한 하나님의 도우심과 구원에 대해서도 말하며, 인간이 죄의 속박을 받는다는 점 뿐만 아니라 인생의 무상한 본질에 비추어 인간 생존의 허무함을 성찰한다. 의와 생명은 하나님의 은혜를 통해서만 획득할 수 있다.

(8) 『솔로몬의 시편』(*Psalms of Solomon*). 이것은 쿰란에서 발견되지 않은 또 다른 찬송가 모음집의 제목이다. 이 책의 헬라어 사본과 고대 시리아어 번역본과 콥트어 번역본 등 다수가 보존되어 있나. 이 찬송들은 기원전 60-30년에 원래 예루살렘에서 히브리어로 저술되었을 것이다. 왜냐하면 그 찬송들은 폼페이와 헤롯 대왕을 은근히 비유하는 것으로 이해되는 진술들을 포함하고 있기 때문이다. 이 찬송들은 성경의 시편집을 모방하고 있기 때문에, 그것들을 만들어낸 집단에 대해 확실한 판단을 할 수가 없다. 하시딤 운동의 유산에도 불구하고, 이 찬송들의 저자들은 제사장적 메시야에 대한 전형적인 엣세네파의 기대를 가지고 있지 않으며, 또 예루살렘 성전의 종교를 거부하지도 않는다.

바리새인들이 『솔로몬의 시편』의 저자라고 주장하려는 시도도 있었지만, 확실한 증거가 부족하다. 여러 명의 저자가 있었을 수도 있지만, 그것들은 모두 하나의 동일한 종교적 경향, 즉 경건주의를 표현하고 있다. 그것들은 의인의 강력한 자신감과 죄인들에 대한 신랄한 비판을 나타낸다. 죄인들 중에는 외국 통치자와 이스라엘인 통치자, 그리고 이스라엘 백성들 중 경건치 못한 자들이 포함된다. 메시아적 견해와 묵시론적 견해가 나타나는데, 특히 17장과 18장에서 그러하다. 이러한 기대에는 메시아가 다윗 가문의 후손인 강력한 세상의 왕으로서 오실 것, 그리고 경건치 못한 모든 백성들에 대한 심판이 포함된다.

(9) 『열두 족장의 유언』(*Testament of the Twelve Patriachs*). 유언문학은 예전 이스라엘의 문학 장르, 즉 히브리 성경의 언약 공식을 헬라식으로 발전시킨 것이다. 언약의 역사적 서론 대신에 개인의

전기를 기록함으로써, 국가의 역사 안에서 하나님의 행위들을 상기시키는 것들을 개인적으로 경험한 덕과 악을 배합한 이야기로 변화시킨다. 언약 공식의 축복과 저주는 묵시적 예언으로 대치된다. 이 장르에 속하는 문서 중에서 가장 중요한 것이 『열두 족장의 유언』인데, 그것은 헬라어 번역본, 그리고 헬라어 본문을 토대로 한 아르메니아 번역본과 슬라브어 번역본으로 보존되어 있다. 여러 가지 개정판도 현존하고 있는데, 그것들의 관계는 복합적이므로 여기에서 논할 수 없다.

현재의 형태를 볼 때, 이 문서는 아마 헬라어판일 가능성이 높다. 그러나 아람어로 된 『레위의 유언』(*Testament of Livi*)와 히브리어 된 『납달리의 유언』(*Testament of Napthali*)의 단편들이 쿰란에서 발견되었다. 그밖에 히브리어와 아람어로 된 몇 개의 작은 단편들은 확실하게 확인되지는 않았지만, 이것들중 어느 것도 헬라어판 『열두 족장들의 유언』보다 앞선 것이라고 볼 수는 없다. 반면에, 이러한 발견물들은 현존하는 헬라어 본문을 기독교들이 만들어낸 것이라고 간주하기도 어렵게 만든다. 아마 그 본문은 알렉산드리아에 거주하는 헬라화 된 유대인이 지은 것이며, 기독교 인들이 개찬(改竄)했을 것이다.

이 유언들에서 야곱의 아들들은 각기 자신의 자녀들에게 충고를 한다. 이러한 충고들은 특별한 악행(예를 들면 간음, 탐심 등)이나 덕의 결과를 다루는 자서전적인 회고 다음에 나온다. 이 권면들은 설교체이며, 덕행과 악덕의 목록이 이어진다. 이것들은 "두 개의 길"—생명의 길과 죽음의 길, 선과 악, 주의 천사들과 사탄의 사자들—이라는 관점에서 대조가 된다. 이러한 자료들과 지혜 전승, 그리고 후일 기독교에서 두 가지 길을 설명한 것 사이에는 긴밀한 관계가 있다(*Didache* 1-6; *Barnabas* 18-21) 이 유언 문학의 묵시론적 요소는 많은 사람들이 궁극적인 회복 이전에 떨어져 나가 반역하게 될 미래에 대한 예고에서 등장한다. 레위 지파 출신의 메시아와 유다 지파 출신의 메시아야에 대한 예언은 엣세네파 사람들이 메시아적 제사장과 메시아적 왕을 기대한 것과 대등한 것이다.

(10) **신비 신탁집**(*Sibylline Oracles*). 이러한 신탁들을 기록한 헬라어로 된 두 권의 책이 보존되어 있다. 이 책들의 최종 형태는 기독교인이 편집한 것임을 드러낸다. 그러나 대부분의 자료들은 이교도나 유대교의 것으로서 페르시아 시대와 헬레니즘 시대와 로마 지대의 것들이다. 이러한 수집물을 지칭하는 명사는 헬라어 "Sibyl"에서 유래되었다. 시빌(Sibyl)이란 신접(神接)한 무녀(巫女)로서 그의 신탁들은 육보격 시로 기록되었는데, 여러 개의 신탁을 모아서 수록했다.

이것들 중 가장 유명한 것은 쿠메안 시빌(Cumean Sibyl)의 신탁을 모아 놓은 세 권의 신탁집인데, 원로원에서는 이것을 로마에 있는 주피터 카피톨리누스의 신전 지하실에 보관했다. 기원전 83년이 신전이 불 탄 후, 기원전 12년에 아우구스투스는 팔라틴 언덕에 있는 아폴로 신전에 세련되게 문장을 다듬은 개정판을 맡겼다. 아주 중요한 일이 있을 때나 국가적 이해 관계와 관련된 공식적인 일을 위해서만 이 책을 참고로 할 수 있었다.

이 과정들은 신탁서들의 평판, 그 책들에 대한 존경심, 그 책들의 위협적인 내용에 대한 인정, 그 책들을 오용하고 남용하는 것에 대한 두려움을 나타내 준다. 헬레니즘 시대에 동양 무녀들의 이름으로 기록된 책들이 등장하여 공식적으로 인정된 그리스 무녀들의 신탁집과 경쟁하기 시작했다. 이것들 중에는 바빌로니아의 무녀와 유대인 무녀의 권위 하에 보급된 것들도 있었다. 후대에 수집된 책들 중에서 현재 보존되어 있는 것들을 보면, 이 신탁들은 정치적으로 위협적이었고, 동방의 그리스인 통치자들 및 후대의 로마인 군주들을 대적한 것이었다. 이와 유사한 예언들은 외국인 통치자들의 등장 및 여러 해 동안의 압박에 이어 전쟁, 혼란 상태, 그리고 종말론적 해방자의 등장을 예고하는데, 그중에 가장 유명한 것은 『토기장이의 신탁』(*Potter's Oracle*, 기원전 2세기)이다.

현재 남아 있는 『신탁집』(*Sibyline Oracles*)에서 3권, 4권, 5권, 그리고 11권은 이스라엘인이 썼거나, 과거의 자료들을 편집한 것이다. 그것들은 원래는 그레코-마케도니아 통치자들을 겨냥한 것으로서 그들의 궁극적인 몰락, 세계적인 재앙, 그리고 형벌과 부활을 동반하는 심판을 예고하고 있다. 후일, 로마를 반대하는 선전에 사용하기 위해 이 신탁들을 보완하여 변증적 주제들, 일신론을 옹호하는 논거들, 여러 국가들에 대한 정죄들을 포함시켰다. 공통적으로 종말론적 상징들이 사용되었기 때문에, 유대교와 기독교에서 편집한 것과 이교의 자료들을 구분하기는 어렵다. 이스라엘의 묵시적 전승의 특징적인 공헌점은 신적 계획에 의해 세계사가 지배된다는 견해에서 나타난다. 유대인 무녀(Sibyl)는 하나님이 현재와 과거와 미래의 주인이시며, 자연의 권세들을 다스리신다고 주장한다(따라서 우상숭배를 비판한다). 그녀는 또한 엄격히 종말론적인 신정론을 주장한다. 역사는 마지막 심판과 불의한 자의 형벌을 향하여 흐르고 있으며, 의인은 자신들의 행위에 대한 상급을 받을 것을 기대할 수 있다.

Bibliography to §5.3e

Ithamar Gruenwald, "Jewish Apocalyptic Literature," *ANRW* 2.19.1 (1979) 89-118.

Michael E. Stone, "Apocalyptic Literature," in idem, ed., *Jewish Writings of the Second Temple Period* (CRINT 2.2; Philadelphia: Fortress, 1984) 383-441.

Devorah Dimant, "Wumran Sectarian Literature," in Michael E. Stone, ed., *Jewish Writings of the Second Temple Period* (CRINT 2.2; Philadelphia: Fortress, 1984) 484-550.

Bibliography to §5.3e(1): Text

Joseph Ziegler, ed., *Susanna: Daniel: Bel et Draco* (Göttingen Septuagint 16,2).

Bibliography to §5.3e(1): Commentary

John J. Collins, *Daniel: A Commentary on the Book of Daniel* (With an essay, "The Influence of Daniel on the New Testament" by Adela Yarbo Collins; Hermeneia; Minneapolis: Fortress, 1993.

Bibliography to §5.3e(1): Studies

John J. Collins, *The Apocalypic Vision of the Book of Daniel* (HSM 16; Missoula: Scholars Press, 1977).

C. Brekelmans, "The Sons of the Most High and Their Kingdom," *OTS* 14(1965) 305-29.

Bibliography to §5.3e(2): Texts

E. M. Laaperrouzas, *Le Testament de Moïse* (Semitica 19; Paris: 1970). Latin Text and French translation.

J. Priest, "Testament of Moses," in: Charlesworth, *OTPseudepigrapha,* 1. 919-34.

Bibliography to §5.3e(2): Studies

George W. E. Nickelsberg, ed., *Studies on the Testament of Moses* (SBLSCS 4; Cambridge, MA: Society of Biblical Literature, 1973).

A. Schalit, *Untersuchungen zur Assumptio Mosis* (Arbeiten zur Literatur und Geschichte des hellenistischen Judentums 17; Leiden: Brill, 1989).

Egon Brandenburger, *Himmelfahrt Moses* (JSHRZ 5/2; Gütersloh: Mohn, 1976).

Bibliography to §5.3e(3): Text

Yigael Yadin, *The Temple Scroll* (3 vols.; Jerusalem: Israel Exploration Society, 1977-1983). Hebrew Text and English translation.

Johann Maier, *The Temple Scroll: An Introduction, Translation and Commentary* (JSOTSup 34; Sheffield: JSOT Press, 1985).

Bibliography to §5.3e(3): Studies

Yigael Tadin, "The Temple Scroll: The Longest and the Most Recently Discovered Dead Sea Scroll," *BAR* 10,4(1984) 32-49.

Idem, *The Temple Scroll: The Hidden Law of the Dead Sea Sect* (New York: Random House, 1985).

Idem et al., "The Temple Scroll," in Hershel Shanks, ed., *Understanding the Dead Sea Scrolls* (New York: Random: Random House, 1992) 82-136.

George J. Brppke, ed., *Temple Scroll Studies: Papers Presented at the International Symiposium on the Temple Scroll, Machester, December 1987* (JSPSup 7; Sheffield: JSOT Press, 1989).

Bibliography to §5.3e(4): Studies

Philip R. Davis, *IQM: The War Scroll from Qumran: Its Structure and History* (BibOr 32; Rome Biblical Institute Press, 1977).

John J. Collins, "The Mythology of the Holy War in Daniel and in the Qumran War Scroll: A Point of Transition in Jewish Apocalyptic," *VT* 25 (1975) 496-612.

Bibliography to §5.3e(5): Text

Chaim Rabin, *The Zadokite Documents* (Oxford: Clarendon, 1958).

Bibliography to §5.3e(5): Studies

A. R. C. Leany, *The Rule of Qumran and its Meaning* (London: SCM, 1966).

Lawrence H. Schiffman, *The Eschatological Community of the Dead Sea Scrolls: A Study of the Rule of the Congregation* (SBLMS 38; Atlanta: Scholars Press, 1989).

Jerome Murphy-O'Connor, "An Essene Missionary Document CD II.14 - VI.1," *RB* 77(1970) 201-29.

Idem, La genèse littéraure de ka Règle de la Communautè," *RB* 76(1969) 528-49.

Bibliography to §5.3e(6): Text

Maurya P. Horgan, *Pesharim: Qumran Interpretation of Biblical Books* (CBQ. MS; Washington: Catholic Biblical Association of America, 1979).

Bibliography to §5.3e(6): Studies

William Hugh Brownlee, *The Midrash-Pesher Habakkuk* (SBLMS 24; Missoula, MT: Scholars Press, 1977).

Karl Elliger, *Studien zum Habakuk-Konnentar vom Toten Meer* (Tübingen: Mohr. Siebeck, 1953).

Bibliography to §5.3e(7): Text

M. Delcor, *Les hymnes de Qumran(Hodayot)* (paris: Letouzey et Ané, 1962). Hebrew text and French translation.

Bonnie Pedrotti Kittel, *The Hymns of Qumran: Translation and Commentary* (SBLDS 50; Chico, CA: Scholars Press, 1981).

Bibliography to §5.3e(7): Studies

Menahem Mansoor, *The Thanksgiving Hymns* (Grand Rapids: Eerdmans 1961).

Bibliography to §5.3e(8): Text

S. Holm Nielsen, ed., *Die Paslmen Salomos* (JSHRZ 4/2; Gütersloh: Mohn, 1977).

Bibliography to §5.3e(8): Studies

R. R. Hahn, *The Manucript History of the Psalms of Solomon* (SBLSCS 13; Chico, CA: Scholars Press, 1982).

Joachim Schüpphaus, *Die Psalmen Salomos: Ein Zeugnis jerusalemer Theologie und Frömmigkeit in der Mitte des vorchristlichen Jahrhunderts* (ALFGHL 7; Leiden Brill, 1977).

Bibliography to §5.3e(9): Texts

Marinus de Jonge, ed., *The Testaments of the Twelve Patriachs: A Critical Edition*

of the Greek Text (PVTG 1,2; Leiden: Brill, 1978).
H. C. Kee, "Testaments fo the Twelve Patriachs," in Charlesworth, *OTPsedepigrapha,* 1. 775-828.
J. Becker, *Die Testamente der zwölf Patriarchen* (JSHRZ 3/1; Gütersloh: Mohn, 1974).

Bibliography to §5.3e(9): Commentaries

H. W. Hollander and Marinus de Jonge: *The Testaments of the Twelve Patriachs: A Commentary* (SVTP 8; Leiden: Brill, 1985).

Bibliography to §5.3e(9): Studies

Marinus de Jonge, *The Testaments of the Twelve Patriachs: A Study of Their Test, Composition and Origin* (2d ed.; GTB 25; Assen: van Gorcum, 1975).
Idem, ed., *Studies on the Testaments of the Twelve Patriachs: Text and Interpretation* (SVTP 3; Leiden: Brill, 1975).
Idem, The Testaments of the Twelve Patriachs:Central Problems and Essential Viewpoints," *ANRW* 2.20.1 (1987) 359-420.
Idem, *Jewish Eschatology: Early Christian Christology and the Testaments of the Twelve Patriachs: Collected Essays of Marinus de Jonge* (NovTSup 63; Leiden: Brill, 1991).
Dixon Slingerland, *The Testaments of the Twelve Patriauchs: A Critical History of Research* (SBLMS 21; Missoula: Scholars Press, 1977).
Idem, "The Testament of Joseph: A Redaction-Critical Study," *JBL* 96(1977) 507-16.
GeorgeW. E. Nickelburg, ed.; *Studies on the Testament of Joseph* (SBLEJL Missoula, MT: Scholars Press, 1975).

Bibliography to §5.3e(10): Texts

Johannes Geffcken, *Die Oracula Sibyllina* (GCS 8; Leipzig: Hinrichs, 1902).
John J. Collins, "Sibylline Oracles," in: Charlesworth, *OTPseudepigrapha,* 1. 317-417.

Bibliography to §5.3e(10): Studies

John J. Collins, *The Sibylline Oracles of Egyptian Judaism* (SBLDS 13; Missoula, MT: Scholars Press, 1974).
Idem, "The Development of the Sibylline Tradition," *ANRW* 2.20.1 (1987) 421-59.

(f) 정사(正史)와 전설에 반영된 이스라엘 역사

이스라엘인들이 저술한 역사서 중에 현존하는 것으로서 포괄적인 것들은 헬레니즘 시대 전후에 저술된 것들이다. 역대기는 기원전 4세기에 히브리어로 저술되었고(기원전 3세기에 개정됨), 요세푸스의 『고대기』(*Antiquities*)는 서기 1세기말에 저술되었다(§6.4d). 헬레니즘 시대 이후의 이러한 저술들은 몇 개의 단편들만 남아 있다. 그밖에 개인적인 사건을 전설적으로 칭송하거나 역사적으로 제시하는 저술들은 그다지 멀지 않은 과거를 다룬다.

(1) 『에스드라 1서』(*1 Esdras*) 히브리 성경에는 에스라와 느헤미야의 개혁을 다룬 느헤미아서와 에스라서가 포함되어 있다. 그러나 칠십인역과 불가타에서는 "느헤미아"라는 제목이 사용되지 않고, 대신에 『에스드라서』라는 명칭이 붙은 책들이 포함되어 있다. 게다가 다수의 외경이 『에스라』나 "에스드라"라고 불리고 있다. 이처럼 제목들이 혼동된 것을 도표로 그려보면 다음과 같다.

	히브리 성경	히브리 성경	석외	외경
영어 성경	*에스라*	*느헤미야*		*에스라 4서*
칠십인역	에스라	느헤미야	에스드라 1서	에스드라 2서
불가타		에스드라2서	에스드라 1서	1-2: 에스드라2서
후대 라틴어역	에스드라 1서	에스르다2서	에스드라 3서	3-14: 에스드라 4서
MSS.	에스드라 1서	에스드라 3서		15-16: 에스드라 5서

여기에서 논의되는 책은 칠십인역의 『에스드라 1서』로서, 영어 성경의 외경에서도 동일한 제목으로 등장하지만, 불가타에서는 『에스드라 3서』라고 불린다. 이 책은 역대기 35:1=36:21, 에스라서 전체, 그리고 느헤미아 7:72-8:13의 히브리 본문의 헬라어 석의(釋義)이다(물론 느헤미아라는 제목은 등장하지 않는다). 이것은 제1 성전 시대의 말기에서부터 시작하여 제2 성전의 건축에 관한 기사를

제공하며, 에스라의 활동에 대한 묘사로 끝난다. 이 책의 역사적 연대기는 어려우며, 이 책의 목적과 저술 연대에 대해서는 논란이 되고 있다. 그러나 아마 기원전 2세기에 건축된 몇 개의 이스라엘 성전의 등장 때문에 자극을 받은 듯한 책의 중심적 관심사는 포로기 이후 예루살렘의 재건이다. 이것은 비성경적인 페르시아 궁정의 설화 "세 명의 다리우스의 경호원"(Three Bodyguards of Darius)이 삽입된 것을 보면 분명해진다(에스드라 1서 3:1-4:63). 그 이야기는 경호원들이 세상에서 가장 강력한 것이 무엇인가를 놓고 경쟁하는 내용이다. 그들은 각기 가장 강력한 것이 왕, 포도주, 여인이라고 주장하는 연설을 펼친다. 그러나 에스드라 1서의 저자는 이 이야기를 편집하여, 처음 두 가지 연설의 순서를 바꾸고, 진리에 대한 네번째 연설을 추가했다. 이 연설은 세번째 경호원이 하는데, 그가 곧 스룹바벨이다. 결국 그는 경쟁에서 승리하고 상으로 성전을 재건하라는 허락을 받는다.

(2) **헬레니즘 시대의 유대 역사가들**의 저술들의 단편 다수가 알렉산더 폴리히스토르에 의해 보존되어왔다. 이들 중 가장 오래된 인물은 3세기 알렉산드리아의 데메트리오스(Demetrios)이다. 유세비우스는 그의 저서에서 일부를 인용했다. 알렉산드리아의 클레멘트에 따르면 그 책의 제목은 『유대인의 왕 예수에 관해서』(*On the King of the Jews*)였다. 이 책에서는 족장 시대에서부터 프톨레미 4세 필로파토르 시대(221/1-204 BCE)까지의 이스라엘 역사를 저술하려 했다. 그것은 연대기에 특별한 관심을 두고서 헬레니즘 시대의 역사 편찬 양식에 따라 저술되었다.

또 한 사람의 유대인 역사가 유폴레모스(Eupolemos)는 헬라어를 사용한 팔레스틴 사람으로서, 아마 유다 마카비의 특사였던 요한의 아들 유폴레모스일 것이다(마카비 1서 8:17). 역시 『유대인의 왕에 관해서』(*On the King of the Jews*)라는 제목의 그의 저서의 단편들이 유세비우스와 알렉산드리아의 클레멘트의 글 속에 보존되어 있다.

그 주제에는 모세, 다윗, 솔로몬, 예루살렘의 멸망, 시대를 도형적으로 기록한 것 등이 포함된다. 이 저서는 데메트리오스의 저서보다 더 변증적이다. 모세는 "최초의 현인", 알파벳의 발명자요 학문의 창시자로 등장한다. 솔로몬은 이집트와 페니키아의 왕들의 도움을 받아 국제적인 제국의 문화적 중심지인 성전을 세운 "위대한 왕"으로 등장한다. 이처럼 헬레니즘적인 모티프들은 하스몬가의 정치적 선전을 돕기 위해 사용되었다.

유세비우스의 저서에 수록된 『익명의 사마리아인』 *Samaritan Anonymous*의 단편을 유폴레모스의 것이라고 하는 것을 잘못된 것이며, 따라서 *Pseudo-Eupolemos*라고도 불린다. 이 단편은 기원전 2세기에 어느 사마리아인이 저술한 헬라어 저술의 일부이다(사마리아의 성전이 멸망하기 전에 저술되었음). 사마리아인들의 성산(聖山)인 그리심 산이 "지극히 높으신 자의 산"과 동일시되어 있다. 이 책은 칠십인역을 토대로 저술된 것으로서, 태초의 역사와 족장들에 대한 성경의 기사를 다소 "혼합주의적" 양식으로 재해석하고 있다. 성경의 인물들은 그리스의 신들과 영웅들과 동일시된다. 에녹은 아틀라스(Atlas), 노아(=니므롯)는 바빌로니아의 벨(Bel)이나 그리스의 크로노스(Kronos)와 동일시 된다. 아브라함은 페니키아인들과 이집트인들에게 점성술을 가르치며, 동양의 지혜를 서방에 전달하는 중개자 역할을 한다. 이스라엘의 전승은 한편으로는 바벨론, 다른 한편으로는 이집트와 그리스 사이를 이어주는 고리로 간주된다.

유폴레모스와 *Samaritan Anonymous*에게서 보다 강력하게 나타나는 이러한 헬레니즘적인 모티프들이 기원전 3세기, 혹은 2세기에 알렉산드리아에서 활동한 아르타파노스(Artapanos)의 글에 주도적으로 나타난다. 아브라함과 요셉에 대한 저서의 단편 두 개, 그리고 모세에 대한 보다 큰 단편 하나가 유세비우스의 글에 보존되어 있다. 아브라함은 이집트인들에게 점성학을 가르친다. 모세는 전형적으로 헬레니즘적인 "신적인 사람"(θεῖος ἀνήρ: 데이오스 아넬), 헬라인들이 모우사이오스(Mousaios: 오르페우스의 아버지)라고 부르는 이집트의 지혜로운 왕자로 묘사된다. 그는 상형문자를 가르치며, 이집트 사제들은 그를 헤르메스로 숭배한다. 그는 배, 농업과 관개에 사용되는 기계들을 발명하며, 철학 및 올바른 종교적 예배에 대한 교훈을 준다. 그가 전쟁에서 거둔 기적적인 승리를 묘사하는 대목에서 이 저서는 역사서가 아니라 송덕문(Aretalogy)으로 변화된다.

또 다른 역사가의 글의 단편들은 『프슈도 헤카타이오스』 *Pseudo-Hekataios*라고 알려져 있다. 압데라의 헤카타이오스(§4.2b)는 프톨레미 1세 시대에 이집트에서 저술 활동을 한 민족지학자이다. 그의 저서 중에서 *Aegyptiaca*(애굽)에는 이스라엘 사람들에 대한 추기(追記)가 포함되어 있는데, 디오도로스 시쿨루스(Diodoros Siculus)는 이것을 어느 정도 인용했다. 유대인의 글일 가능성이 있는 두 종류의 단편이 이 저자의 이름으로 보존되어 있다. 『아브라함에 관하여』(*On Abraham*)는 알렉산드리아의 클레멘트가 인용했으며, 요세푸스도 『고대기』(*Antiquities*) 제1권에서 이용한 듯하다. 그것은 이집트로의 이주, 이스라엘 백성들의 규모, 예루살렘과 성전, 이스라엘의 율법 준수, 마지막으로 유대인 사수(射手) 모솔라무스 등에 대해 기술한다. 그러나 요세푸스는 『아피온에 대한 반박』(*Against Apion*)에서 헤카타이토오스의 저서라고 주장되는 『유대인에 관해서』(*On th Jews*)라는 책을 인용했는데, 이 인용문들은 알렉산더와 그의 후계자들 치하에 있던 유대인들에 대해 다룬 역사서의 것이다. 유대인들에 대한 적극적인 태도 때문에, 이것이 헬레니즘 시대의 유대인 변증가에 의해 저술되었다고 볼 수도 있다.

(3) 『마카비 1, 2서』(*1 and 2 Maccabees*). 마카비 시대에 여러 개의 역사서가 저술되었다. 마카비 반란의 역사에 대한 것 중에서 가장 중요한 것은 키레네의 야손(Jason)이 저술한 것이다. 이 책은 기원전 2세기 중엽 이후에 헬라어로 저술되었다. 그러나 안타깝게도

다섯 권으로 된 이 책은 유실되었으며, 그중 일부만이 마카비 2서에 발췌되어 보존되어 있다. 야손은 디아스포라 출신의 헬라화 된 유대인이었으나, 팔레스틴의 지리에 대한 훌륭한 지식을 소유했으며, 믿을 만한 자료들을 사용했다. 이 자료들 중에는 유다 마카비의 전기, 셀류시드 왕조의 연대기, 오니아스와 메네라오스와 야손의 제사장 연감, 그리고 예루살렘 성전 문서보관소에 있던 문서 등이 있다.

『마카비 2서』는 야손의 작품의 요약이라고 볼 수 있다. 그것은 기원전 125년부터 63년 사이에 매우 문학적인 헬라어로 저술되었다. 이 책를 소개하는 서신들 중 첫번째 서신(마카비 2서 1:1-9)과 머리말(마카비 2서 2:19-32)은 발췌자가 추가한 것이며, 두번째 서신(마카비 2서 1:10-2:18)은 후대의 편집자가 삽입한 것이다. 마카비 2서에서는 기원전 175-161년의 기간을 다루고 있으나, 반란의 배경을 이루고 있는 셀류코스 4세의 통치 기간(기원전 187-175)에 대한 중요한 정보도 기록하고 있다. 반란의 중심 인물은 유다 마카비(Judas Maccabeus)이다. 그러나 『마카비 2서』는 그의 다른 가족들에 대해서는 언급하지 않으며, 하스몬 가의 통치를 찬양하는 내용도 들어 있지 않다. 많은 전설적 이야기도 포함되어 있는데, 예를 들면 엘리에셀과 일곱 형제와 그들의 어머니의 순교 이야기(8:18-31; 후일 마카비 4서에서 사용됨), 하나님께서 천사를 통해서 성전을 위해 기적적으로 개입하신 것에 대한 이야기 등이다. 발췌자의 주된 관심사는 성전을 영화롭게 하는 것과 유대인들이 율법을 충실하게 준수했다는 것이며, 하나님께서 경건치 못한 자들을 무자비하게 벌하시며 신실한 자들에게는 풍성하게 상급을 주심을 증명하는데 있다. 또 다른 중요한 요소는 성전 재봉헌 축제의 배경을 이루는 사건들(*Hanukkah*, 10:1-8)과 니카노르(Nikanor)에 대한 싸움에서의 승리를 기리는 축제(15:36-37)의 배경을 이루는 사건들에 대한 설명이다.

『마카비 1서』는 부분적으로 『마카비 2서』와 같은 사건들을 다루고 있으며, 전체적으로 키네레의 야손이 사용한 것과 같은 자료들을 사용하고 있다. 그러나 그것은 보다 긴 기간인 기원전 175-134년까지, 즉 안디오코스 4세 에피파네스의 즉위부터 하스몬 가의 대제사장인 시몬의 죽음까지를 다루고 있다. 원래 히브리어로 쓰여졌으나 헬라어 번역판으로만 보존된 이 책은 역사적 자료로서 지극히 귀중한 것이다. 그러나 그 의도적인 요소는 무시 되어서는 안된다. 『마카비 1서』는 유다에게서 시작되어 요한 힐카노스의 등극(기원전 134년)으로 끝나는 하스몬 왕조의 궁중 역사로서 기록된 것이다. 유다 마카비가 영웅으로 묘사될 뿐만 아니라 하스몬 가 전체가 하나님의 택함을 입은 가문으로 등장한다. 그 가문의 사람들 모두가 성경 시대의 이스라엘 영웅들을 모방하여 묘사되며, 반면에 이스라엘 내부의 사람이든지 외부의 사람이든지 간에 그들을 대적하는 사람들은 모조리 무법하고 경건치 못한 자로 묘사된다. 하스몬 가의 지도자들을 찬양하는 다수의 시적인 부분들은 그 왕조의 위상과 영화를 강화해준다.

(4) 『에스더서』(*Esther*). 바벨론 유수 이후의 사건과 인물들을 다루고 있는 다른 모든 유대인의 글들은 성전과 종교적 축제에 대한 전설이거나, 아니면 헬레니즘적 전기소설의 형식으로 쓰여진 이야기이다. 히브리 정경의 일부로서 히브리 원어로 보존되어 있는 에스더서는 전설이나 동화 같은 주제들을 사용하고 있다. 페르시아 왕의 아내인 여주인공(에스더)은 지혜와 미모를 사용하여 동족들의 목숨을 구한다. 학대 받는 사람들 중 한 사람인 모르드개는 높은 관직에 오르며, 악인(하만)은 자기 자신의 음모의 희생자가 된다. 모르드개와 에스더라는 이름은 바벨론의 신 말둑(Marduk)과 이쉬타르(Ishtar)의 이름에서 유래된 것이라는 추측이 있기는 하지만, 아마도 이러한 유사성은 이 이야기의 기원을 동양으로 추정하려는 것 이외에는 다른 목적이 없을 것이다. 혹시 실제의 역사적 상황에

대한 언급이 있다면, 그것은 헬레니즘 시대의 전기소설과 마찬가지로 적당한 배경을 창출해내기 위해서 사용된 문장 형식상의 도구에 불과하다.

이 책의 목적은 부림절을 선전하기 위한 것인데, 아마 원래 디아스포라에서 지켜지던 이 절기를 하스몬 왕조 시대에 팔레스틴에게 소개하려는 것일 것이다. 이 책의 저술 시기는 하스몬 왕조 시대일 가능성이 많다. 헬라어판 에스더서에는 전설적인 특징들이 첨가되어 있다. 그것들은 그 이야기의 극적인 면을 강화해줄 뿐만 아니라 전체 이야기에 종교적인 분위기를 제공해준다(특히 모르드개와 에스더의 기도가 그러하다).

(5) 『유딧서』(*Judith*)는 『에스더서』와 가깝게 연관되어 있다. 원래 히브리어로 기록된 이 책에서는 여주인공이 이야기의 중심이 되며, 아름다운 여인의 행위를 통한 백성들의 구원에 대해 이야기한다. 그러나 이 책은 유대교의 정경에는 포함되지 않으며, 칠십인역의 일부로서 헬라어 번역으로만 보존되어 있다. 에스더서에는 남성 동료 모드르개가 등장하지만, 유딧의 이야기는 완전히 여성의 힘의 승리에 대해 이야기한다. 이 여인의 용기는 전체 국가의 절망과 지도적 위치에 있는 남성들과 대조를 이룬다. 유딧은 꾀와 성적 유혹을 사용하여 적군의 장군 홀로페르네스를 죽이고, 그의 군대 전체를 조롱한다. 역사적인 언급들은 우발적이며 혼란스럽다(홀로페르네스는 "앗시리아"의 왕 느부갓네살의 "페르시아인" 장군이었다). 이야기의 초점은 율법에 충실할 것, 특히 아무리 어려운 상황에서도 의식적 정결을 지키는 것에 있다. 이것은 하시딤의 신앙이며, 마카비 2서와 많은 공통점을 지닌다. 그러나 이 책은 특정한 종교 집단을 대표하고 있지는 않으며, 당시 널리 퍼져 있던 풍조를 반영하는데, 거기서는 성전, 의식 준수, 그리고 하누카나 부림절과 같은 특별한 축제들이 중요한 역할을 했다. 새로운 점은 경건한 여인의 능력을 왕들과 군대들의 힘보다 우위에 둔 사회적 저류의 등장이다.

(6) **그 외의 헬레니즘적 유대 전설들**. 전설적 주제들이 다수의 새로 출판된 성경적 책들을 장식하고 있었다. 에스라서와 느헤미아서(칠십인역의 에스드라 1서)를 헬라어로 의역한 책에 등장하는 바다리우스 왕의 세 경호원의 경쟁 이야기에 대해서는 이미 언급한 바 있다. 의인이 큰 재난에서 구출된다는 주제가 헬라어판 다니엘서의 추가 부문, 즉 수산나와 다니엘의 이야기, 벨과 용의 이야기 등에 등장한다. 전자에서는 여인의 신앙심이 원수로부터 그녀를 변호해주었고, 후자에서는 우상숭배를 반대하는 논증이 중심 주제가 된다.

알렉산드리아의 유대인들에 대해서 헬라어로 저술된 『마카비 3서』의 주제도 의인의 구원이다. 중심 부분(3-7장)은 이집트의 프톨레미 8세 시대에 발생한 사건들에 대한 전설적인 기사이다. 원형경기장에 모인 유대인들을 죽이려고 풀어놓은 코끼리들이 왕의 친구들을 공격한다는 내용이다. 이 전설은 프톨레미 4세(기원전 221-204년)의 박해라는 틀 속에 있는데, 이 때문에 역사적 배경을 확인하는 데 혼동이 온다. 이 책을 저술하게 된 원인은 기원전 1세기에 알렉산드리아 유대인들이 완전한 시민으로서의 권리를 받아내기 위해 기울인 노력 때문이었을 것이다. 마카비 3서는 이러한 노력에 반대하며, 대신에 알렉산드리아에 사는 유대인들이 수세대에 걸쳐서 소유해 왔던 오래 전에 주어진 특권을 지적한다.

(7) **『토빗트서』**(*Tobit*)는 그리스의 전기소설과 깊은 연관이 있다. 그것은 기원전 200년경에 저술되었으며, 칠십인역에서 헬라어로 보존되어 있다. 그러나 쿰란에서 발견된 히브리어 단편 하나와 아람어 단편 네 개는 헬라어 본문이 셈어로 된 원본을 토대로 한 것임을 지적해준다. 이 책에서 묘사된 경건한 이스라엘인이 처한 환경은 디아스포라이다. 가공적인 역사적 상황(살만에셀 6세와 산헤립 시대의 니느웨)과 여행이라는 주제는 전형적인 전기소설의 주제이다. 그러나 지혜 소설의 요소들도 존재한다. 즉 빈번한 권면과 동화

적인 주제들이 등장한다. 이 책의 목적은 경건한 사람들은 고난을 통해 연단받는다는 묘사, 하나님께서 기도에 응답하신다는 내용, 적대적인 이방의 환경 속에서 유대인의 유산을 보존하라는 권면, 항상 자비하신 하나님을 찬양하라는 격려 등에서 나타난다.

Bibliography to §5.3f: Studies

Harold W. Attridge, "Historiography," in: Michael Stone, ed., *Jewish Writings of the Second Temple Period* (CRINT 2.2; Philadelphia: Fortress, 1984) 157-84.

Bibliography to §5.3f(l): Texts

Robert Hanhart. ed., *Esdrae Liber I* (Göttingen Septuagint 8,1).
Idem. ed., *Esdrae Liber II* (Göttingen Septuagint 8,2).
Karl Friedrich Pohlmann. 3. *Esra-Buch* (JSHRZ 1/5: Gütersloh: Mohn, 1980).

Bibliography to §5.3f(l): Commentaries

Jacob M. Myers, *I and II Esdras* (AB 42; Garden City, NY: Doubleday, 1974).

Bibliography to §5.3f (2):Texts

Albert Marie Denis, *Fragmenta Pseudepigraphorum quae supersunt Graeca* (PVTG; Leiden: Brill, 1970).
Carl R. Holladay, *Fragments from Hellenistic-Jewish Authors*, vol. 1: *Historians* (SBLTT 20; Chico, CA: Scholars Press, 1983).
Nikolaus Waiter, *Fragmente jüdisch-hellenistischer Historiker* (JSHRZ 1/2, pp. 91-163; Gütersloh: Mohn, 1976) [Includes Eupolemos, Theophilos, Philo the Elder, Cleodemus Malchus, Artapanos, Ps.-Eupolemos, Ps.-Hekataios].
Idem, *Fragmente jüdisch-hellenistischer Exegeten (Aristobulos, Demetrios, Aristeas)* (JSHRZ 3/2; Gütersloh: Mohn, 1975)

Bibliography to§5.3f (2): Studies

J. Freudenthal, *Hellenistische Studien*, vol. 1: *Alexander Polyhistor und die von ihm erhaltenen Reste judäischer und samaritanischer Geschichtswerke* (Breslau: Skutsch 1875).
Ben-Zion Wacholder, *Eupolemus: A Studv of Judeo-Greek Literature* (Cincinnati: Hebrew Union College, 1974).
Nikolaus Walter, "Jüdisch-hellenistische Literatur vor Philon von Alexandrien," *ANRW* 2.20.1 (1987) 67-120

Bibliography to §5.3f (3): Texts

Werner Kapler, ed., *Maccabaeorum Liber I* (Göttingen Septuagint 9,1).
Robert Hanhart, ed., *Maccabaeorum Liber II* (Göttingen Septuagint 9,2).
Klaus D. Schunck, *I Makkabäerbuch* (JSHRZ 1/4, pp. 167-285; Gütersloh, 1980).

C. Habicht, *2. Makkabäerbuch* (JSHRZ 1/3, pp. 167-285; Gütersloh, 1976).

Bibliography to §5.3f (3): Commentaries

Jonathan A. Goldstein, *I Maccabees* (AB 41; Garden City, NY: Doubleday, 1976).
Idem, *2 Maccabees* (AB 41A; Garden City, NY: Doubleday, 1983).

Bibliography to §5.3f (3): Studies

Arnoldo Momigliano, "The Second Book of Maccabees," *Classical Philology* 70 (1975) 81-88.
Robert Doran, "The Jewish Hellenistic Historians Before Josephus," *ANRW* 2.20. 1 (1987) 246-97.
Idem, "2 Maccabees and 'Tragic History,'" *HUCA* 48 (1977) 107-14.
Idem, *Temple and Propaganda: The Character and Purpose of 2 Maccabees* (CBQMS 12; Washington, DC: Catholic Biblical Association, 1981).

Bibliographyto §5.3f(4): Text

Robert Hanhart, ed., *Esther* (Göttingen Septuagint 8,5).

Bibliography to§5.3f (5): Texts

Robert Hanhart, ed., *Judith* (Göttingen Septuagint 8,4).
E. Zenger, *Das Buch Judit* (JSHRZ 1.6; Gütersloh: Mohn, 1981)

Bibliography to §5.3f (5): Studies

Morton S. Enslin and Solomon Zeitlin, *The Book of Judith* (JAL; Leiden: Brill, 1972).

Bibliography to §5.3f (6): Texts

Robert Hanhart, ed., *Maccabaeorum Liber III* (Göttingen Septuagint 9,3).
Moses Hadas, *The Third and Fourth Book of Maccabees* (JAL; New York: Harper, 1953).

Bibliography to §5.3f (6): Studies

Karl Friedrich Pohlmann, *Studien zum dritten Esra: ein Beitrag zur Frage nach dem ursprünglichen Schluß des chronistischen Geschichtswerks* (Göttingen: Vandenhoeck & Ruprecht, 1970).
Victor A. Tcherikover, "The Third Book of Maccabes as a Historical Source," in *Scripta* 7, 1-26.

Bibliography to §5.3f (7): Text

Robert Hanhart. ed., *Tobit* (Göttingen Septuagint 8.5)

(g) 지혜문학에서 철학적 변증학으로

(1) 『벤 시라의 책』(*Book of Ben Sira,* 혹은 *The Wisdom of Jesus the Son of Sirach*: 칠십인역에는 집회서[*Ecclesiasticus*]라는 이름으로 되어 있음)은 헬레니즘 시대의 유대 책 중에서 가장 방대한 지혜서이다. 기원전 130년, 저자의 손자가 알렉산드리아에서 이 책을 헬라어로 번역했으며, 오랫 동안 이 책은 이 헬라어 역본과 라틴어 역본과 고대 시리아어 역본으로만 알려져 왔다. 히브리 본문의 여러 부분이 카이로 케니자와 쿰란과 마사다에서 발견됨에 따라 현재 히브리 본문의 2/3만이 알려져 있지 않다. 그러나 본문에 관한 문제들은 복합적이다. 왜냐하면 최초로 헬라어로 번역된 이후로 히브리 본문이 변화된 듯하기 때문이다(성경적인 언설체 사본과 불가타에 보존됨). 개정된 히브리 본문은 후대의 헬라어 역본, *Vetus Latina*, 그리고 고대 시리아어 역본에 반영되어 있다. 저자인 예수 벤 시라(Jesus Ben Sira)는 예루살렘의 귀족 가문 출신이었는데, 서기관이요, 외교관이요 특사로서 널리 여행을 했다. 그는 기원전 2세기초에 그 책을 저술했다. 50장에서 칭송되는 대제사장 시몬은 기원전 200년경에 대제사장이었던 의인 시몬이라고 볼 수 있다.

이 책의 저자는 전통적 지혜에 통달하고 있었다. 그는 그것을 자신의 생활 체험들과 결합하여, 상류층 청년들의 교육을 위해 기록했다. 주제별로 배열된 다섯 그룹의 격언들 이외에도 교훈적 시, 지혜 찬송, 감사와 슬픔의 시편 및 저자가 쓴 많은 시편들로 구성되어 있다. 벤 시라는 지혜란 인간 경험의 총체가 아니라 하나님의 지혜로 이해되어야 한다고 보았다. 하나님께서는 제혜를 통해서 세상을 창조하셨고, 지혜는 하나님의 입에서 나와 인간의 도덕적 세상을 포함하여 모든 피조된 세계에 충만히 스며든다.

전체적으로 보수주의적 입장을 취하며, 전통적 종교(지혜는 본질적으로 하나님에 단 경외심이다), 토라(조상들로부터 유전된 지혜는 율법과 동일하다), 그리고 기존의 예배 의식에 뿌리를 내리고 있다. 비록 벤 시라는 부유한 귀족 출신이었음에도 불구하고 부에 대해 비판적이며, 의로운 빈자들을 위해 중재한다. 세상의 완전함에 대한 회의주의를 거부하며, 하나님의 창조에는 허물이 있을 수 없으며, 악은 인간의 악한 행동의 결과라고 제시된다. 벤 시라의 성경적 경향은 그가 과거의 유명한 인물들을 본받아야 한다고 찬양하는 데서 찾아볼 수 있다. 전통을 보존하는 데 대한 관심은 세상에 대한 비교적 개방적인 태도와 결합되어 있으며, 그 교사의 개인적인 경험에 의해 조정된다. 이것은 헬레니즘 세계의 대중 철학이 선전하는 시민의 이상과 동일하다.

(2) 『전도서』(*Qohelet*)는 팔레스틴(예루살렘?)에서 히브리어로 저술 되었는데 많은 아람어 어법을 포함하고 있다. 이 책은 분명히 벤 시라의 시대 직전에 저술되었다. 벤 시라의 책은 히브리 정경에서 제외 되지만, 이 책은 정경으로 받아들여졌다. 그러나 전도서는 헬라화 정신 안에서 이스라엘의 지혜에 대해 다소 비판적인 접근 방법을 보여준다. 두 개의 끝맺음말(12:9-11과 12:11-14)과 후대의 편집자들이 추가한 다수의 "정통적" 삽입문이 이 책의 회의적인 태도를 완화해준다. 원 저자는 자연 질서 내에서의 정의에 대해 강력한 회의를 표현하며, 인간 죽음의 불가피성을 강조한다. 또 그 시대의 사회적/정치적 질서를 정당화하는 이데올로기들을 멀리한다. 이것은 유리피데스, 신희극(New Comedy), 그리고 풍자문들과 묘비 등에서 증거되는 초기 헬레니즘 시대의 사상과 일치한다. 전도서는 그러한 사상들이 프톨레미 시대에 이스라엘의 지식층 지배 계급에 침범해 들어왔음을 증명해 준다. 보수적인 벤 시라가 배격한 것이 바로 이 회의주의였다.

(3) 『바룩 1서』(*1 Baruch*). 지금은 유실되어 존재하지 않는 히브리 원문을 부분적으로 의지하고 있는 이 헬라어 책은 예레미야-바룩의 이름을 사용한 위서(僞書) 문헌들 중에서 가장 오래된 문서이

다. 이것이 저술된 연대는 기원전 2세기일 가능성이 크다(예레미야서는 그보다 몇 십 년 후에 저술되었고, 바룩 2서와 3서는 서기 70년 이후에 저술되었다). 이 책의 이야기체로 된 도입 부분과 기도문(1:1-3:8), 그리고 결론적인 시온의 시(4:5-5:9)은 백성들이 죄를 버리고 하나님께 돌아오는 것과 관련되어 있으며, 기원전 6세기의 바벨론 유수라는 허구적 상황 안에서 기술되어 있다. 그 중심 부분(3:9-4:4)은 시적인 형태로 쓰여진 지혜의 말씀으로서 이스라엘 백성들에게 지혜, 즉 율법으로 돌아오라고 권면한다. 팔레스틴의 지혜 전승 속에서 승리한 것은 전도서의 회의주의가 아니라 벤 시라가 선전한 지혜와 율법의 제휴였음을 이 시는 증명해준다. 그러나 벤 시라의 지혜의 가르침은 만인구원론적 경향을 띠는 데 반해, 바룩 1서에서는 유대교의 율법 형태를 취하는 지혜를 이스라엘의 독점물로 만든다.

(4) 『아리스테아스의 서신』(*Epistle of Aristeas*)과 『위-포킬리데스』(*Pseudo-Phokylides*). 원래 헬라어로 쓰여진 지혜서들은 단순하게 지혜와 율법을 동일시하지는 않는다. 그 책들은 변증적인 방법으로 성경의 율법이 그리스 도덕의 최고 이상들과 양립하며, 모든 진정한 철학의 근원이라고 증명하려고 한다. 『아리스테아스의 서신』은 헬라어 역본 안에 있는 율법의 권위를 지지할 토대를 제공하려 했다. 이 책이 헬라어 역본 안에 있는 이스라엘의 율법을 찬양하는 경우에, 논증은 외부인들을 대상으로 한다. 왜냐하면 그 문서가 작성될 당시, 알렉산드리아의 유대인들은 이미 헬라어로 번역된 율법에 친숙해져 있었기 때문이다. 반면에 율법의 성경적 지혜와 헬라의 지혜를 동일시하는 논증들은, 지식층 유대인들에게 호소하는 것으로 볼 수 있다. 즉 그리스 문화에 완전히 참여하면서 동시에 그들 자신의 종교적 유산에 감사하라는 호소이다.

『아리스테아스의 서신』은 이미 자리를 잡은 헬라어 오경의 언어의 영향을 많이 받았으며, 이것은 그 책이 칠십인역이 번역된 이후에 저술되었다는 증거가 된다. 이것은 역사적으로 일치하지 않는 많은 요소들에 의해서 확인된다. 이러한 사실들은 이 책이 프톨레니 2세 빌라델포스(284-247 BCE) 시대에 기록된 것이 아니라 최소한 그보다 1세기 뒤에 기록되었음을 보여준다. 이 책을 이방인들을 대상으로 썼다는 사실은 필라델포스의 왕궁에서 일하던 이방인 관리의 아리스테아스라는 가명, 예루살렘에 대한 자세한 설명(AD.83-120), 유대교 율법에 대한 철학적 변증(AD.121-171), 그리고 마지막으로 심포지엄 형식으로 유대인 현인들의 지혜를 소개한 것 등에서 나타난다. 이 심포지엄에서는 왕권에 대한 이론과 관습을 다룬다. 유대교의 지혜 전승의 일부 요소들이 다수의, 그리고 때로는 사소한 헬라 격언들과 일반적 원리들 및 철학적 윤리에서 따온 것들과 섞여 있는데, 그 목적은 왕의 식탁에서 식사하는 유대인 현인들이 헬라 철학자들보다 뒤지지 않다는 인상을 풍기기 위해서이다.

『위-포킬리데스』는 유대의 변증적 지혜 중에서 보다 높은 차원의 지적 업적에 속하는 교훈적인 시이다. 그것은 기원전 1세기에 밀레도의 포킬리데스(기원전 6세기)라는 그리스의 격언 시인의 이름을 사용한 유대인의 작품이다. 230개의 6보격 시행으로 된 이 시는 유대교 지혜 금언들과 헬라의 격언 시와 대중 철학에서 비롯된 도덕적 가르침을 제공한다. 이 책의 일 부분에서는 십계명과 레위기 19장의 계명들을 다루며, 그밖의 성구들을 암시적으로 인용하기도 하지만, 전형적으로 유대교의 도덕이라고 여길 수 있는 것은 거의 없다. 안식일에 대한 언급이 없으며, 우상숭배를 반대하는 논쟁도 없다. 전체 내용의 절반 이상은 그리스의 격언과 유사하다. 이 문서의 목적에 대해서는 논란이 있지만, 이 문서는 헬라 세계를 대상으로 한 도덕적 가르침이라고 이해하는 것이 가장 그럴 듯하다.

(5) 알렉산드리아의 필로(Philo of Alexandria)의 저술들을 제외하면, 인정할 수 있는 유대인의 철학 저서는 둘이다. 그중 하나는 서기 1세기 전반부에 (안디옥에서?) 저술된 『마카비 4서』(*4*

Maccabees)이다. 이 책은 근본적으로 이성의 힘에 대한 비방인데, 여기서 이성이란 율법에 순종하는 것과 동일시된다. 이러한 이스라엘적 특징에도 불구하고, 이성은 그리스 식으로 이해되어 주요한 기본 덕목들, 즉 의, 신중, 자비, 견인 등을 견고히 하는 것으로 간주된다. 저자는 마카비 가의 순교자인 엘루아살과 일곱 형제와 그들의 어머니를 본보기로 사용하여 어떻게 이 덕목들이 고통과 고난과 죽음을 극복할 수 있는가를 보여준다. 이 순교자적 이야기에 나오는 다른 헬라 개념들을 들자면 고통을 통해서 백성들의 죄를 대속해준다는 것과 영혼 불멸이 있다. 여기에서는 유대인의 지혜는 헬라 대중 철학에 흡수되어 버렸다. 유대 역사에 대해서 나오는 예들을 사용한 것을 통해서만 이 책의 저자가 유대인이라는 것을 알 수 있다.

알렉산드리아의 필로 이전에도 유대 철학자들이 성경을 해석하기 위해서 풍유적 방법을 사용했다는 데 대해서는 거의 의심의 여지가 없다. 그러나 이러한 저자들 중 단 한 사람의 단편만이 현재 보존되어 있다. 유세비우스는 아리스토보울로스(Aristoboulos)라는 사람의 단편 5개를 인용했는데, 이 사람은 아마 제사장 가문 출신으로서 프톨레미의 선생이었던 아리스토보울로와 동일인인 듯하다. 마카비 2서 1:10-2:18의 서신은 이 인물에게 보낸 것이며, 따라서 저술 연대는 기원전 2세기일 것이다. 아리스토보울로스는 전형적인 변증 방식을 사용하여 모세를 선지자요 고대 지혜를 가르친 사람이라고 말하며, 그리하여 그의 인격 안에서 경건과 철학을 결합한다. 플라톤과 피타고라스, 호머와 헤시오드 등은 모세의 지혜를 인용했다고 주장된다. 창조에 대한 묘사에서는 그리스의 우주 창조의 개념들과 수리적 사고를 사용했지만, 하나님에 관한 진술을 문자 그대로 이해하거나 신인동형론적으로 이해하는 것, 그리고 신화론적으로 해석하는 것을 거부한다. 이런 점에서 그는 필로와 같은 인물이었다.

(6) 『솔로몬의 지혜』(*Sapientia*)는 기원전 1세기말에 헬라어로 쓰여진 글로서 칠십인역에 포함되어 있다. 이 책은 신약 성서 정경 목록인 무라토리 정경(Canon Muratori)에서 요한 서신들과 계시록 사이에 나타난다. 이 책은 유대교 지혜 문학에서 특별한 위치를 차지한다. 이 책에 등장하는 지혜시는 같은 종류의 다른 저서에 수록된 것들보다 덜 헬라화 되었다. 물론 이 책의 저자는 헬라 문학에 대해 어느 정도 알고 있었다. 이 책의 첫 부분은(1-5장) 근본적으로 이스라엘의 신학적 지혜의 전승을 계승하고 있다. 그리고 이스라엘의 역사를 해석하는 데 있어서 전형적으로 헬레니즘적 방법인 풍유를 사용하지 않는다(10-12, 16-19). 회의주의를 논박하는 데 있어서, 저자는 직접적으로 전도서를 공격한다. 우상숭배에 대한 전형적으로 변증적인 토론에서는(13-15) 우상숭배를 철저히 배척하지만, 유대교의 종교와 의식은 전혀 의지하지 않는다.

이 책은 그 자세와 논거들을 볼 때에 전통적인 듯이 보인다. 그러나 지혜로의 초대인 "왕의 연설"(6-9)에서는 그리스 철학의 개념들의 강력한 영향을 받았음이 나타난다. 그러나 실상 마카비 4서의 저자가 철학적으로는 더 뛰어나다. 『솔로몬의 지혜』가 유대의 모든 지혜 문학 저서들 중에서 가장 헬레니적인 까닭은 "지혜"(Wisdom)라는 개념을 신학적으로 근본적으로 개혁한 것을 비롯하여 그 책의 전반적인 개념 때문이다. 지혜는 경건한 이스라엘 백성이 다원적인 세계에서 율법을 성취하기에 편리하고 충실한 방법을 발견하는 데 사용되는 방법에 불과한 것이 아니라, 인간이 하나님께 이르는 길이다. 이스라엘의 경험은 무명의 것이 되었다(성경의 기록에서 인용한 모든 인물의 이름이 삭제되었음). 지혜의 존재는 그 역사적 틀에서 제거되었으며, 신적 기원을 가진 것으로 간주되었다. 그러므로 불멸에 대한 믿음은 유대인의 글 속에서 더이상 생소한 헬라 요소가 아니었다. 불의, 어리석음, 그리고 이방 종교가 거부된 것은 유대교의 의(義)라는 개념 때문이 아니라 의로운 신의 단일성이라는 만인구원론적 개념 때문이었다. 이러한 통일성 안에 의인의 참된 존재(영혼)가 감추어진다. 이러한 사상들과 더불어 유대교의 지혜는 영지주의를 향하여 곧바로 치닫는 것으로 보인다.

Bibliography to §5.3g

Gerhard von Rad, *Wisdom in Israel* (Nashville: Abingdon. 1972).

Waiter Baumgartner. "The Wisdom Literature," in: H. H. Rowley, ed., *The Old Testament and Modern Study* (Oxford: Clarendon. 1951) 210-37.

James M. Reese. *Hellenistic Influence on the Books of Wisdom and Its Consequences* (AnBib 41; Rome: Biblical Institute, 1970).

James L. Crenshaw, *Old Testament Wisdom. An Introduction* (Atlanta: John Knox, 1981).

Bibliography to §5.3g (1): Texts

Joseph Ziegler. ed., *Sapientia Jesu Filii Sirach* (Göttingen Septuagint, 12.2).

Yigael Yadin, *The Ben Sira Scroll from Masada* (Jerusalem: Israel Exploration Society, 1965).

Georg Sauer, Jesus Sirach (Ben Sira) (JSHRZ 3/5: Gütersloh: Mohn, 1981)

Bibliography to §5.3g (I): Commentaries:

Patrick W. Skehan and A. A. Di Lella, *The Wisdom of Ben Sira* (AB 39: New York: Doubleday, 1987)

Bibliography to §5.3g (1): Studies

Jack T. Sanders, *Ben Sira and Demotic Wisdom* (SBLMS 28; Chico, CA: Scholars Press, 1983).

Th. Middendorp, *Die Stellung: Jesu ben Siras zwischen Judentum und Hellenismus* (Leiden: Brill. 1973).

Helge Stadelmann, *Ben Sira als Schriftgelehrter* (WUNT 2.6; Tübingen: Mohr/Siebeck, 1980).

Bibliography to §5.3g (2)

H. L.Ginsberg, "The Structure of the Book of Kohelet," in: M. Noth and D. WintonThomas, eds.,Wisdom in lsrael and the Ancient Near East, presented to Harold Henry Rowley(VTSup 3; Leiden: Brill, 1955) 138-49.

Bibliography to §5.3g (3): Text

Joseph Ziegler, *Ieremias, Baruch, Threni, Epistulae Ieremiae* (Göttingen Septuagint 15).

Emmanuel Tov, *The Book of Baruch also Called I Baruch* (SBLTT 8; Missoula, MT: Scholars Press, 1975).

A. H. J. Gunneweg, *Das Buch Baruch—Der Brief Jeremias* (JSHRZ 3/2;

Güersloh: Mohn, 1975)

Bibliography to a5.3g (4): Text

Moses Hadas, *Aristeas to Philocrates* (JAL; New York: Harper, 1953).
Pieter W. van der Horst, *The Sentences of Pseudo-Phocylides* (Leiden: Brill, 1978).
Nikolaus Walter, *Fragmente jüdisch-hellenistischer Exegeten (Aristobulos, Demetrios, Aristeas)* (JSHRZ 3/2; Gütersloh: Mohn, 1975)

Bibliography to §5.3g (4): Studies

Elias Bickermann, "Zur Datierung des Pseudo-Aristeas," *ZNW* 29 (1930) 280-98.
Victor A. Tcherikover, "The Ideology of the Letter of Aristeas," *HTR* 51 (1958) 59-85.
Guenther Zuntz, "Aristeas Studies II: Aristeas on the Translation of the Torah," *JSS* 4 (1959) 109-26.
Naomi Janowitz, "The Rhetoric of Translation: Three Early Perspectives on Translating Torah, *HTR* 84 (1991) 129-40
Walter T. Wilson, *The Mysteries of Righteousness: The Literary Composition and Genre of the Sentences of Pseudo-Phocylides* (Tübingen: Mohr/Siebeck, 1994).

Bibliography to §5.3g (5): Texts

Moses Hadas, *The Third and Fourth Book of Maccabees* (JAL; New York: Harper, 1953).
Nikolaus Walter, *Fragmente jüdisch-hellenistischrr Exegeten (Aristobulos, Demtrios, Aristeas)* (JSHRZ 3/2; Gütersloh: Mohn, 1975)

Bibliography to §5.3g (5): Studies

Urs Breitenstein, *Beobachtungen zu Sprache, Stil und Gedankengut des Vierten Makkabäerbuchs* (Stuttgart/Basel: Schwabe, 1976).
Nikolaus Walter, *Der Toraausleger Aristobulos* (TU 86; Berlin: Akademie-Verlag, 1964).

Bibliography to §5.3g (6): Text

Joseph Ziegler, ed., *Sapienria Salomonis* (Göttingen Septuagint, 12,1).
Dieter Georgi, *Weisheit Salomos* (JSHRZ 3/4: Gütersloh: Mohn, 1980).

Bibliography to §5.3g (6): Commentary

David Winston, *The Wisdom of Solomon: A New Translation with introduction and Commetary* (AB 43; Garden City, NY: Doubleday, 1979).

Bibliography to §5.3g (6): Studies

Dieter Georgi, "Der vorpaulinische Hymnus Phil. 2,6-11," in: Erich Dinkler,ed., *Zeit und Geschichte: Dankesgabe an Rudolf Bulrmann zum 80. Geburtstag* (Tübingen: Mohr/Siebeck, 1964) 262-93.

Idem, "Das Wesen der Weisheit nach der 'Weisheit Salomos'," in: Jacob Taubes, ed., *Gnosis und Politik* (München: Fink, 1984) 66-81.

(h) 알렉산드리아의 필로

알렉산드리아의 철학자 필로는 헬레니즘 시대 유대인 작가들 중에서 가장 학식 있고 가장 많은 책을 저술한 사람이었다. 그의 저술들은 고대 철학의 역사를 연구하는 데 있어서 상당히 중요하다. 그것들은 아리스토텔레스 이후 지금까지 보존된 것 중에서 최초로 방대한 철학적 글들의 집대성이기 때문이다. 그의 글들은 가이사랴의 도서관에서 나온 중세 시대의 사본들과 교부들의 많은 인용문 안에 보존되어 있다. 엄격히 말하자면, 필로는 로마 제국 시대의 인물이다. 그러나 실제로는 그는 헬레니즘 철학과 헬레니즘적 유대교 변증학 발전의 종결점이 되는 인물이다.

필로의 생애에 대한 몇 가지 정보를 토대로 그의 전기(傳記)의 윤곽을 잡을 수 있다. 필로는 알렉산드리아의 헬라화 된 유대인 가문에서 기원전 20년경에 태어났다. 그는 정상적인 헬라 교육 과정에 따른 교육을 받았으며, 부모가 부유했기 때문에 최고의 교사들 밑에서 공부했다. 필로는 헬라어를 탁월하게 구사했으며, 헬라 철학과 역사를 잘 알고 있었고, 시인들과 비극 작가들의 글을 자유자재로 인용할 수 있었다.

필로가 받은 유대교 교육에 대해서는 알려진 바가 적다. 그는 분명히 히브리어는 잘 알지 못했다. 그의 글에서는 몇 개의 히브리어 명사의 어원에 대한 설명이 발견될 뿐이다. 비록 그의 글에서 랍비의 해석과 유사한 부분이 나타나기는 하지만, 그가 후대의 랍비 학교의 교육에 비교될 수 있는 유대교 교육을 받았다는 의견은 전혀 근거가 없는 것이다. 그는 헬라어를 사용하는 알렉산드리아의 회당에서 종교적 공동체의 규칙적인 예배와 헬레니즘-유대교적 성경 해석과 변증론을 알게 되었다. 이러한 주제들에 대한 일부 공식적인 교육은 필로의 글에서 발견되는 많은 내용이 그의 생각에서 비롯된 것이 아니라 더 오래된 자료들과 전통들을 확대 설명한 것임을 증명해준다.

로마 시민권을 소유했던 그의 가문의 지위와 어울리게 필로는 십만 명이 인구가 넘는 알렉산드리아의 유대인 공동체에서 지도자의 위치를 차지했다. 요세푸스가 알라바크(*alabarch*: 아마 고위 세무관)라는 칭호를 부여한 필로의 형제 알렉산더는 그 시대에 가장 부유한 사람 중 하나로 알려져 있었다. 알렉산더의 아들인 알렉산더 디베료(Alexander Tiberius)는 서기 46년부터 48년까지 팔레스틴에서 로마 총독으로 복무했으며, 네로 황제 밑에서 이집트의 총독이 되어서 베스파시아누스를 황제로 선포하는 데 있어서 결정적인 역할을 했다. 알렉산더의 또 다른 아들인 마르쿠스(Marcus)는 유대인 왕 아그립파 1세의 딸과 결혼했다. 서기 40년에 필로는 노인이었음에도 불구하고 알렉산드리아의 유대인들을 위해서 가이우스(칼리굴라) 황제에게 탄원하기 위해서 로마에 파견된 유대인 사절단의 대표가 되었다. 유대인들이 신격화 된 황제의 신상을 숭배하기를 거부하자, 로마 총독 플라쿠스(Flaccus)가 유대인들을 격분한 도시의 하류층 시민들에게 내주어 폭동을 당하게 한 것이 그 여행의 원인이었다. 필로는 그의 글 『플라쿠스에게』(*Ad Flaccum*)와 『가이우스에게 간 사절단』(*Legatio ad Gaium*)에서 이 사건들에 대해서 설명하고 있다.

이 두 개의 글은 그의 문학 작품들을 특징짓는 두 개의 장르 중에 하나에 속한 것들이다. 이 글들은 특별한 역사적 사건을 계기로 해서 쓰여졌기 때문에 특이한 변증론이다. 이 글들에서 분명해지는 것은, 이러한 변증론은 사회의 제반 활동에 참여하지 못한 멸시 받는 소수 민족의 정신에서 나온 것이 아니라는 것이다. 오히려, 유대인 공동체는 미쳤다고 볼 수밖에 없는 황제에 의해서 불의를 당하고 있는 철학적인 세계 종교의 관심사를 모든 지식인들이 환영하고 지지할 것이라고 기대하고 있었다. 이와 근본적으로 동일한 낙관적인 태도가 필로의 다른 변증적인 글들에서도 나타난다.

필로는 매우 방대한 『변증론』(*Apology*)이라는 책을 썼는데, 그 책은 지금은 유실되었다. 그러나 원래 이 『변증론』과 가깝게 연관되어 있었던 두 개의 저서—『사고하는 삶』(*De vita contemplativa*)과 엣세네파에 대한 책—이 부분적으로 보존되어 있는데, 그 단편이 유세비우스의 글에서 발견된다. 이 저서들의 중요성은 그것들이 제공하는 역사적인 정보(『사고하는 삶』에서 설명되고 있는 테라퓨테[Therapeutai]의 존재나 엣세네인들의 존재를 이제는 의심할 수 없음)에만 있는것이 아니고, 그들이 선전하는 이상들의 매력에도 있다. 기성 사회 구조 내에서의 삶의 무의미함을 극복하는 공동적 종교 생활이라는 유토피아적인 개념은 고대의 많은 사람들의 갈망을 충족시켜 주었다. 여기에서 필로는 플라톤에게서 시작되었으며 이암보울로스의 『태양의 국가』에서 표현된 전통에 속해 있는데, 그것은 후일 신피타고라스 주의 공동체, 기독교, 그리고 플로톤폴리스을 세우려 한 플로티노스의 계획에서 다시 표현되었다.

필로의 나머지 저술들은 성서 해석서이다. 아마 『창세기의 질문들』(*Quaestiones in Genesin*)과 『출애굽기의 질문들』(*Quaestiones in Exodum*)은 알렉산드리아의 종교 공동체의 생활과 밀접하게 연관되어 있었을 것이다. 그 저술들은 아르메니아어 번역본과 몇 개의 헬라어 단편만이 보존되어 있다. 또 다른 단편들은 필로가 레위기와 민수기에 대해서도 유사한 주석을 썼다는 것을 보여준다. 이 글들은 각 구절의 문자적 의미와 상징적 의미를 간단히 설명하며, 회당에서 사용하도록 고안된 설교적 강의로 보는 것이 가장 정확할 것이다. 그것들은 필로가 알렉산드리아의 유대인 공동체의 설교자였음을 보여준다. 이 해석서들은 방법에 있어서는 그의 주요 풍유적 주석서들과 다르지 않지만, 회중을 구성하는 일반 회원들의 정신 구조에 대한 이해를 나타내준다.

필로의 성경 주석들은 변증적 주석과 풍유적 주석으로 나뉜다. 변증적 주석서들은 잘 보존되어 있다. 이것들은 체계적인 신학적 내용이 아니라, 유식한 이방인(또는 유대인이라도) 독자를 위한 율법 해석이다. 비록 그것들은 선전 문학의 범주에 속하기는 하지만, 동시에 모세오경을 헬라주의적 유대교를 위해서 크게 재해석한 것이다. 이 책들이 구약의 언약 공식을 따르고 있는 것은 우연의 일치가 아니다:

(1) 과거 역사: 창조, 족장들, 그리고 모세에 대한 책들을 포함한다.

(2) 기본적 선언: 십계명에 대한 책이다.

(3) 법적 규정: 개별적 율법에 대한 책들에서 소개되고 있다.

(4) 회개로의 부름: 이것은 덕에 대한 책이다.

(5) 저주와 축복: 『상급과 형벌』(*De praemiis et poeniis*)에서 하나로 합쳐진 두 권의 책이다. 마지막 부분에 종말론적 논의가 등장한다. 언약의 해석은 이제 이스라엘 민족과 관련된 것이 아니라, 사회와 전세계 내에 있는 개개인을 대상으로 한다.

변증적 주석의 첫번째 책은 『데 오피피키오 문디』(*De opificio mundi*)인데, 그것은 창세기 1-2장에 대한 복합적인 해석이다. 이 책은 플라톤의 『티메우스』(*Timaeus*)를 따르고 있으며, 피타고라스의 숫자에 대한 이론들도 사용한다. 창세기 1장에 있는 첫 창조의 기사는 이성의 영역, 즉 거룩한 로고스 안에서 발생하는 바 인간들과 세계 창조를 위한 비물질적이고 이상적인 청사진 역할을 하는 것으로 이해된다. 이 첫 창조에는 아담의 창조 계획도 포함된다. 아담은 남성인 동시에 여성이며, 경험적 인류의 원형이다. 둘째 창조(창 2장)는 이러한 원형들을 물질에 적용시킴으로써 일어난다. 그러므로 인간은 이성과 육체를 소유하는 혼합된 존재가 된다. 그 여인으로 말미암아 죄에 빠지게 되는데, 그 여인은 자신의 욕망을 통해서 인류의 물질적 면을 표현한다.

그 외의 변증적 주석서들은 아브라함, 이삭, 야곱, 요셉 등을 다루는데, 그중에 아브라함에 대한 책과 요셉에 대한 책만 현존해 있다. 『데 아브라하모』(*De Abrahamo*)는 타락 후에도 이상적인 가능성으로 계속 존재하는 구원을 향한 성공적 노력을 그리고 있다. 그것은 자연법을 올바로 사용하는 것인데, 자연법이란 인간의 로고스 자아(Logos-self)와 동일한 것이다. 사라는 지혜와 덕을 상징한다. 아브라함이 사라와 결혼할 때, 그는 인간이 아니라 하나님의 친구가 된다. 『데 요세포』(*De Josepho*)는, 항상 신의 인도하심을 따르며 자연법이 세계의 우주적 법칙이며 이상적 상태의 실현이라고 선포하는 이상적인 지배자를 그린다. 이 책은 로마의 행정에 대한 충고를 노골적으로 담고 있다. 이것은 또한 후대의 자연법의 원리의 발달을 보여주는 중요한 자료가 되었다.

이러한 전기적이며 변증적인 주석서들의 절정은 『모세의 삶』(*De vita Mosis*)이라는 두 권의 책에서 발견된다. 그 시대의 헬라 전기들과 일치하며, 모세에 대한 초기 유대교의 전기를 모방하여, 모세는 선지자요 제사장일 뿐만 아니라 기적을 행하는 자요, 신비가요 신적 지혜의 중개자, 즉 "거룩한 사람"으로 묘사된다. 그의 활동은 법률 제정에서 절정에 이르는데, 그것은 모세가 구체적 상황들에 적용했던 자연 법칙을 구체화한 것이다. 이 임무의 성취는 역사상 가장 위대했던 거룩한 사람의 사명을 완성하는 것이었다.

율법에 대한 논의는 십계명(*De decalogue*)의 기본 진술을 설명하는 것으로 시작한다. 십계명은 하나님께서 친히 발표하신 것으로서 율법의 중심적인 규정이다. 첫 다섯 계명(부모를 공경하라는 계명을 포함해서)은 하나님에 대한 것이며, 나머지 다섯은 사람들에 대한 것이다. 필로는 이 구분을 그의 율법 해석 전체의 근본 원리로 삼고 있다. 『개별적 법률』(*De specialibus legibus*)은 율법의 개별적 규율들에 대해서 설명한다. 제1권은 제1 계명에 대한 긴 설명으로 시작하며(할례에 대한 위생적 측면의 설명을 포함해서) 제의, 의식, 제사장들과 제사 등(즉 제1 계명)을 다룬다. 제2권은 맹세의 금지(제3 계명), 절기와 안식일에 대한 규정을 다루는데, 절기를 성례로서 설명한다(제4 계명). 제3권과 제4권은 마지막 5개의 계명에 따라 민법과 형법에 관련된 모든 법률의 규정을 나열하는데, 그리스와 로마의 법률들을 자주 언급한다.

『덕』(*De virtutibus*)은 법률과는 구분되는 윤리의 기초를 놓으며, 필로의 네 개의 주요 덕을 차례로 다룬다. 첫째는 불굴의 정신(fortitude)이고, 둘째는 인자함(kindheartedness), 셋째가 회심(conversion)이며, 네번째가 사고의 고상함(nobility of thought), 즉 출생이 아니라 지혜에 의존하는 진정한 고귀함이다. 『데 프래미스 에트 포에니스』(*De praemiis et poeniis*)는 전체가 모두 보존되어 있지는 않으며, 원본의 1-78장만 남아 있다. 필로는 온전함을 향한 진정한 노력에 대한 대가로 받는 상급들을 예로 드는 것으로 그의 글을 시작하며, 에녹, 노아, 아브라함 등 성경에 등장하는 영웅들을 인용한다. 이 상급은 불멸이 아니라 신비적인 사고이며 하나님에 대한 비전이다. 반면 부도덕함에 대한 형벌은 지속적인 두려움, 그리고 기쁨의 삶과 하나님과의 교제로부터의 추방이다. 본문은 가인과 고라의 자손들을 예로 들어 다룬 부분에서 갑자기 끝난다. 79-172장은 별도의 저술로서 『데 베네딕티오니부스』(*De benedictionbus*)라는 글이다. 이것은 율법을 준수하는 자들을 위한 축복(평화나 전쟁에서의 승리, 번영, 장수, 건강)과 범법하는 자들에 대한 저주(기근, 노예됨, 불운, 전쟁, 질병 등)을 다룬 대중화 된 회당 설교이다. 결론은 종말론적이다. 즉 회심하는 사람들은 축복을 받으며, 그들을 핍박하는 자들은 저주를 받게 된다는 내용이다.

창세기에 대한 필로의 풍유적 주석은 그의 저서 중에서 가장 세밀하고 방대한 저서이다. 그 책은 21권으로 이루어진 책에 부분적으로 보존되어 있는데, 21권 중에 완전하게 보존된 것은 하나도 없고 적어도 아홉 권은 실종되었다. 이것은 필로의 가장 중요한 작품이다. 이 주석은 창세기 2장에서부터 시작하며 창세기 마지막 장에서 끝맺는다. 21권 전체나 각권에 적용되는 분명한 조직적인 원칙은 찾아 볼 수 없다. 사고의 전개는 연관성의 원칙에 의해서 발전되는데, 그것은 보통 성경의 문장이나 단어들을 풍유적으로 해석하는 데서부터 시작되며, 그 문장들과 단어들의 문자적 해석만으로는 부족한 것으로 필로는 단정하고 있다. 주석서의 이곳 저곳에서 철학적, 윤리적, 정치적, 과학적, 그리고 신학적인 질문들이 논의되는데, 보통 다른 성경 구절들과 연관되어서 설명된다. 이 저서의 문학적 장르는 알렉산드리아의 클레멘트의 『스트로마타』(*Stromata*)나 플로티노스의 『에네아즈』(*Enneads*)와 유사하다. 이렇게 분명한 조직이 결여된 것은, 유대인이건 이방인이건 간에 스스로 철학자라고 칭할 수 있는 권리를 지닌 입문자들을 대상으로 하는 종교-철학적 문학이 지닌 헬레니즘 문학의 특징이다. 추론하고 사색하고 철학하는 것 자체의 순수한 기쁨은 필로의 진정한 관심사만큼이나 그에게 영감을 불러일으켜 주었다. 그의 관심사는 관상을 통해서 영을 해방하는 것인 바, 이것은 하나님에 대한 신비적 비전으로 이어진다. 이 주석서의 조직적이지 못한 다양한 내용 때문에, 여기서는 각권의 기본적 요점만 여기서 언급할 수 있다.

이 주석은 『레굼 알레고리애』(*Legum allegoriae*)라고 불리는 세 권의 책으로 시작한다. 제1권은 이성과 감성의 감지력 사이의 차이, 거룩한 인간과 세상적인 인간의 차이 등을 다룬다. 낙원의 정원, 나무와 강 등은 덕이라고 해석된다. 제2권은 "뱀"과 "벌거벗음"에 대한 풍유적 해석 및 다수의 용어에 대한 풍유적 해석을 담고 있다. 제3권(창세기 3:8-19에 대한 글)은 하나님의 부르심을 받은 인간에 대해 고찰하고 있으며, 아담에게 임한 저주를 다양한 형태의 쾌락을 갈구한 데 대한 심판으로 이해한다. 그 뒤에 이어지는 책들은 각기 제목을 가지고 있다. 『데 케루빔』(*De Cherubim*, 창 3:24와 4:

1)에서는 화염검이 혹성이나 별들의 영역을 설명하는 것일 수도 있으나, 진정한 의미는 하나님의 속성과 능력에 대한 것이라고 결론 짓는다. 이 책에서 아담은 순전한 이성으로, 이브는 감성적 감각으로서, 그리고 가인은 그 둘에 의해서 태어난 악한 의도라고 설명한다. 『아벨과 가인의 제사』(*De sacrificiis Abelis et Caini*)는 사랑 받는 창녀, 악덕, 미움을 받지만 합법적인 아내, 그리고 덕을 나란히 비교해서 설명하는데, 여기서 필로는 140개나 되는 악녀의 목록을 기록하고 있다. 마지막 부분은 첫 열매를 제물로 드리는 것에 대해 다룬다. 『쿼드 데테리우스 포티오리 인시디아리 솔레앗』(*Quod deterius potiori insidiari soleat*, 창 4:2-4)에서는 가인과 아벨을 이기심과 사랑이라는 두 개의 상반되는 원리로 이해한다. 『가인의 후예』(*De posteritate Caini*)에서는 창세기 4:16-25에 기록된 가인의 후예들의 이름을 상징적으로 해석한다.

『거인들』(*De gigantibus*, 창 6:1-4a)은 매우 중요한 문서이다. 필로는 창세기 6:2을 다루면서 천사, 마귀, 인간의 영혼에 대해 논하는데, 영혼이 인간의 몸 안에 하강해 들어갔다는 플라톤적인 설명을 제공한다(12-15장). 창세기 6장 4절에 대해서는, 그는 세 계층의 영혼, 즉 세상적 출생의 영혼, 하늘 태생의 영혼, 신적인 영혼의 차이점에 대해 논한다. 『쿼드 데우스 이뮤타빌리스 시트』(*Quod Deus imutabilis sit*, 창 6:4b-12)는 만물을 ἕξις(무생물), φύσι'(식물), ψυχή(동물), νοῦς(인간)에 따라서 스토아적으로 구분하는 것에 대해서 설명하고 있다. 『경작』(*De agricultura*)과 『농장』(*De plantatione*)은 창세기 9장 20절을 본문으로 사용하고 있다. 『경작』(*De agricultura*)은 육체의 목자인 동시에 영혼을 가꾸는 자에 대해서 논하며, 또한 이성과 욕망 사이의 관계에 대해서 논한다. 『농장』(*De plantatione*)은 하나님을 세상과 영혼을 기르시는 분으로 소개하며, 술 마시는 것과 술 취하는 것에 대한 도덕적-철학적인 논의를 더하고 있다. 창세기 9:21에 기록된 바 노아가 술 취했다는 기사를 바탕으로 한 『술 취함』(*De ebrietate*)은 이런 논의를 계속하며, 모세가 술이라고 규정한 다섯 가지를 풍유적으로 해석한다. 그 다섯 가지는 어리석음, 감각을 절제하는 능력 상실, 탐식, 기분 좋아 떠들어 댐, 벌거벗음 등이다. 이중에서 처음 세 가지에 대한 논의만 보존되어 있다. 『술에서 깸』(*De sobrietate*)은 술에서 깨어난 노아가 후손들에게 내랜 저주들을 설명한다(창 9:24-27).

서로 밀접하게 관련된 문서들이 이어진다. 『언어의 혼란』(*De confusione linguarum*)은 창세기 11장 1-9절에 대한 문자적 해석과 풍유적 해석 사이에 놓인 기본적 문제들을 담고 있다. 『아브라함의 이주』(*De migratione Abrahami*)는 창세기 12장 1-4절과 6절을 한 절씩 해석한 것으로서, 아브라함을 하나님의 부르심을 따르는 영혼들의 원형으로 소개하고 있다. 『퀴스 레룸 디비나룸 헤레스』(*Quis rerum divinarum heres*)는 창세기 15장 2-18절을 본문에 충실하게 해석하고 있다. 그것은 풍유적 주석 중에서 가장 방대한 문서이다. 주요 주제는 지혜의 나라를 순례하는 지혜로운 사람에 대한 논의이다. 『데 콩그레수 퀘렌데 에루디티오니스 그라티아』(*De congressu quaerendae eruditionis gratia*)는 창세기 16장 1-6a절에 대한 주석으로서, 하갈을 백과사전적 학문으로 이해하며 사라는 그보다 우월한 진정한 지혜로 그리고 있다. 『데 푸가 에트 인벤티오네』(*De fuga et inventione*)는 창세기 16장 6b-9절과 11-12절에 대한 해석으로써, 도피, 그리고 추구하고 찾는 것에 대한 많은 예를 모세오경으로부터 인용하고 있다.

『데 뮤타티오네 노미눔』(*De mutatione nominum*, 창 17:1-5와 15-22)은 아브라함과 사라가 이름을 바꾼 이야기들을 사용하여 문자적 해석은 의미가 없으며 풍유적 해석이 필수적이라는 것을 증명하려 한다. 풍유적 주석의 결론은 『데 솜니스』(*De somniis*)라는 두 권의 책으로 이루어져 있다. 그 앞에 있는 꿈에 대한 책은 분실되었다. 두 권 중 첫번째 책은 하늘에서 내려온 사다리에 대한 야곱의 꿈

(창 28:12-15)과 양들의 다른 무늬에 대한 이야기(창 31:11-13)를 해석한다. 두번째 책은 제대로 보존되지 못했으며 완전치 못하다. 그 책은 요셉, 떡 굽는 관원, 술 따르는 관원, 그리고 바로가 꾼 꿈들에 대해서 다루고 있다. 이 두 권의 책은 풍유과 강해를 수집해 놓은 것으로서 전반적으로 이해하기 어렵다.

필로의 나머지 글들은 철학적 책들이다. 『데 에터니테타테 문디』(*De aeternitate*)는 우주의 주기적 멸망이라는 스토아 교리를 비평석으로 논하고 있다. 『쿼드 옴니스 프로부스 리베르 시트』(*Quod omnis probus liber sit*)도 역시 스토아 학파를 반대한 것으로서 결정론을 반대하고 인간의 자유를 옹호한다. 필로는 그 예로서 모세, 엣세네인들, 인도의 나체 고행자인 칼라노스, 그리고 헬라 전통에 등장하는 다양한 인물을 인용한다. 『데 프로비덴티아』(*De providentia;*두 권으로 되어 있음)는 아르메니아어 번역본으로 보존되어 있다(라틴어로만 번역이 가능하다). 이 책의 신빙성에 대한 질문이 제기되지만, 어쨌든 이것은 아리스토텔레스 철학 이후의 역사에 있어서 중요한 문서이다. 또한 『알렉산더』(*Alexander*)라는 제목의 대화록도 아르메니아어 번역판으로 보존되어 있는데, 그 책에서 필로는 동물이 이성을 소유하고 있는지의 여부에 대해 그의 조카인 더베리우스 알렉산더와 논한다.

방대한 문학적 활동을 통해서 필로가 성취하려던 의도는 유대인 공동체의 신성한 책인 모세오경을 헬레니즘 세계의 책으로 변형시키려는 것이었다. 그는 변증적이며 풍유적인 해석을 통해서 오경의 신비적인 의미를 철학적 언어로 바꾸어서 헬라 교육의 궁극적 목표와 연관시킬 수 있었다. 그는 오경의 도덕적이며 법률적 내용을 헬라적인 범주 안에서 고쳐 서술함으로써 유대 지혜 신학이 성취하려고 의도했던 것을 완성시켰다. 천국의 지혜라는 유대교의 개념이 세상과 인간 이성의 창조자인 로고스라는 철학적, 종교적 개념과 합하여졌다. 모세의 법률 제정은 우주의 합리적 질서(λόγος φύσεως)라는 스토아 개념과 동일시 되었으며, 그럼으로써 하나님이 주신 자연 법칙이 되었다. 이것으로부터 필로는 우주적인 법률을 구상해 낼 수 있었으며, 또한 내면화된 심리학적인 개념들로 설명될 수 있는 인간의 도덕성에 대한 개념도 이끌어낼 수 있었다.

세계 시민권과 도덕적 완전함을 향한 내면의 추구는 신비주의적 사색에서는 서로 배타적인 것이 아니었다. 유대교 지혜의 부정적 세계관도 새로운 형태를 취하여 필로에게서 다시 나타났지만, 필로는 이 세계관을 중간 플라톤주의(Middle Platonism)의 우주관과 연결시켰다. 이것은 근본적으로 지상 세계를 천국 세계에, 보이는 것을 보이지 않는 것에, 물질을 이성에, 그리고 육체를 영혼에 종속시키는 결과를 가져왔다. 모세가 중심적 입법자로서 "거룩한 사람"의 역할을 완벽하게 해내었을른지 몰라도, 필로에게 있어서는 진정한 모세는 신비 전수자(mystagogue), 하나님의 신비로 인도하는 자, 영혼을 세상이라는 감옥에서 이끌어낼 수 있도록 인도해 줄 현인이었다.

이러한 필로의 사상은 기독교의 발단과는 직접적 관련이 없다. 그러나 이미 두번째 세대의 저술들, 예를 들면 히브리서에서는 그러한 사상의 영향이 나타나기 시작한다. 필로의 풍유적인 성경 해석 방법과 헬라-유대적 종교 철학이 알렉산드리아의 신학자들인 클레멘트와 오리겐에 의해서 계속됨으로써, 필로는 기독교 신학과 기독교 세계관의 발전에 심오한 영향을 주었다.

Bibliography to §5.3h: Text

Leopold Cohn and Paul Wendland, *Philonis Alexandri opera quae supersunt* (6 vols.; Berlin: De Gruyter, 1962).

F. H. Colson et al. in LCL(IO vols. and 2 supplementary vols.).

David Winston, ed., *Philo of Alexandria: The Contemplative Life, the Giants, and Selections: Translations and Introduction* (Classics of Western Spirituality: New York: Paulist Press, 1981).

Ronald Williamson, *Jews in the Hellenistic World: Philo* (Cambridge Commentaries on Writings of the Jewish and Christian World 200 BC to AD 200 1/2; Cambridge: Cambridge University Press, 1989).

Cartlide and Dungan, *Documents,* 253-92.

Bibliography to §5.3h: Bibliography

Earl Hilgert, "Bibliographia Philonica 1935-1981," *ANRW* 2.21.1 (1984) 47-97.
Peder Borgen. "Philo of Alexandria," in: Stone, *Jewish Writings*, 233-82.
Idem, "Philo of Alexandria: A Critical and Synthetical Survey of Research Since World War II," *ANRW* 2.21.1 (1984) 98- 154.

Bibliography to §5.3h: Studies

Erwin R. Goodenough, *An Introducrion to Philo Judaeus* (2d ed., New York: Barnes & Noble, 1963).
Samuel Sandmel, *Philo of Alexandria: An Introduction* (New York: Oxford University Press, 1979).
Idem, "Philo Judaeus: an Introduction to the Man, His Writings, and His Significance," *ANRW* 2.21.1 (1984) 3-46.
Isaak Heinemann, *Philons griechische und jüdische Bildung* (Breslau: Marcus, 1932; reprint: Hildesheim: Olms, 1962).
Erwin R. Goodenough, *Bv Light, Light: The Mystik Gospel of Hellenistic Judaism* (New Haven: Yale University Press, 1935; reprint: Philo: Amsterdam, 1969).
Harry Austrin Wolfson, *Philo* (4th ed.; 2 vols.; Cambridge, MA: Harvard University Press, 1968).

The works of Heinemann, Goodenough, and Wolfson are the three classic studies of Philo.

Of the Numoerous works, the following deserve special mention:

Wilhelm Bousset, *Jüdisch-christlicher Schulbetrieb in Alexandria und Rome* (Göttingen: Vandenhoeck & Ruprecht, 1915).
Samuel Sandmel, *Philo's Place in Judaism* (New York: Ktav, 1979).
Burton L. Mack, *Logos und Sophia: Untersuchungen zur Weisheitstheologie im hellenistischen Judentum* (Göttingen: Vandenhoeck & Ruprecht, 1973).
David Winston, *Logos and Mystical Theology in Philo of Alexandria*(Cincinnati, OH: Hebrew Union College Press, I985).

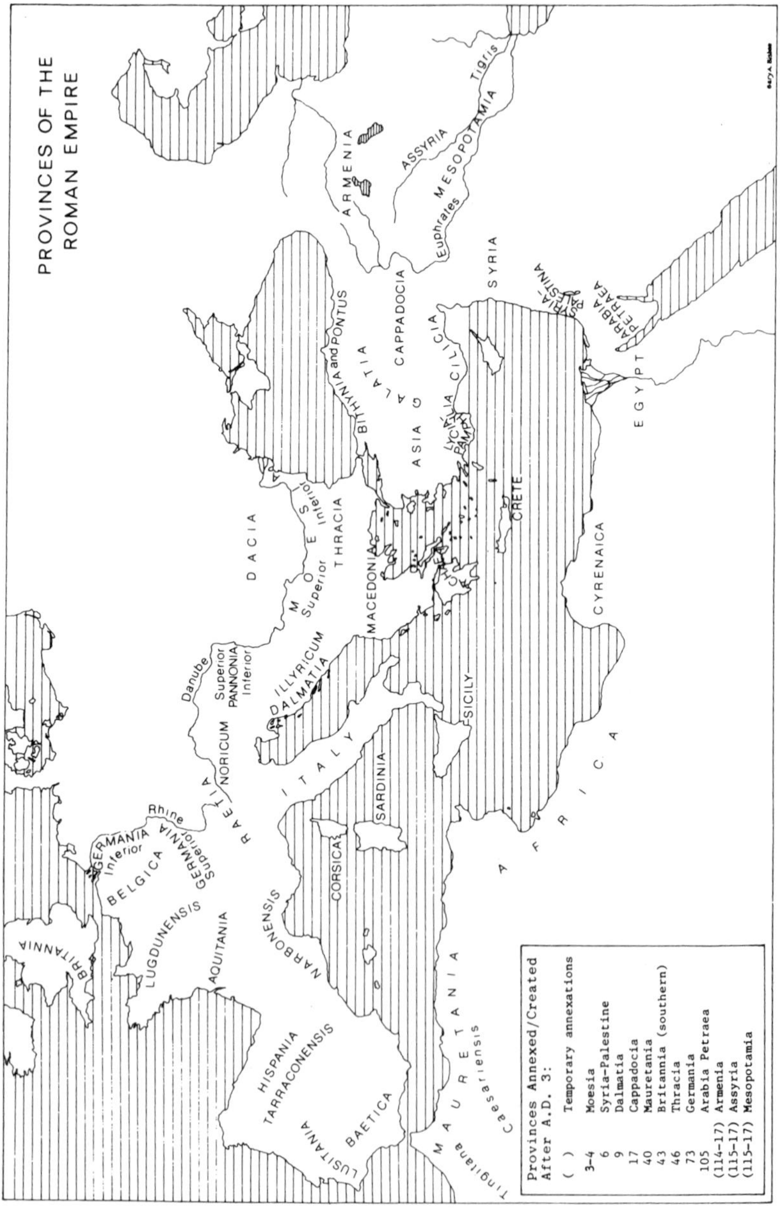
PROVINCES OF THE ROMAN EMPIRE
Provinces Annexed/Created After A.D. 3:
( ) Temporary annexations
3-4 Moesia
6 Syria-Palestine
9 Dalmatia
17 Cappadocia
40 Mauretania
43 Britannia (southern)
46 Thracia
73 Germania
105 Arabia Petraea
(114-17) Armenia
(115-17) Assyria
(115-17) Mesopotamia
BRITANNIA
GERMANIA Inferior
BELGICA
GERMANIA Superior
Rhine
LUGDUNENSIS
AQUITANIA
NARBONENSIS
HISPANIA TARRACONENSIS
LUSITANIA
BAETICA
MAURETANIA
Tingitana
Caesariensis
CORSICA
SARDINIA
ITALY
RAETIA
NORICUM
Danube
PANNONIA Superior
Inferior
DALMATIA
ILLYRICUM
SICILY
AFRICA
MACEDONIA
ACHAEA
CRETE
CYRENAICA
MOESIA Superior
Inferior
DACIA
THRACIA
ASIA
LYCIA
PAMPHYLIA
BITHYNIA and PONTUS
GALATIA
CILICIA
CAPPADOCIA
SYRIA
SYRIA-PALESTINA
ARABIA PETRAEA
EGYPT
ARMENIA
ASSYRIA
MESOPOTAMIA
Euphrates
Tigris

제6장

헬레니즘의 상속자: 로마 제국

1. 세계적 강대국으로의 발전

(a) 지중해 서부와 그 지역의 민족들

로마가 하나의 독립 도시로 출현하기 수세기 전인 기원전 1000년경부터, 여러 민족이 지중해 서부 지역으로 이주하여 주요 국가들을 건설했다. 페니키아인들은 서부 지역에서 가장 중요한 식민지 개척자들이었다. 기원전 이천년대부터 아람 민족들이 이주하여 시리아 연안에 건설된 강력한 페니키아 도시 국가들은 각기 독립하여 존재하면서 교역의 중심지로서 수세기 동안 번영했다(튀루스, 시돈, 우가릿 등). 페니키아인 상인들은 무역에 관한 관심 때문에 기원전 이천년대 말기부터 지중해 동부의 여러 지역과 에게 해 제도들 뿐만 아니라 지중해 서부 지역 및 이베리아 반도에까지 진출했다. 가장 오래된 페니키아 무역 중심지는 스페인 남부에 있는 가데스(오늘날의 카디즈)와 타르쉬시(정확한 위치는 알려져 있지 않음)이다. 사르디니아, 시실리, 그리고 북아프리카 연안의 무역 중심지들은 그 후에 무역 중심지가 되었다. 앗시리아인들의 압력 때문에 보다 많은 페니키아인들이 시리아를 떠나 북아프리카의 칼타고에 중요한 식민지를 세웠다(기원전 815년경). 기원전 5세기에는 칼타고는 지중해 서부 영역 전체에서 타의 추종을 불허하는 주도적인 상업 중심지가 되었으며, 아프리카의 지중해 연안 서부와 이베리아 반도의 동해안과 남해안을 자신의 소유로 여겼다. 카르타고는 교역면에서 서북 아프리카의 내륙 지방도 지배했다.

스페인 남부와 동부에서 페니키아인들의 지배를 받던 사람들은 예전에는 지중해 주민들이었다. 신흥 도시들은 비교적 발달된 문화를 소유했으며, 동부와의 활발한 교류가 있었고, 그리스의 영향을 받았다. 이베리아 반도의 북부와 서부는 켈트족이 차지하고 있었고, 스페인 북부와 프랑스의 남서부에는 다른 인도-유럽 민족의 언어와 관련이 없는 언어를 사용하는 고대 바스크족(Vascones)이 자리잡고 있었다. 고대 인도-유럽 민족인 리구리안들(Ligurians)은 북 이탈리아의 지중해 서부의 북쪽 연안을 따라 피레네 산맥에서부터 포 계곡까지에 걸쳐서 살고 있었다. 기원전 천년대 중반부터 그들은 켈트족으로부터 점점 더 큰 압력을 받게 되었다. 프랑스 남부 해안에는 마실리아(오늘날의 마르세이유)의 헬라-페니키아 식민지가 기원전 600년경에 세워졌다. 헬라인들은, 이 도시를 지중해 서부 일대의 교역을 장악하고 식민지를 세우며 남부 고올 지방에 영향력을 확장하기 위한 근거지로 삼았다.

“라틴 민족”이라고 알려져 있는 인도-유럽어족은 기원전 1000년경부터 이탈리아로 이주했다. 그들은 대부분 다뉴브와 일루리아 지역으로부터 와서 이탈리아의 중심 지역에 정착했다. 로마인들의 조상들도 포함되어 있던 이 부족들은 서로 연관된는 몇 개의 방언을 사용했는데, 이것들은 집합적으로 이탈리아어라고 불렀다. 기원전 9세기경부터 에트루리아인들(Etruscans)이 이탈리아로 이주했다. 그들이 소아시아 출신이라고 가정되기도 하지만, 그들의 기원은 풀기 어려운 문제이다. 헬라어로 쓰여진 수백 개의 비문에 나타나는 그들의 언어는 아직도 해독되지 못했다. 그들은 처음에는 근동 지방의 영향을 받았고, 그 다음에는 헬라 영향의 지배를 받은 고도로 발달된 문화를 소유했다. 에트루리아 문명의 후기 발전에 있어서 그리스와의 접촉은 지속적으로 중요성을 지녔으며, 많은 헬라 요소들이 에트루리아인들에 의해서 로마에게로 중개되었다.

헬라 이주민들은 기원전 8세기부터 이탈리아 남부와 시실리로 왔다. 그들은 해안 지역에 여러 개의 식민지를 세웠으며, 내륙 지방에 대한 영향력을 증대시켜갔다. 고린도인들은 수라구사를 세웠고, 유보에아인들(Euboeans)은 쿠마이(Cumae)와 나폴리를, 그리고 스파르타인들은 타렌툼(Tarentum)을 세웠다. 남 이탈리아에 건설된 대부분의 헬라 도시들은 아가야들의 식민지였다(시바리스, 크로톤). 이 시기에 이탈리아 남부는 헬라 문화의 지배를 받았기 때문에, 흔히 "Magna Graecia(Greater Greece)"라고 불린다. 이탈리아에서의 헬라인들의 세력 확장으로 말미암아 에트루리안들과의 갈등이 야기되었지만, 그럼에도 불구하고 두 민족 사이의 긴밀한 문화적 관계는 지속되었다. 기원전 5세기에 켈트족이 북쪽 국경을 위협하기 시작했는데, 이것은 에트루리아인들로서는 불리한 일이었다. 6세기의 군사적 교착 상태를 틈 타서, 그리스의 영향권과 에트루리아의 영향권에 있던 로마가 에트루리아의 속박에서 벗어났다.

Bibliography to §6: Texts

R. K. Sherk, ed., *The Roman Empire: Augustus to Hadrian* (Translated Documents of Greece and Rome 6; Cambridge: Cambridge University Press, 1988).

N. Lewis and M. Reinhold, eds., *Roman Civilization: Selected Readings*, vol. 1 : *The Republic and the Augustan Age*; vol. 2: *The Empire* (3d ed.; New York: Columbia University Press, 1990).

Jo-Ann Shelton, *As the Romans Did: A Sourcebook in Roman Social History*(New York: Oxford University Press, 1988).

Bibliography to §6: General Treatments

Karl Christ, *The Ramans: An Introducrion to their History and Civilization* (Berkeley, CA: University of California Press, 1984).

John Boardman, Jasper Griffith, and Oswyn Murray, eds., *The Oxford Hisrory of the Roman World* (Oxford and New York: Oxford University Press, 1991).

F. M. Heichelheim, C. A. Yeo and A. M. Ward, *A History of the Roman People* (2d ed.; Englewood Cliffs, NJ: Prentice Hall, 1984).

Hermann Bengtson, *Grundriß der römischen Geschichte mit Quellenkunde*, vol. 1: *Repuhlik und Kaiserzeit bis 284 n. Chr.* (2d ed.; HAW 3,5,1; München: Beck, 1970).

Karl Christ, *Römische Geschichte: Einführung, Quellenkunde, Bibliographie* (Darmstadt: Wissenschaftliche Buchgesellschaft, 1973).

Arthur Ferrill, "Historical Summary of Rome," in Grant and Kitzinger, *Civilization*, 1. 45-85.

Bibliography to §6: Special Topics

Moses Hadas, *A History of Rome from Its Origins to 529 AD as Told by the Roman Historians* (Garden City, NY: Doubleday, 1956).

Niels Hannestad, *Roman Art and Imperial Policy* (Aarhus: Aarhus University Press, 1988).

R. Duncan Jones, *The Economy of the Roman Empire: Quantitative Studies* (2d ed.; Cambridge: Cambridge University Press, 1982).

Géza Alföldy, *The Social History of Rome* (2d ed.; Baltimore, MD: Johns Hopkins University Press, 1988).

Peter Garnsey and Richard P. Sailer, *The Roman Empire: Economy, Society and Culture* (London: Duckworth, 1987).

John Ferguson, "Roman Administration," in Grant and Kitzinger, Civilization, 1. 649-65.

Bibliography to §6.1: Texts

R. K. Sherk, ed., *Rome and the Creek East to the Death ofAugustus* (Translated Documents of Greece and Rome 4; Cambridge: Cambridge University Press, 1984).

Bibliography to §6.1: Studies

E. S. Gruen, *The Hellenistic World and the Coming of Rome* (2 vols.; Berkeley, CA: University of California Press, 1984)

A. N. Sherwin-White, *Roman Foreign Policy in the East. 168 B.C to AD I* (Norman, OK: University of Oklahoma Press. 1984).

Ernst Badian, *Roman Imperialism in the Late Republic* (2d ed.; Ithaca, NY: Cornell University Press, 1968).

Bibliography to §6.la

B. H. Warmington: *Carthage* (2d ed.; New York: Praeger, 1969).
Arthur Geoffrey Woodhead, *The Greeks in the West* (APP 26; London. Thames and Hudson, 1962).
Raymond Bloch, *The Ancient Civilization of the Etruscans* (New York: Cowles, 1969).
H. H. Scullard, *The Etruscan Cities and Rome* (Ithaca, NY: Cornell University Press, 1967).
David Trump, *Central and Southern Italy. before Rome* (New York: Praeger, 1967).
E. T. Salmon, *Samnium and the Samnites* (Cambridge: Cambridge University Press, 1967).

(b) 로마 공화국

사빈족(Sabine)과 삼늄족(Samnite)과 같은 라틴 부족들과 아울러 로마인들도 이탈리아 중부, 티베르 강 하류 지역에 정착했다. 로마의 기원은 전설적인 과거에 속한다. 전승에 의하면, 로마는 기원전 753년에 로물루스(Romulus)와 레무스(Remus)에 의해 세워졌다고 한다. 고고학적 기록은 기원전 8세기에 건국 되었음을 확인해준다. 로마시는 일련의 왕들이 다스렸는데, 그중 최소한 세 명은 에트루리아인이었다. 에트루리아인들은 로마에 지대한 영향을 끼쳤다. 그것은 라틴어 알파벳, 건축, 조각, 금속 세공, 도자기, 그리고 많은 도시의 기관들과 종교 기관들 등에서 찾아볼 수 있다. 거리, 하수구, 신전, 관공서 등을 지닌 요새화 된 도시로서의 로마의 특성은 에트루리아의 영향을 나타내준다. 더욱이 로마 시대 초기에 나타난 "그리스적"인 것들은 에트루리아인들에 의해 로마인들에게 중개된 것들이었다(여기에는 *triumphus* = θρίαμβος와 같은 차용어들도 포함되어 있다).

기원전 510년에 마지막 왕인 타르키니우스 수페르부스(Tarquinius Superbus)가 추방됨으로써 로마인들은 에트루리아의 지배에서 해방되었다. 왕정을 거부한 것은 로마 백성들의 정치적 태도에 있어서 중요한 요소로 남았다. 기원전 5세기와 4세기에 로마의 관심사는 꾸준히 그 영토를 확장함으로써 독립을 유지하는 것이었다. 로마의 내부적 발전은 계층간의 지속적인 갈등이라는 특징을 지녔으며, 그러한 갈등은 반민주적인(semi-democratic) 국가로서의 정치적 평형을 이룩했다. 에트루리아 왕들을 추방한 후에, 로마는 대부분의 농업용 토지를 장악한 몇 백 개의 귀족(patrician) 가문이 지배했다. 귀족 가문들의 우두머리들이 원로원을 형성했는데, 그들은 사제들을 임명하며 공직을 차지할 수 있는 권력을 가지고 있었다. 국가는 원로원이 선출하는 두 명의 집정관이 통치했는데, 그들의 임기는 일 년이었고, 상대방의 결정을 거부할 수 있는 권리를 가지고 있었다. 이 특별한 구조는 필수적인 것이었기 때문에 후대의 여러 차례의 개혁에도 불구하고 그대로 존속했다. 대부분의 주민은 평민층(plebeian)에 속했다. 기원전 5, 4세기에 귀족들과의 장기적 투쟁을 통해서 평민층은 자신들 고유의 종교적으로 인정 받는 조직을 세울 수 있었으며, 대부분의 공직에도 오를 수 있었으나, 그것은 몇 번씩이나 집단으로 이주하겠다고 협박을 함으로써 얻은 성과였다.

기원전 367년에는 두 명의 집정관 중 한 명은 평민이어야 한다는 새로운 헌법이 제정되었다. 평민들은 치안관(praetor), 재무관(quaestor), 감찰관(censor)으로도 선출될 수 있었다. 치안관은 집정관 다음 서열의 직책으로서 군대의 명령이나 정의를 집행하는 데 있어서 집정관의 대리인으로 활동했으며, 후대에는 지방 총독 역할을 했다. 재무관은 집정관들 밑에서 몇 개 부문의 일을 집행했다. 그들은 속주의 최고 재정 관리가 되었다. 감찰관은 시민권과 재산세 서류를 관리했다. 두 명의 조영관(aedile)은 항상 평민층에서 선출 되었다. 그들은 특정의 종교 행사들을 감독했고, 경찰을 지휘했으며, 로마 거리와 공공 장소와 건물들의 치안 유지를 위해 노력했다. 후일 소위 고위 조영관(curulian aedile)이라 불리는 두 명의 조영관이 추가로 임명되었는데, 이들은 모든 계층이 다 모인 집회(*comitia centuriata*)에서 선출되었으며, 평민층과 귀족층이 번갈아가며 이 직책을 맡았다.

호민관(tribune)은 평민들의 회의(*comita tributa*)에서 선출된 평민층 관리였다. 호민관은 평민들의 옹호자였으며, 원로원이나 치안판사의 공적 조처를 거부할 권리를 소유했고, 시민 회의에서 승인되는 즉시 효력을 발휘할 법을 제안한 권리도 소유했다. 공직에 있는 평민에게는 귀족이 될 수 있는 권리가 부여 되었다. 그러므로 귀족층은 계속 갱신 되었으며, 출생에만 의존하지 않는 상류층이 발전했다.

기원전 2세기에는 로마의 미묘한 균형 상태는 더욱 복잡해졌는데, 그것은 기사들(equestrian)이 나름의 권리를 가진 귀족과 평민 사이의 세번째 계층으로써 세워졌기 때문이다. 기사층은 곧 원래 가졌던 군사적 기능을 잃고 부유한 사회 계급이 되었다. 원로원 의원들은 무역과 상업에 종사할 수 없었으므로(그들의 부는 부동산에 의존했다), 사업과 상업은 기사층의 영역이 되었다. 기사층에 들어갈 수 있는 기회가 지방 귀족들에게 점점 더 많이 주어졌으며, 그리하여 그들은 사업과 상업에 참여할 기회를 얻었고, 궁극적으로는 공직에 참여할 기회를 획득했다. 로마 제국이 확장하는 데 있어서 기사들은 국가의 땅을 임대해 주는 임대인들로서, 그리고 사법에 관련된 업무에 종사하는 관리들로서 중요한 역할을 담당했다.

에트루리아인들과의 전쟁을 위해서, 로마는 주위의 라틴 부족들과 동맹을 맺었다. 로마가 수십 년 동안 전쟁을 치르면서 강력한 에트루리아의 도시 베이이를 정복한 직후, 켈트족이 이탈리아를 침략했다(기원전 387년). 그들은 로마 군대를 격파했고, 로마가 카피톨로 철수한 후에 로마 시를 불 태웠다. 로마인들은 엄청난 배상금을 치르고 나서야 자유를 되찾고 켈트족으로 하여금 철수하게 할 수 있었다. 에트루리아인들과 켈트인들을 상대로 한 거듭 된 전쟁

이외에도 로마는 삼늄인들과 싸워야 했고(기원전 343-341, 327-304, 298-290), 라틴 동맹 내의 반란도 억제해야 했다. 이러한 상황은 로마로 하여금 동맹국들과의 관계를 개선하도록 만들었고, 그 결과 새로운 헌법이 제정되었다. 일부 라틴 도시들은 시민권과 투표권을 얻었으며, 다른 도시들은 시민권만 얻었으며, 그밖의 도시들은 동맹국으로서 로마에 종속되었다.

삼늄인들을 최종적으로 무찌르고, 마지막으로 힘들여 켈트족과 싸워 이긴 후(기원전 285-282), 로마는 이탈리아 중부 전체를 지배하는 동맹국의 주인으로 떠오르게 되었다. 그 직후(기원전 280-275) 에페이로스의 왕 피로스의 야심에 찬 계획으로 말미암아 로마는 처음으로 헬라 세계와의 심각한 대면을 경험하게 되었다(§1.4e). 비록 피로스에게 두 번이나 패했으나, 로마는 전쟁 이후 이탈리아 남부를 완전히 지배하게 되었다. 그때까지 로마는 자신의 독립과 안전을 위해서 싸웠으며, 여러 차례의 힘겨운 전쟁과 패배에도 불구하고 결국 성공했다. 이제 로마는 새로운 상황을 맞이하게 되었다. 로마는 수백만 명의 인구를 가진 넓은 지역을 지배했고, 경제적으로 부흥했으며, 전쟁을 통해서 부유해졌다. 기원전 270년, 로마는 이탈리아 남부의 그리스 전통에 따라 자체의 은화를 발행하기 시작했다. 로마는 피로스의 보호령(保護領)이었던 남부 이탈리아의 헬라 도시들을 물려받았기 때문에 헬레니즘 문화와 밀접하게 접촉하게 되었다. 로마는 에트루리아인들과의 접촉이 있었으며 그리스 문화에 대해 전반적인 호감을 가지고 있었기 때문에, 신속하게 헬라화 되었다.

<u>Bibliography to §6.lb</u>

H. H. Scullard, *A History of the Roman World from 753-146 BC* (MHGRW 4; 3d ed.; London: Methuen, 1961).

Amoldo Momigliano, "An Interim Report on the Origins of Rome," *JRomS* (1963) 95-121.

Pierre Grimal, ed., *Der Hellenismus und der Aufstieg Roms* (Fischer Weltgeschichte 6; Frankfurt: Fischer, 1965)

(c) 로마 제국의 정복

이탈리아를 장악하게 됨에 따라(시실리는 제외됨), 로마는 그 지역의 주요 강대국이 되었다. 그리하여 지역적인 정책 대신에 세계 정치적인 정책이 등장했다. 그러나 이 새로운 정책이 지중해 세계 전체를 정복하려는 계획이 된 이유를 설명하기는 어렵다. 물론 가능성 있는 이유를 들 수는 있다(예. 권력과 군사적 우위를 확보하려는 욕망, 경제적 이해관계, 정치적 사명 의식). 군사적으로 에트루리아인들은 더 이상 위협이 되지 못했으며, 로마는 이탈리아 남부의 문화와 경제를 흡수했다. 지중해 서부에서 유일하게 중요한 로마의 경쟁자는 칼타고였다. 칼타고는 지중해 남부와 서부 지역뿐만 아니라 코르시카, 사르디니아, 그리고 시실리의 대부분을 장악하고 있었으며, 교역상의 이익을 옹호하기 위해서는 수단 방법을 가리지 않았다. 로마는 피로스와의 전쟁을 위해서 칼타고의 지원을 구했지만, 로마의 경제적 이익의 증대 및 지중해의 해양 강대국으로서 등장한 것 등으로 말미암아 칼타고와의 전쟁을 피할 수 없게 되었다. 제1차 포에니 전쟁은 기원전 264년부터 241년까지 계속 되었다(당시 시라쿠사는 로마의 동맹국이었다). 로마는 이 전쟁을 위해 자체의 해군을 구성했으며, 획득한 물건들을 운반하는 데 있어서 로마의 선박들이 중요한 역할을 했다. 전쟁은 끝나고 지중해 서부는 로마와 카르타고가 분할하여 소유했다. 수라구사와 기타 그리스 동맹도시들을 제외하고 시실리는 로마의 속주(屬洲)가 되었다. 로마는 전통적인 연방 정책 대신에 제국주의 정책을 사용했으며, 새로 획득한 지역들을 통합함에 있어서 장래의 정책들의 유형을 제시했다.

속주들을 설립한 것은 곧 정복된 땅의 착취를 의미했다. 속주의 행정은 원로원이 임명한 총독(치안관, 후에는 지방 총독)에게 맡겨졌으며, 그 밑에는 재무관이 있었다. 지방 행정과 지방 법원은 원주민 관리들에게 맡겨졌다. 그러나 고등 법원, 세금과 조세 징수, 군대

로마 제국의 정복

BCE	280-275	피로스 전쟁
	275 이후	이탈리아 중부와 서부 지배
	264-241	제1차 포에니 전쟁
	241	시실리가 로마의 속주가 됨
	238	사르디니아와 코르시카가 로마의 속주가 됨
	229	Dyrrhachium이 로마의 속주가 됨
	222	이탈리아 북부가 로마의 지배 하에 들어감 (Gallia Cisalpina)
	219	달마티아(Dalmatia)가 로마의 속주가 됨
	218-201	제2차 포에니 전쟁
	215-205	제1차 마케도니아 전쟁
	200-197	제2차 마케도니아 전쟁
	195	스페인에 두 개의 속주를 조직함
	191-190	시리아의 안디오코스 3세와의 전쟁
	171-168	제3차 마케도니아 전쟁
	148	마케도니아 속주
	149-146	제3차 포에니 전쟁, 아카이아 동맹과의 전쟁
	146	아프리카(아프리카 프로콘술라리스)와 아가야 속주
	133	페르가몬 왕국이 로마에게 넘겨짐(아시아 속주)
	121	갈리아 나보넨시스 속주
	102	길리키아 속주
	74	키레나이카와 비티리아 속주
	66-64	폼페이의 동부 정복(시리아 속주)
	58-50	케사르의 갈리아 정복
	55-54	케사르의 브리타니아 정복 시작
	46	누미디아 속주(아프리카 노바)
	34-33, 14-12	일리리아 정복
	30	이집트 속주
	29-28	모에시아 정복
	25	갈라디아 속주
CE	5	게르마니아 속주
	6	유대(후일 팔레스틴)
	17	카파톨리아
	41/42	모리타니아
	105	아라비아 펠릭스(이전의 나바테아)
	106	다키아
	116	메소포타미아(완전하게 정복하지는 못했음)

는 로마인 총독이 맡았다. 새로운 총독은 행정 정책의 세부 사항과 기본 원칙을 결정할 권한을 가지고 있었으며, 임기가 시작될 때에 그것을 포고령을 통해 선포했다. 총독이 착취와 부정을 통해서 부를 축적하려고 할 경우, 그는 동료의 반대나 지역 관료들의 억제를 두려워할 필요가 없었다. 그러나 만일 로마인 사업가나 임대자가 총독 관할의 속주를 착취하려 할 때 총독이 이를 방지하려고 한다면 사태는 매우 험악해질 수 있었다. 왜냐하면 그렇게 되면 그는 로마에 강력한 적들을 만들어 낼 수 있었으며, 그의 속주에는 착취자들과 타협할 용의가 있는 새로운 지방 총독이 부임하게 될 것이기 때문이었다. 제국 시대가 시작하기 전에는, 좋은 의도로 만들어진 법률과 거듭된 재판도 착취적이며 부정직한 행위를 막을 수 없었다. 일반적으로 착취와 강탈 행위가 악한 것이라는 이유로 속주의 총독을 법정에 세울 수는 없었다. 총독들이 부를 늘리는 것은 당연한 일로 취급되었다. 총독들에 대한 고발은 주로 정치적 경쟁자들의 부추김 때문에 행해졌다. 왜냐하면 하나의 속주를 다스림으로써 개인적으로 재정적인 유익을 얻을 뿐만 아니라 공공 사업이나 경기 등을 재정적으로 지원함을 통해서 자신에 대한 인기와 지지를 증대시킴으로써 정치적 기반을 넓힐 기회를 확보할 수 있었기 때문이다. 속주를 다스리지 않고서는 정치적으로 성공적인 경력을 소유할 수 없게 되었다.

제1차 포에니 전쟁에서 승리한 로마는 지중해 서부의 주요 강대국이 되었으며, 이후 계속하여 공공연하게 확장 정책을 추구했다. 로마는 칼타고에게 압력을 넣어 사르디니아와 코르시카를 양도하게 만들고는 이 섬들을 속주로 삼았다(기원전 238년). 아드리아 해 연안에 있는 헬라 도시들을 위해서, 기원전 229년에 로마는 일리리아 연안의 일부를 정복하고 디라키움(Dyrrhachium) 속주를 세웠다. 앞으로 있을 켈트족의 침입에 대비하여 견고한 요새를 만들기 위해서, 로마는 북 이탈리아를 정복하여, 갈리아 키살피나(Gallia

Cisalpina) 속주를 세웠다(기원전 222년). 제2차 일루리아 전쟁 때, 로마는 달마티아 연안을 차지하게 됨으로써(달마티아 속주, 기원전 219년) 아드리아 해의 무적의 주인이 되었다. 헬라인들은 그리스를 보호하기 위해서 로마가 치른 이 전쟁에 대한 보답으로 로마가 올림픽 게임에 참석하는 것을 인정해 주었다.

그러나 칼타고는 로마로부터 겪은 패배로 인해 주저앉지는 않았다. "Barkas"(번개)라는 별명을 가지고 있었던 칼타고의 장군 하밀카르(Hamilkar)는 용병들의 반란을 진압하고 나서 로마와의 전쟁 동안에 카르타고의 지배에서 벗어난 스페인을 재정복하기 시작했다. 그의 성공적 작전으로 말미암아 스페인 남부에 카르타고의 새로운 힘의 토대와 부의 근원이 마련되었다. 그 결과 로마와의 전쟁을 열망하던 하밀카르 파(Barkides)가 카르타고에서 권력을 잡게 되었다. 그러나 하밀카르의 사후(기원전 229년)에 그의 사위 하스드루발(Hasdrubal)은 외교 협상을 통해서 새로운 전쟁을 방지했다. 로마와의 협정을 통해 에브로 강(오늘날 에브로 강이 아니라, 스페인의 중부 사군툼 남쪽에 있는 강)을 카르타고와 로마의 경계선으로 결정했다(226년).

그로부터 5년 후 하스드루발은 암살 당하고 그의 처남이자 하밀카의 아들인 25세의 한니발(Hannibal)이 군대의 총사령관으로 임명되었다. 그는 스페인 전체를 정복하려 했다. 그러나 그가 에브로 강 북쪽에 있는 헬라-이베리아 도시인 사군툼(Saguntum)을 포위했을 때, 사군툼은 로마에게 도움을 청했다. 로마는 카르타고에게 여러 번 경고했지만, 소용이 없었고, 양측은 전쟁을 원했다. 이것이 제2차 포에니 전쟁의 시작이었다. 이것은 로마의 역사상 가장 힘겹고 위험한 전쟁이었는데, 그 이유는 특히 로마는 셈족 세계가 낳은 가장 위대한 전쟁의 천재와 싸워야 했기 때문이었다.

한니발이 알프스 산맥을 넘은 것은(기원전 218년) 잘 알려져 있는 유명한 이야기이다. 로마의 저항은 전혀 소용이 없었다. 북 이탈리아의 켈트족도 배반했고, 한니발이 칸나에에서 로마를 격파한(216년) 후에는 이탈리아 연방국들도 로마를 버리고 말았다. 시라쿠사는 한니발과 동맹을 맺었고, 한니발은 마케도니아의 빌립 5세와 협정을 체결했다. 로마는 최후의 수단을 취하여 로마와 에트루리아 신들에게 그들의 이름으로 웅장한 게임을 열겠다고 약속하면서 도움을 호소하고, 신탁집들을 참고하고, 델포이의 아폴로 신에게 사절을 보냈다. 로마를 배반하고 한니발의 편이 되었던 카푸아(Capua)는 다시 정복되어서, 그 주민들은 심한 형벌을 받았다. 시라쿠사도 오랜 포위 기간 후에 정복되었다. 다양한 무기를 발명하여 도시의 방어를 돕던 아르키메데스도 그 포위 기간 중에 죽음을 당했다. 그러나 그후(기원전 211년) 코넬리우스 스키피오와 그의 동생 그네우스 스키피오의 지휘 하에 스페인에서 성공적으로 싸우던 두 개의 로마 원정군이 한니발의 형제인 하스드루발에 의해서 격파 당했으며, 스키피오 형제는 모두 죽음을 당했다.

24세의 코넬리우스 스키피오(스키피오 아프리카누스 마이오르로 알려져 있음)가 기원전 210년에 아버지의 뒤를 이어 심하게 타격을 입은 스페인 원정군의 지휘를 맡으면서 전세는 역전되었다. 스키피오(Scipio Africanus Maior)는 케사르 앞에서 로마 군대에서 가장 위대한 천재적 인물이라고 불렸다. 그의 전술적인 독창성, 처음부터 그가 병사들에게 심어준 자신감, 소망과 열심 등은 그의 성공을 설명하기에는 충분치 못하다. 고대 로마의 믿음이 로마 역사상 처음으로 새로운 형태로 등장했다. 가장 필요한 시기에 재능 있는 지도자요 구원자의 펠리키타스(*felicitas*)가 그것이었다. 펠리키타스란 통찰력, 용기와 기민성을 통해서 작전을 기분 좋고 성공적으로 끝맺을 수 있는 거의 초자연적인 능력을 의미한다. 그러나 로마인들은 스키피오의 펠리키타스를 개인의 행동을 통한 신적 개입의 현현으로 보았다. 스키피오의 생전에 형성된 스키피오 전설은 펠리키타스라는 로마의 개념이 "거룩한 사람"(divine man)에 대한 헬라 개념과 합해지기 시작했다는 것을 증명했다. 그후 케사르 시대에 이 개념은 알렉산더 전설의 영향 하에서 선전적인 목적으로 더욱 발전했다. 그후에 계속된 전쟁은 스키피오의 부임은 단지 또 한 사람의 지휘관이 임명된 것에 그치는 것이 아닐 것이라고 소망하고 있던 사람들의 기대를 충족시켜 주었다. 기원전 209년에는 스페인에 있는 칼타고의 본부 칼타고 노바(카르타게나)를 정복했으며, 베쿨라에서는 하스드루발을 무찔렀다. 하스드루발은 이탈리아 북부로 도망쳐서 동생과 합류했지만, 로마 군대에 의해서 격파 당했다(207년). 206년에 스페인 정복이 완결되었으며, 205년에는 스키피오가 로마에서 집정관으로 선출되었다. 그는 204년에 아프리카로 가서, 누미디아의 왕자 마시니사의 도움으로 아프리카의 원정을 성공적으로 끝냈다. 그러나 한니발은 고국을 방어하기 위해서 이탈리아를 떠나 스페인으로 돌아갈 수밖에 없게 되었으며, 202년에는 자마에서 스키피오에게 패했다. 201년에 칼타고는 스키피오가 제시하는 평화 조건을 받아들였다. 칼타고는 스페인 내의 영토를 모두 상실했고, 많은 배상금을 지불해야 했으며, 북아프리카의 군소 국가로 전락했다.

그러나 제2차 포에니 전쟁은 단순히 칼타고와의 대결 이상의 의미를 지닌다. 로마는 마케도니아가 한니발의 편을 들었던 일을 잊지 않았다. 이것을 교훈으로 삼아 로마는 로도와 버가모, 그리고 마케도니아의 철천지 원수인 아이톨리아와 협정을 맺었다. 결과적으로 로마는 그리스의 도시 국가들과의 경쟁에 참여하기를 원치 않더라도, 그리스의 정세에서 관여하지 않을 수 없게 되었다. 피로스가 이탈리아에서 거두었던 승리들도 망각되지 않았다. 그 결과 1세기 이상 동안 로마는 헬라 국가들의 내정에 간섭하게 되었다(요청에 의해서, 또는 강제적으로). 기원전 200-197년의 마케도니아와의 전쟁에서 로마는 키노스 케팔라이에서 승리하여 빌립 5세의 권력을 마케도니아에게로만 제한시켰다. 로마의 장군 플라미니누스

(Flamininus)는 헬라 국가들의 자유를 선포한 후에 철수했다. 그러나 셀류시드 제국의 안디오코스 3세(안디오코스 대왕)가 그리스에 상륙했을 때, 로마는 다시 개입하여 스키피오가 지휘하는 군대를 파견하여 그를 격파하고 철수시켰고 소아시아의 모든 영토를 빼앗았다. 로마는 정복된 땅을 로도와 버가모에게 나누어 주었다(190년). 기원전 167년에 마지막 마케도니아 왕 페르수스와의 전쟁(이것은 아무 이유 없이 시작된 전쟁이었음)에서 승리했을 때에도, 로마는 마케도니아를 합병하는 것을 주저하여, 마케도니아 왕국을 네 개의 독립 국가로 나누었다. 이제 로마는 지중해 지역에서 유일한 강대국이 되었으며, 다른 강대국이 로마에 도전하려 할 때마다 원로원은 개입했다. 그러므로 기원전 168년에 시리아의 안티오코스 4세 에피파네스가 이집트를 합병하려 했을 때, 로마는 외교적인 최후 통첩을 통해서 이집트로부터 철수하도록 만들었다. 그러나 이집트에 자신의 교두보를 확보하려는 의도는 전혀 없었다.

기원전 2세기 중반 이후부터 이러한 정책은 바뀌었다. 아마 지중해 동부 지역의 지속적인 불안정을 제거할 수 있는 다른 방법이 없다고 믿는 사람들이 로마에 있었을 것이며, 그리스를 두고 볼 때는 그들이 옳았을 수도 있다. 그러나 다른 정복지들의 경우에는 동일한 설명이 허용되지 않는다. 아마 로마의 주요 정치가들은 새로운 속주의 주민들에게는 로마의 통치를 받는 것이 축복이 될 것이라고 믿었을 것이며, 개화되지 못한 외국 민족들에게 자기들의 개화된 평화의 통치를 확대하는 것을 기뻐했을 것이다. 그들은 전쟁이 "정당한 목적"을 위해 시행되며 자기들이 믿는 신들이 좋아하는 것이 되도록 하기 위해 조심했다. 재정적인 유익, 또는 야심을 가진 인물이 권력의 기초를 확보하기 위해 전쟁을 일으키는 것은 공식적으로 인정되지 않았다. 그러나 로마 제국이 그후 내란과 정치적 위기의 세월에 직면한 것은 바로 야심을 지닌 인물의 권력 확보욕 때문이었다.

오랫동안 쌓여온 증오와 비이성적인 두려움이 칼타고에 대한 세 번째 전쟁을 유발시켰다. 평화를 유지하려는 칼타고의 최후의 노력에도 불구하고 사소한 협정의 위반으로 인해서 기원전 149년에 전쟁이 공식적으로 포고되었다. 그리하여 칼타고는 146년에 정복되어 로마의 속주가 되었다. 그후 칼타고는 "아프리카" 속주로서 라틴 문화의 기둥이 되었으며, "로마" 기독교의 본산지가 되었다. 같은 시기에 로마는 불안정하고 반항적인 그리스를 진압했다. 반란의 주도자는 제거되었고, 마케도니아(147년)와 아가야(146년)는 로마의 속주로 조직되었다. 기원전 133년에는 버가모의 마지막 왕의 유언에 의해서 버가모이 로마와 합병 되었는데, 이것은 아시아에 로마의 속주가 세워지는 계기가 되었다. 이로써 세계 정복의 첫번째 단계가 완결되었다. 이후에 이루어진 정복들은, 이러한 사건들 직후에 시작되어 백 년이 넘도록 지속된 로마의 내란과 직접적인 관련이 있다.

Bibliography to §6.1c: Texts

A. H. J. Greenidge and A. M. Clay, *Sources for Roman History 133-70 BC* (2d ed. rev. by E. W. Gray; Oxford: Clarendon, 1960).

Bibliography to §6.lc: Studies

F. B. Marsh and H. H. Scullard, *A History of the Roman World from 146-70 BC* (MHGRW 5; 3. ed.; London: Methuen, 1961).

P. A. Brunt, *Italian Manpower 225 BC-AD 14* (Oxford: Clarendon, 1971).

(d) 공화국 말기와 기원전 133-30년의 내란

백 년 동안 지속될 로마의 내란이 시작된 이유는 매우 복합적이므로, 이 책에서는 그중 몇 가지만 간단히 언급할 뿐이다. 중요한 이유 중 하나는 로마의 사회 구조가 변화하는 경제적 상황에 적응하지 못했다는 것이다. 특히 이탈리아의 경우가 더욱 그랬다. 이탈리아에서는 곡식 대신에 포도와 올리브를 재배했으며, 점차 더 많은 토지가 소수의 상류층의 손으로 넘어갔다. 그리하여 상류층은 토지를 빼앗긴 시민들의 증가, 그리고 여러 차례의 전쟁의 결과로 노예가 된 엄청나게 많은 사람들을 대면해야 했다. 또 하나의 요소는 급속한 헬라화의 과정이었다. 로마는 그리스를 정복한 후 그리스 문화의 침투에 대해서 전혀 방어하지 못했던 것으로 보인다. 고대 로마의 도덕적, 문화적 가치관들은 세계 시민의 이상에 잘 어울리지 않았으며, 헬레니즘의 새로운 세계적 가치관은 전통적 로마를 고수하려는 자들에게는 위협적으로 느껴졌다. 마지막으로, 로마 행정으로서는 하나의 제국을 통치하는 데 요구되는 수요에 부응할 수 없었다. 로마의 정복 전쟁들은 이익을 얻기 위한 것이었다. 속주들을 착취하는 것은 심각한 문제가 되었으며, 평화를 유지하는 데 있어서 상당한 장애가 되었다. 로마 행정에 대한 불만과 폭동이 매일 발생했다. 게다가 외부로부터의 위협이 있었는데(예. 게르만 족의 침략), 그것은 어떤 문제도 강력한 군대만 있으면 해결할 수 있다는 로마의 생각을 더 굳게 하여 주었다.

여러 세대가 지난 후에야 로마는 비로소 평화를 이루기 위해서는 피정복민들에 대한 새로운 태도와 로마 행정의 근본적인 재조직이 필요하다는 것을 깨달았다. 그 이전까지는 로마의 지배를 받던 백성들은 말할 수 없는 고통을 겪어야 했는데, 그 이유는 로마는 그들을 희생시키면서 자체의 문제들을 해결하려 했기 때문이다. 여기서는 전반적인 개요만 소개하며, 아울러 사회적, 문화적, 종교적 발전에서 중요한 몇 개의 예를 제시하려 한다.

(1) 처음으로 이탈리아의 사회적 불평을 조명해 준 사건은 **그라쿠스 가문의 토지 개혁** 시도였다. 기원전 133년에 티베리우스 셈프로니우스 그라쿠스가 호민관으로 선출되기 전, 몇 차례의 노예 반란이 있었다. 그라쿠스는 귀족 가문의 자손이었다. 그의 아버지는 두 번이나 집정관을 했고, 그의 누이는 제3차 포에니 전쟁의 승리자인 스키피오 에밀리아누스와 결혼했다. 티베리우스 그라쿠스가

토지 개혁을 시도하게 된 동기들은 이미 고대 시대에도 논의된 바 있었던 것이지만, 그는 고대 로마의 이상에게서 감화를 받았으며, 거기에다가 스토아 철학 개념을 새로이 추가했다. 부유해진 귀족들은 더 많은 토지를 구입하여 사유지를 넓힐 수 있었고, 그 땅을 경작하기 위해서 값싼 노예들을 얼마든지 사용할 수 있었다. 새 토지 개혁법은 어떤 원로원 의원도 국가 소유의 토지 중에서 125 헥타르(500 유게라) 이상은 경작하지 못하게 했다. 또 원로원 의원은 자신의 큰 아들 두 명을 위해서 그 면적의 절반을 소유할 수 있었다. 그 외의 모든 국가 소유 토지는 새로운 사회 계층인 자유 농민들에게 분배되었다. 대부분의 원로원 의원은 이 개혁을 피하기 위해서 온갖 합법적, 불법적 방법을 동원했으며, 모든 것이 실패했을 때에는 호민관을 암살하는 일까지도 저질렀다.

10년 후, 티베리우스의 동생 가이우스 셈프로니우스 그라쿠스(Gaius Sempronius Gracchus)가 호민관으로 선출되었는데, 그는 토지 개혁을 다시 시작했다. 그는 보다 광범위한 입법을 시행하여, 적어도 어느 부분에 있어서 성공시켰다. 각 가정의 가장이 매 년 제한된 양의 곡식을 싼 가격에 살 수 있는 권리를 주는 곡식법, 능력이 부족하거나 타락한 속주의 총독을 조사하는 임무를 띤 조사팀을 임명할 자격을 기사층에게 준 법률(이 법은 그 효력을 발휘하면서 오히려 부정적인 결과만 남겼는데, 그것은 원로원 출신의 지방 총독들이 기사층의 세금 징수원들의 착취에 대해서 아무런 조처도 취하지 못했기 때문이다), 마지막으로 라틴 동맹국들에게 완전한 시민권을 부여하고 이탈리아 동맹들에게 라틴족의 권리를 부여하는 법 등이었다. 그러나 이 개혁도 원로원 의원들이 자신의 사리사욕을 채우기 위해서 취한 이기적인 술책 때문에 실패하고 말았다. 가이우스 그라쿠스를 따르는 삼천 명의 부하들은 살해 당했으며, 그라쿠스도 피할 수 있는 길이 없는 것을 깨닫자 자신의 노예에게 죽여 줄 것을 부탁했다(121 BCE).

(2) 마리우스(Marius). 외형적으로는 원로원은 국사에 대한 통제권을 확보했다. 그러나 이제 국민들을 조직할 수 있고 그들이 인정할 수 있는 지도자만 찾게 되면, 국민들이 얼마나 강력해질 수 있는지 분명해졌다. 원로원은 진정한 지도자이건 선동자이건 상관 없이 평민층의 지지를 받는 사람들을 의존하게 되었다. 그라쿠스 가문이 몰락한 후에, 원로원은 거의 헬라화 된 남부 고올을 새로운 속주로 만드는 등 제국주의적 정책을 통해서 백성들의 환심을 사려고 노력했다. 그러나 얼마 후에 이 지역과 북 이탈리아가 게르만족인 킴버족과 튜튼족의 침략을 받았으며, 그들을 막으려던 로마 군대는 기원전 113년과 105년에 크게 패했다. 동시에 로마는 누미디

내란의 사건들

(모든 연대는 기원전임)

133	티베리우스 셈프로니우스 그라쿠스가 호민관으로 선출됨
123	가이우스 셈프로니우스 그라쿠스 호민관 선출
107	마리우스 집정관 선출
104	마리우스가 누미디아의 유구르타 격파
102 & 101	마리우스가 킴버족과 튜톤족을 격파
91-87	이탈리아 동맹을 대적한 “사회 전쟁”(Social War)
88-87	폰투스의 미트리다테스와의 전쟁
88-79	술라가 집정관과 독재자가 됨
77	폼페이가 스페인에서 지휘관이 됨
67	폼페이가 해적을 무찌름
66-64	폼페이가 동부 지방을 정복함
60	폼페이, 크라수스, 케사르의 제1차 삼두 정치
58-50	케사르가 고올에 감
49	케사르가 로마로 진군함
48	폼페이가 이집트에서 살해됨
48-44	케사르가 독재자가 됨
43	레피두스, 마크 안토니, 옥타비우스의 제2차 삼두 정치
31	옥타비우스가 악티움에서 마크 안토니를 이김
30	마크 안토니와 클레오파트라가 자살함
27	옥타비우스가 “아우구스투스” 칭호를 받음

아의 왕 유구르타(Jugurtha)와의 장기적인 전쟁에 휘말려 있었다. 이런 상황에서 국민들은 농부의 아들로서 군대의 서열을 통해 승진한 장군 가이우스 마리우스(Gaius Marius)를 위급한 시대의 구원자로 인정하도록 원로원에 압력을 넣었다. 마리우스는 기원전 107년에 집정관으로 선출 되었으며, 전례를 깨뜨리고 여섯 번이나 재선되었다. 마리우스는 즉시 군대를 개혁하기 시작했다. 그는 시민 계층에서 군사들을 징집하는 대신에 가장 낮은 하류층 사람들을 군사로 모집했는데, 복무 기간은 16년에서 20년이었고 퇴역 군인에게는 토지를 하사했다. 이렇게 해서 병사들은 마리우스의 "피보호자"가 되었다. 그들은 더 이상 "군복을 입은 민간인"이 아니었다. 마리우스는 유구르타를 격파하고, 기원전 104년에 그것을 경축했으며, 102년과 101년에 킴버족과 튜튼족을 아쿠에 섹스티에(Aquae Sexitae)와 베르켈레(Vercellae)에서 각각 항복시켰다. 그러나 탁월한 장군이었지만 훌륭한 정치가는 아니었던 마리우스는 퇴역 군인들을 정착시킬 토지를 찾으려다가 난관에 봉착하여, 당분간 정치 무대를 떠나야 했다.

(3) **미트라다테스 6세와 술라.** 이탈리아 동맹국들에게 보다 나은 법적 지위를 보장해 주려는 가이우스 그라쿠스의 시도는 좌절 되었다. 그 결과 동맹국들의 반란이 일어났으니, 그것이 소위 "사회 전쟁"(Social War)이다(91-87 BCE). 원로원은 자발적으로 주기를 원치 않았던 것들을 격한 전투를 치르 난 후에는 허락할 수밖에 없었다. 로마가 이탈리아의 포 강 남쪽의 거의 모든 지역에게 로마 시민권을 허락한 후에야 전쟁은 끝났다.

기원전 88년에 본도의 왕 미트라다테스 6세 유파토르(Mithradates IV Eupator)는 소아시아와 그리스를 로마의 지배로부터 구하려 했다. 그는 로마 군대와 로마의 동맹국인 비두니아를 무찌르고 단 하루 동안에 아시아에 거주하는 팔 만 명의 그리스인들을 살해하고서, 그리스로 가서 헬라인들의 해방자로서 축하를 받았다(§1.4b). 50세의 무명의 정치인으로서 그 해의 집정관 중 하나였던 술라(Sulla)는 미트라다테스와의 전쟁을 지휘하는 책임을 받았다. 술라가 카푸아에서 군대를 모으고 있을 때, 그의 정적들은 국민투표에 의해서 지휘권을 마리우스에게 넘겨 주었다. 술라는 군대를 이끌고 로마로 진군하여 정적들을 도시 밖으로 몰아냈다. 그리고 나서 그는 그리스로 가서 여러 차례의 전쟁을 통해서 미트리다테스를 격파했고, 그의 동맹국들을 엄하게 벌했는데, 그 중에는 아테네도 포함되어 있었다.

한편 로마의 정세는 또 바뀌어 있었다. 기원전 86년에 마리우스가 아프리카의 망명지로부터 돌아와서 집정관으로 선출되었다. 이러한 정치적인 변화의 결과로, 그리스에는 두 개의 로마 군대가 나타났는데, 그들은 두번째 집정관 킨나(Cinna)가 파견했으며(마리우스는 갑자기 죽었음), 지금은 범법자가 된 술라와 싸우기 위해서 파견된 것이었다. 그러나 대부분의 병사들은 술라와 싸우기를 거부하고, 오히려 그의 편이 되었다. 술라는 소아시아에서도 성공했다. 미트라다테스는 항복하고, 정복한 땅을 다시 내놓았다. 술라는 개선장군이 되어 로마로 돌아왔으며, "공화국의 회복을 위한 독재자"로 임명되어 절대적 권력을 손에 쥐었다. 그의 정권은 공포의 통치로 시작되었다. 40명의 원로원 의원과 1,600명의 기사들을 포함한 그의 정적들은 인권 박탈 명단에 올라 범법자 취급을 당하고 재산을 몰수 당했다. 원로원은 재조직 되고, 의원수는 300명에서 600명으로 증가했으며, 원로원의 권력을 회복해주기 위한 많은 개혁이 실시되었다. 그러나 현실적으로는 원로원의 행정은 술라와 같은 강한 지도자가 실질적인 왕의 권위로 다스릴 때에만 기능할 수 있었다. 술라는 기원전 79년(그가 죽기 1년 전)에 자발적으로 사임했는데, 당시 한 가지 문제도 해결된 것이 없었고, 술라가 도입한 보수적 변화들 중에서 10년 이상 지속된 것이 하나도 없음이 드러났다. 그러나 술라는 동양에서는 이미 신인으로 추대를 받았기 때문에(그는 자신의 형상을 새긴 주화도 발행했음), 그가 은퇴한 후에는 새로운 "신적" 지도자만이 문제들을 풀어나갈 수 있을 것이라는 생각이 지배적이었다.

(4) **폼페이.** 폼페이(Graeus Pompeius)는 최근에야 귀족층에 들어가게 된 가문 출신이었다. 술라는 폼페이를 자기의 양딸과 결혼시켰다. 폼페이는 술라 밑에서 능력 있는 군 지휘관으로서 두각을 나타냈으며, 병사들은 그에게 "마그누스"(Magnus)이라는 이름을 붙여 주었다. 술라가 죽은 후에 해야 할 일이 세 가지가 있었다. 스페인에는 마리우스의 지지자인 세르토리우스가 실질적으로 독립 국가인 로마화 된 이베리아 국가를 세웠다. 해적들은 지중해 무역 전체를 위협했다. 그리고 동쪽에서는 미트라다테스가 또다시 로마와 전쟁을 벌이겠다고 위협하고 있었다. 기원전 77년 원로원은 스페인에서의 전쟁의 지휘권을 폼페이에게 주었고, 폼페이는 기원전 71년에 그 나라를 굴복시키는 데 성공했다. 폼페이는 이베리아를 재조직하면서 새로운 이상을 따랐는데, 이러한 폼페이의 행동을 통해 로마 제국의 지도자들은 피정복민의 기대를 충족시켜 주어야 한다는 것을 깨달았다. 폼페이는 적들을 잔인하게 처벌하거나 억압하거나 착취하지 않고 자비와 자선을 베풀었다. 그는 로마 장군들 중에서는 처음으로 자기의 행동을 통해서 신적 지도자라는 헬레니즘의 이상을 실현하려고 노력한 사람이었다. 이러한 덕은 그가 기원전 67년에 해적들을 진압한 데서도 나타났다. 해적들의 출몰은 새로운 현상이 아니었다. 지중해 동부에서는 기원전 3세기부터 해적들의 활동이 활발했지만, 헬레니즘 왕국의 왕들에 의해 억제되었고, 그후에는 로도가 그들을 억제했다. 그러나 지중해 동부의 국가들이 로마의 지배를 받게 되거나 군사력을 상실하게 되면서, 해적들을 제대로 진압하지 못하게 되었다. 사실상 로마는 노예들을 절대적으로 필요로 했는데, 이것은 해적 행위를 뒷받침해주는 강력한 경제적 기반이 되었다. 본도의 왕 미트라다테스는 로마와의 전쟁을 위한

동맹을 확보하기 위해서 해적들의 조직을 강화시켜 주기까지 했다. 해적들은 크레테와 킬리키아 해안의 험한 바위들을 방어진을 삼고 있었기 때문에, 그들을 뿌리뽑기가 매우 어려웠다. 그러나 폼페이는 해군을 조직하여, 지중해 서부의 해적들을 40일만에 싸워 이겼으며, 지중해 동부에서도 49일밖에 걸리지 않았다. 그는 1,000척이 넘는 해적선을 생포하고, 그들의 은둔지로 쫓아가서 이만 명 정도의 포로를 잡았다. 그러나 이번에도 폼페이의 관대함은 로마 정치인의 새로운 이상의 본을 보였다. 그는 해적들을 노예로 팔지 않고, 그리스, 소아시아, 이탈리아의 각지에 정착시켰다.

미트라다테스와의 전쟁으로 말미암아 폼페이의 명성은 절정에 달했다. 기원전 75년에 비두니아의 마지막 왕은 이웃 나라 버가모의 마지막 왕의 본을 따라서 자신의 땅을 로마에게 합병시켰다. 미트라다테스는 이것을 기회로 삼아서 비두니아를 침공하고, 자기 영토를 로마 지역으로 확장해 나갈 계획을 다시 세웠다. 그를 대적하기 위해 파견된 로마의 장군 루쿨루스(Lucullus)는 미트라다테스를 비두니아와 본도에서 몰아냈다. 미트리다테스는 아르메니아로 도망했으므로, 루쿨루스는 아르메니아의 왕 티그라네스(Tigranes)도 격파했다. 그러나 루쿨루스는 아시아 지방의 경제를 회복시키기 위해서 그 지방의 빚을 탕감해 줄 것을 명령하는 전략상의 과오를 범했다. 왜냐하면 그로 인해서 경제적으로 크게 손해를 입은 로마 기사층이 크게 격분했기 때문이다. 전세가 뒤바뀌면서 루쿨루스의 병사들이 폭동을 일으켰고, 그는 어쩔 수 없이 후퇴했다. 이러한 상황에서 원로원은 지휘권을 폼페이에게 넘겼다. 해적들을 무찌른 후에 크레테에 머물고 있던 폼페이는 곧바로 소아시아로 갔다. 미트라다테스도 자기의 군대를 재정비했으나 폼페이에게 결국 패하고 살해되었다.

키케로는 폼페이의 임명을 지지하는 연설을 하면서, 동부 지방의 사람들은 폼페이를 로마가 보낸 사람이 아니라 신으로 여긴다고 칭송했다. 폼페이는 이러한 기대를 충족시켜 주었다. 그는 미트라다테스에 대한 승리 및 미트리다테스의 아들을 로마의 동맹으로 임명하는 데 만족하지 않았고, 지중해 동부 세계의 모든 나라들을 정치적으로 재조직하려고 했다. 그는 우선 셀류시드 왕조가 몰락한 후에 시리아를 흡수한 아르메니아 왕 티그라네스를 공격했다. 티그라네스에게서 항복을 받아 낸 폼페이는 동부 콜키스(Colchis: 흑해의 남동쪽)까지 갔으며, 이어 시리아와 팔레스틴으로 진군했다. 당시 팔레스틴에서는 하스몬 가의 형제인 힐카노스와 아리스토보울로스가 대제사장직을 놓고 싸우고 있었다. 폼페이는 예루살렘을 정복한 후에 성전의 지성소까지 들어갔다. 그가 예루살렘에서 힐카노스를 대제사장으로 임명한 것을 포함해서 속국의 군주들을 임명하는 동안, 동부 지방의 사람들은 그를 구원자요 은인으로 칭송했다. 그가 로마로 돌아왔을 때, 원로원은 별로 내키지는 않았으나 웅장한 개선식을 베풀어 주었다. 당시 로마는 폼페이가 아니라 키케로를 본토의 구원자로 여기고 있었다. 키케로는 카틸리네(Catiline)의 음모를 발견하여 좌절시키는 데 성공했으며, 또한 정권을 잡으려는 카틸리네의 마지막 시도를 진압하는 데 있어서 중대한 역할을 했다. 원로원은 루쿨루스와 카토(the Younger Cato)와 같은 보수적 인물들이 장악하고 있었는데, 그들은 퇴역 군인들을 정착시키려는 폼페이의 계획에 반대했다. 폼페이는 케사르(Caesar)와 새로 동맹을 맺었다. 케사르는 로마 정치계에서 중요한 역할을 하기 시작한 젊은 정치가였다. 폼페이와 당시 로마에서 가장 부자였던 그의 동료 크라수스(Crassus)는 케사르의 제안을 받아들였다. 그리하여 세 사람은 국가의 정치를 서로에게 유리하게 조종하기로 합의했다. 케사르는 기원전 59년에 집정관으로서 폼페이의 퇴역 장병들이 올바른 대우를 받도록 주선해 주었다.

(5) 가이우스 줄리우스 케사르(Gaius Julius Caesar)는 기원전 100년에 유서 깊은 귀족 가문에서 태어났다. 그는 출신과 개인적 성향

으로 볼 때, 포퓰라레스(*Populares:* 라틴, 대중모임)에 속했는데, 그것은 그라쿠스 가문, 마리우스, 킨나 등으로 구성된 정치적 당파로서 평민들의 모임에 기반을 두고 있었다. 마리우스는 결혼을 통해서 케사르의 부모와 인척 관계가 되었고, 키나(Cinna)의 딸은 케사르의 아내가 되었다. 술라의 협박에도 불구하고, 케사르는 그녀와 이혼하라는 강요를 거절했다. 정상적인 공직을 거치지 않고 권좌에 오른 동료 폼페이와는 달리, 케사르는 장교로서 복무를 한 후에 정상적인 과정을 거쳤으며, 로도에서 유명한 웅변가 몰론(Molon)과 함께 공부했다. 비록 케사르는 의심스러운 음모에 가담했다는 비난을 받기도 했으며(예를 들어 카틸리네의 음모), 개인적인 행동이 의심을 받기도 했지만, 기원전 64년에 최고 신관(*pontifex maximus*)로 임명 되었다. 이 직책은 종신직으로서, 그는 로마 종교의 모든 면을 감독하게 되었다.

폼페이와 크라수스와 케사르, 소위 "제1차 삼두 정치인들" 사이의 비밀 협정은, 이 세 사람이 당시의 정치 구도의 비효율성을 깨닫고 있었음을 보여준다. 그들은 이 협정이 그들 각자가 서로를 지지하고 상대방의 목표를 방해하지 않는 한 각자의 목표를 달성하게 해 줄 것이라고 기대했다. 케사르는 삼두 정치를 통해서 두 가지 이득을 얻었다. 즉 그는 기원전 59년에 집정관이 되었으며, 5년 동안 계속해서 갈리아 키살피나와 갈리아 마르보네시스 지방을 다스리게 되었다. 케사르는 집정관으로 있는 동안 열정적으로 활동했다. 그는 로마 내부의 정치에 있어서 가장 시급한 문제 두 가지를 공격했는데, 그것은 이탈리아에서의 농지 분배와 속주들을 착취한 것이었다. 정착지에 대한 그의 입법은 성공했다. 그리하여 그후 몇 년 동안에 사만 명의 퇴역 장병과 십만 명의 시민이 국가 소유의 토지에 정착했다. 케사르는 원로원의 반대를 무시했으며, 목표를 달성하기 위해서는 불법적인 방법을 사용하는 것도 꺼리지 않았다. 그는 기원전 58년에 로마를 무정부 상태에 남겨둔 채 고울 지방으로 갔다. 호민관이었다가 후에는 갱(케사르의 지시에 따라 움직였음)의 지도자가 된 클로디우스가 지지하는 포퓰라레스와, 역시 거리의 갱을 고용했던 키케로와 카토와 같은 존경받는 인물을 대변인을 둔 원로원의 보수 그룹 사이에는 끝없는 다툼이 있었다. 그러나 케사르가 없는 동안에 진행된 로마의 혼란상은 케사르에게는 오히려 유리한 것이었다.

기원전 58년부터 51년까지 케사르는 고울 지역 전체의 정복과 평화 유지로 바빴다. 기원전 52년에 그는 고울 부족들의 지지를 받던 베르킨게토릭스(Vercingetorix)가 주도한 반란을 진압해야 했다. 이러한 일련의 전쟁을 치르면서, 케사르는 로마 역사상 가장 잘 훈련된 군대를 구성했다. 기원전 56년에 삼두 정치가 다시 연장되었다. 케사르는 고울을 맡았고, 폼페이는 스페인을 맡았으며, 크라수스는 동쪽에서 자유로이 통치했다. 그러나 기원전 53년에 크라수스가 파르티아인들과 싸우다가 살해되었고, 그의 군대는 완전히 패배했다. 그보다 일 년 전에는 폼페이와 결혼한 케사르의 딸 줄리아가 아이를 낳다가 죽었다. 이 일로 말미암아 케사르와 폼페이 사이는 급속히 멀어졌다. 로마에서는 케사르의 정적들이 그를 공개적으로 공직에서 내몰려고 했다. 한편 집정관으로 있던 폼페이는 케사르의 무자비한 야망에서 국가를 구하려 한 *Optimates*(라틴, 귀족회의, 귀족정치가)들과 합류하라는 권면을 받았다. 정치적 상황은 케사르가 고울 지방의 총독으로서의 임기를 마친 직후에 집정관이 될 수 있는가에 대한 논쟁에서 위기에 도달했다. 원로원은 케사르가 집정관으로 선출되는 것을 막기 위해서 비상 사태를 선포했는데 원로원 내의 강경론자들이 타협을 거부했으므로, 케사르는 군대를 이끌고 로마로 쳐들어오기로 결정했다(갈리아 키살피나 지방과 이탈리아 사이의 국경인 루비콘을 케사르가 건넌 유명한 사건).

내란은 로마에서 가장 강력한 두 인물 사이의 공개적 전투가 되었다. 케사르는 잘 훈련된 군대를 가지고 있었으며 군중의 다수가 자기에게 공감하고 있다고 확신했다. 폼페이는 원로원의 편에서 행동했기에 자신의 행동의 합법성을 주장할 수 있었고, 로마 제국 전체의 엄청난 군사적, 경제적 자원을 사용할 수 있었다. 그러나 케사르가 너무도 빨리 움직였기 때문에, 폼페이는 이탈리아에서 저항도 해보지 못한 채 막대한 액수의 돈과 화폐로 주조되지 않은 금과 은을 버려두고서 동부로 철수해야 했다. 당시 폼페이는 동부 지방에서 존경받고 있었다. 케사르는 폼페이가 남겨 두고 간 금과 은으로 주화를 주조하여 자기의 권력과 가문의 위상을 선전할 기회로 삼았다. 그 때부터 제국의 위상과 업적을 선전하기 위해 주화를 만드는 것이 일상적인 일이 되었다. 처음에는 불리한 상황에 있던 케사르가 서부 전체(스페인과 이탈리아)를 장악했고, 스페인에서 폼페이의 군대를 무찔렀다. 뿐만 아니라 그는 폼페이의 뒤를 쫓아가 테살리의 파르살로스에서 전투를 벌여 완전히 정복했다(48 BCE). 폼페이는 이집트로 도망했지만, 그곳에 도착하자마자 살해되었다. 케사르는 이집트로 와서 폼페이의 잘린 머리를 보고서 눈물을 흘렸다. 그것은 세계의 주인이 된 자에게 잘 어울리는 솔직한 감정의 표현이었다.

그러나 내란은 아직 끝나지 않았다. 케사르는 내부의 적들과 싸워야 했고, 또한 외부의 위협, 특히 다시 로마에게 대항해 오는 본도 왕국과 파르티안인들에 대처해야 했다. 이집트도 문제거리였다. 기원전 47년에 케사르는 프톨레미 왕조의 마지막 인물인 클레오파트라 7세를 통치자로 임명했다. 그가 클레오파트라와 간통하여 아들을 낳은 것은 잘 알려진 사실이다. 그후 케사르는 폼페이의 지지자들이 모여 있는 서부로 향했는데, 먼저 아프리카로 갔고, 다음에 스페인으로 갔다. 항복한 적들을 다루는 데 있어서 케사르는 과거 폼페이가 그랬듯이 헬레니즘 시대의 신적인 왕의 이상을 따랐다. 패한 적들에게 베푼 관대함과 용서는 그의 성격뿐 아니라 이러한 이상에 뿌리가 있었던 것이다. 그러나 이것은 진정한 화해와 지속적인 평화를 가져오지는 않았다.

많은 로마의 귀족들은 공화국의 이상을 소중히 여겼다. 케사르를 신적인 왕으로 숭배하려 한 여러 차례의 시도는 이러한 이상들을 배반하는 것으로 보였다. 원로원 의원들은 케사르를 종신직 독재자로 임명할 용의가 있었지만, 정부 내의 체제상의 변화에는 주저했다. 이것은 로마의 세계 통치가 피정복 국가의 국민들이 스스로를 신적 통치자의 관대함에 기초를 둔 세계적인 공화국의 국민으로 여길 수 있는 통치로 변화되는 데 방해가 되었다. 케사르가 (유대인을 포함한) 다른 국가들에게 허락한 특권들은 그가 이러한 국가를 염두에 두고 있었음을 나타내준다. 이러한 생각은 동부로의 야심에 찬 군사 원정에서도 나타나는데, 그는 이 원정을 통해서 로마 제국을 메소포타미아, 페르시아, 인도 등의 고대 문명 중심지와 연합하기를 원했다. 그는 슬라브족과 게르만족도 이 커다란 민족들의 공화국 안에 포함시키기를 원했을 것이다. 그러한 계획은 공화국을 원하는 케사르의 정적들에게는 심각한 위협이었다. 그들은 케사르가 그러한 원정을 성공적으로 마친 후에는 무적의 왕이요 신으로 여겨질 것을 알았다. 기원전 44년 3월 15일 있었던 케사르의 암살로 인해 그의 일생만 끝난 것이 아니라 하나의 연합된 세계라는 그의 꿈도 종지부를 찍었다.

케사르가 남긴 것은 다양한 개혁이었다. 그는 행정부를 재구성하고 원로원 의원의 수를 600명에서 900명으로 늘렸고, 공직의 수효도 늘렸다. 퇴역 장병들과 빈곤층 시민들을 재정착시켰고 빚을 탕감해 주었으며, 달력을 개혁했는데("Julian Calendar"), 그 달력은 그후 1500년이 넘도록 서방에서 사용되었다. 1년이 365일로 이루어졌으며 4년마다 하루가 추가되는 태양력의 도입으로 태양력과 음력의 복잡한 차이가 종식되었다. 이 새로운 달력은 점성술이 크게 번성하게 되는 뜻하지 않은 결과도 가져왔으며, 인간의 삶을 별들의 능력과 연결시키는 것을 "공식적"으로 인정하게 되었다(§4.2c). 케사르가 사망함으로써, 브루투스와 카시우스가 이끄는 공화국 옹호자들은 자기들이 로마의 "자유"를 회복했다고 주장할 수 있게 되었다. 그러나 그들이 행한 일이란 다시 내란으로 이어지는 문을 열어 놓은 데 불과했다.

Bibliography to §6.1d

H. H. Scullard, *From the Gracchi to Nero* (4th ed.; London, Methuen, 1976).
Ronald Syme, *The Roman Revolution* (Oxford: Oxford University Press, 1939).
Robin Saeger, ed., *The Crisis of the Roman Republic* (Cambridge: Heffer and New York: Barnes and Noble, 1969).
P. A. Brunt, *Social Conflict in the Roman Empire* (New York: Norton, 1971).

Bibliography to §6.1d(1)

Hugh Last, "Tiberius Gracchus," and "Gaius Gracchus," in *CambAncHist,* 9. 10-101.

Bibliography to §6.1d(2)

Hugh Last, "The Wars of the Age of Marius," and "Enfranchisement of Italy," in *CambAncHist* 9. 102-210.

Bibliography to §6.ld(3)

David Magie, *Roman Rule in Asia Minor* (2 vols.; Princeton, NJ: Princeton University Press, 1950; reprint Salem, NH: Ayer, 1988).

Bibliography to §6.ld(4)

Matthias Gelzer, *Pompeius* (2d ed.; München: Bruckmann, 1959).

Bibliography to §6.ld(5)

Matthias Gelzer, *Caesar: Politician and Statesman* (Cambridge. MA: Harvard University Press, 1968).
J. P. V. D. Balsdon, *Julius Caesar and Rome* (New York: Atheneum, 1967).
F. E. Adcock. "From the Conference of Luca to the Rubicon," "The Civil War," and "Caesar's Dictatorship," in *CambAncHist* 9. 614-740.

(e) 아우구스투스

케사르는 유언에서 18살 된 조카 옥타비우스(Octavius)를 양자로 삼았다. 옥타비우스는 그후로 자신을 가이우스 줄리우스 케사르 옥타비아누스(Gaius Julius Caesar Octavianus)라고 불렀다. 그와 동시대 사람들을 그를 "케사르"라고 불렀다(현대의 역사서에서는 "옥타비안"이라고 부른다). 그는 마르쿠스 안토니우스(Marcus Antonius)로부터 거부를 받았고, 안토니우스의 철천지 원수인 늙은 키케로와 동맹을 맺었다. 그러나 키케로의 세력이 몰락해가는 것을 감지한 옥타비우스는 안토니우스의 편으로 돌아섰다. 기원전 43년에 안토니, 마르쿠스 레피두스, 그리고 옥타비우스 등 세 사람은 합법적인 삼두정치를 구성하여 5년 동안 공화국을 복원하기 위한 통치권을 차지했다. 이듬 해에 옥타비우스는 집정관으로 선출되었다. 원로원은 어쩔 수 없이 줄리우스 케사르의 신격화를 공식적으로 선포해야 했다.

케사르를 살해한 브루투스(Brutus)와 카시우스(Cassius)는 동부에서 군대를 모으는 데 성공했으나, 기원전 42년에 빌립보에서 안토니우스에게 패했다. 옥타비우스는 실질적인 사령관 역할을 하지는 않은 듯하다. 권력 분배에 있어서 여러 번의 변화가 있은 후 안토니우스가 제국의 동쪽 절반의 지배자로 군림했고, 옥타비우스는 이탈리아와 스페인, 레피두스는 아프리카를 다스렸다(후일 레피두스가 제거되고 옥타비우스가 제국의 서쪽 전체를 장악했다). 기원전 38년에 임기가 끝난 삼두 정치는 처음에는 원로원의 승인 없이 임기를 5년 더 연장했다. 그러나 자신을 "신의 아들 케사르 황제"로 부르던 옥타비우스는 소급하여 원로원의 승인을 얻었다.

안토니우스는 주로 동부에 거주했다. 기원전 141년에 그는 클레오파트라를 처음 만났다. 클레오파트라는 자신의 행동에 대해 설명하라는 소환 명령을 받고서 이시스(Isis) 여신으로 꾸미고 그의 앞에 나타났다. 그후 그와 클레오파트라와의 관계로 말미암아 기원전 40년 이래로 안토니우스와 결혼생활을 해온 옥타비우스의 누이 옥타비아와의 사이가 멀어졌고, 따라서 옥타비우스와의 사이도 악화되었다. 클레오파트라와의 관계에서 감동을 받은 안토니우스는 헬레니즘 식으로 자신의 지배자로서의 이미지를 선전했는데, 이것은 로마로서는 결코 용납할 수 없는 것이었다. 빌립보에서 케사르를 살해한 자들과 싸워 이긴 직후, 안토니우스는 "새로운 디오니소스"로서 에베소로 갔다. 후일 그는 클레오파트라와 함께 새로운 이시스(또는 아프로디테)와 결합한 새로운 디오니소스로서 제국 동부의 속주들을 여행했다. 클레오파트라와의 사이에서 태어난 쌍둥이 알렉산더와 클레오파트라는 헬리오스(Helios)와 셀레네(Selene)로 숭배 되었다.

안토니우스는 통치자를 신의 현현으로 여기는 그리스의 개념을 받아들였다. 케사르는, 신적인 왕권이라는 개념을 페르시아인들과 인도인들을 포함하는 동부 지역과 헬라인들과 로마인들이 거주하는 서방 지역을 통합한 통일된 새 세계의 상징으로 여겼을 것이다. 그러나 안토니우스는 아르메니아를 정복한 것 외에는 원정에서 성공도 거두지 못했으며, 파르티안들과의 전쟁에서도 별로 성공하지 못했다. 그러므로 그가 신적인 인물이라는 주장은 위대한 업적과 운 좋은 행위에 기초를 둔 것이 아니었다. 스키피오의 예가 보여주듯이, 로마인들은 신적인 왕이라는 헬라 개념을 펠리시타스(*felicitas*)라는 로마의 개념과 연결시킴으로써 그것을 어렵지 않게 받아들였을 것이다. 그러나 안토니우스와 옥타비우스를 신으로 숭배하는 것은 하나의 연극적인 제스추어로 밖에는 보이지 않았다.

물론 로마는 로마의 장군들이 동부 지역에서 신격화 되었다는 사실에 익숙해져 있었으며, 이 사실은 안토니우스에게 아무런 문제가 되지 않았다. 그러나 옥타비우스는 안토니우스를 궁지에 몰기 위해서, 이런 신성의 주장은 로마 제국을 분할하려는 정치적 계획의 일부였다고 증명하려 했다. 삼두 정치의 마지막 해에(기원전 32년) 안토니우스는 클레오파트라와 자기의 자녀에게 영토를 기증하려는 것을 승인해 달라고 원로원에 요구했는데, 옥타비우스는 이 일을 기회로 삼았다. 안토니우스의 편이었던 두 명의 집정관 중 한 사람인 소시우스(Sossius)가 옥타비우스를 공격했을 때, 옥타비우스는 안토니우스가 반역했다는 문서를 제출하겠다고 선언했다. 결국 두 명의 집정관은 도주하여 안토니우스와 합세했다. 일부 원로원 의원들도 함께 도주했다. 나머지 원로원 의원들은 옥타비우스에게 충성하여 안토니우스를 삼두 정치인 중에서 제거하고, 클레오파트라와의 전쟁을 포고했다. 원로원은 옥타비우스에게 이 전쟁을 위해서 절대 통치권(*imperium*)을 주었는데, 이 권위는 로마 국민들과 서부의 속주들의 맹세에 의해서 확증되었다.

옥타비우스의 행동에는 두 가지 중요한 면이 있었다. 첫째, 그는 새로운 지위를 인정받는 데 있어서 현존하는 법률과 헌법을 준수했다. 둘째, 옥타비우스의 지위는 도시의 하류층뿐만 아니라 모든 로마 시민들의 합법적인 국민 투표에 의해서 인정을 받았다. 안토니우스가 지위를 박탈 당했을 때에 옥타비우스도 삼두 정치인으로서의 지위에서 사임한 것으로 보인다. 사실 삼두정치라는 것은 궁극적으로 독재라는 의심스러운 지위에 근거한 권력이었다. 이런 이유들 때문에 옥타비우스는 새로운 통치권(*imperium*)을 제시했는데, 그것은 그후 원수 정치(元首政治, principate)라는 제도로 지속되었으며, 백 년 동안 지속된 내란이 종식된 후에 평화와 정의를 다시 실현시키려고 고안된 것으로서 국민의 의사에 근거한 것이었다. 한편 그의 정적인 안토니우스는 신적인 왕이라는 헬레니즘의 개념에 의해서 권력에 대한 자신의 주장을 제시했지만, 이것을 절대통치권(*imperium*)이라는 로마의 개념과 제대로 연결시키지 못했다. 이보다도 더 좋지 않았던 것은, 안토니우스가 이 신적 왕권을 외국인과 함께 소유했으며, 케사르와 안토니우스 두 사람과 이 이집트 여인

아우구스투스의 상
이 잘 보존된 상은 테살로니가에서 발견되었다. 이것은 아우구스투스가 웅변가로서 몸짓을 하고 있는 모습을 보여준다. 제우스의 특징인 벌거벗은 상반신의 모습은 그의 신적인 지위를 나타내주고 있다.

의 사이에서 낳은 자녀들에게 장래의 세계 지배권을 보장해 주려고 노력했다는 것이었다.

옥타비우스는 안토니우스보다 이데올로기적으로 유리한 또 한 가지 요인을 가지고 있었다. 안토니우스는 자신의 통치를 정당화하기 위해서 강력하고도 인상적인 헬레니즘의 이미지를 채택했으며, 대중 앞에서 신적인 왕으로 행사했었다. 그러나 옥타비우스는 시인 버질(Virgil)의 말에 귀를 기울였고, 후에는 오비드(Ovid)의 말에 귀를 기울였다. 버질은 앞으로 평화의 시대와 새로운 통치자가 도래할 것을 노래한 그리스의 서사시를 로마식으로 서술하여 예언했다. 그는 『네번째 전원시』(*4th Eclogue*)에서 장차 평화를 가져오며 인간 세계와 자연 세계를 화해시킬 신적인 아이가 탄생할 것을 이야기했다. 또 종말론적 소망이 실현되어 태초의 이상적인 상태가 회복될 것이라고 선포하기도 했다. 버질은 이 기간에 『아에네이드』(*Aeneid*)의 저술에 착수했는데, 이 책에서 로마 국민들의 사명에 새로운 믿음을 부여하게 될 국가적인 서사시를 저술했다. 옥타비우스는 이러한 예언적이고 종말론적인 시들을 알고 있었을 뿐만 아니라 이러한 저서들을 낭독시켜 경청했으며, 의식적으로 자신이 이룩한 새로운 평화가 그것들을 성취한 것이라고 선포했다. 15년 후인 기원전 17년, 그는 호레이스(Horace)에게 이 예언의 주제들을 하나의 실현된 종말론의 형태로 요약하여 새로운 시대가 이미 시작되었다는 내용의 축제의 송시를 저술해 달라고 요청했다.

안토니우스에 대항한 옥타비우스의 전쟁은 로마의 사명에 대한 새로운 인식에 기초를 둔 애국적인 전쟁이 되었고, 옥타비우스는 여기서 승리했다. 안토니우스의 군대는 악티움에서의 해상 전투에서 궤멸했다(31년 BCE). 이 전쟁에서 옥타비우스가 신뢰하는 장군이요 조언자인 아그립바(Agrippa)가 옥타비우스를 위해서 싸워 승리를 거두었다. 군대는 승세를 몰아 이집트로 진군했는데, 이 때 안토니우스와 클레오파트라가 자살했다(30년 BCE). 옥타비우스는 로마에서 웅장한 개선식을 가졌으며, 모든 것을 정리한 후인 기원전 27년초에 자신의 절대통치권을 원로원에게 반환했다.

옥타비우스는 형식적으로만 옛 공화국의 구조를 회복시켰다. 그 당시 그의 동기와 의도가 무엇이었던지 간에, 그후 로마는 원수 정치(principate)라고 알려진 새로운 형태의 정부가 발달했다. 이것은 종종 절대 군주제라고 묘사되기도 하는데, 그것은 잘못이다. 그것은 공화국의 제도들을 복원시키는 일에서부터 시작하여 원로원이 옥타비안에게 준 특별한 영예를 구체화했다. 그중 가장 중요한 것은 이미 기원전 27년 초에 주어진 "아우구스투스"(Augustus)라는 칭호였다. 이 칭호의 명예는 내란의 와중에 발생한 사건들에 의해서도 더럽혀지지 않았다. 옥타비우스는 자신의 직위의 토대가 신의 법에 있다는 것과 그의 펠리시타스를 표현하기 위해서 이 칭호를 선택했었다. 이때부터 케사르의 양자는 "신의 아들 황제 케사르 아우구스투스"(*Imperator Caesar divi filius Augustus*)로 알려졌다. 그후 몇 년 동안 그에게는 매 년 집정관의 직위가 주어졌고, 로마의 군대의 핵심부가 주둔하고 있는 속주들(이집트, 시리아, 고올, 스페인)의 지방 총독(pro consul)의 권위도 부여 되었다.

이후에 이루어진 제국의 조직의 재조직은 단순히 아우구스투스가 원수의 권력(power)을 넘겨 받은 것이 아니었다. 권력이란 용어는 오해하기 쉬운 용어이다. "권위"(*auctoritas*), "행정부의 감독"(*potestas*), "행동에 대한 권리와 책임"(*imperium*) 등을 정의하는 것, 그리고 이것들을 원수(*princeps*)와 원로원이 어떻게 나누어 행사할 것인지를 결정하는 것이 문제가 되었다. 처음에 아우구스투스는 매 년 집정관으로 재선출됨으로써 국사에 영향력을 발휘하려 했었다. 기원전 23년에 위기가 발생한 후 상당한 규모의 재조직이 이루어졌다. 아우구스투스가 오랫동안 중병에 걸려 투병하는 동안에 동료 집정관의 음모가 발견되었다. 병에서 회복한 후, 아우구스투스는 원수(*princeps*)의 권위의 기초를 집정관 직에 두는 것이 바람직하지 못하다고 결정했다. 그래서 그는 그 해 집정관 직을 사임했으나, 로마시를 포함한 로마 제국 전체를 포함하는 지역의 지방 총독(*pro consule*)로서 자신의 권력을 확대시켰다. 그리하여 그는 원로원의 권위에 의해 총독직을 소유하고 있는 어떤 총독보다 높은 지위를 확보했다. 원수(*princeps*)인 그는 모든 속주의 일에 개입할 수 있었다. 왜냐하면 로마 시를 포함한 제국 전체에 대한 절대통치권을 가지고 있었기 때문이다. 수도 로마 안에까지 그의 군대 병력(호위병)을 주둔시킬 수 있는 권리가 주어졌다. 아우구스투스는 호민관의 권위를 취함으로써 국민들을 위해서 입법을 할 수 있는 권리를 얻었다. 기원전 12년부터 그는 또한 최고 신관(*pontifex maximus*)이라는 직위를 차지했다.

원수(*princeps*)의 실제적인 권위는 절대 통치권을 가진 지방 총독(*imperium procunsulare*)과 절대 통치권을 가진 호민관(*imperium tribunicium*)에 의존했다. 이 두 개의 절대권은 옛 공화국의 제도와는 구별된 것으로서 특히 원수 정치(*principate*)와 연결되었다. 동시에 아우구스투스는 자신의 행정 기관들을 만들기 시작했는데, 그것들은 원로원과 나란히 기능했다. 이것들은 구체적인 필요가 생길 때마다 하나씩 차례로 만들어졌다. 그 중에는 곡식 공급의 감독, 제국 도로의 감독, 재정 관리 등이 있었는데, 이 마지막 기관은 원로원의 재정부와 함께 존재했으며, 제국의 속주들과 사유지로부터 소득을 얻었다. 이런 제국의 행정은 원수의 가족들에게 직접적으로 의존하는 직원들로 구성되었다. 그것은 또한 기사들에게 새로운 공직의 기회를 부여 해 줌으로써 여태껏 개인적 부의 축적에만 관심을 가져온 이 계층에게 국가를 위해서 봉사할 수 있는 기회를 제공해 주었다.

아우구스투스는 과거 케사르가 지녔던 광대한 정복 계획을 버렸다. 이것은 주로 평화 유지에 관심을 지닌 통치자의 사고 방식에 일치하는 것이었다. 로마 제국은 아우구스투스의 통치 기간에 전쟁을 치렀으나, 이 전쟁들은 안전한 국경을 확보하는 데 기여했을 뿐이다. 알프스 북쪽, 그리고 트라키아와 일루리아 지역의 국경은 다뉴브 강까지 넓혔다. 그러나 독일을 정복함으로써 엘베 강변의 국경을 안전하게 하려는 시도는 바루스(Varus)에게 패배를 당한 후에 수포로 돌아갔으며(기원전 9년), 로마 군대는 라인강 서쪽 강가에 주둔하게 되었다. 아우구스투스는 소아시아에 갈라디아, 리카오니아, 파플라고니아, 본도 등 새로운 속주들을 세웠다. 동쪽 국경에는 많은 작은 속국을 세웠다. 그중에서 콤마게네 왕국과 헤롯 대왕의 팔레스틴 왕국은 후에 로마의 속주가 되었다.

파르티아인들과의 협상을 통해서 과거 크라수스가 카르헤에서 패배하면서 빼앗겼던 로마 군대의 군기를 되찾았으며, 아울러 33년 동안 포로 생활을 하던 로마 군사들이 해방되었다. 이렇게 로마의 영예를 되찾은 것을 기리기 위해 개선문이 세워졌다. 이 개선문은 전쟁을 통하지 않은 승리를 기념하는 유일한 개선문이었다. 프리마 포르타의 아우구스투스의 흉상에도 그 사실이 묘사되어 있다. 이집트는 제국의 직접적인 관리 하에 놓였으며, 그 남쪽 국경이 튼튼하게 확보되었다. 아프리카 서부 국경에서는 누미디아와 모리타니아의 주바 2세(Juba II)가 믿을 만한 로마의 봉신이 되었다. 이 지역에는 평화가 정착되었다. 끊임없는 불안과 내란에 시달려온 사람들은 이것을 신들의 선물로 여겼을 것이다. 많은 비문들이 아우구스투스가 기대했던 것보다 더 위대한 은인이었으며 그의 업적은 미래의 어떤 위인들 보다도 더 클 것이라고 기리는 내용을 보여준다.

이 평화를 기념하기 위해 가시적인 상징들이 사용되었다. 표면에 "신격화된 케사르의 아들"(*divi filius*)인 아우구스투스의 모습이 새겨져 있는 주화의 뒷면에는 서있는 여성의 모습과 평화라는 명문이 새겨져 있다. 그밖에 경제의 회복을 상징하는 것들, 예를 들자면 상인들의 신인 머큐리의 지팡이, 그리고 풍요를 상징하는 나팔 등도 등장한다. 새로이 확립된 평화를 상징하는 가장 감명적인 기념비는 캄푸스 마르티우스(Campus Martius)의 모서리에 있는 "평화의 제단"(*Ara Pacis*)일 것이다. 이것은 기원전 13년에 원로원에서 발의하여 4년 후에 헌정된 것이다. 이것의 측면에 새겨진 부조는 사제들, 관리들, 황실의 가족들, 그밖의 고관들의 제사 행진을 보여주는데, 아우구스투스가 대제사장의 가능을 하는 것으로 나타난다. 제단의 전면과 후면에 새겨진 두 개의 부조에는 로마의 창시자인 아에네아스가 제사를 드리는 모습, 그리고 "어머니인 땅"(*Tellus*)가 풍성한 채소 재배와 결실을 상징하는 것들에게 둘러싸여 있는 모습이 새겨져 있다.

오랫동안 통치해온(기원전 27-14년) 아우구스투스에게 있어서 자기의 직위를 계승시키는 것은 어려운 일이 되었다. 원수 통치라는 새로운 제도는 군주정치(*monarchy*)와는 다른 것이었다. 그는 자기 가문 출신 중에서 후계자를 삼으려 했다. 그러나 아우구스투스에게는 아들은 없고, 두번째의 짧은 결혼을 통해서 얻은 딸 줄리아만 있었다. 그의 세번째이자 마지막 부인인 리비아 드루실라와의 사이에는 자식이 없었다(드루실라는 이미 임신한 상태에서 첫 남편 티베리우스 클라우디우스 네로와 이혼했음). 그러나 리비아는 아우구스투스와 결혼할 때 티베리우스(후에 황제가 됨)와 드루수스를 데리고 왔다. 드루수스는 리비아가 아우구스투스의 아내가 된 후에 태어났다. 아우구스투스는 그의 딸 줄리아를 처음에는 조카 마르켈루스와 결혼시켰으나 마르켈루스는 젊어서 죽었다. 다음에 아우구스투스의 오랜 동료요 친구인 아그립파가 줄리아와 결혼했으며, 아우구스투스는 이 두 사람 사이에서 태어난 아들, 가이우스와 루키우스를 양자로 삼았다. 이 두 사람은 "아우구스투스의 아들이며 원수로 임명된 케사르들"로 존경을 받았지만 일찍 죽고 말았다. 마지막으로 아우구스투스는 티베리우스를 양자로 삼았다. 리비아가 첫번째 남편에게서 낳은 아들은 다시 과부가 된 아우구스투스의 딸 줄리아와 결혼했다. 그러나 티베리우스는 몇 년 후에 줄리아를 버리고 떠났고, 후일 아우구스투스는 어쩔 수 없이 부도덕한 행동을 한 줄리아를 유배시켜야 했다. 이후 네로에 이르기까지 모든 황제들은 줄리아-클라우디우스 가문 출신이었다. 다시 말해서 아우구스투스의 딸 줄리아와 아그립파의 결혼에서 출생한 후손들이나, 아우구스투스의 아내 리비아와 그의 첫 남편 티베리우스 클라우디우스 네로 사이에서 태어난 후손들이 황제가 되었다. 그러나 아버지에게서 아들에게로 직접 황제의 직위가 승계된 일은 한 번도 없었다.

<u>Bibliography to §6.1e: Texts</u>

M. Reinhold, ed., *The Golden Age of Augustus* (Aspects of Antiquity; Toronto: Samuel Steve, 1978).

Barrett, *Background*, 1-10.

<u>Bibliography to §6.1e: Comprehensive Treatments</u>

A. H. M. Jones, *Augustus* (London: Chalto and Windus, 1970; New York: Norton, 1971).

Mason Hammond, *The Augustan Principate* (2d. ed.; New York: Russell and Russell, 1968)

Paul Zanger, *The Power of lmages in theAge of Augustus* (Ann Arbor, MI: University of Michigan Press, 1988).

<u>Bibliography to §6.1e: Books and articles on special topics</u>

Fergus Millar and E. Segal, eds., *Caesar Augustus: Seven Aspects* (New York: Oxford University Press, 1984) [Essays by Yavetz, Millar, Gabba, Nicolet, Eck, Bowersock, and Griffin].

K. A. Raaflaub and M. Toher, eds., *Between Republic and Empire; Inrerpretations ofAugustus and His Principate* (Berkeley, CA: University of California Press, 1990).

Glen W. Bowersock, *Augustus and the Greek World* (Oxford: Clarendon, 1965).

Hermann Bengtson, *Marcus Antonius: Triumvir und Herrscher des Orients* (München: Beck, 1977).

F. E. Adcock, "The Achievement of Augustus," in *CambAncHist*, 10. 583-606.

2. “황금 시대” 말기에 이르기까지의 로마 제국

(a) 줄리우스-클라 우디우스(글라우디오) 가문의 황제들

줄리우스-글라우디오 가문

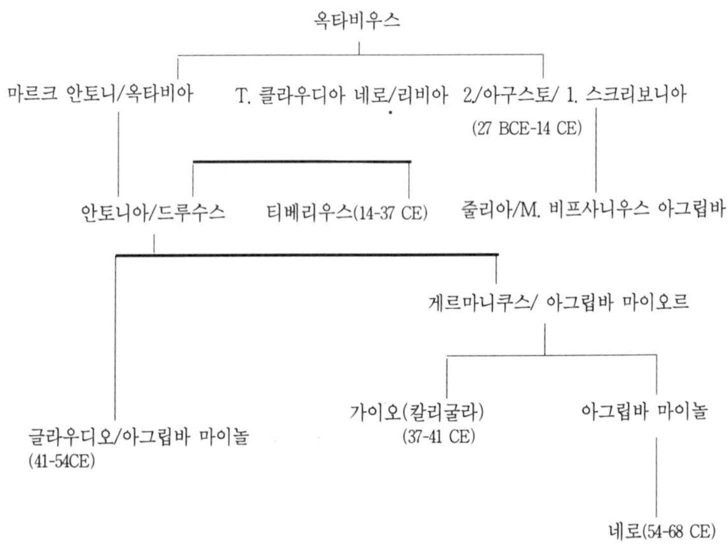

아우구스투스의 뒤를 이은 네 명의 황제는 줄리우스 가문과 클라우디우스 가문의 일원이었으며, 고대 로마의 귀족에 속했다. 그러나 아우구스투스는 고대 공화국 제도와 새로운 원수 정치 제도 사이의 긴장을 풀 수 있는 실력을 가졌던 반면에, 그의 후계자들의 통치 하에서는 마찰이 자주 일어났다. 그러나 아구스토가 원수직에 부여했던 권력 덕분에 원수는 항상 자신의 뜻을 관철시킬 수 있었

다. 비록 이 가문의 황제들이 특별한 인품을 지녔다고는 할 수 없지만, 새 질서는 안정되었으며 평화를 유지할 수 있었다.

(1) **티베리우스**(Tiberius, 디베료 14-37년)는 56세 때에 황제가 되었으며, 유능한 장군이요 행정가의 자질을 나타냈다. 그는 독일을 정복하려는 계획은 완전히 버렸고, 아르메니아와 파르티아와의 조약을 통해서 동쪽 국경의 평화를 지켰다. 이 평화는 1세기 동안 지속되었다. 그는 의식적으로 원수의 권력과 위엄을 강조하지 않았고, 중요한 업무를 원로원에게 맡기려 했으나 큰 성공은 거두지 못했다. 그는 자신에게 신적인 영예를 부여하는 것을 허락하지 않았고, 황제는 원수직에 종속 된다고 주장했다. 그럼에도 불구하고, 역사는 티베리우스에게 좋은 평가를 내리지 않는데, 그 이유 중 하나는 대역죄 사건이다. 이 사건 때문에 티베리우스의 소수의 실제 정적들과 많은 가상의 적들(실제로 적이 아닌 사람들)이 처벌을 받았다. 더욱이 티베리우스는 인간의 본성에 대해 그다지 잘 알지 못했으며, 아우구스투스와는 달리 충실하고 책임감 있는 친구들을 자기 편으로 끌어들이지 못했다. 그래서 국정은 권력에 굶주린 아첨꾼들이 장악하고 있었다. 티베리우스가 야심 많은 근위대장 세자누스에게 권력을 부여한 것은 특히 좋지 않은 결과를 낳았다. 세자누스는 자신이 로마에서 방해 받지 않고 공포의 정치를 펼치기 위해서 황제를 설득해서 그의 거주지를 카프리로 옮기도록 했다(26 CE). 그리하여 심지어 황제의 가족들까지도 안전하지 못하게 되었다. 세자누스는 서기 31년에 자리를 박탈 당하고 처형 당했는데, 그의 후임자인 마크로(Macro)도 야심은 덜했는지도 몰라도 잔인하기는 마찬가지였다. 황제는 11년 동안 로마에 나타나지 않고, 단지 편지를 통해서 바깥 세상과 교통했으며, 점성학자인 트라실루스와 함께 주술 연구에만 몰두했다. 모든 사람들은 티베리우스가 죽었을 때에 크게 안도했다.

(2) **칼리굴라**(Calligula, 갈리굴라 37-41). 티베리우스의 사후, 황

제직 계승의 문제는 쉽지 않았다. 티베리우스의 아들은 독살 되었다(세자누스에 의해서?). 아우구스투스의 딸 줄리아와 아그립파 사이에 난 다섯 명의 아들 중에 살아 남은 자는 하나도 없었다. 그의 조카 클리우디우스는 병약한 학자로서 공직을 전혀 받지 못했었고 계승자로서는 거론되지도 않았다. 그래서 티베리우스의 조카 손자이자 게르마니쿠스의 아들이며 아우구스투스의 증손인 가이우스만이 남았다. 그는 아버지의 군 숙소에 머무는 동안 병사들로부터 "칼리굴라"라는 별명을 받았다. 그는 근위대장 마크로에 의해서 황제로 선포 되었고 원로원의 승인을 받았다(서기 37년). 5년 동안의 티베리우스의 억압적인 통치 이후였기에, 사람들은 희망과 기대를 가지고서 젊은 황제를 반겼다. 그러나 그의 통치는 순식간에 악몽으로 바뀌었다. 죽은 황제를 신격화시키는 것, 동부에서처럼 통치 중인 황제를 신으로 숭배하는 것은 원수 통치 제도를 위한 중요한 뒷받침이 되기는 했다. 그러나 황제가 생전에 자신이 신이라고 확신하고 있었다는 것은 크게 불행한 일이었다. 칼리굴라는 자신이 주피터의 화신이라고 믿었으며, 이 신 저 신의 복장과 표시를 하고 공중 앞에 나타나기 시작했다. 그리고 자신의 동상을 모든 곳에 세워서 신으로 숭배하라고 요구했다. 심지어는 알렉산드리아의 회당들과 예루살렘의 성전에까지 자신의 숭배를 요구했다. 그는 자신의 누이인 드루실라와 결혼을 했고, 드루실라의 사후에는 그녀를 신격화했다. 정치적 행동에서는, 칼리굴라는 동양의 "위대한 왕들"을 흉내 내어 동부의 여러 로마 속주에 봉신 왕들을 임명했다(헤롯의 손자 아그립바 1세가 팔레스틴에 임명되기도 했음. §6.6d를 보라). 알렉산드리아의 유대인들은 황제의 신성모독적인 광기에 대해 무섭게 저항했으며, 그 결과 그 도시의 흥분한 평민들로부터 핍박을 받았다. 철학자 필로의 지휘 하에 로마에게 항의하기 위해서 파견된 사절단도 큰 성과를 거두지 못했다. 결국 로마의 지도층 인사들뿐 아니라 군대마저도 스스로 쥬피터라고 주장하면서도 천둥이 치면 식탁 밑에 숨는 이 천박한 황제에게 실망했다. 그를 살해하려는 여러 번의 시도가 실패했으나, 결국 그는 황제 호위병들에 의해서 살해 당했다.

(3) **클라우디우스**(Claudius, 글라우디오 41-54). 칼리굴라가 암살된 후의 혼란 속에서, 친위대원들은 우연히 왕궁에서 칼리굴라의 삼촌이며 아우구스투스의 아내 리비아의 손자인 49세의 클라우디우스가 커튼 뒤에 숨어 있는 것을 발견하고 그를 황제로 선포했다. 고대 역사가들은 클라우디우스가 위엄이 부족했으며 그의 아내들과 자유민들을 지나치게 의존했다고 혹평했다. 그러나 그의 행정 기록들을 보면 매우 인상적이다. 클라우디우스는 학식 있는 역사가로서 유능한 문관들의 도움을 받아 국사를 꽤 훌륭하게 처리했다. 그는 아우구스투스와 카르타고, 그리고 에트루리아인들에 대해서 방대한 역사서를 저술했다. 그는 여러 가지 계획을 성취하기 위해서 "황실"을 여러 부서를 가진 행정부로 재조직했다. 군사적 업무와 정치적 업무를 담당하는 부서, 재무국, 기록보관소, 그리고 탄원을 담당한 부서도 만들었다. 그는 이 부서들의 부서장으로는 그리스인이거나 동양 출신의 황실의 자유민을 임명했다. 이로 인해 로마 제국은 처음으로 수년간 상당히 안정된 정부를 갖게 되었다.

클라우디우스는 또한 재정 관리를 개혁하고, 로마 국민들을 위한 곡식 공급량을 확보하고, 시민들의 권리를 확대했고, 속주의 귀족들을 원로원 의원으로 임명했다. 기존의 로마 제의들뿐만 아니라 최근에 소개된 종교(예를 들면 아티스교)들에 대한 개혁을 진행했다. 클라우디우스는 상업에 유익을 줄 건축 계획에 집중적으로 투자했다. 그는 오스티아를 확장하여 로마의 주요 무역 항구로 만들었고, 새로운 수로들을 만들었으며, 티베르 강의 사용을 통제하며, 도로를 건설했다(아드리아 해로부터 에츠 강을 거쳐서 다뉴브강에 이르는 새 도로 등). 그가 건설한 새로운 도시 중에는서 콜로니아 아그립비나(독일의 쾰른)는 그의 아내이자 네로의 어머니의 이름을 따서 지은 것이었다. 국외 정책에 있어서 그는 국경을 안전하게 한다는 아우구스투스의 목표를 받아들였으나, 그 목표를 넘어서서 브리튼의 일부를 정복하기도 했다. 칼리굴라가 속국의 왕들에게 주었던 속주들은 다시 로마 행정의 직접적 관할 하에 놓였다.

클리우디우스의 통치와 연관된 스캔들이 있다. 그는 아우구스투스의 누이인 옥타비아의 증손녀 메살리나와 결혼했는데 메살리나는 황제의 허락 하에 공개적으로 창녀짓을 했다고 전해진다. 그녀는 황제가 없는 동안 그 해의 집정관으로 선출된 자와 결혼했으며, 황실 비서실장인 나르키수스에 의해서 제거되었다. 클라우디우스는 재무부 장관의 충고에 따라 자신의 조카딸인 아그립비나(칼리굴라의 누이)와 결혼했다. 아그립비나는 야심적이었고 권력에 굶주려 있었다. 티베리우스에 의해서 핍박을 받고 추방 당한 적이 있는 그녀는 다시는 국가에게 위험한 인물로 여겨지는 사람이 되지 않겠다고 결심했다. 클라우디우스는 그녀의 아들인 티베리우스 클라우디우스 네로를 양자로 삼아야 했으며, 그에게 자신의 딸 옥타비아를 결혼시키겠다고 약속했다. 그리하여 네로는 왕위 계승에 있어서 첫번째 서열이 되었으며, 클라우디우스 자신의 아들로서 네로보다 네 살이 어린 브리타니쿠스는 두번째 서열이 되어야 했다. 곧 아그리피나를 "아우구스타"로, 그리고 그녀의 아들을 "왕위를 계승할 왕자"로 선포하는 주화가 발행되었다. 아그리피나는 혹시 황제가 오래 살게 되면 예기치 못한 일이 생겨서 자신의 계획에 차질이 생길까 염려하여 의사와 함께 황제를 독살했다.

(4) 새 황제 네로(Nero, 54-68년)는 열렬한 환영을 받았다. 원로원은 클라우디우스를 신격화하고 그를 섬기는 제의를 담당하는 여사제로 아그리피나를 지명했다. 네로는 자신의 양부인 클라우디우스의 장례식에서 연설했다(실은 네로의 스승인 철학자 세네카가 그 연설문을 썼다). 기독교를 처음으로 핍박했으며 유대인들에게 그들의 역사상 가장 참혹한 전쟁을 안겨준 이 황제의 통치는 매우 웅장

하게 시작했다. 아우구스투스가 원수의 직위를 만들어 낸 이유는 거대한 로마 제국의 군사적 지휘와 행정의 감독을 한 사람이 맡아야만 로마 제국이 유지될 수 있다는 것을 깨달았기 때문이었다. 그러므로 원수는 군사 지도자인 동시에 실력 있는 행정가여야 했다. 티베리우스와 클라우디우스는 이러한 임무를 매우 잘 감당해 냈지만, 네로는 이러한 일들에 자신의 재능을 발휘할 마음이 전혀 없었다. 네로는 국사를 세네카와 부루스에게 맡겼기 때문에, 네로의 이러한 기질은 당장 그 결과가 나타나지 않았다. 서기 51년부터 근위대장으로 일한 가울 부루스(Gaul Burrus)는 훌륭한 재정 전문가였다. 네로의 통치 초기에 국사가 무리 없이 운영된 것은 그의 노력 때문이었다. 스페인 출신의 로마 귀족인 철학자 세네카는(§6.4f) 엄청난 부자였으나 개인적으로는 검소한 스토아 철학자였다. 그는 아그립비나에 의해서 추방 되었다가 그녀의 아들 네로의 웅변 교육을 위해서 다시 불려왔다(그가 추방된 원인은 메살리나의 개인적인 음모였을 것이다). 네로가 황제가 되었을 때, 세네카는 관대함에 대해 글(*De Clementia*)을 썼는데, 그것은 젊은 황제를 위한 정부 운영 지침으로 고안된 것이었다. 하나의 이상이 실현되는 것 같았다. 당대의 가장 위대한 철학자가 젊은 통치자의 인도자로서 제국의 미래를 결정할 기회를 얻은 것이다. 게다가 통치자의 너그러움과 도량 덕분에 본국과 그 주변 국가들의 평화가 유지되었다.

네로는 그러한 이상들에 대해서는 매우 개방적이었으나, 의무 이행에 따른 필요 때문에 쾌락을 원하는 부도덕한 취향을 포기할 마음은 전혀 없었다. 로마 귀족 사회의 도덕적인 부패가 결국 황제에게까지 미친 것이다. 네로는 도덕적인 고려나 자연적 절제 때문에 정상적이거나 왜곡된 성적 욕구를 충족시키는 데 방해를 받아서는 안된다고 확신하고 있었다. 심지어 방해가 된다고 생각될 경우에 자신의 가장 가까운 식구들을 죽이는 것도 정당화될 수 있다고 믿었다. 이미 통치 2년째 되는 해에 그는 자신의 의붓 형제 브리타니쿠스(클라우디우스의 아들)를 독살했다. 네로의 통치 첫 해에 발행된 주화에 네로와 함께 그 모습이 새겨졌던 네로의 어머니 아그리피나는 곧 강요를 받아 정치 생활에서 물러났다. 59년에는 네로는 자신의 어머니도 죽여야 한다고 결정했다. 아마 그녀가 살아 있는 한 자신이 안전하지 않다고 생각했던 것 같다. 부루스가 62년에 죽었을 때 세네카는 정치 생활에서 은퇴해야 했다. 네로는 자신의 아내인 클라우디우스의 딸 옥타비아를 버리고 친구 오토(네로가 죽은 후 잠시 황제가 되었던 자)의 아내인 포파에아와 결혼했다. 포파에아가 두번째 임신했을 때 네로는 그녀의 배를 발로 차서 죽였다(사고인지 또는 술에 취해서인지는 확실치 않다). 65년에는 피소라는 원로원 의원이 주동한 음모가 발각되었다. 이것은 네로로 하여금 살아 있는 황실 가족들을 모두 죽이고 그의 옛 친구 여러 명과 고문들을 자살하게 만들 기회를 주었다. 여기에는 음모를 꾸민 자들이 새 황제로 지명하려 했을 가능성이 있는 세네카, 수년 동안 네로의 비정상적인 오락에 깊이 동참했던 작가 페트로니우스, 한때는 네로의 아첨꾼이었으나 공중변소라는 점잖지 못한 환경에서 네로의 시를 읊은 데 대한 대가로 자기의 생명을 내놓아야 했던 시인 루칸 등이 포함되었다.

네로는 공적인 장소에는 절대 악한 폭군으로 나타나지 않았다. 그리스의 것이라면 무엇이든지 열심을 내었던 그의 열정과 대중의 인정을 받으려는 그의 욕망은 특이하게 조화되었다. 그의 주화에 새겨진 그의 모습은 비록 못 생기고 뚱뚱한 얼굴이지만 헬레니즘 통치자들을 기념하는 주화에 등장하는 표식들, 즉 광채가 나는 태양 면류관, 제우스 신의 방패, 아폴로의 머리털 등이 묘사되어 있다. 서기 59년부터 시작해서 처음에는 사적으로, 그러나 그후로는 공적으로 그는 시인, 가수, 그리고 체육인으로서 행동했다. 그는 자신의 인기를 높이기 위해서 가장 웅대하고 정교한, 그러나 이국적인 시합들을 열었다. 로마에 무서운 화재가 발생하여 일 주일 계속되어 도시의 절반 이상을 파괴해 버렸을 때에, 그는 매우 위험한 상태에 처했다. 황제가 방화범이라는 소문이 떠돌기 시작했기 때문에, 네로는 기독교인들을 희생양으로 삼기로 결정했다. 기독교인들은 한곳에 몰려가서 아주 이색적인 방법으로 순교 당했다. 일부는 타르로 덮여서 황실 정원의 횃불로써 불탔다. 이러한 잔인함에 대한 반발이 있었지만, 잘 조직된 정보원들이 있어서 모든 공적인 토론을 저지했다.

그러나 군중들이 볼 때에 네로의 정부는 계속해서 멋진 연출의 연속이었다. 그 결과 국가의 재정은 몰락했다. 서기 66년에는 파르티아에서 임명된 아르메니아 왕 티리다테스가 로마 황제로부터 왕관을 받기 위해서 로마에 나타났다. 네로는 이것을 그의 평화 정책의 결과라고 간주하여, 여기에 알맞다고 생각하는 축제를 위해서 엄청난 돈을 썼다. 그는 자기의 "황금의 집"과 로마의 재건을 위한 자금도 아끼지 않았는데, "영원한 로마"의 건축 구조를 정한 것은 네로였기 때문이었다.

네로는 그리스 여행에도 많은 비용을 소비했다. 네로는 모든 헬라 게임과 대결에 출전하기를 원했기 때문에, 모든 시합을 같은 해에 개최하기 위해서 시합 날짜들을 변경해야 했다. 헬라를 사랑하는 이 황제는 자신이 그토록 감탄해 하는 이 나라에게 "자유"를 선포해 주었고, 세금을 면제해 주었다. 네로는 멋진 평화의 승리를 거둔 데 대한 승리의 면류관을 1,808개 받아서 로마로 돌아왔다. 그는 올림피아의 승리자, 헤라클레스, 아폴로 등이라는 칭송을 받았다. 동시에 그는 군대를 모으기 시작했는데, 그는 그 군대를 이끌고 직접 카우카수스로 원정하기를 원했다. 그러나 서부 속주의 지방 총독들은 반대했다. 이런 정치적 위기를 맞은 네로는 어찌할 바를 몰랐다. 두 명의 근위대장이 반역했을 때, 그는 로마에서 도주하여 로마 근처의 별장에서 가장 품위 없는 방법으로 자살했다. 그의 마지막 남긴 말은 "나는 예술가답게 죽는다"였다고 한다.

아우구스투스와 리비아의 후손들 중에서는 네로의 뒤를 이를 후계자가 없었다. 원로원은 네로가 자살하기 하루 전에 그의 직위를 박탈했으나 계승의 문제는 해결하지 못했는데, 그것은 모든 권력은 군대가 쥐고 있었기 때문이었다. 네로에 대한 반란의 주도자는 스페인의 지방 총독인 갈바(Galba)였으므로 원로원은 그를 황제로 지명했다. 당시 갈바는 72세로서, 로마 귀족 출신이었다. 그는 공평하고 위엄 있었으나 로마 국가를 당면하고 있는 문제들을 해결하기에는 정치적 기술이 부족했다. 그로부터 6개월 후에 라인강에 주둔하고 있는 군대가 반란을 일으키고 그들의 장군인 비텔리우스(Vitellius)를 황제로 선포했다. 한편 갈바는 로마에서 오토와 그의 부하들에 의해서 살해되었으며, 원로원은 네로의 옛 친구였던 오토를 황제로 승인했다. 오토는 포페아의 첫 남편이었으며 국민들에게 인기가 있었다. 그러나 비텔리우스가 군대를 이끌고 이탈리아를 쳐들어왔으므로 백년 동안의 평화가 깨지고 이탈리아 땅에서 전쟁이 벌어졌다. 결국 오토는 전쟁에 패하고 자살했다. 비텔리우스도 또한 자신이 잡았던 권력을 곧 상실했다. 그는 편한 삶을 좋아했으며 너무 게을러서 어떤 문제도 해결하려 하지 않았다. 그러나 네로의 왕위를 계승하기 위한 싸움에 참여하지 않은 로마 군대가 있었는데, 그것은 66년에 발생한 유대인 반란을 진압하느라고 바빴던 베스파시안의 군대였다. 69년 7월 1일, 이집트 총독 티베리우스 알렉산더(유대인 철학자인 알렉산드리아의 필로의 조카)가 베스파시안을 황제라고 선포했으며, 시리아의 지방 장관 무키아누스(Mucianus)도 이틀 후에 그에 가담했다.

<u>Bibliography to §6.2: Texts</u>

D. Shorter, *Tiberius Caesar* (Lancaster Phamphlets; London and New York: Routledge, 1992).

D. C. Braund, *Augustus to Nero: A Source Book on Roman History, 31 BC-AD 68* (London and Sidney: Croom Helm, 1985).

B. Levick, *The Government of the Roman Empire: A Sourcebook* (Totowa, NJ: Barnes & Noble. 1985).

Bibli ography to §6.2: Studies

E. T. Salmon, *A History of the Roman World from 30 BC to 138 AD* (MHGRW 6; London: Methuen, 1968).
J. P. V. D. Balsdon, *Rome: The Story of an Empire* (London: Weidenfield and Nicolson, 1970).
C. Wells, *The Roman Empire* (Stanford, CA: Stanford University Press, 1984). History of the Roman empire from 44 BCE to 234 CE.
Karl Christ, *Geschichte der römischen Kaiserzeit von Augustus bis zu Konstantin* (München: Beck, 1988).
Michael Grant, *The Roman Emperors: A Biographical Guide to the Rulers of Imperial Rome, 31 BC-AD 476* (New York: Scribner's, 1985).
Barry Baldwin, *The Roman Emperors* (Montreal: Harvest House, 1980).
Harold Mattingly, *Roman Imperial Civilization* (New York: St. Martin's, 1957).
Fergus Millar, *The Roman Near East 31 BC-AD 337* (Cambridge, MA: Harvard University Press, 1993).
Idem, *The Emperor in the Roman World* (London: Duckworth, 1977).
Idem, ed., *The Roman Empire and Its Neighbours* (2d ed.; London: Duckworth, 1981).

Bibliography to §6.2a (1)

Ernst Kornemann, *Tiberius* (Stuttgart: Kohlhammer, 1960).
Frank Burr Marsh, *The Reign of Tiberius* (London: Oxford University Press. 1931).
M. P. Charlesworth, "Tiberius," in *CambAncHist*, 10. 607-52.

Bibliography to §6.2a (2)

J. P. V. D. Balsdon, *The Emperor Gaius (Caligula)* (Oxford: Clarendon, 1934).
M. P. Charlesworth, "Gaius und Claudius," in *CambAncHist*, 10. 653-701.
J. C. Simpson, "The Cult of the Emperor Gaius," *Latomus* 40 (1981) 489-511

Bibliography to §6.2a (3)

Amoldo Momigliano, *Claudius* (2d. ed.; New York: Barnes & Noble, 1962).

Bibliography to §6.2a (4)

Amoldo Momigliano, "Nero," in *CambAncHist*, 10. 702-42.
B. H. Warmington, *Nero: Reality and Legend* (London: Chatto and Windus, 1969).
Michael Grant, *Nero* (London: Weidenfield and Nicolson, 1970).

로마의 황제들
베스파시안에서부터 콤모두스까지

통치자		사건	
69-79	베스파시안	70	예루살렘 함락
79-81	티투스	79	베수비우스 화산 폭발
81-96	도미티안		브리튼 정복 완료
			독일 국경 성벽 건축 시작
		95	"철학자들" 추방
97-98	네르바	97	도미티안의 Domnatio Meroriae
98-117	트라얀	101-102	제1차 Dacian War
		105-106	제2차 Dacian War
		115-117	파르티아 전쟁
		116	유대인 디아스포라 폭동
117-138	하드리안	132-135	바르 코크바 폭동
138-161	안토니누스 피우스		
138-161	마르쿠스 아우엘리우스	162-166	파르티아 전쟁
		167	전염병 창궐 시작
		170-174 &175-180	마르코만니와의 전쟁
180-192	콤모두스		

(b) 플라비우스 가의 황제들

(1) 디도 플라비우스 베스파시아누스(Titus Flavius Vespasia-nus)는 약 60세 때에 황제가 되었다. 그는 원로원 계급으로 올라간 지 얼마 안 되는 기사층 가문 출신이었다. 그의 아버지는 소아시아 지방의 세금 징수원이었다. 베스파시아누스는 영국과 독일에서 성공적으로 일했으며, 아프리카의 유능한 지방 총독이었다. 베스파시안은 현명했기 때문에 네로의 뒤를 계승하는 문제에 개입하지 않았으며 황제가 되라는 제안을 받아들이는 것도 주저했다.

그러나 일단 결단을 내린 그는 조심스럽고 용의주도하게 행동 계획을 세웠다. 우선 그는 이집트로 가서 유대 전쟁의 지휘권을 아들 티투스에게 맡기고, 로마로 보내는 곡식 공급을 끊었다. 그는 시리아와 일루리쿰에서 군대의 지지를 확보했고, 뒤에서 공격 당하지 않기 위해서 파르티아와 교섭했으며, 육군과 해군의 조직 및 이탈리아에서의 전투와 로마의 정복, 그리고 비텔리우스를 폐위시키는 것을 모두 지지자들에게 맡겼다. 베스파시아누스은 그 다음 해(서기 70년)에 로마로 갔다. 로마에 도착한 그는 여러 가지 시급한 문제들을 풀어 나가기 시작했다. 네로의 통치 말년과 계승자들 사이의 전쟁으로 인해서 국가의 재정은 엉망이 되어 있었다. 이탈리아는 내란으로 인해서 심한 타격을 입었고 로마의 일부는 파괴 되었으며 카피톨(Capitol)은 완전히 폐허가 되었고 국가 문서 보관소도 파괴 되었다. 고올 지방과 라인강 하류에서의 반란을 진압해야 했고, 유대 전쟁도 그 해에야 예루살렘을 정복함으로써 종식되었다(마사다 요새는 삼년 후에 함락되었다). 71년에 베스파시안과 그의 아들 디도는 승리의 축제를 열었다. 그것은 아직도 로마에 보존되어 있는 디도의 개선문에 묘사되고 있고, 유대인 역사가 요세푸스도 그것에 대해서 상세히 기술했다. 도시의 재건은 황제가 직접 감독했으며 티베르 강의 통제가 완료되었다. 과거에 네로의 "황금의 집"이 있던 넓은 지역의 일부에는 디도의 목욕탕, 그리고 5만 명의 관객을 수용할 수 있는 가장 큰 규모의 경기장인 "콜로세움"이 건설되었다. 베스파시안은 자신의 직위의 상징물들을 만들었다. 극도의 검소함, 빡빡한 예산 정책과 업무 집행의 합리성은 베스파시아누스의 통치 기간의 특징이었다. 그는 자기 개인의 영예보다는 귀족 계급의 재조직과 원로원의 강화에 더 관심이 있었다. 그는 알렉산드리아에 있으면서 기적들을 행했다고 전해지는데, 자신의 죽음이 가까와지는 것을 느꼈을 때 이렇게 농담했다(황제들은 보통 죽은 후에 신이라고 선포되므로): "아, 슬프다. 내가 신이 되고 있는 것 같군."

(2) 디도와 도미티안(Titus and Domitian). 베스파시안의 뒤를 이은 티투스는 2년밖에 다스리지 못했다(79-81). 그는 부친이 하던 일을 계속했지만, 그의 통치 기간 중에 여러 가지 재난이 일어났다. 79년에는 베수비우스 화산이 폭발하여 폼페이(Pompeii)와 헤르쿨

라네움(Herculaneum)을 완전히 덮어버렸다. 일 년 후에는 대 화재가 발생하여 로마의 일부가 파괴되었다. 마지막으로 전염병이 창궐하여 주민 중 십분의 일 정도가 목숨을 잃었다. 후대의 사람들은 자신의 위엄이나 자비로운 모습을 위해서가 아니라 피해자들의 구호를 위해서 일했던 티투스의 노력을 잊지 않았다. 이것은 그의 형제 도미티안에 대한 평가와는 완전히 대조되는 것이다. 그러나 도미티안도 통치 기간(81-96년) 중에 여러 가지 긍정적 결과를 남겼다. 80년의 화재 후에 로마 시의 재건이 계속 되었으며(콜로세움과 팔라틴 언덕에 있는 도미티안의 집의 폐허가 그것을 증거해 준다), 공공 업무를 강화함으로써 행정이 튼튼해졌으며, 독일에서의 로마의 지배도 안정되었다(상부 독일과 하부 독일을 속주로 만들었으며, 국경 성벽[*limes*: 게르만인의 침입을 막기 위해 만들어진 로마제국의 성벽]도 쌓기 시작했다). 또한 영국의 정복도 완결되었다. 그러나 "주 하나님"으로 불리기를 요구한 황제의 교만은 원로원의 반대에 봉착했다. 그의 심한 과대망상증 때문에 많은 실제의 적과 억울하게 오해 받은 사람들이 죽음을 당했다. 그의 가족들도 예외가 아니었는데, 그의 사촌 플라비우스 클레멘스가 그 예이다. "철학자"들이 두 차례나 도시에서 추방 당했다.

일부 역사학자들은 이 시대에 기독교인들이 핍박을 받았다는 주장에 대해 의심을 제기한다. 그러나 이미 생전에 그를 신으로 숭배하기 위한 신전이 지어지고 있던 이 황제 시대에 많은 기독교인들이 순교를 당했으며, 묵시주의적 분위기가 더욱 강해져서 기독교인들은 적그리스도의 등장에 대해서 이야기했다. 로마에 있는 기독교 공동체가 핍박을 받았다는 사실은 『클레멘트 1서』에서 분명히 증거된다. 도미티안의 말년은 공포의 통치였다. 그리하여 그가 친구들과 자유민들에 의해 암살 되었을 때에 모든 사람들은 커다란 안도감을 느꼈다. 그 사실은 그가 죽은 후에 철저하게 수행된 기념의 정죄(*damnatio memoriae*)에서 잘 증명되는데, 그의 이름이 모든 비문에서 지워졌으며 그의 모든 상들은 제거 되었다. 그리하여 플라비우스 왕조는 도미티안의 통치 말년에 발생된 경제적 문제로 인해서 더욱 악화된 비관적 분위기가 널리 퍼지면서 막을 내렸다. 이러한 분위기는 기독교인들 사이에서만 발견되는 것이 아니라 스토아 철학자인 에픽테토스의 교훈적인 강의와 역사학자 타키투스의 글에서도 발견된다(§6.4d).

이 모든 상황에도 불구하고 도미티안을 포함한 플라비우스 가문 출신 황제들의 통치 기간은 로마 제국의 "황금 시대"를 위한 기초를 닦는 역할을 했다. 베스파시안과 티투스 통치 때의 경제적 호전은 기존의 경제 질서가 생명력이 있다는 것, 그리고 획기적인 정부 개입이 필요하지 않음을 보여주었다. 도미티안 통치 때의 쇠퇴도 그 당시 사람들이 생각했던 것만큼 충격적인 것은 아니었다. 특히 동부의 파르티아인들의 관계를 포함해서 평화도 유지되었다. 도미티안은 북쪽과 서북쪽 국경을 위협한 야만족들의 침입을 억제하는데 성공했으며, 군인들의 봉급을 충분히 인상해주었기 때문에 군인들에게서도 인기가 있었다. "주 하나님"(Lord and God)을 자칭한 도미티안은 무자비한 폭군이었다. 만일 그가 보다 믿을 만한 통치자였다면, 그는 로마 제국의 많은 사람들에게 평화와 번영을 가져다 줄 수 있었을 것이다.

Bibliography to§6.2b

Hermann Bengtson, *Die Flavier: Vespasian, Titus, Domitian. Geschichte eines römischen Kaiserhauses* (München: Beck, 1979).

Bibliography to §6.2b(2)

B. W. Jones, *The Emperor Titus* (New York: St. Martin's Press, 1984).
John A. Cook, "Titus and Berenice," *ASP* 72 (1951), 162-75.

(c) "황금 시대"

도미티안의 사후 수십 년 동안 황제들은 자기를 계승할 사람을 양자로 삼았다. 이 기간은 실로 국내가 평화롭고 전반적으로 번영한 기간이었다. 황제들은 도시들의 번영을 증진시켰으며, 건축 활동을 장려하고 풍성한 자금을 댔으며, 재정적/법적 행정을 재조직했다. 또한 과학, 수사학, 철학은 황제들의 총애를 받았다. 이 기간은 기독교가 견고하게 다져지는 기간이 되었는데, 그것은 훌륭한 시민에 대한 기독교 도덕의 초대, 종교 체계의 조직, 그리고 철학적 신학파들이 설립된 것 등에서 그 증거가 엿보인다.

(1) 네르바(Nerva, 96-98). 도미티안이 암살된 후에 대한 구체적 계획이 세워져 있지 않았으므로, 막상 그 일이 벌어졌을 때에 최선의 선택은 60대에 들어선 원로원 의원 네르바를 선택하는 것이었다. 그는 도미티안의 말년에 발생한 피해를 복구하는 데 최선을 다했다. 추방 되었던 자들을 불러들이고, 도미티안에 대한 기억은 완전히 제거해 버렸다. 네르바는 국가 창고를 다시 짓고 토지를 빈민들에게 분배하며 로마의 주민들을 위해서 곡식을 매입하는 일을 시작했다. 그는 건축을 장려하고, 여러 도시들을 원조했다. 그러나 그의 정치적인 입지는 계속 불안했다. 그것을 강화하기 위해서 그는 상부 독일의 총독이요 성공한 군대 장관인 울피우스 트라이아누스(M. Ulpius Traianus)를 양자로 삼고, 공동 섭정으로 삼았다. 그 직후에 네르바가 사망하여 신격화 됨에 따라 그의 후계자들은 모두 신적 기원을 가진 것으로 주장할 권리를 갖게 되었다.

(2) 트라얀(Trajan, 98-117)은 스페인 출신의 기사층 로마 가족 출신이었다. 그는 황제가 된 첫 지방 출신 로마인이었다. 20년 동안 트라얀은 군단장(군단: 삼천 명에서 육천 명으로 구성된 로마 군대)과 육군 장군을 지냈으며, 시리아, 스페인, 독일 등지에서 벌어진 전쟁에서 두각을 나타냈다. 행정적인 면에서 면밀하며 숙련된 그는 다양한 문제에 직접 관여했는데, 현재 남아 있는 바 소 플리니(Younger Pliny)와 교환한 서신에는 그에 대한 훌륭한 기록이 담겨

있다. 로마와 여러 속주에서 벌인 건축 활동은 네르바 시대에 시작된 경제적 호전 상태를 촉진했다. 그러나 그의 전임자들과는 달리 트라얀은 영토 확장 정책을 취했다. 그의 첫번째 목표는 다뉴브강 하류 북쪽, 로마의 속주인 모에시아 근처에 있는 다키아(Dacia)였다. 그는 두 번에 걸친 전쟁(101-102년과 105-106년)을 벌인 끝에 그곳의 주민들은 항복시켰고, 다키아는 로마의 속주가 되었다. 로마가 다키아를 통치한 기간은 2세기가 채 되지 않음에도 불구하고, 디키아는 단기간에 거의 완전히 로마화되었다(오늘날의 루마니아어는 라틴어에서 파생된 것으로서 로망스 어에 속한다). 이 경우에는 트라얀의 확장 정책은 성공적이었으며, 다키아의 금과 새로운 경제적 기회는 로마 제국 전체에게 이익이 되었다. 로마에 있는 트라얀의 기둥(Trajan's Column)에 새겨진 부조는 다키아 정복에 대해 상세히 말해준다. 그 기둥은 두 개의 새로운 도서관 사이에 세워졌는데, 이 도서관들은 트라얀의 광장(Forum)의 일부였다. 그것은 트라얀의 시장에 속한 부속 건물들과 아울러 로마 제국의 광장들 중에서 가장 규모가 큰 것으로서, 다키아 정복의 결과로 로마가 부유하게 되었음을 증거해준다.

동부에서의 트라얀의 확장 정책에는 문제가 있었으며 완전히 성공한 것은 아니었다. 트라얀은 먼저 순수히 경제적인 이유에서 사해의 동쪽과 남쪽에 있는 나바테아 왕국을 합병했다. 나바테아는 수세기 동안 로마의 피보호 국가로서 독립을 지켜온 국가였다. 그는 그 자리에 보스트라와 페트라를 합하여 아라비아 펠릭스라는 로마의 속주를 세웠으며, 로마의 통치를 아카바 만까지 확장했다. 로마 함대가 아카바만에 배치됨에 따라, 로마는 페르시아만과 이집트 사이의 항로를 사용하는 해상 무역과 나바테아를 경유하는 육지의 무역로를 통제할 수 있게 되었다. 동시에 트라얀은 파르티아 제국을 공격하기 위한 그의 요새도 강화시킬 수 있었다. 아우구스투스 때부터 파르티아와 로마의 국경에는 평화가 유지되어 왔었다. 아르메니아는 로마의 속국이었으며, 코마게네(가바도기아 남쪽)는 처음에는 파르티아와 셀류시드 왕조의 후손이라고 주장하는 왕들에 의해서 지배되다가 72년에 시리아 속주의 일부가 되었다. 아르메니아 북부(소 아르메니아)는 갑바도기아 속주에 연결되어 있었다. 그러나 그 동안에 아르메니아 남부(대 아르메니아)와 수도인 티그라노케르타(Tigranokerta)가 파르티아의 영향권에 들어갔다. 이것을 계기로 트라얀은 파르티아 제국에게 전쟁을 선포했다(115-117년). 그의 군대는 아르메니아를 정복하고 메소포타미아로 진군했다. 오스로에네(Osrhoëne: 유프라테스와 티그리스 사이의 상부 지역)와 에뎃사와 니시비스는 로마 영토가 되었다. 바벨론, 셀류키아, 그리고 파르티아의 겨울 주거지인 크테시폰(Ktesiphon)도 로마의 손에 들어왔다. 페르시아 만으로의 전진과 티그리스 강 동쪽의 아디아베네를 정복함으로써 로마는 역사상 가장 방대한 영토 확장을 이루었다. 그러나 트라얀은 이 새로 정복한 지역들을 완전히 확보하기 전에 병으로 사망했다. 그 결과 아르메니아, 오스로에네, 그리고 메소포타미아는 종종 로마와 그 동쪽 지방의 적들과의 전쟁에 시달리며 수세기 동안 전쟁 지역으로 남게 되었다. 이 지역에서의 기독교의 발전은 이러한 정치적 상황의 영향을 받았다. 트라얀의 동부 지방 정복 정책이 파르티아 원정 때 시작된 유대인 디아스포라 반란의 이유 중 하나일 가능성이 없지 않다. 반란은 키레나이카에서 시작되어 이집트와 구브로로 번져 나갔으나 결국은 잔인하게 진압되었다. 이 반란이 기독교가 유대교에서 분리되는 과정을 가속시켰을 수도 있다. 물론 그 과정은 그보다 훨씬 전에 시작되었다.

(3) 하드리안(Publius Aelius Hadrianus, 117-138). 트라얀의 피후견인이자 먼 친척이며 양자인 하드리안도 트라얀처럼 스페인 출신이었다. 그는 다키아 원정과 파르티아 원정에서 중요한 임무를 맡았다. 그러나 그는 전임자의 정복 정책을 지속하지는 않았다. 메소포타미아와 앗수루는 로마의 속주로 전락했고, 아르메니아는 속국

이 되었고, 파르티아와의 갈등은 외교적 교섭으로 해결 되었다. 하드리안은 로마의 북쪽 국경을 안정시키려고 노력했다. 이것은 스코트족과 픽트족의 침략으로부터 브리튼을 보호하기 위해서 세워진 하드리안의 성벽에서 알 수 있다. 자신의 승리를 기념하여 세 개의 칭호(Germanicus, Dacicus, Parthicus Maximus)를 자기 이름에 추가한 전임자와는 달리, 하드리안은 자신을 간단하게 하드리아누스 아우구스투스(Hadrianus Augustus)라고 불렀다. 주화나 조각물에 표현된 황제와 속주들과의 관계는 "포로" 관계가 아니라 "재편성" 관계였음을 보여준다. 심지어 유대인들을 진압한 후에도 하드리안은 승리를 기념하는 주화를 발행하지 않았다.

국내 정책에 있어서 하드리안은 건축 사업을 계속 지원했다. 행정은 전문적 시민 봉사의 방향으로 발전되었다. 황실의 자유민들 대신에 기사 계층 사람들이 여러 부서의 행정을 맡았다. 하드리안은 아프리카인 살비우스 줄리아누스(Salvius Julianus)가 고안한 개혁에 근거하여 법률 체계를 재조직하여 황실의 직접적인 감독 하에 두었다. 하드리안도 트라얀처럼 원로원을 존중했지만, 원로원은 그에 대한 적대감을 끝까지 버리지 않았다.

하드리안은 헬라 문화를 좋아했으며, 통치 기간 중 많은 시간을 특히 제국의 동부를 여행하는 데 보냈다(121-127년과 128-134년). 그는 헬라 도시들의 번영과 미화를 촉진하는 것 및 학문과 교육을 증진시키는 일에 직접 관여했다. 하드리안은 헬라 문헌들을 폭넓게 읽었으며, 헬라어에 능숙했고, 지식에 대한 과학적이고 종교적인 욕구를 지니고 있었다. 그는 아테네에 있는 대학교를 쇄신했으며, 웅장한 도서관을 세우고, 수세기 동안 미완성으로 있던 제우스의 신전을 완공했다. 그것은 그리스에서 건축된 가장 큰 신전이 되었다. 비문들에 새겨진 내용에 의하면, 하드리안은 "올림피오스"라고 칭송 되었다. 하드리안은 엘레우시스에서 신비 종교에 입문했다. 그는 아테네에 새로운 교외의 주거 지역과 도수관을 건설했으며, 이 도시를 처음 건설한 영웅들 중 하나로 받아들여졌다. 아테네는 특별히 그의 특혜를 받은 도시이지만, 그는 제국의 다른 지역들도 지원해 주었다. 그가 트라키아에 세운 가장 중요한 새 도시는 하드리아노폴리스이다(오늘날 터어키의 에딘). 에베소에 있는 하드리안에게 바쳐진 거대한 신전과 새로운 도수관은 그의 제국의 방대한 규모를 증거해준다. 그는 버가모에 트라얀에게 바치는 신전을 완공하고 그 성소를 이집트의 신들에게 바쳤으며(이것은 역사상 가장 거대한 신전 중 하나로서 그중 일부가 "Red Hall"에 보존되어 있다), 유명한 아스클레피온과 그 도서관 재건을 재정적으로 지원했다. 로마에서 가장 중요한 기념비는 판테온이다. 이것은 건축적으로 고대 시대의 가장 혁신적인 신전으로서, 내부가 좁은 직사각형이 아니라 직경이 42 미터, 높이가 42미터나 되는 거대한 원형의 공간이었으며, 중앙 천정의 원형창을 통해서 들어오는 태양빛에 의해 신비하게 조명을 했다. 나일강을 여행하던 중 하드리안의 연인이었던 20세의 안티누스라는 비두니아인이 익사했다(이 아름다운 청년은 여러 곳에서 신적 존숭을 받았는데, 그의 조각상은 여러 개 보존되어 있다). 하드리안은 그 자리에 안티오폴리스라는 도시를 세웠으며, 이 도시의 신전에서는 안티누스를 신으로 섬겼다.

하드리안은 예루살렘을 아엘리아 카피톨리아로 재건하고, 유대전쟁 때 파괴되었던 야훼의 성전 자리에 카피톨의 주피터 신전을 지을 준비를 했다. 이것은 바르 코흐바(Bar Kokhba)가 주도한 유대인 반란을 야기시켰는데, 이 반란은 다른 속주들로까지 확산되었다. 양쪽 모두에서 극도의 잔인함을 동원한 수년간의 전쟁을 벌인 후에야 이 반란은 진압되었다(132-135년). 그 결과는 팔레스틴 유대교의 실질적인 말살이었다. 몇년 후에 하드리안은 로마 근처에 있는 별장에서 죽었다(138년). 하드리안이 양자로 삼고 후계자로 지명했던 루키우스 아엘리우스(Lucius Aelius)는 하드리안보다 먼저 사망했다 아엘리우스가 사망한 후에 하드리안은 변호사인 안토니누스를 양자로 삼았는데, 그것은 안토니누스가 아엘리우스의 아들(후일 베루스 황제)과 그의 아내의 조카(후일 마르쿠스 아우렐리우스 황제)를 양자로 삼는다는 조건 하에서였다. 원로원은 처음에는 하드리안을 신으로 모시는 것을 반대했으나, 그의 후계자가 결국 자기 주장을 관철시켜서 그를 위해 로마에 장려한 무덤을 완공했다.

(4) **안토니누스 피우스**(Antoninus Pius, 138-161)는 남부 고올 출신이었다. 그의 통치 기간은 중단 없는 평화와 번영의 기간으로 기억된다. 물론 그의 통치 기간 중에 국경 근처에서 몇 차례의 전쟁이 있었다. 즉 브리튼에서 벌어진 브리간테스와의 전쟁(안토니누스 성벽 건축)과 다키아 원정, 파르티아 원정 등이 있었다. 안토니누스도 하드리안처럼 승리를 기념하여 자기의 이름에 새로운 칭호를 추가하지 않았고 "피우스"라는 별명을 가졌다. 그는 원로원과 좋은 관계를 유지했고, 종교의 발전을 후원했다. 그는 개인적으로 행정의 세부적 사항에 관심을 갖고, 그 운영이 원만하게 되도록 감독했으며, 재무부와 법률 체계를 강화했다. 그는 매우 검소했지만(이 황제는 전혀 주요한 건축 사업을 시작하지 않았다), 어려움에 처한 도시들은 너그럽게 지원해 주었다(지진으로 인해서 파괴된 에베소는 재건을 위한 재정적 원조를 받았다). 원로원에 의한 선출이나 군대의 선포 대신에 원수 정치와 양자를 삼음으로써 황제의 자리를 계승하는 것이 하나의 제도로서 자리를 잡았던 듯하다. 팍스 아우구스타(Pax Augusta)는 지속적인 현실처럼 보여졌다. 그러나 그의 후계자의 계승과 함께 이러한 상황은 급속도로 변화되었다.

(5) **마르쿠스 아우렐리우스 안토니누스**. 안토니누스 피우스는 하드리안의 지시에 따라 마르쿠스 아우렐리우스 안토니누스(Marcus Auleius Antoninus, 161-180)를 양자로 삼았다. 그는 황제의 보좌에 앉은 철학자로서 폭넓은 교육을 받은 인물이었다. 그는 문법과 회화(繪畵) 이외에도 프론토와 함께 라틴어 수사학을 공부했고, 헤로데스 아티쿠스와 함께 그리스어 수사학을 공부했다. 146년 이후 그

는 두 세대에 걸쳐서 황실의 무시를 당해온 스토아 철학을 수용했다. 마르쿠스 아우렐리우스의 철학적 사상은 『명상록』(*Meditations*)이라는 그의 책에 보존되어 있다. 그는 145년에 안토니누스 피우스의 딸 파우스티나와 결혼했으며, 146년부터는 장인과 함께 공동 섭정으로 통치했다. 안토니누스가 죽자 그는 즉시 자기의 의붓 동생인 베루스를 공동 황제로 삼았다(베루스는 무능했으며 169년에 죽었음).

마르쿠스 아우렐리우스의 통치 첫 해에 전쟁이 시작되었다. 브리튼에서는 칼레도니아인들이 일어났으며, 카티인들이 래티아를 침략했다. 일년 후 파르티아 왕 볼로게세스 3세가 대규모 공략을 시작했다. 시리아의 로마 군단장인 아비디우스 카시우스(시리아 출신임)가 파르티아 원정의 지휘권을 받았다. 그는 셀류키아와 크테시폰을 점령하고, 메디아로 원정을 한 후에 평화 협정을 체결했다(166년). 아르메니아와 오스로에네는 로마의 수중에 남았다. 그러나 파르티아와의 전쟁에서 돌아온 병사들은 전염병을 가지고 돌아왔는데, 그것은 수년 동안 로마 제국의 주민들 사이에서 번져나갔다. 165년에는 다뉴브 북쪽에 강력한 게르만 국가(보헤미아와 모라비아 지역)를 세운 마르코마니(Marcomanni)가 로마의 속주인 노리쿰과 판노니아(오늘날의 오스트리아와 헝가리)에 침입했고, 이탈리아 북부로까지 진군했다. 처음에는 로마가 이를 막아 냈으나, 전쟁은 북방 국경 전체로 번져나가서 때로는 고올과 일루리쿰 지역의 게르만족과 켈트족도 전쟁에 말려들었다. 게르만족들은 모에시아와 다키아를 유린했으며, 심지어 그리스까지 침략해서 엘레우시스를 공략했다(후일 마르쿠스 아우엘리우스가 재건함). 이 침략을 물리치기 위해서 황제는 수년 동안 전력을 기울여야 했다.

175년, 전쟁을 성공적으로 끝내기 직전에, 그리고 황제가 바야흐로 다누브강 북쪽에 새로이 로마의 속주 둘을 세우려 할 때, 동부 지역 전체의 행정을 맡고 있던 시리아 군단장 아비디우스 카시우스가 반란을 일으키고 스스로 황제라고 선포했다. 마르쿠스 아우렐리우스는 즉시 시리아로 출발했다. 그러나 황제가 안디옥에 도착하기 전에 아비디우스 카시우스는 부하들에 의해서 살해되었다. 마르코만니가 다시 침략했으므로, 마르쿠스 아우렐리우스는 독일 국경으로 돌아가서 국경을 확보했으나, 180년에 빈도보나(비엔나)에서 전염병으로 죽고 말았다.

(6) **콤모두스**(Commodus). 마르쿠스 아우렐리우스의 죽음과 더불어, 로마 제국의 "황금 시대"는 완전히 끝났다. 아우렐리우스가 연속적으로 치룬 전쟁 때문에 상당한 돈을 소모했으며, 전염병은 수많은 목숨을 빼앗고 경제적 침체를 가속화시켰다. 마르쿠스 아우렐리우스의 아들이요 공동 섭정이자 후계자인 콤모두스는 무능한 자였다. 코모두스는 자신의 통치 때에 있던 많은 국경선 전쟁에서 한 번도 이기지 못했다. 그는 근위대장들과 궁정 고관들에게 조종당했으며, 엄청난 액수의 돈을 시합과 체육대회에 썼다. 그는 이러한 경기에 즐겨 참여했다. 그는 자신을 반대하는 자는 신속하게 처형했고(자신의 아내도 간음의 죄로 처형함), 동양 종교들을 후원했으며, 말년에는 헤라쿨레스 신으로 숭배를 받았다. 192년에는 음모자들이 운동 선수를 교사하여 목욕탕에서 그를 목졸라 죽였다.

그로부터 120년 동안 로마 국가와 기독교 사이의 갈등이 있었으며 로마의 역사에 있어서 새로운 장을 기록했다. 전통적 역사에서는 이 기간을 로마의 몰락 시대로 보고 있다. 로마 제국의 이미지는 물론 경제적 상황도 바뀌었다. 마르쿠스 아우렐리우스의 시대에 더 빈번해졌으며 그 다음 세기를 가득 채우게 될 염세적 경험은 묵시주의적 움직임(몬타니즘)과 그노시스주의의 확장, 그리고 회의적 철학 신학이 시작되는 계기가 되었다. 그러한 발전에 대한 반작용으로서 신약 성경 정경을 만든 것, 초기 랍비 전승들을 성문화한 미쉬나, 그리고 고대 철학이 신플라톤주의에서 종결된 것 등이 있었다.

Bibliography to §6.2c

Mason Hammond, *The Antonine Monarchy* (PMAAR 19; Rome: American Academy, 1959).

Wilhelm Weber, *Rom, Herrschertum und Reich im 2. Jahrhundert* (Stuttgart und Berlin: Kohlhanmer, 1937).

Bibliography to §6.2c(2)

Daniel N. Schowalter, *The Emperor and the Gods: Images from the Time of Trajan* (HDR 28 Minneapolis: Fortress. 1993)

Bibliography to §6.2c(3)

Stewart Perowne, *Hadrian* (London: Hodder and Stoughton, 1960).

T. D. Barnes,.“Hadrian and Lucius Verus,” *JRomS* 57 (1967) 65-79.

Bibliography to §6.2c(4)

Willy Hüttel, *Antoninus Pius* (2 vols.; Prague: Calve, 1933-1936; reprint: New York: Amo, 1975).

Bibliography to §6.2c(5)

Anthony Birley, *Murcus Aurelius: A Biography* (2d ed.; New Haven: Yale University Press, 1987).

J. H. Oliver, *Marcus Aurelius: Aspects of Civic and Cultural Policy in the East* (Hesperia Sup. 13; Princeton, NJ: American School of Classical Studies at Athens, 1970).

3. 행정과 경제

(a) 정부와 행정

아우구스투스가 만들어낸 새로운 제도로서 많은 통치권이 황제에게 주어진 원수(元首) 정치 제도는 2세기 동안 행정의 기초가 되었다. 비록 많은 행정적 권력과 법적 권력과 군사적 권력이 주어졌지만, 아우구스투스는 군주가 되지는 않았으며, 법 제정을 주도할 수 있는 권리를 지닌 군대의 사령관이요 행정부의 최고 관리라고 규정할 수 있을 것이다. 공화국의 제도들이 여전히 존속하고 있으면서, 어느 정도 실질적인 권한과 엄청난 상징적인 중요성을 보유하고 있다. 황제가 아니라 이러한 고대의 제도들이 국가를 대표하였는데, 국가의 법적인 주권자는 로마 백성들(*populus Romanus*)이었다. 원로원의 승인을 받지 않고 통치하려 한 황제들은 거의 유익을 얻지 못했다. 황제에 의한 전제적 통치는 드물었고, 있었다 해도 짧은 기간에 국한되었다. 군대나 민원 업무의 다양한 영역에 있어서, 모든 계층의 로마인들이 실질적으로 권력의 집행에 참여했으므로, 황제가 백성들이나 대표자들의 뜻을 무시하면 황제 자신에게 불이익이 돌아갔다. 대부분의 황제들은 자신의 직책을 로마인들의 위임을 받은 통치자라고 이해하는 데 큰 의미를 부여했는데, 이것의 중요성은 상징적인 것 이상이었다. 정의와 평화의 제도인 원수 정치는 이전의 동양의 군주 정치나 헬레니즘적인 군주 정치와는 다른 새로운 정신에 의해서 유지되었다.

행정부를 재조직하는 데 있어서 기본적 전제는 관리들이 선출되는 계층들을 그대로 유지하는 것이었다. 그리하여 감독하는 작업 즉, 귀족이나 기사들의 계층별 자격 요건을 감독하는 것이 황제들의 중요한 직무가 되었다. 적합한 인물을 원로원에 받아들이는 권한이나 결혼법(원로원 의원들은 반드시 결혼해야 했고, 3명 이상의 자녀를 둔 사람은 특례를 받았다.) 등을 통하여 황제들은 이러한 계층들을 보존시켜 나갈 수 있었다. 서부의 속주 출신들을 귀족으로 임명함으로써(후에는 그리스, 아시아, 시리아 출신도 귀족으로 임명 되었다) 제국 내의 여러 지역 출신 로마인들을 원로원으로 불러들이는 계기가 되었다.

군대의 지도권은 행정 사무와 통합되었다. 이로 인해 전문적인 장교급 군단의 형성이 불가능하게 되었다. 군대의 고위직은 장래의 관리들을 훈련하는 기반이 되었다. 대부분의 군단이 속주들의 국경 지방에 배치되었다는 점이 중요하다. 그러므로 이러한 속주들에 대한 황제의 행정은 군사적 절대 통치권과 밀접하게 연관되어 있었다. 처음에, 군대는 25개의 군단을 가지고 있었으며, 후에는 30개까지 달했다. 각 군단은 6,000명의 군인들로 구성되었는데, 이들은 로마 시민들 가운데서 모집되었다. 더불어 속주에서 모집된 지원 부대나 해군이 있었다. 각 군단은 10개의 보병대로, 각 보병대는 6개의 백인대(百人隊)로 구성되었다. 하나의 군단은 원로원 계층인 지방 총독의 명령을 받았다. 지방 총독 밑에는 6명의 군사 호민관들이 있었는데, 이들중 우두머리는 원로원 계층이었고, 나머지 호민관들은 지원 부대의 지휘관들처럼 기사 계층이었다. 비록 기사 계층의 장교들은 장기간, 또는 평생 복무하기도 하였지만, 일반적으로는 일정 기간만 복무했다. 군대에서 평생 복무한 장교들은 평민 계층으로서, 장교직을 영구직으로 여겼다. 군대 내의 특수 부대는 친위병(praetorians)이라고 알려진 황제의 친위대였는데, 이들은 황제의 호위병에서 일종의 사관 학교 같은 엘리트 군대로 발전했다. 4,500명으로 구성되어 두 명의 지방 총독이 지휘한 친위대는 이탈리아에 주둔한 군대의 일부에 불과했다.

원로원 가문 출신 젊은 의원들의 관직 경력을 보면, 그들은 호민관으로 군대에 들어가기 전에 먼저 부하의 위치에서 1년 또는, 그 이상을 근무해야 했다. 그들은 공직으로 복귀한 후에 재무관을 거쳐 집정관으로 진급할 수 있었다. 원로원이나 제국 내에서 보다 높은 집정관 직(職)으로 승진하기 위해서는 영사직을 거쳐야 했으므로, 매년 2 명의 정규 집정관(*ordinarii*) 뿐만 아니라, 그 해의 마지막 몇 개월 동안 근무할 집정관들(*suffecti*)을 추가로 임명했다. 기사 계층 출신의 남자들에게 가장 중요한 직무는 군대 호민관이나 제독, 행정 장관의 직무였다. 이들 직무에는 로마의 재정 관리에서부터 속주 통치에 이르기까지 많은 기능이 포함 되었다. 원로원 계층의 관리들과는 달리, 기사 계층의 관리들은 일반적으로 같은 직책에 장기간 근무했으므로 자신의 업무에 익숙한 숙련되고 연로한 층이 형성 되었다. 그러나 다른 계층의 주민들에게도 군복무는 사회적으로 승진하기 위한 도구가 되었다. 시민이 아니지만 25년 동안 보조 군대에서 복무한 사람이 퇴역할 때에는 로마 시민권이 주어졌다. 20년 동안 복무하여 하위직 장교로 근무하던 사람이 고국에 돌아오거나 로마 식민지에 정착하면, 행정직으로 승진할 수 있었다.

군대가 상주할 필요가 없는 비교적 통치가 수월한 속주들은, "총독(라틴어, proconsul : 헬라어, ἀνθύπατος-안뒤파토스)"이라 불리며 임기가 1년인 전직 집정관을 통해 원로원이 관할했다. 이러한 속주들 중에는 이탈리아 시실리, 바에티카(스페인 남부), 아프리카, 키레나이카, 아가야, 마케도니아, 일루리쿰, 비두니아, 그리고 키프로스 등이 있었다. 그러나 한 개 내지는 몇 개의 군단의 상주를 필요로 했던 국경 지방의 속주들은 황제의 직접적인 지휘 아래에 두었는데, 황제는 이들 각 속주의 통솔자로서 "지방 총독"을 임명했다. 이들은 원로원 계층으로서 다소 오랫 동안 복무했다. 스페인의 나머지 지역, 고올, 브리튼, 독일의 속주들, 다뉴브 강변과 아나톨리아 동부의 속주들, 킬리키아, 시리아 등은 제국의 관할 하에 있었다. 일부 규모가 작은 지역들은 황제가 기사 계층의 행정 장관을 통해서 직접 다스렸다. 유대가 이러한 지역들 중 하나였다. 이집트는 특별히 다루어졌다. 특히 로마의 식량 공급원이라는 중요성 때문에, 원로원의 의원들조차도 이집트를 지배할 수가 없었고, 기사 계층 출신의 제독(prefect)을 통해 황제가 직접 관할했다. 속주에서의 착취를 근절하기 위해 제국의 행정 관리들은 일정한 봉급을 받았다. 속주의 재정은, 황제의 직접적인 관할 하에 있는 행정 장관이 감독했다. 부동산이나 개별적인 세금들은 지역 사회의 협조를 받아 고용인들이 징수했다. 그러나 다른 모든 간접적인 세금 업무는 가장 높은 가격에 입찰한 지원자에게 맡겨졌는데, 이 제도는 2세기말에 사라졌다.

로마인들은 국가를 하나의 법질서라고 이해했다. 일반적으로 피정복민들 사회의 법과 관습이 존중되었으며, 인간을 제물로 드리는 것과 같이 발달된 문화 행정과 양립할 수 없는 관습이나 전통들만을 불법화했다. 법률 체계에 있어서 가장 중요한 혁신은 황제의 사법권의 도입이었다. 황제와 그가 임명한 관리들에 의한 사법 행정이 오랜 배심원 제도에 첨가되었는데, 극형에 해당하는 중요한 범죄나 항소심의 경우에는 배심원 제도보다 우선하였다. 모든 소송은 황제에게까지 회부될 수 있었고, 황제는 모든 법적 절차를 황제의 법정에서 다룰 수 있었다. 또, 총독의 법정의 판결에 불복하는 피고들은 황제에게 상소할 수 있었다. 이것은 *de repetundis*(관리들의 고문이나 착취로 인한 제소)라는 소송, 그리고 대역죄(*lese majesty*)처럼 로마 국민들의 이익과 권위를 침해한 것과 관련된 소송에 있어서 매우 중요했다. 후자의 경우에는 황제와 그의 가족들도 포함된다. 그러므로 이러한 소송들은 중대한 반역죄나, 음모, 로마 시민에 대항하는 전쟁의 선동 등에만 국한하지 않고, 황제에 대한 명예훼손이나 황제 제의(祭儀)에서 제물의 희생을 거부하는 것 등에도 적용된다. 원수(元首) 정치가 실시되는 기간 에는 제국의 사법부의 횡포가 나타난 경우는 극히 드물다. 그러나 이 제도는 후일 기독교를 탄압하는 법적 근거를 제공하는 결과를 가져왔다. 기독교인들이 종교적 범죄 행위(마술 시행, 그리고 신전의 물건을 도둑질 하는 것과 같은 신전 모독죄)로 제소되는 경우는 별로 없었는데, 이는 황제 제의를 거부하는 것이 이 범주에 해당되지 않았기 때문이다. 기독교인들에 대한 소송 절차는 황제의 태도 여하에 따라서 그 양상이 매우 다른데, 그 이유는 형사법의 모든 영역에서(민사법의 경우에도 마찬가지이다) 황제들은 칙령이나 법률적 조언을 통해서 재판 과정에 직접적인 영향을 미칠 수 있었기 때문이다.

Bibliography to §6.3

Michael Rostovtzeff, *The Social and Economic History of the Roman Empire* (2d ed. by P. M. Fraser; 2 vols.; Oxford: Clarendon. 1957).

Ludwig Friedländer, *Roman Life and Manners under the Early Empire* (4 vols.; New York: Barnes & Noble, 1968).

Pierre Grimal, *The Civilization of Rome* (New York: Simon and Schuster. 1963).

Jerome Carcopino, *Daily Life in Ancient Rome* (New Haven, CT: Yale University Press, 1940).

Paul Veyne, *Bread and Circuses: Historical Sociology and Political Pluralism* (ed. Oswyn Muray: trans. Brian Pearce; London: Penguin, 1990).

Michael Grant, *The World of Rome* (Cleveland, OH: World, 1960).

Samuel Dill, *Roman Society from Nero to Marcus Aurelius* (London: Macmillan, 1904; reprint New York: Meridian, 1956).

Fergus Millar, *The Emperor in the Roman World (31 BC-AD 337)* (Ithaca, NY: Cornell University Press, 1977).

Ramsay MacMullen, *Soldier and Civilian in the Later Roman Empire* (Cambridge. MA: Harvard University Press, 1963).

Idem, *Enemies of the Roman Order: Treason, Unrest, and Alienation in the Empire* (Cambridge, MA: Harvard University Press, 1966).

Idem, *Roman Social Relations 50 BC-A D. 284* (New Haven, CT: Yale University Press, 1981).

Bibliography to §6.3a

A. H. M. Jones, *Studies in Roman Government and Law* (Oxford: Blackwell, 1960).

F. H. Lawson, "Roman Law," in J. P. V. D. Balsdon: ed., *The Romans* (New York: Basic Books, 1965).

Barry Nicholas, *Introduction to Roman Law* (Cambridge: Cambridge University Press, 1952).

G. H. Stevenson, *Roman Provincial Administration* (2d ed.; Oxford: Blackwell, 1949).

J. Richardson, *Roman Provincial Administration: 227 BC to AD 117* (Inside the Ancient World: Basinstoke, UK: Macmillan Education, 1976).

H. T. F. Duckworth, "The Roman Provincial System," in Foakes Jackson and Lake, *Beginnings*, 1. 171-217.

Graham Webster, *The Roman Imperial Army of the First and Second Centuries AD* (London: Black, 1969).

G. H. Stevenson, "The Imperial Administration," and "Army and Navy," in *CambAncHist* 10. 182-238.

(b) 상업과 교역

지중해의 경제적 지역과 그 주위 국가들은 로마의 통치 기간 중에 정치적 요충지가 되었지만, 경제와 무역의 기본 구조는 헬레니즘 시기와 크게 다른 것이 없었다(§2.2a-e; 2.7a-b). 그러나 경제의 중심지는 서방으로 옮겨졌고, 로마는 무역의 새로운 중심지가 되었다. 이는 생필품이나 사치품에 대한 소비가 대량으로 급증했다는 점에서 주된 원인을 찾을 수 있다. 로마의 농업은 곡식 재배에서 포도주나 올리브유의 생산으로 변화해 왔다. 포도주와 올리브유는 많은 농업 노예들을 거느린 거대한 토지 농가의 주된 생산물이었다. 결과적으로, 이탈리아, 특히 로마 시는 시실리나 북아프리카, 흑해 지역의 나라들, 그리고 주로 로마의 "곡식 창고"라고 할 수 있는 이집트로부터의 곡식 수입에 영구적으로 의존할 수밖에 없었다. 이 지역에서의 흉작 때문에 몇 차례에 걸쳐 곡식 조달의 큰 위기가 초래하되었고(클라우디우스와 네로 치세 때에 이런 일이 발생했다; 행 11:28 참고), 이들 곡식 생산지로부터의 수입에 의존했던 제국의 다른 지역들도 어려움을 겪었다. 대부분이 로마로 수입되는 사치품목에 대한 수요가 제국 시대에 크게 증가했다. 그 결과, 스칸디나비아, 아프리카, 중국 등과 같은 먼 나라와의 교역이 괄목할 만큼 성장했다. 주된 수입 품목은 향수, 기름, 보석, 향신료, 양념, 비단 등이었다. 중앙 아프리카나 인도에서 외국의 동물들이 수입 되었고, 발트 해 연안의 나라들로부터 호박(琥珀)이 수입 되었다. 대량 소비 품목들의 교역은 이윤이 적어 황제들이 보조금이나 경영을 지원해 주어야만 했던 것과는 달리, 독립 상인들이나 중간 상인들에 의해서 이루어진 사치품의 교역은 이윤이 크게 남는 장사였다.

로마인들에게 필요한 양식을 공급하는 것 역시 재정적으로 어려운 문제거리였다. 로마와 이탈리아는 장기적인 수출 부진으로 시달렸는데, 이것은 로마인들의 사치품 수요 때문에 더욱 악화되었다.

네로와 같이 제국의 법정이나 궁중 오락을 위해 엄청난 분량의 향수나 외국의 동물들을 수입한 황제들 시대에는 수입 물량이 천문학적인 숫자에 달했다. 한편 제국은 로마나 여러 속주에 주둔한 군대에게도 보급품을 지원해 주어야 했다. 또 하나의 부담은 제국 시대 초기에 세워진 직책인 관리들에게 봉급을 지불하는 것이었다. 이탈리아에서의 수출로는 로마의 무역 적자를 만회하기에는 역부족이었다. 도자기나 유리 등과 같은 많은 공업 제품들이 처음에는 속주들로 수출되었지만, 급속한 경제 성장에 따라 미개발 상태였던 속주들은 제품을 자체 생산하여 수요를 충족시킬 수 있게 되었다. 물론, 제국의 재정의 주된 수입원은 주로 속주들로부터 거둬들이는 세금이었다. 로마 시민들—이탈리아 주민의 다수—은 직접적인 세금 징수에서 제외되었다. 게다가 황제들은 이탈리아나 속주들 내에 있는 제국의 토지에서 나오는 수입을 사용할 수 있었다. 줄리우스-클라우디우스 왕조 시대 말기에 이런 토지들은 모두 국유지가 되었다. 이러한 재원들까지 동원하고도 부족할 때에는 제국의 지출을 조정하기 위해서 화폐의 가치를 변조시키거나, 재산을 몰수하는 등의 편법을 사용했다(로마의 화폐 구조에 대해서는 §2.7c 참조).

경제의 중심지가 바뀐 것은 곧 무역의 중심지들과 교역로가 바뀌었음을 의미한다. 동부의 주요 중심지였던 델로스와 로도 섬은그 중요성을 상실했다. 그러나 에베소, 안디옥, 그리고 알렉산드리아는 내륙 지역으로부터 이어지는 중요한 교역로에 위치하고 있었기 때문에 재선적(再船積)하는 중심지로서의 중요성을 그대로 유지했다. 케사르에 의해서 재건된 고린도는 지중해 동부와 서부 사이의 무역에서 선두적인 역할을 했는데, 그 이유는 많은 상인들이 펠로폰네소스를 돌아오는 위험한 해로(海路)보다는 이스트무스(Isthmus)를 건너 고린도를 통한 상품 수송을 선호했기 때문이다(이스트무스를 통과하는 고린도 운하는 네로가 착공했지만, 고대에는 완성되지 못했다). 지중해 서부에 있는 카르타고도 그 중요성을 크게 상실했다.

이 지역의 무역의 중심지는 로마였다. 로마는 티베르(Tiber) 강을 통해서 바다와 직접 연결되었지만, 클라우디우스 시대에 강 어귀에 오스티아(Ostia) 항구를 건설한 이후에야 비로소 발전하기 시작했다. 로마에 필적하는 도시로서 나폴리와 그 항구 푸테올리(Puteoli)가 있었다.

황제들은 주요 항구들을 건설하는 것 외에도 도로를 건설하는데 많은 비용을 들였다. 멀리 떨어진 지역까지 연결된 로마의 도로망은 가장 감동적인 고대의 업적 중의 하나이다. 이들 도로의 대부분이 포장이 되었고, 가능한 한 직선으로 건설 되었다. 지세가 험한 지역에서는 산에 있는 바위 표면을 깎거나, 깊은 계곡을 가로질러 구름다리를 만들거나, 늪을 통과하는 댐을 만듦으로써 장애물들을 제거했다. 노상 강도의 위협을 완전히 근절할 수는 없었지만, 우체국, 여인숙, 군대 주둔지들이 일정한 간격으로 설치되어 있었다. 지역간의 거리나 여인숙, 중요한 지역들을 찾아볼 수 있도록 여행 안내서나 지도 등이 준비되어 있었다. 서기 3세기의 지도를 복제한 중세 시대의 지도에는(*Peutinger Table*라고 알려져 있음) 영국에서부터 인도, 중국에 이르기까지 사람이 거주했던 세계가 그 도로망이나 역(驛), 거리 표시 등과 함께 나타나 있다. 편리한 장비를 갖춘 마차(어떤 것은 침대까지 갖춤)가 당시의 주요 수송 수단이었는데, 여러 곳에서 대여가 가능했다. 그러므로 도로는 군사적인 목적뿐만 아니라, 관리들의 여행이나 상품 수송 및 관광을 위한 목적으로도 활용되었다. 로마 정부의 우편 업무는 하루 평균 75 km에 달한다고 추정되었다. 말을 탄 전령이 중개역을 이용할 때에는 하루에 무려 100 km까지도 도달할 수 있었다. 로마 군인들은 매일 30 km를 행군해야 했다. 평범한 시민은 정부의 우편 업무를 이용할 수 없었지만, 이런 도로망을 통한 여행이나 의사 전달이 고대와는 비교할 수 없을 정도로 쉽게 이루어졌다. 이것은 기독교의 선교와 확장에 중요한 요소가 되었으며, 통일된 기독 교회들의 조직 형성을 촉진했다.

Bibliography to §6.3b

A. H. M. Jones, "Rome," in *The Ancient Empires and the Economy* (Troisième conférence internationale d'histoire économique; München, 1969; Paris, 1970) 81-104.

Idem, *The Roman Economy: Studies in Ancient Economic and Administrative History* (ed. P. A. Brunt; New York: Rowan and Littlefield, 1974).

F. Oertel, "The Economic Unification of the Mediterranean Region," in *CambAncHist* 10. 383-424.

Helen Jefferson Loane, *Industry and Commerce of the City of Rome 150 BC-200 AD)* (Baltimore, MD: Johns Hopkins University Press, 1938).

A. H. Warmington, *The Commerce between the Roman Empire and India* (Cambridge: Cambridge University Press, 1928; 2d. ed. with new appendix; London: Curzon and New York: Octagon Books, 1974).

K. D. White, *Roman Farming* (London: Thames and Hudson and Ithaca, NY: Comell University Press, 1970).

M. P. Charlesworth, *Trade-Routes and Commerce of the Roman Empire* (2d ed.; Cambridge: Cambridge University Press, 1926; reprint Chicago: Ares, 1974).

(c) 사회적 문제

로마 제국의 궁극적으로 몰락하게 된 결정적 원인은 사회적 문제들을 해결하지 못한 로마 사회의 무능력에 있었다고 한다. 이런 문제들은 어느 정도는 헬레니즘 시대의 산물이었고(§2.3a-e), 로마의 후기 공화정 시대에 이루어진 착취 정책의 결과이기도 하다. 새로 정복된 속주들이 이런 착취 정책 때문에 막대한 고통을 겪는 것이 다반사였고, 여기서 얻어지는 유익은 소수의 로마인들에게만 돌아갔다. 그렇기 때문에 로마는 제국 시대 초기부터 두 가지 과업에 당면했는데, 그것은 한때 부유했던 동부의 속주들에게 회복할 수 있는 기회를 주며, 로마의 주민 중에서 끊임없이 증가하는 빈민층을 위한 대책을 마련하는 것이었다. 첫번째 과업은 비교적 빠르게 해결되었다. 착취의 근절, 세금과 채무의 면제, 건축 활동 촉진(신전, 관공서, 도로, 항만 등), 그리고 안전한 무역로(路) 확보 등으로 말미암아 동부의 여러 지역, 특히 인구가 많고 문화적으로 발달한 소아시아의 서부 지역의 경제가 호전되었다.

두번째 과업은 결코 완전하게 성취되지 못했다. 이탈리아 내에서의 사유지의 확장은 많은 소농(小農)들을 쫓아내는 결과를 가져왔다. 그들은 수천 명의 해방 노예들과 다른 지방으로부터 이주한 많은 빈민들과 함께, 로마 시의 평민층을 이루었다. 케사르, 아우구스투스, 클라우디우스, 그리고 기타 다른 황제들은 많은 퇴역 군인들과 농토를 빼앗긴 농민들을 이탈리아의 국유지나 서부의 속주들에 정착시켰으며, 나중에는 다키아처럼 새로 정복된 숙주에 정착시켰다. 그 결과 어떤 지역은 사유지 제도에서 소규모의 땅을 경작하는 자영 농업이나 소작농의 양상으로 변화하는 추세를 보였다. 하지만 아무리 정력적인 황제라도 이탈리아 내에 있는 사유지 소유자들의 재산권을 함부로 침해할 수는 없었다. 앞서 언급한 모든 이주 정책에도 불구하고 로마의 빈민층은 통제할 수 없을 정도로 증가했다. 이들 가난한 대중에게 무상으로 양식을 제공한 것은 제국 시대 전체에 걸쳐 큰 경제적 부담을 가져왔고, 어떤 경우에는 사회적인 불안까지 초래했다. 다른 큰 도시들도 이와 비슷한 문제들을 안고 있었지만, 이처럼 심각하지는 않았다.

로마가 후기 공화국으로부터 물려받은 사회적인 병폐중 가장 심각한 것은 노예 제도였다(§2.3c). 기원전 2세기와 1세기의 많은 군사적인 정복으로 인해 수십만 명의 노예들이 이탈리아로 유입되었다. 전쟁을 통해서도 충분한 노예들을 공급할 수 없을 때는 해적들이 납치나 노예 매매를 통해 큰 이익을 탐했고, 로마는 이를 눈 감아 주었던 듯하다. 그런 이유로 공화국 말기의 수십 년 동안에는 노예제도가 절정에 달했다. 대부분의 노예들은 사유지, 제조업, 광산 등에 고용되었다. 농업에 종사하는 노예들의 열악한 처지는 반란을 야기시키는 원인이 되었다(§2.2c). 노예들의 교육 수준이 비교적 높았기 때문에, 그러한 폭동을 주도하는 지도자가 쉽게 일어났다. 노예 매매로 인하여 그리스, 소아시아, 시리아로부터 이탈리아와 서부의 속주들로 다수의 인구가 이동한 것은 그리스 문화가 전

레프코페트라(Lefkopetra)에서 발견된 노예 해방의 명문

분명하게 보이는 부분은, 책상의 측면을 깎아서 만들어진 3 개의 명문 중의 하나이다. 이것은 베로이아(베뢰아의 옛 이름)로부터 마케도니야의 코자니(Kozani)로 가는 도상에 있는 레프코페트라 부근에서 발견되었다. 두번째 명문은 아래의 첫번째 것이고, 세번째 명각(알아볼 수가 없다)은 그 오른쪽에 있다. 3 개의 명문은 "신들의 어머니"의 신전의 법적인 보호 하에, 한 명의 노예의 해방에 대해서 기록하였다. 첫번째 명각은 다음과 같이 번역된다:

> 행운을 빌며
> 신들의 본래적인 어머니께: 나, Marsidia Mamaris는 맹세에 의해서, 이 Tychike라는 이름의 여인을, 그녀가 낳은 자녀들과 함께 여신님을 섬기도록 풀어 주며, 여신님은 범할 수 없는 능력으로 그녀를 다스리소서. 아우구스투스 211년에, 즉 327년(= 주후 180년)에.

파되는 중요한 요인이 되었다. 교육을 받은 노예들, 또는 기술이나 사업 수완을 가지고 있는 노예들은 자유민이 될 기회가 많았으며, 로마 시민의 노예들은 해방되면 로마 시민권을 받았다. 이것은 로마와 이탈리아에서 그리스 교육을 받은 시민 계층이 증가하는 요인이 되었다. 해적들이 소탕되고 군사적 정복이 종결되면서 노예의 공급이 감소되었다. 빈번한 노예 해방 역시 노예 인구의 점진적 감소에 일조하였으며, 결국 비잔틴 시대 초기에 노예 제도는 그 경제적 중요성을 상실하게 되었다. 아우구스투스는 급증하는 노예 해방이 야기시키는 심각한 문제를 파악하고, 이를 억제하기 위한 법령을 제정했다. 황제들은 많은 노예를 소유했고, 비록 당시의 경제 구조가 소규모 농업나 공방 체계를 더 선호하는 추세였지만, 거대한 사유지나 제조 공장에서는 많은 노예들을 계속 고용했다. 또한 황제들은 제국의 다양한 행정직에 노예들을 이용했는데, 여기에서 노예들은 승진하거나, 해방 후에 주요직을 차지할 수 있는 기회들을 포착하기도 했다.

로마인들에게 식량을 공급한 것 이외에는 국가적 복지 정책이 거의 없었다. 트라얀은 고아들이나 가난한 시민들의 자녀들의 교육을 위한 보조금 정책을 마련했다. 그러나 전제적으로 볼 때, 복지 정책은 지역 사회에 맡겨졌으므로 부유한 기증자가 주도했다(자신들이 손해를 보지 않는 한도 내에서). 일부 도시에서는 공중 위생을 위하여 의사들을 고용하기도 했지만, 부유한 상류층만이 정기적인 의료 진단을 받을 수 있는 재력을 가지고 있었다. 황제나 아주 부유한 자들만이 개인 의사를 둘 수 있었다. 일반 평민들은 자격이 의심스러운 떠돌이 의사들, 기적을 행하는 자들, 마술사들, 점성가들을 찾는 것 이외에는 선택의 여지가 없었는데, 이들은 때로 상류층이나 심지어는 황제까지도 속였다. 공공 병원은 없었다. 제국 시대에 성황을 이룬 아스클레피우스(Asclepius, 그리스 신화의 의술의 신) 신전들은 건강 온천이나 외래 환자를 위한 진료소의 기능을 수행했다. 하지만 이것들은 군대나, 많은 노예를 거느린 지주들만을 위한 정규 병원에는 비교가 되지 않았다. 노인들을 보살피는 일은 가족들이 맡았다. 노인들을 위한 정기적인 보살핌의 시작은, 기독교에서 재혼할 수 없기 때문에 공동체의 보살핌을 받은 늙은 과부들을 위해 마련한 제도에서 처음으로 발견되었다. 구빈원이나 고아원, 병원 등의 설립은 기독교를 믿는 황제들에 의해서 추진되었는데, 그것은 기독 교회들로부터 직접적인 영향을 받은 것이라고 볼 수 있다.

Bibliography to §6.3e

Ramsay MacMullen, *Roman Social Relations 50 BC to AD 284* (New Haven, CT: Yale University Press. 1974).

Géza Alföldy, *The Social History of Rome* (2d ed.; trans. David Braund and Frank Pollock; Baltimore: Johns Hopkins University Press. 1988).

J. P. V. D. Balsdon, *Romans and Aliens* (Chapel Hill, NC: University of North Carolina Press, 1979).

Suzanne Dixon, *The Roman Family* (Baltimore, MD: Johns Hopkins University Press, 1992).

Peter Gamsey, *Social Status and Legal Privilege in the Roman Empire* (Oxford: Clarendon, 1970).

Keith R. Bradley, *Slaves and Masters in the Roman Empire. A Study in Social Control* (Tournai: Latomus. 1984; New York: Oxford University Press, 1987).

Keith Hopkins, *Conquerors and Slaves* (SSRH 1; Cambridge: Cambridge University Press, 1978).

Sandra R. Joshel, *Work, Identity, and Legal Status at Rome: A Study of the Occupational Inscriptions* (Norman, OK: University of Oklahoma Press, 1992).

Keith Hopkins, *Death & Renewal* (SSRH 2; Cambridge: Cambridge University Press, 1983).

(d) 로마 제국의 도시들

도시들은 로마 제국의 정치적, 경제적 중추였다. 로마 제국은 로마 시를 중심으로 한 도시들의 연맹이라고 정의할 수도 있을 것이다. 여러 황제들, 특히 아우구스투스나 베스파시안은 분명한 도시화(都市化) 정책을 수행했다. 기존의 도시들, 특히 동부 지역의 도시들이 재건되어 특권을 부여 받았으며, 긴급한 상황(예를 들면, 지진 등으로 인한 건물 붕괴)에 처했을 때에는 경제적인 원조도 받았다. 로도나 타르소스(Tarsos) 같은 도시들은 "자유 연맹 도시들"로 인정되었다. 이 도시들은 자체적으로 세금을 징수할 수 있는 권한을 소유했으며 제국의 세금 징수로부터 면제를 받았고, 그들 나름의 법률에 따라 자치(自治)가 가능했다. 다메섹 나 게라사(Gerasa) 같은 옛 도시들은 로마의 도시 계획에 따라 재건되거나 로마의 식민지로 완전히 재구성되었다: 케사르는 고린도를 *Colonia Laus Julia Corinthus*로 재건했고, 빌립보는 아우구스투스 시대에 퇴역 군인들의 정착으로 *Colonia Augustia Julia Philippen-sium*이 되었다. 식민지(*colonia*)들은 *...ius Italicumo* (이탈리아인의 법)이라는 말이 붙음으로 특전을 누릴 수 있었는데, 이 말은 그 지역의 농지는 면세되는 것을 의미했다.

로마인들은 서부 해안에 위치한 모든 오래된 그리스 식민지들 이외에도(§1.1a), 스페인(Italica), 고울(Nîmes, Geneva, Nyon, Lyon, Paris), 독일(Cologne, Mainz, Trier, Augsburg), 영국(Colchester, Lincoln, London, York) 등에 많은 도시들을 세웠다. 이들 도시들 중의 일부는 군사 기지로 건립되었고, 그밖의 도시들은 무역의 중심지들이 발달한 것이었다. 스페인과 아프리카의 로마 도시들은 옛 카르타고 도시들의 새로운 터전들을 포함했다. 전형적인 로마의 도시는 성벽으로 둘러쌓인 커다란 정사각형이나 직사각형 형태를 이루고 있었다. 그 내부의 길들은 일정한 형태를 따라 직각으로 만났다. 일반적으로 동에서 서로 뻗은 중앙 도로(*decumanus*)는, 남북으로 뻗은 도로(*cardo*)와 교차되었다. 이것은 하나의 군사 기지가 발달되어 형성된 도시에서 발견된다.

그리스 도시들과 마찬가지로(§2.5a-b), 로마의 도시들 역시 항상 주변의 시골 지역을 통제했다. 부의 주된 원천은 농지로서 도시 주민들의 식량을 공급했으며, 귀족들의 수입의 대부분을 공급했다. 시

(市)의 행정은, 땅을 가진 귀족들(시가 아닌 지역의 사유지에 살고 있는 경우에도)만의 특권으로 여겨졌다. 로마 제국의 행정부는, 행정 업무를 모든 자유 시민들에게 개방하려 했던 고대 그리스의 민주적 도시 행정과는 교묘하게 달랐다. 로마의 식민지에서는 귀족의 자격이 엄격하게 규제되었다. 일반적으로 시의회를 구성하는 100명의 시민들로 이루어진 데쿠리온(*decuriones*)라는 계층은 자기들의 계층에서 행정관을 선출하는 일, 법령을 인준하는 일, 세금 징수 등을 남낭했다. 이러한 지위는 로마의 후견인 제도 속에서 확실한 안정을 확보했다. 속주에 정착한 로마 가문을 포함하여 지배 계층인 귀족들은 로마에 있는 법정 변호인들에게 도움을 의뢰했고, 변호인들은 그 대가로 고객들로부터 지지와 충성을 보장 받았다. 옛 그리스 도시에서는 각종 직책의 전통적인 명칭이 보존되었는데 반해(*archon, strategos, prytannis,* scribe), 로마의 식민지에서는 로마식 칭호가 사용되었다(*duoviri*)라고 불리는 최고위 관리가 둘 있고, 그 밑에 재무관들과 조영관들이 있었다).

자유 시민, 해방 노예, 외국인, 노예 등그밖의 계층은 도시의 행정이나 관리에 참여할 수 없었다. 상인, 사업가, 장인(匠人) 등은부유한 농토 소유자에 비교할 수는 없지만, 아마도 상당한 재산을 축적했을 것이다. 그러나 그들도 역시 로마 시의 데쿠리온에 포함되지는 못했다. 오래 된 헬라 도시들은 “중산층” 시민들의 참여를 크게 허용하는 구조를 보존하고 있었지만, 로마의 항구 도시 오스티아나, 시리아의 부유한 대상(隊商)들의 도시였던 팔미라(Palmyra) 등 로마의 도시들은 예외였다. 이 도시들은 농지가 거의 없었기 때문에 교역을 통해서 유지했다. 따라서 상인들이 상류층을 지배했다. 일반적으로, 데쿠리온들은 상업이나 제조업 등에 종사하지 않았지만, 제조 공장이나 선박 대행 기관을 소유하고 있는 경우에는 해방 노예들이나 노예들을 대리자나 관리자로 고용했다. 그러나, 도시의 실질적인 근간 산업은 무역, 상업, 그리고 제조업이었다.

아우구스투스로부터 시작하여 로마의 황제들은 도시들, 특히 그리스의 중심부에 있는 도시들의 경제적, 산업적 번영을 회복시키려고 노력했다. 아우구스투스는 소아시아 지역의 재조직을 감독하기 위해서 여러 차례 로도에 갔으며, 세번째 방문 때에는 2년 이상(21-19 BCE) 체류했다. 새롭게 선포된 "Pax Augusta(아우구스투스 지배하의 평화)"는 이 지역—에베소가 "아시아의 첫번째 도시"였다—의 고도로 발달한 제조업에서 특별히 그 효력을 발생했다. 부자 시민들의 기증은 건축 활동 및 이러한 도시들의 미화에 중요한 역할을 했다. 예를 들자면, 에베소의 클라우디우스 아리스티온(Claudius Aristion, 1세기말)이나, 아테네의 판타이노스(Pantainos, 100년경), 그밖에 많은 사람들의 덕을 기리는 명문들이 많이 남아 있다. 또 헬라 도시의 주민이 된 로마 시민들(예를 들면, 에베소의 Vedii)은 자기들의 모 도시에 주요 건물들을 기증했다. 예술품들을 절도하는 행각—네로는 그리스와 버가모으로부터 수백 개의 예술품을 훔쳤다—은 물론 분노를 샀지만, 이들 도시들의 아름다움이나 경제적인 안정에 심각한 위협을 주지는 않았다. 1, 2세기에는 도시의 인구가 더욱 증가했고, 제조업이나 교역에 많은 사람들이 종사했다.

소비재의 육로 수송비가 매우 비쌌다는 것은 주목할 만하다. 특수한 품목들만이 어느 지역에서만 제조된 것은 아니다. 예를 들면, 파트라이(Patrai)와 타르소스(Tarsos)의 직물이나, 이집트의 유리 제품은 먼 지역에까지 수출되었다. 그러나, 일반적으로 각 도시들마다 많은 공장이 있었다. 한두 명의 종업원을 둔 작은 상점도 있었고, 수십 명의 노예나 유급 노동자들을 고용한 큰 공장도 있었다. 이러한 작업장들은, 도시의 주민들에게 일자리를 제공했으며, 아울러 그 지역에서 필요한 모든 물건들을 생산했다. 고용주와 노동자들, 장인들과 사업가들, 상인들, 심지어 노예들이 도시의 중산층을 형성하였다. 그들은 협회의 형태로 조직되어 있었는데(§2.3c), 회원들 중에는 천한 장인들뿐만 아니라 큰 상점이나 공장을 가지고 있는 부유한 소유주들도 있었고, 귀화한 외국인, 해방 노예, 노예들, 그리고 자유 시민들도 있었다.

1-2세기에 이 계층은 로마의 질서에 순응하며 따랐다. 이들은 상당한 사회적 유동성을 지니고 있었는데, 실제로 노예들도 자유민이 되기만 하면 이 계층에 적극적으로 참여하여 그런 기회들을 공유했다. 사도행전 19:23-41에 기록되어 있는 바, 에베소의 은장색(銀匠色)의 선동으로 일어난 폭동처럼 가끔 큰 소란으로 확대되는 사회적 불안에는 다양한 원인이 있었다. 빵 제조업자들이나 건설 노동자들에 의한 파업이 몇몇 도시에서 있었던 것으로 기록되어 있다. 농촌 지역에서는 도시에 대한 증오심, 착취 당한다는 느낌, 농촌 사람들의 복지를 책임질 후원자들의 부족 등이 농부들이나 농장 노동자들이 소요를 일으키는 요소로 작용했다. 이것은 2세기말과 3세기에 로마 정부에 대한 격렬한 저항으로 확대되었다. 그러나 도시에서의 소요는 중산층에서 발생했으며, 간혹 가난한 귀족들의 불만이 원인이 되기도 했다. 지방 귀족들과 로마인 행정관들이 도시에서 일어나는 모든 일들을 통제하는 유일한 사람들이었다. 중산층에 속한 사람들에게는 정치적 출세의 기회가 주어지지 않았고, 그들은 심지어 빵의 공급까지도 의존해야 할 정도로 절대적으로 귀족들의 배려에 의존했다. 좌절과 불만은 사회적 불안의 근원이 되었으며, 중산층에 속하는 자들의 경제적 안정이나 권리를 위협할 소지가 있는 사건들, 또는 귀족들이 지원하는 경기의 질에 대한 불만 등은 그것이 폭발하는 도화선이 될 수도 있었다. 로마 행정부는 대부분 중산층으로 구성된 협회들이 그러한 요인들을 품고 있음을 발견하고 이것들의 형성을 저지했다. 그러나 거의 모든 경우에 협회의 존재를 인정할 수밖에 없었다. 일반적으로, 경제적 번영이 지속되는 한 불안한 평정 상태도 계속되었다. 2세기말에 접어들면서 정치적인 상황이 변화되고, 끊임없는 전쟁으로 도시들의 경제가 악화되거나 재정적 부담이 증가하면서, 사회적 불안은 점점 확대되었다.

기독교는 처음부터 농촌의 주민들이나 귀족들보다는 도시의 중산층에서 개종자들을 확보했다. 고린도 교회에 대한 바울의 묘사는 이 계층에 대한 적절한 설명이라고 볼 수 있다: "지혜 있는 자가 많지 아니하며 능한 자가 많지 아니하며 문벌 좋은 자가 많지 아니하도다"(고전 1:26). 많은 협회들과 마찬가지로, 기독 교회에도 많은 장인들이나 노동자들, 가난한 사람들이나 노예들과 함께 소수의 부자들이 포함되어 있었다(살전 4:11-12을 보라). 그러나 이러한 도시에 있었던 기독교인들의 "협회들"은 상호 의존하며 상부 상조하는 체계를 발전시켜 나갔는데(여기에는 부자들의 큰 희생이 요구되었다), 결국 서로가 긴밀하게 밀착된 공동체를 형성하게 되었다(딤전 6:17-19; *Hermas Sim.* 1 참조). 계속되는 교회 구조의 발전은 도시의 중산층의 사회적 상황을 반영하며, 그 제도나 한계들을 극복하려는 다양한 노력을 보여준다.

Bibliography to §6.3d

Pierre Grimal, *Roman Cities: Together with a Descriptive Catalogue of Roman Cities by G. Michael Woloch* (Wisconsin Studies in Classics; Madison. WI: University of Wisconsin Press, 1983).

John E. Stambaugh, *The Ancient Roman City* (Baltimore, MD: Johns Hopkins University Press, 1988).

Richard Tomlinson, *From Mycenae to Constantinople: The Evolution of the Ancient City* (London: Routledge, 1992). See esp. chapters 11(Rome) and 12 (Pompeii).

Anthony D. Macro, "The Cities of Asia Minor under the Roman Imperium," *ANRW* 2.7.2. (1980) 658-97.

A. H. M. Jones, *The Cities of the Eastern Roman Provinces* (2d ed.: Oxford: Clarendon, 1971).

P. A. Brunt, "The Roman Mob," in M. I. Finley, ed., *Studies in Ancient Society* (London: Routledge and Kegan Paul. 1974) 74-102.

Clarence L. Lee, "Social Unrest and Primitive Christianity," in Stephen Benko and John J. O'Rourke, *The Catacombs Ltnd the Colosseum* (Valley Forge, PA: Judson, 1971) 121-38.

4. 로마의 문화와 헬레니즘

(a) 로마 문화의 헬라화

로마 공화국 후기와 로마 제국의 문화는 헬라화의 과정의 큰 영향을 받았기 때문에 이전의 로마적인 요소는 사라져 버리거나, 변형된 형태로만 그 명맥을 유지했다. 로마에 대한 그리스의 영향은 다양하게 나타났다. 첫째, 에투루리아인들, 인근의 이웃 민족들, 그리고 로마의 초기부터의 대군주들의 간접적인 중개를 통해서이다. 둘째, 시실리나 이탈리아 남부에 있던 헬라화 된 도시나 그리스 식민지들로부터 영향을 받았는데, 이들 지역들은 로마 공화국 초기부터 이미 로마와 많은 접촉을 가지고 있었다. 셋째, 그리스를 정복하는 중에 로마의 상류 계층에 그리스식 교육이 유입됨으로써 이루어졌는데, 이는 로마 제국의 헌법이나 조직에 대한 그리스인들의 분명한 관심에 상응하는 것이었다. 넷째, 헬라화 된 동부 속주의 주민들이 서부로 이주하거나, 또는 노예나 군인으로, 또는 교역과 관련하여 이주함으로써 이루어졌다.

가장 눈에 띄는 현상은 헬라어 보급의 확산이었다. 공화국 말기대에는 지식층 로마인들은 라틴어뿐만 아니라 그리스어로 말하거나 읽을 수 있었다. 키케로가 일상어로 사용한 것은 그리스어였는데, 그는 유모에게서 그 언어를 배웠다. 서기 2세기에 그리스어에 대한 새로운 관심이 일어났던 것 같다. 스페인 출신의 로마인 가문의 후손인 황제 마르쿠스 아우렐리우스(Marcus Aurelius)는 그리스어로 『명상록』(*Meditations*)을 저술했다. 서부 지역의 속주 출신의 상인들도 동부 출신의 상인들과 마찬가지로 그리스어로 의사 소통을 할 수 있었다. 로마인들은 철학 분야뿐만 아니라 과학과 공업 기술 분야에서도 그리스어를 사용했기 때문에, 전문 용어에 사용되는 라틴어 어휘들은 그리스어의 영향을 크게 받았다. 철학 서적들뿐만 아니라, 전쟁 도구의 제작에 관한 서적들도 그리스로 기록되었다. 로마의 시문학, 역사학, 문헌학, 수사학 등은 그것들의 그리스 원형을 떠나서는 생각할 수 없었다. 형식이나 방법들이 그리스로부터 차용되었고, 소재나 주제들도 가끔 차용되었다. 로마 문화에 미친 그리스의 영향은 특정 시대에만 국한되지 않았다. 로마의 문화는 항상 그에 상응하는 그리스의 문화와 병행했는데, 그리스 문화는 그 나름의 발전을 거듭했으므로 그 영향력도 계속 쇄신되었다. 심지어 로마 후기의 저술가들이나 철학자들은 옛 그리스의 유형이나 원형을 의존했는데, 그들은 그것을 라틴 전통이나 라틴어에서 발전한 것들보다 더 중요하게 생각했다.

미술이나 건축의 영역에서, 아우구스투스의 르네상스는 일종의 그리스의 영향의 부흥이었다. 공화국 시대에도 그리스의 건축을 모방하는 일이 있었지만, 이제는 그것이 관례가 되었다. 로마 시의 공공 건물들이 보여주듯이, 로마시는 점차 주랑들이 늘어선 거리, 전주식(前柱式) 신전들, 극장 등을 지닌 헬레니즘적인 도시로 변해갔다. 건축 방법이나 건물의 실용적인 측면에서 볼 때, 로마의 전형적인 특징들이 눈에 띠기 시작했다. 자연석을 깎아서 만든 육중한 그리스 식 성벽 대신에, 잡석이나, 벽돌, 회반죽으로 쌓고 플라스터나 대리석으로 표면을 덮어 성벽을 쌓았다. 그러나 벽돌로 만들어진 기둥들을 그리스의 대리석 기둥처럼 보이게 하기 위해서 회반죽을 바른 후에 세로로 줄 무늬를 넣었다. 그리스인들은 아치를 건축하는 방법을 알지 못했었지만, 지하 무덤이나 도시의 성문 등을 건축할 때에는 양쪽에 지지대를 세우고 아치를 만들었다. 로마의 건축에서는 다양한 상황에서, 특히 넓은 실내의 지붕을 세울 때에 아치를 사용했다. 둥근 천장의 지붕들은 가장 로마의 특징을 가진 건물들, 즉 커다란 궁형의 홀을 가진 로마식 목욕탕에서 발견되는데, 이런 양식은 로마 제국 전역에서 대중화 되었다. 로마의 원형 경기장들은 윗층의 좌석들을 지탱하기 위한 둥근 지지 구조물만을 사용하여 축조되었다. 이 방법은 독립 구조로 된 극장, 음악당, 강의실 등을 선축할 때에도 사용되었다. 아치와 둥근 천정은 교회 건축에서 바실리카의 천정과 돔을 만들 때 다시 등장한다. 아치 공법은, 로마의 지배가 미쳤던 모든 지역에서 오늘날에도 발견되는 구름다리나 도수관(導水管) 건설에서도 기본이 되는 공법이었다. 하지만 많은 경우에, 로마의 건축 재료나 공법은 그리스 건물들을 정교하게 모방한 것에 지나지 않았다. 로마 시대에 건축된 신전이나 성소들은 주로 국가에서 재정 지원을 받아 지어졌는데, 깎아서 다듬은 대리석을 사용한 고대 그리스의 형태를 따르고 있다. 그러나 매우 중대한 변화가 도시 중앙 지역의 설계에서 나타났다. 그리스 시대의 아고라(agora)는 사방에 관공서가 들어서 있는 불규칙한 형태의 개방된 공간으로서 주요 도로들을 통해 쉽게 들어갈 수 있었다. 그러나 지금은 폐쇄된 광장, 즉 로마의 포럼(forum)으로 바뀌어, 문들을 통해서만 출입할 수 있게 되었다. 특히, 로마인들이 건설한 도시에서는 주요 도로가 아고라나 시의 다른 지역들과 연결되지 않았고, 엄격한 축대형의 설계를 따라 하나의 중앙 도로에 연결되었다. 이 설계에서는 가장 중요한 건물들의 위치를 정해 놓음으로써 로마의 군사 주둔지의 형태를 모방하고 있다. 상업 활동은 특별한 시장에서만 행해졌으며, 관공서들은 폐쇄된 사각형으로 배열되었다. 폐쇄된 사각형 형태를 지향하는 경향은 도처에서 나타났다. 원래는 어느 쪽에서나 들어갈 수 있는 독립된 구조를 지녔던 주요한 신전들의 주위에 주랑 현관을 세우고 전면에 입구를 만들었다. 그리스의 극장은 원래 관객들을 위한 반원형의 관람석과 무대로 이루어졌고 두 개의 공연자용 통로로 분리되어 있었다. 그러나 로마인들은 무대와 관람석 사이의 공간을 폐쇄하고, 공연자용 통로를 측면의 입구 밑에 만듦으로써 단순한 구조를 지닌 극장을 만들었다.

회화나 조각 분야에서, 로마인들은 그리스의 원형을 모방했다. 유명한 고대 그리스의 조각품들이 계속적으로 모조 되었다. 그러나 현실주의적 표현을 지향하는 경향이 짙어졌고, 때로는 기괴한 모양을 띠기도 했다. 드물게 일부 황제들의 모습을 새긴 조각들처럼 주제가 이상화되어 표현되기도 했다. 조각의 얼굴 부분은 개성이 표현되어 있지만 동체와 옷은 고정된 일반적 형태를 따랐다. 로마의 부조(浮彫)는 그리스 양식을 따르고 있다. 그것은 제국 시대에 건축된 아치나 승리를 기념하는 기념비 등에서 크게 발달된 모습을 보인다. 로마의 회화는 그리스 신화의 주제들에 의해서 지배되었는데, 이는 사적인 건물이나 공공 건물의 바닥 모자이크에도 사용되었던 주제들이었다. 그리스 원형과 비교해보면, 로마 회화의 장식이나 치장에는 매너리즘이 현저하게 나타난다. 경치나 건축물들을 그린 그림들이 매우 대중적이었다. 그림으로 표현된 모조 창문의 등장은 주목할 만한데, 벽이 구멍이 뚫려 있어 마치 어떤 풍경을 바라보는 듯한 느낌을 갖게 하였다. 로마 시대의 주화에는 흔히 건물들, 특히 신전들이 묘사되었는데, 이러한 건물들은 기초만 보존되어 있는 건물들을 복원하는 데 있어서 신빙성 있는 자료가 된다. 아우구스투스 시대의 고전주의적 엄격성은 줄리우스-클라우디우스 시대의 말기에 붕괴되었다. 그러나 서기 2세기에 고대 그리스의 이상들이 부흥했음을 관찰할 수 있다.

<u>Bibliography to §6.4</u>

Albrecht, Dihle, *Greek and Latin Literature of the Roman Empire: From Augustus to Justinian* (London and New York: Routledge, 1994).

P. E. Easterling and B. M. W. Knox, eds., *The Cambridge History of Classical Literature*, vol. 114: *The Hellenistic Period and the Empire* (Cambridge:

Cambridge University Press, 1989).
R. M. Ogilvie, *Roman Literature and Society* (Totowa, NJ: Barnes & Noble, 1980).
Eduard Norden, *Die römische Literatur* (6th ed.; Leipzig: Teubner, 1971).
Idem, *Die antike Kunstprosa* (2 vols.; 5th ed.; Darmstadt: Wissenschaftliche Buchgesellschaft, 1958) 1. 156-343.
M. L. Clark, *The Roman Mind* (Cambridge, MA: Harvard University Press, 1956).

Bibliography to §6.4a

William L. MacDonald, *The Architecture of the Roman Empire* (2 vols.; New Haven, CT: Yale University Press, 1982-84).
Roger Ling, *Roman Painting* (Cambridge: Cambridge University Press, 1991).
F. Sear, *Roman Architecture* (Ithaca, NY: Cornell University Press, 1983).

(b) 시(詩)

라틴 시문학의 출발은 기원전 3세기의 그리스 비극과 희극들의 번역과 연관되이 있다. 그후의 발달 과성에 있어서 로마의 시문학의 장르와 형태와 주제 등은 모두 그리스의 것을 원형으로 삼았고 그리스 문학 이론을 따라 형성 되었다. 다시 말해서 고도로 발달된 정교한 이론적 체계 하에서 형성 되었다. 시의 주제로 사용된 신화적 주제들과 비극적 주제들은 모두 그리스의 것이었다. 그러나 로마의 역사에 미친 영향 면에서 볼 때, 라틴 시문학은 도덕적으로 청렴한 가치관, 그리고 정치적 결정을 위한 본보기 등에 영향을 미쳤다. 이러한 양상들은 최초의 중요한 로마 시인 엔니우스(Ennius, 239-169 BCE)의 작품에 나타나 있다. 그는 남부 이탈리아 출신으로서 로마에 정착한 후로 스키피오 아에밀리아누스(Scipio Aemilianus)과 교제했다. 엔니우스는 많은 비극(그중 절반은 유리피데스의 것을 개작한 것이다)과 희극들을 남겼다. 호머의 서사시를 모방하여 저술한 위대한 서사시 『연대기』(*Annals*)에서 그는 6행시를 도입했는데, 그후 이것은 로마 서사시의 표준 운율이 되었다. 이보다 약간 일찍, 플라우투스(Plautus, 기원전 184년 사망)는 100편 이상이나 되는 희극을 저술했다. 그것들은 독창적인 로마의 특성들을 지니고 있었지만, 그 양식이나 주제에 있어서 그리스의 신희극(New Comedy)의 작품들을 크게 모방한 것이었다. 리비아(Lybia)의 해방 노예였던 테렌스(Terence)의 희극들은 기원전 166년에서 160년 사이에 쓰여졌는데, 이것들은 모두 메난더(Menander)의 희극들을 개작한 것이었다(§3.4b). 엔니우스가 만들어낸 전통, 그리고 그리스 문법 및 시와 수사학 기법 연구의 촉진은 루크레티우스(Lucretius, 97-55 BCE)의 저서가 등장할 수 있는 발판 역할을 했다. 6권으로 구성된 그의 교훈시 『자연에 관하여』(*On Nature*)는, 라틴의 시문학이 그리스 문학을 원형으로 하여 훌륭하게 발달했다는 것, 그리고 루크레티우스가 가지고 있던 에피쿠로스 철학의 개념이 어떻게 로마 매개체 안에서 독창적으로 표현 되었는지를 보여 준다.

엔니우스와 그의 후계자들이 지향한 것은 고대 그리스의 작품들이었던 반면, 소위 "현대 시인들"(*Neoterici*)은 알렉산드리아의 칼리마코스의 시에서 성취된 시의 양식과 형식의 우아함과 정교함 덕분에 내란의 와중에서도 새로운 경험의 지평을 향한 동경을 표현할 수 있게 되었다. 이 계보에 속하는 작품들은 대부분 소실되었지만, 카툴루스(Catullus, 84-47 CE)가 저술한 많은 시들이 보존되었다. 이들의 주제들은 그 원형인 알렉산드리아의 시들을 능가한다. 이들의 목표는 인간적 지식의 모든 주제를 예술적이고 시적으로 재생산하는 것이 아니라, 현재의 역경 속에서 경험하는 인간의 소망과 절망을 표현하는 것이었다. 우정이나 증오, 사랑, 외설 등은 강렬하게 감지되는 것이기 때문에 그 속에 담긴 메시지, 즉 인간의 구원과 자아 성취가 실현되는 새로운 세상에 대한 요구를 듣지 못한다는 것은 불가능하다. 아우구스투스 시대의 위대한 시인이요 예언자였던 호레이스(Horace)와 버질(Virgil)은, 아우구스투스 치세의 초기에 있었던 일들 속에서 이 새로운 시대의 징표들을 목격한 후로 이 새로운 시대의 지평선을 이해하며 그 출현을 묘사하려 했다.

호레이스(Horace, 65-8 BCE)는 남부 이탈리아 출신으로서 해방노예의 아들이었다. 그가 저술한 초기의 시에는 로마의 운명이 묵시주의적 색채로 묘사되어 있다. 당시 그는 구원은 오직 공화국의 질서를 회복하는 데 있다고 보았고, 케사르를 암살한 자들의 편에서 투쟁했다. 그러나 그는 아우구스투스의 친구인 마에케나스(Maecenas) 파에 입당한 후로 정치 현실에 대한 극렬한 비판자에서 새로운 시대의 열렬한 전파자로 탈바꿈했다. 그는 풍자시, 송시, 서정시, 편지 등에서 다양한 신학적, 신화적, 문화적 주제들을 도입함으로써 새로운 시대와 그 통치자의 적법성, 아울러 그 시대가 나타낼 도덕적 행위나 예술적 완전성의 가능성 등을 표현했다. 호레이스가 개척해낸 풍성한 주제들 안에서는 전통적인 주제들을 답습한 흔적을 찾을 수 없다. 그는 다양한 양식과 운율을 구사하여 그 시대의 예술, 철학, 종교, 그리고 일상생활의 여러 가지 양상 등에서 발견되는 주제들과 정치적 관심사를 다루었다. 호레이스는 아우구스투스의 선전자가 되었다. 그는 *Carmen saeculare*에서, 아우구스투스가 기원전 17년에 있었던 로마의 축제를 공적인 행사로 개최할 것을 요청했던 종말론적 일의 여러 가지 면을 묘사했다. 그러나 그는 항상 독립성을 유지했으며, 현재의 사건들을 새로운 정의와 평화의 시대의 시작으로 볼 수 있는 차원을 개척한 시인으로 이해되어야 한다.

이런 정치적 사건들의 종말론적 특징은 호레이스보다 연상이었던 동시대의 시인 버질(70-19 BCE)의 저서에서도 강하게 표현되었다. 그는 북부 이탈리아의 만투아 출신으로서 무식하지만 유복한 농가에서 태어났다. 버질도 카툴루스나 호레이스와 마찬가지로 전통적인 로마 가문 출신이 아니었다. 그는 로마에서 수사학과 철학 교육을 받았지만, 공직에 나아갈 수 있는 기회를 거부했다. 그러나 아우구스투스 시대 후기에 활동한 유력한 인물들은 내전 때에 상실했던 그의 재산을 돌려주고, 그로 하여금 전적으로 시작(詩作)에 몰두할 수 있게 해주었다. 버질은 자신의 최초의 주요 저서인 『목가시』(*Bucolica*)에서 헬레니즘 시대의 목가시의 장르를 이용했는데, 태고와 말세라는 종말론적 양식을 개척하기 위해서 그 주제들을 신화적인 소재들과 결합했다. 기원전 40년경에 쓰여진 이 시들은 장차 나타날 구세주에 대한 기대를 분명하게 표현한 예언적 견해로 일관하고 있다. 후일 기독교인들은 『네번째 전원시』(*Fourth Eclogue*)에 기록된 아기 출생에 대한 유명한 비전을 예수의 탄생의 예고로 이해했다. 사실 이러한 예언들은 이미 예수 탄생에 대한 기독교의 기대에 대단히 중요한 역할을 하는 이사야서 9장과 11장의 신탁에 영향을 준 이집트의 예언 전승과 연결되어 있다. 버질의 두 번째 저서인 『농사시』(*Georgica*)는 헬레니즘 시대의 교훈시의 장르를 대표한다: 농업에 대한 학구적 저서에서 인용한 자료들이 시적으로 표현되어 있다. 그러나 버질이 원한 것은 인간에게 경제적으로 중요한 한 가지 직종에 대한 예술적 묘사 이상의 것이었다. 그의 목표는 인간이 농업 기술에 통달함으로써 자연과 문화와 조화를 이룰 수 있으며, 나아가 우주와 조화를 이룰 수 있음을 보여 주려는 데 있었다. 이처럼 우주와 조화를 이루는 것이 곧 인간의 기원과 운명의 성취라고 보았다. 이 저서에는 실현된 종말론에 대한 이상이 주도적으로 나타나는데, 이 저서는 완성되던 해(29 BCE)에 아우구스투스 황제에게 낭독되었다. 버질은 라틴 서사시의 대작(大作)인 『아에네이드』(*Aeneid*)를 완성하지 못한 채 사망했다(19 BCE). 이 저서는 그리스의 호머가 사용한 풍유를 출발점으로 삼고 있지만, 단순히 그것을 발달시키는 데 그치지는 않았다. 이 서사시의 출발점인 트로이의 멸망은 아에네아스의 "출애굽"이 되며 부정적인 배경이 된다. 버질은 아에네아스의 오딧세이를 변형시켜 로마의 전 세계적인 사명에서 성취될 구원의 역사로 표현했다. 독자들은 전체적인 사건의 흐름 및 모든 에피소드가 신의 직적접인 계획을 따르고 있음을 이해해야 한다. 선사 시대의 사건들이 로마 역사의 중요성을 조명해주며, 실현된 종말론의 시대인 현재에서 경험되는 사건들의 구속적 잠재성을 지적해준다. 그러므로 원시 시대의 서사적인 반복은 종말론적 시기가 이미 도래했음을 선포한다.

호레이스와 버질 이후의 시인들은 새로운 시대에 속한다. 종말론적 긴장은 완화되었다. 새로운 질서를 칭송하는 것은 어느 정도 자발적으로 시행된 의무였다. 프로페르티우스(Propertius, 50-15 BCE)와 티불루스(Tibullus, 48-19 BCE)는 주로 사랑이라는 주제를 다룬 만가(輓歌) 시인들이었다. 이 시대 최후의 위대한 시인 오비드(Ovid, 43 BCE-17 CE)의 작품에서는 그 시대의 정치적 사건들과 의식적으로 거리를 두었음이 분명히 나타난다. 그는 일찍이 정치 경력을 중단했다. 그는 부자였기 때문에 자신의 시적 소명에 완전히 헌신할 수 있었다. 그도 역시 초기에는 만가적인 사랑의 시를 썼지만, 선배들만큼 비애를 표현하지는 않았으며 위트와 아이러니가 있었다. 그의 비극 『메데아』(*Medea*)는 현재 남아 있지 않지만, 당시에 고전적 드라마의 생산이 크게 증가했음을 증명해준다. 오비드는 이후의 저서에서는 사랑의 기법과 관련된 교훈적 시들을 저술했다. 그중 첫번째 시집 『여인의 얼굴 모습에 대하여』의 첫 부분만이 현재 보존되어 있다. 두번째 시집 『색도』(*Ars amatoria*)는 남성들을 대상으로 하는 시들이 두 권, 여인들을 대상으로 하는 시들이 한 권으로 이루어져 있다. 마지막 책은 사랑이라는 욕정에서 해방되는 기법에 관심을 두고 있다. 이러한 작품들에는 인간의 마음과 영혼과 육신을 사로잡는 에로틱한 일들에 대한 재치있는 관찰과 우아한 묘사들이 가득하다. 오비드는 말년의 작품에서 사랑을 만가의 한 소재로서 객관화함으로써 사랑을 배울 수 있는 주제로 만들었다. 실질적으로 서기 8년에 그가 추방형을 받았을 때에 완성된 그의 다음 작품 『전신부』(*Metamorphoses*)는 대부분은 그리스의 신화적, 전설적, 역사적 자료들을 집대성한 것이며, 일부 로마의 자료가 포함되어 있다. 이러한 자료들이 세계사에 대한 연속적인 연대기적 묘사로 구성된다. 이 작품은 일반적인 인간 경험과 과거와 현재에 대한 포괄적인 시각과의 관계를 묻는 질문에 중점을 두고 있다. 이 저서의 마지막 부분에서 오비드는 아우구스투스의 시대를 다루는데, 신화적인 관점은 발견되지 않는다. 결과적으로 그는 현재를 더 이상 종말론적 전조로서 보지 않았던 것이다. 오비디우스가 망명생활을 하는 동안에 완성한 두번째 설화체의 작품인 『제력시』(*Fasti*)는 로마의 절기력의 틀 안에 있는 관습, 전설, 종교 의식 등을 제공한다. 오비드의 나머지 작품들은 대부분 흑해 연안의 야만적인 환경에서 유배 생활을 하는 동안에 저술된 서신들이다. 이 서신들은 로마로부터 떨어져 지내는 그의 비탄을 표현하고 있다. 또 황제의 신적 사명에 대한 언급들도 등장하는데, 이것들은 전통적인 법정 의식의 반복인 듯이 보인다. 오비드가 여전히 황제를 신이 아닌 인간으로 여겼음에도 불구하고, 통치자 숭배라는 헬라적 형태가 처음으로 라틴 문학에 도입되었다.

라틴 시문학은 네로 시대에 다시 꽃을 피우게 되었다. 그러나 이 시대의 시는 당시의 정치적 사건들과 실제적인 연관을 갖지는 않았다. 이 시기의 가장 중요한 시인은 세네카의 조카인 루칸(Lucan)이었는데, 그는 26세 때에 네로에 의해서 처형 되었다(§6.2a). 케사르와 폼페이 사이의 내전을 다룬 미완성의 서사시 『내란』(*Pharsalia*)만이 보존된 그의 유일한 작품이다. 루칸이 지닌 공화정적인 편견 때문에 그의 작품에 나오는 두 주인공은 반(反) 영웅적으로 묘사되었지만, 철저한 옛 공화정 옹호자인 카토는 자신의 신념에 충실하다가 죽어간 영웅으로 묘사된다. 이 작품에서는 버질의 『아에네이드』(*Aeneid*)와는 달리 반(反) 서사적인 작품으로 고안된 스토아 사상의 영향을 찾아볼 수 있다. 루칸의 정치적인 관심은 그가 공화국이 이상을 그리워하며 찬양한 데서 반영되는 데 반해, 루칸과 동시대 사람으로서 역시 로마 귀족 출신이며 그보다 연상인 페트로니우스(Petronius)의 작품의 특징은 로마의 사회적, 정치적 세계에 대한 냉소적 혐오감이다. 페트로니우스는 네로의 유흥 자문관이었음에도 불구하고, 루칸과 같은 운명에 처하여 서기 66년에 자살하라는 명령을 받았다. 몇몇 단편들만이 보존된 페트로니우스의 『사티리쿰』(*Satiricum*)은 에로틱한 전기 소설을 모방한 희문이었지만(§3.4e), 서사시(오딧세이), 희극, 무언극 등의 영향도 나타난다. 이 저서에 등장하는 영웅들의 원형들은 헬레니즘 시대의 전기소설에서 취한 것이었지만, 그들은 정반대의 인물로 변화되어 고귀하고 숭고하기보다는 상스럽고 성적으로 도착된 인물로서 등장한다. 저자는 이 영웅들, 즉 두 명의 동성연애자로 하여금 여러 가지 모험을 겪게 함으로써 사회의 모든 계층 사람들의 헛되고 미신적이고 탐욕적이고 음탕한 일들을 풍자적으로 거리를 두고서 묘사할 수 있게 되었다. 사회적 병폐에 대한 훌륭한 분석과 더불어 모든 인물들이 묘사되었는데, 이들은 자기들의 모국어인 라틴어로 대화한다. 이 산문체 소설에는 많은 시가 인용되어 있는데, 흔히 당대의 문학에 대한 풍자적인 비평의 형식을 취한다. 페트로니우스와 동시대 사람인 페르시우스(Persius, 34-62 CE)는 풍자시들을 썼는데, 그것들은 파괴되었거나, 그가 스토아 철학자였던 그의 스승 코르누투스(Cornutus)에 의해서 죽고 난 후에 개정되었다. 이 풍자시들은 다른 문학에 대한 암유가 가득한 어려운 라틴어를 사용하여 도덕적, 종교적인 주제들을 비판적으로 다루고 있다. 이 저서의 도덕적 진지함 때문에 페르시우스는 이 장르에서 표준적 작가가 되었다. 그의 작품은 고대 후기에 칭송을 받았으며, 중세 시대에도 널리 읽혀졌다. 풍자적인 경향은 1세기 후반에 활동한 시인들에게서 다시 등장한다.

마르티알(Martial, 40-103 CE)는 짧은 풍자시를 저술했는데(가장 긴 시는 50행에 달했다), 여기에서 그는 생일을 축하하거나, 죽음을 슬퍼하거나, 황제(도미티안)에게 아첨했으나, 동시대인들을 재치있게 공격하거나(모두 가명이나 익명을 사용하여), 다른 사람들로 하여금 자신의 참 모습을 볼 수 있게 만들었다.

주베날(Juvenal, 70-150 CE)은 로마 최후의 위대한 풍자 시인이었다. 그의 풍자시들은 전임자들의 시보다 더욱 통렬했다. 그는 특히 로마의 상류층의 위선과 도덕적 타락을 비판했다. 그의 예리한 관찰력은 현재 남아 있는 풍자시에 잘 드러나 있다. 이 시들은 그 당시의 사회를 연구하는 데 중요한 자료가 된다.

Bibliography to §6.4b: Texts

George E. Duckworth, ed., *The Complete Roman Drama: All Extant Comedies of Plautus and Terence… in a Variety of Translations* (New York: Random House, 1942).

Plautus: Latin text and English translation by Paul Nixon in LCL (5 vols.).

Terence: Latin text and English translation by John Sargeaunt in LCL (2 vols.).

Lucretius, *De rerum natura:* Latin text and English translation by W. H. D. Rouse in LCL.

Catullus and Tibullus: Latin text and English translation by F. W. Cornish in LCL.

Horace: Latin text and English translation by H. Rushton Fairclough and C. E. Bennet in LCL (2 vols.).

Virgil, *Eclogues, Georgics,* and *Aeneid:* Latin text and English translation by H. Rushton Fairclough in LCL (2 vols.).

Propertius: Latin text and English translation by H. E. Butler in LCL.

Ovid: Latin text and English translation by J. H. Mozley et al. in LCL (6 vols.).

Lucan, *The Civil War:* Latin text and English translation by J. D. Duff in LCL.

Petronius, *Satiricon:* Latin text and English translation by Michael Heseltine in LCL.

Martial, *Epigrams:* Latin text and English translation by Walter C. A. Ker in LCL (2 vols.).

Juvenal and Persius: Latin text and English translation by George Gilbert Ramsay in LCL.

Bibliography to §6.4b: Studies

E. J. Kenney, ed., *The Cambridge History of Classical Literature*, vol. 2: *Latin Literatrue* (Cambridge: Cambridge University Press, 1982).

George E. Duckworth, *The Nature of Roman Comedy: A Study in Popular Entertainment* (Princeton, NJ: Princeton University Press, 1952).

Alexander Dalzell, "Lucretius," in Kenney, *Latin Literature*, 207-229.

Karl P. Harrington, *Catullus and His Influence* (New York: Longmans, Green, 1927).

Idem, "The Georgics," in Kenney, *Latin Literature*, 320-32.

J. K. Newman, *Augustus and the New Poetry* (Collection Latomus 88; Buxelles: Berchem, 1967).

R. Deryck Williams, "The Aeneid," in Kenney, *Latin Literature*, 333-69.

Philip Hardie, *Virgil's Aeneid: Cosmos and Imperium* (Oxford: Clarendon, 1986).

*J. F. D'Alton, *Horace and His Age* (New York: Russel, 1962).
E. J. Kenney, "Ovid," in idem, *Latin Literature*, 420-57.
A. G. Carrington, *Aspects of Martial's Epigrams* (Eton: Shakespeare Head, 1960).
Gilbert Highet, *Juvenal the Satirist* (Oxford: Clarendon, 1954).
J. C. Bramble, "Martial and Juvenal," in Kenney, *Latin Literature*, 597-619.

(c) 키케로(Cicero)와 바로(Varro)

그리스와 로마 간의 전통과 문화의 융합의 특징을 결정짓는 데 가장 큰 영향을 미친 사람은 키케로와 바로였다. 이 두 사람은 로마 공화국 시대 말기에 정치가로서 중요한 역할을 했고, 그들의 문학 작품들은 제국 시대 및 그 후 수백 년 동안 문화의 많은 영역에서 원형으로 사용 되었다.

(1) 키케로(Cicero, 106-43 BCE)는 아르피눔(Arpinum)의 귀족 출신 원로원 의원으로서 처음에는 로마에서 그리스 수사학과 철학을 다방면에 걸쳐 연구했고, 후에는 아테네(이곳에서 그의 선생은 플라톤 학당의 지도자인 아스칼론의 안티오쿠스였다), 서머나, 그리고 로도에서 공부했다. 고향으로 돌아온 그는 시실리에서 재무관으로서 정치 생활을 시작했으며 기원전 63년에 집정관으로 선출되어 카틸리네(Catiline)의 음모를 발견하는 데서 그의 정치 생활은 절정에 달했다. 키케로는 말년에도 여전히 정치적으로 활동적이었고 영향력이 있었지만, 이 시기에 저술된 그의 주요 문학 작품들의 대부분은 책임감 있는 귀족들이 영도하는 자유로운 공화국이라는 정치적 이상은 정치적 현실—국사는 폼페이와 케사르와 같은 새로운 실력자의 수중에 있다는 것—을 분명히 인식한 상태에서 저술되었다.

활동하는 정치가로서의 경험을 통해서 키케로는 로마 원로원의 정책이나 행정, 법률 등에 관한 광범위한 지식을 자신의 수사학적, 문학적 활동에 결합할 수 있게 되었다. 키케로에게 있어서 공중 연설은, 귀족층만의 특권인 바 정치적 영향력을 행사하는 가장 중요한 수단이었다. 귀족들의 임무는 국사를 주관하는 것이었는데, 사실상 공화국은 항상 지도자들의 설득력 있는 언변에 의해서 이끌려왔었다. 키케로 이전 세대에 이미 그리스의 수사학에 대한 진지한 연구가 로마에서 시작되었고, 공직에 진출하려면 반드시 수사학 교육을 받아야 했다. 오랫동안 그리스 수사학 교사들이 로마에서 가르쳤는데, 부유한 가정에서는 자식들을 그리스로 보내어 더 공부를 시켰다. 그러나 키케로는 이러한 교육 과정에서 두 가지 중요한 결점을 발견했다. 용어상의 순수주의와 형식주의가 라틴 수사학 체계를 지배하고 있었고, 그리스 수사학의 적응은 절충주의적이어서 기본적인 학문, 특히 철학 학습이 결여되어 있었다. 사람들은 법률적, 정치적 연설에 이용할 수만 있으면 무엇이든지 그리스 전통으로부터 차용해 왔다. 그 결과는 천박함, 그리고 효율성만 추구하는 욕구가 지배하는 연설이었다. 키케로는, 웅변가는 철저한 일반적인 교육, 특히 철학 교육을 받아야 한다고 강조했다. 그는 스스로 고대 그리스의 철학자나 웅변가들(플라톤, 아리스토텔레스, 크세노폰, 데모스테네스)을 심도 있게 연구했다. 언어에 대한 비범한 재능 덕분에 그는 그리스 문학으로부터 배운 모든 것을 완벽하게 라틴어로 번역할 수 있었다. 이로써 그는 라틴어를 문학과 철학의 언어로 바꾸어 놓았다. 동시에, 그의 작품들은 새로운 깊이를 보여 주는데, 이는 후기 헬레니즘 시대의 수사학이 지닌 부자연성과 대조되며 그 성격에 있어서 철저히 로마적인 것이었다. 키케로는 과거 아티카주의(Atticism)의 영향 하에서 유행했던 형식적인 언어 순수주의, 그리고 전문화된 지식의 난해함 대신에 중심 주제들에 대한 진정한 지식과 언어 훈련을 요구했다. 연설가는 명료성을 가지고 설득하며 수사학적 술수들을 삼가야 했다. 비록 정치적 편의에 대한 배려 때문에, 자신이 말한 이상들을 실현시키지 못할 때도 있었지만, 발표된 그의 작품들은 후세대를 위한 표준이 되었다. 비록 라틴어를 그 시대의 구어(口語)로부터 분리시키는 희생도 있었지만, 라틴어를 정교하고 분명하고 아름다운 의사소통의 도구요 법적, 철학적 조직화의 도구로 만든 사람이 키케로였다.

키케로는 정치가요 연설가였을 뿐만 아니라 장래의 모든 세대를 위한 라틴 철학의 언어를 만들어낸 인물이기도 하다. 그는 철학에 있어서 헬레니즘 시대 말기의 철학 학파들의 발전에 의존했는데, 이 때는 회의론(Skepticism)이 타 학파의 견해를 압도하고 있었다. 진정한 행복은 현존하는 현실로부터 벗어날 때에만 발견될 수 있다는 생각이 점차 일반화되었다(§4.1a-d). 독단적인 지식뿐만 아니라 과학적인 지식까지도 의심의 대상이 되었고, 개연성에 기초한 통찰이 도덕적 행위의 만족스러운 토대라고 생각되었다. 그 결과는 절충주의, 즉 개인은 전체적인 철학적 체계를 거쳐 생각하거나 이에 굴복해야 할 의무가 없다는 것을 인정하는 것이었다. 어떤 철학 학파의 특별한 견해나 철학 학파들의 이론들을, 자신의 경험이나 판단에 따라서 수용하거나 거부하는 섯이 용납되었다. 키케로는 이와 같은 헬레니즘의 철학적 세계를 라틴의 것으로 번역했으며, 그리함으로써 로마의 철학 체계를 만들었을 뿐만 아니라 정교하고 정확하고 신빙성 있는 라틴어 철학 언어를 만들어 냈다. 젊었을 때, 키케로는 학술원 회원이었던 라리사(Larissa)의 필로(Philo) 밑에서 수학했다. 필로는 미트리다테스와의 전쟁(88 BCE)에 참전했다가 로마로 온 인물이었다. 키케로는 평생 동안 필로에게서 배운 바 수정된 회의론이라는 철학적 입장을 고수했다. 이러한 입장에 따르면, 여러 방법들에 대한 평가에서 연유한 개연성은 의롭고 도덕적인 행위를 선택하는 데 충분한 것이었다. 이 선택의 기준은, 궁극적으로는 개인의 양심인데, 양심은 윤리적인 규범과 정의에 대한 지식을 가지고 있다. 행위는 지식보다 우월하므로, 윤리학이 키케로의 철학의 우선적 주제였다. 그는 에피쿠로스 학파의 견해를 분명하게 반대했다. 그는 실제적인 응용 가능성이라는 특징을 지닌 대중적인 스토아 철학 쪽으로 기울어졌다. 그러므로 본성을 따라서 사는 삶은 본성에 대한 지극히 철학적인 정의에 기초한 것이 아니라, 보다 일반적으로 이해된 "본성"이라고 불리는 것에 기초한다. 키케로에게 있어서, 자연법이란 세상의 숭고한 질서나, 현명한 법률 제정, 그리고 건전한 도덕적 양심과 동등했다. 따라서 본성에 의한 삶을 결정 짓는 마지막 요소는 각 사람의 영혼 안에 판단 능력이었다. 키케로는 영혼의 신적 기원을 의심하지 않았다. 하지만 개인의 행동의 정치적 유용성이라는 기준 역시 중요하다. 키케로는 스토아 윤리학의 전체적인 체계가 그 적용의 측면에서 정치적 책임으로부터 소외되는 결과를 가져올 경우, 이를 극히 꺼려하였다. 키케로의 모든 철학적 작품의 특징인 절충주의는 그가 결코 철학적 체계를 만들려고 하지 않았음을 보여준다. 그가 자신의 방대한 지식을 토대로 하여, 그리스 철학을 로마 세계에 유용하고 유익한 학문으로 소개하고, 그로 인해 그리스 전통의 *Interpretatio Romana*의 길을 제시할 수 있었던 것은 이런 이유 때문이었다.

(2) 바로(Varro). 키케로가 그리스의 수사학과 철학을 로마화(化)하는 데 있어서 후세대를 위한 기준을 만들어냈다면, 그보다 약간 연장자였던 동시대인 바로(M. Terentius Varro, 116-27 BC)는 문화사와 광범한 학문의 분야에서 유사한 업적을 자랑했다. 바로의 철학적 입장은 키케로와 같이, 모든 철학 학파들이 주장하는 견해에 수긍하면서 다른 모든 선행들보다 덕(德)의 우월성을 강조한 절충주의였다. 바로는 훌륭한 과학적인 지식을 소유하고 있었으며, 그 덕분에 그는 그리스 세계의 모든 과학적 전통을 새로운 로마의 옷을 입혀 재창조할 수 있었다.

표제가 50개가 넘는 그의 작품들 중에는(적은 분량만이 보존되었다) 어원학이나 문법학에 대한 논문들(라틴어로 쓰여진 25권의 책들), 문학에 대한 조사 연구, 농업에 관한 과학, 숫자 이론, 교육 체계론, 수사학, 철학, 시민법, 역사학, 그리고 전기 문학 등이 있었다. 그의 위대한 백과사전적인 저서는 로마인들의 문화의 역사, 종교,

민족의 구성 등에 관해서 기록한 *Antiquitates rerum humanarum et divinarum*이라는 방대한 분량의 보고서인데, 이것은 9권의 발췌록과 함께 41권의 책으로 이루어졌다. 이 작품은 로마 세계의 문화사와 신학에 관한 기본적인 백과 사전이 되었고, 4세기 후에 성(聖) 어거스틴에게 큰 영향을 미치게 되었다. 바로의 폭넓은 과학적 지식 덕분에 로마 세계는 인간 경험의 모든 영역에 대한 과학적, 철학적 평가에 전통적인 그리스 척도를 사용하게 되었다.

Bibliography to §6.4c(1): Texts

Cicero: Latin texts and English translation by various authors in LCL (numerous volumes).

Bibliography to §6.4c(1): Studies

Thomas Alan Dorey, ed., *Cicero* (New York: Basic Books, 1965).

L. P. Wilkinson, "Cicero and the Relationship of Oratory to Literature," in Kenney, *Latin Lirerature*, 230-67.

R. E. Smith, *Cicero the Statesman* (London: Cambridge University Press, 1966).

F. R. Colwell, *Cicero and the Roman Republic* (4th ed.; Baltimore: Penguin, 1967).

Woldemar Görler, *Untersuchungen zu Ciceros Philosophie* (Heidelberg: Winter, 1974).

A. Momigliano, "The Theological Efforts of the Roman Upper Class in the First Century BC," *CP* 79 (1984) 199-211.

Bibliography to §6.4c(2): Texts

Varro, *De lingua Latina:* Latin text and English translation by Roland G. Kent in LCL (2 vols.).

Varro, *Three Books on Agriculture* in Cato and Varro, Latin texts and English translation by William Davis Hooper in LCL.

Burkhard Cordanus, ed., *Varro Logistoricus über die Götterverehrung (Curio de cultu deorum)* (Wiirzburg: Triltsch, 1960)

Bibliography to §6.4c(2): Studies

Nicholas Horsfall, "Prose and Mime," in Kenney, *Latin Literature*, 286-90 (on Varro).

Jens Erik Skydsgaard, *Varro the Scholar* (Hafniae: Munksgaard, 1968)

(d) 역사서 저술

(1) **카토(Cato)에서 살루스트(Sallust)까지.** 로마의 역사 편찬은 기원전 3세기에 그리스어로 시작되었다. 역사서들은 귀족들이 만들었는데, 그들은 로마 및 그들 자신의 정치적 노력에 대한 긍정적 이미지를 헬레니즘 세계에 심어 주고자 노력하였다(이 시기의 그리스 작품들은 종종 로마의 역사도 다루었다. §3.4e). 라틴어로 기록된 최초의 역사서는 원로원의 의원인 카토(Cato, 234-149 BCE)에 의해서 저술되었다. 그는 자신의 야심적인 저서에서 로마의 역사적 전통들, 그리고 이탈리아의 부족들과 도시들의 전통들에 대해 기술했다. 카토는 전형적인 헬레니즘의 양식으로 사건의 중요성에 영향을 주는 주요 배우들의 연설문을 기안하기도 했다. 그의 뒤를 소위 "연대기 작가들"(annalists)이 계승했다. 그들이 작품의 본보기로 삼은 것에는 종종 주요한 로마의 정치가들이 저술한 것도 있었는데, 이러한 본보기는 최고 신관이 매 년 작성하는 것으로서 이례적 사건들을 열거한 서판에서 찾아볼 수 있다. 연대기 작가들은 로마의 과거사 중에서 본보기가 될 만한 사건들과 인물들을 강조했지만, 아울러 그 당시의 사건들을 정치적 관점이나 도덕적 교육의 시각에서 다루기도 했다.

이런 고대의 작품들은 모두 유실되었으며, 그 대부분의 내용이 후대의 로마 역사가들에 의해서 흡수되었다. 공화국 시대 말기의 수십 년으로부터 아우구스투스의 시대까지의 로마 역사서들의 상당 부분이 보존되어 있다. 이러한 작품들중 가장 중요한 것은 케사르의 것이다. 그는 "회고록," 즉 그의 행정에 관한 관리들의 필기장을 그 시대의 역사를 진술하는 모델로 사용했다. 케사르가 이런 장르를 사용한 데에는, 정치적 치밀함이나 임무를 선전하려는 전형적인 로마의 의도뿐만 아니라, 헬레니즘적인 *hypomnema*(주요한 정치적 인물의 회고록)의 영향이 나타나 있다. 고올(Gallic) 전쟁과 내전에 대한 그의 회고록은, 모든 불필요한 노력들을 없앤, 능숙한 라틴 산문으로 쓰여진 역사적인 작품이었다. 이 책들은 극도의 간결함과 함축성을 설득의 주요 수단으로 사용하는 수사학적 기교들을 드러내 보여준다. 타인을 설득하는 것이 케사르가 그의 작품들을 통해서 추구했던 것이었다. 이 책들의 장점은, 그것들이 단순한 연대기들이었다는 사실에서가 아니라, 정치적인 선전의 방편으로서 객관적인 진술을 사용했다는 점에 있다.

케사르 다음으로 영향력이 있었던 역사가는 케사르의 일파요 동시대인이었던 살루스트(Salust, 86-34 BCE)였다. 그는 유구르타 전쟁(Jugurthan War)과 카틸리나 전쟁(Catilinarian War)에 관한 역사적인 논문 이외에도, 그가 살았던 세기의 처음 절반에 해당하는 역사를 저술하였는데, 각 장(章)의 중심부에 위대한 인물 하나를 배치했다. 살루스트는 국가와 그 백성들의 역사 속에서 일어난 사건의 흐름을 기록했을 뿐만 아니라, 동시에 무엇인가를 교육하려고 하였다. 그는 로마가 돌이킬 수 없을 정도로 타락했다고 확신했으며, 자신의 저서가 로마가 거듭나는 데 도움이 될 것이라고 생각했기 때문에, 성공과 실패, 정의와 불의, 지도적 인물들의 행위 등에 대한 판단을 전하려고 노력했다.

케사르와 살루스트의 작품들은 연대기적인 역사학을 뛰어넘었고, 당시의 역사적 경험들을 주저함 없이 주요 주제들로 채택함으로써, 현재의 정치적 현상에 기초하여 과거를 이해하려는 새로운 역사관을 도입했다.

(2) 리비(Livy). 아우구스투스의 문예부흥 시기에 이루어진 라틴어 역사 편찬의 유일한 주요 저서는 티투스 리비우스(Titus Livius, 59 BCE-17 CE)의 『로마 건국사』(*Ab urbe condita*)이다. 그 시대의 많은 작가들처럼(버질 등과 같은), 그는 북부 이탈리아 출신이었다. 그가 정치가가 아니었다는 사실은 라틴 역사 편찬에서는 새로운 현상이었다. 『로마 건국사』는 40년 동안 저술한 것으로서 원래는 142권으로 되어 있었으나, 그중 약 4분의 1이 보존되어 있다. 소실된 책들의 목차나 약간의 발췌록도 남아 있다. 책들의 약 절반은 로마

의 창건에서부터 기원전 2세기까지의 기간에 대한 것이고, 나머지 절반은 그라치(Gracchi)로부터 아우구스투스까지의 기간을 다루었다. 외형적 양식에서는, 리비의 작품이 로마의 연대기 작가들(annalists)의 전통을 부활시켰지만, 언어나 문체에 있어서는 키케로를 의존함으로써 역사 설화 문학의 높은 수준을 이룩하였다. 공화국의 이상에 심취해 있었던 리비는 로마의 고대 역사를 아우구스투스가 추구한 쇄신의 모형으로 묘사하려 했다. 이런 관점에서 리비는 정치적 관심을 가지고 집필했다. 그가 자신의 후원자였던 아우구스투스와 어느 정도 뜻을 같이 했는지는 잘 알 수 없다. 리비의 작품 중 마지막의 책들은 보존되어 있지 않다. 그러나 그의 작품의 영향을 받아 공화정의 이데올로기적 이상들이 보존되었다.

리비의 작품 이외에는 그 시대의 다양한 역사 문학이 전혀 보존되지 않았다(로마인이 아닌 역사가들에 대해서는 §3.4c를 참조할 것). 리비와 동시대인으로서 고올 출신의 해방 노예인 트로구스 폼페이우스(Trogus Pompeius)의 44권으로 된 역사서도 요약본만 남아 있다. 트로구스는 앗시리아와 이집트의 고대사에서부터 시작하여 다른 국가들의 역사를 제시하는데, 모든 발전이,전 세계에 대한 로마 통치의 실현을 향하고 있다는 식으로 다루고 있다. 아우구스투스 이후의 몇십 년 동안에는 이렇다 할 만한 역사가들이 없었다. 쿠르티우스 루푸스(Curtius Rufus)가 기록한 알렉산더의 역사서는 줄리우스-클라우디우스 치세 말기의 것으로 추정된다. 이 작품은 알렉산더 대왕에게 큰 관심을 지녔던 시대의 것으로서, 비판적 자료 조사가 없이 전기소설 식으로 알렉산더 대왕을 제시하고 있다.

(3) **요세푸스**(Josephus). 서기 1세기말 경에는 역사 편찬의 쇄신이 눈에 띄게 나타났는데, 로마인이 아닌 작가들도 이 쇄신에 동참했다. 이후 그리스 역사학자나 로마 역사학자들이 동일한 문화에 속하게 되었고, 그들의 관심사는 로마 역사에 대한 관심의 지배를 받지 않았다. 이 쇄신은 정치적 참여와 관심에 의해서 다시 고무되

었다. 헬라와 로마 시대에 자신들의 문화가 지닌 역사적이고 민족지학적(民族誌學的)인 내용을 그리스어로 출간한 "야만인들" 중에서 유대인 역사학자인 플라비우스 요세푸스(Flavius Josephus)가 특별한 위치를 차지한다. 요세푸스의 전기는 그의 생애에 대한 정보를 제공해준다. 그는 서기 37/38년에 예루살렘 제사장 가문에서 출생했다. 그가 감당했던 정치적인 역할과 관련해서 볼 때, 그는 폴리비오스(Polybios)나 케사르(Caesar) 같은 사람과는 비교할 수 없만, 그 시대의 정치적 사건들에 있어서 그의 역할은 결코 작지 않았다. 64년에 그는 로마의 권력자들과 협상하기 위하여 로마로 갔다. 고향을 돌아온 후 그는 유대 전쟁에 휩싸이게 되었다. 불행히도 그의 초기의 저서와 후기의 저서에 기록된 그의 활동 내용이 서로 상반되기 때문에 전쟁 초기에 그가 처한 정확한 지위는 분명히 알 수 없다. 그러나 그는 실무가로서 처음에 반란을 지지했던 귀족들 중에서 상위 계층이었다. 예루살렘의 반란 지도자들은 그를 갈릴리의 군 사령관으로 임명했다. 그는 갈릴리 지방의 결속과 저항을 강화해야 했다. 로마인들의 포로가 된 그는 로마 군 진지 안에서 장차 베스파시안이 황제가 될 것이라고 예언했는데, 후일 그 예언이 실현되었으므로 석방되었다. 그는 예루살렘이 함락될 때까지 티투스(Titus)의 친구요 자문관으로서 진영에 남아 있었다. 나중에 그는 플라비우스 가문의 일원으로서 제국으로부터 연금을 받으면서 로마에서 살았다. 그는 서기 100년이 지난 직후에 사망한 듯하다.

그의 모국어인 아람어로 저술된 유대 전쟁에 대한 그의 초기의 저서는 유실되었지만, 이 주제를 다룬 그리스어 저서는 보존되어 있다. 이 책에서 요세푸스는 그 전쟁의 배경과 원인을 조명하려 했다. 그는 유대인들과 안티오코스 4세 에피파네스(Antiochos IV Epiphanes)와의 갈등을 묘사하는 것으로부터 시작하여, 전쟁이 발발하기 전에 로마 행정관들이 야기시킨 곤경을 자세하게 다루었다. 작품의 주된 부분은, 요세푸스 자신이 연루되었던 사건들에 할애되었다. 이 첫번째 저서는 유대인들을 변호한 작품이었던 데 반해, 후에 저술한 주요 작품인 *Jewish Antiquities*는 보다 일반적인 의미에서 변증적이었다. 요세푸스는 초기부터 그의 시대에 이르기까지의 유대인들의 보편적인 역사를 저술하려 했으나, 중대한 결점을 보여주는데, 이는 그 시대의 다른 역사가들에게서도 발견되는 결점이었다. 그것은 바로 원자료들의 무비판적인 사용이었다. 물론 그가 이스라엘의 초기 역사 저술에 참고한 유일한 자료는 성경의 기록이었으며, 후대의 역사를 저술하기 위해서는 그밖의 자료를 사용했다. 그가 보존한 자료들 중에는 아주 귀중한 것들도 있다. 그러나 전체적으로 그는 의심스러운 기적 이야기나 모순적인 내용들도 받아들였다. 정치적, 문화적 변증이 요세푸스의 역사 기록의 동기였다는 사실은 곧 그 시대의 일반적인 태도를 반영해준다. 서기 1세기의 원수(元首) 정치의 실패는 선대(先代)의 위대함이나 존엄성과 비교가 되었고, 야만족의 도덕 의식이 지닌 매력은 과거와 현재를 비교하게 하는 중요한 요인이 되었다.

(4) 타키투스(Tacitus). 이런 관점에서, 요세푸스와, 그보다는 젊은 동시대인인 타키투스(서기 55년에 출생)와의 유사성은 주목할 만하다. 물론 그들 사이에는 커다란 차이점이 있다. 타키투스는 그 시대의 가장 유명한 연설가요, 원로원 의원이요, 집정관이요 총독이었으며, 정치적으로 노련한 엘리트였다. 그의 세련된 라틴어 산문은 해방 노예인 요세푸스의 그리스 문체와는 비교가 안될 정도였다. 하지만 타키투스는, 로마 세계를 지배하는 제국 제도의 불가피성뿐만 아니라 부적격성에 대한 통찰에서는 요세푸스와 의견을 같이 하였다. 그러나, 요세푸스는 팔레스틴에 대한 로마의 잘못된 행정을 비판한 반면에, 타키투스는 도미티안의 폭정에서 절정에 이른 1세기의 제국의 역사 전체를 비난했다. 타키투스의 주요 저서인 『역사』(*Histories*)와 『연대기』(*Annals*)는 이 기간을 다루었다. 정치적 참여와 도덕적 항변이 동기가 되어, 그는 근세사에 몰두하였다. 그

는 결코 사실들과 과정들의 재서술에 치중하지 않았으나 전체적으로 참고 문서들과 고대의 자료들을 자신의 기사를 토대로 하여 세밀하게 연구했다. 타키투스는 사람들이 어떻게 해서 정치적 각성과 경성하는 태도를 망각하게 되었는지를 보여준다. 그러나 그의 주된 관심은 황제들을 비롯하여 사건에 관련된 인물들을 간결하게 묘사하며 그들의 행동을 심리학적이고 도덕적으로 평가하는 데 있었다. 따라서 역사는 제국의 체계로 말미암은 개개인의 피할 수 없는 부패로 말미암아 도덕적 고결함이 어떻게 저버림을 당하는지를 보여주는 거울이 된다. 한편 도덕적 고결함을 측정하는 기준은 로마의 공화정에서 취해진다. 과거의 이상들과 제국 시대의 사건들 및 경험들 사이의 모순은 타키투스의 역사 작품들을 비관적으로 보이게 만드는 원인이 되었다. 그의 또다른 작품 『게르마니아』(*Germania*)의 집필 의도와 목적은 아마도 그의 두 주요 작품에 나타난 근세사에 대한 비평과 유사한 것으로 취급되어야 할 것이다. 그 저서들에서의 비평은 과거의 이상들 위에 기초를 두고 있었고, 『게르마니아』에서는 이 이상들이 하나의 야만족의 덕을 묘사함으로써 나타난다.

(5) 아리안(Arrian)과 디오 카시우스(Dio Cassius). 그리스 역사 편찬은 2세기와 3세기에, 비두니아인인 아리안과 디오 키시우스의 작품에서 뒤늦게 부흥했다. 플라비우스 아리아노스(Flavius Arrianos, 대략 90-170년)는 스토아 철학자인 에픽테투스의 제자로서, 비두니아의 니코메디아 출신이었다. 그는 하드리안 치세 때의 정치가요 관리였다(130년에 그는 *suffect* 집정관이었다). 그는 자신의 관찰과 경험을 사용해서 전문적인 논문들과 민족지학적인 작품을 발간했다. 그의 주요 역사서인 『아나바시스』(*Anabasis*)는 400년만에 처음으로 등장한 알렉산더에 대한 비판적 역사서이다. 이 책 덕분에 그는 알렉산더 대왕을 다룬 역사가로 유명해졌다. 당시 널리 퍼져 있던 알레산더 대왕에 대한 전기소설과는 달리, 아리안은 알렉산더

의 장군이었으며 후일 이집트 최초의 마케도니아 통치자가 된 프톨레미 1세와 카산드리키아의 아리스토보울로스(Aristoboulos)의 작품들, 그리고 알렉산더의 제독이었던 네아르코스(Nearchos)의 일기만을 자료로 사용했다. 그 자신이 장군이자 정치가였던 아리안에게 있어서 이러한 작품들은 특별히 신뢰할 만한 것이었을 것이다. 크세노폰을 모범으로 삼아 분명한 아티카 어를 사용한 문체와 비판적인 판단 덕분에 그는 오늘날까지도 알렉산더 대왕에 관한 가장 믿을 만한 자료들을 보존한 저술가로서 그 명성을 유지하게 되었다.

비두니아의 니케아 출신인 디오 카시우스(230년 이후 사망)는 많은 고위 관리직에 재임했으며, 229년에는 황제의 동료로서 집정관을 지냈다. 80권으로 된 그의 『로마사』(제국 시대에 해당하는 부분만 보존되었다)는 초기부터 그의 시대에 이르기까지의 역사를 다루었으며, 여러 해 동안 수집한 자료들을 근거로 기록되었다. 이 역사서는 그후 수세기 동안 그리스어를 사용하는 모든 지역에서 표준적인 로마의 역사서가 되었다. 그러나 이 작품의 신빙성에 대해서는 지금도 논란이 되고 있다. 디오 카시우스는 라틴 연대기 작가들을 크게 의존했으며, 많은 긴 연설들을 삽입했고, 그 자신의 시대를 다룰 때에만 독립적인 견해를 보여주었다. 한편, 그의 작품은 제국 시대 후기에도 정치에 종사하고 있는 역사가가, 대부분의 선임자들의 특징이었던 바 정보와 자료의 단조로운 반복을 뛰어넘는 역사서를 저술할 수 있었음을 보여준다.

Bibliography to §6.4d

M. L. W. Laistner, *The Greater Roman Historians* (Berkeley, CA: University of California Press, 1947).

Thomas Alan Dorey, ed., *Latin Historians* (London: Routledge and Kegan Paul, 1966).

Bibliography to §6.4d (1): Texts

Selected Works of Sallust: Latin text and English translation by J. C. Rolfe in LCL.

Caesar, *The Gallic War:* Latin text and English translation by H. J. Edwards in

LCL.
Caesar, *The Civil Wars:* Latin text and English translation by A. G. Preskett in LCL.
Caesar, *The Alexandrian, African and Spanish Wars:* Latin text and English translation by A. G.Way in LCL.

Bibliography to §6.4d(1): Studies

Franz Bömer, "Der Commentarius," *Hermes* 81 (1953) 210-50.
Ronald Syme, *Sallust* (Berkeley, CA: University of California Press, 1964).

Bibliography to §6.4d(2): Texts

Livy, *Ab urbe condita:* Latin text and English translation by B. O. Foster et al. in LCL(14 vols.).

Bibliography to §6.4d(2): Studies

P. G. Walsh, *Livy: His Historical Aims and Methods* (Cambride: Cambridge Liniversity Press, 1961).
R. M. Ogilvie, "Livy," in Kenney, *Latin Literature*, 458-66.

Bibliography to §6.4d(3): Texts

Josephus, *The Jewlish War:* Greek text and English translation by H. St. J. Thackeray in LCL (3 vols.).
Josephus, *Antiquities:* Greek text and English translation by Ralph Marcus et al. in LCL (9 vols.).
Josephus, *Life* and *Against Apion:* Greek text and English translation by H. St. J. Thackeray in LCL.

Bibliography to §6.4d(3):

Shaye J. D. Cohen, *Josephus in Galilee and Rome: His Vita and Development as a Historian* (Columbia Studies in the Classical Tradition 8; Leiden: Brill. 1979).
Harold W. Attridge, *The Interpretation of.Biblical History in the Antiquities Judcticae of Flavius Josephus* (HDR 7; Missoula: Scholars Press, 1976).
Idem, "Josephus and His Works," in: Stone, *Jewish Writings*, 158-232.
Louis H. Feldmann, "Flavius Josephus Revisited: the Man, His Writings, and His Sipnifcance,".*ANRW* 2.21.2 (1984) 763-862.
Rebecca Gray, *Prophetic Figures in Late Second Temple Jewish Palestine: The Evidence from Josephus* (Oxford: Oxford University, 1993).
Horst R. Moehring, "Joseph Ben Matthia and Flavius Josephus: the Jewish Prophet and Roman Historian," *ANRW* 2.21.2 (1984) 864-944.
Seth Schwartz, *Josephus and Judean Politics* (Columbia Studies in the Classical Tradition 18; Leiden: Brill, 1990).
T. Rajak, *Josephus: The Historian and His Society* (Philadelphia: Fortress, 1984).
Otto Betz, Klaus Haacker, and Martin Hengel, eds., *Josephus-Studien: Otto Michel zum 70. Geburtstag* (Göttingen: Vandenhoeck & Ruprecht. 1974).

Louis H. Feldman, *Josephus and Modern Scholarshrp (1937-1980)* (Berlin: De Gruyter, 1984). Comprehensive annotated bibliography.

Bibliography to §6.4d(4): Texts

Tacitus, *Annals and Histories:* Latin text and English translation by Clifford H. Moore and John Jackson in LCL.
Tacitus, *Dialogus, Agricola*, and *Germania:* Latin text and English translation by William Peteron in LCL.

Bibliography to §6.4d(4): Studies

Ronald Syme, *Tacitus* (2 vols.; Oxford: Clarendon, 1958)
Thomas Alan Dorey, ed., *Tacitus* (London: Routledge and Kegan Paul, 1969).
F. R. D. Goodyear, "History and Biography (Early Principate)," in Kenney, Latin Literature, 639-66.

Bibliography to §6.4d(5): Texts

Arrian, *Anabasis of Alexander* and *Indica:* Greek text and English translation by E. Iliff Robson in LCL (2 vols.).
Dio Cassius, *Roman History:* Greek text and English translation by Ernest Carey in LCL (9 vols.).

Bibliography to §6.4d(5): Studies

Fergus Millar, *A Study of Cassius Dio* (Oxford: Clarendon, 1964).

(e) 수사학과 후기 소피스트 철학

(1) 퀸틸리안(Quintilian). 라틴어권에서는, 키케로가 수사학 대가의 자리를 지켰다. 그러나 수사학이 정치가의 학문이어야 한다는 그의 이상은 제국 시대 때에 그 의미를 상실했다. 공화국이 막을 내리고 난 후에는, 수사학의 기능이 자리잡을 여지가 없었다. 수사학은 국가가 지원하는 학교나 고등 교육의 학과가 되었다. 키케로 이후, 로마의 가장 위대한 수사학자는 정치가가 아니라 교수였던 퀸틸리안(35-100 CE)이었다. 베스파시안과 도미티안의 후원을 받은 그는 국가로부터 일정한 봉급을 받으며 로마의 학교에서 가르치는 최초의 교사가 되었다. 그는 생전에 널리 인정받고 유명해졌다(그의 제자들 중에는 소 플리니도 있었다). 그는 수사학에 관해서 고

대에 발간된 최후의 훌륭한 교과서를 집필했다. 12권으로 이루어진 『변론 교수법』(*Institutio oratoria*)이라는 저서에서 퀸틸리안은 현자(賢者)와 정치가들의 연합을 추구했다. 이러한 고대 소피스트적 이상의 부흥과 더불어 퀸틸리안은 후기 소피스트 학파의 선구자가 되었다. 그는 웅변이야말로, 수사학을 진지하고 열심히 추구하는 모든 사람들에게, 정치가, 변호사, 관리 등으로서 여러 방면으로 나라에 봉사할 수 있는 기회를 줄 뿐만 아니라, 저술가나 역사기로서 성공하게 하며, 명성과 부를 획득할 수 있는 기회를 가져다 준다고 강조하였다. 이것은 퀸틸리안이 이론적 지식이나 도덕적 교육을 그 목표로 하여 대중으로부터 스스로를 격리하여 연무장(演武場)과 학교 등에만 치중했던 철학자들을 통렬하게 비판한 이유를 설명해 준다. 그러나 그는 철학자들의 언어에 있어서나 대중적으로 수사학 기법이 저하되는 것도 비판했고(아마 그는 세네카를 심중에 두고 있었지만 크게 존경받고 있는 인물을 직접 비난할 수는 없었던 듯하다), 키케로가 확립한 수사학의 원리로 복귀할 것을 요구했다.

세네카(Seneca)도 희생자로 포함된 네로의 폭정(暴政) 때문에 로마 상류층 출신의 젊은이들은 공직에서 물러났고, 적절한 수사학 교육도 받지 않았으며, 철학 학교에 다니게 되었다. 퀸틸리안은, 그들이 자아 성찰을 통해서 덕(德)을 배울 수 있다고 생각하고서 수사학 교육에 필요한 학문 과정을 겁내는 자들이라고 비판했다. 철학적 전통은 수사학적 교육의 한 부분으로서만 기능할 수 있었다. 사실 수사학은 대중적으로 유익한 도구에 불과한 것이 아니며, 웅변가가 사회의 지도자가 되기 위해서는 문학, 문법, 법률, 철학 등의 기초가 필요했다. 그리스의 교육의 이상이 다시 부흥했다. 이와 같은 그리스의 문화 유산에 대한 새로운 인식은 안토니누스 피우스(Antoninus Pius) 시대까지 팽배하였던 당시 로마 상류층의 일반적인 태도를 반영해 준다. 마르쿠스 아우렐리우스(Marcus Aurelius)는 수사학에서 철학으로 전환한 최초의 황제였다. 후기 소피스트 철학은 퀸틸리안에게서 나타난 것처럼, 대체로 수사학적인 입장에 그 기초를 두고 있었다. 그러나 후기 소피스트 철학의 관념은 키케로가 아니라 그 이전의 그리스의 이상들을 기초로 했기 때문에, 퀸틸리안은 더 이상 영향력을 발휘하지 못했다.

(2) 프론토(Fronto). 2세기에 로마에서는 누미디아의 키르타 출신인 프론토(M. Cornelius Fronto, ca. 100-175 CE)가 라틴 수사학의 가장 유명한 교사였다. 그의 연설문들은 모두 소실되었지만, 그의 편지들 중 일부가 보존되어 있다. 그는 하드리안 시대에 정치적 영향력을 발휘했다. 안토니누스 피우스는 그를 장차 황제가 될 마르쿠스 아우렐리우스와 베루스의 교사로 임명했다. 그의 문체의 특징은 분명한 고어체 사용이었다. 그는 올바른 어휘의 원천으로서 키케로보다는 플라우투스와 카토(elder Cato)를 추천했다. 그는 세네카의 언어 "현대화"를 거부했고 철학, 특히 스토아 철학을 거부했다. 그러나 그는 당시 젊은 마르쿠스 아우렐리우스가 과거에 노예였던 에픽테투스(Epictetus)의 스토아 철학에 몰두하는 것을 막을 수는 없었다.

(3) 후기 소피스트 철학(Second Sophistic). 이 기간 동안에, 그리스 수사학은 라틴 수사학의 복고주의라 할 수 있는 철학적 쇄신을 맞이하게 되었다. 이 운동은 후기 소피스트 철학이라고 알려져 있다. 그것은 한때 아테네의 고대 소피스트들에게서 수학했으며 정치적으로 활동적이었던 현자(賢者)가 품었던 이상의 반영으로서 소아시아 서부의 유명한 교육 중심지에서 시작되었으며, 과거 200년 동안에 성장해온 바 고대 아테네에서 사용하던 헬라어에 대한 새로운 관심의 영향을 받았다. 이 운동의 목표는 고대 아테네의 수사학 양식을 완전히 통달하는 데 있었다. 트라얀 시대에 한 동안 철학자요 웅변가로 활동했던 프루사의 디온(Dion of Prusa)는 이러한 고대 아테네 양식의 산문에서의 순수성과 탁월한 기법으로 칭송을 받았으며, 후일 "황금의 입"(Chrysostomos)라는 별명을 갖게 되었다.

이 운동의 옹호자로서 가장 유명한 인물은 아테네 근처 마라톤(Marathon) 출신인 헤로데스 아티쿠스(Herodes Atticus, 101-177)였다. 그는 1세기에 로마 시민권을 획득한 가문의 후손이었다. 그는 엄청난 부자였으며(그는 자신의 부를 잔치나 그리스의 건축 사업 등을 지원하는 데 사용했다), 또한 정치적으로 활동적인 사람이었다. 그의 정치적 영향력은, 그의 아내 레길라(Regilla)가 황제 안토니누스 피우스의 아내인 파우스티나(Faustina)의 친척이라는 사실로 인해 더욱 증가하였다. 그는 마르쿠스 아우렐리우스의 그리스 수사학 교사가 되었다. 그의 수사학적 이상은 튀루스(Tyre)의 하드리안(113-193)을 포함한 그의 제자들에 의해서 지속되었다. 에베소 출신으로서 역시 웅변가요 정치가였던 동시대인 롤리아누스(Lollianus)는 아테네의 수사학 교수로서 동일한 아티카주의의 이상을 대표하였다.

그러나 헤로데스의 가장 탁월한 제자는 버가모의 존경받는 가문 출신인 아엘리우스 아리스테이데스(Aelius Aristeides, ca. 115-185 CE)였다. 그의 이름으로 된 55개의 연설문(이것들 모두가 그의 것은 아니다)과 두 개의 수사학 논문이 현재 보존되어 있다. 아엘리우스는 그리스의 치료의 신 아스클레피오스에게 심취했다. 그는 버가모에 있는 아스클레피오스의 신전에서 만성적인 질병을 치료하려 했다. 소위 "신성한 연설"이라고 불리는 6편의 연설문에는 그가 꿈속에서 본 환상과 치료법, 그리고 아스클레피오스 신과 그의 개인적인 관계 등이 상세히 기록되어 있다. 그가 작성한 다른 연설문들은 후일 "고전적" 그리스 수사학의 본보기가 되었는데, 거기에서는 로마가 로마인들과 그리스인들을 위해 확립한 복지와 세계적인 평화 및 문화의 토대가 되는 고대 그리스의 위대함 등의 주제가 다루어진다. 후기 소피스트 철학은 이후 모든 그리스 산문 작품에 커다란 영향을 끼쳤다. 그러나 다음 세대의 웅변가인 헤르모게네스(Hermogenes, 160-225)에게서 볼 수 있듯이, 수사학은 철학과 손

잡지 않은 채, 정치적 참여의 이상을 저버리고 독립적인 교육 활동에 전념할 준비가 되어 있었다.

Bibliography to §6.4e

George Kennedy, *The Art of Rhetoric in the Roman World 300 B.C-300 AD* (Princeton, NJ: Princeton University Press, 1972).

F. R. D. Goodyear, "Rhetoric and Scholarship," in Kenney, *Latin Literature*, 674-82.

Martin L. Clarke, *Rhetoric at Rome: A Historical Survey* (Londen: Cohen and West, 1966).

Jochen Bleiken, Der Preis des Aelius Aristeides auf das römische Weltreich (NAWG.PH 1966.7; Göttingen: Vandenhoeck & Ruprecht, 1966).

Bibliography to §6.4e(1): Texts

Qunitilian, *Institutio Oratoria:* Latin Text and English translation by H. E. Butler in LCL (4 vols.).

Helmut Rahn, ed., Marcus Fabius Quintilianus: Ausbildung des Redners (TF 2; 2 vols.; Darmstadt: Wissenschaftliche Buchgesellschaft, 1972).

Bibliography to §6.4e(2): Text

Fronto, *Letters:* Latin Text and English Translation by C. R. Haines in UJL (2 vols.).

Bibliography to §6.4e(3)

Glen W. Bowersock, *Greek Sophists in the Roman Empire* (Oxford: Clarendon, 1969).

E. L. Bowie, "Greeks and Their Past in the Second Sophistic," in M. I. Finley, *Studies in Ancient Society* (London: Routledge and Kegan Paul, 1974), 166-209.

(f) 제국 시대의 스토아 철학

(1) 세네카(Seneca). 서기 2세기의 황제들은 네 개의 철학 학파에게 기부금을 받아 가르칠 수 있는 기회를 제공했다. 그러나 로마인들은 스토아 철학에만 실질적으로 기부를 하였고, 윤리적 가르침

을 강조하는 스토아 철학이 전형적인 로마 철학이 되었다. 이것은 키케로에게서 찾아볼 수 있었으며, 세네카(L. Annaeus Seneca, 4 BCE-65)에게서 절정에 달했다. 세네카는 스페인 출신의 수사학 교사의 아들로서 그 가문에서 최초로 원로원에 진출한 인물이었다. 그의 저술들은 변론적 연설들을 제외하고서는 대부분이 보존되어 있다. 다양한 자연 현상에 대한 논의서인 *Quaestiones naturales*, 삶의 다양한 상황에서의 올바른 도덕적 행위에 대해 논한 『대화집』(*Dialogi*), 서신 형태의 도덕 철학 논문집으로서 루킬리우스에게 보낸 서신 124개를 수집해 놓은 것, 젊은 네로 황제에게 주는 "군주의 귀감"인 『관용론』(*De clementia*), 그리고 사람들에게 베푸는 선행이 어떻게 인간 세계를 다스리는 거룩한 영의 활동을 증거하는 자료가 되는지를 기술한 *De beneficiis* 등이 보존되어 있다.

세네카는 독창적인 사상가가 아니었으며, 헬레니즘 시대 말기의 스토아 철학자들, 특히 포세이도니오스의 사상과 개념들을 반영하고 있다. 그는 전적으로 자신의 도덕적 원리의 범주 안에서, 특히 신(神) 개념 안에서 스토아 신학을 구상했다. 섭리, 최고의 이성, 인류의 아버지 등으로서의 신은 자신의 뜻과 도덕법을 동일하게 만들었다. 인간은 이 법을 지켜 나가고, 자신을 모든 애착으로부터 정화시킴으로써 신과 동일해질 수 있다. 세네카는 이런 사상들을 플라톤적 특징을 지닌 인류학에 연결했다: 영혼만이 진정으로 인간적인 것이며, 신과 동등해질 수 있다; 육체는 영혼의 감옥이고, 육체적인 경험은 고통일 뿐이며, 정치적 생활이 갖는 의무는 필요악일 뿐이다. 타인과의 관계는 정치적인 구조에 의해서가 아니라, 영혼이 소유한 도덕적 가치관에 의해서 형성되는 것이므로, 철학은 인간의 영혼을 이러한 속박으로부터 자유케 할 수 있다. 우정, 충성, 그리고 전반적인 인류애에는 노예까지도 포함되며, 그렇기 때문에 모든 사회적인 관례를 벗어난다.

(2) 무소니우스(Musonius Rufus)와 에픽테토스(Epictetos). 이 시

대의 스토아 철학의 기본 형태는 이탈리아 지방의 귀족 무소니우스 루푸스(Musonius Rufus, ca. 30-100)가 대변하고 있다. 그는 에픽테토스와 프루사의 디온의 스승이었다. 그는 추방 생활을 한 기간을 제외하고는 항상 로마에서 가르쳤지만, 헬라어로 말하고 저술했다. 현재 보존되어 있는 그의 가르침을 보면 스토아 철학의 이론적 기초를 전제로 했지만 그것에 대해 논하지는 않았음을 알 수 있다. 그의 주제들은 대단히 실질적인 질문들, 예를 들자면 결혼, 자녀, 금전, 개인적 행동 등과 관련되어 있다. 그는 내적 자유를 얻기 위해서는 모든 정치적, 사회적, 그리고 개인적인 상황을 초월할 것을 요구했다. 이 내적 자유로부터 파생되는 윤리적인 규범들이 모든 존재 및 사물들과의 관계를 통제하며, 결국 표면적인 정치적, 사회적 행동 규범들을 대치한다.

제국 시대의 대표적인 스토아 학자들 가운데 유일하게 로마인이 아니며 프리기아의 히에라폴리스 출신인 에픽테토스(Epiketetos, ca. 55-135)는 네로의 친구의 노예였는데, 주인의 허락을 받아 무소니우스 루푸스에게서 가르침을 받았다. 그는 노예 상태에서 해방된 후에 로마에서 가르치다가 89년에 도미티안 황제에 의해 다른 철학자들과 함께 추방되었으며, 그리스 서부의 니코폴리스에 자신의 학파를 설립했다. 에픽테토스의 제자 아리안(Arrian)은 스승의 강의를 속기하여 출간했는데(*Dissertations*), 이것은 윤리적 가르침에 치중한 스토아 철학의 완전함을 보여준다. 여기에서도 고대 그리스의 독단적인 스토아 철학자들의 원리들을 전제로 삼고 있지만, 그것들을 심도 있게 연구하지는 않았다. 에픽테토스는 신의 보편성을 강조했는데, 철학자는 그 신의 전령이었다. 철학자는 선포하기를, 인간의 영혼은 신적(神的)이며, 이를 깨닫는 자는 누구나 신이 될 수 있다고 했다. 이런 깨달음은 그 사람의 삶을 통한 실제적인 행동에 의해서 실현될 수 있다. 그러한 행동을 하기 위해서는 모든 외부적인 경험들로부터의 이탈, 그리고 자신의 개인적 상황이나 기존의 사회적 조건들을 바꾸어 보려는 노력의 포기를 통하여 내적인 자유를 획득해야 한다. 자신의 사회적 지위에 따라 행해야 하는 일들을 행하되 전혀 그렇지 않은 듯이 해야 한다. 노예와 같은 가장 비천한 일이나, 명예로운 정치적인 직무도 인간 영혼의 품위와 신성에는 영향을 주지 못한다. 에픽테토스는 단 하나의 의무만을 알고 있었는데, 그것은 바로 인간에 대한 일반적인 사랑이었다. 모든 인간은 형제자매이므로 동등하게 사랑하고 존중해야 한다.

(3) 마르쿠스 아우렐리우스(Marcus Aurelius). 121년에 출생하여 161년부터 180년까지 황제로 재위한 마르쿠스 아우렐리우스는, 제국에서의 최고 직책을 맡을 준비를 갖추기 위해서 뛰어난 수사학 교육을 받았다. 그러나 그는 25세 때에 철학으로 귀의했다. 철학적인 『명상록』은 말년에 저술되었는데, 이 때는 전세가 바뀌며, 정치적, 경제적 상황이 악화되고, 그의 가정에 개인적인 재난이 한창일 때였다. 로마 황세들 중에서 마르쿠스 아우렐리우스처럼, 최고의 교육을 받았으며, 정의와 진실에 깊이 헌신했던 황제는 없었다. 그를 지도한 인물은 과거에 프리기아의 노예였던 에픽테토스였다. 마르쿠스 아우렐리우스 역시 에픽테토스처럼 신적인 섭리에 의한 세계 지배를 강조했지만, 만물, 특히 인간 육체의 가변성, 모순, 무상함 등에 대해 보다 급진적인 생각을 가지고 있었다. 만물의 무상함에 직면한 인간으로서는 비록 악하거나 운 나쁘게 보이는 결과를 가져오더라도 신의 뜻에 순종하는 것 이외에는 선택의 여지가 없다. 인간은 자신의 진정한 자아를 숙고하면서, 자신이 신과 한 가족이며, 그렇기 때문에 모든 사람들에게 사랑이나, 관대함, 친절을 자연스럽게 베풀게 된다. 마르쿠스 아우렐리우스는 전세계의 복지를 지향하며 불운해도 낙심치 않는 행동이 필요하다고 보았다. 헬라어로 저술된 『명상록』에서 자기 자신에 대한 충성이나, 의무의 수행, 신이 의도한 운명에 대한 순종 등을 통합하는 방법을 제시했는데, 이 책은 기독교인들에게서도 호감을 샀고(황제는 기독교인들을 증오했다),

근심에 처한 많은 영혼에게 위로를 주었다.

Bibliography to §6.4f: Studies

J. M. Rist, *Stoic Philosophy* (London: Cambridge University Press, 1969).

Max Pohlenz, *Die Stoa: Geschichte einer geistigen Bewegung* (2 vols.; 2d ed.; Göttingen: Vandenhoeck & Ruprecht, 1959).

Bibliography to §6.4f(1): Texts

Seneca, *Epistulao mornles:* Latin text and English translation by Kichard M. Gummore in LCL (3 vols.).

Seneca, *Moral Essays:* Latin text and English translation by John W. Basore in LCL (3 vols.).

Bibliography to§6.4f(1): Studies

Amoldo Momigliano, "Seneca between Political and Contemplative Life," in *Quarto conlrivuto all storia degli classici e del mundo antico* (Rome: Edizione di storie e letterature, 1969) 239-56.

Bibliography to §6.4f(2): Texts

Cora E. Lutz, ed., *Musonius Rufus "the Roman Socrates"* (New Haven, CT: Yale University Press, 1947).

Epictetus, *Dissertations:* Greek text and English translation by W. A. Old father in LCL (2 vols.).

N. White, trans., *The Handbook of Epictetus* (Indianapolis, IN: Hackett, 1983).

Bibliography to §6.4f(2): Studies

P. W. van der Horst, "Musonius Rufus and the New Testament," *NovT* 16 (1974) 306-15.

Rudolf Bultmann, "Das religiöse Moment in der ethischen Unterweisung des Epiktet und dasNeue Testament," *ZNW* 13 (1912) 97-110, 177-91.

Bibliography to §6.4f (3): Texts

Marcus Aurelius: Greek text and English translation by C. R. Haines in LCL.

(g) 철학의 시장(市場)

제국 시대, 특히 2세기에는, 철학 학파들이 자신들의 고전적 기원을 회복하려고 했다. 소요학파에서는 아리스토텔레스에 관한 주석서들을 저술했고, 스토아 학파에서는 크리시푸스(Chrysipus)에 대한 해석집을 발간했으며, 플라톤 주의자인 알비누스(Albinus)는 플라톤 철학에 대한 요약본을 만들었다. 하지만, "철학"의 진정한 삶은 이런 학파들을 떠나 큰 도시의 시장이나 길거리로 옮겨졌다. 많은 사람들이 "철학자"로 자처했다. 길거리에서 지혜를 외치는 사람이 신인지, 마술사인지, 새로운 종교의 사도인지, 아니면 진정한 철학자인지 구별해 내기가 어려웠다. 떠돌이 전도자나 철학자들의 수적인 규모가 거의 군단에 이를 정도였다. 이들은 제자들을 끌어 모으기 위해서 경쟁적으로 자신의 주장을 선전했으며, 능력을 드러내 보임으로써 상대방을 제압하려고 노력했지만, 결코 사람들의 주머니에서 돈을 긁어 내려고는 하지 않았다. 심지어 동일한 종교 운동을 하는 전도자들도 서로 경쟁했는데, 이러한 현상은 초기 기독교의 전도자들에게서도 발견할 수 있다. 바울은 가는 곳마다, 다른 기독교 전도자들과 대면했는데, 그들은 언제나 능력을 발휘함으로써 바울을 압도하려 했다. 이런 시장 철학자들에 관한 많은 정보는, 그들보다 더 유식한 반대자들을 통해서 우리에게 전해졌는데, 그 이유는 길거리로 나간 철학자들은 집필 활동을 하지 않았기 때문이다. 기독교 전도자들이나 떠돌이 설교자들이 글보다는 입으로 전하는 메시지의 효과를 더 의존한 것처럼, 떠돌이 철학자들은 입으로 전하는 말을 선호했다. 바울의 서신들처럼, 기록된 직접적인 정보가 편지로서 보존된 것은 우연한 일이 아니었다. 바울이 편지라는 매개체를 사용했다는 사실은 그의 임무를 철학적 시장의 일반적인 임무로부터 구분해주는 새로운 요소를 드러내 준다: 바울은 공동체들을 조직하는 것, 그리고 그것들의 지속적인 연합에 관심을 가지고 있었다. 이것은 방랑하는 전도자들에게서는 찾아 볼 수 없는 관심사였다. 한편, 그의 편지들은 기존 철학 학파들의 저술 동기와는 크게 다른 이유들 때문에 기록되었다. 바울의 편지들은 교훈적인 글이라기보다는 선교와 공동체 운영을 위한 정치적 도구였다.

이러한 부류에 속하는 이방인, 기독교인, 유대 철학자들은 유식한 권력층의 사람들이 아니라, 평범한 사람들, 즉 길거리에서 만날 수 있는 모든 사람에게 연설했다. 유식한 플라톤 주의자인 켈소스(Kelsos)는, 기독교 전도자들이 그들의 메시지를 사회의 가장 비천한 계층에게 허비한다고 비난했다. 이에 대해 오리겐은 견유학파(Cynic)의 철학자들도 똑같은 일들을 하고 있다고 반박했다. 모든 전도자들이나 포교자들을 맹렬히 비난했던 루키안(Lucian)은, 페레그리누스 프로테우스(Peregrinus Proteus)를 기독교인이 되었다가 후에 더 많은 추종자들을 모으려고 소요학파로 변절한 철학자라고 묘사했다. 마르티알과 주베날의 진술과 루키안의 진술, 그리고 사도행전은 이런 전도자들이 전도 수단들을 선택하는 점에서 결코 소극적이지 않았음을 보여준다. 이런 면에서 선두를 달린 것은 대중 연설의 능숙함이었다.

이러한 전도자들은 각기 다른 사상을 지닌 학파에 속해 있었지만, 당시의 상황들에 대한 비판이나, 도시 부르주아들의 생활의 부패, 천박성, 그리고 허무함 등에 대한 공격, 그들의 도덕적 경고 등에 있어서는 서로 일치했다. 자신이 지닌 모든 능력을 발휘하여 행하는 대중 연설 외에도 초자연적 능력의 과시 역시 중요한 선전 도구였다. 사도행전에 묘사되었으며, 고린도후서에서 바울의 대적자들이 기적을 행했다고 기록되어 있듯이, 기독교 전도자들만 기적을 행한 것이 아니라 유대인 설교가들, 신(新) 피타고라스 주의 철학자들, 교사들, 의사들, 마술사들도 기적을 행했다. 마술적인 속임수에서부터 미래에 대한 예언, 점성술에서부터 질병의 치료, 심지어는 죽은 사람을 살리는 일에 이르기까지, 온갖 종류의 기적적인 능력 행사가 보편적으로 이루어졌다. 시장의 철학자들에게서 연설을 들은 집단들 내에서는 웅변의 능력과 기적의 위대함이 이성적, 도덕적, 종교적 통찰의 깊이나 위엄보다 더 큰 영향을 끼쳤다.

과거의 것이든 새로운 것이든 상관없이 위대한 철학자들의 통찰은 더 이상 요구되지 않았다. 오히려 사람들의 일상의 문제들에 영향을 끼치는 세계와 그 세력들을 해명해줄 수 있는 것들이 요구되었다. 그러므로 천상계의 세력들이 옛 신들의 위치를 차지했다. 사람들은 비판적으로 증명된 철학적 원리들보다는 새로운 신들에게 더 매력을 느꼈다. 세상을 설명하는 데에는 과학적 지식보다 귀신의 군대가 더 적합하게 되었다. 인간 행동을 위한 단순한 도덕적 법칙들은 인간 행동의 동기에 대한 심리학적인 통찰보다 더 좋은 조언을 제공해 주었다. 비록 마술적 속임수에 의한 것이라도 개인의 가장 절박한 문제들의 해결은 사회적 개혁에 대한 요구보다도 더 쉽게 받아들여진다. 기독교의 메시지가 경쟁력을 유지하려면, 기독교는 수요와 공급의 법칙에 대한 비판적인 논의에 참여해야 했다. 이것은 고린도후서에 보존된 바울의 서신에서 잘 입증된다.

사기꾼과 진지한 전도자를 구별하는 것 또한 쉬운 일이 아니었다. 가장 쉽게 사람들을 매혹시킨 것은 주술적 현상, 환상, 황홀경, 귀신 축출, 마법, 기적, 그리고 마술 등이었다. 마술에 관한 파피루스(대부분이 이집트에서 발굴되었다)들은 "능력"을 통제하거나, 예언과 계시를 받는 다양한 현상에 대해서 알려준다: 물이나 빛을 가지고 행하는 속임수, 죽은 사람이나 영, 잡신들의 주문, 그리고 영매들을 다루는 것 등. 이러한 행위들을 간섭하는 것은 매우 위험스러운 일이 될 수 있다. 사도행전 16장 16절 이하는 바울과 실라가 귀신 들린 여자 노예에게서 귀신을 쫓아냈다는 이유로 감옥에 갇힌 사건을 기록하고 있는데, 그 여자는 사도들을 "지극히 높은 하나님의 종들"이라고 선언했다. 그 상황이 얼마나 괴이했는지는 사도행전 14장 8절 이하에 다시 묘사되었다. 기적을 행함으로써 선포한 메시지의 중요성를 확인하는 것은, 바나바와 바울에게 결코 어려운 일이 아니었지만, 사람들이 그들을 제우스와 헤르메스로 숭배하려는 것을 막기는 어려웠다. 전도자들이 "우리도 너희와 똑같은 사람이다"라고 말하게 되면 그들의 신빙성이 손상될 수도 있다. 고린도에 기록된 바울의 대적자들은, 이용 가능한 모든 전도 방법들(기적이나, 환상, 황홀경, 수사학적인 속임수, 선충동하는 편지 등)을 사용하는 데 있어서 바울보다 더 빈틈이 없었다. 주술적 관습들이 철학 학파들에까지 침투해 들어갔다는 것은, 후일 신플라톤주의에서 분명히 증명된다. 이암블리코스(Iamblichos)가 기도 중에 공중으로 떠올랐다거나, 프로클로스(Proclus)가 강의 도중에 후광에 둘러싸였다는 등의 사건들이 보고되었다. 신플라톤주의같이 금욕을 강조하거나, 신비적인 능력을 높이 평가하고, 신들과 의사 소통하기 위해서 마술 바퀴를 사용하며, 비를 내리게 하기 위해서 주술을 사용한 철학들은 마법(theurgy)와 매우 흡사했다. 철학자들과 자칭 "철학자들"의 구분이 없어졌다.

Bibliography to §6.4g: Texts

Cartlidge and Dungan, *Documents*, 151-65

Bibliography to §6.4g: Studies

Dieter Georgi, *The Opponents of Paul in 2 Corinthians: A Study in Religious Propaganda in Late Antiquity* (Philadelphia: Fortress, 1985).

(h) 프루사의 디온, 플루타크, 루키안

대중 철학을 대표하는 사람들 중에는 특정한 철학 학파에 속하지는 않지만, 폭넓은 교육과 박식함, 그리고 문학 활동 때문에 시장의 철학자들과 구별해야 하는 인물들이 몇 명 있다. 그리스의 교육 전통을 옹호했고, 철학에 호소하여 예절과 도덕성을 강조했으며, 도시의 중산층을 교화하려고 한 점 등이 그들의 특징이었다.

(1) 프루사의 디온 코케이아누스(Dion Cocceianus of Prusa). 대중적인 떠돌이 철학 전도자들의 전형적인 특징들은, 후일 디온 크리소스토모스(Dion Chrysostomos, ca. 40-120)라고 알려진, 프루사 출신의 디오 코케이아누스에게서 분명히 나타났다. 그는 수사학 교육을 받은 후에 철학에 귀의했고, 무소니우스 루푸스의 제자였다.

도미티안에 의해서 로마로부터 추방된 그는 수 년간을 소요학파의 설교자로서 떠돌아 다녔다. 네르바는 그가 로마로 돌아오는 것을 허락했으며, 여기서 그는 원수 정치의 이상을 수호함으로써 트라얀의 총애를 받았다. 그는 말년을 고향에서 보냈다. 그의 연설들이 많이 보존되어 있다. 단순하면서도 우아한 헬라어 문체로 저술된 그의 연설들은 생활 지침에 관한 견유학파-스토아 학파의 이상을 가장 교훈적으로 증거한 연설들에 속한다. 철학자의 자급 자족(*autarkia*)에 관한 그의 묘사는 바울의 기록과 조화를 이룬다: "… 어떠한 형편에든지 내가 자족하기를 배웠노니 내가 비천에 처할 줄도 알고, 풍부에 처할 줄도 알아 모든 일에 배부르며 배고픔과 풍부와 궁핍에도 일체의 비결을 배웠노라"(빌 4:11-12). 디온의 주장의하면, 정욕, 욕구, 악덕 등은 도덕성과 자급 자족으로 나아가는 것을 저해하는 방해물이다. 그러나 철학자는 단순히 도덕적 개선을 선포할 뿐만 아니라, 목사나 상담자로서 도덕적, 실제적 문제에 처한 사람들을 도와주어야 한다. 디온은 종교에 대한 긍정적인 비판을 그의 도덕적 가르침에 연결시켰다. 철학자는 사람들로 하여금 신들을 예배하는 것의 진정한 의미를 발견하도록 도와주어야 한다. 신들의 형상을 만들어 장식하는 것은 인간 영혼의 진솔한 욕구를 표현하기도 하지만, 이것을 통해서는 이 목표를 완전하게 이룰 수 없다. 디온의 견유주의(Cynicism)는 정치 상황에 대해서도 비판적이었다. 유배 생활을 하는 동안, 그는 플라비우스 왕조에 반대하여 적극적으로 사람들을 선동했다. 그러나 그는 혁명가가 아니었으며, 그의 목표는 도덕과 교육의 고전적 이상을 회복시키는 데 있었다. 기존의 사회적, 종교적 제도에 대한 비판은 도덕적 자유와 진실한 경건 속에서 진정한 인간애를 획득하라는 경고이기도 했다. 디온은 새로운 통치자인 네르바와 트라얀에게서 하나님의 보편적 통치와 조화를 이루는 정의로운 세계 질서로 돌아갈 수 있는 가능성을 보았다. 그는 여러 도시들과 그 주민들을 설득하여 모든 사람에게 유익한 제국의 새로운 통치를 이룩할 조화를 확립하라고 권면하기 위해서 웅변가로서의 능력을 사용했다.

(2) **플루타크.** 디온과 동시대인으로서 보에오티아(Boeotia)의 카이로네이아(Chaironeia) 출신인 플루타크(Plutarch, 46/48-120/125년)에게서도 동일한 도덕적, 종교적인 기본적 태도가 발견된다. 디온은 항상 일반 대중과 접촉한 반면, 플루타크는 읽고 저술하며 연구하는 일을 즐겨 했다. 그는 귀족 출신으로서 아테네에서(특히 아카데미에서) 공부했고, 그리스, 소아시아, 이집트 등지를 여행했다. 그는 생의 대부분을 고향에서 보내면서 그곳을 위해 적극적인 정치 활동을 했다. 그리고 인근에 있는 델포이에서 아폴로의 사제로 활동했다. 플루타크는 만족을 모르는 독서가였고, 많은 저술 활동을 한 작가였다. 그의 저술들의 거의 절반이 보존되어 있는데, 이것만도 오늘날의 분량으로 따질 때 거의 6,000 페이지에 달한다. 과학적, 철학적, 도덕적, 교육적, 경건적, 종교적인 주제들을 다룬 많은 저서들이 『윤리 론집』(*Moralia*)라는 제목 하에 수집 되었다. 그의 작품의 다른 부분은 대등한 전기들로 이루어졌는데, 테세우스(Theseus)와 로물루스(Romulus)로부터 시작하여 알렉산더와 케사르, 데모스테네스와 키케로, 마지막으로 1세기의 인물들에서 끝난다(22권이 보존되어 있다). 이 전기들은 그리스인들과 로마인들이 양립할 수 있는 대등한 민족이며 철학적/윤리적 추구뿐만 아니라 정치적/군사적 추구를 통해 성취한 민족적 유산을 소유하고 있음을 보여주려는 것이었다. 플루타크의 작품들의 목표하는 바는 도덕 교육이었다. 그는 자신이 관념적인 학자로서가 아니라, 친구, 상담자, 영혼의 치료자로서 이해되기를 원했다. 그의 전기들 안에는 도덕적인 목표도 분명히 나타난다. 그 인물들은 주로 정치적 활동의 본보기나 역사를 움직인 사람들로서가 아니라, 진정한 덕과 경건을 드러내는 삶의 자세를 가진 모델들로서 기록되었다. 물론 반대되는 본보기들에 대해서도 묘사했다. 전기의 형태로 기술했거나 논제를 지닌 소논문

의 형태로 논의되었거나 상관 없이, 플루타크는 항상 천성적인 재능을 토대로 한 젊었을 때의 교육과 경험을 통한 삶의 형성, 그리고 삶의 행위와 죽음의 방식에서 증명되는 성품의 형성 등을 염두에 두었다.

철학적 입장에서 볼 대, 플루타크는 스토아 철학과 아리스토텔레스의 철학에서 많은 것을 받아들였지만 여전히 플라톤 주의자였다. 그는 플라톤만 순수하게 존경했는데, 그것은 오직 플라톤에게서만 진정한 종교적 태도와 진정한 신의식(神意識)을 발견했기 때문이다. 플루타크는 그 시대의 다른 저술가들과는 달리 일종의 신학자였으며, 계속 종교적 전통들에 대한 바른 해석의 문제를 파고 들었다. 그는 물질적인 형상이나 시인들의 신화 속에서 신을 발견할 수 있다는 견해를 비판할 때에는 많은 동시대인(초기 기독교 변증가들도 포함됨)들과 의견을 같이 했다. 신(神)의 참된 본질을 이해하려면 풍유적인 해석이 요구되며, 이런 통찰은 세상의 사물들을 평가하거나, 인간을 돕는 도덕적인 세력들이나 인간을 위협하는 악한 세력들을 분별하려 할 때에 필수적이다. 신은 전 우주를 창조한 창조자이며, 이를 명령하고 다스리는 능력이다. 그럼에도 불구하고, 신과 물질계 사이에는 두 개의 세계 영혼(world souls)이 있다. 하나는 선한 고등영(higher soul)이며, 다른 하나는 악하고 저급한 영(lower soul)이다. 후자는 달(月) 아래 있는 변하기 쉽고 불안정한 세계를 결정 짓는다. 신과 인간 사이의 모든 영역은 귀신들(demons)이 차지하고 있는데, 어떤 귀신들은 신적인 능력을 소유하고 있으며, 다른 귀신들은 불안정한 감각 세계를 공유한다. 귀신들 세계의 계급 구조는 인간으로부터 신에 이르는 일종의 사다리와도 같다. 비록 두 개의 세계 영혼설이나 귀신론은 궁극적으로 크세노크라테스(Xenocrates)로부터 나온 것이지만, 이러한 견해가 반드시 고대 아카데미의 영향을 받은 것이라고 할 수는 없다. 플루타크는 단지 그 당시에 널리 받아들여진 플라톤의 세계관을 제시한 것뿐이었다. 이것은 점성학 개념들, 그리고 당시 널리 받아들여지고 있던 귀신들의 존재에 대한 믿음 등이 추가된 인류학과 우주론 안에서 완화된 플라톤 주의를 포함한다. 플루타크는 악이 월하(月下)의 지상 세계를 지배한다고 믿었지만, 동시대의 기독교 영지주의자들과 같은 결론에는 도달하지 않았다. 그는 세상과 그 사회적, 종교적 제도들로부터 등을 돌리지 않았다. 오히려, 그는 종교의 의무들을 충실하게 이행하는 데서, 그리고 결혼, 가정, 자녀 교육 등과 같은 도덕적 의무들을 철저히 준수하는 데서 진정한 영적 행복을 찾는 삶을 권했다. 알렉산드리아의 클레멘트(Clement)로부터 시작하는 고대 교회의 헬라 교부들은 플루타크에게서 유사한 정신을 보았고 그의 저술들을 즐겨 읽었다.

(3) 루키안(Lukianos, ca. 120-180 CE)은 사모사타 출신으로서 비천한 가문 태생의 시리아 사람이었다. 그는 젊었을 때에 문학에서 사용되는 헬라어를 배웠는데, 헬라 문학의 여러 가지 양식과 문체에 통달했다. 그의 많은 작품들중 대부분이 현재 보존되어 있다. 그러나 70편 이상의 루키안의 글을 모아놓은 집록 중에는 의심스러운 것들도 포함되어 있다("루키우스와 당나귀"라는 전기소설의 번역본, 그리고 시리아 신을 섬기는 제의에 대한 묘사 등). 그는 강연 여행가가 되어 수사학을 가르치는 생활을 시작했는데, 이오니아와 그리스에서부터 시작하여 이탈리아(이곳에서 그는 유명해졌다), 고올 지방(이곳에서 부자가 되었다) 등지를 여행했다. 루키안은 고등교육의 일반적 수준, 그리고 한때 극찬되었던 바 고대 그리스로부터 물려받은 가치관으로부터의 급증하는 이탈을 대표한다. 그는 플루타크와는 정반대였다. 플루타크가 확신을 가졌던 부분을 그는 신랄하게 비꼬았고, 델포이의 제사장들이 심오하게 설명한 옛 신들을 그는 조롱했다. 그는 수사학적인 기술을 정치적, 혹은 도덕적인 영향력을 끼치는 수단으로 이해하지 않았고, 오히려 기존 상황에 대한 비평을 통해서 청중들을 즐겁게 해 주려 했다. 그의 풍자적인

연설들 또한 청중을 즐겁게 하려는 목적으로 고안된 것이었다. 그러나 후일 루키안은 수사학을 버리고 철학으로 돌아섰으며, 그의 문학 작품의 장르로서 대화체 형식을 택했다. 하지만, 고대 그리스의 대화체는 철학적 사고를 위한 장르였던 반면에, 루키안은 철학이나 수사학, 종교, 그리고 도덕의 불합리를 드러내는 수단으로 대화체를 사용했다. 루키안의 대화체는 명쾌하고 재치 있는 희극을 만들어 냈다. 루키안은 수사학을 포기했음에도 불구하고, 진정한 철학도가 되지는 않았다. 그는 견유학파와 가장 가까웠고 디오게네스를 즐겨 인용했다. 그는 욕심, 사치, 방탕, 무절제 등에 대한 비판에서는 견유학파에 동참했지만, 새로운 도덕적 이상을 선포하지는 않았다. 종교를 선전하는 자들의 허풍에 대한 루키안의 공격은 특별히 날카로웠다. 스스로 아스클레피우스의 아들이라고 주장하며 탁선소(託宣所)를 설립한 거짓 예언자 아부노이테이코스의 알렉산더, 그리고 한때 기독교 전도자였으며, 올림피아(Olympia)에서 공개적으로 자신을 희생 제물로 바친 견유학자 페레그리노스 프로테우스(Peregrinos Proteus)에 대한 글들이 그런 것들이었다(이 두 사람은 루키안이 실제로 만나본 역사적 인물들이었다).

루키안은 그 시대의 지식인들이나 무식한 사람들을 예리하게 관찰하고 능숙하게 판단한 사람으로서, 그 당시의 종교들에 관한 귀중한 정보를 많이 제공하고 있다. 예를 들자면 고대의 제의들, 하데스(Hades, 지옥)와 죽은 자의 심판에 대한 신앙, 악인들의 형벌의 장소와 선행에 대한 상급, 운명과 섭리간의 갈등, 점성학, 영혼의 이동, 그리고 기적에 대한 신앙 등이 있다. 비록 루키안은 사람들(유일한 예외는 견유학파의 철학자인 데모낙스에 대한 것이다), 신들, 또는 종교 전반에 대해 칭찬하는 표현을 거의 하지 않았지만, 훌륭한 고대 그리스어로 기록된 그의 저술들은 결코 지루하거나 교훈적이지 않고 재미 있으며, 그 시대를 반영하는 저술로서 귀중한 가치를 지닌다.

Bibliography to §6.4h(1): Texts

Dio Chrysostom: Greek text and English translation by J. W. Cohoon in LCL (5 vols.).

Abraham J. Malherbe, *Moral Exhoratation: A Greco-Roman Sourcebook* (LEC 4; Philadelphia: Westminster, 1986).

Bibliography to §6.4h (1): Studies

C. P. Jones, *The Roman World of Dio Chrysostom* (Cambrid ge, MA: Harvard University Press, 1978).

Bibliography to §6.4h(2): Text

Plutarch, *Moralia:* Greek text and English translation by Frank Cole Babbitt et al. in LCL (15 vols.).

Plutarch, *The Lives:* Greek text and English translation by Bernadotte Perrin in LCL (11 vols.)

Bibliography to §6.4h(2): Studies

R. H. Barrow, *Plutarch and His Times* (Bloomington, IN: Indiana University Press, 1967).

Hans Dieter Betz, ed., *Plutarch's Theological Writings and Early Christian Literature* (SCHNT 3; Leiden: Brill. 1975).

Idem, ed., *Plutarch's Ethical Writings and Early Christian Literature* (SCHNT 4; Leiden: Brill, 1978).

Bibliography to §6.4h(3): Text

Lucian: Greek text and Enlish translation by A. M. Harmon et al. in LCL (9 vols.).

Bibliography to §6.4h(3): Studies

C. P. Jones, *Culture and Society in Lucian* (Cambridy, MA: Harvard University Press, 1986).

Hans Dieter Betz, *Lukian von Samosata und das Neue Testament* (TU 76; Berlin: Akademie-Verlag, 1961).

5. 로마 제국 시대의 종교

(a) 로마의 종교와 이방 제의(祭儀)

고대 로마의 종교를 재구성하는 것은 힘든 작업이다. 왜냐하면 대부분의 문헌들과 고고학적 자료와 비문 등에서는 이미 헬라화

된 형태로 이 종교에 대해 표현하고 있기 때문이다. 의식(儀式), 절기력(節氣歷), 각종 신이나 신적 존재에 대한 숭배 등을 다룬 약간의 자료가 보존되어 있다. 신적 존재들은 원래 신인동형론적인 신들로서보다는 관념적인 존재들로 여겨졌다. 하지만 에트루리아나 후에 그리스의 영향으로 인해 신적 존재들에 대한 로마인들의 이해는 더욱 인격화 되어갔고, 그들을 숭배하는 데 사용될 상(像)들이 도입되었다. 오래된 문학 자료들 역시 이미 로마 신들에 대한 그리스적인 이해의 영향을 받았다. 그러나 렐리지오(*religio*)란 로마인들에게 있어서, 모든 정치 공동체를 위해서 세워진 의식(儀式)에 대한 면밀한 관찰이었다. 풍성한 추수, 방해 받지 않는 평화와 전쟁에서의 승리, 번영과 건강 등은 다른 방법으로는 성취될 수 없었는데, 그 이유는 모든 것이 초자연적인 능력들에 의존하고 있었기 때문이다.

경건(*pietas*)—로마인들은 자기들이 세상에서 가장 경건한 민족이라고 여기고 있었다—은 개인의 종교적인 경험과 관련하여 이해되지 않았고, 신비주의는 언제나 의심스러운 것으로 취급되었다. 전체 공동체의 삶뿐만 아니라 개인의 삶은 출생이나 결혼, 죽음, 계절, 대중적인 모임들, 전쟁 등 어떤 경우에든지 신적인 능력들의 영향을 받기 때문에, 경건이란 의식과 관련된 의무들을 충실하게 준수함을 의미했다. 신들의 은총을 유지하거나, 그들의 저주를 돌이키기 위해서 사용되는 가장 중요한 수단은 기도였다. 신의 의도를 깨달을 수 있게 하는 징조들(*omina*)을 관찰하는 것도 중요했다. 이러한 관찰들(날아가는 새의 움직임이나, 성계[聖鷄]의 식욕, 그리고 천둥과 번개 등에 대한 관찰)과 이에 따른 충고를 담당하는 복점관들(*augures*)이 크게 존경을 받았다. 동물들의 내장(특히 간)을 조사하여 예언하는 *haruspices*들은 에트루리아인들에게 그 기법을 배웠으며, 이러한 일을 시행하는 관리들은 에투루리아인 가문에서 선발되었다. 시빌의 책들(Sybyline Books)을 해석하는 것도 중요한 일이었는데, 이 일과 정규적인 제사 의식은 국가가 임명하고 최고 신관(*pontifex maximus*)이 감독하는 사제단이 맡아서 행했다. 반면에 마술이나, 로마인들이 미신(*superstitio*)이라고 부르는 종교적 행위들은 배척 당했다. 미신이라는 용어는 로마의 종교의 의식들과 다른 모든 것들을 포함하며, 그러한 이유 때문에 로마인들이 이상하게 여기거나 품위가 없다고 판단한 종교 예식들을 행하는 외국의 제의(祭儀)들을 지칭하는 말로 사용되었다.

그러나, 일반적으로 로마의 종교는 다른 제의들에 대해 상당히 개방적이었다. 이전에는 알려지지 않았던 종교적인 존재들을 섬기는 새로운 제의들을 수용하며, 그것들을 공식적인 종교 범주에 포함시키는 것, 또는 적어도 도시 안에 제단이나 신전을 마련할 수 있도록 배려해 주는 등의 행위는 그런 새로운 신들의 은총을 받기 위해서 매우 적절한 것으로 여겨졌다. 로마의 종교는 알려져 있는 고대의 형태에서부터 이미 혼합주의적이었다. 에트루리아의 요소들(*haruspicia,* 그리고 주피터, 주노, 미네르바 등 최고신)이 매우 일찍부터 받아들여졌다. 기원전 5세기에 이미 그리스 신인 아폴로(Apollo)가 숭배되었다. 아스클레피우스(Aesculepius)는 전염병을 퇴치하기 위한 목적으로 기원전 293년에 로마에 소개되었다. 로마에서 인정된 최초의 동양 종교인 대모신(大母神: Great Mother [Kybele]라고 불림) 제의는 제2차 포에니 전쟁이 한창인 기원전 204년에 도입되었다(그러나 이들의 난잡한 의식에 로마인들이 참가하는 것은 허락되지 않았다).

이방 종교에 대한 로마인들의 진지한 태도 변화는 기원전 186년에 있었던 바카날리아(Baccanalia) 스캔들과 함께 나타났다. 역사가 리비의 보고뿐만 아니라, 바카날리아에 관한 *senatus consultum*도 보존되어 있지만, 어떤 일이 일어났었는지는 분명치가 않다. 디오니소스 제의는 로마와 에트루리아에서 빠른 속도로 퍼져 나갔다. 하지만, 이것은 공식적인 승인을 바라는 종교로서가 아니라, 공식적인 재가를 받지 않은 채 개종자들을 미혹하는 신비 제의로서 퍼져 나갔다. 이미 많은 추종자들을 확보했고, "신전들"(가정 성소 같은 것들이었을 것이다)이 로마와 그 인근 지역에 설립되었다. 입문식은 밤에 열렸으며, 여자들뿐만 아니라 남자들도 참여했다. 어떤 사건으로 말미암아 여기서 일어나는 모든 일들이 대중의 주목을 받게 되었다. 원로원에서는 부도덕이나 음모를 염려하여 이를 의심하고 간섭하기 시작했다. 그리하여 모든 "신전들"이 파괴되고, 많은 추종자들이 잡혀서 처형되었다. 하지만, 이 제의는 자체가 완전히 불법적인 것으로 선언되지는 않았고, 단지 제한되거나 원로원의 통제를 받게 되었다. 그 이후로 신전을 세우려면 허가를 받아야 했고, 자체적인 재정 운영도 금지되었으며, 5 사람 이상이 예식에 참여할 수 없게 되었다.

로마는 신비 종교로 여겨지는 이방의 제의에 대해서 결코 의심을 버리지 않았다. 그들에게는 마술이나 요술, 그리고 미신이라고 생각되는 것에 대한 뿌리 깊은 두려움이 있었다. 그럼에도 불구하고, 디오니소스 제의와 박카스 제의는 이탈리아에서 인기를 누렸고, 공화국이 몰락한 이후에는, 특히 상류층 사회에서 새로운 기반을 얻어 나갔다. 뿐만 아니라, 가끔 어려움이 있었지만, 다른 신비 종교들도 로마에서 터전을 닦을 수가 있었다. 이시스(Isis) 제의는 이집트 이주자들에 의해서 기원전 1세기에 로마에 도입되었다. 원로원은 계속해서 이 제의에 간섭했다: 이시스의 신전들이나 제단들은 *senatus consultum*(원로 회의의 영향)에 의해서 기원전 59, 58, 53, 50, 48년에 파괴되었다. 기원전 28년에는 아우구스투스가 이시스의 가정 성소들을 불법으로 선언했으며, 19년에는 티베리우스(Tiberius)가 로마에 있던 이시스 신전을 재차 파괴하고, 신상을 티베르 강에 던져 버렸다. 마침내 칼리굴라 황제의 치세 때에 이시스 제의는 영구적인 공식 승인을 얻어냈으며, 비록 포메리움

(*pomerium*, 특수한 규칙이나 법규가 적용되었던 도시의 오래된 지역)의 바깥 지역인 캄푸스 마르티우스(Campus Martius)에 제한되기는 했지만, 이시스와 사라피스를 위한 한 쌍의 신전이 지어졌다.

로마 제국은 로마 시 안에 새로운 제의가 들어오는 것을 여전히 반대했지만, 제국의 여러 속주에서 이런 종교들이 확산되는 것과 관련한 공식적인 제한 조처는 없었다. 물론 새로운 신전을 건축하려면 정부의 허가를 받아야 했다. 하지만, 그런 결정은 주로 지방행정 당국자들에게 위임되었는데, 제국 내에 많은 이시스와 사라피스 신전들이 있던 것을 보면, 그러한 허가를 쉽게 내주었음을 알 수 있다. 많은 경우에, 이것은 단지 옛 권리의 갱신과 관계된 문제였다. 하지만, 이런 옛 권리의 소유를 주장할 수 없으며 로마 제국 내의 여러 민족 중 한 민족의 종교적 전통을 대표하지 않는 종교들의 경우에는 사정이 아주 달랐다. 그러한 종교들의 선전이나 포교 활동은 그 종교를 더욱 의심스럽게 했다. 지방 관리나 공식적으로 승인된 제사장들의 감독을 받지 않는 은밀하고 개인적인 모임은 결코 환영받지 못했다. 이시스 신전에서 행하는 "신비 의식"이나, 다른 신들의 신전에서의 비밀 입문식은 의심을 받지 않았다. 왜냐하면 이러한 신전들은 공식적으로 승인을 받았기 때문이다. 그러나, 여러 지역에서 급속도로 퍼져 가고 있었던 기독교는 합법적인 종교라는 로마의 개념에 부합되지 않았다. 비록 고대의 자료들이, 유대인들이 *religio licita*의 종교적으로 인정된 (religio licita)신분, 즉 일반적으로 용납된 종교로서의 지위를 누리고 있었다는 오늘날의 가설을 뒷받침하는 증거를 제시하지 않지만, 많은 도시에 세워진 유대의 종교적인 공동체들의 존재를 묵묵히 인정할 수밖에 없었다. 유대인들은 예전의 특권들을 거의 모든 지역에서 누리고 있었고, 또한 장구한 전통을 가졌음을 주장할 수 있는 민족이었다.

만약, 유대인들이 황제 숭배 제의에 참여하지 않았기 때문에 의심을 받았다면, 그러한 태도는 기독교인들을 더 큰 위험으로 몰아

넣었을 것이다. 사실, 로마 제국은 경찰 국가가 아니었고, 세계적인 정보원망을 소유하고 있지도 않았다(이러한 것들은 네로와 같은 황제 치하 때에만 존재했다). 기독교의 순회 전도자들은 방랑 전도자들이나 시장의 철학자들처럼 어디에서나 자유롭게 설교할 수 있었고, 그 추종자들도 다른 사람들로부터 방해를 받지 않았다. 기독교인들이 사회적 불안을 야기시킨다는 인상을 지방 관리들이 가질 때, 또는 경쟁자들이나 악의를 품은 외부인들이 관청에 고발할 때에 어려움이 생겼다. 그런 경우에, 기독교인들은 재판을 받고, 실형을 선고 받고, 도시로부터 추방 당했다. 여기에 대해서 바울의 서신들은 풍성하게 증언해 준다. 사도행전에서는 그러한 행동들은 전도자들이 의례히 경험하는 것이라고 묘사되었다. 그러한 경우에 중형이 선고되는 일은 거의 없었다. 그렇지 않았다면, 바울은 결코 안디옥을 벗어나서 그처럼 광범위한 활동을 할 수 없었을 것이다. 만약, 바울이 징말로 마지막에 사형 선고를 받았다면(아마 그러했을 것이다), 그것은 그가 유대 성전의 신성한 권리를 침해했다는 고발을 근거로 했을 것이다.

기독교의 처음 두 세대에 활동한 선교사들에 관한 산발적인 정보들은, 많은 사람들이 순교했다는 결론에 이른다. 그러나 모든 사형 선고가 로마 당국에게만 원인이 있는 것은 아니다(행 12:1-2를 참고하라). 네로가 가한 기독교인들에 대한 박해는 지엽적인 현상이었으므로, 기독교인들에 대한 로마 당국의 전형적인 입장으로 여겨서는 안된다. 초기 기독교의 변증가들은, 기독교인들이 새로운 종교적 분파가 아니라 고대 이스라엘의 훌륭한 전승의 합법적인 상속자라고 변론했다. 그러나, 로마의 관리들은 이것을 납득하지 못한 듯했다. 어쨌든, 황제 제의는 해결할 수 없는 문제로 남아 있을 수밖에 없었다.

Bibliography to §6.5: Texts

John Ferguson, *Greek and Roman Religion: A Sourcebook* (Noyes Cassical Studies; Park Ridge, NJ: Noyes Press).

Frederick C. Grant, ed., *Ancient Roman Religion* (New York: Liberal Arts, 1957).

Bibliography to §6.5: Studies

John Ferguson, *The Religions of the Roman Empire* (Aspects of Greek and Roman Life; Ithaca, NY: Cornell University Press, 1970; reprint 1985).

Kurt Latte, *Römische Religionsgeschichte* (HAW 5/4; Miinchen: Beck, 1960).

Nilsson, *Griechische Religion 2*.

J. G. W. H. Liebeschuetz, *Continuity and Change in Roman Religion* (Oxford: Clarendon, 1979).

H. H. Scullard, *Festivals and Ceremonies of the Roman Republic* (Ithaca, NY: Cornell University Press, 1981).

Arnaldo Momigliano, "Roman Religion: The Imperial Period," in idem, *Pagans, Jews, and Christians*, 178-201.

Robin Lane Fox, *Pagans and Christians*. (New York: Knopf, 1987).

Arthur D. Nock, "Religious Developments from the Close of the Republic to the Death of Nero," *CambAncHist* 10. 465-511.

Idem, "Studies in the Greco-Roman Beliefs of the Empire," in idem, Essays, 1. 33-48.

Ramsey MacMullen, *Paganism in the Roman Empire* (New Haven, CT: Yale University Press, 1981).

Bibliography to §6.5a

Simon L. Guterman, *Religious Toleration and Persecution in Ancient Rome* (London: Aiglon, 1951).

Martin P. Nilsson, *The Dionysiac Mysteries of the Hellenistic and Roman Age* (Lund: Gleerup, 1957; reprint New York: Arno, 1975).

M. J. Vermaseren, *Die orientalisrhen Religionen im Römerreich* (EPRO 93; Leiden: Brill, 1981). Twenty essays on eastern religions in the Roman empire.

Franz Cumont, *Oriental Religions in Roman Paganism* (New York: Dover, 1956).

(b) 황제 제의(祭儀)

로마의 황제 제의는 복합적인 현상이었다. 그것은 이데올로기적으로 상호 대립적인 두 가지 상이한 요소로 구성되어 있었다. 즉 매우 발달된 헬라의 왕실 제의와 신적 능력을 부여받은 "비범한 인물"이라는 전형적인 로마적 개념으로 구성되어 있었다. 그리스 동부에서는 통치자를 신의 현현으로 본 반면, 로마인들은 특별한 경우에만 출중한 인간 속에서 활동하는 초월적 능력들을 숭배했다.

헬라 통치자들로부터 통치권을 양도 받은 로마의 승전 장군들은 동부 지역에서 신적인 칭송을 받았다(예를 들면, 술라와 폼페이). 그러나 로마에서는 이러한 지도자들을 신으로 대우하지 않으려 했다. 그러므로, 로마에서는 살아 있는 황제가 신이라는 생각은 아주 천천히, 그리고 저항 가운데서 그 기반을 다져 나갔다. 로마의 황제 제의는 제도적으로 결코 균질화된 것이 아니었다. 황제가 사망한 후에 로마 원로원이 그 황제를 신으로 선포하게 되면 때로 로마의 영토 안에는 각 지방에서 자생적으로 조직된 지방 제의들, 그리고 황제의 생전에 재가를 받은 속주의 제의들이 황제 제의와 병행하여 존재했다. 황제 숭배의 기본적 특징들은 동부 지방의 정복 시기에 그리스의 개념과 로마의 개념들이 만나게 되면서 점진적으로 발달했으며, 황제가 바뀔 때마다 변화되었다.

황제 제의의 발달은 줄리우스 케사르 때에 시작되었을 것이다. 그러나 황세 제의의 문제에 대해서 케사르의 입장이 어떠했는지는 분명치가 않다. 그의 생애 말년에 원로원은 몇 차례 특별한 영예를 제안했는데, 그중 일부는 케사르가 주도한 결과였다. 이 영예들은 다소 신적인 영예와 유사했다. 케사르는 그의 사명을 깊게 의식했다. 그러나 우리는 그가 어떻게 해서 자신을 신적인 인물로 의식했는지는 알지 못한다. 그는 전형적인 로마의 방식을 따라서, 그의 운명은 그 자신의 *felicitas,* 즉 그의 행위 안에서 드러나는 비인격적인 능력에 속한다고 믿었다. 그러나, 로마에 살던 많은 사람들은 케사르가 스스로 왕과 신으로 선포되려는 계략을 짜고 있다고 믿었다. 만일 케사르를 암살한 것이 그러한 계략을 종식시키기 위한 것이었다면, 결과는 그와 반대의 것이었다. 왜냐하면 그 결과는 케사르의 신격화였는데, 이는 사람들에 의해서 자발적으로 시작되었고, 후에 원로원에 의해서 법제화되었다. 원로원은 케사르를 국가의 신들 중의 하나로 공식 수용했고, 그를 위한 제단을 세웠다(후일 신전이 설립됨). 당시 케사르와 관련하여 생겨나서 유행했던 종교적 신념들 중에는 신적인 통치자와 그의 카리스마라는 헬레니즘적인 개념들이 포함되었다.

마르크 안토니(Marc Antony)는 케사르처럼 조심하거나 과묵하지 않았다. 그는 동부 지역에 도착하자마자, 자신을 신적인 왕으로 숭배하기를 요구했고, 전형적인 헬레니즘의 양식을 따라 자신을 특수한 신(Dionysos)과 동일시했다. 그의 적수였던 옥타비안(후일의 아우구스투스)은 이런 움직임에 대한 로마인들의 부정적인 반응을 교묘하게 이용했다. 그는 자신의 취향에도 맞고, 로마의 전통적인 관념에도 부합하는 다른 선택안을 개발했다. 그의 양부인 줄리우스 케사르가 공식적으로 신적인 지위로 승격된 것은 그에게 유익한 일이었다. 그 덕분에 옥타비안은 자신을 "신격화된 케사르의 아들"(*divi filius*)이라고 부를 수 있게 되었다. 이것은 그리스적인 개념으로서 신의 아들 됨을 주장한 것이 아니라, 신화적인 의미가 함축되는 것을 피하려 한 것이었고, 자신이 유산이나, 신적인 운명, 그리고 양아버지인 케사르의 신적 운명과 사명의 적법한 계승자임을 확고히 하려고 한 것이었다. 아우구스투스가 주로 사용했던 총 사령관 케사르(라틴, *Imperator Caesar*)라는 칭호는 총 사령관(라틴, *Imperator*)라는 직책이 존엄성을 가진 것이라는, 전형적인 로마식 개념을 표현해 준다. 이 칭호를 항구적으로 사용한 것은 새로운 현상이었다. 기원전 27년에 원로원이 "아우구스투스"("존경 받을 만한 사람"이라는 고대 로마의 명칭)라는 칭호를 수여함으로써, 이 칭호를 받는 사람은 평범한 인간의 수준을 넘어선 위치에까지 고양되었다. 그러나 이것이 그를 신으로 만들지는 않았으며, 오히려 그의 풍부함 혹은 독창성(라틴, *felicitas*)의 초인적인 차원을 강조했다.

아우구스투스가 만들어낸 구조들을 유지하는 한, 공식적인 로마의 황제 제의는 통치하는 황제의 신적 인격(divine person)에 대한 제의가 아니었다. 이 제의의 지배적인 특징은 신적으로 인정된 민족들에 대한 통치의 상징인 로마(Roma) 제의나, 신적인 쥴리우스

[Divus Julius(Caesar)] 제의라고 할 수 있었다. 살아 있는 황제와의 관계는, 그의 수호신인 *genius* (수호신)제의에서, 그리고 그의 집을 지키는 신들인 *Lares Augusti* 제의에서 나타난다. 이 의식들은 고대 로마의 개념들과 연관되어 있다. 이것은 또한 황제라는 인물을 통하여 활동하는 능력들의 숭배에서도 찾아볼 수 있는데, 예를 들면, 평화(라틴, *pax)*와 승리 혹은 정복(라틴, *victoria)*이 있다. 정치적인 신중함, 그리고 로마 정신에 대한 진정한 이해를 지닌 아우구스투스는, 황제의 인격 속에 계시된 신을 섬긴다는 헬레니즘식 사고의 황제 제의와 로마의 황제 제의를 구분했다. 아우구스투스는 사후에 원로원에 의해서 "아우구스투스 신"(God Augustus)으로 선포되었고, 그의 후계자들 대부분의 신격화도 허용되었을 것이다. 칼리굴라, 네로, 도미티안 등은 "로마 백성의 신들"로 승격되지 못했다.

그러나 그러한 구분은 제국의 동부 지역에서는 아무런 의미가 없었고, 서부 지역에서조차도 헬레니즘적인 개념이 이 제의에 대한 로마의 공식적인 입장을 가려 버렸다. 경의를 표하는 명문(銘文)들뿐만 아니라, 아우구스투스에게 바쳐진 제단이나 신전들은 올림피아의 신들을 경외하는 그것들과 전혀 다를 바가 없었다. 게다가 아우구스투스 숭배는 곧 기존의 고대 제의들과 결합되었다. 그 전형적인 예는 아우구스투스 시대 초기에 아테네에 세워진 제의이다. "여신 로마와 구원자 아우구스투스", 즉 로마 시의 여신과 제국의 구원자에게 바친 신전이 아크로폴리스 언덕의 에레키테이온(Erechitheion) 옆에 세워졌다. 에레키테이온은 아테네 시의 여신인 아테나 폴리아스와 아테네를 세운 영웅 에레크테우스를 모신 신전이다. 아우구스투스의 가족들, 특히 그의 아내 리비아에게도 신적 영예가 주어졌다. 황제 제의를 행할 신전 설립 허가를 로마로부터 받으려는 속주들이 증가했으며, 하나의 도시가 "수호 신전"(temple guardian)으로 선정되었다. 주요 도시들은 최소한 하나, 때로는 2-3개의 제국 신전의 수호권을 확보하기 위해 경쟁했다. 각 속주에는 황제 제의를 담당할 사제들과 대제사상들이 임명되었다.

아우구스투스의 후계자인 티베리우스는 살아 있는 황제를 숭배하는 제의를 중단하려 했다. 티베리우스는 공화국의 전통적인 제도들의 권위를 회복하려고 했으며, 자신의 인격에 부여되는 신적인 영예들을 수용하지 않겠다는 점을 분명히 했다. 그러나 칼리굴라는 정반대로 행동했다. 그는 황제가 되자마자 자신이 신으로 대우되고 숭배되기를 요구했다. 그 결과, 로마의 주도 계층의 저항에도 불구하고 통치자 숭배라는 헬레니즘적인 개념의 새로이 침투해 들어왔다. 동시에, 칼리굴라로 말미암아 황제 제의와 다른 종교들 사이에 첫번째의 심각한 갈등이 야기되었는데, 이는 그가 자신을 특별한 전통적 신들과 동일시하는 것을 넘어서서, 로마 국가의 신들 가운데 공식적으로 포함시키려 했기 때문이다. 그는 제국 내에서 다른 신들의 신전들이 있는 곳이면 어디에나, 심지어 예루살렘 성전과 유대 회당 안에까지 자기의 동상을 세우려고 했다(시리아 총독의 신중한 지연 정책 덕분에, 이런 정신 나간 요구는 예루살렘에서 수행되지 않았다).

칼리굴라가 암살된 후, 클라디우스는 아우구스투스의 정책으로 복귀했다. 클라디우스나 네로는 생전에는 공식적으로 로마 국가의 신으로 받아들여지지 않았다. 헬레니즘 문화로부터 넘어온 관습인바 살아 있는 황제를 경외하는 일은 로마의 상류 사회에서 광범위하게 받아들여져서, 철학자 세네카조차 유배지에서 쓴 청원서에 황제 클라디우스를 신이라고 불렀다. 많은 용어와 문구들이 상투적으로 사용되었다. 그런 것들은 네로에게 주는 글에서도 쓰였는데, 네로는 그러한 단어들이 진실한 의미를 담고 있는 것으로 치부했다. 그러나 베스파시안은 이러한 것들을 버리고, 아우구스투스에 의해서 창조된 황제 제의로 복귀했다. 즉 사후에 신격화 된 황제만이 로마 제국의 신들중 하나가 될 수 있었다. 이러한 형태의 황제 제의가 마르쿠스 아우렐리우스 황제 때까지 권위 있는 것이 되었다.

그러나 도미티안 시대는 예외이다. 도미티안은 "신이요 왕"으로서 불리기를 요구함으로써 원로원의 반대를 야기시켰으며, 기독교인들은 그를 무저갱에서 온 무서운 짐승으로 여겼다(요한계시록 13장). 로마 교회가 겪어야 했던 박해(95년)는 박해 직후에 쓰여진 클레멘트 1서에 잘 언급되어 있다. (그러나 그 해의 집정관인 클레멘스[T. Flavius Clemens]와 그의 아내 도미틸라[Domitilla]가 기독교 신앙 때문에 처형 당했는지는 확실치 않다). 그러나 2세기의 황세들은, 공식석으로 땅 위에 걸어다니는 신이 아님에도 불구하고, 사람들은 공식적으로 황제에게 신성한 경의를 표현하는 일에 방해를 받지 않았다. 지방 총독 플리니(Pliny)는 트라얀을 주피터의 호칭인 "옵티무스"(Optimus)라고 불렀으며, 신들의 신상들 옆에 황제의 상을 세우고는, 배교한 기독교인들에게 황제를 위해 제물을 드리라고 강요했다. 트라얀 시대에 버가모에 트라얀을 위한 커다란 신전 건축을 시작했다(하드리안이 완공함). 하드리안이 아테네에 있는 제우스 올림피우스 신전의 건축을 끝냈을 때, 많은 도시에서 온 대표자들은 하드리안을 "올림피안"(Olympian: 제우스의 칭호)이라고 칭송하는 비문들을 헌정했고, 아테네 인들은 그를 3세기 전에 몇 명의 헬레니즘 왕들에게 부여했던 영예인 국가를 창시한 영웅들(Eponymous Heros) 중 하나로 삼았다.

황제 제의는 공식적인 로마의 국교의 일부였을 뿐, 새로운 종교가 되지는 못했으며 종교를 대신하지도 못했다. 이것은 황제 제의를 옹호하는 사람들이나 반대자들 모두가 잘 알고 있었다. 그것은 하나의 국가적 제의로서 다른 종교들과 경쟁하지 않았으며, 오히려 로마 국민들이 섬기는 신들의 제의를 영화롭게 하는 데 기여했다. 누구도 전통적인 종교 대신에 황제 제의를 받아들이라는 강요를 받지는 않았다. 그 반대로 로마인들은 그들의 원래 고향 도시와 국가에서 섬기던 신들을 섬기는 일을 지지했으며, 이 신들이 반대 급부로 로마 국가를 지원해 줄 것을 기대했다. 비문에서는 황제를 모든 인간에게 평화를 가져다 주는 사람이나, "구원자"(헬, σωτηρ)로 칭송하면서, 그의 "출현"을 복음이라고 선포했는데, 이러한 용어들의 종교적인 내용은 기독교에서 사용되는 똑같은 용어가 담고 있는 중요성과 직접적으로 비교될 수 없다. 그러한 용어들은 공식적으로 빈번하게 사용되었다. 사람들은 황제에 의해서 평화가 확립되어 유지되는 데 대해 감사했고, 황제가 평화와 번영을 확고히 해 나갈 수 있도록 신들과 운명의 힘이 도와주기를 희망했다. 그러나 이것은 로마 제국이 인류의 종교적 동경과 영적 갈망의 성취일 수 있다는 의미를 함축하지는 않았다. 모든 사람들은 종교적인 욕구가 있을 때에 자신이 섬기던 옛 신들을 의지하거나 새로운 종교를 의지하거나 시장의 전도자나 철학자들을 의지했으며, 드물게 마술사나 점성가들을 의지했다.

그럼에도 불구하고 기독교인들은 황제 제의와의 심각한 갈등에 휘말렸다. 그러나 이는 로마 당국자들에 의해서 계획된 것도 아니고 이해된 것도 아니었다. 만일 기독교가 진정한 종교적 경험에 굶주려 있는 사람들의 영적 욕구을 충족시켜 주려는 운동에 불과했다면, 간혹 로마와의 불화가 있기는 하겠지만 화해할 수 충돌은 없었을 것이다. 그러나 기독교의 메시지는 새로운 세계 질서의 도래에 대한 열렬한 믿음에서 생겨난 것이었다. 물론 이 믿음의 긴장은 곧 완화되었으며, 종종 가까운 장래에 그리스도가 재림하시기를 바라는 기대도 완전히 사라진 듯이 보였을 것이다. 그러나 기독교인들은 나름의 정치적, 사회적 질서를 지닌 하나의 다른 왕국의 시민으로 머물러 있었으며, 그 세계의 통치자인 그리스도에게 충성을 서약했다. 이것은 항상 기독교인들의 확신의 중요한 부분으로 남아 있었다. 비록 기독교가 서로 반목하는 분파들로 분리되었지만, 그럼에도 불구하고 교회의 주요한 흐름에 있어서 영지주의자들, 몬타누스주의자들, 마르키온주의자들, 그리고 호교론자들은 서로 연합했다. 이스라엘 전통을 계승한 기독교인들은 다른 신들에 대한 믿음

아테네에 있는 로마-아우구스투스 신전에 나타난 명문
아크로폴리스 위에 있는 파르테논 뒷편에서 그 조각들이 짜 맞춘 이 신전은 기원전 27년 직후에 건축되었다. 벽돌들 중 하나 위에 기록된 이 명문은 "여신 로마와 구원자 아우구스투스의 제사장"의 헌정의 말을 기록했다.

을 용납할 수 없었기 때문에, 로마 세계의 질서와 그 제도들을 보전하기 위해서 황제를 국가의 신으로 승격시키는 것은 과대 망상이나 신성 모독일 뿐만 아니라, 그리스도의 주권적인 권위 및 그 주권에 함축되어 있는 새로운 세계의 이상에 대한 직접적인 도전이었다. 물론, 실질적인 면에서 기독교인들은 기꺼이 타협했다. 그들은 황제를 위해서 기도했고, 모든 사람이 평등하게 되어야 한다는 혁명적인 목표를 로마 사회의 이상에 맞추어 조정했다. 그리고 변증가들은 국가의 보전을 위한 유익한 덕목으로서 기독교인들의 엄격한 윤리성을 추천했다. 그러나 트라얀에게 쓴 플리니의 편지에 뚜렷하게 나타나 있듯이, 참 기독교인은 황제나 신들에게 희생 제물을 바침으로써 로마의 정치-종교적 질서에 대한 충성을 증명하려 하지는 않았다. 그리하여 황제 제의는 그리스도에 대한 충성을 가늠하는 척도가 되었다.

Bibliography to §6.5b: Bibliography

Peter Herz, "Bibliography zum römischen Kaiserkult (1955-1975)," *ANRW* 2.16. 2 (1978) 833-910.

Bibliography to §6.5b: Studies

J. Rufus Fears, *Princeps a diis electus: The Divine Election of the Emperor as a Political Concept of Rome* (PMAAR 26; Pome. American Academy, 1977).

Fritz Taeger, *CHARISMA: Studien zur Geschichte des antiken Herrscherkultes*, vol. 2: *Rom* (Stuttgart: Kohlhammer. 1960).

Lily Ross Taylor, *The Divinity of the Roman Emperor* (Middletown, CT: American Philological Association, 1931; reprint Philadelphia: Porcupine, 1975).

Ronald Mellor, *ΘΕΑ ΠΣΜΗ: The Worship of the Goddess Rome in the Greek World* (Hyp. 42; Göttingen: Vandenhoeck & Ruprecht. 1975).

Glen W. Bowersock, "The Imperial Cult: Perceptions and Persistence," in: Meyer and Sanders, *Self-Definition* 3. 171-82.

Amaldo Momigliano, "How Roman Emperors Became Gods," in idem, *Pagans, Jews, and Christians*, 92-107.

S. R. F. Price, "Gods and Emperors: The Greek Language of the Roman Imperial Cult," *JHS* 104 (1984) 79-95.

Idem. *Rituals and Power: The Roman Imperial Cult in Asia Minor* (Cambridge: Cambridge University Press, 1984).

Duncan Fishwick, *The Imperial Cult in the Latin West* (2 vols.; EPRO 108.1-2;

Leiden: Brill, 1987-1990).
Inez Scott Ryberg, *Rites of the State Religion in Roman Art* (Memoirs of the American Academy in Rome 2.2; Rome: American Academy, 1955).
Henner von Hesberg, "Archläologische Denkmäler zum römischen Kaiserkult," *ANRW* 2.16.2 (1978) 911-995.

(c) 미트라스(Mithras)

세국 시대에 지중해 세계에 널리 퍼져 있던 종교들 중에서 미트라스 제의는 특별한 위치를 차지했다. 미트라스는 새로운 신들 중에서 가장 동양적인 신이었고, 그 제의는 배타적인 비밀 모임을 통해서만 행해져 왔지만(미트라스의 제의는 엄격한 의미에서 하나의 "신비 종교"였다), 로마는 아무런 저항 없이 이 제의를 받아들였다. 3세기말에는 미트라스는 로마의 공식적인 신 *Sol Invictus(*솔리 인빅투스: 정복할 수 없는 태양신)이 되었다.

미트라스 제의는 1세기에 그레코-로마 세계에 처음으로 등장했는데 그 기원은 알려져 있지 않다. 미트라스는 페르시아에서 숭배되던 인도-아리안족의 신으로서, 그 이름의 뜻은 "계약"(covenant)이다. 헬레니즘 시대에 이란 출신의 본도의 통치자들과 이란 귀족들의 이름(미트라다테스, 미트라자네스, 미트로파스테스 등)은 미트라스 숭배가 지속되었음을 보여준다. 그 시대에는 이집트를 포함한 동부의 여러 지역에 미트라스의 신전이 있었다. 메디아(Media) 출신의 제사장 계층인 마기(magi)들이 이 제의의 공식적 제의 담당자들이었다. 그러나, 헬레니즘 시대의 미트라스 제의가 신비 종교라거나, 로마 세계의 미트라스 제의가 발달하는 데 있어서 이란의 요소들이 도구가 되었다는 증거는 찾아볼 수 없다.

페르시아의 미트라스 제의가 서부로 이동하는 동안에 신비 종교의 특징을 가지게 되었다고 추정할 수 있을 것이다(§4.3e; 4.4d). 그러나 미트라스 신비 제의는 본질상 헬레니즘 시대의 점성술에 기초를 두고 형성된 새로운 제의에 미트라스에 대한 페르시아의 전승에서 취한 명사를 사용한 것일 가능성이 많다. 미트라스에 대한 이야기와 신도들의 계층을 지칭하는 여러 가지 용어에는 점성술의 요소들이 스며 있다. 고대의 문헌에서는 이에 대한 정보를 거의 얻을 수 없으며, 오직 여러 회화적인 묘사들을 종합하여 재구성할 수 있을 뿐이다. 미트라스는 12월 25일에 어느 바위에서 탄생했고, 목동들이 선물을 가져왔다. 미트라스는 사냥하는 중에 황소를 만났는데, 이를 붙잡아 동굴로 끌고가서 단도로 죽였다(천문학상으로는 *Persues*와 *Taurus*). 죽은 황소의 피와 정액으로부터 새로운 생명이 자라났는데, 뱀(=*Drago*)이 그 피를 마시려고 했고, 전갈(=*Scorpio*)은 그 정액에 독을 뿌리려 했다. 태양과 달과 행성들과 네 개의 바람(four winds)이 이 희생을 목격했다. 미트라스는 태양(=*Helios/Sol*)을 만나서, 함께 그 고기를 먹고 황소의 피를 나눠 마시면서 계약을 맺었다. 솔(*Sol*; 태양신)은 미트라스 앞에 무릎을 꿇었고, 입맞춤을 받은 후에 악수를 교환했다. 이런 전설이 신비 의식을 행하는 것과 어떠한 연관을 갖는지는 알려지지 않았다. 이 제의의 의식은 20명 이상을 수용할 수 없는 조그만 지하 동굴에서 거행되었다. 이 동굴의 천정은 황도대를 지닌 하늘을 나타낸다. 이러한 동굴들 중 일부에는 구멍이 있어서 중요한 절기 때에는 태양빛으로 그 제의의 신상을 조명했다. 입문식은 일곱 단계로 구성되는데, 이것은 아마 일곱 개의 행성들을 풍유적으로 해석한 것과 연관이 있었을 것이다. 태양과 달을 "일곱 행성"에 포함시키는 전통적인 천문학과는 달리, 이 두 개의 행성은 일곱 개의 별과 병행하여 등장한다. 이러한 불일치에도 불구하고, 일곱 행성은 그 신도들의 엄격한 계급 구조—까마귀(*korax*), 벌의 요정(*nymphus*), 군인(*miles*), 사자(*leo*), 페르시아인(*persa*), 태양을 움직이는 자(*heliodromos*), 아버지(*pater*)—에 일치한다. 입문자는 "재생한 자"이라고 불리며, 서약을 통해서 미트라스의 군인이 된다. 군사 훈련과 복종이 이 신비 제의의 조직 속에 나타나 있다. "아버지"(*pater*)는 고급 단계의 입문식을 주재하며, 새로운 "동굴"을 성별하는 일을 주재한다. 이것은 로마 세계의 미트라스 신전들이 놀라운 통일성을 지녔던 이유를 설명해준다. 높은 단계의 미트라스 신비 의식에서는 자연 세계에 대한 언급이 분명히 나타나 있는데, 그것은 우주의 구성 요소들(불, 물, 공기)과 관련된다. 미트라스는 사 계절의 주인, 밭의 결실을 촉진하는 바 등으로 묘사되기도 한다. 죽임을 당한 황소의 꼬리에서 밀 이삭들이 솟아나왔다고 한다.

로마 제국 시대의 초기에, 제국의 여러 지역에 미트라스 신비 제의가 존재했다. 플루타크에 의하면, 폼페이가 정착시킨 킬리키아의 해적들이 서부의 속주에 이 제의를 전파했다고 한다. 미트라스교가 광범위하게 보급되었다는 증거는 기원전 1세기말까지는 나타나지 않는다. 그러나 그 시대에 미트라스 숭배가 가장 중요하고 영향력 있고 조직적인 신비 종교였음에는 의심할 나위가 없다. 심지어 4세기말에 줄리안 황제는 미트라스 제의에 입문했고, 헬리오스 왕에게 바치는 송가를 지었다. 미트라스교의 성소(*Mithrea*)들은 거의 모든 곳에서 발견되었는데, 특히 국경 지대의, 독일의 리메스(*Limes*)로부터 아프리카와 메소포타미아(Dura Europus)에 이르는 지역에서 발견되고 있다. 내륙 지방에서도 가끔 발견되었다. 그러나 로마 시에는 약 100개 가량의 성소가 있었을 것이며, 항구 도시 오스티아에서 발견된 것만 해도 16개나 된다. 그것들은 로마의 군대가 주둔했던 곳이나 상인들이 활동했던 곳에서 발견되고 있다. 이 군인들과 선원들과 상인들의 제의에는 남자들만 입문할 수 있었다. 인구 이동이 적은 지역이나 전통적인 가족 제도가 유지되고 있는 지역은 미트라스교에 대해 덜 개방적이었지만, 낮은 계층의 사람들에게만 입문 자격이 주어진 것은 아니었다.

미트라스교의 역사는 로마의 공식적인 정책이 널리 전파된 신비 제의들을 충분히 수용할 수 있었음을 보여준다. 그러나 기독교인들은 박해를 당했는데 반해 미트라스 제의는 수용되고 크게 장려된 이유는 적절히 설명하기가 불가능하다. 한 가지 중요한 이유는 아마 주민들 중 영향력 있는 사람들(많은 군인들이 포함됨)이 미트라스교에 입문했다는 사실일 것이다. 이 제의는 철저히 은둔적이었음에도 불구하고 다른 신들을 숭배하는 사람들을 받아들일 여유를 지녔다. 실제로 미트라스 동굴에서 그러한 신들의 상들이 발견되었다. 제국의 운명을 결정짓는 데 있어서 군인들의 역할이 증대하던 시기에, 로마의 지배 계층들은 국가의 군사화 된 권력 구조에 도전하지 않는 군인들의 종교를 받아들였다. 반면에 이러한 구조와 이상을 거부한 기독교인들은 의심을 받았다.

Bibliography to §6.5c: Texts

A. S. Geden, *Mirhraic Sources in English* (Hastings: Chthonios, 1990).
Grant, *Hellenistic Religions,* 147-49.
Meyer, *Ancient Mysteries Sourcebook*, 199-221.

Bibliography to §6.5c: Studies

Franz Cumont, *The Mysteries of Mithra* (Chicago: Open Court, 1903
M. P. Speidel, *Mithras-Orion: Greek Hero and Roman Army God* (EPRO 81; Leiden: 1980).
Roger Beck, "Mithraism since Franz Cumont," *ANRW* 2.17.4 (1984) 2116-34.
Idem, *Planetary Gods and Planetary Orders in the Mysteries of Mithras* (EPRO 109; Leiden: Brill, 1988).
David Ulansey, *The Origins of the Mithraic Mysteries: Cosmology and Salvation in the Ancient World* (New York: Oxford University Press, 1989).

Other important Literature on Mithras:

Leroy A. Campbell, *Mithraic lconography and Ideology* (EPRO 11; Leiden: Brill, 1968).
Robert Duthoy, *The Taurobolium* (EPRO 10; Leiden: Brill, 1969).
Gaston H. Halsberghe, *The Cult of Sol Invictus* (EPRO 23; Leiden: Brill, 1972).
M. J. Vermaseren, *Mithras: Geschichte eines Kultes* (UB 33; Stuttgart: Kohlhammer, 1965).

(d) 신 피타고라스 주의

헬레니즘 시대 말기에 피타고라스 운동이 다시 등장했다. 고대 그리스 시대의 피타고라스주의자들의 가르침의 기초는 철학자요 수학자요 하나의 종교의 창시자인 피타고라스에게 있었다. 피타고라스는 기원전 570/560년경에 사모스 섬에서 태어났다. 그는 바벨론과 이집트를 여행한 후에, 기원전 525/520년부터 이탈리아 남부의 크로톤(Kroton)에서 활동했다. 그곳에서 그는 하나의 단체를 설립했는데, 그 구성원들은 엄격하고 약간은 금욕주의적인 규칙에 따라서 생활했다. 피타고라스는 이 단체를 비밀스런 종교적 목적을 위해서 뿐만 아니라, 정치적 권력의 도구로서 설립했던 것으로 보인다. 이것은 이 단체의 조직에 반영된다. 이 단체는 "정치가들"과 "이론가들"로 구분되어 있었다. 이것은 아마도 나중에 사용된 "청중들"과 수학자들 간의 구분과 동일한 것이었을 것이다. 피타고라스 주의자들은 지배 계층 귀족들의 중요한 지지자가 되어 남부 이탈리아의 몇몇 도시에서 성공적으로 자리 잡았지만, 기원전 5세기의 민주적인 혁명 때문에 치명적인 후퇴를 경험했다. 비록 큰 효과는 없었지만 단기간의 회복은 가능했었다. 여하튼, 헬레니즘 시대 초기에, 피타고라스 주의자들은 사라지고 말았다. 후대의 피타고라스 주의자들은 이전의 피티고라스 주의자들을 직접 계승한 것이 아니다. 헬레니즘 시대 초기에는 사이비 피타고라스적 저술들이 있었는데, 그것들은 측정 학파에 속하지 않는 순수한 허구들이었다.

신 피타고라스 주의자들은 엄격하게 조직된 학파나 집단을 지니지 않은 새로운 운동으로 출현했으며, 그들의 교리도 부분적으로만 피타고라스적이었다. 종종 오르페우스교의 개념들이 사용되었다. 피타고라스적인 유산이라고 지적할 수 있는 것들은 사실은 모두 아리스토텔레스로부터 쉽게 배울 수 있는 것들이었다. 그 이유는 아리스토텔레스(또는 그의 제자들 중의 한 명)가 피타고라스의 교훈들을 수집하여 소위 아쿠스마타(*Akousmata*)라고 불리는 것을 만들었기 때문이다(고대의 피타고라스 주의자들은 스승의 가르침을 글로 남기지 않았고, 구전의 형태로 전수했을 뿐이다). 이 자료에 의하면, 피타고라스 주의의 전통은 과학적 개념 정의들, 지혜로운 격언들, 행동을 위한 지침들로 이루어져 있었다. 행동을 위한 지침들 속에는 식생활에 대한 법칙이 있었는데, 여기서는 영혼의 윤회라는 교리 때문에 주로 채식을 요구했다. 한편 의식적인(ritual) 정결(신전에 들어갈 때에는 흰옷을 입고 신을 신지 않으며, 시체의 화장을 금지하는 등의)에 관한 규칙들도 포함되어 있었다. 신 피타고라스 주의자들이 이런 규칙들을 따르는 생활을 하는 한, 그들은 고대 피타고라스 주의의 전통을 지속시키는 것과 마찬가지였다. 신 피타고라스 주의자들에 의해서 발전된 숫자의 상징주의는 그들의 관심을 대표하는 특징이었는데, 이는 고대 학파가 남긴 수학적 노고의 유산이었다. 결코 획일적이지 않은 철학적 입장에서 신 피타고라스 주의자들은 대체로 플라톤 주의를 지향하면서도 절충주의의 입장을 나타냈다. 그들은 플라톤의 이원론을 영혼 불멸의 교리, 그리고 귀신들에 대한 매우 현실적인 신념 등과 결합했다. 이 점에서 그들을 당시의 플라톤 철학자들과 구별하기는 어려웠다. 델포이의 제사장인 플루타크, 유대인 성서학자 필로, 그리고 기독교 변증가인 저스틴 등은 모두 이러한 신념들을 지니고 있었다. 나아가 필로와 플루타크도 피타고라스 주의자들처럼 숫자의 상징에 관심을 기울였다. 신 피타고라스 주의자들을 다른 철학자들로부터 구별해 주는 것은 그들이 전유했던 종교적인 내면적 성향, 특히 오르페이우스교(Orphism)로부터 기원한 개념들이었다. 오르페이우스적이면서 신 피타고라스적인 개념들은 언제나 구분될 수 있는 것이 아니었다(예를 들면 사후의 영혼의 운명에 대한 견해에서 볼 수 있다). 신 피타고라스 주의자들은 이 모든 것들을 결합하여 인간의 능력과 우월성이 철학자의 삶 속에 가시적으로 나타난다는 행동의 이상을 만들었다. 이 철학자들은 간혹 떠돌이 설교자로서 이곳 저곳을 돌아다녔는데, 이들은 오르페이우스교와 플라톤 주의가 널리 확산되게 된 중요한 요인이 되었다.

피타고라스 주의자들이 주장하는 이상적인 삶의 좋은 본보기는 필로스트라토스가 저술한 티아나의 아폴로니오스(Apollonios of Tyana)의 전기이다. 아폴로니오스는 1세기에 살았던 마술사요, 금욕주의자요 떠돌이 교사였는데, 이 전기는 약 1세기 후에 과거의 자료를 토대로 하여 저술되었다. 필로스트라토스는 피타고라스의 행동 원리를 따르는 삶의 특징들을 이 아폴로니오스의 전기에 반영하기를 원했기 때문에 그의 묘사는 이상화 되어 있다. 사실, 전기라는 장르는 피타고라스의 삶에 관한 이론적이고 체계적인 논문보다도 훨씬 월등하다. 사람은 친구나 공공 복지를 위해서 관대하게 행동해야 하며, 좋은 충고를 해주어야 하며, 어떻게 해야 올바르게 신들을 숭배하는지를 알아야 한다. 즉 제물이나 축제를 통해서가 아니라, 감각적인 세계를 멀리함으로써 신을 숭배해야 한다. 또 귀신을 분간하여 쫓아야 하며, 자기가 행한 모든 행동을 매일 성찰해야 하며, 의(義)를 떠나지 말고, 언제나 자신의 다이묘니온(헬, δαιμόνιον·신격)의 인도를 신뢰하여야 한다.

아폴로니우스는 이러한 이상의 화신(化身)으로서 필로스트라토스의 전기에 등장한다. 그는 제사장의 의복을 입고 여러 지방을 여행하는데, 항상 신을 섬기고 인간에게 선을 행하라는 자신의 소명에 충실했다. 그는 살아 있는 것들을 죽이지 않기 위해서 고기를 먹지 않았다. 그는 한 번도 목욕을 하지 않았고, 가끔 금식을 했다. 그는 귀신을 쫓아내고, 병든 자들을 고쳐 주었으며, 장래 일을 예언했고, 환영받는 곳이건 그렇지 못한 곳이건, 어디에서나 충고를 해주었다(그런 이유 때문에 그에게는 친구가 없었다). 많은 경우에, 이런 이상적인 모습은 당시의 기대들을 충족시켜 주었다. 사람들은 쉽게 신적 능력의 존재를 믿거나, 초자연적인 능력의 작용에 관한 신비적인 지식에 감동을 받았다. 피타고라스 철학자들의 금욕주의와 엄격한 도덕성은 일상 생활의 한계를 초월하는 인간의 위대함을 구체적으로 보여 주었으며, 불의로 가득 찬 세상에서 이루어지는 대부분의 일보다 더 의로운 것이 존재할 수 있다는 새로운 견해를 제시해 주었다. 피타고라스의 전기들과 아폴로니우스의 전기들은 성인들에 관한 종교적인 전설이었기 때문에, 그러한 기대들을 정확하게 충족시켜 주었다. 플루타크의 전기들과는 달리, 그러한 전설들은 도덕적인 결정을 내리기 위한 모형들을 제공하려는 의도를 가지지 않았지만, 신적인 능력들이나 보이지 않는 악한 활동력들과 인간 경험 사이의 연관성에 관한 통찰을 보여주었다. 신 피타고라스주의자들이 주장했던 것은 철학이 아니라, 거룩한 세계와 불멸에 대한 통찰을 원하는 개인의 갈망을 충족시켜줄 종교였다.

Bibliography to §6.5d: Texts

Holger Thesleff, ed., *The Pythagorean Writings of the Hellenistic Period* (Åbo: Åbo Akademi, 1965).

R. Navon, ed., *The Pyhthagorean Writings: Hellenistic Texts from the Ist Cent. BC-3d Cent. AD on Life, Morality Knowledge, and the World* (Great Works of Philosophy 3; Kew Gardens, NY: Selene Books, 1986).

Philostratos, *The Life of Apollonius of Tyana:* Greek texts and English translation by F. C. Conybeare in LCL (2 vols.).

R. J. Penella, ed., *The Letters of Apollonius of Tyana: A Critical Text with Prolegomena, Translation, and Commentary* (Mn.Suppl. 56; Leiden: Brill, 1979).

Cartlidge and Dungan, *Documents*, 205-42.

Bibliography to §6.5d. Studies

Ewen Lyall Bowie, "Apollonius of Tyana: Tradition and Reality," *ANRW* 2. 16.2 (1978) 1652-99.

Eikki Koskenniemi, *Apollonios von Tyana in der Neutestamentlichen Exegese* (WUNT 2.61; Tübingen; Mohr/Siebeck, 1994)

(e) 점성술과 마술

헬레니즘 시기 초기에 헬라어권의 세계에서 발견된 점성술은 운명에 대한 신념을 강화했다(§4.2c). 그러나 그것이 제시하는 새로운 세계관은 헬레니즘 시대 말기와 제국 초기에 이르러서야 전반적으로 퍼지게 되었다. 처음에는, 점성술은 유식한 상류층의 종교였다. 철저한 과학적 연구를 필요로 하는 점성용 천궁도(天宮圖)는 값이 매우 비쌌다. 그러나, 줄리우스의 태양력이 소개됨으로써 점성술 개념이 일반적으로 확대될 수 있는 길이 마련되었다. 점성술은 과학적으로 타당하게 여겨지는 체계를 통하여 우주의 법칙을 깨달을 수 있는 기회를 제공해 주었기 때문에 대중적인 인기를 얻었다. 인간의 정치적, 사회적, 그리고 경제적인 지평이 크게 확대되었기 때문에, 사람들은 인간들이 거주하는 평평한 표면을 지닌 지구, 신들의 거처가 있는 둥근 천장 모양의 하늘, 그리고 지하 세계를 지닌 우주에 대한 전통적인 이미지를 수정시켜 놓은 이 학문을 크게 환영했다. 점성술과 천문학이 이러한 수정을 가능케 했다: 지구는 끊임없이 변화하는 월하(月下) 세계의 중심 영역이 되었고, 죽은 자들과 영혼들의 장소는 고대 동양의 개념을 취하여 공기나 달이 있는 상부의 영역으로 이동했다. 태양과 항성들의 영역, 빛과 신들의 영역, 불과 정령들의 영역은 행성들의 궤도를 벗어나서 아득히 먼 곳에 놓였다. 인간들은 지상 세계에 있는 대체로 악한 능력들에게 노출되어 있지만, 고귀한 천상의 능력들과 친족 관계를 맺을 수 있었다. 사람의 영혼은 태양과 별들에게 속해 있었다. 우주의 법칙을 깨닫는 자는 누구나 낮은 영역에 있는 해로운 능력들을 예측할 수 있었으므로, 인간으로 하여금, 인간의 자아(自我)의 본향인 천상의 영역에 들어가지 못하게 하는 행성들의 마술을 깨뜨릴 수 있었다. 결국, 그러한 지식은 인간의 일상 생활 속의 여러 가지 상황을 처리하는 데에도 유용하다는 것이 입증되었다.

점성술은 사이비 종교적 속임수로서 헬레니즘 세계나 로마 세계에 들어온 것이 아니다. 그것은 우주의 진정한 본질에 대한 과학적으로 입증된 통찰로서, 위대한 학자들에 의해서 검토되고, 박식한 철학자들에 의해서 체계화 된 통찰로서 도입되었다. 지중해 동부 세계의 재조직, 그리고 아우구스투스가 수십 년 동안의 내전을 끝내고 평화를 정착시킨 일과 병행하여 줄리우스력이 도입되었다. 이 달력은 줄리우스 케사르가 과학적인 천문학을 근거로 해서 만든 태양력으로서, 오늘날까지 사용되고 있다. 그러나, 평범한 시민들은 이 달력이 엄격한 천문학적 계산의 결과라는 사실을 언제나 의식했던 것은 아닌 듯하다. 사실, 이 달력의 도입은 태양에 관한 종교적인 믿음에 의해서 촉진되었는데, 일주일을 구성하는 요일들의 명칭을 매일의 첫 시간을 다스리는 행성들을 따라 지은 것은 점성술적인 미신에 의해서 촉진되었다. 신년(New Year)을 기리는 축제의 확산 역시 점성술적인 신념에 의한 것이었다.

1세기초에는 모든 사람들이 점성술에 친숙해 있었고, 점성술과 과학적인 천문학간의 차이를 의식하지 못했다. 점성술의 상징들이 일상 생활에서 폭넓게 나타났다. 점성술을 다룬 대중적인 저술들을 쉽게 구할 수 있었으며, 이러한 책들 덕분에 길한 날과 흉한 날들에 관한 정보를 쉽게 구할 수 있었다. 이러한 저술들이 충분히 보존되어 있으므로 그 내용을 충분히 파악할 수 있다. 그 내용들은, 행성들과 별들이 뜨고 지는 시간을 따라서 하루를 예견하는 것, 황도대 상의 태양과 달의 위치를 토대로 한 예언, 한달의 각 날에 대한 정보를 포함하는 음력, 지진과 천둥이 발생하는 데 대한 설명, 마지막으로, 사람들의 잉태와 출생의 시간을 결정 지은 행성들에 따른 개인의 행동 양식이나 성격에 관한 묘사 등이었다. 그러나 이런 책들을 읽지 않아도, 점성술적인 상징들의 영향을 피하기는 어려웠다. 개인 건물이나 공공 건물, 종교적 건물(예를 들면 예루살렘의 회당)의 벽이나 문지방, 바닥을 장식한 모자이크 등에서 행성들의 궤도, 황도대의 징조, 달(月)과 계절들을 표현한 것을 찾아볼 수 있었다. 아우구스투스는 자신이 태어난 해인 염소좌(Capricorn)의 형상이 그려진 화폐를 주조했다. 군단에서는 현직 황제가 출생한 달의 12 궁도가 그려진 깃발이 사용되었다.

이러한 점성술의 개념에 따라 옛 신들이나 새로운 신들의 형상들도 변형되었다. 에베소의 아르테미스(Artemis)를 모조한 로마 시대의 신상들 중에는 황도대의 12 가지 상징들로 만들어진 목걸이를 하고 있는 여신의 모습도 있다. 신들은 가끔 빛나는 태양의 왕관들을 쓴 모습으로 묘사되었다. 이처럼 점성술적인 개념에 따라 신들을 새로이 이해하게 되었을 뿐만 아니라, 때로는 우주적인 능력들이 의인화 되었다. 이것은 이 새로운 세계관이 우주를 무심한 기계장치로 여기지 않았다는 분명한 증거이다. 새로운 종교의 신들은 점성술적인 능력들을 대표했고(이시스와 사라피스에 대해서는 §4.4a 참조; 미트라스에 대해서는 §6.5c 참조), 동양적인 원형들(prototypes)은 영원과 무한의 인격화이며, 우주적인 시간의 지배자인 아이온(Aion) 신을 창조했을 것이다. 그는 최고의 초월적인 신 바로 옆에, 두번째 신으로서 서 있었고, 만유의 쉴 새 없는 움직임이나 별들의 회선, 생성과 소멸, 출생, 죽음, 재생 등을 관장했다. 그러므로 그의 상징물은 계속적으로 자기를 젊어지게 하는 뱀이나, 재(灰)로부터 소생하는 불사조였다. 아이온 신을 위한 특별한 제사 장소들이 있었지만, 독립된 아이온 종교가 있었다고 말할 수는 없다. 이 신은 그 당시의 일반적인 세계관에 속한 것이었다. 이 신은 다른 신들과도 연관되었다. 이 신은 신통 계보학(theogony)과 우주 신화론(cosmogony)에서 창조자 역할을 한다. 헤르메스교의 저술에서, 그는 가장 높은 신의 첫번째 형상이며 능력이었다. 마술 의식에서는 모든 에너지의 근원으로 간주된다. 점성술 개념이 광범위하게 확산 되었음은 그 당시의 유대인들과 기독교인들의 저술에서도 입증된다. 사해 근처의 쿰란 공동체는 태양력을 사용했다. 『희년의 책』에도 태양력이 등장한다. 묵시주의적인 저술들에는 숫자들, 상징들, 그리고 점성술로부터 유래한 우주론적인 이미지들이 가득하다. 요한계시록(12:1 이하)에서는 태양으로 옷 입고, 달 위에 서 있으며, 12개의 별들(12궁의 상징들)로 이루어진 면류관을 쓴 여자에 대한 환상을 묘사했는데, 이것은 기독교인들조차도 신화론적인 상징들을 묘사하는 데 있어서 점성술과 관련된 개념들의 영향을 피할 수 없었음을 말해 준다.

점성술과 함께 마술이 등장했다. 마술은 멸시를 당하면서도 수요가 많았으며, 공식적인 종교들과 그들의 의식들 저변에 보이지 않게 존재해 왔다. 마술적인 의식과 종교 의식은 서로 유사했지만, 마술은 그늘에 머물러 있었고, 종교들처럼 공적인 입장을 가지지 않았다. 마술사들은 제사장들이나 신학자들처럼 공식적으로 임명되거나 선출되지 않았다. 마술사의 능력은 공식적인 제도나 인정된 전통에 근거하지 않았고, 수련자의 입장에서 전문적인 대가에게서 배우고 연습을 통해 닦은 기술적인 법칙에 기초를 두었다. 종교는 정치적, 사회적 공동체에 중대한 의미를 가지는 삶의 모든 경험에 관심을 두므로, 전쟁이나 평화, 죄책감과 용서, 파종과 추수, 가정과 결혼 등을 다룬다. 그러나 마술사는 이러한 영역들 밖에 있는 능력들, 즉 자연의 능력, 우주의 에너지, 선한 귀신과 악한 귀신들 등을 통제하는 것을 배운다. 그는 인간 실존의 한계들—임신과 출생, 죽음과 지하 세계, 그리고 또한, 질병, 개인적 재난, 불법적인 연애 경험, 외국으로의 여행 등 "미개척의" 경험들—을 통제한다.

헬레니즘 시대 말기에 나타난 발전상은, 많은 사람들이 전통적인 종교보다 마술을 더 중요하고 매력적으로 보는 상황을 조성했다. 두 가지 요소가 마술이 발전할 수 있는 길을 열어 주었다. 첫째는 철학이 국가에 대한 충성 및 정치적인 교육을 제공해 왔던 임무를 버리고 자연이나 우주, 영혼, 내세 등에 관심을 돌렸다는 사실이다. 나머지 요인은, 별들의 능력과 인간의 운명과의 관계를 보여줄 수 있다고 선전하면서 점성술이 승승장구하게 되었다는 사실이다. 그리하여 점성술과 마술이 제휴하게 되었는데, 그것은 마술에서는 그 기술이 자연과 우주의 능력들의 신비한 그물 같은 조직 속으로 개입한다고 여겼기 때문이다. 지상의 것들과 천상의 것들, 별들과 인간들, 혼과 몸, 영과 물질, 언어와 예전(sacrament), 이름들과 신들 등 모든 것은 우주의 원칙에 "과학적으로" 일치하는 것들과 상응하는 부분으로 보여졌다. 만약 어떤 사람이 별들의 법칙 및 그것들의 힘과 길을 알고 있다면, 그리고 그것들이 지상 세계에 있는 상응하는 것들과 밀접하게 연결되어 있음을 알고 있다면, 인간의 통제 하에 있는 사물들 안에서 접근이 가능한 곳이라면 어디에서나 우주적 에너지들을 조종함으로써 별들의 힘에 영향을 끼칠 수 있었다. 이처럼 점성술 덕분에 마술은 우주의 능력들에게 영향을 끼칠 수 있는 기술이라고 새롭게 주장할 수 있게 되었다. 만약 인간의 운명이 별들에 의해서 결정되거나, 선하고 악한 귀신의 능력이 끊임없이 인간의 삶을 방해한다면, 마술은 인간의 이익을 위해 그런 귀신들을 복종하게 만들어 주며, 운명의 명령들을 제압하게 해 주겠다고 제안한 것이었다.

로마 시대의 마술 파피루스들, 그리고 다른 자료들에 나타난 단편적인 정보들은, 마술에서는 이용 가능한 모든 것을 사용한다는 것을 보여준다. 그로 인해 나타난 결과는 한계를 모르는, 공인되지 않은 종교 혼합 주의였다. 특정한 우주적 능력이나 귀신들은 다양한 종교 안에서 각기 다른 이름들을 가질 수 있기 때문에, 그 능력에 간청하기 위해서는 이런 모든 이름들을 발음해야 했다. 그리스 신들의 이름들 외에도 이집트와 유대의 하나님의 명칭들(예를 들면, Iao=Yahweh; Sabaoth)을 비롯한 여러 신들의 이름, 그리고 신비하고 인위적인 용어들도 발견된다. 종류가 너무도 많아서 다 나열할 수도 없는 마술의 도구들을 보충하기 위해서 종교적인 전통들로부터 차용된 새로운 도구들이 사용되었다. 이런 것들중에는, 히브리어 문장들을 그리스어로 옮겨 놓은 것들, 이집트의 신비 종교들로부터 온 예식을 위한 기구들, 우주 발생론 낭송, 의술적/과학적 안내서들로부터 차용되어 옛 마술이나 종교 의식과 결합된 교묘한 속임수 등이 있었다. 마술의 이런 혼합주의적인 과정은 종교적인 공동체들이나 제도의 규제를 받지 않았기 때문에, 동양의 자료들이 아무런 방해를 받지 않고 침투할 수 있었다. 마술에 관한 파피루스에는 유대교의 자료들이 현저하게 많은데, 이는 유대인 마술사들의 성공적인 활동이나, 유대 마술 서적들(가끔 솔로몬의 이름으로 출간됨)의 광범위한 보급 등과 분명한 연관을 가졌다.

로마 제국 시대의 마술의 보급과 성공을 과대 평가하는 것에는 무리가 있다. 기원전 1세기에 "갈대아인들"과 마법사들을 로마에서 추방하려는 몇 차례의 시도가 있었다. 그러나 그들은 다시 돌아왔고, 어디에서나 그들을 발견할 수 있었다. 그들은 시장에서 마술을 공공연히 선전하거나, 암암리에 자신들을 발견할 수 있는 장소를 알려주기도 했다. 마법사 "철학자"나 뒷골목 종교의 여사제, 또는 마술 서적 등을 구하기가 그리 어렵지 않았다. 그렇지 않았다면, 어떻게 사람이 자기 뜻에 사람들을 복종시킬 수가 있으며, 정치적인 적대자를 제거하며, 의사들도 고치지 못하는 질병에서 치료되며, 불길한 징조에도 불구하고 중요한 사업 여행을 할 수 있었겠는가! 사람들이 위협적인 운명에 순응하려 하지 않을 때, 마술사들이 절실히 필요했다. 마술은 곧 사회의 모든 계층을 잠식했다. 철학과 종교는, 점성술의 영향에 대해서도 그러했듯이, 마술 앞에서 무력했다. 『요한의 행전』(*Acts of John*)에서, 사도가 마술을 사용해서 빈대들을 여관에서 쫓아냈다거나, 『베드로의 행적』(*Acts of Peter*)에서 베드로와 마술사 시몬이 마술을 실행하면서 서로 경쟁했다는 기록을 볼 때, 시장터의 종교적 경쟁에서 자주 행해진 마술에 대한 고발들이 정당한 것인지 의아해진다. 점성술과 마술을 통해서, 종교들은 자기들이 별들의 운명으로부터 자유롭게 되는 방법이나, 악한 능력들을 통제할 수 있는 방법을 지적해 줄 수만 있다면 성공할 수 있다는 것을 깨달았다. 이집트 종교나 미트라스교뿐만 아니라, 기독교와 유대교의 전도자들은 이 점을 매우 잘 알고 있었다. 그러나 헤르메스교와 영지주의는 이런 도전에 대한 답을 그들의 종교적 프로그램에 포함시켰다.

Bibliography to §6.5e: Texts

Karl Preisendanz, *Papiri Graeci Magicae* (2d ed. by Albert Henrichs; Stuttgart: Teubner, 1973-1974)

Hans Dieter Betz, ed., *The Greek Magical Papiri in Translation. Including the Demotic Spells*. Vol. 1: *Texts* (2d ed.; Chicago: University of Chicago Press, 1992).

Georg Luck, *Arcana Mundi: Magic and the Occult in the Greek and Roman World: A Collection of Ancient Texts Translated. Annotated and Introduced* (Baltimore, MD: Johns Hopkins University Press, 1985).

Bibliography to §6.5e: Studies

Franz Cumont, *Astrology and Religion Among the Greeks and Romans* (New York and London, Putnam's, 1912).

Fritz Graf, *La magic dans l'antiquité gréco-romaine* (Paris: Les Belies Lettres, 1994).

Frederick H. Cramer, *Astrology in Roman Law and Politics* (MAPS 37; Philadelphia: American Philosophical Society, 1954).

Hans Dieter Betz, *Hellenismus und Urchristentum* (vol. 1; Tübingen: Moh/Siebeck, 1990).

O. Neugebauer and H. B. van Hoesen, *Greek Horoscopes* (MAPS 48; Philadelphia: American Philosophical Society, 1959).

Christopher A. Faraone and Dirk Obbink, eds., *Magika Hiera: Ancient Greek Magic and Religion* (New York: Oxford University Press, 1990).

John G. Gager, ed., *Curse Tablets and Binding Spells from the Ancient World* (New York: Oxford University Press, 1992)

(f) 영지주의와 헤르메스교(Hermetic Religion)

아우구스투스 시대의 초기에, 로마 제국은 국가 내부의평화를 보장하기 위한 정치적 프로그램을 제안했다. 이 프로그램은 크게 성공했고, 그 결과는 오래 지속된 경제적 호전이었다. 당시에 존재하고 있던 종교들이 장려되고 강화되었다. 황제 제의에 대한 정치적 선전은 도처에 즐비했다. 황제의 동상, 조각, 주화, 명문 등은 누구도 놓칠 수 없는 증거였다. 황제 제의는 나름의 신전과 축제와 경기를 지닌 공적인 종교에 포함되었다. 만일 신들이 인간 세계에 축복을 주기로 결정했다면, 인간 사회의 우두머리이며 동시에 인류에게 주는 신의 축복을 중개하는 신적 도구인 케사르 아우구스투스를 통해서 축복이 주어졌을 것이다. 이러한 정치적 질서, 그리고 보다 근본적으로는 세계가 인간의 삶을 살 만한 가치가 있는 것으로 만들어 줄 수 있었을까? 철학은 이미 이 문제를 고려하지 않기로 결정했다: 학교에서는 형이상학을 요구하지 않았다. 로마인들은 이미 오래 전에 철학적 윤리학의 정치적 효용성에 관심을 기울였다. 사람들은 이 세상과 그 분주한 활동들로부터 뒤돌아 설 수 있었고, 호화로운 일이나 쾌락에 대한 갈망 등을 책망할 수 있었다. 또 모든 사물로부터 회의적인 거리를 두거나, 냉소적으로 만족하면서 독립할 수 있게 되었다. 한편, 그들은 개인적인 문제나 어려움, 그리고 의미 추구에 대한 해답을 제공해주고 사람들과의 교제도 제공해준 새로운 포교 운동 중 하나에 합류할 수 있었다.

(1) **영지주의**. 그러나, 모든 질문들에 대해 단 하나의 메시지를 가지고 답할 수 있다고 주장할 수 있는 종교 운동은 영지주의(Gnosticism)뿐이었다. 영지주의는, “인간이 살고 있는 이 세계는 도대체 무엇인가?”라는 중심 질문에 대한 답을 알고 있었다. 이 세상은 운명적 사건의 비극적인 산물이며, 본질상 세상의 일부가 아니라 초월적인 신의 일부인 인류는 이 운명적 사건의 한복판에 갇혀 버렸으며, 이 세상에서는 아무런 용무도 없는 이방인이다. 인간의 문제는 세상이 존재하고 있다는 바로 그 사실이다. 구원이란 세상이 원래의 무(無)로 되돌아감으로써 인간들이 그들의 신적 근원으로 되돌아갈 수 있는 자유를 얻는 것을 의미했다. 인간이 진정한 자아를 인식할 수 있게 될 때, 세상이 인간의 경험에 대해서 그 힘과 주장을 상실한다. 이것이 바로 gnosis, 지식, 자신의 자아와 신에 대한 인식이다. 인간들은 이 세상에 붙들려서, 수감되어 있으며, 덫에 걸려 있고, 미혹 되었으며, 눈 멀고 잠들어 있으며, 이 세상에 의해서 도취되어 있기 때문에, 그들로 하여금 깨어 자신의 참된 자아

를 깨닫게 하기 위해서는 외부로부터의 부름이 필요하다. 세상에서 이런 부름을 발하는 것이 계시자(revealer)의 임무이다. 그 부름의 내용은, 인간은 신의 영역에 속하며 이 세상에서는 이방인이라는 메시지이다. 신과의 동등성을 지닌 사람들은 이 부름을 들을 수 있고, 자신의 참 자아를 인식할 수 있으며, 이 깨달음을 통해서 자유롭게 될 수 있다. 영지주의의 메시지는 사람들로 하여금 비극적인 실패작에 불과한 세상 밖으로 나가는 길을 발견하도록 도와준다. 그 메시지는 다음과 같은 질문에 대한 대답을 준다: 나는 어디에서 왔는가? 나는 왜 이 세상에 존재하는가? 어떻게 해야 돌아갈 길을 발견할 수 있는가? 그러므로 영지주의 신화에서는, 태초의 신들의 기원(신통 계보학), 비극적이고 운명적인 유혹(우주 발생론), 신적인 기원의 실재로 되돌아가는 "길"(종말론) 등에 대해 말한다.

그러나 종교 역사가들이 볼 때에, 영지주의에 대한 이러한 묘사는 만족스럽지 못할 것이다. 종교들의 상대적인 역사는, 발달상들을 묘사하고, 종속물들을 이해하며, 새로운 현상들을 소개함으로써, 어떻게 그런 것들이 이전의 종교적 개념들과 연관을 맺는지, 아니면 그것들에 의해서 야기되는지를 깨닫게 하려 한다. 그러나 영지주의의 새로운 종교적 통찰은 결코 과거의 종교적 운동이나 전승에서 유래된 것이 아니다. 영지주의가 유대교에서 나왔는지, 아니면 기독교나 플라톤 주의에서 나왔는지를 묻는 것은 무의미하다. 영지주의의 기원은 특수한 역사적인 종속물이나 발전물이라는 견지에서는 설명될 수 없다. 영지주의적 통찰이 지닌 근본적인 기이함은 이러한 설명을 불가능하게 하지만, 그럼에도 불구하고, 그 기원에 관해 제기되는 일반적인 질문을 좌시할 수도 없다. 영지주의 종교는 역사적으로 사회적, 정치적 정체성이 많은 사람들에게 문제시 되었던 시대에 출현했다. 폴리스나 민족 국가와 같은 기존의 사회 제도들이 종교적으로 인정되고, 그에 따라 종교적 의미를 부여 받았다. 대부분의 사람들의 경우 정치적/종교적인 본향은 모두 동일했다. 그러나 우주가 인간의 본향이라는 헬레니즘 시대의 사상으로 말미암아 인간은 낯설고 친숙하지 않으며, 전통적인 친숙한 종교적 신념들에서 유래된 개념으로는 이해할 수 없는 본향에 직면한 것이다. 많은 해결 방안이 제시되었다. 스토아 철학자들은, 사람들이 자신을 일반적인 세계의 시민으로서, 그리고 만물 안에 스며 있는 거룩한 로고스의 일부로서 이해하는 것을 배워야 한다고 말했다. 새로운 종교들은 온 우주의 지배자라고 불리는 신들을 선포했다. 그러나, 이런 신들의 통치나 지배가 로마 제국의 시민들이 복종해야 할 정치 권력과 동일시된 것은 아니었다. 더욱이 하늘과 천상 세계로 눈을 돌린 사람들은, 사람들에게 늘 호의적이지만은 않은 귀신들이 하늘에 가득 차 있다는 것, 별들이 길한 날들보다는 흉한 날들을 가져온다는 것, 12궁의 별들은 신들마저도 복종해야 하는 엄격한 법칙들을 선언하고 있다는 사실 등을 알게 되었다. 이러한 세계의 경험이 영지주의적인 종교와 그 메시지를 위한 기본 전제이다. 영지주의는 오직 세계를 낯선 장소로 경험하는 것이나, 인간으로 하여금 자신의 진정한 자아를 깨달을 수 있게 하는 신적인 부름의 메시지를 경험하는 것에서만 유래할 수 있다.

영지주의 메시지에 대한 보다 정확한 진술이 가능하다. 영지주의의 기원에 관한 논쟁에서 제기되는 실제적인 질문은, "이미 알려진 고대의 종교들 중에서 어느 종교의 용어에서 영지주의적인 메시지가 처음으로 나타나는가?"였다. 현존하는 영지주의 저술들의 대부분은 스스로 기독교인이라고 주장하며, 항상 그렇지는 않지만 대체로 예수가 영지주의의 가르침을 가져온 자라고 믿은 사람들이 저술한 것이다. 이것은 2세기초에 이미 알려진 사실이다. 그런 저술들 속에는, 영지주의적 신앙이 기독교의 전통과 언어들과 밀접하게 얽혀 있는데, 얽혀 있는 다양한 요소들을 푸는 것은 지금도 어려운 일이다. 그러나 기독교적 영지주의의 저술들 속에서는 기독교적인 용어나 개념들로부터는 쉽게 유추될 수 없는 것들이 많이 존재한다. 특히 두드러진 것으로는, 신들의 발생이나 우주의 기원에 대한 신화들, 형이상학에 기초한 이원론, 그리고 계시자에 대한 신비적인 묘사 등이다.

변증가였던 힙폴리토스(Hippolytos)는 영지주의적 이단들이 그리스 철학의 저속한 교리들 받아들여 이단적인 개념들을 조성했다고 비난했다. 영지주의의 이원론을 두고 본다면, 후일 기독교적 영지주의자들은 자신의 가르침을 그리스 철학의 용어로 진했기 때문에, 힙폴리토스의 말이 맞다. 그러나 고대의 영지주의적 저술들에는 신화적인 용어나 개념이 지배적으로 나타나기 때문에, 철학으로부터 유래했을 것이라는 가정은 옳지 않다. 이런 신화적인 자료들은 궁극적으로 고대 동양의 신화적 전승에서 유래한 것들이다. 그러나 이러한 전승들이 헬레니즘 시대에 어떻게 지속되고 발전되었는지에 대해서는 알려진 바가 거의 없다. 영지주의적 이원론의 어떤 특징들은 이란(Iran)에 근원을 두고 있지만, 그 시대의 페르시아의 종교에 대한 우리의 지식이 적기 때문에, 이란의 구원 신비종교(salvation mystery)가 영지주의적 종교의 전형이라는 것은 근거 없는 추측에 지나지 않는다. 가나안의 창조 신화들이 영지주의의 우주 발생론을 형성하는 데 사용됐다는 것은 다소 개연성이 있지만, 이를 입증하기는 어렵다. 이것을 뒷받침하는 몇 가지 셈어 용어들이 있기는 하지만, 완벽하게 증명하기는 어렵다. 게다가 이스라엘에서 유래된 자료들은 가나안을 비롯한 동양의 신화론들을 수용하고 비평적으로 수정했다는 것을 증거해 준다. 그러므로 우리는 초기 영지주의의 비유적 표현의 발달을 보여주는 증거들이 당시의 이스라엘 종교의 혼합주의적인 형태들과 비근한 것이 아닌지의 여부를 알아 보아야 한다. 특히 영지주의의 문서들 내에 존재하는 바 신화론적인 창세기 해석들을 고려해야 한다. 최근에 낙 함마디(Nag Hammadi)에서 발견된 문서들을 학문적으로 계속 연구함으로써 보다 설명을 기대할 수 있게 되었다.

최소한 영지주의적 개념의 발달의 윤곽은 꽤 분명하게 파악될 수 있다. 만약 유대적인 요소들을 강조한다고 해도, 그것이 영지주의의 기원을 유대교로 간주하려는 것은 아님을 기억해야 한다. 유대인들이 영지주의의 가르침을 수용한다는 것은 하늘과 땅의 창조자요 이스라엘 역사의 주인인 그들의 신과의 철저한 관계 단절을 수반한다. 영지주의의 기원이 유대교에 있다고 보는 것은 이를 기독교에 있다고 보려는 시도와 마찬가지로 개연성이 없다. 그러나 영지주의와 대단히 유사함을 보여주는 유대의 저술이 최소한 하나가 있다. 즉 『솔로몬의 지혜』(*Wisdom of Solomon*)는 이스라엘의 적법한 지혜 전승의 틀 안에서 영지주의 신학을 선포한다. 사실 이 책은 가시적인 피조 세계를 악한 세력의 작품이라고 여겨 거부하지는 않는다. 이 책에서 현자(wise man)는 가시적 세계에서는 멸시받는 이방인으로서 결코 그 세계에 속하지 않으며 다만 그가 자신 안에 있는 지혜의 음성을 깨닫고 자신의 참된 신적 기원을 깨달을 때까지만 거하는 것으로 묘사된다(§5.3e). 그러나 다른 이들은 보다 급진적인 결론을 이끌어 내었다. 그들이 이스라엘 백성인지 아닌지는 굳이 따지지 않아도 된다.

어쨌든, 이처럼 모든 창조, 특히 인류의 창조의 파산을 선포하는 작품들 속에서, 성경의 첫번째 책은 산파 역할을 했다. 헬레니즘 시대의 유대 성경 주석학의 요소들도 분명히 작용했다. 알렉산드리아의 필로는, 사람들이 신적 영역(플라톤적인 용어로는 이데아의 세계) 내에서의 진정하고 본질적인 인간 창조와, 이의 모조물에 지나지 않는 지구상의 인간 창조를 구분하는 방법을 배워 왔다고 말했다. 필로는 또한 가시적 세계의 형성에 선행하는 신적인 세계의 전개 과정을 이해하려는 노력에 대해서도 증거해 준다(§5.3f). 만약 필로가 창조에 관한 그의 진술에서 점성술이나 신화적인 사상의 사용을 용납하지 않았다면, 그는 다른 사람들을 강압하지 않는 유대인이요, 한 명의 철학자로서 자신을 제한했을 것이다. 그는 비록 창조의 중개인이 누구인지를 알고 있었지만, 최고의 신과 하급의 창조 신을 구별하지 않으려고 매우 조심했다. 그러나 하위의 창조신인 데마울고스(헬, δημιουργός, 라틴, demiurgus)가 중요한 역할을 하는 플라톤의 대화집 타매우스(*Timaeus*)는 철학 교과서로 오랫동안 사용되었다. 결국 포로기 이후의 유대교는 인간의 본질과 세상의 경륜을 이원론적인 개념으로서 이해하게 되었다. 이 우주론적 이원론은 대중화된 플라톤의 이원론의 형태로 나타났으며, 또한 하나님과 벨리알(헬, Βελιαλ), 빛의 천사와 어둠의 천사, 역사 속의 악의 능력과 장차 나타날 하나님의 초월적 능력들의 전쟁에 대해서 말하는, 신화적인 이원론의 형태로 나타났다(§5.2b-c).

사람들은 지혜, 우주 발생론과 점성술, 이원론과 창세기 해석, 율법과 묵시 사상, 하나님, demiurge, 천사들, 귀신들, 사탄 등의 신화적인 개념들을 언제 어디서나 접할 수 있었고, 그러면서도 율법을 준수하는 이스라엘인으로 남아 있거나 플라톤 철학자가 될 수 있었으며, 광신적인 메시아 대망자가 될 수도 있었다. 그러나 이런 모든 요소들을 새로운 구원관이나 세계관으로 융합시키기 위해서는 영지주의라는 촉매가 필요했다. 낙 함마디(Nag Hammadi)에 있던 도서관의 몇몇 책들은 신화론적 영지주의의 초기 시대에 속하는 것으로 보이는데, 이 책들 속에는 기독교적인 요소가 완전히 빠져 있거나, 나중에야 피상적으로 소개되었다 『요한의 외경』(*Apocryphon of John*)과 같은 작품에서는 여전히 새로운 영지주의적 통찰에 의해서 야기된 왕성한 욕구를 느낄 수 있다. 이 새로운 공식은 모든 사물에 대하여 의로운 것들을 흡수하며 아무런 부족함이 없게 할 수 있었다. 이런 저술들 중 일부를 골라서 읽으면 일종의 현기증을 느낀다. 합리적인 신학자들이 신중하게 취급했을 단어들과 용어들이, 부신(父神, father-god)의 예언에 사용되었고, 놀랄 정도로 빠르게 암송되었다:

"완전한 이는 위엄이 있고, 정결하며, 측량치 못할 만큼 위대하시다. 그분은 영원(aeon)을 주시는 영원(Aeon)이시고, 생명을 주시는 생명이시며, 축복을 주시는 복된 분이시며, 지식을 주시는 지식이시며, 선을 주시는 선이시며, 자비와 구원을 주시는 자비이시며, 은혜를 주시는 은혜이시며…그의 영원(acon)은 파괴될 수 없으며, 평안과 고요함 속에서 모든 것들보다 먼저 존재하신다."

(Apoc. *John*, NHC II, 1.4, 1ff.)

그 뒤에는, 거룩한 영적 세계(pleroma)가 형성됨에 따라 신과 aeon들이 행하는 불가해한 움직임에 대한 묘사가 이어진다. 그리스의 용어들(Ennoia, Pronoia, Autogenes)은 신들이나 천사들을 지칭하는 동양적 명칭들(Barbelo, Oriel, Daveithai, Pigeraadamus)과 연결되었다. 그 다음에는 Sophia, Yaltabaoth, 그리고 신적인 aeon들의 형상을 따라서 낮은 세계를 창조하는 demiurge 등의 용어들이 폐기되었다. 이 점에서 저자는 성경의 첫 구절과 접한다. 그러나 그 다음에 나오는 것은 균형 잡힌 주석이 아니라, 아담의 창조 시의 demiurge와 그의 조력자들의 복잡한 활동이다. 매우 정교한 해부학적인 열거가 여기에 사용되었고, 사람의 신체 각 부분에 천사들이 배정되었는데, 각각의 이름은 종교의 역사에 알려지지 않은 것들이었다. 창세기 2-3장의 문장들은 짧은 표현들로 즉흥적이지만 예리하게 해석되었는데, 여기서는 실패한 창조의 최고의 능력이 이브와 관계하여 엘로힘과 야훼를 낳았다는 등 정통적 유대의 해석자들은 입에 담지도 못할 입장을 취하고 있다. 이는 터무니 없는 말이거나 전통에 대한 천재적인 재평가로서, 이 세상의 존재가 기형적이며 위험스러운 실패작이라고 진술한다. 이러한 주장에 대해 알고 난 후에 이 책의 마지막 부분에 기록된 다음과 같은 메시지를 들어야 한다: "귀 있는 자는 깊은 잠에서 일어나라," 그리고 "가난의 천사들과 혼동의 귀신들, 그리고 너를 유혹하는 모든 것들로부터 너 자신을 보호하라."

사실, 이것은 많은 영지주의적 표현의 일부에 지나지 않지만, 영지주의를 처음으로 선포할 때에 사용된 언어와 깊은 관련을 가진 하나의 변형이다. 영지주의적 저술들의 많은 변형들 안에서 창세기에 대한 신화적인 해석이 발견된다. 그러나 영지주의의 메시지에서는 다른 장르들을 개작하기도 했는데, 여기에는 전통적인 종교나 철학에 대해 신화론적인 영지주의만큼 공격적이지는 않은 것들이 많이 포함된다. 영지주의적인 메시지는 "변형"에는 놀랍도록 적합했지만, 무정부 상태(anarchy)를 제안하거나, 이생의 삶이 가지는 모든 의미를 부인하는 것 등이 항상 그 저변에 깔려 있었다. 영지주의는 특별히 많은 노래나 송가들을 작곡했다. 이러한 시적 작품들 속에서는 창조의 비극적 사건에 대한 묘사는 대체로 생략되었다. 신앙심의 표현인 송가(hymn)는 인간의 참 자아가 발견되는 계시자와 영혼의 관계를 묘사하는 데 적합했다. 여기에서도 영지주의적 전제들이 나타난다: 계시자는 지상적인 영역과는 전혀 관계가 없는 다른 세계에서 오는데, 영혼의 구원은 이 땅의 모든 능력들을 정복한다. 예수의 말씀도 영지주의적 계시자의 부름으로 해석되었다. 가시적 세계의 무상함을 지적하기 위해서 전통적인 묵시 문학적 표현들이 사용되었다. 보다 발달된 영지주의의 금언 전승(sayings tradition)에서는, 창조에 대한 진술이나, 영혼의 본향인 하늘로 가는 길에 대한 진술 등이 추가되었다. 유대의 기독교 내에서는 영지주의가 율법 해석의 전통에 영향을 끼쳤다. 그리하여, 율법의 우주론적인 차원, 거짓된 전망과 진정한 전망의 구분을 다루었는데, 진정한 전망은 모세라는 인물 속에 나타난 천상적 계시자로부터 유래한다.

(2) **헤르메스교의 저술들**. 주로 그리스어로 보존된 저술집 *Corpus Hermeticum*은 영지주의와 철학을 조화시키려고 시도했다. 이 집성에는 24권 이상의 책이 포함되어 있는데, 여기서는 그리스의 신인 헤르메스(Hermes)가 하늘의 사자요, 계시자요, 아버지요, 인격화된 이성(*nous*)이며, 비법 전수가로 등장한다. 즉 셋째로 위대

한 헤르메스 신(Hermes Trismegistus)이다. 대부분의 글은 아마도 종교적, 철학적 입장이 상이한 저자들에 의해서 2세기에 기록되었을 것이다. 하지만 이 모든 글들은 종교에 대한 혼합주의적인 이방 철학을 공통적으로 제시하고 있는데, 이는 인간이 가르칠 수 있는 계시로서 제시되었다. 어떤 글들은 철학적인 영지주의의 가르침을 조장하고 있다(특히, I *Poimandres*와 XXIII *Kore Kosmou*; Nag Hammadi에서 발견된 저술들 중에서도 2개의 헤르메스교에 관한 글이 발견되었다: NHC VI,1과 VI,8). 온건한 이원론과 범신론적 세계관을 특징으로 하는 절충적인 철학 종교를 옹호하는 영지주의의 논쟁들을 다룬 책들도 있다. 세상의 생성을 창조의 행위로 보거나 물리적 과정으로 보거나 또는 방사의 산물로 보거나 상관 없이, 세상의 생성에 대한 신화론적인 진술들이 이 저술들의 초점이었다. 거의 모든 경우에, 점성학적 이론이 사용되었는데, 때로는 대단히 정교하게 가다듬은 상태로 사용되었다. 그리스 종교의 여러 면에서 사용되는 종교적 개념들도 사용되었다. 유대교의 요소도 있었고(예를 들면, *Poimandres*의 창조 이야기에서), 이집트의 영향도 나타났다(예를 들면, 헤르메스는 이집트의 신인 Tot와 동일시 되었다).

헤르메스교의 저술들은, 철학적 가르침의 형태로서 발달한 것이 아니라 신비 종교의 협회로 조직된 종교 집단들의 구원의 메시지로서 발달된 이교적인 영지주의를 전제로 하고 있는 듯하다. 이러한 저술들은 철학적인 방법으로 논리를 펴 나가지 않았다. 그 대화체 형식은 비법을 전수하는 자가 입문의 비밀을 소개하며, 입문하려는 자가 적절한 질문과 대답을 배우는 방식의 가르침을 반영해 준다. 이런 원래의 삶의 상황들은 많은 송가와 송영 기도, 그리고 이 저술들에 나타나 있는 공식화된 계시 선포 등을 많이 배출했다. 철학적인 사색인 듯이 보이는 것은 주로 종교적 전통에 대한 해석이다. 헤르메스교의 저술들의 형태를 보면, 그것들은 철학적인 토론에도 공헌할 수 있는, "읽을 수 있는 신비의식들"(reading mysteries)로서 고안된 것이다. 기독교와 상관 없이 존재하는 이교적인 영지주의적 신비 종교가 과연 있었을까? *Corpus Hermeticum*을 다루는 전통적인 학문은 그러한 결론을 거부한다. 하지만 최근에 발견된, 영지주의 본문들을 볼 때, 이 질문에 대해 긍정적인 대답을 고려해야 할 것이다.

Bibliography to §6.5f(l): Texts

James M. Robinson, ed., *The Coptic Gnostic Library* (NHS; Leiden: Brill, in progress of publication: complete edition of all texts from the Nag Hammadi Library with introduction, translation, and notes).

Idem, ed., *The Nag Hammadi Library in English* (3d. ed.; San Francisco: Harper Collins, 1990).

Bentley Layton, *The Gnostic Scriptures: A New Translation with Annotations and Introductions* (Garden City, NY: Doubleday. 1987).

Walter Völker, ed., *Quellen zur Geschichte der christlichen Gnosis* (SQS 5; Tüibingen: Mohr/Siebeck, 1932). Greek and Latin texts from the Church Fathers.

Foerster, *Gnosis,* vols. 1-2. English translations of Gnostic texts.

Bibliography to§6.5f(1): Introduction and Surveys

James M. Robinson, "The Coptic-Gnostic Library Today," *NTS* 14 (1967168) 356-401.

Kurt Rudolf, "Gnosticism," *ABD* 2 (1992) 1033-1040.

Birger A. Pearson, "Nag Hammadi," *ABD* 4 (1992) 982-993.

Bibliography to §6.5f(1): Bibliography

David Scholer, *Nag Hammadi Bibliography, 1948-1969* (NHS 1; Leiden: Brill, 1971). Continued under the title "Bibliographia gnostica" in *NovT* since 1971.

Bibliography to §6.5f(1): Comprehensive Treatments

Kurt Rudolph, *Gnosis: The Nature and Hisrory of an Ancient Religion* (Edinburgh: Clark, 1983).

Hans Jonas, *The Gnostic Religion* (2d rev. ed.; Boston, MA: Beacon, 1963).

Idem, *Gnosis und spätantiker Geist*, vol. 1: *The mythologische Gnosis* (FRLANT 51; Ist ed. 1934: 3d. ed.: Göttingen. Vandenhoeck & Ruprecht, 1964-1993).

Bibliography to §6.5f(1): Selected studies in chronological order

Nock, "The Milieu of Gnosticism," in idem. *Essays*, 1.144-51.

Idem, "Gnosticism," ibidem. 2. 940-59.

R. Met. Wilson, *The Gnostic Problem: A Study of the Relationship between Hellenistic Judaism and the Gnostic Heresy* (London: Mowbray. 1958).

Gershom Sholem, *Jewish Gnosticism, Merkabah Mysticism, and Talmudic*

Tradition (2d. ed.; New York: Jewish Theological Seminary of America,1965).

George W. MacRae. "The Jewish Background of the Gnostic Sophia Myth," *NovT* 12 (1970) 86-101.

R. McL. Wilson, ed., *Nag Hammadi and Gnosis. Papers at the First International Congress of Coptology (Cairo. December 1976)* (NHS 14: Leiden: Brill).

Layton, *Rediscovery of Gnosticism*, vols. 1-2. Collection of papers from the 1978 Yale University Conference on Gnosticism.

A. H. B. Logan and A. J. M. Wedderburn, *The New Tesyament and Gnosis: Essays in Honor of Robert McL. Wilson* (Edinburgh: Clark, 1983).

Gedaliahu Guy Stroumsa, *Studies in Gnostic Mythology* (NHS 24; Leiden: Brill, 1984).

Charles W. Hedrick and Robert Hodgson Jr., eds., *Nag Hammadi, Gnosticism, and Early Christianity* (Peabody. MA: Hendrickson. 1986).

Gedaliahu Guy Stroumsa, *Savoir et sallut* (Patrimoines; Paris: Cerf, 1992).

Bibliography to §6.5f(2): Texts

A. D. Nock and A.-J. Festugière, *Corpus Hermeticum* (4 vols.; Paris: Les Belies Lettres, 1945-54). Greek text and French translation.

Brian P. Copenhauer, Hermetica: The Greek Corpus Hermeticum and the Latin Asclepius (Cambridge: Cambridge University, 1992).

Bibliography to §6.5f(2): Studies

A.-J. Festugière, *La révélation d'Hermès Trismégiste* (4 vols.; Paris: Gabalda, 1959-54).

G. van Moorsel, *The Mysteries of Hermes Trismegistus* (STRT 1; Domplein, Utrecht: Kemink en zoon, 1955).

Richard Reitzenstein, *Poimandres: Studien zur griechisch-ägyptischen und frühchristlichen Literatur* (Leipzig: Teubner, 1904; reprint Darmstadt: Wissenschaftliche Buchgesellschaft, 1966).

Garth Fowden, *The Egyptian Hermes: A Historical Approach to the Late Antique Mind* (Cambridge: Cambridge University Press, 1986).

6. 로마 시대의 팔레스틴과 유대교

(a) 헤롯 대왕

기원전 63년, 어느 안식일에 폼페이(Pompey)가 예루살렘 성전에 들어갔다(§5.1d). 힐카노스(Hyrcanos)는 대제사장으로 복직되었지

헤롯 일가, 제독들, 집정관들

63 BCE	폼페이가 예루살렘 성전을 침략함
63-40	대제사장 힐키누스, 후에 지방 통치자가 됨
40-48	대제사장 겸 왕 안티고노스
38-4	헤롯 대왕

유 대		갈릴리	
4 BCE-6 CE	아켈라오스 총독	4 CE-39 CE	안티파스 총독
6-41 CE	제독들		
6-9	코포니우스		
9-12	암비불루스		
12-15	안니우스 루푸스		
15-26	발레리우스 그라투스		
26-36	폰티우스 필라투스		
36-37	마르켈루스	39-41	아그립파 1세

팔레스틴

41-44	아그립파 1세
44-66	집정관들
44-46	파두스
46-48	티베리우스 알렉산더
48-52	쿠마누스
53-58	펠릭스
58-62	페스투스
62-64	알비누스
64-66	게시우스 플로루스
66-70(73)	유대 전쟁

만, 그후로 그의 행정 일체에 대해 로마에게 설명해야 했다. 그의 형제 아리스토보울로스(Aristoboulos)는 폼페이가 개선장군으로 로마에 입성할 때에 죄수로 끌려갔다. 후일 그는 유대로 탈출했으나 다시 붙잡혔고, 폼페이 일파에 의해 케사르 파로 몰려 독살되었다. 그의 아들 알렉산더(후에 헤롯의 아내가 된 Mariamne의 아버지)는 참수를 당했고, 또 다른 아들 안티고노스(Antigonos)는 도피했다.

파르살로스(Pharsalos) 전투 후에, 케사르가 폼페이를 따라 이집트로 왔을 때, 전에 폼페이를 지지했던 동부의 많은 도시들과 나라들이 폼페이를 버리고 케사르를 지지했다. 힐카노스의 빈틈 없는 조력자였던 이두메 사람 안티파터(Antipater)는 케사르(그는 폼페이 암살 이후에 많은 곤경에 빠졌다)에게 온갖 충성을 다했던 이집트로 군대를 보냈다. 힐카노스는 알렉산드리아의 유력한 유대인 공동체를 설득하여 이 새로운 지도자를 지지하도록 했다. 이듬해에, 아리스토보울로스의 아들들 중 마지막 생존자인 안티고노스는 팔레스틴의 통치권과 예루살렘의 대제사장의 직위를 요구하기 위해서 시리아에 있는 케사르에게 출두했다. 그러나 케사르는 이집트에서 그를 잘 섬겼던 안티파터를 더 신뢰했다. 그리하여 그는 안티파터를 로마의 행정 장관의 서열인 유대의 행정관으로 임명했다. 힐카노스는 대제사장직을 승인 받았고, 지방 통치자의 칭호를 갖게 되었다. 유대는 영역이 확대되고 하나의 동맹 국가가 되었는데, 이로써 몇 가지 세금이 면제되는 자유를 누리게 되었다. 예루살렘의 성벽을 중건할 수도 있게 되었다. 안티파터는 그 지역의 행정을 재조직했고 자기의 아들 파사엘(Phasael)을 유대와 페레아(Perea)의 총독(strategos)로 임명하고 다른 아들 헤롯은 갈릴리의 통치자로 임명했다.

케사르가 암살 된 해(기원전 44년)는 안티파터의 정치적 명석함을 다시 한 번 시험하는 해였다. 케사르를 암살한 브루투스(Brutus)와 카시우스(Cassius)는 동부의 여러 속주에서 군대를 모으고 지지를 요구했는데, 이들의 요구는 쉽게 받아들여졌다. 그러나 카시우스의 군대를 지지하기 위해 행해진 착취로 말미암아 팔레스틴의 불안이 증대되었다. 안티파터는 계략에 말려 독살되었다. 나중에 하스몬 가의 안티고노스는 갈릴리를 침공했지만, 안티파터의 아들 헤롯에게 패배했다. 그러나 빌립보 전쟁(42 BCE) 이후, 헤롯은 승리자인 동부의 새로운 주인 안토니(Marc Antony)와 타협하지 않을 수 없었고, 예루살렘의 저항에도 불구하고 그는 여전히 출세 가도를 달렸다. 그러나 안토니가 이집트로 떠나자마자 파르티아인(Parthians)이 시리아를 침공해 왔고, 안티고노스는 그들의 도움을 힘입어 팔레스틴을 정복했다. 대제사장 힐카노스와 안티파터의 아들 파사엘은 계략에 속아 파르티아인들의 수중에 들어갔다. 파사엘은 스스로 목숨을 끊었다. 힐카노스는 조카를 시켜 자신의 귀를 자르게 했는데, 이로써 대제사장직에 부적합하게 되었다. 헤롯은 파르티아인들의 변절을 간파하고서 가족들을 사해 부근에 있던 마사다 요새로 피신시킨 뒤에 도피했다.

안티고노스는 자기의 조상인 하스몬가(家)의 통치를 새롭게 했다. 그는 자신을 가리켜 히브리어로는 "대제사장 마타티아스"라고, 그리스어로는 "안티고노스 왕"이라고 새긴 동전들을 주조했다. 그러나 곧 로마인들은 시리아 내의 파르티아인들에게 불리한 조처를 취했다. 헤롯은 로마로 가서 세 명의 집정관들(안토니, 옥타비안, 레미두스)의 지지를 얻어내는 데 성공했으며, 원로원은 그를 유대의 왕으로 임명했다. 로마가 파르티아인들을 시리아에서 쫓아내자마자 헤롯은 이스라엘에서의 그의 통치를 시작할 수 있었다. 예루살렘은 정복되고 안티고노스는 살해 당했다. 헤롯은 그 지방의 영주였다. 그러나 옥타비안과 안토니 사이의 갈등은 또 다시 헤롯의 위치를 위협했다. 헤롯은 안토니의 총애를 받았었는데, 악티움(Actium) 전투 후에 이집트로 도망한 안토니는 자살했다. 헤롯은 옥타비안이 체류하고 있는 로도로 가서 자신의 왕관을 벗어 새로운 승리자의 발 앞에 내려놓았다. 옥타비안은 헤롯의 이런 태도를 받아들여, 그를 유대의 왕의 지위에 복직시켰고, 1년 후에는 팔레스틴 연안, 사마리아, 그리고 여리고를 그의 영역으로 추가시켜 주었다(기원전 30년). 후일 갈릴리 북쪽과 동쪽 지역도 헤롯에게 주어졌다. 그는 절대적인 전제 군주로서, 그리고 아우구스투스의 충실한 봉신(封臣)으로서 통치하다가 기원전 4년에 세상을 떠났다.

아우구스투스와 로마에 대한 헤롯의 충성은 진정한 것이었다. 헤롯은 하스모니안 가(家)의 통치의 옛 이상을 갱신하지 않았다. 그는 국내의 정책에 있어서 아우구스투스의 평화 정책을 모방했다. 아우구스투스 때에 로마는 그리스 도시들을 재건하고 발전을 장려하며 각종 특권을 주었었다. 헤롯은 그의 작은 왕국에서 이것을 모방했다. 알렉산더에 의해서 재건되었으나 하스몬 가에 의해 파괴된 북부 지방의 옛 수도 사마리아 자리에 헤롯은 장려한 도시를 건설하고, 이를 아우구스투스를 기념하여 "세바스테"(Sebaste)라고 이름했다. (헬라어의 σεβαστός는 존경할 만한 존엄한 이라는 의미를 가지고 있다. 아우구스투스의 이름이 유래됨) 이 도시에는 황제에게 바친 큰 신전과 극장이 있었다. 그리하여 사마리아는 전성기를 누렸다. 그는 팔레스틴 해안에 완전한 헬레니즘 양식의 새로운 도시를 건설하고 아우구스투스 케사르를 기념하여 가이사랴(Caesarea)라고 불렀다. 이 도시는 중요한 항구로 자리잡게 되었고 나중에는 로마 총독이 이곳에 상주했다. 다른 많은 도시들도 중건되거나 복구되었다.

헤롯의 두번째 관심은 사해에 위치한 마사다 요새를 포함하여 그의 관할권 내에 있는 동부 국경 지역의 요새들을 강화하는 것이었다. 결국, 헤롯은 예루살렘에 건물들을 세우는데 많은 돈을 사용했는데, 가장 중요한 것으로는 새로운 성전의 건축이었다. 이 성전은 그 기초가 더 확장되었고(유명한 통곡의 벽은 헤롯이 확장한 기초의 일부이다), 성전은 완전하게 재건되었다. 헤롯은 비록 그의 나라 안에 있던 이방 제의들을 무시하지는 않았지만, 마므레에 있던 아브라함의 묘와 같은 이스라엘의 거룩한 성소들을 관리했다: 요단강 근원지에 있던 판(Pan) 사당 곁에 황제 제의를 위한 신전이 건축되었다.

헤롯 시대의 건축의 디자인과 솜씨는 로마 세계 전체에서 가장 훌륭한 건축에 속한다. 이러한 막대한 건축 사업은 헤롯이 그의 관할 지역으로부터 막대한 액수의 돈을 징수할 수 있었다는 사실뿐만 아니라, 그의 오랜 치세 기간 동안에 팔레스틴에 괄목할 만한 경제 성장이 있었음을 보여준다. 전쟁과 불안의 세월이 지나가고 평화가 이스라엘 땅에 찾아왔고, 사마리아인들과 헬라인들과 유대인 등 모든 주민들이 그 혜택을 누렸다. 그럼에도 불구하고, 유대인들과 화합하려고 했던 헤롯의 시도들은 성공하지 못했다. 그의 정치가 보여준 잔학함 때문에 그는 무자비한 폭군이라는 이미지를 지녔다. 그가 유대교의 제도를 적극적으로 지원했지만, 그가 이두메 사람이라는 사실, 그리고 그의 왕국은 로마의 호의에 의존하고 있다는 사실은 결코 잊혀지지 않았다. 유대인들은 로마의 통치를 혐오스러운 외국의 지배로 간주하고 있었다. 바리새인들과 사두개인들은 마지못해 따를 수밖에 없는 처지였지만, 결코 헤롯을 지지하지 않았다. 헤롯의 가문에서 발생한 비극적인 사건들도 그의 나쁜 평판에 한몫 했다. 그는 자신의 두번째 아내인 하스몬 가의 마리암(Mariamne)이 자신에 대한 역모에 가담했다고 의심하여 그녀를 처형했다. 전임 대제사장인 힐카노스도 80세 때에 헤롯에게 살해 당했다. 헤롯은 통치 말기에 마리암과의 사이에서 태어난 두 아들(알렉산더와 아리스토보울로스)을 처형했고(기원전 7년), 죽기 바로 전에는 장남인 안티파터를 제거했다(기원전 4년). 그러므로 헤롯이

베들레헴 아기들을 살해한 자로 기억되는 것은 결코 놀라운 것이 아니다(마 2:16-18). 그가 사망한 후, 로마에서 그의 후계자 문제로 고심하고 있을 때, 수 십 년만에 처음으로 팔레스틴에 폭동이 일어났다. 당시 시리아의 지방 총독이었던 바루스(Varus)는 폭동을 진압하기 위해서 군대를 이끌고 팔레스틴으로 이동했다. 몇몇 도시들이 파괴되었고, 2천 명이 넘는 반란 지도자들이 살해되었다.

Bibliography to §6.6: Surveys

E. Mary Smallwood, *The Jews under Roman Rule* (SJLA 20; Leiden: Brill, 1976).

Jacob Neusner, *Judaism in the Beginning of Christianity* (Philadelphia: Fortress, 1984).

Salo Wittmeyer Baron, *A Social und Religious History of the Jews*, vol. 2 (New York: Columbia University Press. 1966).

Bibliography to §6.6: Special Topics

Martin Hengel, The 'Hellenization' of Judaea in the First Century after Christ (Philadelphia: Trinity Press International, 1989).

Morton Smith, "Palestinian Judaism in the First Century," in Moshe Davis. ed., *Israel: Its Role in Cililization* (New York: Harper & Row, 1955).

D. A. Fiensy, *The Social History of Palestine in the Herodian Period: The Land is Mine* (Studies in the Bible and Early Christianity 20; Lewistown, NY: Mellen, 1991).

Martin Hengel, *The Zealots: Investigations into the Jewish Freedom Movement in the Period from Herod I until 70 AD* (Edinburgh: Clark. 1989).

Morton Smith, "Zealots and Sicarii: Their Origins and Relations," *HTR* 64 (1971) 1-19.

Richard A. Horsley and John S. Hanson, *Bandits, Prophets, and Messiahs: Popular Movements in the Time of Jesus* (New Voices in Biblical Studies; Minneapolis, MN: Winston, 1985).

J. S. McLaren, *Power and Politics in Palestine: The Jews and the Governing of their Land* (JSNTSup 63; Sheffield: JSOT Press, 1991).

David M. Rhoads, *Israel in Revolution. 6-74 C.E.: A Political History based on the Writings of Josephus* (Philadelphia: Fortress, 1976).

E. P. Sanders, *Judaism: Practice and Relief 63 BCE-66 CE* (London: SCM and Philadelphia: Trinity Press International, 1992).

Anthony J. Saldarini, *Pharisees, Scribes and Sadducees in Palestinian Society: A Sociological Approach* (Wilmington, DE: Glazier, 1988).

Bibliography to §6.6a

Michael Avi-Yonah and Z. Baras. eds., *The Herodian Period* (The World History of the Jewish People 1.7; New Brunswick, NJ: Rutgers University Press, 1975).

Stewart Perowne, *Thr Life and Times of Herod the Great* (London: Hodder and Stoughton, 1956).

A. H. M. Jones, *The Herods of Judaea* (2d. ed.; Oxford: Clarendon, 1967).

(b) 헤롯의 아들들의 치세 하의 팔레스틴

헤롯은 자기의 아들들에게 왕국을 분할해 주라고 유언했다. 그러나 예루살렘에서 파견한 대표단은 이 혐오스런 왕조를 존속시키지 말라고 아우구스투스를 설득하려 했다. 그러나 아우구스투스는 오랜 친구이자 충성스런 봉신인 헤롯의 유언을 인정해 주었다. 아켈라오스는 아버지가 다스리던 영토의 거의 절반에 해당하는 유대와 사마리아를 상속 받았다. 그는 나중에 그가 훌륭하게 정치를 하면 왕이 될 것이라는 약속과 함께 "분봉왕"(ethnarch)이란 칭호를 받았다. 그러나 이것은 지켜지지 않았다. 아켈라오스는 서기 6년에 해임 되어 고올 지방의 비엔네(Vienne)로 추방 당했다. 요셉은 이집트를 떠나 베들레헴으로 돌아왔지만 그곳에 정착하지 않고 헤롯의 다른 아들이 통치하고 있던 갈릴리의 나사렛으로 이주했는데, 그 당시 그가 두려워했던 왕이 바로 아켈라오스였다(마 2:22).

안티파스는 갈릴리와 페레아의 "영주"(tetrarch)로 임명되어, 기원전전 4년부터 서기 39년까지 통치했다. 그는 매우 아버지를 닮은 아들로서, 간교하고 잔인하며, 한편으로 호화스러운 것을 좋아했지만 진실한 위대함은 없었다. 그는 아버지의 건축 사업을 지속했는데, 먼저 그가 다스리는 지방의 수도인 셉포리스(Sepphoris: 나사렛에서 몇 마일 떨어져 있었음)를 확장했다. 그 후에 갈릴리 호수 부근에 두번째 수도를 세우고는 황제를 기념하여 "티베리아스"(Tiberias)라고 명명했다. 이 도시의 주민은 대부분 이방인이었으며,

복음서의 기사에 의하면 예수께서는 한 번도 이곳에 가신 적이 없다. 서기 2세기경에, 티베리아스는 랍비 유대교의 중심지가 되었다. 안티파스는 누가복음 3:1에서 "헤롯"으로 언급되어 있다. 예수께서는 그를 "여우"라고 부르셨다(눅 13:32). 또 누가복음 23:6-16에서 빌라도는 예수의 재판을 안티파스에게 전가했다. 마지막으로, 복음서나 요세푸스(*Ant.* 18.116-119)는, 안티파스를 세례 요한을 죽인 살인자로 기억한다. 안티파스는 처음에 나바테아의 공주와 결혼했지만, 그녀는 안티파스가 당시 안티파스의 동생인 헤롯의 아내였던 조카딸 헤로디아스(후에 왕이 된 아그립파 1 세의 여동생이자 헤롯 대왕과 마리암의 손녀)와 결혼하려고 하는 것을 알고는 그에게서 떠났다(막 6:14-19는 그녀를 분봉왕 빌립의 아내로 잘못 부르고 있다). 세례 요한은 이러한 추문에 대해서 공개적으로 안티파스를 공격하다가 참수 당했다. 그러나 이 사건으로 말미암아 안티파스는 그의 왕국을 잃게 되었는데, 그것은 전처와의 결별 때문에 이웃 나라인 나바테아(Nabatea)와의 관계가 악화되었기 때문이었다. 계속된 국경 전쟁에서, 안티파스는 나바테아 왕 아레타스(Aretas, 바울은 다메섹에서 아레타스에게서 도망쳤는데, 그가 바로 이 아레타스이다; 고후 11:32)에게서 심한 부상을 당했기 때문에 시리아의 총독 비텔리우스(Vitellius)가 와서 도와주어야 했다. 이러한 일련의 사건들은, 안티파스가 로마로부터 "왕"의 칭호를 얻으려고 했으나 오히려 갈리굴라에 의해서 해임되어 고울의 리용(Lyon)으로 추방된 이유가 되었을 것이다. 안티파스를 반대하는 고발에는 그의 조카인 아그립파가 연루 되었을 것이다. 여하튼, 아그립파는 삼촌의 분봉왕국을 물려받았다(§6.6d).

헤롯 대왕의 세번째 후계자는 그의 아들 빌립이었는데, 그는 트라코니티스, 고울라니티스, 아우라니티스 등 갈릴리 해의 북부와 동부 지역을 다스리는 분봉왕이 되었다. 그는 헤르몬 산 기슭에 거주지를 건설하고, 아우구스투스를 기념하는 의미에서 "가이사랴"라고 불렀다. 이 도시는, 지중해 부근의 가이사랴 마리티마(Caesarea Maritima)와 구별하기 위해서 가이사랴 빌립보(Caesarea Philippi)라고 알려졌다(막 8:27 이하 참조). 빌립은 요단강이 갈릴리 해로 들어가는 북쪽 합류 지점에 위치한 벳새다를 확장하여 시로 만들고, 아우구스투스의 딸을 기념하여 "줄리아"(Julia)라고 명명했다. 빌립은 하찮은 군주에 불과했던 것같다. 그의 아내는 헤로디아스의 딸 살로메였는데, 그녀는 안티파스의 궁전에 있을 때 세례 요한의 목을 요구한 것으로 알려진 여자이다. 빌립은 상속자를 남기지 않은 채 서기 34년에 세상을 떠났다.

BFibliography to §6.6b

Stewart Perowne, *The Later Herods* (London: Hodder and Stoughton, 1958; New York: Abingdon, 1959).

Harold W. Hoehner, *Herod Antipas* (Cambridge: Cambridge University Press, 1972).

(c) 로마 제국의 통치 하의 유대

아켈라오스가 해임된 후에(6 CE), 아우구스투스는 한 명의 제독을 통해서 유대와 사마리아, 그리고 이두메 지역을 통치했는데, 제독은 직접적으로는 황제 밑에서 책임을 수행했지만, 군사적 원조를 받으려면 시리아의 총독에게 의존해야 했다. 시리아의 총독 역시 얌니아에서 가자(Gaza)에 이르는 해안 지역과 데카폴리스(Decapolis) 지역을 다스리는 로마 행정관으로 군림하고 있었다. 퀴리니우스(Quirinius, 눅 2:2)가 시리아의 새로운 총독이 되었고, 코포니우스(Coponius)는 유대의 첫번째 제독이 되었다. 유대 지역이 서기 6년에 직접적인 로마의 통치 하에 놓였기 때문에, 인구 조사가 시행되었는데, 이것은 세금 징수를 위한 것이었다. 누가는 예수의 부모가 갈릴리의 나사렛에서 유대의 베들레헴까지 여행한 이유를 제공하기 위해서 이 인구 조사에 관한 정보를 인용했다. 이 인구 조사는 급진적 유대인 집단에 의한 반란을 야기시켰다. 이 저항 운동의 주체가 누구였는지는 명확하지 않다. 이 집단이 "열심당원들"(Zealots)로 이루어졌다는 증거는 없다. 요세푸스가 이 단어를 유대 전쟁이 시작될 당시에 기샬라(Gishala) 출신의 요한의 통솔하에 있던 반란군들에게만 사용했기 때문이다. 새로운 제독의 행정 소재지는 가이사랴(마리티마)였다. 제독은 중요한 축제 기간에만 예루살렘에 체류했다. 예루살렘 성전 곁에 있는 안토니아 요새에는 상설 수비대가 주둔하고 있었다. 그밖의 다른 요새들에도 역시 로마 군인들이 주둔하고 있었다.

국토는 11개의 소국가(toparchy)로 나뉘어졌고, 각각의 소국가는 사소한 소송들을 다루는 유대나 사마리아의 산헤드린에서 관장했다. 보다 중대한 소송은 예루살렘에 있는 산헤드린으로 회부되었다. 그러나 이 중심적 유대 법정의 사법권 역시 제한되어 있었다. 사형에 해당하는 사건들은 제독의 법정에서 다루었다. 제독은 직접세를 징수하는 책임을 가지고 있었는데, 이 일은 각 지역의 산헤드린의 도움을 받는 유급 관리들이 수행했다. 간접세나 관세는 그 당시의 관례에 의해서 세리들에게 하청되었다. 이런 관습 때문에 때때로 불평과 폭동이 일어나기도 했다. 자발적으로 로마 행정에 협력함으로써 큰 부를 축적했던 이 세리들은 유대나 그밖의 지역에서 평판이 좋지 않았다(멸시 받던 세리들에 대해서 언급한 복음서의 기록을 참조하라). 대제사장은 제독이 임명했는데, 제독은 이 일 이외에는 유대인들의 성전 제의 공중 예배 의식, 유대인들의 특정한 율법 준수 등에 간섭하지 않았다. 로마 군인들은 유대인들의 민감한 부분을 불필요하게 자극하는 것을 피하기 위해서 기(旗)를 들고 예루살렘에 들어오지 말라는 충고를 받았다.

로마가 유대를 통치한 처음 20년 동안에는 비교적 마찰이 적었다. 서기 26년 이전에는 중대한 사회적 동요가 없었다. 그 해에 본디오 빌라도가 유대 지역의 제5대 제독으로 파견되었다(가이사랴에서 발견된 명문에 의하여 빌라도의 직분이 "행정 장관"[procurator]이 아니라, "제독"[praefectus]임이 입증되었다). 그의 통치 기간에 사회적인 동요가 증가했다. 그는 로마 군대의 군기를 예루살렘으로 가져왔으나, 군중들의 저항 때문에 이를 철회할 수밖에 없었다. 그가 예루살렘의 관개 시설의 개선을 목표하고 주요 도수관을 만들려고 했을 때 폭동이 일어났지만, 빌라도는 그들을 무자비하게 진압했다. 그는 군인들을 시켜 현장에서의 처형을 자행했는데, 이는 누가복음 13:1의 기록을 통해서도 입증된다. 예수의 재판도 이와 비슷했다. 빌라도는 이 잠재적 선동자에게 재빨리 형벌을 선고하고 처형해 버렸다. 빌라도가 사마리아의 광신적인 종교 운동에 대해 무모하고 무자비하게 대처했으므로, 시리아인 총독 비텔리우스(Vitellius)는 그를 소환할 것을 건의했다. 빌라도는 자신의 직무 수행에 대해 설명하기 위해서 로마에 출두했다. 그는 아마도 자살을 종용받은 듯하다(36 CE).

Bibliography to §6.6c: Texts

J.-P. Lemonon, *Pilate et Ie governement de la Judée: Textes et monuments* (EtBib; Paris: Gabalda, 1981).

(d) 아그립파 1세와 2세

주후 37년에 황제에 즉위한 갈리굴라(Caligula)가 취한 최초의 조처들 중 하나는 헤롯 대왕과 마리암의 손자인, 그의 친구 아그립파를 3년간 공백 상태로 있었던 분봉왕 빌립의 영토와 아빌레네(Abilene, 요단강 근원지의 북쪽 작은 지역)의 분봉왕으로 임명한 일이었다. 2년 후 안티파스가 갈릴리의 분봉왕직에서 물러났으며,

분명히 그의 삼촌의 퇴위에 관계했을 아그립파가 그 후계자가 되었다. 같은 해에 칼리굴라는 예루살렘 성전 안에 자기의 동상을 세우도록 명령했다. 40-41년에 시리아 총독 페트로니우스는 황제의 명령을 강제로 시행하기 위해서 팔레스틴으로 갔으나, 그 명령을 실행하면 폭동이 일어날 수 있음을 알고 철수했다. 페트로니우스와 아그립파가 그 불합리한 명령을 철회하도록 황제를 설득하기 전에 칼리굴라는 암살 당했다(§6.2a). 아그립파는 칼리굴라의 후계자로 클라우디우스를 등용시키는 일에 중요한 역할을 했고, 후일 클라우디우스는 그 보답으로, 이 갈릴리의 분봉왕을 그의 조부인 헤롯 대왕이 다스리던 모든 영토를 관장하는 왕으로 임명했다.

A. D. 41년부터 44년까지 아그립파 1 세는 로마의 총애를 받으면서 고대 이스라엘의 전 지역을 다스렸다. 헤롯 대왕과 그의 아들들과는 대조적으로, 아그립파는 유대인 지도자들과 친밀한 관계를 유지했는데, 그 이유는 아마도 그가 조모 마리암을 통해 옛 하스몬 가계를 잇는 합법적인 계승자였기 때문이었을 것이다. 그는 경건하고 적법한 유대인인 듯이 보이기 위해서 예루살렘에서 많은 노력을 기울였으며, 유대 종교를 증진시키고, 예루살렘의 지도자들의 뜻에 따라서 유대교를 대적하는 사람들에 대한 조처를 취했다. 하나의 예로, 사도행전 12:1에 기록되어 있듯이, 그는 세베대의 아들인 사도 야고보를 처형했다. 반면, 그는 자신의 정치적 수도인 가이사랴에서는 마치 동양의 왕처럼 행세했다. 시리아 지역의 소 군주들과의 회의가 시리아 총독에 의해서 결렬 되었는데, 이는 그 회의가 하나의 음모로 여겨졌기 때문이었다. 시리아 총독은 아그립파가 예루살렘 성벽 건설을 하지 못하도록 방해했다. 아그립파가 실제로 어떤 종류의 계획을 추진했는지는 알려져 있지 않은데, 그 이유는 그가 44년에 갑자기 병으로 죽었기 때문이다.

아그립파는 같은 이름의 아들을 남겼는데, 그는 아직 미성년이었다. 아그립바파 2세는 성년이 된 후에도 아버지의 후계자가 되지 못했다. 그는 50년에 레바논과 안티(Anti) 레바논 산간 지방 사이에 있는 계곡의 북쪽에 위치한 소 왕국 칼키스(Chalkis)를 다스리게 되었다. 53년에 그는 칼키스를 과거에 분봉왕 빌립이 다스리던 지역과 바꾸는 것이 허락되었다. 그는 아빌레네도 차지했고, 나중에는 티베리아 및 갈릴리의 일부를 차지했다. 뿐만 아니라, 그는 예루살렘 성전을 감독하는 책임까지 맡았다. 아그립파는 그의 영토를 그대로 유지하다가 100년경에 사망했다. 그는 유대 전쟁에 참여하지는 않았지만, 끝까지 로마에 충성했다. 사도행전 기자는 그를, 바울의 재판이 진행 중일 때 로마 총독 페스투스(Festus)를 방문한 사람으로, 그리고 바울이 기독교인으로 개종시키려고 설득했던 사람으로 기록했다(행 25-26장, 특히 26:28). 당시 아그립파는 자기의 누이인 베레니케(Berenike)와 동행했는데, 그녀는 자신의 오빠와 근친 상간 관계를 유지하면서 살았으며, 나중에 황제가 된 로마 장군 디투스(Titus)의 부인이 되었다고 한다.

(e) 예루살렘 멸망 이전의 팔레스틴

아그립파 1세 사후에 로마는 팔레스틴 전 지역을 로마의 속주(州)로 조직했으며, 바람 잘 날 없는 이 지역을 강력하게 다스하기 위한 조처를 마련했다. 이러한 조처들이 성공을 거두었는지는 판단하기 어렵다. 그 이유는 이 시기에 대한 주요 자료는 요세푸스의 작품들인데, 그는 자기 민족이 멸망한 궁극적 원인이 무능한 로마 행정가들의 큰 실수에 있다고 주장했기 때문이다. 요세푸스는 평화로운 로마 통치 시대에 대해서는 거의 말하지 않았다. 그러나 그의 판단은 전쟁이 발발하기 직전까지의 세월에 관해서만 타당한 듯하다.

이 시기의 첫번째 행정 장관은 파두스(Fadus, 44-46년)였다. 그는 통치 초기에 시리아의 총독 카시우스 롱기누스(Cassius Longinus)

의 도움을 받아 몇 차례의 소규모 반란들을 진압해야 했다. 그는 유대인들에게 대제사장의 의복을 포기하라고 강압했는데, 그 의복은 아그립파 1세 시대에 유대인의 수중에 있었던 것이었다(후에 아그립파 2세에게 양도되었다). 드다(Theudas)의 반란은 파두스의 통치 때에 발생했다(사도행전에는 이 반란이 갈릴리 사람 유다의 반란 이전에 발생한 것으로 잘못 기록되어 있다. 행 5:36 참조). 메시아-선지자 운동의 지도자였던 드다는 처형되었다. 파두스의 후임자는 티베리우스 알렉산더(Tiberius Alexander, 46-48년)로서 철학자 필로의 조카였다(나중에 이집트의 제독이 됨, §5.3f). 그의 뒤를 이어 쿠마누스(Cumanus)가 총독이 되었다(48년).

51년에, 무모하게도 사마리아를 통과하여 예루살렘으로 가려고 한 유대인 순례자가 살해되었다. 예루살렘의 유대 지도자들은 쿠마누스에게 죄인들에 대한 엄중한 문책을 요구했다. 쿠마누스가 이에 응하지 않자 유대인들은 사마리아를 공격하여 몇 개의 마을을 불사르고 주민들을 학살했다. 이때 쿠마누스는 말썽을 일으킨 유대인들에 대한 조처를 취했다. 이 일로 인해 충돌이 확산되는 것을 염려한 시리아 총독 콰드라투스(Quadratus)가 개입했다. 콰드라투스는 모든 관련 당사자들—쿠마누스, 유대인 지도자들과 사마리아 지도자들—이 자신들의 주장을 변호하여 이 사건을 해결하도록 하기 위해 그들을 로마로 보냈다. 협상은 51년 여름부터 가을까지 로마에서 행해졌다. 그 결과, 대제사장 요나단(Jonathan)과 제국의 막강한 장관 팔라스(Pallas)는, 만일 유대인들이 팔라스의 형제이며 해방 노예인 펠릭스(Felix)를 팔레스틴 총독으로 보내달라고 황제에게 요청해주면 유대인들이 처벌을 받지 않게 해주겠다는 합의에 동의했다. 그러나 이것은 결국 재난을 자초한 조처임이 판명되었다. 전통적으로 기사 계층의 사람들만 임명되었던 관직에 자격이 없는 전직 노예가 임명된 것은 막강한 팔라스의 후광 덕분이었다.

벨릭스는 가을에 임명되어 53년 봄 이전까지 재임했을 것이다.

그의 재임 기간이 소요와 난동으로 점철되었던 것은 부분적으로는 그의 무능력함에 원인이 있었다. 이 시기에 시카리(Sicarii) 당이 처음으로 등장했다. 그들은 혁명주의자들로서, 옷 속에 칼을 감추고 다니면서 기회만 있으면 로마에 협력한다고 의심되는 사람들을 암살했다. 메시아의 재림을 기다리기 위해 광야로 갔던 많은 군중들을 포함한 종교적인 반란과, "이집트의 철학자"의 주도 하에 야기된 폭동을 벨릭스는 잔인하게 진압했다. 로마 정부에 협력한 유대인 권력자들에 의해 진압된 소동들 중에는 사도 바울에 의해 성전에서 야기된 소동도 있었는데, 당시 바울은 이방인을 성전 안으로 데려온 죄로 기소 당했었다. 이 때에도 총독이 개입했고, 바울은 체포되었다.

벨릭스의 재임 기간이 언제 종결되었는지를 결정하기는 어렵다. 이것은 곧 바울의 연대기에 있어서 중요한 날짜들도 불확실하다는 것을 의미한다. 사도행전 24장 27절은 바울이 가이사랴에 2년 동안 수감되어 있었던 기간에 대해 언급하는데, 이 기간 후에 벨릭스 대신에 베스도가 총독으로 임명되었다. 만일 베스도가 60년에 총독에 임명되었다면, 바울이 구금되어 있던 기간은 58-60년이라고 할 수 있다. 이것은 요세푸스에 의해서 확증되었는데, 그는 페스투스의 통치에 대해서는, 그가 62년 재임 시에 죽었기 때문에 매우 짧은 기간 동안 총독이었다는 것 이외에는 특별한 언급을 하지 않았다. 다른 학자들은 사도행전 24:27의 "2년"이 벨릭스 총독의 재임 기간을 언급하는 것이라고 보는데, 누가의 자료에서 이 기간은 바울의 투옥 기간과 연결되지 않는다고 주장한다. 이 가설과 관련해서, 우리는 요세푸스의 보고를 언급할 수 있다(*Ant.* 19.182). 이 보고에서는 유대 지도자들은 펠릭스를 네로에게 고발했으나, 당시 네로와 좋은 관계를 유지하고 있던 그의 형제 팔라스의 중재 때문에 펠릭스는 벌을 면할 수 있었다. 타키투스는 말하기를, 팔라스는 55년 12월 브리타니쿠스(Britannicus)의 암살 직전에 네로의 총애를 잃었다고 한다(*Ann.* 13. 15). 따라서 이 가설은, 벨릭스가 제거되고 베스도가 총독이 된 것, 그리고 팔라스가 벨릭스를 위해 개입한 것은 53년 가을 이전이어야 한다고 결론 지었다. 그렇다면 벨릭스의 통치는 53년에 시작하여 2년 동안이 되고, 바울은 55년 여름에 투옥되어, 이듬 해 봄에 베스도에게 재판을 받고 로마로 보내졌을 것이다.

많은 자료들을 이처럼 종합하는 것은 독창적인듯이 보이지만, 바울의 연대기에 관해 상당한 난제들이 야기된다. 게다가 막대한 부자였던 팔라스는 네로의 총애를 잃었지만 영향력을 모두 잃지는 않았을 것이다. 그렇기 때문에, 그는 얼마 후 자기 형제를 위해서 황제에게 간청할 수 있었을 것이다. 그는 62년에 네로에 의해서 처형당했다. 바울의 전도 여행에 관한 연대기는 바울이 예루살렘에서 체포된 시기를 좀 더 나중으로 제시하고 있다. 한편, 베스도의 통치 기간이 너무 짧게 계산되어서는 안된다. 아마 그 시기는 58년에서 62년 사이일 것이다. 유능한 부루스(Burrus)는 50년대 말에도 로마 정부의 통치자였기 때문에, 팔레스틴에 새로운 총독을 임명한 일은 네로의 통치 기간이었을 것이다. 베스도가 유능하고 현명한 행정가라는 사실은 그의 재임 기간에 대해서 요세푸스가 아무런 언급을 하지 않았다는 점에서 알 수 있다.

베스도는 재임 기간 중인 62년에 죽었는데, 이 공백 기간을 이용하여 유대 사회의 지도자들은 일부 원치 않는 사람을 제거하려 했다. 예루살렘에 있는 산헤드린은 범법자들을 처형할 법적 권한을 가지고 있지 않았다. 예수에 대한 사형 선고도 산헤드린이 내린 것이 아니라 로마 총독이 내린 것이었다. 스데반의 순교는 예외적인 것으로 보인다. 그러나 누가는, 유대인 당국자들에 의한 적법하지 않은 사사로운 처벌에 대해서 언급했다. 그러나 페스투스 사후의 공백 기간에 예수의 동생 야고보를 처형하는 사건이 발생했다. 아마도 이 사건은 예루살렘의 기독교 공동체가 펠라(Pella)로 이주하는 것을 촉진하는 도화선이 되었을 것이다. 펠라는 시리아 총독의 직접적 통치 하에 있던 데가볼리이다.

로마로부터 베스도의 후계자로 파송된 알비누스(Albinus)는 62년부터 64년 사이의 총독이었다. 요세푸스의 기록에 따르면, 그는 말할 수 없이 부패한 인물이었으며, 그의 후계자 게시우스 플로루스(Gessius Florus, 64-66년)는 그보다 더했다. 그의 무능함 때문에 국내의 모든 반-로마적 요소들이 큰 폭동으로 이어졌으며 결국 로마와의 전쟁을 낳게 될 일련의 과정이 야기되었다. 가이사랴에 거하는 유대인들과 그리스인들 사이의 반목은 잔학한 유대 전쟁을 야기했다. 이에 대해 총독은 간섭하기를 주저했는가? 아니면 단지 어찌할 바를 몰랐던 것이었을까? 그것은 서로 조금씩만 선한 의도를 품었다면 쉽게 해결될 수 있었을 갈등이었다. 사건의 계기는 회당 옆에서 진행된 공사 때문에 회당의 출입이 방해를 받은 일이었다. 게시우스 플로루스가 그 직후에 왜 예루살렘에 가서 성전의 보물들을 강점했는지는 불가사의한 일로 남아 있는데, 그런 돌발적 행동이 아니었더라도 상황은 긴장 일로에 있었다. 예루살렘 주민들이 저항했을 때에는, 그는 군인들로 하여금 도시를 약탈하게 했다. 그러나 게시우스 플로루스는 성난 군중에게 굴복했고, 가이사랴로 퇴각해 버렸다. 이후로부터는 공공연한 반란들이 속출했고, 요세푸스는 그러한 사건들을 독자들이 의심없이 납득하도록 묘사했다. 로마 총독의 어처구니 없는 미련함과 잔학함이 적대감을 폭발시킨 원인이었다.

요세푸스는 전쟁의 발발을 야기시킨 하나의 중요한 요인을 지적했다는 점에는 의심할 나위가 없다. 네로의 통치 말년에는 지금까지 잘 기능해왔던 로마의 통치가 심하게 손상되었다. 무능하고 추잡한 관리들이 중책을 맡았고, 황제와 그의 측근들에 의한 감독이나 통제가 더 이상 존재하지 않았다. 총독 게시우스 플로루스의 행동은 어느 정도까지는 네로 말기의 전형적인 산물이었다. 그럼에도 불구하고, 유대 전쟁의 발발 원인을 고려해 볼 필요가 있다. 예수의 활동을 포함하여, 메시아에 관한 거듭된 소동은, 유대인들 사이에서 종말론적 열망과 희망이 결코 죽지 않았으며, 많은 사람들에게서 상당한 영향력을 발휘했음을 증명해준다. 어떤 경우에는, 하류층 사람들이 메시아적 선지자의 부름을 따를 준비가 가장 잘 된 사람들일 수도 있었을 것이다. 그러나 유대 전쟁 초기에는 급진적인 정치적-종말론적인 정신이 상류층의 젊은 세대들을 사로잡았다. 예루살렘으로부터 게시우스 플로루스를 쫓아낸 폭동의 지도자는 대제사장의 아들이었다. 역시 상류층의 일원이었던 요세푸스는 자신의 지혜와 통찰력을 강조하려고 했지만, 30세에 불과한 그 자신 역시 반란을 일으킨 귀족 지도자들에 속했음을 부인할 수는 없었다. 그는 군사적 저항 단체에서 갈릴리 군대의 사령관이 되었다.

66년 여름 내내, 대제사장이 인도하고 아그립바 2세가 후원한 백성의 장로들은 반란자들과 협상하여 평화를 정착시키려고 노력했다. 그러나 아그립바와 대제사장을 돕기 위해 파견됐던 3000명의 왕실 기마병들이 예루살렘에서 쫓겨났을 때, 시리아의 총독 케스티우스 갈루스(Cestius Gallus)는 이에 개입하기로 결정했다(66년 가을). 그가 예루살렘에 나타났지만, 반란군은 여전히 도시를 장악하고 있었다. 케스티우스 갈루스는 그러한 강한 저항을 예견하지 못했기 때문에 예루살렘을 점령하지 못하고 퇴각했다. 그의 군대는 퇴각하는 도중 반란군들의 공격을 받아 많은 사상자를 냈다. 총독은 천신만고 끝에 간신히 도망쳤다. 이러한 사건들은, 로마인들이 무능한 총독 때문에 야기된, 군중의 단순한 분노 그 이상의 것을 다루어야 함을 보여주었다. 그들은 혁명적인 메시아 사상에 의해 고취되었으며 대다수의 국민들이 참여한 움직임에 직면했다.

반란이 지닌 정치적 메시아 사상의 특징은, 요세푸스가 "열심당원들"(Zealots)이라고 부른 무리의 등장이었다. 이들은 이전에 있었던 어떠한 메시아 운동과도 관련이 없었다. 유대 전쟁 때에 활동한 열심당원들에 대한 요세푸스의 언급은, 반란 초기의 젊은 귀족층

지도자들의 사상보다 더 급진적인 종교적 이데올로기를 그들이 숭앙하고 있었음을 보여준다. 요세푸스는 갈릴리에서 유대인들의 저항 군사 조직을 만들려고 했을 때, 이들 열심당원들의 지도자와 타협하기가 어렵다는 것을 깨달았다. 기샬라(Gishala)의 요한은 계속 그의 계획을 좌절시켰고, 또 요세푸스를 사령관직에서 해임하라고 예루살렘의 지도자들을 설득하려 했다. 그러나, 네로는 팔레스틴 반란에 대해 어떤 조처를 취해야 한다는 것을 깨달았다. 네로는 그리스에서 게임으로 시간을 허비하면서, 노련한 장군 베스파시안에게 반란을 진압할 것을 위임했다. 66년 겨울에 베스파시안은 3개의 보병 군단과 많은 지원 부대들을 모았고, 67년 봄에 실질적인 원정길에 나섰다. 갈릴리가 그의 첫번째 목표였다. 여러 주 동안 포위되어 있던 요세푸스는 그의 주요 요새인 요타파타(Jotapata)를 내주어야 했다. 그는 결국 로마군에게 항복했고, 중대한 죄수요 조언자로서 베스파시안 진영에 구금되었다. 그는 장차 베스파시안이 황제가 될 것을 예언했다. 열심당 지도자인 기샬라의 요한은 간신히 예루살렘으로 도망했고, 그곳에서 유대 지휘관의 높은 자리를 획득하는 데 성공했다.

예루살렘에서 과격파와 온건파 간의 잦은 유혈 분규가 진행되는 동안, 베스파시안은 반란군에 합세한 에세네파의 근거지인 쿰란을 포함하여 대부분의 지역들을 68년 봄까지 정복할 수 있었다. 그러나 68년 여름, 네로의 죽음과 그 후계자 자리를 둘러싼 갈등 때문에 전쟁은 지연되었다. 시몬 바 기요라(Simon bar Giora)가 이끄는 과격한 열심당원들은 예루살렘까지 진군했으며, 기샬라의 요한은 어쩔 수 없이 이 새로운 지도자와 명령권을 공유해야 했다. 네로의 후계자 문제로 인해 로마의 전쟁 수행이 방해를 받았음에도 불구하고, 베스파시안은 69년 봄에 예루살렘 포위를 시작했다. 이것은 계속적인 내분에 시달리던 혁명당원들에게 일시적인 휴식을 주었다. 그 해 여름에 베스파시안은 황제가 되었고, 유대 지역에서의 작전

명령권은 그의 아들 디도(Titus)에게 주어졌다. 디도는 잘 훈련된 4개의 보병 군단을 장악했다. 진정한 의미의 공격은 70년 봄부터 시작되었다. 9월까지 예루살렘이 여러 지역이 연이어 정복되었다. 성전은 불에 타 버렸는데, 그것은 정복자들이 계획했던 것은 아니었다. 그러나 성전의 보물들은 보존되어, 후에 로마에 있는 디도의 개선문에 새겨졌듯이 티투스의 개선식에 사용되었다. 마지막 요새였던 마사다는 73년까지는 정복되지 않았다. 결국 마사다의 수호자들이 희망 없는 현실 앞에서 자결함으로써, 정치적 메시아 사상의 꿈은 소멸되어 버렸다. 예루살렘은 Aelia Capitolina라는 로마시가 되었는데, 유대인들은 출입할 수 없었다. 사마리아의 수도 세겜(Shechem)은 네압볼리(Neapolis)가 되었다. 전쟁과 타협하지 않았던 일부 바리새인들은 성전과 제사장이 없는 새로운 유대교를 구축하려고 해변 도시인 얍니아에 모였다. 이것은 랍비 유대교로서 수 세기 동안 지속되었다.

Biblidgraphy to §6.6e: Studies

Martin Goodman, *The Ruling Class of Judaea: The Origins of the Jewish Revolt Against Rome AD 66-70* (Cambridge: Cambridge University Press, 1987).

G. Cornfeld with B. Mazar and P. L. Maier. eds., *The Jewish War: Newly Translated with Extensive Commentury and Archaeological Baclground Illusrrations* (Grand Rapids: Zondervan, 1982).

(f) 예루살렘 멸망 이후의 유대교

(1) **참고 자료와 출발점.** 1세기말부터 2세기까지의 유대교의 역사에 대한 직접적인 참고 자료는 보존되어 있지 않다. 가장 오래된 랍비 전승(미쉬나와 미드라심)은 200년경에서야 성문화되었다. 이러한 전승들은 후대의 학파들의 논의에서 전형적으로 나타나며, 전설적인 자료들과 섞였다. 더욱이 이런 저술들은 그것들이 보존하고 있는 전승들의 역사적인 상황에 대해서는 관심을 보이지 않았으며

단지 그것들의 법적인 가치만 인정했다. 후에 나타난 유대의 묵시문학적인 저술들(1세기말의 작품들인 에스라 4서와 바룩 2서)이 랍비 유대교와 얼마나, 그리고 어떻게 관련되었는지 분명하지 않다. 역사가들의 빈약한 정보는 완전히 편파적인 것들이다. 요세푸스의 작품 *Jewish Antiquities*도 친 바리새적 경향을 지닌 편파적인 저술이다. 특히 갈릴리에서 최근에 발굴된 많은 명문들과 회당들을 통해서 흥미로운 통찰들을 얻을 수 있다. 그러나 이러한 회당들 중에서 1세기나 2세기의 것은 하나도 없으며, 대체로 3세기에서 5세기 사이에 건축된 것들이다.

랍비 유대교의 선조가 누구인가를 결정하는 데 있어서 많은 문제가 파생한다. 랍비 유대교가 바리새 운동에서 발달하여 지속된 새로운 형태의 이스라엘 전승이라는 데에는 의심이 없다(§5.2d). 그러나 이 진술은 그 선조들을 너무 편협하고 애매하게 묘사한다. 의인 시몬(Simon the Just, 기원전 200년경의 대제사장)으로부터 힐렐(Hillel)과 샴마이(Shammai)에 이르기까지 다섯 쌍의 랍비 계승자들이 있었다는 주장은 완전한 허구이며 아무 것도 설명해 주지 못한다. 에스라 시대 이후에 있었다고 전해지는 "대 회당"의 이야기도 설명하는 바가 거의 없다.

헬레니즘 시대에 이루어진 두 가지 중요한 사실이 랍비 유대교의 출현에 관한 근본적인 전제가 된다. 그것은 성경(특히 모세 5경)이 삶의 중심이 된 것, 그리고 배움의 민주화이다. 이것은 디아스포라를 포함하여 유대교의 모든 집단에게 영향을 주었다. 사두개인들만이 이 과정에서 떨어져 있었다. 그들은 율법을 문자 그대로 해석하며, 제사장 계층의 엘리트들이 지배하는 고대의 종교적 제도들(성전, 희생 제사)을 수호하는 자들이었다. 로마 시대에, 사두개인들은 대제사장을 의장으로 한 예루살렘의 산헤드린을 통제함으로써 정치적 책임을 감당했다. 그러나 예루살렘 밖, 특히 팔레스틴 외부의 디아스포라 내의 유대인들은 새로운 상황에 그들의 종교를 적응시키는 방법이나, 고대의 본문을 토대로 하여 새로운 성경 해석 방법을 사용함으로써 도덕적, 법적, 그리고 의식적인 문제들을 해결하는 방법을 이미 오래 전에 터득했다. 그래서 이제 제사장들이 장악하지 않는 회당 안에서 새로운 해석의 전통이 발달되었다.

이 해석과 관련한 어떤 전통은 1세기초에 정착되었다. 그러나 거기에는 일관성이 없었는데, 바리새인 운동 자체 안에서 그러했다. 대제사장이 관할하는 예루살렘의 산헤드린이 하나의 통일된 해석 전통을 만드는 데 관심을 가졌을 가능성은 없다. 팔레스틴의 여러 지역에 세워진 많은 지방 산헤드린들과 마찬가지로, 예루살렘 산헤드린의 주요 관심사는 회계와 법적 행정 업무였는데, 이는 로마 당국에 대해 책임을 져야 하는 업무였다. 사두개인들은 주로 성전과 관련된 일과 연관된 율법에 관심을 가졌을 뿐, 멀리 떨어진 갈릴리 지역을 비롯하여 바벨론과 로마 등지에 사는 유대인들을 위한 새로운 성경 해석에는 관심을 갖지 않았다. 공식적인 예루살렘 산헤드린 이외에, 아람어를 사용하는 유대인들 사이에 널리 인정된 사설 바리새파 산헤드린이라는 종교 제도가 있었는지에 대해서는 논란이 있다. 얌니아의 랍비적 산헤드린은 공식적인 예루살렘 산헤드린의 연속이라기보다는 바리새적 제도의 연속으로 보였을 것이다.

그러나 바리새적인 산헤드린이라는 가설은 너무 많은 난점들을 가지고 있다. 얌니아의 랍비들이 "산헤드린"이라는 용어를 사용하지 않고, 의장(*Nasi*)과 부의장(*Ab Beth-Din*)이 이끌어가는 "법정"(*Beth-Din*)이라는 용어를 사용했다는 사실에서 명백한 문제가 야기된다. 그것은 정치적 기관이 아니라 일종의 학교와 같이 조직되었다. 게다가 예루살렘의 대표적 바리새인들은 두 개의 산헤드린의 구성원인 셈이었는데, 그 이유는 그들이 분명히 공식적인 산헤드린에도 소속했기 때문이다. 그러나 이 가설은 유대 회당이 가진 창조적인 능력을 과소 평가했다. 회당은 종교적 모임의 중심이요, 학교요, 법정이요, 종교적 선전을 위한 기지요, 예배와 기도의 처소였다

(§5.1e).

회당은 그 중요성에도 불구하고 전세계적인 유대교의 통일을 이룰 수는 없었다. 얌니아의 *Beth-Din*(법정)의 설립 이후에도 이러한 통일을 이루기까지 많은 세월이 흘렀다. 한동안, 바벨론의 힐렐이나, 예수, 바울, 그밖의 이스라엘 사람들이 그러했던 것처럼, 알렉산드리아의 필로가 회당에서 많은 역할을 했다. 그러나 그들에게는 한 가지 공통점이 있었으니, 곧 성전 제사의 문제보다는 성전의 제의와 의식과 관련이 없는 사회적 상황을 위한 성경 해석을 우위에 두었다는 것이다. 의식의 순수성 문제를 포함하여 행위에 관련된 문제들이 우선적인 관심사였다. 선포(*haggadah*)나 신비적 성경 해석, 묵시주의적 사고 등의 발달은 말할 것도 없고, 행위의 문제들에 관한 율법적인 복잡한 논의들(*halaka*)은 성전이 파괴되기 전에 이미 형성되기 시작했을 것이다.

(2) **힐렐**(Hillel). 힐렐은 분명히 역사적인 인물이었다. 그러나 랍비 유대교와 그 전승에서는 그가 매우 상징적 인물로 되었기 때문에 그의 가르침이라고 할 만한 특별한 가르침을 식별할 수 없다. "힐렐"은 후기 랍비 유대교에게 율법적인 해석의 특징을 부여해주게 될 모든 것을 상징한다. 힐렐은 바벨론 출신으로서 20년경까지 살았다. 그가 예루살렘에서 수학했을 가능성도 있다. 그러나 그의 인간성과 더불어 랍비 유대교의 결정적 요소가 된 그의 해석 원리들은 디아스포라의 상황을 보여준다. 디아스포라에서는 성전 제의에 관련한 법에 대해서는 학문적인 관심만을 나타냈다. *a minore ad maius*라는 결론이나 유추로부터의 결론 등과 같은 그의 유명한 해석 원리들보다는, 이런 관점과 교사로서의 놀라운 재능 덕분에 그는 랍비 유대교의 아버지라고 불리게 되었다. 이와는 대조적으로, 그가 자주 인용한 적대자 샴마이는 성전과 깊은 연관을 가진 바리새파의 한 지류를 대표했다. "샴마이"는 귀족적이고 엄격하고 민족주의적인 모든 것을 상징했다. 반면에 "힐렐"은 평민들, 그리고 그

들의 비천한 생활 환경을 대변했다. 따라서 "힐렐"과 "샴마이"는 각기 특정한 해석 유형을 나타내는 완곡한 어구로 사용된다.

힐렐의 후계자로서 힐렐 학파의 우두머리인 가말리엘 1세(아마 힐렐의 아들이었을 것이다)의 신원은 보다 분명히 파악할 수 있다. 그는 예루살렘의 귀족이요 산헤드린 회원이었다. 그러나 가말리엘의 지혜와 중용을 찬양한 사도행전 5:34-39의 보고에서도 알 수 있듯이, 그는 때때로 그 기관의 지배적 견해와 거리를 두기도 했다. 그러나 가말리엘이 아들 시므온(Simeon)은, 비록 후에 보다 급진적인 지도자에게 자리를 내놓아야 했지만, 바리새 전쟁 당파의 지도자가 되었고, 첫번째 혁명 정부와 관련을 맺었었다. 이 바리새 전쟁 당은 유대 전쟁의 와중에 망해 버린 힐렐의 손자 시므온과 함께 한 샴마이파(Shammaites)와 동일시되었다.

(3) 요하난 벤 자카이(Johanan ben Zakkai)로부터 아키바(Aqiba)까지. 전승에 따르면, 유대 전쟁 이후 유대교가 새로이 시작된 것은 예루살렘의 힐렐 학파의 지도자이면서 힐렐의 제자였던 시므온 벤 가말리엘의 동료인 요하난 벤 자카이의 덕분이었다. 그는 초기에는 전쟁당에 가담하지 않았다. 국가적 해방이라는 미명하에 자행된 잔인한 행동들에 대해서 그가 저항했다는 증거들이 있다. 요하난은 전쟁이 끝나기 직전인 68년에 예루살렘을 떠났다. 그는 새로운 학교를 세우기 위해서, 팔레스틴 연안의 얌니아에 정착하기 위한 허가를 받기 위해서 위험을 무릅쓰고 베스파시안의 진영으로 갔다. 네로의 후계자 선정 문제로 인해 로마의 사태가 심각했음을 고려해 볼 때, 베스파시안은 분명히 팔레스틴에 새롭고 온건한 유대 지도자를 세우는 일을 환영했을 것이다. 국가적 혁명에 참가하지 않았던 교사들, 특히 힐렐 학파 출신의 교사들은 전쟁이 끝나기 직전이나 전쟁이 끝난 직후에 요하난과 합류했다. 로마인들은 강압적으로 많은 유대인들을 이 지역에 정착시켰다. 이로 인해 예루살렘이 멸망한 후 요하난의 지도 하에 유대인의 삶을 재조직할 수 있게 되었

다.

당시 모든 사람은 그 재난이 이스라엘의 죄에 대한 형벌이었다고 인정했다. 이것은 기독교인들과 유대 묵시 신학자들(에스라 4서와 바룩 2서)의 견해였을 뿐만 아니라, 요하난 벤 자카이와 그의 동료들의 견해이기도 했다. 요하난은 그에 대해 어떻게 반응해야 하는지도 알고 있었다. 즉 율법을 엄격하게 지키는 것만이 회복을 가져올 수 있다는 것인데, 그 이유는 이 재앙을 초래한 원인은 율법을 무시한 데 있기 때문이었다. 의식과 접촉에 관한 규정들과 관련하여 율법에 대한 신빙성 있는 이해를 확립하기 위해 노력하는 중에, 이미 성전의 직접적인 사법권을 벗어나서 시행되어 오고 있던 바 힐렐의 해석 방법과 행위에 대한 주요 교훈들(*halaka*)이 중요하게 되었다.

재조직하는 데 있어서 가장 중요한 결정들은 요하난에 의해서 이미 이루어졌다고 추측할 수 있다. 이런 판단들은 예식 문제 뿐만 아니라 율법적인 문제들과도 관계가 있었다. 얌니아의 교사들은 과거에 제사장의 영역이었던 분야에 대해서도 결정권을 주장했다. 이것은 특히 유대력의 조정(엣세네파의 태양력은 거부되고 매 3년마다 열세 번째 달의 윤달을 삽입해야 하는 음력을 인정했다)과 축제의 날짜들을 결정하는 것을 포함하고 있다. 희생제사 의식에서 "부정한 것과 정결한 것"이라는 중요한 문제가 분리되었고(그때 이후로 희생제사는 학문적인 관심사가 되었다), 제사장들의 사법권으로부터 제외되었다. 그 이후로는 오직 법정의 말만이 유효했다. 종교적 정결을 지키는 것은 유대 사회의 모든 구성원의 의무였다. 믿는 자들은 모두 제사장이라는 개념이 여기에서도 신약 성경(벧전 2:5)에서만큼 강력하게 나타난다.

얌니아에서는 율법을 보다 엄격하게 해석하는 파와 실용주의적으로 해석하는 파 사이의 논쟁이 계속되었다. 이 논쟁은 얌니아의 학파 내에 바리새 전쟁당의 대표들이 존재한 데 기인한다. 시므온 벤 가말리엘(1)의 아들인 가말리엘 2세는 예루살렘 멸망 이후에 로마의 대량 학살을 피해 도망쳐 나온 전쟁당의 소수의 지도자들중 한 사람이었다. 그는 80년경에 얍니아로 왔고, 연로한 요하난 벤 쟈카이가 죽기 전에 법정(*Beth-Din*)의 의장(*Nasi*)으로 선출되었다. 다윗에게까지 족보가 거슬러 올라가는(마 1:2-16) 힐렐가의 명성이 힐렐의 손자가 의장직에 선출되는 데 기여했을 것이다. 비록 경쟁이 없지는 않았지만 그는 135년까지 이 직책를 유지했다. 그후 법정(*Beth-Din*)의 지도자직은 힐렐의 후손들이 차지했다. 가말리엘의 아들 시므온은 아버지의 뒤를 이었고(135-137년), 그의 뒤를,"왕자"라고 불리는 그의 아들 유다가 계승했다(*HaNasi;* 175-220년).

힐렐이 죽은 후부터 족장 유다가 미쉬나를 최종적으로 편집한 때까지의 기간은 탄나임(Tannaim), 즉 "전달자들," 또는 "교사들"의 시대라고 불린다(아람어 용어인 *tena*는 "반복하다," "전달하다"를 의미하는데, 이는 미쉬나(Mishnah)라는 단어의 어원인 히브리어 הנָשְׁמ-샤나-에 해당한다). 이 시기에 활동한 가장 중요한 교사는 아키바 벤 요셉(R. Aqiba ben Joseph)과 이스마엘 벤 엘리사(R. Ishmael ben Elisha)였다. 아키바는 할라카의 전통을 체계화하여 6개의 주요 항목으로 나누고, 그것들을 다시 여러 항목으로 세분했다. 이 항목들은 미쉬나의 후기 개정판에 보존되어 있다. 법률적 결정 및 성경과 조화를 이루게 되면서, 할라카는 보다 엄격하게 성경에 중심을 두었다. 동시에 영감(inspiration)의 법칙이 강화되었다. 마지막 편지에 이르기까지, 성경의 모든 세부 사항들마저도 중요하게 취급되었다. 헬라어 성경의 개정 작업에서는, 히브리 본문을 가장 근접하게 따른 아킬라의 개정판이 가장 근접하게 이 법칙을 따르고 있다(§5.3b). 아킬라는 아키바와 동시대인이었는데, 아마 그의 제자였을 것이다. 이스마엘은, 성경 속에 저속한 말들이 있음을 발견하고, 세부적인 사항들은 때 너무 강하게 강조해서는 안된다고 주장하면서 아키바의 직역주의를 거부했다. 아마 이스마엘이 힐렐의 7

가지 해석 원칙을 확산시켰을 것이라고 여겨진다. 그는 힐렐의 원칙들을 수정하여, 랍비 유대교의 결정적인 요소가 된 13개의 원칙으로 세분했다.

로마 당국은 유대교의 재조직에 간섭하지 않았고, 유대인들을 박해하거나, 법정(*Beth-Din*)의 활동을 방해하지도 않았다. 법정은 자신의 영향력을 확대함으로써 그 법률적, 예전적인 결정들을 보다 전반적으로 인정 받기 위해서 다른 유대인 공동체들에게 전령들을 보냈다. 이 목표는 쉽게 성취되지 않았다. 특히 아람어가 아닌 헬라어가 구어로 사용되며 히브리어는 예전과 기도의 언어로조차 사용되지 않는 지역에서 그러했다. 얍니아의 법정과 율법을 준수하며 그리스도를 신앙을 고백하는 공동체들의 관계, 그리고 시리아와 팔레스틴에서 출현한 영지주의와의 관계에 대해서도 알려진 바가 없다. 창세기에 대한 영지주의적 해석이 형성된 것은 랍비 주석의 시작과 어느 정도 접촉이 있었다고 가정하기 않는 한 설명할 수 없다. 얍니아에는 신비적, 묵시주의적, 영지주의적 사상들이 알려져 있었다. 이것은 랍비주의 후기의 문헌에서 입수되는 정보에 의해 증명된다. 율법과 할라카에 관한 문제들만을 다루는 법정의 이미지는 지나치게 협소하다. 2세가 후반기에 발생한 탄타임의 첫 기간에 배출된 수정된 자료들은 A. D. 116-117년과 A. D. 132-135년의 유대 폭동의 재난이 지난 이후로 받아들여지지 않던 많은 것들을 제거해 버렸다.

(4) 로마 시대의 디아스포라. 고고학적 증거에 의하면 법정(*Beth Din*)은 헬라어를 사용하는 디아스포라 공동체들에게는 영향을 미치지 않았다. 물론 해석에서의 어려움을 보여주는 비문헌 자료들이 있지만, 분명한 자료는 극히 드물다. 언어가 법정의 영향력을 확장하는 데 방애물이 되었을 수도 있다. 물론 그 지도자들이 헬라 문헌에 친숙했을 가능성은 없지만, 바리새적 유대교와 랍비 유대교에 미친 헬라의 영향이 상당하다는 것은 부인할 수 없다. 그러나 여전

히 디아스포라의 언어는 아람어, 그리고 학문적이고 예전적 언어인 히브리어였다. 그러나 소아시아, 로마, 그밖에 헬라어를 사용하던 디아스포라에서 발견된 유대 명문들은 거의 모두가 헬라어로 새겨져 있다. 이러한 명문들이 대부분 3세기부터 5세기 사이의 것임을 고려해보면, 이것은 더욱 놀랍다. 로마에서 발견된 명문들에서는 때로 라틴어가 사용되었지만, 히브리어는 거의 등장하지 않는다.

갈릴리에서 발굴된 회당들은 랍비 유대교와 관련된 것이라고 추정할 수 있지만, 디아스포라 회당들에서 발견된 증거는 우리를 당황하게 한다. 이 회당들은 모두 유대교 회당인가, 아니면 유대-기독교적 회당인가, 아니면 사마리아의 회당인가? 테살로니카에서 발견된 어느 사마리아의 명문(사마리아 서체의 히브리어가 두 줄 사용된 헬라어 명문)은 사마리아 디아스포라 공동체들이 5세기말까지도 존속하고 있었음을 증명해준다. 호화로운 벽화가 있는 듀라 유로포스(Dura Europos)의 회당은 3세기초의 것이며, 오스티아의 회당과 북부 마케도니아의 회당들도 그 이전의 것이라고 보기는 어렵다. 그리고 보다 최근에 사르디스에서 발견된 목욕탕/연무장 복합 건물의 익벽(翼壁)은 3세기 말 이전에는 회당으로 사용되지 않았다. 사르디스의 회당과 오스티아의 회당은 서쪽을 향하고 있다. 이 회당들은 남녀의 좌석을 구분하지 않았으며, 여인들만을 위한 발코니를 건설했던 흔적도 발견되지 않는다. 게다가 여인들이 회당의 의장직을 포함하여 다양한 직분을 맡고 있었음을 보여주는 명문들이 있다. 듀라 유로포스 회당과 로마에 있는 유대인 지하 무덤의 벽화들은 이미지 사용을 금한 랍비들의 규정을 범하고 있는데, 갈릴리의 회당들의 바닥 모자이크에서 점성술에 사용되는 상징들을 사용한 것 만큼이나 많이 사용하고 있다. 유대인 디아스포라는 콘스탄틴 대제 이후 오랫동안 융성했지만, 이러한 공동체들은 분명히 갈릴리에 있는 법정(*Beth Din*)에 종속되지 않았다.

(5) 2세기에 발생한 폭동들. 많은 지도자들의 평화주의적인 입장

에도 불구하고, 또 토라 연구가 유대 민족의 민족적 자유보다도 더 귀중하다는 원칙에도 불구하고, 법정(*Beth-Din*)은 메시아적인 신념들의 실제적, 정치적 성취에 대한 기대를 포기하지 않았다. 얌니아 법정의 온건한 지도자들은 예루살렘으로 돌아가서 성전을 재건하려는 소망 때문에 민족주의자들과 결탁했다. 220년대에는 로마인들이 이러한 소원을 성취시켜 줄 듯 싶었다. 그러나 오랜 협상 끝에 트라얀이 성전 재건을 금지했을 때, 호전적인 민족주의가 합리적인 견해보다 우세하게 되었다.

116-117년에 키레나이카와 이집트에서 폭동이 시작되어 팔레스틴에까지 확산되었다. 이 폭동은 잔인하게 진압되었으며, 그 결과 얌니아의 법정에도 영향을 주었다. 이 법정은 로드(Lod; Lydda)로 강제 이주 당했고, 달력을 결정하는 등의 중요한 기능을 상실 당했다. 이 폭동 이후 몇년 동안은 아키바가 이끄는 평화주의당이 그 영향력을 잃은 반면에, 급진적인 요소가 득세한 듯했다. 하드리안(Hadrian)이, 예루살렘을 "아엘리아 카피톨리아"로 재건하면서 폐허가 된 예루살렘 성소 자리에 Capitoline Jupiter(옛 로마를 타파한 7언덕 바위에 세운 쥬피터 신전)를 기념하는 신전을 지으려고 했을 때 또 다시 폭동이 일어났다. 로마인들은, 전쟁 초기에 "야곱의 별"이라고 불렸고, 바르 코흐바(Bar Kochba)라는 이름으로 기억되었던 인물을 지도자로 한 메시아적 저항 운동을 3년 내에(132-135년) 완전히 진압했다.

그 결과는 참담했다. 하드리안은 폭동의 도화선이 된 종교적인 동기들을 잘 알고 있었다. 66-70년에 있었던 유대 전쟁 이후와는 달리, 로마는 유대 종교의 관습들에 직접적으로 반대되는 조처들을 취했다. 유대인들이 예루살렘에 출입하는 것, 심지어는 그 근처에 가는 것마저 금지되었을 뿐만 아니라, 할례를 행하는 것, 토라의 가르침을 비롯하여 안식일이나 기타 유대의 절기들을 지키는 것까지도 금지되었다. 90세가 넘은 연로한 아키바는 후자의 금지 사항을 따르기를 거부하다가 순교를 당했다. 법정(*Beth-Din*)은 사멸되고 말았다. 팔레스틴의 유대인들은 대량으로 학살되거나 추방 당했다.

유대 종교의 관습을 대적한 법 제정은 안토니우스 피우스(Antonius Pius) 때에 다소 완화되었다. 유대인의 법정 재건이 가능하게 되면서 법정이 갈릴리 지방에 재조직되었으며, 이곳 저곳을 전전하다가 마침내 디베료에 정착했다. 여기에서 아키바의 제자들이 탄나임의 초기 시대의 전승들을 지속시키며, 더 정교하게 만들었다. 이들 중에서 가장 열심이었던 사람은, 이스마엘과 아키바 밑에서 수학한 메이어(R. Meir)였다. 그는 미쉬나가 족장 유다에 의해서 200년경에 기록된 형태로 고정되는 데 있어서 중요한 책임을 맡았다. 탄나임 말기에는 랍비 유대교의 진로를 결정 짓는 결정들이 있었다. 이 기간은 미쉬나, 미드라심(*midrashim*), 토세프타(Tosefta) 등 지금까지 보존된 고대 랍비 문학들이 나타난 기간이었다. 이들에 대해서는 아래에 간략하게 소개될 것이다.

(6) **미쉬나에서 탈무드까지**. 미쉬나(Mishnah)는 처음에는 구전으로 전해져 내려온 율법 해석을 성문화한 것이다. 이런 전승들은 힐렐(그리고 샴마이)의 견해들과 함께 시작되었고, 후대의 교사들의 견해들이 추가되었다. 이런 논의들의 근본적 요소들은 70년 이후의 재건 기간 중에 형성되었다. 2세기에는 개인적인 용도와 법정의 판결을 위한 안내 책자들이 발행되었다. 아키바는 이 자료를 6개의 주요 항목으로 나누었다: 제라임("씨앗"–농사나 들의 열매들에 대한 항목), 모에드("축제"), 나쉼("여자들"–이 항목에는 투표에 관한 규정도 포함된다), 네지킨("손해"–민법과 형사법), 코다쉼("거룩한 사물"–희생 제물과 의식), 토호로트("정결"–부정과 정결에 관한 법 제정). 이 구분법은 완전히 체계적인 것은 아니지만, 암기에 도움을 주는 데 관심을 가졌음을 보여준다. 메이어에 의해서 새롭게 편성된 미쉬나는, 족장 유다(Judah)에 의해서 기록된 형태로 수정, 편집되었다. 이것은 탄나임의 결정 사항들이나 법률적 논의들의

표준적인 집성이 되었고, 팔레스틴에서 뿐만 아니라 바벨론에서도 받아들여졌으며, 결국 팔레스틴 탈무드와 바벨론 탈무드를 위한 기초가 되었다.

(6) **초기 미드라심**(Midrashim). 2세기에는 체계적인 형태로 전수된 법률적 결정 사항들과 함께, 출애굽기, 레위기, 민수기, 그리고 신명기로부터 시작하여 성경의 각 권에 대한 합법적인 주석서들이 저술되기 시작했다. 초기에는 이들 주석서들의 주제나 지료들이 대부분이 율법적이었다. 반면, 설교나 설화(*haggadah*)는 초기의 해석서에서는 큰 역할을 하지 않았다. 그런 주석서의 명칭이 미드라쉬(*midrash*="investigation")이다. 현재 보존되어 있는 가장 오래 된 주석서는 *Mechilta, Sifra,* 그리고 *Sifre* 등이다.

메킬타(*Mechilta*는 출애굽기, 즉 출애굽기 12-23장, 31:12-17; 35:1-3에 대한 주석서이다. 그렇기 때문에 이 주석서는 완전히 보존된 것이 아니라고 추정되어왔다. *Mechilta*는 후기 랍비들의 견해를 인용하고 있지만, 이스마엘이나 그의 학파의 주석서를 기초로 했을 것이다. 시프라(*Sifra*, 정확하게는, *Sifra de-Be-Rab*="Book of the School")는 레위기에 대한 연속적인 주석서로서, 거의 모든 문장들을 주석하고 있다. 이것의 최종 개정판은 미쉬나의 성문화 이후에 이루어졌지만, 그 기원은 아키바 학파로부터 유래하고 있다. 시프레(*Sifre*, *Sifre de-Be-Rab*="Books of the School")는 두 개의 서로 다른 작품, 즉 민수기에 관한 미드라쉬와 신명기에 관한 미드라쉬를 지칭한다. 전자는 이스마엘 학파로부터 유래했다. 신명기에 관한 시프레(*Sifre on Deuteronomy*)에는 신명기 12-26장에 대한 아키바 학파의 해석이 들어 있다. 이 두 경우에, 현재 보존되어 있는 부분은 원래의 주석서 전체를 대표하는 것이 아니다.

토세프타는 탄나임 시대의 할라카 자료들을 모아놓은 두번째 집성이다. 이것은 어느 시기에인가 미쉬나에 추가하여 이루어졌다. 이 집성의 기원에 대해서는 논란이 되고 있다. 그러나 그 자료들을 분류하는 데 있어서 토세프타가 미쉬나 다음에 이어지므로, 토세프타는 미쉬나의 주석서라고 정의할 수 있을 것이다. 할라카적인 법칙들 중에 종종 미쉬나의 법칙과 동일한 것이 있다. 어떤 부분에서는 토세프타가 단지 추가 자료들을 소개하는 것에 불과하다 (*Tosefta*="Additions"). 그러나, 토세프타 안에는 종종 독립적이고 병행적인 전승들이 보존되어 있는데, 이러한 전승들은 매우 소중한 것들이다. 왜냐하면 토세프타는 미쉬나처럼 정경적 지위를 차지하지 못했으므로 후대의 편집자들이 그것을 편집하지 않았기 때문이다.

Bibliography to §6.6f: Surveys and general works

Jean Juster, *Les Juifs dans l'empire romaine* (2 vols.; Paris: Geuthner, 1914; reprint 1965).

George Foot Moore, *Judaism in the First Centuries of the Christian Era: The Age of the Tannaim* (3 vols; Cambridge, MA: Harvard University Press, 1927-1930; reprint 1966-1967).

Michael Avi-Yonah, *Gesckiclzre der Juden irn Zeiralter drs Talmuds* (Berlin: De Gruyter, 1962).

Johann Maier, *Geschichte der jüdischen Religion* (GLB; Berlin: De Gruyter, 1972).

Jacob Neusner, *Early Rabbinic Judalism: Histolical Studies in Religion, Literature and Art* (SJLA 13; Leiden: Brill, 1975).

Bibliography to §6.6f: Special Topics

Saul Lieberman, *Greek in Jewish Palestine* (New York: Jewish Theological Seminary of America, 1942: reprint New York: Feldheim, 1965).

Idem, *Hellenism in Jewish Palestine: Studies in the Literary Transmission, Beliefs, and Manners of Palestine in the I. Cenrury BCE-IV. Century CE* (New York: The Jewish Theological Seminary of America, 1962).

Idem, "How much Greek in Jewish Palestine?" in Henry Fischel, ed., *Essays in Greco-Roman and Related Talmudic Literature* (New York: Ktav, 1977) 325-343.

Bibliography to §6.6f(1): Texts

P. S. Alexander. ed. and trans., *Textual Sources for the Srudy of Judaism* (Textual Sources for the Study of Religion; Totowa. NJ: Barnes & Noble, 1984).

B. M. Metzger, "The Fourth Book of Ezra," in Charlesworth, *OTPseudepigrapha*, 1. 517-59.

J. Schreiner, *Das 4. Buch Esra* (JSHRZ 5/3; Gütersloh: Mohn, 1981).

A. F. J. Klijn, "2(Syriac Apocalypse of) Baruch," in: Charlesworth, *OTPseudepigrapha*, 1. 615-52.

Idem, *Die syrische Baruch-Apokalypse* (JSHRZ 512; Gütersloh: Mohn, 1976).

U. B. Muller, *Die griechische Esra-Apnkalypse* (JSHRZ 5/2; Gütersloh: Mohn. 1976).

B. Philonenko-Sayar and M. Philonenko, *Die Apokalypse Abrahams* (JSHRZ 5/5; Güitersloh: Mohn. 1982).

Bibliography to §6.6f(1): Commentaries

Michael E. Stone, *Fourth Ezra: A Commentary on the Book of Fourth Ezra* (Hermeneia; Minneapolis: Fortress, 1990).

Bibliography to §6.6f(1): Studies

Frederick J. Murphy, *Structure and Meaning of Second Baruch* (SBLDS 78; Atlanta: Scholars Press. 1985).

Egon Brandenburger, *Die Verborgenheit Gottes im Weltgeschehen: Das literarische und theologische Problem des 4. Esrabuches* (AThANT 68; Zürich: Theologischer Verlag 1981).

Wolfgang Harnisch, *Verhängbis und Verheßung der Geschichte: Untersuchungen zum Zeit- und Geschichtsverständnis im 4. Buch Esra und in der syrischen Baruchapokalypse* (FRLA NT 97; Göttingen: Vandenhoeck & Ruprecht. 1969).

Bibliography to §6.6f(3): Studies

Jacob Neusner, *First-Century Judaism in Crisis: Yohanan ben Zukkai and the Renaissance of Torah* (rev. ed.; New York: Ktav, 1982).

Idem, "The Formation of Rabbinic Judaism: Yavneh(Jamnia) from AD 70-100," *ANRW* 2.19.2 (1979) 3-42.

Shaye J. D. Cohen, "The Significance of Yavneh: Pharisees, Rabbis, and the End of Jewish Secterianism," *HUCA* 55 (1984) 27-53.

Louis Finkelstein, *Akiba: Scholar, Saint, and Martyr* (first published 1936; New York: Atheneum, 1970).

G. Alon, *The Jews in Their Land in the Talmudic Age (70-640 CE),* vol. I (Jerusalem: Magnes Press, 1980).

L. J. Levine, *The Rabbinic Class of Roman Palestine in Late Antiquity* (New York: Jewish Theological Seminary of America, 1989).

Lee I. Levine. ed., *The Synagogue in Late Antiquity* (Philadelphia: American Schools of Oriental Research, 1987).

M. J. S. Chiat, *Handbook of Synagogue Architecture* (BJudSt 29; Chico, CA: Scholars Press, 1982).

Bibliography to §6.6f(4)

A. Thomas Kraabel, "Jews in Imperial Rome: More Archaeological Evidence from an Oxford Collection," *JJS* 30(1979) 41-58.

""The Roman Diaspora: Six Questionable Assumptions," in Geza Vermes and

Jacob Neusner, eds., *Essays in Honor of Yigael Yadin* = *JJS* 33/1-2 (1982) 445-64.

Bibliography to §6.6f(5)

Yigael Yadin, *Bar Kochba* (New York: Random House, 1971).

Bibliography to§6.6f(6): Texts

Herbert Danby, ed., *The Mishna* (Oxford: Clarendon, 1933, and reprints). Best available English translation.
Jacob Z. Lauterbach, *Mekilta de-Rabbi Ishmael* (3 vols.; The Schiff Library of Jewish Classics; Philadelphia: Jewish Publication Sociely. 1933-1935). Hebrew of the Mekilta on Exodus with English translation.
Paul Levertoff, *Midrash Sifre on Numbers* (Translations of Early Documents 3: Rabbinic texts; London: SPCK, 1926). Selections from Sifre on Numbers in English translation.
Reuven Hammer, *Sifre: A Tannaitie Commentary on the Book of Deuteronomy* (Yale Judaica Series 24: New Haven: Yale University Press, 1986).
Claude G. Montefiore and Herbert Loewe, eds., *A Rabbinic Anthology* (London: Macmillan, 1938 and reprints).
Adlin Steinsaltz, ed., *The Talmud: The Steinsaltz Edition* (New York, Random House 1989-1992). Best available English translation, in 8 vols. plus a reference guide.
Hermann Strack and Paul Billerbeck, *Kommentar zum Neuen Testament aus Talmud und Midrasch* (6 vols.; Miinchen: Beck, 1922-1969). Used judiciously it is still a valuable tool for the New Testament student.

Bibliography to §6.6f (6): Introductions and Studies

Shmuel Safrai, ed., *The Literature of the Sages, first part: Oral Tora, Halakha, Mishna, Tosefta, Talmud, External Tractates* (CRINT 3.1; Philadelphia: Fortress, 1987).
Jacob Neusner, *The Modern Study of the Mishna* (Leiden: Brill, 1973).
Michael Lattke, "Haggadah," *RAC* 13 (1985) 328-60.
Idem, "Halachah," *RAC* 13 (1985) 372-402.
H. A. Fischel, *Rabbinic Literature and Greco-Roman Philosophy: A Study of Epicurea and Rherorica in early Midrashic Writings* (SPB 7-1; Leiden: Brill, 1973).
Jacob Neusner, *Method and Meaning in Ancient Judaism* (Brown University, BJUDS 10; Missoula: Scholars Press. 1979).

찾아보기

라

아

타

파